（全译本）

Emile, or Education

爱 弥 儿

〔法国〕让－雅克·卢梭 著

孟繁之 译

上海三联书店

Contents | 目 录

译者前言

卢梭（1712—1778），法国思想家、教育家、文学家，18世纪法国大革命的先驱，启蒙运动的代表人物之一。

卢梭哲学观的基础，是尊重感觉，坚持"自然神论"。他认为"天赋人权"，人生来自由，有按本性发展的权利。教育的目的，就是培养自然人。其关键是儿童的教育，必须顺应儿童的本性，让身心自由发展。卢梭的教育观集中体现在《爱弥儿》这部著作中。

《爱弥儿》（Émile: ou De l'éducation）完整译为《爱弥儿：论教育》，卢梭自认为是"我所有作品中最好、最重要的一部"。此书的意图，是探讨个人与社会的关系问题，旨在找到一条可行的道路，使人在堕落的社会中保持善良的天性。这本书思想性极强，可以说是一篇关于人类天性的论文。不过，因为采取了小说的写作形式，可读性也很强。

本书讲述的是爱弥儿与家庭教师的故事。这是西方第一部教育小说，而且第一次提出了完整的教育体系思想。其教育观念的核心就是顺应自然法则，听任身心的自由发展。

卢梭主张，儿童学习知识的方式，不应该是直接灌输，而应是让他们参与生活实践，并根据生活实践的需要进而生出对知识的渴求。基于此，《爱弥儿》根据儿童的年龄划分出阶段，有的放矢地讨论体育教育、感官教育、智育教育、道德教育、爱情教育，这在教育史上是具有独创性的。

卢梭尊重儿童的天性，而且重视每个人不同的个性。他认为传统教育模式塑造的是千人一面的傀儡，受教育者的个性无从施展，只能日益平庸，天赋被白白浪费。他说："上帝创造出来的东西本来都是好的，但是一经过人手就完全变了性质。人们意图让另一种土地上的东西在这种土地上生长，让另一种树木的果实出现在这种树木上。"

卢梭教育观的主旨是非常清晰的，那就是——顺应天性。无论对于卢梭所处的年代，还是当今时代，这一观念都至关重要。不过，卢梭过于放任天性，而刻意对抗社会需求，也是矫枉过正之举。对此，当代读者应该合理把握。

在我们身上，有一种病是可以治愈的。如果我们不拒绝救治，自然就会帮助我们，因为我们从一出生起就是善良的。

——塞涅夫:《愤怒》第十一章第十三节

原　序

　　这本书写的只是一些没有顺序，并且也几乎不连贯的感想和观点。其写作目的，原本是想让一位母亲①看了高兴，她贤良而且善于思考。一开始我只是想以一篇短文的篇幅来写，但是因为我必须要一直写下去才能说清我想论述的问题，最后它自然而然就成了一本厚书。这本书就内容来说无疑是庞大的，但如果从所论述的事情的角度来看，它只会显得很小。我花了一段很长的时间来考虑是否出版这本书，在写作过程中，我还经常有这样一种看法：尽管我写了几本小篇幅的书，但是对于写书却并不在行。我原来的想法是尽量把这本书写好，但在经过几次努力之后，我发现自己并不能做到这一点。最终，我改变了想法。我认为，自己必须要把这本书按照原貌发表，因为只有这样，才能让大家注意到这方面的问题。况且，如果能起到一个抛砖引玉的作用而让别人产生良好的想法，即便我的看法并不那么好，却也不算完全浪费我的时间。在生活上深居简出，把自己的文章发表之后，没有谁为这些文章吹嘘或者辩护，他本人也完全不了解别人怎样看他的文章，有些怎样的评论——一个这样的人，即便提出了一些错误的看法，也不需要担心这些错误会被别人不加审慎判断地接受。

　　我绝不会在我这本书里论述教育的重要性，以及我们常用的教育方法有多么糟糕，因为这种工作在我之前已经有太多人做过。我想做的只是说明一个问题：对于这种陈旧的教育方法，长期以来就强烈反对的人并不是没有，但谁也没有准备提出一套更好的方法。当今这个时代，破坏的成分充斥着我们的文学和科学，其中鲜少有建设性的成分。用师长

---

　　① 当时的贵妇人德·舍农索夫人。——译注

1

的口吻进行指责的做法，可以说每个人都会。但这种口吻，并不适合于提出建议。适合提出建议的口吻，只能是一种不为高傲哲学家所喜的语调。

著书立说的人可以说不在少数。这些人写作的目的，据说只是为了给人们提供帮助，但忽略所有有益于人类的事业当中最重要的一件：教育人的事业。除了洛克[①]著作的问世对我提出的这个问题有所阐述之外，此后谈论这个问题的人就再也没有了。我有这样一种忧虑：当我发表了这本书之后，这一问题的情状仍然不会有改变。

由于我们对儿童抱有错误的观念，而这种错误的观念又只会把人不断地引向错误的道路，因此可以说我们并不了解他们。对于最聪明的人而言，研究成年人才是他们的全部工作，至于孩子们能够学到些什么，他们是完全不考虑的。在他们的眼里，小孩子与大人并没有什么差别，尽管孩子们还没有成年是一个事实。而这种问题恰恰是我钻研的方向，我想人们多少能从我的观点中汲取一些营养，尽管我提出的方法并不是那么合乎常理。我承认我的观点并不是解决问题的方法，但它已经将人们要解决的问题清晰呈现出来。出于这个目的，我认为可以对你们的学生展开研究，因为有一个我确信的事实摆在你们的面前：你们并不完全了解他们。我相信，只要你在看这本书的时候持有的是这样一种态度，你就能从中获得好处。

这本书所论述的人们口中的做法的那部分只是一种普遍的情形，而读者最容易犯错误的也正是这一点。因此，我将不可避免地会受到人们的攻击，而这些攻击或许正是让人引以为傲的地方。读过这本书后，人们或许会产生这样一种看法：自己所阅读的只是一个空想家对教育的幻想，而非一篇教育论文。但这是无可避免的，因为我要叙述的是我自己而非别人的思想。尽管在相当长的一段时间内，人们会因为我和他们不同的看法而指责我，但我绝不能让别人的思想影响自己，更加不能采纳别人的看法。我能做的，只是尽量不要让自己执着于自己的看法，不要

---

① 约翰·洛克（1632—1704）：英国哲学家，被广泛视为启蒙时代最具影响力的思想家和自由主义者，其著作对伏尔泰和卢梭影响巨大。——译注

让自己觉得自己是最聪明的那个人。当然，我还必须做到坚持我的观点，但是允许别人怀疑。因此，如果我有时候在用断然的语气叙述，并不是要强迫读者接受我的意见，而是要将我的看法向读者进行陈述。我是出于确切地阐述自己心中想法的目的，才用怀疑的方式来提出在我自己看来确信无疑的事情的。

为了更好地让人衡量我的意见，以及能对我这个人进行评判，我在无所顾虑陈述观点时连带着把我的理由也予以了说明，因为我知道，自己的意见并不是一种权威。在我看来，由于这些和别人不同的原则并非可有可无，因此我应该将它们发表出来，而不是认死理地坚持自己的看法。这些原则能够让人辨别真伪，同时还可以为人类谋福。

人们总是这样告诉我："提出可行的办法，应该同大家正在使用的办法关联起来，最起码要在一定程度上结合好的办法和坏的办法。"但是不能不说，在某些方面，相较于我的想法，这种想法还要更加不堪。因为这样一种结合不仅不能让坏的部分变好，甚至还会让好的部分也变质。对于我而言，不愿意只将好的办法采用一半，反而更愿意按照旧的办法来行事。因为这样可以减少人身上的矛盾，一个人想要达到两个相反的目标在短时间内是无法实现的。天下的父母，我深知可行的办法就是你们喜欢采用的办法，但是我有这样一个疑虑：我是否应该遵从你们的这种意愿？

但凡要制定一个计划，有两方面不得不考虑：一方面是这个计划是否最完美的方案，另一方面是它能否最容易实行。

对于第一点而言，它只需要让事物的性质和自身具备的好处相符合，因为一个计划起码要能够让人们接受和实行。比如说，我们提出一个教育方法，只需要看它是否和一个人以及人心相适应。

但对另一点的要求就不那么简单了，它必须要考虑一些情况中存在的关系。这些关系可以有多种表现形式，并且因为对事物来说并非必然出现，所以也并不需要一定存在。无疑会有这样一种差别：能在瑞士实行的某种教育制度，却并不适用于法国；在有产阶级当中这种教育适用，但对于贵族而言适用的又是那种教育。而如果要说它们实行起来的难易程度，则取决于各种不同的情况。要确定它们能起到怎样的作用，需要看它们是在某个国家个别使用，还是在某种情况下使用。但我并不准备论述这种个别的应用问题，因为它们无关乎我所论述的题目。对于这方面的问题，只要谁想要研究，他完全可以去研究，一个人将精力投入他想研究的国家或情况当中，是完全被允许的。我只需要做到一点：我提出的方法所有人都适用，不分出生地点，并且能够把他们塑造成和我想象当中一样的人。只要能够做到这一点，我就算做了一件有益于别人的事情。鉴于我只是做出了这一点承诺，因此，如果我不能践行这个诺言，那么罪责在我；而如果我践行这个诺言别人还要对我提出更多的要求，那么错误就在他们。

第一卷

上帝创造出来的东西本来都是好的，但是一经过人手就完全改变了性质。人们意图让另一种土地上的东西在这种土地上生长，让另一种树木的果实出现在这种树木上。他们搞混气候、风雨和季节，对自己的狗、马和仆役进行残害，让一切陷入无序状态，让一切面目全非。他们不愿意面对事物的本来面目，却对丑陋和奇怪的东西着迷。其中甚至还包括人自己，他们要把人像驯马场的马那样训练；他们在把花园中的树木弄得歪歪扭扭之后，就想用同样的方法去对待人。

如果不这样做，事情可能就要更糟，因为我们人类存在着一个倾向：偏好接受完善的教养。如果一个人生下来就没有人教育他，在以后的情况之中，他或许会变得非常糟糕。他的天性，会因为权威、偏见、需求、先例以及绑架我们的一切社会制度而被抹杀。并且这些东西还不会为他的天性注入新的营养，这样一来，他的天性就像一株偶然生长在大路上的树苗，行人在行走的时候，不断地触碰它，以至于让它发生弯曲，用不了多长时间，它就会一命呜呼。慈爱而有远见的母亲①，因为你最懂

---

① 对孩子来说，最重要的教育是启蒙教育，而妇女自然无可争议的是施行这种教育的人。如果上帝有意让男子去做这件事情，它就会让男子去用乳汁哺育小孩。所以，你可以在教育论文中多向妇女讲一讲这点，因为她们对这方面的问题比男子更加注意。绝大部分失去了丈夫的母亲是以自己的孩子为中心，因此这些孩子有能力让她们认识到自己的教育孩子的方法的优劣。这也决定了她们能够对教育产生巨大影响，并且他们和教育的关系也最为紧密。法律并不是为了培养道德而设立的，维持社会安宁才是它主要的目的，这就决定了法律更多的是涉及财产问题，而不是人。所以，母亲无法从法律那里获得更多的权威。但是同父亲相比，母亲的地位要更稳固，所承担的任务也更为繁重。正是因为有她们的一力操持，家庭才能够那么有条不紊。总体说来，她们对孩子

得如何避开这条大路，不让这株正在成长的幼苗受到伤害，最懂得如何避免让人类的各种舆论攻击到它，因此，我诚恳地向你提出请求：一定要对这株幼苗进行培育，给它提供足够的水分，让它能够得到生长。总有一天，你会因为它结出的果实而感到喜悦。你应该在你孩子的灵魂周围筑起一道围墙，时间越早越好。对别人来说，或许他们只是划出这道围墙的范围，但是你要在这种范围上插上篱笆①。

在培育草木的时候，我们定然是想让它成长到一定规模；在教育人的时候，我们就必须让其具备一定的才能。一个人尽管有着高大强壮的身体，但在他还不知道如何使用自己的身材和力气的时候，这两种东西并不起作用。不仅如此，由于别人会因为它们而产生不帮助这个人②的想法，它们对这个人或许还是有害的。而这势必会让他形单影只，让生命消逝在明白自己需要些什么之前。对于婴儿的处境，我们每个人都会有怜悯之心，但是我们未必知道，人如果不是从婴儿就开始着手，那么人类已经消失于这个世界。

力量对于我们来说无疑是非常重要的，因为我们一出生就具有软弱的特性。我们也需要帮助，因为我们生来便一无所有。我们还需要判断力，因为在一出生的时候，我们都是一些愚蠢的人。如果没有教育，我

（接上页）是很疼爱的。一个儿子，他或许可以不尊敬自己的父亲，人们或许也可以从某种程度上原谅他。然而，一个儿子如果丧心病狂到对自己的母亲都不尊敬，对一手把自己抚养大的人，用乳汁把自己抚养大的人，长年累月含辛茹苦地照顾自己的人都不尊重，那么这个人就是一个不能够存在世界上的怪物，而人家也应该赶快杀掉这个罪恶的人。当然，有人可能会说母亲溺爱了自己的孩子。我承认，她们在这一点上做得并不正确，但是，较之于你让孩子堕落，她们犯的错误可就轻多了。母亲希望自己的孩子获得幸福，甚至希望孩子立即就获得幸福，她们这样想完全是正确的。如果在施治上她们采取了错误的做法，你应该做的是指出来。同母亲溺爱所带来的伤害相比，父亲的独裁、奢望、吝啬、疏忽、冷漠以及错误的长远规划对孩子造成的伤害更大。同时，我也必须解释一下我是如何定义"母亲"这个词语的，在后面这一点将会被提及。——原注

① 大家告诉我，我在这里的指代对象，福米先生认为是我的母亲，说他对这点在一本著作之中已经有提及。我想说的是，这完全是在玩弄我和福米先生。——原注

② 在外表上，他和别人并没有什么不同，所以别人从外表上是无法看出他有这种需要的。所以，如果没有语言和用语言表达的思想，这个人就无法让别人知道自己在哪些方面需要别人的帮助。——原注

们便不能具备在出生的时候所没有的东西，也不会具备在成长时所需要的东西。

对我们进行这种教育的对象，可以是自然、人，也可以是事物。我们才能器官的内在发展要归功于自然的教育，但是能学会如何利用这种发展却是别人的功劳，也就是人的教育。而我们能对影响我们的事物产生良好的经验，则要归功于事物的教育。

因此，我们面临这样一个事实：我们每个人是被三种教师培养出来的。所以，也就有这样一种差别：对于一个学生而言，如果三种教师的不同教育在他的身上不能同时存在而起冲突，那么他就不能受到一种很好的教育，他自己也会认为这种教育和他的想象相差甚远。相反，如果这三种不同的教育能够在他的身上和谐共处，并且有着相同的目的，那么他就可以实现自己的目标，同时也能拥有一种更有价值的生活。只有这样的学生，说他受到了良好的教育才是名副其实的①。

这三种不同的教育，我们完全不能凭自己的意愿去决定自然的教育，并且也只能在某些方面决定事物的教育。我们能够真正加以控制的，只有人的教育。而即便如此，我们还要认识到我们的控制也只是建立在假设的基础上，因为没有一个人能控制一个孩子周围所有人的言语和行为。

如果不能让上述三种教育有机结合，那么一种整体的教育是不能成功的。因此，如果以一种艺术的眼光来看待教育，那么它的结果多半会让人失望。但是，如何让三种教育有机结合，却不取决于任何人的意志。我们竭尽所能能够做到的，仅仅是无限地接近一个目标。而即便要达到这个目标，也不能完全离开运气的成分。

这个目标就是自然的目标，这个我们刚才已经进行了论证。我们已经说过，要很好地结合三种教育，那么有一个任务就摆在了我们面前：我们要让其他两种教育配合我们无法控制的那种教育。自然这个词语或许并不那么清晰，因此我们在这里需要明确一下它的定义。

---

① 这三种重要的教育思想，在普鲁塔克的著作《论幼儿的教育》第4章里也有体现。——原注

在有些人看来，自然只是一种习惯①。但我们或许因此就要疑惑了，因为早已经有这样一个观念：人生来就具有一些强制的习惯即永远也不能消灭的天性。比如说，这样的一些习性被我们阻碍垂直生长的植物就具备。对于自由生长的植物而言，尽管它会保持人们强制它倾斜生长的方向，但不代表它的汁液也不按原来的方向流动。当这种植物能够继续发育，它直立生长的情况又会恢复。人所具有的也是这样一种习性。如果环境不发生变化，一个人由习惯产生的习性就不会消失，即便我们认为这些习性极其别扭。但如果出现了相反的情况，环境发生了改变，习惯或许就会不复存在，这个人也就又会恢复天性。因此，说教育只是一种习惯也并非没有道理。何况还存在这样一个事实：对于自己受到的教育，有些人能把它们保持，但另一些人却把它们忘了。倘若只用适合天性的习惯来定义自然这个名词，那么我们说这一番多余的话或许就没有必要了。

从降临到这个世界上开始，我们便有感觉的能力，并且对我们周围的事物，我们在以不同形式受到它们的影响。以下的看法或许是成立的：当感觉在我们的身上产生意识，对于产生这些感觉的事物，我们就会有追求或者逃避的欲望。在最开始的时候，我们只是考虑这些事物是否令我们愉快，在这之后，我们会才考虑它们是否适合我们，只有到了最后阶段，我们才会考虑它们是否和理性赋予我们的幸福和美满的观念相符合。这种倾向，会随着我们感觉的灵敏度和眼界开阔度的增加而同步增强。但是，不同的人可能会因为观念的不同而有不同程度的差异，因为我们的习惯在制约着它。我所说的内在的自然，指的就是还没有产生差异的它们。

所以，可以说是这些原始的倾向决定了一切。对于我们所受的三种教育，如果它们仅仅是存在一些不同还好，但如果它们互不相容，并且

---

① 福米先生认为这句话不应该这样说，对此我只想用一行诗来回答：

　　请相信我，自然仅仅是一种习惯。

福米先生之所以把自己的想法说成是大家共同的理解，是因为他不愿意让自己的同类感到骄傲。——原注

我们又是在以帮助别人而非为个人本身的目的来培养的一个人的时候，或许情况就发生了变化。对于后一种情况而言，就可能无法做到让三种教育相协调。因此，在教育一个人时候，必须要决定是仅仅要把他教育成一个人，还是要把他教育成一个公民，我们无法同时教育这两种人决定了这一点。

当一个很小的社会不仅只有很窄的范围，而且还有很团结的内部，它就会和大的社会不相容。如果一个人非常爱国，那么他就会以冷淡的态度对待外国人。因为在他们看来，外国人只是纯粹意义上的人而已，并不和他们产生关联①。这种缺陷是始终会存在的，但同时影响也没那么大。他们最需要解决的问题，是如何和跟他们一块生活的人很好相处。以斯巴达人②为例，在国外的时候，他们是贪婪且不讲仁义的，但如果是在自己的国家，公正无私、和平相处的精神又会遍及他们周身。那些世界主义者是不值得相信的，因为他们的著作只体现了一个理念：他们只是想到达一个地方，这个地方可以让他们不必履行他们周围的那些他们不屑一顾的义务。正是因为可以避免爱自己的邻居，这样的哲学家才会爱鞑靼人③。

对于一个自然人而言，他的生活目的可以完全是为了自己，并且也只需要把自己当成一个统一的个体，和他产生关系的对象，只有他自己和他的同胞。而一个公民则不同，一个公民只能算是一个依赖于分母的分数单位，这个公民和总体，也就是他和社会的关系，决定了公民这一身份价值。因此，只有知道怎样能够让人改变自己的天性，怎样避免让人以自我为中心，从而明白自己只是一个相对存在对象，并且能够不再

---

① 同样的道理，同君主国之间的战争相比，共和国之间的战争要更加残酷。但是，尽管君主之间的战争并不那么激烈，同做他的人民相比，做他的敌人要更合适，因为他们的和平是非常可怕的。——原注

② 斯巴达人生活在古希腊时期，他们无论男女均崇尚武力和征服，父母从小对孩子的教育就是让他们不爱哭、不挑食、不吵闹、不怕黑暗和孤独。男孩到了 12 岁就要被编入军队，到了 20 岁之后就成为一个正式军人，30 岁结婚之后仍然要参加训练，到 60 岁的时候，虽然已经退伍，但仍是预备军人。——译注

③ 一般意义上的鞑靼人是指几支使用突厥语的民族部落，普遍具有勇猛尚武的特点。——译注

把自己当成一个独立的人而是整体的一个部分，以使得"我"这个概念并入共同体的制度，才是一种好的社会制度。一个罗马的公民，即便不是盖尤斯也非卢休斯，但仍对自己的国家深深热爱。勒居鲁斯①就是一个很好的代表，他由于变成了主人的财产，便以迦太基人自居。罗马元老院给了他一个席位，但他因为自己是外国人而拒绝了，除非下达这一命令的人是迦太基人。别人想挽救他的生命，但他对此感到愤怒。他达到了自己的目的，无所畏惧地回去接受了酷刑，然后丧失掉了性命。如果以我们现在的人的眼光来看，我认为完全没有必要这样做。

佩达雷特是一名斯巴达人，他请求参加三百人会议，这一要求并没有得到满足。但他仍然心情愉悦地回去了，因为知道斯巴达有三百个比他更厉害的人②。这样的一种表现，我认为它并不虚伪，并且我们也有理由相信这一点。公民指的就是这种人。

有一个斯巴达的妇女，她的五个儿子都身处行伍当中。她为获得战事的消息而等待着。她迎来了一个奴隶，惊惧地询问战况。奴隶回答她："你五个儿子都牺牲了。"妇女回答："卑贱的奴隶，我不是问你这个问题。"奴隶恍然大悟，说："我们取得了胜利。"这位母亲于是便跑到了庙中去感谢神灵③。公民就是指这样的人。

一个人，如果把自然的感情置于社会秩序中的首要地位，那么对于自己需求，他是不了解的。如果有这样一个人，自相矛盾成了一种常态，并且老是要在自己的倾向和应尽的义务间做出抉择，那么说他是一个人就不合乎事实，并且也不能以一个公民来看待他，因为这样的人对自己和别人都不能带来好处。这样的人，就包括我们今天的人，今天的法国人、英国人和中产阶级的人。这样的人什么作用也没有。

---

① 勒居鲁斯是一个古罗马将军，但在一次和迦太基人的交战中被俘。他后被迦太基人派回罗马和商议交换人质事宜。但在回到自己的国家后，他却极力说服元老院拒绝这一要求。元老院要给他一个席位，但他仍然决定要回到迦太基人那里，因为他有过这样的承诺。最后他被迦太基人处死。——译注

② 普鲁塔克《拉西第梦人格言集》第60页。——原注

③《拉西第梦格言集》第5节。——原注

如果嘴上不这样说心里却这样想，对自己所采取的主张始终坚持，并且一贯地奉行，那么就没有办法有所建树，也不能成为一个有着独立人格，始终有着自己原则的人。向别人证明自己是一个人，还是一个公民，或者证明怎样才能同时成为这两种人，我无比期待人们向我展现这样一个奇迹。

这两个目的必然是相互冲突的。公众的和共同的，特殊的和家庭的，是它们产生的两种矛盾的教育制度。

你如果要了解什么才是公众的教育，那么读一下柏拉图的《理想国》①是个不错的选择。从书名来看，有些人或许会认为这本著作讲的是政治。但实则不然，它是一篇不可多得的教育论文，并且还从来没有人写出过这样的教育论文。

人们往往将柏拉图的制度在谈论空想的国家的时候提出来，但我却有这样一种看法：如果莱喀古士②不将自己的那套制度付诸实践而只是写在纸上，他的看法要更加空想。柏拉图想要达到的目的，只是让人的心灵得到净化，但莱喀古士却让人的天性发生了变化。

公共的机关已经成为过往。这一事实也是有存在依据的，因为公民不可能存在于没有国家的地方。现在的语言，早就应该取消"国家"和"公民"这两个词语。我很清楚要这样做的理由，但由于它无关乎我阐述的问题，所以我并不愿意谈论它。

人们口中的学院③，就是这样一种可笑的机构。我并不准备以一种公共教育制度的性质来研究它们。同时，因为这种教育想实现两个相反的目的却一个也无法实现，我也不准备把它当成世人的教育。这种制度只能达到一个目的：培养出一些成天表面上为了别人，但实则只为自己

---

① 《理想国》涉及柏拉图思想体系的各个方面，包括哲学、伦理、教育、文艺、政治等多方面内容。——译注

② 相传莱喀古士为古斯巴达的立法者。——译注

③ 有几个学校的教师我是非常喜欢的，同时也非常尊敬他们，其中以巴黎大学最为突出。倘若他们不必按照已有的规定做事，他们一定可以把青年教育得很好。我鼓励了其中的一个人发表自己制定的改革计划。或许，人们如果有一天发现亡羊补牢，时犹未晚时，会想方设法改善这种不良的状况。——原注

的阴险的人。但事实上这种表现也骗不了别人，只是在无谓地耗费精力，因为所有人都有这种表现。

这些矛盾，也是我们本身不断感受到的矛盾的产生根源。因为这样一个原因，我们采取了一个混合的办法：自然和人带领我们走向了相反的道路，但这些不同的推力又不可能完全相同。可这样做却没有产生理想的效果，它只导致了我们两个目的都没有达到。这种斗争和犹豫就这样贯穿了我们的整个生命，以至于在结束的时候，我们仍然不能达到我们的意愿，也不能帮助到自己和别人。

现在要谈论家庭教育和自然教育了。如果一个人受教育的动机只是为了自己，那么从别人的角度来看，他无疑是没有价值的。相反，如果一个人能这样做，那么他就搬开了获得幸福生活的路上的一块巨大的绊脚石：将抱有的两个目的结合为一个单独的目的。如果不看这个人成人之后的表现，以及对他的倾向进行了解，观察他的发展，注意他走的是一条怎样的道路，是没有办法对这个人进行评判的。一言以蔽之，要想评判一个人，就必须对这个自然的人有充分了解。我毫不怀疑，人们看完我这本书会在这个问题上获得一些启发。

那么怎样才能培养出这样一个不可多得的人呢？要实现这一目的，毫无疑问要做许多工作，切忌什么也不做以致最终毫无成果。当我们只是在逆风中行驶船只，我们只需要调整航向曲折前进就可以。但如果是在巨浪滔天的海面上行使，并且我们又想让船只停留在原地，不抛锚是做不到的。对于年轻的舵手而言，必须要做到谨慎小心，要时刻注意缆绳是否有松动，船锚是否发生了移位，提防船在我们还没有发现这些之前就漂走。

社会秩序当中所有的地位都是一一对应的。因此，为了取得各自的地位，每个人都应该受到教育。对一个人的培养，如果只以一种固定的地位为基准，那么对于其他地位，这个人就无法适应。要想让教育真正起作用，就必须要求父母这一职业与命运相一致。至于其他情况的出现，只是因为学生受到教育所给的偏见而造成的，对他本身不会有任何好处。对于埃及人而言，依从父亲的身份是儿子必须要做的，但这起码不会让教育漫无目的。反观我们，不断变化的只有人的地位，而阶级始终都保持原貌。这就存在了一种可能：一个人在培养自己的儿子去取得他地位的时候，没有人能够确定是不是在危害孩子。人在自然秩序当中并没有差别，让自己获得人品是每个人天生就应尽的义务，只要在这方面受到了良好的教育，任何人都可以拥有和自己相称的品格。别人要我的学生做军人、教士或者律师，我统统持认同的态度。但他们身为人父人母的时候，在这之前，大自然已经让他认识了人生。我要传授给他们的技能就是生活①。我教育出来的人，对于文官、教士或者律师这些职业，我承认他们哪一种都不属于。但他人的身份是固定不变的。一个人只有知道了做人要具备哪些要求，才知道怎样去把人做好。也只有这样，当处于紧急情况当中，他才能对每一个人都尽到做人的本分。这样，他的地位就不会因为命运而发生改变，从而能够很好地保持。"命运，我早已经在警惕你，你的支配权已经牢牢地被我紧握，你能够来到我身边的一切道路，都已经被我全部封死。"②

　　人的地位，才是我们真正要研究的东西。在我看来，我们当中谁最能接受生活中的幸福和忧患，谁就受到了最好的教育。因此也就可以说，停留在口头上的东西并不是真正的教育，实行才是。我们对自己的教育，从我们一投入生活就已经开始。从我们降生的那一刻开始，我们的教育就已经伴随着我们而来。我们的保姆，可以说是我们的第一个教师。古人在用"教育"这个词语的时候，同时也包含了"养育"的意思，只不过我们已经把这重意思弃之不用。瓦罗③有这样一种说法："助产妇负责接生，哺乳是乳母的责任，孩童时期的老师负责启蒙，教师的责任是教导。"④所以，教育、教训和教导三件事情的目的，像保姆、孩童时期的

----

　　① 对于那些杂七杂八的事情，始终追求品德的人是不需要了解的。他洞悉世事，考虑的是怎样过更有意义的生活，而不是怎样和自己的妻儿生活。——原注

　　② 西塞罗《土斯库兰辩论集》第5篇第9章。——原注

　　③ 瓦罗（公元前116年—公元前21年）：古罗马时期的政治家、著名学者，当时罗马最博学的人之一，对法学、地理学、语言学、历史学、诗歌等多方面都非常精通，著有一些教育和哲学的作品。——译注

　　④ 参见《诺尼乌斯·马赛鲁斯文集》。——原注

老师、教师一样各不相同。但人们对这些区别却不甚了了，他们不知道，儿童如果要受到良好的教育，不应该只跟从一个向导。

因此，我们就面临一个要求：对问题展开最普遍的观察，从抽象的角度来看待我们的学生，人生的偶然事件时刻都在影响着他们。当然，现在的办法在某些方面也有可取之处，只要一个人一出生就在一个地方固定不变，一年四季也不存在变化，并且每个人都安于自己的命运，从而不想改变自己的现状。以出于取得当事人地位的目的去教育一个儿童，并不会碰到由于其他地位而带来的困难，因为他永远不可能脱离这种地位。但如果要从人生多变的角度，从我们整整一代人在这个世纪精神总是感到动荡不安的角度来考虑问题，我们或许就应该有这样一种考虑：相较于把儿童当作足不出户，并且从来不缺少侍奉的人，是否还有其他更荒谬的做法？对这样一个可怜的人而言，只要他在地上稍作移动，或者是往下坡路迈出一步距离，等待他的就只有毁灭。我之所以要这样说，并非是表明要让他去承担这种痛苦，而只是为了说明应该要让他对这种痛苦有所了解。

人们不应该仅仅想到要怎样保护自己的孩子，还应该要教会他们以下技能：在成年后，怎样才能让自己得到保护；能够承受得住命运的打击；懂得轻视豪华和贫困；在必要的时候，能够生活在冰岛寒冷的天气下或者马耳他岛火热的岩石上。如果只是徒然地想让他避免死亡，那么死亡最终仍然会眷顾他。到那个时候，你所耗费的精力就不可避免地会被误解，尽管你的操心照料并不是造成他死的原因。因此，教会他怎样生活才是问题的根本所在，而非只是防止他死去。把生活看成呼吸是并不恰当的，活动才是生活的本来面目。这也就是说，我们必须要让我们的器官得到使用，让我们的感觉、才能以及我们感到我们存在这一本身的各部分得到使用。活得最长的人并不能算是生活得最有意义的人，对生活最有感受的人才是。如果对生活缺乏感受，一个人尽管活到一百岁才最终死亡，和一出生就丧失了性命也没有什么两样。对于人生的意义，如果他到最后那一刻也仍然不能明白，那么并不见得比在年轻时就走入坟墓更好①。

奴隶的偏见，塑造出了我们的种种智慧。我们受到一些习惯的驱使、折磨和遏制。生、活、死都在奴隶状态当中进行，这是文明人生活的真实写照。从降临到这个世界上那一刻开始，这种人受困于襁褓。等到死后，他又会被人钉进棺材。只要他人的样子还没有改变，始终会受到我们制度的约束。

有这样一种说法：为了让新生儿的脑袋拥有一个更适合的形状，有些助产妇对这些婴儿的头进行按摩，而人们对她们的这种行为也并不反对。我想，之所以要由助产妇来塑造我们的头的样子，由哲学家来安排里面的内容，或许是因为造人的上帝并没有把它做得很好。与我们相比，加利比人或许要更为幸运。"人们在婴儿刚一离开娘胎，还只是片刻地享受到活动和伸展肢体的自由的时候，就又重新束缚住了他们。人们用襁褓包裹住他，并且以这样一种方式——将头以一定的位置固定，伸直两腿，在身体的旁边安放着双臂——让他们睡着。此外，人们还用各种衣服带子捆绑住他，让他一动也不能动。如果人们以这样一种方式来对待他，他或许就应该值得幸运：能够细心地让他侧躺着，从而使得他能够吐掉口中的唾沫。因为对于他来说，想要侧过头自由吐出口中的唾沫是根本做不到的。"②

对于新生的婴儿而言，由于四肢呈一团已经麻木很久，为了消除这种麻木，无疑应该让其进行伸展和活动。但实际情况是怎样的呢？人们诚然有让婴儿的四肢得到伸展的能力，但并没有给其自由活动的权利。似乎是害怕别人看到他有生命的样子似的，他们甚至还用头巾包裹住他的头。

如果这样做，就会阻碍孩子身体内部发育动力想要让孩子运动的要

①"生命如果非常充实，它就能够长时间持续。生命怎样才能过得很充实呢？那就是在精神上给予生命应有的美，从而让它自身具有能力。老气横秋地生活八十年不算是在生活，而是在苟延残喘。衡量一个人的一生，应该以事业为标准，而不应该以寿命来衡量。"塞涅卡《道德书简》。——原注

②《博物学》第4卷第190页，12开本。——原注

此处的《博物学》是指法国博物学家布封等人所编的《博物学》一书。——译注

求，并且这种阻碍是不可克服的。在这种情况下，孩子只会继续挣扎直至将体力耗尽，从而造成发育被延误。相较于被扎着尿布感受到的局促、痛苦和拘束，他在胞衣里的感觉反而还要更好。如果一个孩子面临这样的境地，我不认为他有生出来的必要。

束缚住孩子的手脚，从而让他无法活动而产生拘束感，只会得到一种结果：孩子的血液和体液无法流通，从而让他的体力和成长无法得到发展，以至于让他的体质受到伤害。只要一个人没有采用这些过于谨小慎微的做法，那么这个人就可以长得十分健壮，同时还能拥有匀称的模样。相反，只要一个孩子让襁褓包裹，那么这个人就很可能患上驼背、瘸腿、膝盖内弯、脊柱炎或出现各种畸形。人们害怕因为自由活动而长成一个畸形的身体，结果反而让畸形不可避免。也正是因为这样的一个观念，人们为了避免让孩子成为残废，宁愿让他们的关节无法活动。

这样的束缚是如此残酷，我很怀疑孩子们的脾气和性格不会因此而受到影响。他们首先无疑会感觉到痛苦。然后，他们会感到自己无法进行必要的活动。于是，他们感到难过，其程度甚至要超过戴着手铐和脚镣的犯人。面对这样的情况，他们挣扎、愤怒和哭泣，但是却于事无补。你们或许有一个这样的疑问：哭是否他们出生之后发出的第一个声音？我想是的，因为从降生那一刻开始，他们就得到你们所给的一种待遇：让他们的活动受到限制。并且，你们还把束缚作为第一份礼物送给他们，以痛苦的刑罚作为他们受到的第一种待遇。他们用声音来诉说自己的苦楚也完全在情理之中，因为自由地发出声音是他们唯一能做的事情。为什么要给我们施加这样的痛苦呢？他们为此而哭诉着。我想，相较于他们的这种表现，如果是你们被捆绑，也许还要哭泣得更厉害。

一种与自然相悖的习惯，就是这种荒谬习惯的出处。本来哺育自己的婴儿是母亲的头等大事。但自从她们轻视这一点后，雇佣的保姆便成了这一责任的承担人。因为是在给别人的婴儿做母亲，这些保姆就尽量让这一责任履行得更轻松。而这样的做法，是不符合婴儿天性的。无疑，对于一个没有任何拘束的婴儿而言，他必须要得到经常性的看守。但保姆的做法是怎样的呢？她们把婴儿包裹好，然后不加选择地放到一个角落，至于婴儿哭号的问题，她们是不管的。只要没有发现保姆的不负责任，吃奶的孩子也没有缺胳膊少腿，孩子即便最终不幸夭亡，或者终身都被疾病和虚弱缠绕，也没有人会觉得有什么问题。孩子们的四肢得到了保全，但身体却受到了摧残。反观保姆，她始终都能置身事外，无论发生了什么事情。

如此，那些美貌的母亲就可以在城里尽情享受，因为她们免去了喂养婴儿的麻烦。至于襁褓中婴儿在乡村受到怎样的待遇，她们是一无所知的。她们不知道，只要保姆们稍微感到繁忙，便会毫不在乎地把孩子放在一边，像对待一包破旧的衣服一样。她们不知道，当保姆们在从容做自己的工作时，折磨在始终伴随着那个可怜的孩子。我们或许会注意到这样一种现象：孩子如果受到这样的待遇，脸色都是青色的。之所以会如此，就是因为孩子的胸部被紧紧地捆住，以至于使血液的流动受到阻碍，从而全部汇集到了头部。这个受苦的孩子的这种表现，或许会让人们以为他非常安静，其实他是无力哭泣。一个孩子的生命能在这样的情况情况下维持多久呢？对于这个问题，我并不知道答案。但是对于它的持久性，我是非常怀疑的。在我看来，这或许就是使用襁褓其中的一个最大好处。

有人或许有这样一种看法：如果不对婴儿的活动进行限制，一些不好的姿势便会出现在他们身上；他们还可能做一些动作，而这些动作是有损他们四肢的美好形态的。但我想说的是，这种观点只是一种臆想，它并没有得到任何经验的证实，同时也是从我们不可靠的知识当中发展出来的一种空洞看法。一些比我们更开明的民族，他们孩子的成长四肢都没有受到拘束。但即便如此，这些孩子也鲜少有受伤、残废的情况发生。若要问原因，是因为如果他们动作过于猛烈，痛苦会立即告诉他们应该改变。

有谁见过在襁褓里的小猫小狗吗？又或者见过它们因为缺少这样的关心而受到阻碍？的确，相较于这些动物，婴儿可能要更重，但他们也更为软弱。他们在刚能活动的时候就要伤害自己的身体吗？这是无法想象的。而如果你让他们享受躺着的待遇，他们会像乌龟一样永远无法翻转过来，然后一命呜呼。

不再给自己的孩子喂奶也就算了，但妇女们竟然还要拒绝生孩子。如果这样做，其结果是不言自明的。母亲这一职责无疑很不轻松，也正是因为这一点，她们想出了可以完全不承担这一责任的方法。为了可以重新怀孕，她们实行避孕。繁殖人类本来是一件快乐的事情，但因为她们的这种做法反而成了一种对人类的摧残。欧洲未来会面临怎样的局面，这种习惯，以及其他各种导致人口减少的因素已经给出了答案。这块土地，将会因为自身产生的科学、哲学、艺术以及道德变得荒芜不堪。由于无法从根本上改变居民的这种做法，将来出现在这片土地上的只有猛兽。

有一些年轻的妇女，她们懂得运用一些伎俩：假装给孩子喂奶。这样的情形我看到过几次。如果这种荒谬的想法被别人知道，他们知道别人一定会强迫她改正。因此，为了避免这一情况的发生，她们对丈夫、医生，尤其是老太太进行了巧妙地利用：妻子要给孩子喂奶，如果一个丈夫并不反对，那么他在面子上就过不去，别人也会认为他不想让妻子活命。于是，谨慎的丈夫不得不割舍自己作为一个父亲对孩子的爱，因为他想要生活不起过多的波澜。无比幸运的是，与你们的妻子相比，更懂得自裁的妇女乡下还能找到。对于你们的妻子因此而节省下来的时间，如果她们是把它用在你们的身上而非别人，你们无疑更加幸运。

妇女与生俱来就拥有有一种责任。她们之所以还要争辩说吃她们的奶和吃别人的奶并没有什么两样，完全是因为她们不看重这种责任。本来，医生才是这个问题的评判者，但妇女似乎已经按照自己的意愿解决了这一问题①。在我看来，如果从避免让一个孩子从生育他的血液中获得新的疾病这一角度来看问题，让他吃健康的保姆的奶而不是过于娇气的母亲的奶反而更好。

但有一个问题也不得不面对：体质是不是决定如何看待这一问题的

---

① 在巴黎，我总认为女人同医生的联合是一件有趣而怪异的事情，医生依靠妇女出名，而妇女又依靠医生而任意妄为。从这一点我们已经足以看出，要想成为一个著名的医生，一位巴黎的大夫需要拥有怎样的才能方可以实现。——原注

唯一因素？对于一个孩子而言，他需要母亲的奶是否比需要母亲的关怀更迫切？对于一个母亲不愿意给他奶吃的孩子而言，别的妇女完全可以给这个孩子吃自己的奶，甚至哺乳动物也能做到这一点。但有一点不容否认：她们，或者是它们，无法给这个孩子母亲那样的关心。一个把奶给别人孩子吃而不给自己孩子吃的母亲，很难说是一个称职的母亲。这样的母亲，也无法成为一个合格的保姆。当然，我并不否认她们有变成好保姆的可能，但绝对不可能一蹴而就。要想做到这一点，她们必须要将自己的天性用习惯来进行改变。但如果这样做，对于那位没有受到周全照顾的孩子来说，等保姆对他产生母爱，他或许已经不知道死过多少次了。

请保姆喂奶并非没有好处。但一种坏处也正是产生于这种好处之中：一位妇女必须让别人也享有一部分她做母亲的权利，或许说让给别人更为确切。她将会看到这样一种现象，她的孩子在爱她的同时也爱着另外一个妇女，甚至对另外一个妇女的爱还要更深切。这样一来，她势必会感到她孩子对她的爱只是礼节性的，而对保姆的爱却是因为责任。这也难怪，对于一个孩子而言，他在保姆那里找到了一个母亲的操心劳力，自然就应该表现出一个儿子应有的感情。也就是因为这一点，如果一个妇女对感情非常看重，她就会缺少把孩子交给别人去哺育的勇气。

让孩子以一种轻视的态度看待自己的保姆，并且把保姆当成一个奴仆，就是她们让这种害处消失的办法。她们会这样做：在保姆到了喂奶的期限时就要回孩子，或者干脆让保姆走人；如果保姆来探视自己哺育过的孩子，她们就双眼望天，从而打消这位保姆来看孩子的想法。她们打着一个这样的如意算盘：当经过数年这样的情况，保姆就不再会出现在孩子的视线当中，而孩子也就因此认不出保姆了。这位母亲这样做的目的，无非是想把保姆的位置取而代之，想将她的过失用这种冷冰冰的办法来进行弥补。殊不知，她所做的这一切都是白白耗费精力。莫要说不能让天性已经改变的孩子恢复孝顺，甚至还会让他变得不看重感情。在今后，与母亲轻视给自己喂奶的保姆一样，他对自己的亲生母亲也会起轻视之心。

因为联系到许多你意料之外的事情，我本来打算在这一点上多费一些笔墨，但将一些有害处的问题翻来覆去地空谈毕竟让人感到提不起精神。你如果想让每一个人都承担起自己最重要的责任，不妨这样去做：首先让那些母亲担负起自己的责任。做过之后你将会发现，你造成的影响连你自己都会感到惊奇。做母亲的人不承担自己的责任无疑是一种最严重的腐化，这种腐化会造成以下情况：丈夫不再迷恋一个新家庭的景象，在外人的眼里他也不再那样受人尊重；再也没有人尊重母亲，因为大家看不到孩子；住在家里已经成了一种煎熬，已经疏远的血缘关系，即使想靠习惯来弥补也已经做不到；父母、兄妹、子女都失去了各自的本来面目，而这势必会让大家变得陌生，谁都知道陌生的人是无法建立起亲密感情的；每个人都变得以自我为中心。当家庭不再有温馨的感觉，想要获得快乐只有另寻别处。

习惯这个东西，也并非完全不能自行改变，其改变的前提是：对于自己的孩子，母亲能够细心爱护，并且亲自喂奶抚养。只要能够做到这一点，每一个人的心里又将燃起自然的情感，国家的人口也会更加生机勃勃。这一点是最重要的，并且想要让一切变得和谐，也只需要做到这一点。没有一种药物，比用家庭生活的乐趣来抵抗坏的习惯更有作用了。对于喧闹的孩子们，人们现在也觉得很有趣了，原本他们是非常不喜欢这些孩子的。相较于以往的关系，父亲和母亲的亲密感也更上一层楼了，变得都意识到不能缺少彼此。而这也让夫妻关系变得更加稳固。当温馨热闹的气氛充斥着整个家庭，妇女们操持家务的工作就变得难能可贵了，而丈夫也会因此感到甜蜜。因此，只要让这个恶习无所遁形，各种其他恶习也就完全可以迎刃而解。这样一来，常态马上就可以得以恢复。只要妇女们不拒绝去做一个母亲应该做的事，让男子们承担起做父亲和做丈夫的责任就完全不在话下。

事实上说这些话完全是多此一举。一个讨厌世间快乐的人，要让他感受到家庭的快乐是困难的。母亲的职责，不只是现在，就算在将来妇女们也不会再承担了。并且，她们也不打算承担这种职责。而这种做法，将必然会导致她们将来想承担这种职责的时候也无法再做到。一种风气在今天已经确立：母亲不亲自哺乳。每一个哺乳的女人，都会受到周围所有持反对态度的妇女的攻击。对于自己没有表现过的模样，这些妇女结成了一个群体来进行反对。她们不仅仅反对，同时也不愿意对这种模样进行学习。

但也有另外一种情况，在对待这个问题的时候，一些本性善良的年轻妇女有时候也敢于对这种趋势说不，并且不认同其他女人的呼声。对于大自然赋予自己的高尚使命，她们以惊人的勇气予以了完成。能担负起这种使命的妇女，她们也会因此而获得好处。因此，我十分希望这样的妇女的人数能一天多过一天。如果能够这样做，我可以向这些值得尊敬的母亲承诺：她们的丈夫将会始终爱着她们；她们的孩子也会真诚地孝顺她们；每个人都会对她们怀有一种崇敬之情；她们的分娩会顺顺当当，一点痛苦和不良的反应也不会有；她们将拥有一个健康的身体和无比旺盛的生命力。在某一天，她们还可以怀着无比喜悦的心情看到女儿仿效她们的做法，其他人的丈夫叫自己的妻子效仿她们。

如果母亲做得不称职，那么子女也好不到哪里去，这两者的关系是休戚与共的。如果这一方没有将自己的义务很好地履行，那么想要另一方面很好地履行自己的义务也不太可能。因此，要想孩子爱自己的母亲，必须要让他明白自己应该爱她。一旦血肉之情缺少习惯和母爱的滋养，在开始的几年里，它就会变得不见踪影。而孩子因此而受到的影响就是：心在尚未出生的时候就已经枯萎。如果出现这样的情形，也可以说一开始的几项工作就没有依照自然来进行。

但是，在一种情况下，一个妇女可以从一种相反的途径来脱离自然，这种情况就是：她给了孩子母亲的关怀，但这种关怀的程度超过了必要的限度。这样的母亲，她们是以一种对待偶像的态度来对待她们的孩子的。她们原本让想孩子免于柔弱，谁知却让孩子的柔弱程度不断增加。她们让孩子远离各种痛苦，以避免自然法则的侵袭，却没有想到也可能造成这样一种情况：孩子一时因为她少受了一些折磨，却在将来要面临更多灾难和危险。她们也没有想到，尽管这种做法非常谨慎小心，但非常残酷，并且会延续小时候的柔弱，从而导致长大之后对各种劳苦无法承受。有一个很好的寓言，并且有着非常清楚的寓意：为了让刀枪伤害不到自己的儿子，忒提斯①把他浸到了冥河的水里。但是我口中的那些残酷的母亲是怎样做的呢？她们采取的做法完全不同。她们无视会给孩子带来苦难，将他们身上的毛孔打开，让他们生活在温柔和舒适之中，无视会让孩子们被各种疾病偏爱，从而导致他们长大后经常生病。

不与自然相悖，让前进的道路和它给出的相一致。事实上，它所做的只不过是在让孩子不断地得到锻炼，让他们的性情通过各种困难来得到砥砺，让忧愁和痛苦从小就为他们所认识。他们的婴儿时期几乎总是会面临疾病和危险：长牙的时候发烧，肠腹疼痛的时候痉挛，剧烈咳嗽的时候呼吸困难。忍受着肠虫的折磨，血液被多血症②败坏。此外，由于血液中有各种酵素的发酵，他们还可能犯斑疹。正是因为这些，刚出生的孩子，在不到八岁的时候就会夭折一半。如果孩子能顺利地通过这些考验，他们就被赋予了力量。这样一来，当他们有能力运用自己的生命时，就拥有了更加坚实的生命基础。

自然的法则就是遵循，我们所需要做的，就是按照这一法则去做。你必须明白：自己如果改变这个法则，就会让孩子前途尽毁，让孩子无法顺利地从这一原则当中得到关心和照料。你可能认为在室外让自然来锻炼孩子会更加危险，但事实上这并不正确，这样做恰恰是在把危险分散和减少。相较于其他孩子，没有受过什么苦痛的孩子更容易丧失掉性命，这是生活给我们的教训。只要我们不让他们去做其不能胜任的事情，与爱惜他们的体力相比，让他们使用自己的体力还要更好。鉴于这一原因，对他们进行训练，以使得将来有一天他们能够承受住遇到的挫折，是有必要的。把他们放到冥河水里浸泡吧，让他们的身体得到磨炼，让他们在残酷的季节、气候和天气到来时，对饥渴和疲劳能够无所畏惧。只要孩子的身体还没有形成一个固定的习惯，你尽可以按你喜欢的习惯

①古希腊神话中的海洋女神。——译注

②多血症又叫红细胞增多症，与贫血相对，多见于中年以后的人，有真红细胞增多和症状性红细胞增多之分，前者由红细胞本身引起，后者是在患某种疾病之后表现为这一症状。——译注

来培养他们，并不会有什么危险。但要注意的是，如果你是在他们已经有了牢固的习惯之时来改变他们，不管是哪一种改变，对他们都具有相当大的危险性。在最开始的时候，一个孩子有着柔和和容易改变的性情，因此，一个大人不能忍受的变化，他却可以忍受。也正是因为这一点，对于孩子而言，想把他想成我们心目中的类型并没有那么困难。但成年人就不同了，因为已经有了比较固执的性情，对于他已经形成的个性，不经过暴力是无法改变的。因此，即便有危险，在能够避免孩子的生命和健康受到威胁时，我们就应该毅然决然地把他培养得非常强壮。因为既然人生逃避不了这些危险，将它们在还不能造成巨大危害时熟悉一下就是最好的办法。

一个孩子年龄不断地增长，他的价值也在相应增高。这种价值，既包括他个人的价值，也包括别人为照料他而投入的精力，以及他去世时我们产生的悲伤。这就决定着一方面既要让他得到周全的保护，另一方面又必须为他的将来做打算。如果他生命的价值在他能够利用自己的生命之前不断在增加，那么最糟糕的做法莫过于让他在幼年的时候尽量避免受苦，从而导致痛苦都集中在他有理智的年龄段。如果要说这就算教育，实在是太牵强。因此，必须在青年时期之前就让他有防御的能力，才能让他抵抗青年时期的灾害。

一个人的一生，痛苦总是时刻伴随的。费尽心思地照顾他，本身就和痛苦有着不可分割的关系。相较于其他更酷烈和更悲哀的痛苦，他童年时候遇到的痛苦还算是好的，因为那只不过是身体上的痛苦。不仅如此，它们的数量也远远不及那些让人不想活下去的痛苦。一个人因为患痛风症而自杀的人是找不到的，但可以因为内心的苦楚而绝望而自绝。我们同情儿童的命运，但在我看来，我们自己的命运才是应该同情的。是我们自己让自己面临更大的灾难。

孩子刚一出生就哭号。可以说，他是在哭号中度过自己的婴儿时期的。但是，他最先获得的就是威权和驱使的观念。人们要么时常轻轻摇晃他，给他几句表扬的话，以达到哄他的目的；要么就是恐吓他，对他拳脚相加，以制止他继续吵闹；又或者服从他的意愿去做事情，又或者强迫他们遵从我们的意愿；要么就是我们遵从他奇怪的想法，要么就是他被强迫遵从我们奇怪的想法。总之，在他和我们之间，一定会有一个人听从另一个人，不极端的办法是找不到的。他在没有拥有说话能力的时候就能支配人，在还不具备行动能力的时候就已经在服从人。人们惩罚他，但不知道有的时候他并不能认识到自己的过错，也许说他还无法犯错误更为准确。在很早的时候，人们就向他幼小的心灵注入这些情绪，到头来了又说他天性如此；辛辛苦苦让孩子走入歧途之后，又口口声声地宣称：他原本就是这样的人。

在妇女们的手中，一个孩子如果受到这样的待遇。只消六七年，她们的恶习以及他自己反常任性的性格就会改变他。当她们要把这些观念教给他，也就是把一些他无法理解的语言或对他没有任何好处的事物放进他脑袋。她们在他的天性被她们培养的情绪抹杀掉之后，就让一个老师来教导这个已经面目全非的人。她们让这位老师来让他已经成型的人为的病源继续发展，把一切的知识教给他。要想让她们教他认识自己，对自己的长处加以利用，明白怎样生活和获得幸福，她们是不干的。而这样做的最终结果是：这个孩子既是一个奴隶，又是一个暴君，充满学问但又理性不足，并且也不具备坚强的身体和心灵。当这样的儿童进入社会，把自己的愚蠢、骄傲和各种恶习暴露无遗的时候，人们开始感到悲哀，悲哀于人类痛苦以及邪恶。但是你们不要忘了，这样的一个人，是我们按照自己奇怪的想法教育出来的，自然的人完全是另外一种面貌。

因此，在他刚出生时就保持他原来的样子，是保持他本来面目的唯一办法，如果你希望这样做的话。要想实现这一目的，你必须在他刚降生就让他处于自己的掌控之中，并且在他还没有成年时依然这样做。既然母亲是名副其实的保姆，那么父亲无疑就是真正的老师。当他们在对尽责任的次序和应该怎样做的问题做出抉择的时候，真心希望他们能够很好地把两者结合起来。相较于用才能去补偿热情，用热情去补偿才能无疑更好。因此，相较于让那些最有能力的老师的培养，让明白事理有远见但心胸不怎么广阔的父亲培养要来得更好。

但做父亲的责任通常被放在最后考虑，人们最先考虑的是无数的事务、工作以及其他职责①。当然，会出现这种情况也完全在情理之中，对于一个父亲而言，他的妻子既然拒绝哺育他们爱情的结晶，他自然也可以拒绝培养自己的孩子。与其他生动的图画相比，家庭的这幅图画无疑最为动人。但是我们不能忘记，这样一幅动人的图画，只要缺少一笔，整幅画就会被毁掉。母亲因为身体糟糕而不能哺育孩子这一观点如果成立，那么同样成立的还有另一种观点：父亲可以因为事情太忙而无法教育孩子。如此，寄宿学校、教会女子学校、公立学校就成了孩子们的栖身之地，他们因此也就远离了家庭。于是，他们就向其他地方灌注了家庭之爱，换种更准确地方说法就是：他们往家里带去了讨厌一切人的习惯。这就导致了兄弟姐妹几乎成了陌生人：只要是在一起的时候，他们不仅有一种拘束感，而且还会像对外人那样表现得非常客气。只要父亲和母亲缺乏亲密的感情，只要一家人在一起的时光变成了一种忍受，那么恶劣习性填补这些空缺的时机就到来了。对于这一系列相互联系的关系，我不相信有人居然愚蠢到看不出来。

对于一名父亲来说，他生育出孩子，事实上只完成了三分之一的任务。为人类培育人，即为社会培养能够融入大众的人，为国家培养出一名合格的公民，也同样是他不可推卸的责任。对于这三种责任，如果有谁拒绝承担，那么这个人就是一个罪人。而如果他把承担这三种责任只完成一半，那么罪责或许还要更大。对于这些至高无上的责任，如果有哪个人视而不见，那么我几乎可以肯定他的命运是：因为自己所犯的错误而痛哭流涕，同时心里感到无比辛酸，但是却不能通过哭泣得到丝毫的缓解。

---

① 从普鲁塔克的著作中我们可以发现，功勋卓著、治理罗马的监察官卡托，在自己儿子还很小的时候就已经亲自教育他了。他教育得非常仔细，仔细到什么程度呢？当保姆也就是孩子的母亲把孩子弄醒让他洗澡时，他就放下所有的事情亲自过来看。在苏埃多尼乌斯的作品我们也可以看到，征服世界和统治世界的霸主奥古斯都也亲自教自己的几个孙子认字、游泳和学习基本知识。不光如此，他还经常把他们留在自己的身边。当我们通过这些事情，看到那时的小孩竟然喜欢做这些愚蠢的事情，我们不禁要笑出声来了。我们这个时代的大事他们当然是办不了的，因为他们受到了太多的限制。——原注

一个腰缠万贯且非常忙碌的父亲，他放弃了管教自己的孩子，理由是他不得不这样做。他解决这一问题的做法是，将自己要承担的责任让一个花钱雇佣来的人去完成。对于这种眼中只有钱的父亲，我只想告诉他们：你用钱未必能为你的儿子找到一个父亲。你最好的做法是停止再犯这种错误，因为你为你的孩子请来的这个人，不仅不能算是一个教师，甚至就是一个完全的奴仆。在不久将来，你的儿子将会被他培养成又一个奴仆。

那么必须具备哪些品质才能算是一个好教师呢？对于这个问题，人们已经进行过许多讨论。在我看来，一个好的教师首先要是一个不能被收买的人。对于一些职业而言，因为它们本身的高尚性，一个人为了金钱而去从事这些职业已经不能说是称职。这样的职业包括军人，也包括教师。但如果要说到教育一个孩子，你自己才是最适合的人，这一点我已经说过。你说你不能教，我说我也不能教，那唯一能想到的办法当然就只剩下请个朋友来代劳了。

谁也不能否认一个教师必须是一个高尚的人。对于一个要塑造一个人的人而言，能够担任父亲的角色，或者比父亲更有教养，是他必须具备的硬性指标。我很难想象你竟然不为让一些为了金钱而工作的人来承担这样的工作而担心。

关于这方面的问题，不思考则已，如果我们进行思考，越思考就越会发现一些新的困难。有一个事实是不容否定的：教师要想教育自己的学生，其本身就必须要受过教育；一个仆人要想为他的主人服务，他也不能不接受教育。因此，一个人要想教授学生，他必须不断地受到多重教育，直到再没什么教育可受为止，并且对于这一点，他自己必须要非常明白。让一个本身都没有受过良好教育的人来培养孩子，培养的结果是不言自明的。

这样的一个人是如此稀少，以至于让我无法确定是否可以找到。在这样一个沦落的时代里，一个人的灵魂究竟还有多高尚，谁也没有办法确定。但如果我们假设有这样一个杰出的人，我们想他成为一个怎样的人，就必须将他应该做什么的问题放在最重要的地位进行考虑。当一个父亲意识到一个好教师的重要性时，我毫不怀疑可以预先断定，他将会决定不请任何教师，并且毫不犹豫。他为什么要这样做呢？因为一个事实摆在他面前：如果他要去找一个这样的老师，相较于他自己做老师，他这样做投入的精力还要更多。这也就是他愿意做一个朋友，并且同时愿意把他的儿子培养成自己的一个朋友的原因。毕竟，这样做免去了去其他地方找老师的麻烦，何况教育的工作已经有一半被大自然完成了。

有一个人曾请我去教他的儿子，关于他的信息，我只知道他非常有地位。我能得到这样的待遇，当然是无比光荣的事情。但是我没有同意。他如果因此而怨恨我则不应该，我是出于谨慎考虑才这样做的，而且我自己也为能这样做而感到庆幸。我这样做的依据是什么呢？原因如下：即便我答应他的请求，但如果没有用一个正确的方法教导，那么可能就是失败。但就算我能够成功，或许还会得到一个更加可悲的结局，他的儿子将会放弃他的头衔而拒绝做公爵。

一个教师所承担的责任，我非常明白是无比沉重的。并且，我也认为自己的能力还非常微弱。这也就是我不接受任何人邀请我担任这一职务的原因。朋友的推荐就更不用说了，它或许还会成为我拒绝的另一个理由。看过这本书之后，我毫不怀疑向我提出这种要求的人会减少绝大一部分。因此，对于那些准备请我做老师的人，我希望他们不要再无谓地浪费精力。为了证明我做这一工作是不合适的，在以前，我曾尝试过这个职业多次。到了现在，即便我具备了这个能力，我的情况也已经不允许。我之所以要将这一点公之于众，其原因就在于有些人还不那么重视我的话，因此不相信我的决心是非常大的。

对于这个最有价值的工作，我虽然无法担任。但是像其他许多人那样，不去参与这件事而去著书立说，这类最简单的事情我仍然可以做。我虽然没有做应该做的事情，但是要竭尽全力把这件事说出来。

有一个事实是不容否认的：有一些作者在著述的时候，总是把一些不具有可行性的完美方案轻松地列举出来，因为他的工作，只是在对一些用不着他去实施的办法进行自由地论述。但即使他说的话具有可行性，在他没有说明怎样做的时候也一文不值，因为它并没有详细的内容和案例。

基于这一原因，我决定采取这样的做法：想象出一个学生，并且假设我在年龄、健康、知识等所有方面有能力对他进行适合的教育，同时，在他从出生长到成人的整个阶段，我都可以不断地实行教育，在他长大的时候，他将可以在不需要别人帮助的情况下自己指导自己。这样做有什么好处呢？在我看来，它可以避免让一个不信任他的读者陷入一个迷局。为什么会这样呢？因为作者在不用通常的方法而只用自己的方法教他的学生时候，不久就可以发现这种教育是否和孩子的成长以及人心的自然发展相符合。当然，即便他自己无法发现这一点，读者们也可以代他感受到。

面对各种各样的阻碍，这就是我想要尽力去做的事情。在这本书当中，我只会提出每个人都能判定正确与否的原理，其目的是为了避免让这本书因为陈述并非必不可少的材料而占用太大篇幅。我在我的学生和其他人身上应用了那些需要进行试验的法则。为了能够使人们认同我提出的方法具有可行性，我同时也对情节进行了详尽叙述。这些就是我打算实行的计划的模样。那么谁来判定我是否做得成功呢？我把这个权利交给了读者。

鉴于这一原因，再加上虽然我对教育采取的标准和大家公认的相反，但明白事理的人大都会赞成，在刚开始的时候，我并没有对爱弥儿费太多的笔墨。但是我不能不说明一点，那就是在我继续往下说的时候，我的学生已经不是一个一般的儿童，因为他所受的是和你的学生不同的教育，这就决定了必须用一种特殊的教育方法教他。因此，从这里开始一直到结束，他会频繁地出现我的视野里，从而使得他能够不需要依赖我而自己说一切话。

由于我假设了一个教师应该具备哪些才能，并且假设了这些才能我都具备，因此在这里我并没有对一个好教师应该拥有哪些才能进行论述。我对自己是没有任何拘束的，人们在阅读这本书的时候将会发现这一点。

我只对我不同于普通人的观点进行论述。在我看来，年轻是一个孩子的老师必须具备的特点，只要有可能，一个充满智慧的人就应该尽量年轻。同时我还希望，如果有可能，他本人就是一个孩子。这样他就可以和学生玩在一起，在分享学生欢乐的过程中让学生信任他。儿童和成年人是很难有坚固友谊的，因为两者有太多不同的地方。孩子们并不喜欢老人，即便有时候表示出喜欢也是在恭维老年人而已。

对于孩子们的教师，大家也许会抱有这样一种希望：他曾经有过教学生的经历。这样的概率无疑是很大的。但是，有一个问题我们也不得不面对：一个人只能够教一个学生一次，如果他必须要教两次才能达到理想效果，那么他无疑没有教第一次的权利。

不可否认，一个人有了更多的经验，可以把事情做得更好。但是持续这样做下去，对于他来说就太困难了。当成功地完成一次这样的事业之后，不论是什么人，都不会再想做这样的工作，因为他感受到了其中的艰难。如果他第一次就做得很不好，那么再让他做第二次，结果铁定也是非常糟糕的。

同时我还认为，和一个青年人相处四年和教育他二十五年区别很大。你对你儿子的做法是，在他已经成长的时候找一个老师给他。而我对他的做法却是，让他在出生以前就有一个老师。你所请来的这位老师，每隔五年就可以换一个学生教。但我请来的这位教师却不同，他一生只教一个学生。你愚蠢地把教师和导师区别开来，那么我想问：你是否也要区别门徒①和学生？在我看来，必须要教给孩子的只有一门学科——做人的天职。这门学科是不可分割的，不管色诺芬②对波斯人实行了怎样的教育也不能影响这一点。同时，由于这门学科的关键是教导孩子怎样做人而非要教给孩子哪些东西，我也宁愿以导师来称呼教这种知识的老师而非教师。让孩子明白应该按怎样的标准去做并不是他的责任，让孩子们能够发现这些标准才是。

认真挑选一个老师如果是有必要的，那么对于一个老师而言，他也应该有权利去挑选自己的学生。如果这名老师是准备挑一个学生来装点

---

① 指学生或跟随者。——译注

② 古希腊哲学家苏格拉底的弟子。他在公元前 401 年曾参加希腊雇佣军帮助小居鲁士争夺波斯王位，但没有成功。——译注

门面就更有这样做的必要了。但因为孩子的天赋和性格只有在我完成自己的工作之后才能确定，并且我是在他出生之前就把他当作自己的学生，所以我不能按照孩子的天赋和性格来进行挑选。如果我具有选择的权利，像我假想的学生一样，我会挑一个只有着平常智力的孩子，因为普通人就是我们想要培养的。如果不这样做，他们所受的教育，就不能作为和他们相同的人的教育案例。

当然，人们的教养，在一定程度上也受地方的影响。只有在温带地区，一个人的教养才会达到完满。两极地区是不利于教养的养成的。一棵树可以种植在什么地方就永远留在那里，但是人却不能这样。相较于一个从地球这一端走到另外一端的人而言，从中部出发到达同一个顶点的人所走的路无疑要少一半。

与一个从地球的一端走到另一端的人相比，一个温带的居民走到地球的这一端或另外一端，无疑更有好处：虽然两者经受的是同样的变化，但是温带居民自然体质引起的变化却只是另一者的一半。一个法国人能够在新几内亚和拉普兰很好地生活，但一个黑人要想很好地生活在托尔尼奥却是做不到的。同样，一个萨摩耶人①也不可能在贝宁②生活。并且，在两极的地方，头脑的组织也不能够得到充分生长。如果说到智慧，无论是黑人还是拉普兰人，始终都不如欧洲人。也正是因为这一点，如果我要从地球上挑选出一个学生，我希望从温带挑选。举个例子，相较于在其他地方挑选，在法国挑选就更好。

生活在北方的人们，他们通常要在自己贫瘠的土地上消耗更多的精力。而生活在南方的人们则不相同，他们在富饶的土地上只需要消耗很少的精力。这就造成了北方人非常勤劳和南方人喜欢沉思的特点。这样的差别，在同一个地方的穷人和富人之间也存在：富人住的地方通常都很肥沃，而穷人只能住贫瘠的地方。

由于受到环境的强迫教育，教育对于穷人可以说是不必要的，何况他也不可能受到其他的教育。但是富人则不同，他在他所处的环境当中

---

① 指生活在西伯利亚游牧民族。——译注
② 西非的一个国家。——译注

受到的教育并不适合他。不仅如此，这种教育也不利于社会。而且，无论是谁，自然的教育都可以让他成为一个适合所处环境的人。因此，教育富人怎样变贫穷，好过教育穷人怎样变得富有。何况，综合这两种的数字来看，破产的人永远多于致富的人。采取这样的做法，我们毫不怀疑最起码可以多培养出来一个人，而穷人却可以自然成才。

因此，如果爱弥儿生在一个显贵的人家，我并不认为有什么不合适的地方。因为这样可以让一个人免于受到偏见的影响。

事实上，爱弥儿是一个无父无母的孤儿。但这并不成为一个问题，因为他父母的责任和全部权利都已经被我承担。他固然不应该不尊敬他父母，但是我必须要是他唯一一个服从的人。我的第一个条件就是这样，并且也只有这一个条件。

但我还要对上述条件做一点延伸，那就是没有人能把我们分开，除非是我们两个人同意。事实上，这一点也只是在以上条件的范围之内，是不可或缺的。并且，我甚至还希望学生和老师来这样看待彼此的关系：谁都离不开谁，把共同的目标作为自己一生的命运。当他们发现自己以后的结局是各自分开，将来有可能成为陌生人，那么在一开始的时候，他们就已经是陌生人。当他们彼此按照自己的方法行事，两个人都只想在将来分开，那么他们在一起也只是勉强的。如果老师在学生的眼里只是一个出现在儿童时期的噩梦，又或者学生在老师看来只是一个想丢掉的沉重包袱，老师和学生各自都希望尽早地离开对方，从来就没有真挚的情谊在彼此间产生，那么只能造成一种结果：一个人对自己的工作完全不上心，一个人只知道违背管束。

然而，像彼此以前一起生活那样，老师和学生如果能相互尊重，那么就会出现以下情况：彼此懂得爱护对方，从而建立起非常紧密的关系。这样，因为要向一个成年时是朋友，但在儿童时就已经跟随的人学习，学生就不会因此而感到难为情。反观老师，他也可以更好地为自己的教育工作投入精力，然后等待这结果的到来；等到垂垂老矣的时候，因为他将各种德行教给了学生，就可以坐享这一结果带来的利益。

分娩不碰到困难，孩子具有活泼健康的特质，是一开始我们说好准予成立的假设。这个假设还包括如下内容：在上天馈赠给他的这个家庭当中，一个父亲应该对自己的孩子一视同仁，同等地关心和爱护他们。每一个孩子都是一个寄存在他那里的事物，因此他就有必要对其花费精力。婚姻既是夫妇之间订立的一项约定，也是他们和大自然订立的一项约定。

只要一个人承担了一项任务，而这些任务又并非大自然强加在他身上的，弄清完成这个任务的方法对他来说就是必不可少的工作。如果不这样做的话，在将来的时候，他就必须对自己做不到的事情也负责。一个老师的学生如果没有一个健康的身体，那么他就不得不费精力照顾他。这样一来，他的责任原本是做老师，结果却变成了一个护士。如此，对于这样一个没有价值的生命，他就不得不把用来增加生命价值的时间都投入到照料当中。但即便这样做了，在将来的某一天，他会迎来一个满脸泪水的母亲，因为她儿子的死而责备他。而实际的情况是：他已经替她儿子延长了很长一段时间的生命。

对我来说，我是绝不愿意看管一个体弱多病的孩子的，即便他可以活到八十岁。对于这样一个对自己和别人都没有任何作用的学生，我是坚决不要的。因为怎样让自己得到保全，已经占用了他的全部精力，他精神的陶冶已经为他的病快快的身体所损害。我将大量的精力放在他身上，结果却只能是徒劳。不仅如此，这样做还会使得社会承受加倍损失，就好比是在为一个人而付出两个人的代价。当然，我并不反对别人来替代我教这个孱弱的孩子，不仅不反对，我还会称赞他的仁慈。但如果让我来这样做，我是绝不愿意的。对于这个只想保住自己性命的人，我简直不知道应该怎样让他生活下去。

要想精神能够支配身体，前提是要这个身体有足够精力。一个仆人如果不强壮，很难被称为一个好的仆人。放纵固然可以刺激欲望，但是时间一久，身体也会相应受到损害。断食和少食，造成的结果也是一样的，都是因为对立的原因而造成。越是柔弱的身体，它需求的强烈程度也越高。相反，越是强壮的身体，精神就能够更加容易支配它。孱弱的身体，隐藏了一切感官的欲望。但对于这些欲望，这个身体并不能予以满足，甚至还起到了刺激的作用。

　　弱小的身体还伴随着衰弱的精神。对于医药这一门学问，相较于它医治的一切疾病所产生的好处，它对人类造成的毒害要更大。医生能治好我们的什么病呢？对于这个问题，我并不知道答案。我只知道，他们给我们带来的病症能够致人死命，懦弱、畏惧、轻信和害怕死亡，都属于这类病症。因此，这样的说法或许是成立的：他们治好了我们的身体，却让我们的勇气消失于无形。即使他们可以让死尸重新行走，也和我们没有半点关系。人，才是我们所需要的。但是我们有看见他们救活过什么人吗？完全没有！在我们中间，医学是非常时尚的，它也的确应该时尚。因为它是一批人的娱乐。这批人整天无所事事，正愁不知道该如何打发自己的时间，于是便把这些时间用来保全自己的生命。倘若他们能够长生不老，他们也未必幸福，或许还是所有人当中最悲哀的一个群体。因为永远不怕失去生命，等同于不具备任何价值。对于这样的人，用医生去威胁他们是必要的。因为只有这样，才能使他感到开心，感受到自己还在这个世界上幸存的快乐。当然，这也是他们唯一的快乐。

　　我并不准备在这里多谈医学是怎样没有作用，从道德方面来考虑医学问题才是我想做的事情。但是人们在医学的应用上是怎样做的呢？我只能说，他们只是搞一种诡辩，和在真理的追求上做的事情一样。只要对病人展开治疗，就可以治好他；只要对真理进行探索，就可以找到真理，是他们常挂在嘴边的口头禅。他们当然不了解这样一个事实：一个医生挽回一条生命，必须要相应地杀死一百个病人；我们发现的真理给我们带来了帮助，但是发生的谬误也造成了同等量的错误。我不否认教育人的知识和治疗人的医学有着本身的好处，但是我们也必须承认：那种把人带入歧途的知识，或者是消灭生命的医学，是坏得非常彻底的。因此，问题的关键就出来了：告诉人们应该怎样辨别它们。倘若我们明白对真理不屑一顾，受到谎言蒙蔽的事情就永远不可能发生在我们身上。同样的道理，如果懂得不把希望寄托在医药身上，医生就永远不可能成为我们的刽子手。如果能够这样做，无疑会获得巨大的好处，因为这两种节制的方法都是非常明智的。我之所以要不争论医学是否有益于一些人，而要说它对人类非常有害，也是出于上述原因。

但这样一来，我或许就要听到一些人的这样一个声音了：医学本身并没有错误，犯错误的只是医生。这话多么好啊！既然如此，那么我们干脆不要医生只要医学。因为医生和医学本来就是一个不可分割的整体，相较于医学的帮助给人带来的希望，医生所犯的错误更加令人害怕和担心。至于程度的问题，可以说到达了一百倍[①]。

治疗身体上的疾病并不是这门虚假艺术的作用，它真正的作用是用来医治心病的。但即便如此，与对身体疾病起到的作用相比，它对心理的治疗效果也并不一定更大。或许，它使我们对疾病感到的畏惧，还要大于它替我们医治的疾病所带来的害处。它有让死亡得到推迟了吗？并没有，相反还使我们预先感受到死亡的威胁。它有延长生命吗？也没有，它只是让生命一点一点流失。何况，即使它有办法延长生命，也不一定就能说对人类有益，因为它强迫我们只关心自己而对社会冷眼相待，让我们感到了恐惧，却将责任抛到了九霄云外。正是因为我们对危险有所感知，我们才会惧怕危险。一个坚信自己不会受到任何伤害的人，是不会感到害怕的。阿喀琉斯因为诗人而拥有了抵抗危险的能力，但也正是因为这一点，他已经无法表现出勇敢。因为，只要处在他那样的地位，任何人都可以成为一个阿喀琉斯[②]，所要做的只是付出相同的代价。

如果你们想找到真正勇敢的人，应该去没有医生的地方去找。因为那里的人们对疾病会带来什么影响一无所知，并且很少有人想到死亡。坚强地忍受痛苦，然后无所挂碍地离开这个世界，是人天生就具有的特点。人们之所以自愿沉迷放纵，忘记了应该如何死去，就是因为医生所

---

① 作者后来改变了这种对医生的尖锐态度。法国作家贝纳丹·德·圣皮埃尔(1737—1814)在自己的作品曾提到作者对他说的一段话：如果可以重新印刷一次我的著作，我会以更加温和的话语论述医生。事实上，他们那个职业是最需要进行许多的研究的，他们在各个地方可以说都是最有学识的人。——译注

② 阿喀琉斯：古希腊神话中的英雄，也是忒提斯的儿子，荷马史诗《伊利亚特》将他描述为一个半神英雄，刀枪不入。——译注

开的处方、哲学家讲述的道理，以及僧侣宣扬的劝世文①。

如果你们一方面要我教一个学生，另一方面又由以上三种人来教他，那么我是绝对不干的。我绝不允许我的事业被其他的人破坏。如果不能只由我教他，那么我宁愿不去做这件事情。在花了一些时间研究医学之后，哲学家洛克极力劝诫人们：绝不要给孩子吃药，无论是为了预防还是为了治疗一些微小的疾病。但我还要补充一点：到现在为止，我从来没有为自己请过医生，所以我也不打算为爱弥儿请医生，除非他的生命的确遇到了危险。因为医生对他唯一能做的，就是更大规模地伤害。

当然，对于这种延迟就医的方法，我深知医生一定会借题发挥：孩子如果死亡，只能怪你们这么晚才请医生；相反，如果孩子健康痊愈，那么一定是他的功劳。医生如果能获得胜利，我当然乐意看到，但我更希望你们在病人临终之前，才去请他过来。

对于治病的方法，孩子诚然一无所知，但对于自己是否有生病，他们是明白的。这是一种自然的艺术，它可以对另一种艺术的不足进行补充。动物在生病的时候，通常只会默默地承受。因此，与病恹恹的人呼号相比，我们看见的同样状态的动物要更少。没有人知道已经有多少人死于急躁、畏惧、忧虑，尤其是药物。这些人身上所患的疾病，其实不足以置他们于死地，只需要经过一段时间，他们就会重新恢复健康。这样一来，有人或许就要回应我了：动物之所以不像人那样容易犯病，完全是因为它们的生活方式更适合于自然。这句话说得妙极了，这种生活方式正是我要求学生要采取的。他如果能采取这样一种生活方式，就也会获得同样的好处。

卫生学是医学中唯一有价值的东西，但卫生学只是一种道德而非一门科学。人类的两个真正医生是节制和劳动，前者可以避免让人吃太多东西，后者可以增进人的食欲。

如果有谁对那些身体最棒、寿命最长的人所采用的养生方法进行研究，就可以知道哪一种养生方法最有利于生命和健康。在使人身体更健

_____

① 指有着很长历史，流传于民间的一些句子。它经过历代文人墨客的锤炼，已经完全是一些精华，具有完整的系统。——译注

康和寿命更长方面，如果我们在经过普遍观察过后发现医药不具备这一作用，又或者是发现这门艺术没有任何作用，那就可以确定它只会产生害处，因为它只是在无谓地浪费时间、人和物品。用来保持生命的时间是没有意义的，不仅没有意义，甚至还会起到相反的作用，因为它既消耗掉了生命，同时又对我们造成了伤害。因此，我们必须把它从我们余下的时间当中清除出去才能做到公平。如果从对自己和对别人的角度来看，一个在医生手中度过了三十年的人，他的生活质量远远不如一个不请医生但只活了十年的人。得出这样的结论，可以说我是最有资格的，因为这两种生活我都做过试验。

关于我为什么只要健壮的学生的问题，这就是答案。在保持这个学生健康体格的时候，它也是我采取的一个原则。那么体力劳动和身体锻炼对磨砺性格和促进健康有着怎样的作用呢？我并不打算详细论证长寿的问题，因为它的答案在任何人那里都是肯定的；长寿的人，几乎都是一些热爱锻炼、能够忍受劳累和最爱干活的人[1]。同时，对于应该采取怎样照料的方法才能获得长寿，我同样也没有详细论述的打算。事实上在我的实践当中，这些方法的采用都是无可选择的，我只需要把它们的主旨稍一提及就已经能够让人明白，并不需要再进行其他解说。人们在以后将可以看到这一点。

生命的生成，也意味了需求的出现。对于刚出生的婴儿来说，必须要有一个保姆。母亲如果能把自己的责任完成好，无疑是最理想的。并且，我们也可以写一些指导她的东西。但这样做也会出现一个弊端，那就是降低了老师和学生之间的亲密度。不过并不需要担心母亲会轻视老师的

---

[1] 说到这里，我不得不提及从英国报纸摘录的一个事例，它提出的看法和我论述的问题关系非常紧密："有一个人名叫巴特利斯·奥尼尔。他是 1647 年出生的，1760 年他结完第六次婚。他在查理二世在位的第十七年任职于龙骑兵。后来，他又在各军团中服役，直到 1740 年才被批准退役。他曾经跟随英王威廉王子和马尔伯勒公爵出征过。他一贯的生活习惯是：只饮用普通的啤酒，坚持吃蔬菜，吃肉只在宴请亲朋好友的时候。除了执勤之外，他始终按照太阳的升起和落下作息。他现在已经高达 113 岁，但即便如此，他的身体仍然非常健康，耳朵也非常好使，走路还不用拐杖。他的确已经年纪很大，但是却从来没有让自己闲下来。他每个星期天都带自己的儿子、孙子和曾孙到教堂做礼拜。"——原注

看法，因为她既然会为孩子着想，并且也尊敬老师，就不会不让老师来托管这笔非常珍贵的储蓄。只要她有做的意愿，任何人都不可能比她做得更好。因此，如果找其他人做保姆是必要的工作，那么她当是首选。

总是受到欺骗，是富人所遇到的糟糕的事情之一。如果知道了这一点，也就不难明白他们为什么总是把人都看得很坏了。财富是导致他们沦落的罪魁祸首。因此，他们所遭遇的一切，可以说是自作自受。何况，对于这个他们所知道的唯一工具的缺点，他们也是第一个感受到的人。在他们的家中，没有弄得非常坏的事情，只有他们正身体力行的事情，除此之外，他们是不做任何事情的。如果要找保姆，他们会让产科医生代劳，结果造成给产科医生钱最多的人就是最好的保姆。所以，如果要把替爱弥儿找保姆的工作交给产科医生去做，我是无论如何都不同意的。我必须要亲自认真挑选。对于这一点，产科大夫或许能滔滔不绝地说上半天道理，但是我却做不到。有一点是肯定的：我是在真心实意地做这件事情，并且我的热情会忠诚于我，不像他的贪婪那样使人上当受骗。

那么挑选保姆的诀窍在哪里呢？其实，并没有什么新奇的方法，它所用的只是大家都明了的法则。不过我也有一个疑问：那就是是否应该注意乳母的年龄和乳汁的质量？新乳汁通常稀薄得过分，甚至把它看成一种轻泻剂①也不为过。其作用只是用来清洗新生婴儿的肠子当中残留的浓厚胎便。随着时间的推移，奶汁的浓度开始同步增加，这时提供给婴儿的是一种比较稠的营养品。这个时候的婴儿已经拥有了更加强壮的身体，将这些东西消化对他来说已不是难事。由此也可以看出，大自然让各种雌性动物按吃奶的小动物的月龄而改变其乳汁浓度的做法是有原因的。

所以，对于一个刚出生的婴儿来说，给其请一个才坐过月子不久的保姆是很有必要的。我深知这位保姆要做到这一点很不容易；同时我也知道，如果不按自然秩序做事，想要把这件事做好，每个人都会碰到难

———————————
　　① 一种可以用于帮助肠道排泄的物质。——译注

处。于是，将事情搞砸，就成了唯一解决问题的权宜办法。事实上人们也的确是这样做的。

如果不是一个身心两方面都健康的人，是不能做一个合格保姆的。因为她的奶汁可能因她放纵感情而败坏，就像脾气的暴烈所造成的后果一样。就算只从身体一方面做考量，也有可能只把工作完成一半。以下的看法或许是正确的：不仅需要注意奶汁和保姆的好坏，而且还需要注意品格和性情的质量。如果哺育婴儿的是一个没有良好品格的妇女，那么我几乎可以预言：虽然她哺育的婴儿未必会带上她的恶习，但是在将来的日子当中，这个婴儿将不可避免会受到她恶习的不良影响。很难想象她一面在用乳汁喂养他，一面又不热烈而温存并且耐心地照顾他，或者是完全不在意他的脏乱。倘若她是一个不仅贪吃，而且品行不端的人，那么她的乳汁过不了多久就会被她败坏。如果她并不是一个细心的人，又或者有着非常急躁的性格，那么在她的摆弄下，这个无法保护自己又没有诉苦之处的可怜孩子，其命运已经可以预见。一个心地不好的人，是没有办法做好任何事情的。

为什么保姆的选择更加重要呢？因为对于她所哺育的婴儿而言，既然只能有一个老师，那么也就只能有一个保姆。在古代，人们就已经有了这一习惯。与我们相比，古代的人虽然不那么喜欢议论，但更加开明贤达。如果一个保姆哺育一个女孩子，那么这个保姆将会始终在她身边。也正是出于这一原因，古人的戏剧大多由乳母扮演知心人。很难想象通过几个人培养的方式能培养好一个孩子。这样做只会使这个孩子越来越轻视管教他的人，从而损失了他们的威信，因为在每替换一次人的时候，孩子势必会对他们加以比较。如果让他明白大人懂的道理并不比小孩多，只需要一次，长辈们便不再具有威信，从而也就可以确定对他的教育没有成功。除了自己的父母外，一个孩子几乎不会再有其他长辈。在某一个时期，如果他的父母没有在他身边，那么他就只能以自己的保姆和老师为长辈。但是也有一个问题，那就是他只会在两者之间选一个。不过这一弊端也并非不能避免，其避免的方法就是：在涉及孩子的问题上，管教这个孩子的男子和妇女要能很好地配合，其程度要达到不分彼此。

保姆诚然应该过更舒适的生活，吃更丰富的食物，但把生活方式完全改变却不应该。否则的话，因为生活方式一下子遽然地全部改变，她的健康会因此受到影响，即便这种转变是由坏变好。事实上让她完全改变自己的生活方式也没有好处，因为她平时所用的养生方法，已经足以让她保持身体的健康。

与城里的妇女相比，乡村里的妇女通常吃更多的蔬菜，而肉却吃得很少。而对于她们和她们的孩子而言，这种素食的养生方法似乎更有好处。但如果中产家庭请她们做乳母，通常会给她们吃许多的肉。他们的看法是，肉汤和肉能使她们的乳糜①更好，同时也生产出更多的乳汁。但对于这样的做法，我坚持表示反对。因为在这种情况下长大的孩子，患腹痛和滋生肠虫的概率比其他孩子要更高，我的经验已经告诉了我这点。

这是很好理解的，因为多虫是肉食的一大特性。相反，素食就不会出现这种情况。乳汁事实上是一种植物性食物②，尽管它出自动物的身体。如果我们对它进行分析，就可以发现它非常容易变酸。此外，不同于动物性食物那样生成残余的挥发性碱质，它会产生一种植物也会产生的中性盐。

与食肉动物的奶相比，食草动物的奶要更加甘甜，同时也更有益于身体。众所周知，淀粉能产生的血液要比肉类更多。因此，淀粉产生的奶也一定更多。我不相信一个孩子受到这样的待遇还会生肠虫：不要断奶太早，断奶后只给他吃植物性食物，保姆也只吃蔬菜。

我不否认植物性的营养品所产生的乳汁有很快变酸的可能，但绝不认同把变酸的奶看成一种不干净的食物。对于有些民族而言，他们喝酸奶，但是并没有什么不舒服的感觉。在我看来，所有中和剂都是骗人的把戏。对于一些脾胃本来就不适合喝奶的人而言，我不相信有哪一种中

---

① 乳汁的颗粒成分。——译注

② 妇女吃的蔬菜、面包和奶制品，母狗和母猫，甚至母狼也吃。她们的乳汁里之所以有植物性的液体，正是因为这个原因。现在，我们就来检查一下那些只吃肉的动物的奶是否也有这些东西，因为我对这一点是非常怀疑的。——原注

和剂可以把乳汁变得适合他们的脾胃。而对于除他们之外的另一些人而言，他们完全能够轻而易举地喝奶，不管有没有中和剂。有这样一些人，他们是惧怕吃提炼过或凝结的奶汁的。我不能不说，这样的做法是非常荒诞：乳汁在胃里总要凝结起来，这已经成为一个常识。它之所以能哺育婴儿或幼小的动物，原因就在于它的凝结。无法想象它不凝结，只是流过肠胃就能够起到哺育的作用[1]。由于每个人都必须消化奶酪，因此他们才用各种方法稀释奶汁，并将各种中和剂加以利用。对于凝结奶汁的工作，胃的构造是无比适合的。因此，人们才会拿小牛的胃来作制奶酪时用的胃膜。

所以，我认为不需要改变乳母平常的食物，为她提供更丰富和更好的食物就已经足够了。食物的性质并不是素食引起便秘的原因，是烹调让它们受到了污染。你们曾把食物烧焦，用油去煎炸，同时还要把牛油、盐和乳制品进行煎炒。但这些制作食物的方法现在不能用了，必须予以改变。对于用水煮过的蔬菜，应该要在它们还非常滚烫的时候就拿上桌子，然后再上调料。这样一来，素食不仅不会让乳母便秘，反而还会让她产生更丰富和优良的奶[2]。我毫不怀疑，当素食法对婴儿的好处最大这一点为人们所明白之后，将不会再有人说乳母最应该用肉食的养生方法。这两个方法本身就相互矛盾。

儿童的体格受到空气的影响很大。在他刚出生最开始几年，这一问题表现得尤为明显。当柔嫩的肌肤上的全部毛孔被空气侵袭，那正在生长的身体就会受到强烈的影响，然后，这些被它触碰过的皮肤就会留下印迹，永远都不消失。因此，把一个农村妇女从乡下请到城市里，然后把她关在自己家的一间屋子让她喂奶给孩子，这样的做法我并不赞成。与这种做法不同，我更愿意让孩子去乡村，去呼吸那里的新鲜空气，而非把城里被污染过的空气吸进肺里。他将去往他那位新母亲的乡下的房

---

[1] 哺育我们的浆类虽然是液体，但是它来自于对固态食物的压榨。如果一个劳作的人只喝汤，那么他的身体很快便会无法支撑。他如果喝奶就会好很多，因为奶会凝固。——原注

[2] 对于毕达哥拉斯的各种优点和缺点，如果有谁想深入探究，就可以参见比奥大夫所写的有关这个重要问题的论文，因为他刚好持相反意见。——原注

子居住，和他一同去的还有他的老师，去那里过和他新母亲相同的生活。我想读者们一定不会忘记，这位老师的身份必须是他父亲的朋友而非一个雇佣的仆人。说到这里，人们或许就要问我了："如果这样的一个朋友找不到，或者进行这样的迁移有诸多困难，又或者我提出方法不对头，那该如何是好？"这个问题的答案我已经向你们做过陈述。因此，你们不需要再为这个问题去请人出谋划策。

人类繁衍的目的就是要像蚂蚁那样挤成一团吗？当然不是！遍布所耕种的土地才是其真正目的！人类在一起，只会造成堕落，在一起的人类越多，就堕落得越严重。聚集在一起的人数如果过多，就必然会使身体和心灵不健全。人在所有的动物当中，是最不适合聚集在一起生活的。羊群通常会拥挤在一起，但如果人也这样做，灭亡将会成为他们迅速到来的命运。人的呼吸对同伴是极具危险性的，其程度甚至能够达到致命的地步。从实际方面来讲也好，从抽象方面来讲也好，这一点都是千真万确的。

人类就是被城市陷害的。只需要经过几代人的时间，人种就会发生变化，要么被消灭，要么退化。这就提出了一个要求：必须要对人类更新换代。而乡村，通常称为更新人类的地方。所以，请把你们的孩子送往乡村吧！在那里，他们可以自然而然地进行改变，他们在人口过多的地方所丧失的精力也会得到恢复。对于乡村的孕妇而言，她们通常更想到城里来生孩子。但我认为恰恰应该采取相反的做法，即妇女们应该从城市到乡村去生孩子，那些愿意自己哺育孩子的妇女更应该这样做。在她们看来，自己或许面临许多困难，但实际的情况是，这些困难也许并没有她们想象中的那么多。在一个人类觉得自然的环境里居住，把自然的责任充分予以履行，那么快乐就会降临到身上。只要在这种快乐当中处上较长一段时间，对于那些无关乎这些责任的快乐，她们就不会再有享受的兴趣了。

妇女生下婴儿，人们通常的做法是用温水洗涤婴儿。有时候还会加一点酒在里面。但在我看来，完全没有必要加酒。人工制造的酒对大自然创造的人的生命一定会有好处吗？我对这一点表示怀疑，因为大自然并不会产生任何酵素。

同理，把水小心地加热也是没有必要的。许多民族的做法就非常可取：他们只是把刚出生的婴儿在河里或海里稍作浸洗。不过对于我们的孩子而言，并不能马上为了恢复他们的健康而进行各种锻炼。是什么原因导致出现了这种情况呢？首先，他们的父母原本体质就不那么好，决定了在还没有出生的时候，他们的身体就已经非常虚弱。因而，在一来到这个世界之后，他就具备了一种娇气。想让他们的元气得以恢复，非循序渐进不可。在开始的时候，只需要按照他们的习惯做即可，可以以后让他们慢慢地摆脱不良习惯。经常给孩子洗澡是有必要的，因为他们通常都脏兮兮。但是千万不能给他们擦澡，那么做会让他们的皮肤受到伤害。当他们拥有越来越强壮的体质，就可以逐渐把水的温度降低了。到了最后，他们就可以用冷水甚至冰水来洗澡，不管是在冬天还是夏天。我们可通过多次缓慢地降低水的温度，以达到不伤害他们的目的。为了保证不出差错，我们可以用寒暑表来准确测量降低的温度数。

当这个习惯已经形成，就应该让它保持一生。我之所以对这个习惯如此重视，为了保持清洁和健康就是其中的一个原因。其他的原因还包括：以这个习惯来增强体质，从而让肌肉纤维更柔和，这样就可以让他们能够轻松应对不同程度的炎热和寒冷。所以，当他们长大的时候，我希望他们能够在可以承受的最热的水洗澡，同时也能够在可以接受的最寒冷的水中沐浴。当然，这一过程不能操之过急。如此，他们在适应不同温度的水之后，就会对空气的温度不那么敏感了。

当婴儿离开胞衣开始呼吸，就应该避免再用比胞衣更紧的襁褓包裹他。同时，还应该避免给他戴上帽子和系上带子。拿宽松的衣服给他穿，让他的四肢无拘无束是一个可行的办法。这样既可以让他的活动不受到妨碍，又可以避免让他暖和得对空气失去感知能力[①]。也可以把他放在

---

① 婴儿在城市里是非常气闷的，因为经常被放在屋里关着，而且身上穿的衣服也很少。照看他的人必须知道，冷空气对他们并没有害处，相反还会让他们的体质得到增强。而热空气就不同了，它不仅让他们的身体变得更虚弱，可能还会让他们发烧，甚至葬送掉他们的性命。——原注

一个摇篮里①，让他在里面安全地任意活动，当然，必须要把这个摇篮垫好。当他的体质一开始有提升，就应该让他在房间里自由活动，以达到运动他幼小的四肢和让他成长的目的。当这样做了之后，你就会发现他开逐渐强壮。你将会惊异于他和一个用襁褓紧紧包裹的同年的孩子竟然有那么大的差别②。

但乳母肯定不会赞成这样做，这一点我们应该要认识到。对于她而言，与需要她经常看管的孩子所带来困难相比，照料一个紧紧束缚住手足的孩子无疑要更省事。她可以用这样的理由争辩：如果身穿一件宽大的衣服，别人就很容易看出孩子的脏乱，因此她就不得不经常清洗它。或者她找出这样的理由来反对：这样做不符合风俗习惯。要知道，在有些地方，无论拥有怎样的地位，人们是不能够随便反对风俗习惯的。

和乳母进行争论是没有必要的。你需要做的只是：在你的监督下让她执行你的命令。为了顺利地让你规定的事项完成，对于你来说，竭尽全力是必须的。对于这些事情，你是完全有责任分担的。在一般的教育当中，孩子的活着是大家唯一关心的东西。只要他的生命延续着，身体也没有什么变弱的迹象，谁也不会再在乎其他东西。但是不要忘了，这

---

① 我是因为没有其他合适的词语可用才用"摇篮"这个惯用的词语。我相信完全没必要把婴儿放在摇篮里来摇去，并且这个习惯对他们来说也是有害的。——原注

② "古代的秘鲁人用一块宽大的包布包裹住婴儿，让他手臂的活动不受限制。当他们把婴儿抱离包布，就会把他自由地放在地上的一个垫着布的坑里。为了让婴儿的胳臂不受约束，而且头部也有活动的可能，并且可以随意地弯曲身体不怕跌倒和受伤，他们会只放进去婴儿的半个身体。当婴儿已经能够走路，母亲就会在远一点的地方像摆弄一个美味东西那样让孩子看自己的乳头，让孩子只能过去吃。黑人的孩子吃奶，有时候是在一个他自己感觉很费力的地方吃的。这就是，他先用膝盖和脚盘住母亲的臀部，把她紧紧地抱住。所以，孩子完全可以在她不用手抱的情况下爬上她的身体。在这个时候，他母亲有可能因为正在干活而来回动作，但他仍然能用手抓住母亲的乳房，从容地继续吮吸，并且保证自己不会跌落。从出生的第二个月开始，这些孩子就开始走路了，或者说得更准确即知道用手和脚开始爬行了。经过这种练习，在以后的岁月中，他们就能够很好地做到一点：让自己用这种姿势行走的速度和用脚跑起来的速度几乎相当。"《博物学》第 4 卷第 192 页，12 开本。

我认为布封先生还应该举一下英国的例子。不加审慎地用襁褓抱住婴儿的事情，在英国已经逐渐消除了。读者们还可以参考鲁博的《暹罗旅行记》和勒伯先生的《加拿大游记》等书。倘若要对这一点进行论证，我举出的事例可以有 20 页之多。——原注

里所说的教育是随着生命一同出现的，孩子只要一出生，就已经是一个学生。所不同的仅仅是，教他的是大自然而非老师。老师所做的工作，只是在大自然的引导下，避免别人阻碍它关心孩子。他照料孩子，并对孩子进行观察和跟随。对于这个智力还很薄弱的孩子，他专心致志地等待他智力显现出的第一道光芒，就像穆斯林在上弦月①到来的那一刻等待月亮升起。

对于我们来说，学习能力是与生俱来的。我们之所以没有意识到这一点，只是因为刚出生的时候没有自主意识。在那个时候，我们的心灵被发展还不完善和不成熟的器官束缚，甚至对自己本身的存在也无法感知。刚出生的婴儿，他的动作和哭号完全是不由自主，并不能代表有意识和意志的支配。

如果一个孩子在刚出生的时候，身体和体力就达到了大人的水平，又或者像帕拉斯②从宙斯的脑袋里出来就带着武器一样，从母亲的腹部出来时带有各种装备，毫无疑问可以确定这个身体很小的大人智慧高不到哪里去。一个这样的人，只能算是一个和机器一样的人，或者说是一个不活动几乎没有感知能力的雕像。这个人看不见任何东西，听不到任何声音，并且也不认识哪一个人，更不知道转过眼睛去看想看的东西。同时他也无法看清身边的任何东西，即便有感觉器官的帮助，他也无法用感觉器官感知这些东西。他的眼睛对颜色也是没有鉴别能力的，耳朵也不具有辨别声音的能力。当身体接触到什么东西时，他也无法感知。更有甚者，他甚至无法知道自己有一个身体。唯一可能的情况是：当他的手触摸到东西，他的脑子才知道这样东西是什么。某一个点上，已经集中了他所有的知觉，并且这些知觉只能在共同的"感知中心"才能找到。"我"是他唯一的观念，他所有的知觉，都已经被他弄得隶属于这一观念。相较于一个普通儿童具备的东西，他唯一多出或许就是这个观念，或许说这个感觉更合适。

这个人由于成长只进行了很短一段时间，因此根本不懂得用两脚站

---

① 穆斯林是由"伊斯兰"一词派生而来，上弦月是伊斯兰教的标志。——译注
② 帕拉斯，希腊神话中雅典娜的别称。——译注

立。要想学会平稳站立的方法，他必须要投入更多的时间。或许，他根本不知道如何尝试。这个庞大而健壮的身体，唯一能做的就是待在原地，什么也不能做，有如一块石头；或者就只能爬着行走，有如一只小狗。

他因为身体的需求产生了难受的感觉，但是却又不知道需要哪些东西，同时也不知道怎样去获得这些东西。他的胃和他四肢的肌肉不存在任何直接的联系。因此，即便食物都摆放在他的周围，他也没有向前跨出一步的想法，或者是伸出手去拿过来。他最终的结果，也许在没有开始寻找食物之前就由于饥饿而死亡，因为他的身体已经开始生长，他的四肢已经成长得非常充分，但是却无法像婴儿那样不停地活动。因此，一个人在还没有拥有自己的经验，同时也没有获得别人的经验之前，我们必须承认这就是他天然的无知和愚昧的原始状态。要想考证这一点，只需要把我们获得知识的顺序和进度稍作回顾。

无论是谁，要想达到一般的理解程度，就必须要从第一步开始做起，这是人们普遍知道的道理，或者是能够认识到的道理。然而，却没有一个人能知道这一过程的终点。如果不考察一个人的天赋、爱好、需求、才能、热情以及迫切想要获取的机会，就没有办法判断他进步的多少。"这是一个人能达到的极限"，对于这样一句话，我还从来没有听到哪一个哲学家敢说。我们的天性要我们成为一个怎样的人呢？谁也不知道这个问题的答案。这个人和那个人的距离又有多大呢？我们谁也没有做过测量。人类的灵魂已经非常卑下，卑下到了无法产生这种思想的程度。在有的时候，他们甚至还骄傲地告诉自己："我已经把那个尽头远远地甩在了后面，我能达到的境界将可以更高。让一个和我一样的人比我走得更远是没有理由的！"

人在刚出生的时候，教育就已经伴随而来，我再次重申，他所受到的教育，在能够说话和听别人说话之前就已经开始。经验的获得永远排在教育之前，他所获得经验，在他认识他乳母之前就已经有很多了。如果我们对最原始的人从出生到现在的整个进步过程展开调查，将会惊异于他竟然能获得如此多的知识。如果我们以所有人都有和学者们特有两种方式来区分人的知识，将会发现前者在量的方面要远超后者。但是，对于获得的一般知识，我们一般是不那么重视的。这源于我们获得这些知识的时间，是在还没有意识到的时候，甚至在不具有理智的年龄之前。大家之所以会那么重视学问，仅仅是因为它存在差别，以及像代数方程式那样，并没有算进公有数。

能学到很多东西的甚至还包括动物。动物也是有感觉的，因此它们必须学会使用它们的感觉。它们的需求五花八门，这决定了它们也必须对这些需求予以满足。它们不能不学会进食，不能不学会行走或者飞翔。对于四条腿的动物而言，它们即便一出生就能够站立，但也不代表知道行走的方法。它们开始的那几步行走，仅仅是在做没有把握的尝试，我们只要仔细观察就能发现这一点。如果一只原本在鸟笼中养着的金丝雀逃出笼门，可以肯定它并不具备飞翔的本领，因为它一开始就没有这样的经历。任何一个生物，只要它还拥有生命和感觉，那么一切都在教育它。如果植物具有行动能力，它要想自己不被很快消灭，那么就必须拥有感觉和知识。

在最开始的时候，感性是孩子们的唯一感觉。因此，那个时候的他们所能感受到的只有快乐和痛苦。他们要想得到一样东西就对它们产生感情，必须要经过很长一段时间，因为这时的他们走路和拿东西的能力是一样也不具备的。然而，感性也可以逆向使习惯支配他们，如果那些事物在他们的视线中时隐时现，并且有大小和形状变化的时候，这种情况就会出现。举个例子，他们的眼睛不断地向有阳光的那一方偏转，如果光线是从旁边射过来，他们的眼睛就会自然而然地往那个方向偏转。在这个时候，为了防止他们变成斜视眼或者习惯侧着看东西，就不得不想方设法让他们的脸背向阳光。为了让他们在阴郁的环境下不哭喊，应该让他们习惯黑暗，时间越早越好。饮食和睡眠过分严格地规定是没有好处的，应该避免。因为如果这样做，在不久的将来，他们就不再是因为需求而想吃想睡，而是因为各种习惯才这样做。或者说是在自然的需求之外，习惯又使他们多了一个新的需求。

应该避免让孩子沾染上恶习，这也是需要要求他具备的唯一习惯。以下行为，都是应该避免的：只用某一只胳膊抱他；让他习惯于只伸展某一只手，或者只使用这只手。同时也应该避免让他一到了某一个时刻，就有了吃东西、睡觉或活动的欲望，或者无论白天黑夜都不能独自待在某一个地方。为了让他的身体保持自然的习惯，对于他自己的自由和体力，应该尽早让他支配。这样一来，就可以使得他经常能约束自己。总之，应该让他凭着自己的意愿去做事。

只要孩子已经具备了对事物的辨别能力，我们就应该有选择地给他东西。不过，人对所有事物都有兴趣也是一个事实。他认为自己的柔弱超乎想象，从而使得他恐惧一切他感到陌生的事物。想要避免产生这种恐惧，培养一个看见新事物不感到惊奇的习惯就是一个很好的方法。一个孩子，如果是在没有蜘蛛的干净房间长大，那么他一定对蜘蛛感到畏惧。通常到了他长大成人的时候，还仍然会有这种惧怕的心理。害怕蜘蛛的乡下人我还从来没有看见过，无论是男子、妇女或小孩。

想要让孩子胆小还是勇敢，既然只需要我们对孩子看的东西进行选择就能达到，那么，完全可以在把教育工作放在他开始说话和听话之前。如果人们能让他习惯于看新事物，以及丑恶和不讨人喜欢的动物，习惯于看那些千奇百怪的东西，我将无比乐意看到。但也必须要注意：在看的过程中，必须让他慢慢地由远及近，直到最后习惯这些东西。可以最初是别人摆弄这些东西，最后由他自己来摆弄。我毫不怀疑，如果他在小时候就不惧怕看到蟾蜍、蛇和大海虾，在长大之后将不会害怕任何动物。一个人，如果可怕的事物天天出现在他眼前，他就不再会觉得这些事物可怕。

面具是所有孩子都害怕的。我可以一开始让爱弥儿看一个很好看的面具。然后，我再叫一个人在他面前把面具戴在自己的脸上。接着我就大笑起来，这时候所有人都开始发笑。于是，孩子也就跟着大家笑了起来。当这一切工作圆满完成，我就开始把一些比较难看的面具逐渐给他看，直至最后让他看丑恶的面具。倘若我能很好地安排进度，当他看到最后一个面具的时候，我坚信他不再会有害怕的感觉。不仅不害怕，像看见第一面具那样，他或许还会笑起来。这样一来，我就不需要担心以后别人拿面具来恐吓他了。

在赫克托尔告别安德洛玛克的时候，父亲头盔上的羽毛饰物吓到了小阿斯塔克纳斯。[1]这个时候，他认不出自己的父亲了，然后哭泣着扑倒在乳母的怀里。他的母亲看到这一情况，尽管眼里满含泪水，也不禁苦笑起来。为了消除这种恐惧，赫克托尔采取了一个方法。他先把头盔放在地上，然后去逗弄孩子。当孩子稍稍安静之后，他就去玩弄头盔上的羽毛，并且把孩子也叫过去一起玩弄。如果一个妇女有勇气去拿赫克托尔的武器，乳母这个时候就会走过去拿起头盔，微笑着把它戴起来。

如果想要让爱弥儿习惯枪声，我就可以按如下方法去做：先将一个引信在断铳中点燃，爱弥儿会因为这一闪即灭的火焰和闪光感到开心。然后，我又加火药重复这一过程。随着时间的推移，我开始慢慢地发射少量的没有弹塞的弹药，然后逐渐把弹药的量增加。当我把这一工作全部完成，就可以让他对长枪、臼炮[2]和大炮习以为常了，同时也不再害怕爆炸。

我曾经有过观察，打雷的声音，只要没有达到震耳欲聋的程度，孩子们并不会感到惧怕。只有当他们知道雷电有时候能够使人致死之后，他们才会感到害怕。当理智带给他们恐惧时，我们必须执行一项工作：让习惯增加他们的勇气。如果我们能把步骤一步步实施，那么孩子们最终可以和大人一样对什么都不感到害怕。

记忆力和想象力在生命产生之初是没有活动的。孩子在这个时候只会注意到能影响他感官的东西。对于这个时候的孩子，必须要有顺序地让他产生感觉，因为他的知识就是以自己的感觉为原料的。这就提出了一个要求：为了让他能够在某一天以同样的顺序为自己的智力提供这些原料，必须对他的记忆力加以培养。但在进行这种培养工作的时候，只需要把这些感觉和造成这些感觉的事物之间的联系告诉他已经足够了，因为这个时候他的感觉是他唯一知道注意的东西。他会什么东西都想去

---

① 三人均为古希腊神话中的人物。赫克托尔是特洛伊第一勇士，特洛伊战争中特洛伊守军的领导者。安德洛玛克是他的妻子，阿斯塔克纳斯是他和安德洛玛克的儿子。——译注

② 一种滑膛火炮，因形状类似中国的石臼而得名。——译注

摆弄，永远都在那里活动着。但这个时候你绝不可以去妨碍他，因为他一切十分必要的学习都是通过这一过程完成的。他正是通过这样做拥有了看、摸和听的能力[①]。他之所以能够区别看到的和摸到的东西，能够知道先用手触摸，然后用眼力对它们的大小、形状和能够感觉出来各种特性做出判断，就是因为有这样一个过程。

我们要想知道哪些东西和我们并不是一个整体，唯一的办法是通过行动来判断。我们要想对远近有一个认识，除了靠自己的行动别无他法。一个孩子之所以会不加区分地伸手去拿不管是在他身边、还是一百步之外的物件，起因就在于不具备这一观念。他会非常使劲地这样去做，以至于让你感觉到他是在发号施令：让物件自己到他身边或者由你拿给他。但事实并非如此。出现这种情况，只是因为一开始出现在他脑子里东西后来又出现在了他的眼睛里，但他获得的感觉是：这样东西就在他的手指前方，他唯一能做的就是想象他触手可及的距离。所以，为了让他们感觉到位置的变换，从而让他们有能力判断距离，我们应该多带他们走动，带他们从这里走到那里。但如果他们已经有了分辨远近的能力，就不能再采用这样的方法，不能够随着我们或者他自己的意愿带他去某个地方。因为只要他们的感觉准确无误，情况变了，他们的行动自然要随之改变。必须要注意到这种影响，并加以解释。

一个人，当别人的帮助对他自己满足需求有多余之嫌的时候，他就会感到不舒服，并且会把这种不舒服通过信号传达出来。而这也是造成孩子啼哭的原因，同时也决定了他们这样的时刻会很多。因为他们拥有各种感觉感性的特质，当自己在享受的时候，他们就会默默享受；一旦产生了难过的感觉，他们就会说出来，以求自己的痛苦能被别人解除。只要清醒，他们几乎都会处于有意识的状态，无意识的状态只有在他们睡着的时候才能出现。

我们的一切语言，都可以称得是上艺术品。人类是否有一种共通的

---

① 对于孩子而言，嗅觉器官是所有器官当中发育最迟的。就算已经满了两三岁，他们似乎依然嗅不出好的或坏的气味。我们发现他们就像一些动物一样，根本不在乎气味，或者说是对气味完全没有感觉。——原注

语言呢？人们一直在寻找这个问题的答案。这样的语言无疑是有的，在还不会说话之前，孩子用的就是这样的语言。除了不是咬清音节所发出，节奏、音量以及能够理解的特点，这种语言都具备。但因为我们只使用自己的语言，对于这种语言，我们已经开始轻视甚至忘记了如何使用。只要我们研究孩子们，只需要很短的时间，就能重新学会他们的这种语言。那么谁能教我们学习这种语言呢？保姆就是最好的老师！对于婴儿说出来的一切话，她们都能够明白无误理解。她们有回答他们的本领，对于彼此间的谈话，她们和他们双方都能理解。对于他们来说，她们虽然也说一些字眼，但是并没有意义。他们能听懂的并不是这些字眼的含义，而是它们的音调。

手势语也是一种除音调语言之外的有效的交流方式，并且效果不低于音调语言。但孩子并非是用他们柔弱的双手来表现这种手势的，他们把它表现在了脸上。他们在稚嫩的脸上迅速地变化着自己的表情，其速度快得超乎现象。在他们的脸上，你可以看到闪电般出现微微笑、欲望和恐惧。这些无疑都是非常令人感到吃惊的。每次当你看到这一过程，都会觉得看到的是另外一张面孔。相较于我们的面部肌肉，他们的要更为灵活。不过他们并不具备一双灵敏的眼睛，可以说是没有任何表现。按道理说，只要有物质的需求，以这时的年龄，他们应该会在脸上表现出感觉，在眼神中表现出感情。

悲啼是人最先发出的声音，因为人有时所处的境地是非常艰苦的。当感觉到自己有需求，但这些需求又无法被满足的时候，为了寻求别人的帮助，婴儿就会开始哭泣。只要他口渴或者饥饿，感觉太冷或者太热，人们在他想活动的时候硬要他休息，在他想睡觉的时候打扰他，他就会啼哭。他越不能支配自己的生活，就越会向别人提出要求，希望改变这种局面。由于身上不舒服的感觉只有一种，所以他只有一种语言。他之所以还不能辨别自身器官的不同感受，是因为它们还并没有发育完全。只要碰到一件不满意的事情，他就会感到痛苦。

尽管大家并不那么在意这些哭声，但是人和他周围环境的首个关系却是由它们产生的。在社会秩序众多的组成部分当中，这些哭声是其中的一部分。

孩子只有在感到不适的时候才会啼哭；他可能是因为自己的某种需求不能得到满足才会这样做。在这个时候，我们应该认真地观察他，把他的需求发掘出来。找出来之后，我们再予以满足。但是，如果我们无法发现他的需求，或者是我们能发现但无法满足的时候，他的啼哭就会没完没了；在这个时候，我们开始产生厌烦的感觉。为了让他不再这样，我们就开始哄他，或者是轻轻摇晃他，又或者是为他唱个儿歌，好让他能够进入梦乡。如果这样还不能阻止他啼哭，我们可能就失去耐性了。这个时候，我们就可能开始恐吓他，粗暴的保姆也许还有打他的可能。而这些，就是他所受到的奇怪教育。

在那些不招人喜欢爱啼哭的孩子当中，我就曾经看到有一个孩子被保姆这样打。我永远不会忘记这件事情。当被保姆打的时候，他马上就停止了哭泣。我在当时想：他可能被吓住了，在将来，他可能会有着眼中流露出的奴性。只要用严酷的手段，就可以要求他干任何事情。只是我想的并不正确，他并没有被吓到，而是满腔怒火，甚至连呼吸都产生了困难。我看到他的脸色都发青了。在过了一段时间之后，他哭了出来，声音非常大。我想，对于这种年岁的孩子而言，这高亢的哭号表达了他所有的怨恨、愤怒和失望。我不禁产生了这样的担忧：他会因为这样激动而失掉性命。我曾经对人类心中是否天生就有正义感和非正义感感到怀疑，但是我想，只要有了这个例证，我的怀疑就可以打消了。对于这个孩子而言，即便是有一块滚烫的炭偶尔掉在他手上，他所感受到痛楚也不如尽管是轻轻的，但是是存心侮辱他程度来得深。

在对待孩子这种容易激动和愤怒的性情的问题上，是不能够马虎了事的。在波尔哈夫[1]看来，小孩所得的疾病大部分都属于痉挛性质。之所以会如此，是因为相较于成人来说，他们的头更重，有着范围更广阔的神经系统。众所周知，神经质的人对刺激是最没有抵抗力的。仆人们是会经常引起孩子讨厌、愤怒和烦躁的人，因此一定要避免他们接触孩子。相较于空气和季候对孩子们造成的伤害，他们要更为危险。如果孩

---

[1] 欧洲知名的人文主义者和医生，同时也是一位植物学家。——译注

子受到的阻碍只在物质方面而非意志方面，那么他们就不会表现出反抗和愤怒。这样一来，他们的健康也就能够得到保持。有这样一些孩子，他们是被一种在自认为有用的时刻对行动进行干预的方法培养出来的，诚然被这种方法培养得更好。但相较于那些没有任何拘束的孩子，这些孩子更加容易体弱多病，并且也没有他们那么健壮。之所以会出现这种情况，这就是其中的一个原因。但对于遵从他们的意愿和违反他们的意愿两方面，我们要时刻注意它们并不相同。

　　孩子们最开始的几声哭泣，可能只是为了表达一种请求。但是你如果不留意这一点，这几声哭泣就会立马成为一种命令。这样一来，他们的啼哭就具备了这样一种特性：开始是为了请求别人的帮助，但到了最后变成了命令别人。在最开始的时候，他们只是想寻求一种帮助，因为自己的身体非常娇弱。到后来，他们产生了想要控制和命令别人的想法。但这种想法不是因为他有需要才产生的，而是我们的伺候造成。也就是在这里，我们发现了天性中产生的道德，并不对这些想法的产生有影响。为什么在头一年就必须分辨出他们的表情和哭声呢？我们从这里就可以看出原因。

　　由于无法估量出自己和想拿的东西之间的距离，在默默伸手的时候，小孩才会错误地认为自己能够拿得到那样东西。然而如果出现如下情况，那他就是在命令那个东西到他那里去，或者是要求你拿给他，而非弄错了距离：一方面在伸手，而另一方面又哭又闹。如果出现前一种情况，你需要做只是把他抱起来，然而慢慢地靠近他想要的东西，把他放在那里。但如果是出现后一种倾向，你就要注意了。这个时候，你不仅要假装没有听到他的要求，而且还要做到一点——他越是哭，你就越不要搭理他。一定要让他养成一种不喜欢对别人发号施令，命令别人给他拿东西的习惯。因为，谁也不属于他管束，并且没有东西会听他的号令。因此，对于一个孩子而言，当他希望得到自己所看见的东西时，或者是在别人准备拿东西给他时，最好的做法是：抱他到那样东西旁边，而不能为他拿过那样东西。如果这样做，他就能明白个中原因。对于他这样的年龄而言，这种提醒的方法也非常合适。并且，能让他明白这一点的方法也只有这一种。

成人在圣皮埃尔神父眼中是"大孩子"。我们不妨也用"小大人"来称呼小孩。如果用来作为箴言，这些提法固然是非常真实的。但如果仅仅作为一种原理，必须还要加以解释。霍布斯曾以"健壮的孩子"来称呼坏人，但事实上他刚好把事情说反了。柔弱，才是所有坏事产生的根源。孩子也是因为柔弱才那么淘气，如果他拥有一个健康有力的身体，那么他就会变成一个很好的人①。对于全知全能的上帝而言，它的属性绝不会让能做一切事情的人做恶事。而上帝没有善这一属性是很难想象的。一个人只要承认两个原理，那么他就会有这样一种认识：与其恶，不如善。如果这种认识不具备，荒谬的假设就会被他们提出来。

后面论及了《信仰的自我诠释——萨瓦省一个牧师的自述》②，大家可以浏览。能让我们对善恶有所认识的，唯有理性。我们不否认理性并非是决定我们喜悦、善良、痛恨、厌恶等内心是非感产生的因素。但是，我们也必须得承认，这些内心的感觉想要发展，离开理性也是不行的。我们做好事还是做坏事，在我们智力还没有充分发展的时候，可以说都不是刻意的。这个时候的我们，尽管偶尔能分辨别人与自身相关的行为的善恶，但是行为却并不具备善恶的性质。对于一个孩子而言，只要有哪样东西出现在他的视线内，他总是会乱搞一通。当有一样东西出现在他手里，他总会一心想要毁灭它。他可以无所顾忌地捏死一只鸟，但是对自己的行为没有任何认识。

这种现象发生的原因，哲学家解释为是存在于人类天性中的自大、缺点、自尊、好胜、邪恶所决定的。此外，孩子们因为感到自身的弱小，为了验证一下自己的力量有多大而很愿意做的一些很用力的动作，也可能是另一个原因。但是体弱多病的老年人却面临着不同的情况，由于人的生命循环到使自身重新回归小孩时的柔弱，他通常会更愿意什么话也不说、一动不动地待着。不仅自己愿意这样，同时也希望周围的一切也

---

① 作者在这里引用了塞内加《论幸福的生活》当中的话：柔弱产生残忍，因此，心灵伟大必然会性情温和。——译注

② 参见本书第311页的论述。——原注

宁静祥和。只要发生变化，哪怕只是一点点，他就会陷入无序和焦躁当中。在他看来，宁静是宇宙中的所有东西都应该具备的特性。这两种人固然有着不同的年龄，但无疑都是具备生命力的。所不同的地方在于，孩子身上的生命力正在发展，而老人身上的生命力正在消亡。两者有着成长和毁灭，走向生活和趋于死亡的区别。当然，不同的地方还包括：老年人身上的活力正在日复一日地消亡，而孩子们身上的活力却在不断地增长，不断地影响周围的一切。这个时候的孩子，甚至觉得周围的一切都因为自己的生命而活跃起来。在意孩子是在创造还是在破坏东西是不必的，唯一需要在乎的只是他能否改变事物，因为活动就是改变的起点。这个时候，如果他在身上体现得更多的是破坏，也不能说就是由于邪恶造成的。真正的原因是：创造某样事物的时候行动总是缓慢的，但破坏东西却可以拥有更快速的行动。而这也是和他活泼的性情相符合的。

为了避免造成伤害，万物的创造者在为孩子赋予这种生命的活力时，又无比谨慎地让孩子们有限度使用它。但是，在一种情况下，孩子也会依赖别人去做事，以求达到自己的目的，使自己的弱点得到补偿。这种情况就是：把周围的一切人都当成了工具。这一点也是导致他们变得令人厌恶、蛮不讲理、目空一切、不守规矩、不服从别人的管教的原因。但并不能说是他们因为有与生俱来驱使人的心理导致出现了这种发展，这种驱使人的心理是在这种发展过程中逐步形成的。为什么会出现这种情况呢？其原因就在于：用不了多久他们就会认识到相较于自己动手，只用动嘴就让一切发生移动更便利。

当他们逐渐长大，就会被赋予了力量。这个时候，他们就能控制自己，不会像以前那样吵吵闹闹，活动个没完没了。于是，他们的精神和肉体就取得了平衡。让我们保持自身所需要的活动，是大自然对我们的唯一要求。但是，这并不代表他们驱使他人的欲望也会因此而消失。这种欲望会让他们产生自尊，并且让自尊得到成长。同时，当这种欲望成为一种习惯，又会不断地强化这种自尊心理。这必将会导致出现千奇百怪的幻想，于是，偏见和个人的看法就在我们的心里安下了家。

我们对这个道理能够很好地了解，在偏离了自然的道路时，就可以知道在哪个地方发生了偏离，从而知道怎样才能坚持正确的道路。

对于孩子而言，他们并没有有多余的力量。不仅如此，他们甚至无力实现大自然对自己提出的要求。所以，让他们使用大自然赋予他们的一切力量就变得非常有必要，这也是我们要对他们遵循的第一个准则。同时，他们并不会随便滥用这些力量。

第二个需要遵循的准则就是，无论是在智力方面还是体力方面，我们都应该满足他们身体的一切需求。

第三个准则就是只在他们真正需要时才对他们提供帮助。其他的时候，应该拒绝服从他们乱七八糟的想法和欲望。为什么要这样做呢？因为胡乱的想法并不是一种自然的想法，拒绝以后，孩子们即便无法实施这种想法，也不会因此而感到难过。

第四个准则是，当他们还不知道假装的时候，为了能让他们辨别自身的欲望哪些来自于自然，哪些又来自于内心，应该对他们的语言和动作进行仔细研究。当然，在执行这一准则时也必须要有依循，这些依循就是：让孩子们多获得一些真正的自由，同时让其驱使人的思想出现的可能性降到最低；尽量少让别人帮他们做事，而是多让他们自己去做。如此一来，他们就不会因为做了自己能力之外的事情而产生苦恼，因为他们已经尽可能早地养成了把欲望控制在能力范围内的习惯。

对于为什么只要能够确保孩子不会跌倒，在他不会用自己的手触摸一切能对自己产生伤害的事物的情况下，就应该不让他们的身体和四肢受到任何拘束的问题，我们因此又找到了一个无比重要的新的理由。

相较于那些被包裹在襁褓里的孩子，身体和手臂都自由的孩子哭的次数无疑要更少。那些只在乎身体需求的孩子，不受到痛苦的时候，他们是不会哭的。这是很有好处的，我们可以因此而确切地知道他需要帮助的时间，以及如何在条件允许的情况下及时地为他提供需要的帮助。但是，如果你对他的痛苦束手无策，那么就应该保持自己的镇静，不应该用抚弄来制止他哭泣。因为如果这样做，你对他的爱护就没有起到相应的作用，没有医好肚子的痛不说，甚至还会让他学会怎样更能获得你的疼爱。当他可以随时控制你，你就处在了他的控制之下。于是乎，你的一切努力都会付诸东流。

孩子们哭泣的次数和他们在活动中碰到的困难是成正比的。你越是能适应孩子的哭泣，他们的哭泣对你造成的影响也就越小。你如果能减少恐吓或娇惯他们的次数，他们或许就不会那么胆小或固执。这样一来，他们的自然状态就能够得到更好的保护。孩子们之所以会哭，就是因为我们在他们一哭的时候就去抚爱他们，而非在他们哭的时候听之任之。在我看来，相较于其他孩子，没人管束的孩子更不容易哭。但是绝不是说要大家从此之后就不再管束孩子，我真正想说的是：应该对他们的想法首先就要有预料，而不是等到他们已经哭泣的时候才想到这一点。然而，如果他们因此而对自己受到的照料产生误解也是我所不愿意看到的。其原因是，当他们知道自己的哭泣作用很多，他们就会利用哭泣来达到自己的目的。当他们知道你肯用巨大的代价来制止他们的哭泣的时候，他们就会增加和你妥协的价码。时间一长，他们向你索取的代价就会越来越高，直到有一天你无法给予。于是，他们就学会了一项技能：只要自己哭了一段时间之后要求仍然无法得到满足，他们就会竭尽全力地哭泣，直到自己无力再哭泣为止。情况严重的，甚至有可能哭死过去。

如果有这样一个孩子，他没完没了哭泣，但导致他哭泣的原因既非受到了束缚，也不是因为生病或无法得到什么东西。那就只会有一个原因导致他哭泣：他的习惯或固执的脾气。并且，使这个孩子这样哭泣的对象不是大自然，而是保姆。是保姆完全不知道要忍受孩子的一再哭泣，才使得他哭泣更长的时间。她当然不会知道，自己这一刻止住了孩子的哭泣，但他明天会变本加厉地继续哭泣。

只有让他去哭泣，对他的哭泣不管不顾，他才会改正这个习惯，或者不让这个习惯出现。徒劳地去做一件事情，任何人都不会愿意，这其中自然也包括孩子。在刚开始的时候，孩子们可能有着很顽强的意念。但是，如果你的坚持能够压过他的固执，他们就会不再想要这样做。如此一来，他们哭泣的时间就会减少，从这以后，只要不到非常痛的时候，他们就不会再哭泣。

当他们因为胡闹或固执而哭号的时候，可以用一个好看的东西转移他们的注意力。这样做之后，他们就会止住哭泣。这个艺术可以说大多数保姆都懂，如果它能够恰当地使用，将会起到很好的作用。但是有一点必须要注意，那就是不能让孩子发现你们有意分散他们的注意力。在这样做的时候，应该要让孩子认为你没有注意他们，而这也正是许多保姆所不能做好的一点。

所有的孩子都太早地断奶了。他们真正应该断奶的时间，是在长牙的时候。整体而言，长牙会让他们感到难受，因为那会产生痛感。对于自己手里拿的东西，孩子们通常也会用嘴去咬。大家通常都认为，为了让牙齿更好地生长，可以用象牙或者狼牙之类的坚硬物品做成有声响的玩具，但我认为这并不正确。用牙龈触碰坚硬的物品，只会使它长出老茧而变得更加硬，从而导致肌肉在破裂的时候难受和疼痛的程度加剧，而不会让它变得柔软。如果要对这一点加以证明，我们仍然以动物的本能来作为例子。大家都知道，小狗用来摩擦自己正生长的牙齿的东西，通常并非是坚硬的石头、铁或者骨头，用得更多的反而是木头、皮革、破布和柔软的东西。原因何在呢？因为后者更容易咬动，牙齿可以咬出印迹在上面。

在我们的观念里，简朴这个词语是从来不存在的。更有甚者，给孩子随身用的玩具也弄得相当奢华。这些玩具包括：用金、银、珊瑚做成的各种铃铛，小水晶片，以及各种或贵或便宜的玩具。毫无疑问，这些东西只会有益无害，并且一样也不需要。不应该给孩子铃铛玩，同时还应该禁止给他们以下东西：几根有叶子或有果实的树枝，一个罂粟壳，其中的颗粒能够发出响声，一段他可以吸吮和咀嚼的甘草。因为和那些漂亮的玩具一样，这些东西虽然可以让他玩得很开心，但是会让他在一生下来就习于奢华。

奶面糊并不是一种很干净的食品，这是众所周知的。我们的胃，并不能适应煮得滚烫的奶和生面粉,它们会产生许多不利于消化的残留物。并且，相较于面包里的面粉，奶面糊中的面粉也没有那样熟，甚至还没有经过发酵。在我看来，面包粥和米浆要比它更好。如果有谁一定做奶面糊，最好在做之前先烘一下面粉。经过烘炒过的面粉，在我的老家被用来做一种羹，其味道极其可口，并且也非常卫生。应该尽量少吃肉汤和肉汁，因为两者并不具备多大的价值。应该先让孩子习惯于咀嚼，这样才能有利于牙齿的生长。当他们把东西往腹中吞咽的时候，食物里混合的唾液就会起到帮助消化的作用。

所以，一开始我就拿干果和面包皮给他们嚼食。我将会给他们玩条状的硬面包，还会给他们玩一种和皮埃蒙特①相似的面包饼干（它被乡村人称之为"格里斯"）。当他们把这种面包放在口里弄得软化，就会吞食其中的一部分。这样一来，他们就会长出自己的牙齿。其实，也许我们并不知道，这样做还能让他们断奶。拥有一个出色的胃的农民，通常就是用这种办法断奶的。

在一出生之后，孩子们就懂得听我们说话。我们和他们之间的谈话，在他们能够听懂我们对他们讲的话之前，以及他们能够发出自己听到的声音之前就已经开始。由于发音器官还不那么灵敏，他们对我们教他们发的声音只能循序渐进地模仿。但是在这个时候，还不能确定这些声音是否有清楚地传到他们的耳朵里，就像它们传入我们的耳朵一样。保姆用歌曲和愉快多变的声调逗弄孩子，这种做法我是认同的。但是，如果她用没完没了的废话弄晕他们，我是坚决反对的，他们并不懂得这些话，能理解的只有它的音调。我希望我们可以不断地给他们听他们能明白的头几个发音。但这些发音不能太多，同时还应该简单清楚，所表达的意思也必须是他们经常看到的东西。但非常遗憾，对于我们所不明白的话，我们通常很容易就相信。这种情况开始的时间，通常要早于人们的想象。小学生在课堂里听老师的聒噪，等同于他们在襁褓中听保姆的喋喋不休。在我看来，对他们有用的教育也包括：让他们学会不去听那些废话。

如果我们对孩子们语言的形式和一开始讲的话语进行研究，就会有许多的想法出现在脑海里。无论我们采取怎样的方法，他们说话总是遵从同样的方式。在这里，哲学上的各种抽象的理论不产生任何作用。

他们有着与自己年龄相适应的语法。相较于我们语法的造句规则，他们的语法造句规则要更为简便。他们可以精准地模仿一些近似的话

---

① 意大利西北部的一个地区，盛产小麦、稻米、玉米和葡萄。——译注

语，这些话语诚然不能说没有语病，但是却非常有规律。如果要说它们非常刺耳，那完全是因为它们说起来比较生硬，或者那种说法还并不为大家所适应。我们如果能仔细观察，就能发现这一切，并且还会为之感到惊奇。刚才就发生了一件事情。一个孩子对他父亲说："爸爸，我去哪里？"结果他父亲就责骂了他一顿。如果仔细观察，就能发现这个孩子是在模仿近似的语言，并且模仿的水平要好过我们的语法家。我们既然能够告诉孩子去那里，孩子说我去哪里自然也并无不可。我们尤其要注意，当他这样说的时候，事实上是巧妙地避开了"irai-je-y"或"y-irai-je"两种说法中元音的重复。我们因为不知道如何处理句子中的指示副词"那里"而不适合地去掉了它。如果我们把这个错误归咎于可怜的孩子，那就说不过去了。因此，没有必要去强制孩子们改正这种不符合习惯的小错误。如果谁非要这样做，那只能说明他一定要投入无谓的精力，并且在做一件让人无法忍受且迂腐之极的事情。随着时间不断过去，这些错误他们会自行改正的。在他们面前一定要说正确的话，要让他们产生这样一种认识：和你谈话好过于和其他任何人。他们并不需要你们再去纠正他们的语言，他们会将它按照你们的语言自然而然地进行改变。

像担心孩子自己不会学说话一样，人们教他们说话的心情过于迫切也是一个非常严重的问题，并且非常难以预防。这样做是非常轻率的，所起的作用只会和人们想要达到的目的背道而驰。在受到这种待遇之后，孩子们将会说话更迟和更无序。对于他们所说的任何一句话，我们如果过分注意内容，就会将他们的咬字和发音忽略。这样做的结果是：因为他们并不喜欢过大地张开嘴，以至于有些人发音的毛病伴随一生。这些人说话变得完全没有条理性，并且别人也完全听不懂。

很长的一段时间内，我都和乡下人一起生活。在他们当中，无论是男孩还是女孩，或者是男子还是妇女，从来没有一个发"R"音是卷着舌头的。这是因为农民发音器官的构造和我们不同吗？答案是否定的。他们之所以会如此，完全是因为他们的练习方法不同。我的窗子正对着一个土坡。在土坡上面，经常有附近的孩子们来玩耍。尽管我们和他们隔着相当远的一段距离，但是关于他们的谈话，我仍然可以听得非常清楚。为了写这本书，我经常回忆起他们的话。他们的年纪，经常因为我的耳朵而被弄混：在听的时候，我以为是一帮十来岁的孩子在说话，但看清后发现都是一些三四岁的面孔和身材。搞错的不单单是我，还有来看我的一些城里人（这件事我曾和他们谈到过）。

为什么会出现这种情况呢？原因如下：对于城里的孩子而言，他们通常到了五六岁还待在房间里，由保姆照看着，只要他们一说话，别人就能听见。在发声的时候，他们通常是非常费力的，就算别人教他们讲，他们也可能学不好。这样一来，只要稍微留意，经常出现在他们周围的人对他们想说的话就能猜出个一二三，完全不需要深究他们在说些什么。

而乡下则是一种不同的情况。对于自己的孩子，一个农家妇女并不会总是在他的身边。正因为如此，对于自己想说的话，这个孩子必须能够准确无误且大声地表达出来。在田野里的孩子，必须要练习能让远离他的人听清楚自己的话，以及预测为了发出的声音能够通过他和听话人之间的距离而需要用多大的力量。因为只有这样，在彼此不在一起的情况下，他才可以让自己的爸爸、妈妈和其他孩子听清自己的话。练习发音的工作，他就是这样完成的，而非由细心照料他的保姆在他耳边一顿断续的咕哝而学会。你如果要问一个农家孩子问题，要么他因为害羞而不愿意回答。只要回答，他的表述一定是准确无误的。而城里的孩子就不一样了。城里的孩子通常需要保姆当翻译。如果没有这一媒介，他究竟在牙缝里说些什么，谁也不明白①。

当孩子们长大，男孩和女孩会分别进入中学和女修道院。在这期间，他们就会把自己的缺点改正。因此，相较于在家里培养起来的孩子，这些男孩和女孩讲话通常更加清楚。但是，农民那样的发音，他们是没有办法学会的。为什么会出现这种情况呢？因为他们不得不把许多的东西

---

① 这当然也有例外。我们经常看到这样的情景：有些孩子在一开始说不清楚话，但等到他们后来变音的时候，声音就变得非常大了。如果连这些非常琐碎的东西也要叙述，那么我就没有办法谈完了。如果某一位读者是足够聪明，他将能够明白由同一个原因引起的过和不及都可以用我的方法加以改正。我认为"过"和"不及"这两个原则应该兼顾，因为只要确立了"过"的原则，"不及"的原则必然也已经确立。——原注

记住，不得不提高嗓门诵读自己学过的课文。只是他们的背诵是糟糕的，因为他们在开始学说话的时候就已经形成一种习惯：断断续续地讲话，发音随便和不准确。如此一来，为了找到自己的背诵的词句非常费力，他们只好拖长词语的音节，当记得不那么清楚的时候，舌头在说话时就一定会结巴。于是，他们就养成或保持了发音上的毛病。这些毛病是不会出现在我的爱弥儿身上的，即便是他出现了这些毛病，也不会是由于上述的原因而引起。

如果是一般平民和农村居民，我不否认他们会走上另外一个极端。在讲话的时候，他们通常发出太高的声音，语音也因为不能准确发音而显得粗笨，以及用太重的语调，不能很好地选择用词等等。

但是，因为谈话的首要目的是要别人能够听懂自己说什么，所以我认为这个极端所带来的坏处不如另一个极端严重。因此，我们如果要说话，最怕的就是别人听不懂我们在说些什么。一个人夸自己说话没有任何语调，和夸自己的语句不再有优美和力量的特点是一样的。我们所说的一切话，语调是它们的灵魂。如果没有了语调，这些话将不再感人和真切。和我们所说的那些带有欺骗性的话不同，语调是非常真实的。受过很多教育的人才之所以那样害怕它，其原因或许就在这里。由于在谈话中不能带腔调，另一种谈话方法也就应运而生了：以可笑、虚伪、迎合时髦的方式进行。我们所见到的宫廷少年，他们就是以这种方式谈话的。其他国家之所以经常觉得法国人非常无聊和讨厌，其原因正是在于谈话和举止方面的这种虚伪。在谈话的时候，法国人不但没有腔调，而且还以一副装模作样的方式示人。在讨人喜欢的层面上，这不是一个好的方法。

对于这些语言上的微不足道的毛病，人们是非常害怕孩子们有所沾染的。事实上这些毛病无足轻重，预防和纠正它的过程也非常容易。但是，如果是因为以下原因而染上的毛病，想要纠正就没那么容易了：因为你的原因，他们说话想说又不敢说，说话的时候还非常慌张；因为声调受到你们的不断指责，他们开始挑剔自己所用的字眼。对于一团士兵来说，一个只学会和女子讲话的人所说的话他们是听不懂的。想要制止暴乱的人群，这种人的话也没有办法做到。所以，在教孩子们讲话的时候，一开始要让他学会和成年男子讲话。至于怎样和女子的说话，在将来需要的时候，他们是有办法学会的。

你的孩子如果成长于自由自在的乡村生活，那么他的声音就会非常高亢。城里孩子说话结巴的毛病，他绝对不可能沾染。同时，他也不会染上乡下人的词汇和音调，即使这些他已经学会，想要纠正也更加容易。他可以利用正确的语言来消除乡下人语言的影响，只要老师和他在一出生之后就一起生活，并且不断地让他和陌生人在一起。相较于我讲的纯粹的法语，爱弥儿将来讲的话也能达到同样的水平，并且在清晰度和发音方面甚至还要超过我。

如果一个孩子正在学习说话，他应该只听自己能够理解的话语，只讲自己能够发音准确的言词。他在这方面所做的一切，将能够使得他把一个音节多次发出，从而更清楚地发出这个音节。如果他在某一刻所讲的话不那么清晰明了，那么在这个时候，你没有必要去猜测他们究竟在说些什么。希望别人按他所说的做，在某个角度来看也是在驱使人，这种自认为高人一等的想法，应该拒绝让它在孩子们身上产生。注意满足他需求，是你唯一需要做的事情。你应该造成这样一种局面：他在认真让你听懂他自己的话。强迫他大说特说是没有必要的，当他意识到说话的作用逐渐增加时，他自己就会认真把话说好。

有这样一个说法：很晚才开始讲话的人，他讲话的清晰度一定不如别人。我不否认这种情况，但同时也要指出：他们之所以讲话的清晰度略有不足，并非是因为他们很晚才讲话导致发音器官受到阻碍，而是因为他们一开始发音器官就不那么完美，才导致他们开始讲话的时间非常晚。否则的话，就没有办法解释他们讲话比别人晚。并且，他们讲话晚也不能归咎于无法获得更多的讲话机会，或者缺少经常被鼓励讲话的机会。为什么要这样说呢？因为当人们发现孩子们很晚还不能讲话，只会内心感到一阵不安。这样一来，他们就会竭尽全力地教孩子们讲话，但得到的结果却是不尽如人意的：相较于教那些很早就能发音的孩子，投入的精力要更多。这种做法无疑是急躁的，也是不适合的，得到的结果只能是让孩子讲话变得更加混乱。只要我们能够循序渐进，完全有时间让他们讲得更好。

对于有些孩子而言，如果你强迫他们要说哪些话，他们就没有足够的时间来把发音学习好，同时也没有时间认真思考你教他们说的话。如果转而让他们自己去学习，我坚信他们会从最容易发的音练起。当他们慢慢把这些语音的意思辅以手势向你表达的时候，就会向你说出他们想说的话，而不是你要他们讲的话。如此，对于你教给他们的话，他们会在弄明白之后才开始学习。他们既然没有把你所教的话急忙拿来使用，就会把这些话的意思在开始使用前仔细加以理解。如果没有弄清它们的意思，他们是不会采用的。

在孩子还没有到年龄的时候，你们就火急火燎地要他学说话。这样做的最大危害，并非是导致他们无法理解你们最初向他们说的话，以及他们自己一开始讲的那些话的意思。真正最大的危害在于，他们会按照和我们不同的意思进行理解，但我们对此一无所知。更有甚者，会出现以下情况：在表面看来他们似乎回答得再正确不过，而实际我们的意思他们并不懂，但我们看不出这一点。在某些时候，我们会对孩子说的话感到非常惊异，其原因就在于这些似对非对的话语。他们的话在我们看来似乎有某种含义，其实并没有。在我看来，他们之所以会犯这一个错误，就是因为在这方面，我们没能注意到孩子究竟是怎样理解我们所说的话语的。即便有纠正这些错误的可能，在以后的岁月，他一生的性情仍然会受到这种影响。对于这一点，在下一章我还会举例证明。

所以，尽量限制孩子们的词汇是非常有必要的。最大的遗憾莫过于他们的想法不如词汇多，他们对这些事情的理解不如他们会讲的事情多。乡下人的思路为什么要比城里人的思想更正确呢？在我看来，他们的词汇没有那么多就是其中的一个原因。他们虽然没有那么多的概念，但是可以理解得很好。

在最开始的时候，一个孩子的发展通常是均衡的。他学会说话、进食、走路几乎是在同一个时间。这一时期，可以说是他的生命的第一个时期。在这之前，他与在母亲怀抱中的样子是别无二致的：不存在任何的情绪和想法，甚至没有感觉，无法意识到自身的存在：

他拥有生命，但是意识不到这一点。

——奥维德《哀歌》第一卷①

扫码分享电子版

---

① 奥维德，古罗马最有影响力的诗人之一，《哀歌》是他公元 8 年被流放之后写下的，主要表达流放的生活感受，以及孤寂和怨恨的心情。——译注

第二卷

在这里，我们就要结束幼儿时期的谈论，开始第二个时期即儿童时期的谈论了。之所以要这样说，是因为"幼儿"和"儿童"具有不同的含义。"幼儿"是指"没有说话能力的人"，它包含于"儿童"之中。正是因为如此，我们才可以在瓦勒尔·马克西姆的著作中看到"幼稚的儿童"这种词汇。但是，在可以用其他名词表明其年龄之前，我仍然会按照我们的语言习惯来使用这个词语。

当小孩开始说话，他就不会再有那么多时间啼哭。这是一种很自然的进步，因为它是在用一种语言代替另外一种语言。当他们能够把自己受到的痛苦用语言表达出来，只要还没有达到因为痛而说不出话的程度，就完全可以用语言把这些感受表达出来。因此，如果他们没完没了哭，原因只在他们身边的人。爱弥儿可以说"我感受痛苦"，但如果要啼哭起来，必须要痛感非常强烈才可能。

一个天性聪明的孩子，如果他的哭号没有任何理由，那么我就不去管他。当他觉得这样做于事无补的时候，我就可以很快地让他自己把眼泪擦干。只要他的哭还持续着，我就坚持远离他，一直等到他停止了哭泣，我才走到他身边去。用不了多长时间，他如果想呼唤我，将不会再啼哭。就算要哭，也只会是一两声，时间不会那么长。孩子判定做一件事是否有意义，是根据可以感觉到的效果来进行的。在他们的眼里，任何含义都不是固定不变的。所以，孩子在一个人的时候通常是很少哭的，不管受到了怎样的痛苦，他要哭，除非是希望别人能够听见。

无论他是走路摔了一跤，被磕肿了头，还是鼻子被弄得流血，或者弄伤了手指，我都只会安静地站着不动，最起码要过一段时间才过去，绝不会慌里慌张地走到他身边。因为如果我表现出慌张的神态，只会增加他心中的恐惧，让他的痛感更强烈，伤痛既然已经成为了事实，他就没有理由不忍受。事实上我们受伤的时候也只是因为恐惧的心情才感受到痛苦，而并非是伤痛本身。所以，我采取这样的做法至少让他避免了恐惧。他无疑会以我对待他伤痛的态度来判断他所受的伤。如果我面带慌张地跑过去，对他进行安慰并表现出难过的神情，当他看到这一切，心里就会觉得情况非常糟糕。相反，如果他发现我一如往常，便会很快平复心情，以为伤痛已经痊愈，不会再出现疼痛的感觉。这样的年岁，正是他应该学会勇敢的年龄。当他学会无所畏惧地忍受轻微的痛苦，在碰到更大的痛苦的时候，他也就慢慢知道如何忍受了。

我不会小心谨慎地防止爱弥儿受伤。不仅如此，事实上我还会担心他在没有经历任何伤痛的情况下长大。他一开始就最需要学会忍受痛苦，同时也最需要知道这是怎样一回事。没有受到这些不具危险性的教训，似乎正是孩子弱小的原因。如果孩子从高处跌落，不用担心，他的腿没那么容易摔断。如果他用棍子击打一下，也不用担心，把自己胳膊打断的可能性几乎不存在。也不用担心他拿着一把锋利的刀子会弄出很深的伤口，因为他不会抓得那么紧。在我们的经验中，能够让一个自由自在的孩子弄死自己，或者把自己弄成残废和重伤，只有在下列情况才会发生：把孩子不加任何考虑地放在一个很高的地方；让他独自一人在火炉边坐着；在他触手可及的地方放置危险的物品。为了避免让孩子受到任何伤害，有些人用各种东西围住他。他们完全不知道，这样做只会让孩子没有勇气和经验面对长大后的痛苦。孩子一受到刺痛就以为要失掉性命，流出一点点血便昏倒，只能说明这许多的设备毫无用处。

我们已经习惯了指责别人和展现自己的广博学识。于是，我们便去教孩子那些他们本来自己可以学好的东西，而把只有我们能够教他们的东西置之脑后。似乎是见到过有人因为保姆的疏忽而长大后不会走路一样，为了教孩子走路，我们甚至把大量精力都投入其中。在教孩子方面，这实在是一件最愚蠢的事情。我们可以发现，正是因为我们下力气教孩子走路，许多人一生都不能很好地走路。

不论是学步车、小推车还是引步车，爱弥儿将来都不会使用。当他已经学会了怎样迈开脚步，如果不是走到有石头的地方，我是不会扶他的。即便是扶，也只是为了让他迅速地走过[①]。我不会让他在充满浑浊空气的房间里待着，而是每天领着他去草地上。我会让他在那里自由自在地蹦跳玩耍，让他每天经历一百次的跌倒。让他受到这样的对待反而是有好处的，只需要经过很短的时间，他就可以学会自己爬起来。受过的许多小伤，已经由从自由中获得的好处予以了补偿。我的学生或许会经常受伤，但是他永远被快乐包围着。你们的学生所受的伤或许没这么多，但他们或许没有那么自由自在，没有那么快乐。在我看来，这对他们并不会有好处。

还有一种能让孩子轻视哭泣的方法，那就是他们的体力得到增长。因为他们遇事更多是靠自己解决，所以需要别人帮助的概率就大大减少了。而当他们的体力得到增长的同时，他们的智慧也会同时增加。他人生中的每一刻，都因为记忆力而延续了一种自我的感觉。这个时候的他，已经是一个真正的人，已经真正具有了自己的意义。这样一来，他就有能力决定自己的命运了。从这以后，必须从一个有智慧的人的角度来看待他了。

我们诚然可以用一个最长的时间段来定义生命的期限，诚然可以让每个人都有可能达到这个期限。但是我们不能不认识到，相较于一切事物，为一个人设定一个寿命，其失败的可能性是最高的。并且，鲜少有人能够达到最长的期限。在出生后最开始的那一段时间里，是生命最有可能遭遇危险的时期。越少体验到生活，就越不可能保持生命。所有出生的孩子，能够长到青年的最多只有一半。你的那些学生，也许没有能达到成人年龄的可能。

我很想知道，我们在看到粗暴的教育为了不确定的未来而牺牲现在，用各种束缚去对待孩子，在为了替他在十万八千里外的地方准备一种幸

[①] 那些在幼年时期过多地使用引布带牵着学走的人，在走路的时候可以说是走得最不稳当和最可笑的了。这一点，大家都是承认的。——原注

福（我认为他并不能享受到这种幸福），把他们弄得可怜兮兮的时候，会有怎样的想法。当我看见那些可怜的孩子必须要受到他们无法忍受的束缚的时候，毫无选择地要像服苦役的囚犯一样永无止息工作的时候，我的感受是无比愤怒，并且认为这样的做法没有任何价值，即便进行这种教育的动机情有可原。就这样，孩子在啼哭、惩戒、恫吓和奴役中度过了自己本应该快乐的时光。你们诚然是出于好心才这样做，却不知道这样做可能将他们带向灭亡，让他们的生命在阴郁的环境下消逝。有多少孩子成了父亲或教师过分照料的牺牲品？我想没有人知道答案。而最幸运的事情，莫过于孩子能够避免遭受这样酷烈的行为。在生命走到尽头的那一刻不感到有任何惋惜，是孩子们在遭受各种灾难之后能得到的唯一好处。因为，在自己的一生中，他们遭受到的苦难从来就没有停止过。

仁慈是为人的基本原则，是在一出生就要遵守的。一个人，只要他拥有和人类相同的特点，不管是怎样的身份和年龄，你们都应该对他秉着一颗仁慈之心。也可以说，仁慈是唯一美德。必须要关心和爱护儿童，还要和他做游戏使之快乐，并且要培养他如何变得可爱。拥有始终充满欢乐和安详的童年，你们同样也曾非常期盼。既然如此，你就应该在那短暂的时光中，让天真的儿童也享受到他们极其珍视的财富。和你们一样，他们人生的最初几年也只能出现一次。因此，你们就不应该让痛苦和悲伤充满了他们那短暂的岁月。死神会在什么时候夺取你们的孩子的性命？没有一个父亲能回答这个问题！所以，你们完全没有理由将大自然赋予他们的短暂快乐时光剥夺，要不然就会感到后悔。你们应该这样做：在他们能够感受到欢乐的时候，让他们去享受欢乐；不论上帝什么时候叫他们回去，你们都应该在他们失去生命之前享受到生命的乐趣。

我毫不怀疑，有许多人都会对我提出抗议。那些表面聪明的人，他们的叫嚣我很远就已经听见。他们尽是在做这样的事：不停地让我们的本性沦落；对当下视而不见；对于那些不可能到来的未来，越是不能得到越要追求；逼迫我们去往不可能到达的地方，从而远离现实的世界。

你们这样告诉我：要想把人的不良倾向改正，现在是最好的时机。对痛苦的感觉最不强烈的时期就是童年，因此，为了让他在懂事之后不受那么多的痛苦，应该在这个时候多给一些痛苦让他承受。对于这样随心所欲的安排，我不知道谁给了你们做的权力。我也不知道有谁告诉过你们，让一个孩子还不那么坚强的心灵获得这样一番精彩的教训，会使他将来少受一些伤害。我几乎可以肯定，你没有把握确定让孩子多经受痛苦，就能让他少碰到一些挫折。既然你不能确定将来的苦难会因为现在的苦难而消失，那么就不应该让他现在承受还无法承受的痛苦。对于你们准备医治他们的那些不好的习惯，你们能够确定它们是自然的要求而非你们的错误做法吗？我想你们不能！因此，你们这样的考虑无疑是没有任何价值的：为了让他在将来的某一天获得幸福，而在现在把他弄得那么不幸。放纵和自由，充满欢乐的孩子和娇生惯养的孩子，已经被这些粗鄙的理论家搞混了概念。对于其中的区别，在这里我们必须要让他们了解。

我们只有知道了如何让自己适应环境，才能避免对幻想展开追逐。人类在万物的秩序中是有着固定地位的。而童年这一阶段，它在人生的秩序中也有着自己一成不变的地位。因此，用成年人的眼光来看待成年人，用孩子的眼光来看待孩子，就显得非常有必要。为了让人们获得幸福，我们唯一能做的事情就是：让每个人都处在自己固定的地位上，把人的欲望依照天性进行处理。至于对其他事情的处理，要根据具体情况来具体对待。必须认识到：我们无法决定外因。

绝对的幸福和绝对的痛苦是什么样子呢？我们自然不知道这个问题的答案，因为在一个人的一生中，它们是相互夹杂的。想要单纯地只体会其中一种感觉，对于我们来说是做不到的。我们不可能把两种不同的时刻放在同一种情况下体会。我们内心的情感是多变的，正如我们的身体一样变化莫测。幸福和痛苦，可以说是每个人都具备的，唯一的不同是程度上的差别。我们所说的最幸福和最痛苦的人，通常是指遭受到的痛苦最少和最多的人。对于所有人而言，痛苦总是多于快乐的。我们只能以消极的态度看待人的幸福：幸福的人，就是经历的痛苦少的人。

所有痛苦的感觉，都离不开逃离痛苦的想法；所有快乐的想法，都离不开享受快乐的欲望。所以，只有缺乏快乐，才会产生寻找的意愿，痛苦在人感到缺乏快乐那一刻就会出现。也因此,愿望和能力的不对等,是我们的痛苦产生的根源。一个人,只要他有感觉,在能力还不能匹配愿望的时候,他就是一个名副其实绝对痛苦的人。

这就产生了一个问题:人到哪里才能获得智慧和幸福?减少我们的欲望并非解决这一问题的方法。为什么这样说呢?因为,如果我们的能力比我们的欲望更大,那么有一些能力就没有可用之处,只能被闲置下来。如此一来,对于我们的存在,我们就不能完全享受。同样,增加我们的能力也不能解决这个问题。原因如下:相较于我们能力增加的幅度,如果我们欲望的增加幅度更大,便只会感到痛苦。所以,只有把那些超过我们能力的欲望减少,才能真正解决问题。因为这样就可以充分平衡能力和意志。因此,要想拥有一颗平静的心灵,必须让所有力量都得到运用。只有这样,人的生活才会进入一个有序的状态。

大自然之所以一开始要这样安排人,是因为它总是在向最好的方面做事情。它最开始的做法是:让人能够拥有足够的欲望得以生存,并且有足够的能力来满足这种欲望。然后,它往人的心灵深处蕴藏剩下的能力,等到有需要的时候,再让它们充分地被应用。能力和欲望要想获得平衡,唯一能实现的情况就是这种原始的状态。只有这样,人才不会感到痛苦。在所有能力中,想象力是最为活跃的,当潜在的能力开始产生效力,这种能力便会苏醒并首先发展。我们所能达到的好和坏的情形,正是通过这种想象力得以体现的。我们有满足欲望的可能,我们的欲望因此而得到增长,这也离不开这种想象力。我们也要注意到,这个目标一开始看似乎很容易达到,但事实上它会急速地向前移动,从而导致我们永远也不可能追逐到。并且,它在我们认为已经追赶到的时候,会远远地以另一番模样呈现在我们面前。这样一来,对于我们的经历,我们便永远无法看到了,同时也永远不会去想了,而还没有涉足的领域却在不断地增加。于是,即便投入全部精力,我们也无法到达终点。我们越是认为自己在享受,便距离幸福越远。

而人如果和自然状态越接近,那么他的能力便越会匹配欲望。如此,他就更能够得到幸福。他对痛苦的感受最轻微的时刻,只有在他接近失去一切的时候才会出现。原因在于：缺乏某样东西并不会造成痛苦，想要那样东西才会。真实的世界不可能没有界限，但想象的世界就不同了，它可以无限制地蔓延。

对我们来说，让世界变得更大是做不到的。因此，我们就有必要对另一个世界加以限制。原因何在呢？因为我们之所以会感受到让人极度烦恼的各种痛苦，就是由于这种唯一的差别。如果不看体力、健康和良知，看法不同的人，人生的幸福也是千差万别的。我们的一切痛苦，唯一真实的是身体的痛苦和良心受到的谴责。说到这里，有人或许就要说了：所有人都知这个原理。这种看法固然没错，但我也必须指出：这个原理的实际运用和它本身并不是一回事。而我们在这里讲的东西，就是运用问题。

我们常说人是弱小的，那么"弱小"这个词语应该如何解释呢？事实上，"弱小"指的是一种关系，在表达生存关系的时候，我们通常用到它。即便是一只昆虫，只要体力超过需求，它也是非常强大的。反过来，如果需求超过了体力，任何事物就都是非常弱小的，无论是一头大象或一头狮子，一个获胜的人或一个英雄，又或者是一个神。相较于那些快乐的，根据自己的天性而平安祥和生活的普通人，对自己的天性完全不了解而强行做事的天使反而更加弱小。所谓强者，就是满足于自己当下力量的人。如果想要去做自己能力范围之外的事，那么这个人就是弱小的。所以，即便你扩大了自己的官能①，也并不代表你的体力会相应增加。倘若相较于你的体力，你的骄傲之心已经远远地超过了，那么你的体力就会减少。所以我们必须对自己活动的范围进行测量，像蜘蛛待在蛛网中央一样，保证自己也待在那个范围的中央。如此一来，对于我们自己的需求，我们就能够满足。我们就不会对自身的柔弱有抱怨之心，因为我们并没有认为自己柔弱。

所有的动物，所具备的能力只足够维持自己的生存。拥有多余能力的生物，只有人。但是，奇怪的是，人之所以会遭遇各种不幸，也是因为这一点。无论是哪个地方的人，与本身的需求相比，他创造的物资通

---

① 指有机体器官的功能。——译注

常要更多。如果这个人因为非常出色而对是否有多余毫不在乎，那么他就会始终认为自己的需求得到了满足。若问原因，因为他根本不会想太多东西。法沃兰有一个看法："巨大的财富是巨大需要的产生源，如果有谁想获得自己所没有的东西，那么舍弃已有的东西是最好的办法。"①我们的幸福之所以会变成痛苦，就是因为我们想方设法要增加自己的幸福。一个人如果能满足于当下的生活，那么他就能够愉快地生活。并且，他也会因此而变得善良。原因在于：他并不能通过做坏事获得好处。

倘若我们在这个世界上永远存在，那么我们反而更加不幸。死无疑是让人难受的，但也并非没有任何好处。如果我们想到自己终将死去，以及这一辈子所遭受的痛苦会被一种更美好的生活结束，轻松的感觉就会洋溢在我们心间。即便有人愿意让我们永远存活在这个世界上，对于这个不祥的礼物，也没有人②会愿意接受。因为这样一来，对于命运的坎坷和人的不公正行为，我们就没有办法来对付了，同时也会丧失掉希望和慰藉。一个愚蠢的人，永远不可能拥有远见。这样的人是害怕丧失掉自己生命的，因为他并不知道生命的价值在哪里。但是智慧的人就不同了，他可以看到更宝贵的财富。也正是因为这一点，他才会更愿意要更宝贵的财富而非生命。那么，是谁让我们只看到死亡而对死之后的情景视而不见，从而导致我们以最大的痛苦来看待死亡的呢？是那些对问题不作深入研究自认为很聪明的人！真正聪明的人是不会这样看的。聪明人会认为应该忍受生活中的各种痛苦，因为最后终归会死亡。如果我们拒绝相信人终有一死，那么为了让这一看法得到稳固，我们就要投入很多的精力。

除了犯罪，个人的偏见，是让我们精神感到痛苦的又一因素。而一个人是否要犯罪，其决定权完全在自己，我们身体上的痛苦和我们本身是没有办法共存的，要么我们消灭它们，要么它们消灭我们。要想让我们的痛苦得到医治，最好的药物就是时间和死亡。我们越是不知道如何忍受，痛苦的感觉就会越强烈。相较于我们忍受疾病而遭受的痛苦，我

---

①《沉静的黑夜》第9卷第8章。——原注
② 这里的所说的人指的仅仅是有思想的人，大家是很容易想到这一点的。——原注

们为了治疗我们的疾病而遭受到的痛苦要更多。因此，最好的做法是：按照自然来生活，有足够的耐心，也不需要任何医生。你要明白，人最终来说都会死亡，但这种感觉终归只有一次。而医生造成的影响刚好相反，他会让死亡的感觉整天充斥你的脑海。暂且不论你的生命不会因为他虚假的医术得到延长，连你享受生命的权力也被他剥夺了。医术究竟能否给人类带来真正的好处？对于这个问题，我始终都是怀疑的。我不否认它治好了一部分将死之人，但是它杀害那些本可以保全性命的人的数目却远远在这之上。我奉劝那些聪明的人，不要试图去碰这样的运气，因为结局只能是失败，它就好比去买一张彩票而期盼中奖。所以，你能够生活到生命的最后一息才是最重要的，不管是身患疾病，死亡，还是进行治疗。

我们的生命越是缺少价值，我们的忧虑感便会越重。与年轻人相比，老年人对习惯的依赖性通常更强。他们既然曾经为了享受而进行了各种准备，自然不能忍受这些准备付之东流。这也情有可原，对于一个六十岁的人而言，最令人伤心的事情莫过于到死的那一刻都从来没有快乐地生活过。每个人对自己的生命无疑都是非常爱护的，但是每个人却并不一定明白这种爱绝大部分是人为的。一个人对自己的生命的忧虑，从天性上来说，只会出现在有能力保护生命的时候。如果他想不出任何办法，那么他就会心情非常平静。如此一来，在死亡的时候，他就不会让自己有那么多的烦恼。每个人都必须遵守的第一个法则是：上天决定着自己的生命。这个法则，是自然教给我们的。对于死亡，野蛮人和野兽通常不会有太多的抵抗，并且还会选择默默地忍受。如果这个法则不能得到保全，另一个法则就会从理性中产生出来。但是，认识这个法则的人却非常少。与第一个法则相比，这个由人决定生命长短的法则没有那么全面和丰盈。

我们之所以会不断地做能力范围之外的事情，之所以对我们永远无法到达的地方非常向往，其原因就在于我们喜欢对长远进行考虑。而我们各种痛苦的产生根源，就是这种对长远的考虑。人的一生已经这样短暂，居然仍然对遥不可及的未来那样向往，而对当下的现实又那么不屑一顾，只能说是一种疯狂。这种发疯的做法害处要更加大。为什么这样说呢？因为人随着年龄的增加，将会有越来越多这样做的想法。这就会使得老年人总是处于多疑、忧虑和吝啬的状态中，宁愿在当下把一切都节约下来，也不希望在垂暮的时候缺少那些可有可无的东西。所以，在当下，我们就要牢牢地把一切都控制在手里。现在和将来即将拥有的时间、地方、人和事物，才是我们最重要的东西。对于我们而言，自身的个体只是最小的一部分。说我们每个人能够感受到整个世界，能够在这块土地上感受到自己的存在，完全是可以的。因此，说我们所感受到的痛苦，在我们容易受到别人伤害的地方更多，也完全合情合理。由于失去自己从未见过的土地，有许多君王都感到无比悲伤；因为无法涉足印度，有许多商人也在巴黎大声呼吁。

人之所以会这样迷失自己的本性，很显然不是大自然所为！为了知道自己这样死亡是快乐还是悲伤，每一个人要把自己的命运和别人的命运做比较，并且到最后那一刻对自己的命运才有所了解，也同样不是因为大自然的原因。我曾经看到过这样一个人，他有着愉快的心情和健康的身体，脸上也充满着活力。不论他身在何处，人们都会因为他而感到高兴。愉快和生活富足的光芒充满了他的眼睛，只要看到他的面貌，就可以判断他非常幸福。邮局送过来一封信，这个被幸福包围着的人看了一眼，是写给自己的。于是，他拆开信看了起来。几乎是立刻，他的表情就发生了巨大的变化。他苍白着脸，毫无征兆地就晕倒了。他终于醒了过来，但是完全变了一个人。就像患上了令人恐怖的痉挛一般，他哭泣且颤抖着，大声吼叫着，心情非常激动，同时还不断地扯着自己的头发。我只能说这个人愚蠢到了极点。这封信能造成那么大的伤害吗？我想要知道，它是否折断了你的手或脚，又或者是把你引向了犯罪，又或者是对你内心造成了震撼，严重到使你摆出刚才我看到的那副模样？

在我看来，倘若出现了以下情况，那这个既幸福又可怜的人的命运就要费思量了：信投错了地址，或者是谁出于好心烧了它。你们说他的痛苦一点都没有弄虚作假。我承认这一点，因为他只是从前没有发现。我毫不怀疑他的幸福来自于他的想象，因为健康、快乐、富裕和内心的满足都只是一种想象。事实上，我们所进行的生活，已经没有遵照我们的能力进行，而是运行于我们的能力之外。所以，只要我们的生活资源还没有缺乏，就没有必要那样害怕死亡。

我想奉劝每一个人，要想不再那样痛苦，只需要按照你的能力生活。对于大自然在万物的秩序中所留给你的位置，你应该牢牢地占据，从而使得没有任何力量能够让你脱离这个位置。对于那严格而必然的法则，你不应该反抗它，因为那只是在白白耗费你的体力。上天将体力赋予你的目的，是为了让你按照自己的意愿行事，以及让你在它允许的范围内生活，而非让你把生命扩充或延长。你能够享受到的自由和权力，应该依据你本身的体力来决定，而不是超出它的范围。除此之外一切的东西都是臆想、奴役和虚名。当权力要以舆论来作为支撑，那么它本身就带上了一种奴隶性。因为你要遵从于你用偏见来统治的那些人的偏见。你必须要按照他们的想法行事，你才能够按照你的想法支配他们。如果他们的想法发生改变，哪怕只是一点点，你的做法就不能不随之改变。那些接近你的人，那些大臣、军人、僧侣、奴仆、溜须拍马的人，甚至是小孩子，只要能够想方设法控制处于你控制之下的人，或者控制你宠爱的人的想法，又或者能够决定你的家人或者你本人的想法，即便你的才能堪比泰米斯托克里①，他们都可以像指挥一个小孩子那样，在你的军队指挥你②。这样一来，你所有的努力都将白费，因为真正的权力一定是和你身体的能力相适应的。当你观察事物的时候用到了他人的眼光，你的意志就要受制于别人的意志了。你意气昂扬地说："我统治着人民！"但是你不能忘了，你同时也臣服于你的大臣。而你的大臣又是他下属官员和情人的臣下，也就是他们仆人的仆人。你把一切都握紧在自己手里，接着你又大量地抛撒金钱。你让炮台高耸，绞架林立，并且还制造出刑车。不光这些，你还要发布各种命令，让密探、军队、刽子手、监狱和

----

① 泰米斯托克里(前525—前460)：雅典人，将军，古希腊杰出的政治家、军事家。——译注

② 泰米斯托克里告诉他的朋友："你在那里看到的那个小孩就是统治希腊的人！我之所以这样说，是因为希腊人是由雅典人统治，雅典人由我统治，我由他的母亲统治，他的母亲又由他统治。"倘若我们先对国王展开研究，然后再把他幕后操纵一切的第一个人物找出来，我们一定能够发现，指挥一个庞大帝国的人其实是非常渺小的。——原注

锁链几倍地增加。你真是一个可怜而且渺小的人！你所做的这一切于你用处何在？让你能从中得到更大的利益？又或者让你不受到那么多人的抢劫、欺骗或权力更大？事实上都不可能。"我们想这样做"是你经常挂在嘴边的话，但是你做的是一些什么事情呢？都是别人想做的事情！

不需要由别人来帮助实现自己意志的人，只会是通过努力，自己能把自己意志实现的人！因此可以说，在一切财富中，权威和自由并不是最宝贵的。只想获得自己能获得的东西，只做自己感兴趣的事情，才是一个真正自由的人。我的第一个基本原理就在这里。只要在儿童身上应用这个原理，各种教育的法则就会不断地出现。

社会为什么把人变得更柔弱了呢？让一个人已经无法运用自己的力量固然是其中的一个原因，但更重要的原因还是它让人的力量无法满足自己的需求。这也就是为什么一个人柔弱的程度增加，欲望也会随之成倍增长的原因，同时也可以解释为什么和成年人相比，小孩显得那么柔弱。成人为什么是一个很强大的人，孩子又为什么很弱小呢？其原因就在于就自然状态来说，成人可以满足自己的需要，而小孩却做不到这一点，绝非是因为成人的体力比小孩更大。所以，对于成人来说，他们更多的是意志，而小孩则是虚妄的想法更多。我所说的虚妄的想法应该这样解释：所有不属于真正需求，且只有借别人之手才能满足的想法。

那么又是什么原因造成了这种柔弱的状态呢？关于这个问题，我已经进行过阐述。大自然用以弥补这种缺陷的东西，是父母之爱。但这样做也存在缺陷，那就是可能出现过量和不足，甚至用错的情况。对于自己的孩子，文明社会中生活的父母通常的做法是：在孩子还没有成年的时候，就让他过这种社会的生活。他们以超过孩子需要的标准给孩子东西，但这样做的结果却是，不仅没有让他的柔弱程度得到减轻，甚至还增加了。他们还会做出一系列行为：强迫孩子做一些事情，但这些事情是大自然都没有做出要求的。让孩子把自己不多的一点力气按照他们的意愿来使用。因为这些原因，再加上孩子和父母分别因为柔弱和爱护而形成了一种相互依赖的关系，导致了一方在供另一方驱使，孩子的柔弱程度因此也得到了增加。

一个人只要足够聪明，是知道如何稳固自己的地位的。但是孩子却不同，他因为对自己的地位一无所知，因此也就不知道如何固守自己的地位。可能让他的地位发生偏离的方法，在我们这些人身上可以说有许许多多。这就要求管教孩子的人，必须要维持孩子的地位，而这也是唯一的办法。想圆满地完成这个任务诚然非常艰难，因为他的身份只是一个孩子，既不是野兽，也非成年人。他做到以下几点：在不让自己因自身的柔弱而受苦的情况下认识到这种柔弱；在不服从成年人指挥的前提下又依靠成年人；可以提出自己的要求，但是禁止发号施令；除非有确切的需要，或者别人比他更明白什么东西对他作用，能让他的生存更有利或更有害，否则不能听从别人的命令。没有任何一个人有权力命令孩子去做一件于他毫无作用的事情，包括他的父亲。

孩子和成年人之所以幸福，在人们的自然倾向还没有因为偏见和人类的习俗发生改变之前，是运用了自身自由的权利所得出的结果。但有一点也必须指出，那就是这种自由在年幼的时候是为体力柔弱所限制的。一个能称得上快乐的人，必须有满足自身需要的能力。只有这样的人，才能够按照自己的意愿行事。在自然状态下生活的成年人就属于这种人。如果是一个这样的人，他的需要超过了自身具备的力量，那么，即便他能够做任何事情，也很难说他是快乐的。在自然状态下生活的孩子，就是这样的人。在文明状态下生活的成年人，只能够享受一部分自由，因此，在自然状态下生活的孩子，能够享受到的自由也只有一部分。依靠别人，对于我们当中的每一个人来讲都是需要的。因此，可以说我们是柔弱和可怜兼备的。我们的初衷是做一个成年人。但因为法律和社会，我们又都变成了孩子。这样的孩子包括：显赫的官员，腰缠万贯的富人，甚至是国王。当看到别人努力去减轻自己痛苦的时候，一种不成熟的高傲心理就出现在了他们身上。这个时候的他们，因为得到了别人的照料，是目空一切的。但他们却没有认识到一个事实：如果他们是成年人，想要别人如此殷勤地对待他们是不可能的。

这都是一些很重要的观点。有了它们，社会制度的一切矛盾就可以迎刃而解。有两种从属关系存在于这个世界上。物的从属是其中的一种，这种从属是属于自然的。人的从属是另外一种，这种从属是社会的。物的从属是不存在损害自由和产生罪恶之嫌的，因为它不包含善和恶的因素。但人的从属却可以产生各种罪恶，因为它是杂乱而无序的①。主人和奴隶之所以会毁灭彼此间的关系，就是因为存在后一种从属关系。那么社会中的这一弊病可以通过什么方法来医治呢？这个办法就是：用法律把人取而代之，让人们的公意因为高于任何单独意志的真正力量而得到武装。像自然的规律那样，如果国家的法律也不能轻易改变，不是随便一个人就能够左右它，那么就有可能将人的从属变为物的从属。这样一来，在自己的国家里，我们就可以很好地统一自然状态和社会状态，很好地结合能够让人不犯罪的自由和培养节操的道德。

如果你使物成为孩子唯一依赖的东西，那么在教育他的时候，你就可以按照自然秩序进行。倘若他有做错的地方，你如果想要制止，只需要给他制造一些有形的障碍，或者让他承受做错的后果。他是每时每刻都记得这些后果带来的惩罚的。这样一来，你即便不禁止，他也不会乱来。应该让他绝对遵照经验和体力的柔弱来行事。按照他的需求给他物品应该要绝对禁止，在给他东西的时候，应该要看他是否真正需要。同时你还要避免让他在活动的时候知道怎样服从人，在你为他办事的时候明白怎样使唤别人。无论是他的行动还是你的行动，让他从中感受到有自己的自由才是最应该做的。在某一时刻，如果他没有了足够能够满足需求的体力，那么在这个时候，你就应该要予以弥补。但为了让他不任意地驱使别人，弥补的程度只能刚好能让他自由活动。所以，你应该使他在得到你帮助的时候感到羞愧，从而让他希望自己尽早结束别人对他的帮助，这样自己才可以有面子地尽早由自己完成自己的事情。

为了让孩子拥有一个强壮的身体，并且使他能够成长，大自然有着自己的一套办法。这个办法，我们是万万不能违背的。如果一个孩子想走动，那么我们就不能强迫他待在那里。相反，如果他想待在原地，我们也不能硬要他走动。一个孩子，只要我们不用自己的错误去毁坏他的

---

① 社会制度当中是不能混入个别意志的，我的《政治权利的原理》一书已经指出过这一点。——原注

意志，绝没有可能去做于自己无用的事情的。完全可以任由他去活动，或跳或跑，或吵或闹，只要他愿意这样做。于他而言，他所做的一切运动，都是他逐渐强壮的身体所提出的要求。唯一应该避免的事情是：让他去做自己能力之外的事情，或者将他想做的事情由别人代劳。所以，我们就需要了解：他真正的需求——自然的需要有哪些；由他才出现不久的幻想造成的需求有哪些；我曾经提到过的，优裕的生活所引起的需求有哪些。

那么，如果一个孩子因为要得到各种东西而哭号应该怎么办呢？关于这个问题的解决方法，我已经作过回答。在这里，我唯一想要补充的是：如果他已经学会用说话的方式获得自己想要的东西，之后再想要某样东西的时候依然用哭号来索取，那么就应该拒绝他的要求，无论他这样做是为了尽早地获得那样东西，还是要使得别人给他。但是，如果他的需求很确切，而且只能选择讲出来，这时，你就要把他的需求弄清楚，并在第一时间予以满足。但是不应该在他一哭泣的时候就给他东西，那样会让他产生一种认识：他的哭泣得到了你的鼓励；相较于向你温和地索要，硬取更能达到目的。如果他认为你不是那么好心好意，那么几乎是立刻，他就变得邪恶。你如果在他眼中变得软弱，那么他就会变得强悍，时间也非常迅速。所以，你必须谨记：你如果准备把某样东西给他，只要他向你索取，你就应该马上给他。不要随便就拒绝他的需求。当然，如果你已经拒绝，就必须禁止又再次答应。

另外，也不能教孩子学会一套面子上的话，这一点尤其需要注意。因为如果这样做，当孩子需要某样东西的时候，他就会把这种话当成一种真言，从而让身边的所有事物都受自己意志支配，进而能够立刻获得自己想要的东西。富人的孩子们之所以通常都非常温文尔雅，就是由于他们的父母对他们实行了一套过于讲礼仪的教育。这些父母的做法是为了让自己孩子所说的话变得谁都得顺从，教给了他们一套固定的话语。也正因为如此，他们的孩子才具备了如下特点：说话不存在求人的态度和语气，即使是有求于别人，语气也骄傲得如同命令别人一般，甚至还有更过分的情况，好像别人天生就要服从于他。如果他们说"如果你愿意"，我们可以发现他们事实是在说"我想这样做"。如果他们说"我请求你"，我们可以发现他们实际上在说"我命令你"。只要是从他们口中说出来的话，无论有多么客气，意思总会发生改变。并且，他们还只能以命令的形式说出这些话！我是不怕爱弥儿说话粗鲁的，只是怕他说话傲慢。在我看来，即便他在有求于别人的时候说"你去做"，也好过他在命令别人时说"我请求你"。他使用的措辞并不是我在意的东西，措辞所表达的意思才是。

人们通常会表现为过分严苛或过分放纵，我认为这两种情况都应该避免。倘若你对孩子完全放任，那么就有可能威胁到他们的健康和生命。这样做，只会让他们经历许多折磨。关心得太过分也不好。如果你关心得太过分，他们就可能无法承受一丁点痛苦。这样一来，在以后的岁月中，他们就会面临更大的困难，同时整个人也会变得易折，个人的情绪过多，从而永远无法长大成人。但是，不管你是否愿意，他们总有一天会长大成人。你的初衷本来是让他尽量不遭受大自然赋予的痛苦，但最终的结果却使他遭遇了另外一些灾难，而这些灾难原本是大自然无意给他的。我曾经批评过那些令人讨厌的父亲，责备他们以孩子们的幸福为代价去追求那永远无法实现的未来。你或许会因此而这样看待我：看吧，现在你也要成为这样的父亲了。

但我绝不会那样做！原因何在呢？因为和我让我的学生受到的一些轻微的痛苦相比，我给他享受到的自由已经足以补偿，甚至还要超过他痛苦。有几个淘气分子在雪地上玩耍，因为天气冷的缘故，他们的皮肤都呈现青紫色，手指也变得有些僵硬，这一切被我发现了。他们完全可以去暖和一番，只要他们想这样做，但是他们没有。在这种情况下，如果你硬要他们去烤暖，他们或许会认为你的这种做法比寒冷更让人难受。几乎可以肯定，面对这种情况，你是说不出任何怨言的。你绝对不可能这样认为：我让你的孩子受到一些轻微的苦楚，即便这种苦楚是他自己愿意承受的，我也是在折磨他。事实上，我给了他自由，他在目前可以过得很开心。我让他加以锻炼，可以让他在未来充满快乐，因为他可以因此而抵抗必然会到来的灾难。这样一来，如果让他对愿意做我的学生还是你的学生进行选择，我几乎可以肯定他会立即做出选择。

拥有一个健康的身体，是所有人的真正幸福。所以，他不会以舍弃自己的身体为代价，来免于遭受人类的各种痛苦。我持有这样的看法：他必须要先体验一些轻微痛苦，然后才可以获得巨大的愉快，这同时也是他的天性。一个人，如果身体过于舒适，他的精神就会腐朽。如果有谁没有体会过痛苦，那么几乎可以肯定他无法理解人类爱的力量和怜悯的温暖。一个这样的人，他的内心必定是无比冷漠的，也必然不会和其他人交往。在所有的人当中，他将成为一个异类。你如果想让你的孩子受到折磨，就尽管去不加选择地满足他的要求。如此一来，他就有希望满足自己的各种欲望，从而让自己的欲望不断增长。等到将来的某一天，你会发现自己最终会拒绝他的要求，因为你已经不具备足够的力量满足他。这就会造成一种事实：他冷不丁碰了一次壁，而以前从来就没有碰到过你拒绝他。于是，相较于得不到自己希望的东西而产生的痛苦，他因此而感觉到的痛苦更加强烈。一开始他想获得你手里的手杖。没过多久，你的手表他也想要。随后，他对天空中的飞鸟、天上的星星也产生了拥有的念头。最后，他开始想要获得自己想要的一切。如果你不是上帝，对于他的欲望，你定然没有办法全部满足。

人拥有一种天性，那就是把一切能够得到的东西都看成是自己的。所以，霍布斯①的原理从这一点来看也可以说并不完全错误。如果随着我们的欲望不断增加，我们满足欲望的方法也相应增加，那么谁都可以主宰万物了。同样的道理，对于一个孩子而言，如果他能够获得一切自己想要的东西，那么他就会形成一种认识：所有东西都受控于自己，所有人都是自己的奴隶。这势必会造成一种局面：当你最后出于无奈而决定拒绝把某样东西给他时，他就以为你背叛了他。因为他原以为自己提出要求，就能够获得一切想要的东西。你的各种解释都将在他眼里成为推托之词，因为他现在还难以明白事理，他会觉得不管是在哪一方面，你都在针对他。如此，他的个性将会因为他眼里的不公正而变得更加扭

① 托马斯·霍布斯（1588—1679）：英国哲学家，政治家，曾提出"自然状态"和国家起源说，认为国家是人们为了遵守"自然法"订立契约所形成的。——译注

曲。他会痛恨所有人，如果有谁无微不至地照顾他，他不仅不会表示谢意，而且会稍有不满就暴怒起来。

无论如何，我都没有办法想象一个这样的孩子会成为一个快乐的人，他是那样的愤怒，那么容易就发脾气。他只会成为一个暴君。在所有奴隶中，他是一个地位最低的奴隶；在所有人当中，他也最可怜。用这种方法培养出来的孩子，我曾经看到过几个。他们的做法是匪夷所思的：叫人猛一下推倒房子；为他拿下钟楼上的风标；要求别人拦住正在行进的军队，其目的只是为了多听一段时间行军的鼓声。只要他们的要求没有被及时满足，就会哭得震天响，谁也制止不了。于是，所有人都徒劳地进行了一番努力。然而，没有人能够让他们快乐起来。由于有希望获得所有东西，他们的欲望便日渐增长。所以，他们便开始偏好得到那些他们无法得到的东西。于是，他在各方面都碰到了拒绝、困难和痛苦。几乎是一整天，他们都在哭号、反抗、愤怒。他们就这样在哭泣和抱怨中把自己的日子度过了。这样的人要想获得幸福，几乎是不可能的。柔弱的体力混合使唤人的心，妄想和痛苦就会随之产生。如果有两个这样娇生惯养的孩子，一个要怒发冲冠，一个要往死里折腾，不把许多东西毁坏，他们是不会善罢甘休的。

如果在童年的时候，他们就因为这些强横的思想过得非常糟糕，很难想象他在长大之后会面临怎样的境地。因为在那个时候，他和别人的关系已经开始扩大范围。在平时的生活中，所有人对他们都是充满畏惧的。但当走入社会之后，他们却吃惊地发现：所有人都在设法抗拒他们；原来可以随意支配的世界，变成了一种压力落在了自己身上；无数的屈辱、白眼和讥讽都会因为他们的傲慢和幼稚的虚荣心纷至沓来；别人侮辱他们，他们只能忍受，就像吞进去一口水一样。用不了多久，冰冷的事实将会告诉他们，对于自己的地位和力量，他们没能有充分的认识。于是，当他们什么事也干不成的时候，他们就会认为是因为自己不具备任何能力。他们将会变得十分胆小怕事：原来，他们要受到那么多从来没有出现过的困难阻碍，有那么多眼神都在轻视他们。他们会把自己看得非常卑贱，一如以前把自己看得非常高贵。

我们不妨再把原始的法则阐述一番。大自然为什么要创造儿童呢？为的是让他们得到爱护和帮助。它绝不是出于要让人们畏惧和屈服于儿童才创造他们的。它不可能要让别人对他们产生畏惧，才把凶悍的面孔、残酷的眼光和粗暴的声音加在他们身上。当狮子暴吼一声，动物看到他头上的鬃毛就会发抖，我知道它们一定会感到害怕。但是还有一种情景，既粗鄙可笑，又令人感到厌恶：在一个尚在褓褓中的婴儿面前，跪倒着一大群身穿礼服的官员和他们的上司；他们用庄严的话语向婴儿谈论了一番，但婴儿有着怎样的反应呢？他只是哭叫几声就算说完了所有的话。

如果从孩子自身的角度来看，就可以发现他是世界上一种最柔弱、可怜以及最容易受控于身边一切事物的生物，极其需要得到关心和爱护。他为什么拥有那么可爱的面孔和动人的表情呢？是希望他那柔弱的身体，得到所有意欲靠近他的人的爱惜和帮助吗？答案是肯定的。因此，最让人感到愤怒和违反常理的事情就是：一个骄横且不服从管束的孩子对身边的所有人发号施令，并且还以主人的口吻和这些人交谈，而只要这些人不管他，他就会一命呜呼。

但换一个角度来看，我们也进行了一项野蛮的工作：在知道孩子幼年时因为柔弱已经受了各种束缚，知道他们只拥有着非常有限且不能随便使用的自由，如果剥夺他们享受的权利，于他们、于我们都只有害处的情况下，仍然剥夺了他们的自由，以至让他们受到我们因为肆意妄为而造成的束缚，以及前面说过的那种束缚的双重压迫。如果这样的一种观点成立：傲慢的儿童最可笑。那么成立的还有一种观点：害羞的儿童最可怜。在到达理智的年龄之后，如果他们注定要为社会所奴役，那么就没有理由在一开始就让家庭奴役他们。我们应该要为他们留出这样一段时间，在这段时间当中，生命不受到这种并非大自然强加于他们的束缚。同时还应该让孩子们能够自由享受自己的天赋。如果这样做，在某一段时间内，他们最起码不会染上我们在奴隶生活中形成的恶习。对于那些粗鲁的老师和让自己的孩子沦为奴隶的父亲来说，应该让他们在这里谈论一番他们那些鄙陋的反对理由，要让他们在准备把自己的方法大吹特吹之前先学习大自然的方法。

现在再来谈一谈实践。之前我就说过：应该避免对孩子想要某样东西的要求不加选择地满足，而要看他对那件东西的需要是否真切①；与此同时，不应该让服从你成为他做任何事的目的，而应该是由于他有必要这样做。这样做的结果是什么呢？他的脑海将不再会存在"服从"和"命令"的观念，"责任"和"义务"也会随之一同消失，"力量""需要""没有足够的能力"和"遏制"等概念会转而占有重要地位。应该注意的是，为了避免孩子添加一些错误的意思在这些概念上，应该尽量少用表达它们的词汇。因为，在到达明白事理的年龄之前，精神的存在和社会的关系对他而言是没有任何概念的。我们只要让第一个错误的观念在他心里扎下根，产生错误和恶习的源头就会出现在他身上。这最开始的一段路程，是我们尤其需要注意的地方。应该尽量让可以感受得到的事物对他施加影响，这样一来，他的所有观念就会仅仅局限于感觉，放眼望去，无论从哪方面，他能看到的只有身边的物质世界。否则就可能产生以下结果：他完全不听命于你；以一些错误的观念去理解你讲的精神世界，从而让你即使投入一生的精力，也没有办法消除这一点。

　　洛克的一个重要原理就是：用理性去教育孩子。在今天看来，这已经是一个非常时尚的原理。但我认为，它的可靠性并不能因为它的时尚而得到证明。就我个人的观念来看，相较于其他人，受过大量理性教育的孩子事实上更愚蠢。理智是人的一切官能中发展最困难的一种，并且也是发展最晚的一种，因为它是由其各种官能综合决定的。遗憾的是，有些人仍然要用这一官能去发展其他的官能。塑造出一个有理性的人，诚然是一种良好教育最好的结果。但正是因为这一点，人们才试图用理性去对孩子进行教育。而这完全是一种舍本逐末的做法！所出现的问题在于把目的误当成了手段。对于道理，如果孩子们能够理解的话，接受教育就变得多此一举了。然而，由于你用一种他们不理解的语言，从儿

----

　　① 我们应该知道快乐在有些时候对于我们来说也是需要的，就像痛苦一样。所以，对于孩子们来说，"要让别人服从他们"是他们所有欲望当中唯一不应该满足的一个。当他们有某种要求时，我们应该尤其注意是什么动机促使他提出这种要求。我们只能满足能让他们真正愉快的要求，而不能满足他们任何任性或表现权威的行为。——原注

童时期开始就经常对他说，就让他们形成了各种习惯。这些习惯就是：喜欢玩文字游戏，喜欢截断别人的话头，自认为强过老师，碰到什么事情都想争论一番，不服从别人的看法。如此一来，在今后的时间里，对于所有你本来想要用合理的动机去让他们做的事情，你如果想要他们去做，只能凭借以下动机了：贪婪、畏惧以及虚荣心。

以下的一番对话，已经可以大致归纳出向孩子们进行的或可能进行的各种道德教育了。

老师：那件事情不应该做。

孩子：为什么？

老师：因为那样做不对。

孩子：哪里不对了？

老师：你那样做，别人会反对的。

孩子：我做了别人反对的事情就代表不好吗？

老师：你不按别人说的做，就会受到别人的惩罚。

孩子：我可以暗地里做。

老师：别人也会暗地里关注你。

孩子：我在暗地里做。

老师：别人会询问你。

孩子：我骗他。

老师：骗人是不应该的。

孩子：为什么不应该？

老师：因为撒谎不好。

……

谈话就会这样一直循环往复地进行。这样做已经没有必要了，因为孩子会把它当成耳边风。毫无疑问，这种教育的方法不具备任何重大的作用。其他人又会用什么把这一番对话代替呢？我很好奇这一点。我想，就算是洛克本人来做这件事，他也会感到有心无力。一个孩子，是无法分清善恶以及明白一个人为什么会有各种天职的。

对于一个孩子而言，当他还没有成年，大自然只希望他像一个儿童。如果我们让这个顺序发生错位，可能造成的结果就是：创造出一些还没有完全成熟的果实。这些果实不能称得上肥美，也很难说得上甘甜，甚至还会迅速地腐烂。我们获得的成果将会是：塑造出一些年幼的博士，以及一些垂垂老矣的儿童。无论哪个儿童，都拥有自己个人的观点、思想以及情感。最短视的行为莫过于将他们的观点、思想和情感用我们的代替。当一个孩子长到十岁，相较于让他拥有判断力，我宁愿让他长到五尺那么高。理性在这个年岁对他来说是毫无用处的，只会让他体力的发展受到阻碍，而儿童不需要这种阻碍。

你准备说服你的学生，让他们相信自己应该服从。在你这样做的时候，就已经把暴力和威胁混入了你所谓的说服当中。或许还要更不好，因为你可能把奉承和许诺也放了进去。所以，他们被道理说服的模样都是伪装的，其动机要么是受利益驱使，要么是受到了暴力的胁迫。很快，和你们相同，他们就会认识到服从的好处和反抗的害处。但他们的做法却是，在暗地里按照自己的想法去行事，并且还会形成这样一种认识：只要你没发现他说一套做一套，他完全可以放开胆子去做，等到被发现的时候，再坦白承认错误，以免受到更大的惩罚。毕竟，你是在强迫他做自己不喜欢的事，而按照别人的意愿做事是让人痛苦的。在他们那个年龄，服从的概念还根本无法理解，并且世界上也没有真能让他明白的人。但他们仍然按照你的意愿承认了，因为你会三番五次强迫他们同意，并且他们害怕被你惩罚，希望得到你的原谅。在你看来，他们或许已经被你的道理说服，但实际的情况是，因为你的说教他们更加感到厌恶和畏惧。

这就会产生以下结果：他们将会反对你的独断专行，变得讨厌你，以欺骗、狡猾、虚伪的做法来逃避你的惩罚或得到你的奖励，因为你往他们身上强加了他们无法理解的义务；他们将会习惯于把不愿意为别人知道的意图用表面的动机伪装起来，从而学会在你的手下如何不断地捉弄你，这样你对他真正的性格就没有办法了解了，只要有适合的条件，他就可以用套话来应付你和别人。也许你会有这样一番说辞：如果要说到法律，从良心这一点考量，所有人都会认为应当服从，但成年人仍然应该要受到它的约束。这种说法我是同意的。如果不是因为有教坏的孩子，这种人或许根本不会存在。正是因为这一点，我们才应该做好预防工作。自然的顺序应该是：以体力来约束儿童，以道理来管束成年人。和聪明的人讲法律，完全没有必要。

如何去对待你的学生呢？应该按照年龄加以区分。把他放在应有的地位上是首先要做的事情。为了避免让他产生越出这个地位的念头，还应该把他在这个地位上稳妥地固定。这样做了以后，在了解什么是明智的做法之前，对于自己得到的珍贵教训，他就能很好地加以应用。但无论什么事情，都应该严禁以命令的方式对待他。同样，让他对你产生一种可能的认识——你准备对他使用某种权力——的事情也应该绝对禁止。你只需要让他认识到：他是弱小的一方，站在强者立场上的人是你；他必须听命于你，因为你们有着不同的情况。对于这一点，不仅要让他有深刻的认识，而且还要能够很好地掌握。要让他明白一个道理，时间越早越好，这就是：有一副铁石一般的锁链挂在他那不可一世的脖颈上，它是大自然加上去的；没有人可以免于受到它的约束，它是沉重的生活所必需的。同时还应该让他认识到：对于这种需求，不应该从人的任性方面去理解①，而应该从事物的角度去看；自己绝不能任意妄为，别人并不需要都服从他。你不需要禁止他去做不应该做的事情，唯一要做的是加以预防。在预防的时候，你也不需要对他说出个一二三。你如果想要给他某样东西，只要他表达出想要的意愿，你就果断地给他。让他乞求你给予，尤其是在他提出某项条件时再给，是绝对不能做的。当你给他的时候，你要满脸是愉悦的表情；当你不给他的时候，也有必要面带不悦。你只需要注意：只要你拒绝给他，就要坚定自己的立场，不为他的哭闹所动摇；只要说出了"不可以"这句话，就要像板上钉钉一样不容改变，

---

① 一切同自己意愿相违背和不能被自己理解的意志，在孩子们眼里都是任性的，这一点我完全可以肯定。因此，对于自己那些任性妄为的想法为什么会总是遭到拒绝，一个孩子是无法理解的。——原注

这样，在经过多次纠缠而感到无望的时候，他就不会再这样做了。

如此一来，即便想获得某样东西的愿望落空，那么他也会觉得没什么，他会在心里想：得不到就得不到吧。这取决于人的一种天性：能够忍受物品的短缺，但无法忍受别人的恶意。只要孩子不认为你在欺骗他，他就会安于你这样的回答：再也没有了。这句话也不可能表现出什么折中的意思，能表现的意思只有两种，要么是告诉他确实如此，要么是对他提出命令。让他的思想和你的思想混淆不清，让他和你为争辩谁应该服从谁而没完没了，是最糟糕的教育方法。在我看来，相较于你为他做主，事事都由他自己拿主意反而更好。

从人们拥有培养孩子的义务开始，唯一学会的方法就是灌输竞争、嫉妒、猜忌、虚荣、贪婪和懦弱等思想，用一种极具危险和刺激性的观念去进行教育，这种教育可以在人身体还没有发展完全之前败坏人的心灵。这种过早的教育，你每向他们灌输一次，就会留一个邪恶的种子在他们心灵深处。如果是一个愚蠢的老师，尽管他本来在让这些学生变成坏人，他本人却会认为：我创造了一种奇迹——告诉人怎样变得善良。或许，他还要严肃地告诉大家："一个这样的人，才能称之为人！"说得对极了，你培养的人就是这般模样！

你已经尝试过各种方法，唯一没有尝试过的只有有节制的自由。但最有可能起到作用的方法却刚好是这一个。你要想能够担负起教育一个孩子的责任，就必须有能力把他引领到你预想的那个目标，对于所用的方法，你必须能够分辨哪些正确，哪些错误。你要清楚，对于这两类方法的界限，孩子是一无所知的，只要你对事物加以利用，他就能够听任你的约束、促进或抑制，并且完全不会有怨言。如果要说到原因，这个原因就是：人的欲望，只有在它能产生作用的时候才会冲动起来。

口头教训你的学生是没有必要的，无论是哪一种。你真正应该做的事情是，让他们从经验中去获得教训。也不必把任何形式的惩戒加诸在他们身上，因为他们还并不了解自己错在哪里。同样，让他们得到你的饶恕也是不必的，其原因在于，他们并不知道自己违逆了你。他们所做的事情，没有任何一件是邪恶而应该惩戒和责备的，因为他在做的时候根本不存在善恶观念。

　　我已经看出了一种可能，面对这样的学生，某个震惊的读者似乎要准备加以论断了，论断的对比物便是我们的孩子，但他的做法是不正确的。你意欲把你的学生用无数的障碍物限制起来，只能得到一个结果：让他们变得更加活泼。在你的面前，他们感受到拘束的程度越厉害，在暗地里，他们胡闹的时候就会更多。究其原因，是因为他们想要挽回因为你的严苛管束而受到的损失。只要一有机会，他们就会这样做。一整村的小孩胡闹带来的影响，远远不如两个城里的小学生胡闹带来的影响更大。如果在一间房子里同时关一个城里的公子哥儿和一个乡下的孩子，只有可能出现一种情形：那个乡下孩子也许还在那里原地不动，那位公子哥已经弄乱或打碎了某样东西。为什么会出现这种情况呢？答案是显而易见的：城里的公子哥因为得到了放纵的机会，索性就任意挥洒。但乡下的孩子不同，因为自由对他来说并不那么稀少，他并不在乎一时受到约束。但乡下的孩子也并没有完全达到我的期望，因为被别人夸奖，或者受到别人的约束，对他们来说也是家常便饭。

　　由于并没有天生的邪恶存在于人的心灵，任何进入人心的邪恶，我们都能说出它的原委，所以，可以说本性最开始的冲动始终是正确的。这一点，也被我们当成了绝对正确的原理。自爱是人类与生俱来的欲念，并且也是唯一的。在广义上我们通常称之为自私。无论是于它本身还是于我们而言，这种自私都非常妙，并且很有作用。它对任何人都适用同时也是为大自然所允许的，因为并不能说它一定就关系到别人。我们如何运用它，让它有着怎样的关系，是决定它好坏的因素。自私受制于理性。因此，在还没有产生理性的时候，严禁让一个孩子做事的动机取决于别人的倾向。一言以蔽之，那就是：不能让他所做的事情，受到他和别人的关系的支配，而应该是自然对他的要求。只有这样，他所做的事情才不会带上邪恶的性质。

　　但这是不是说他就会完全安分守己，不受到任何伤害，不会毁坏任何到手的珍贵器皿呢？并不是这样。对他而言，由于破坏的想法决定着不好的行为，做出许多有害处的事情也是有可能的。但在一开始的时候，他并没有破坏的想法。所以，如果这种想法产生在他身上，哪怕只有一次，也会功亏一篑。他很有可能调皮得没有任何底线。

一件事，也许从理性的角度来看并没有那么糟糕，但如果以贪婪的眼光来看就可能是一件坏事。如果孩子正在尽情地捣乱，而你也不打算加以干涉，那么，在这个时候，你就应该避免让他看到任何珍贵的东西，避免在他能够得着的地方放置任何贵重和易碎的物品。应该给他一间这样的房子：里面的家具简单而结实，也没有摆设镜子、陶器和贵重物品之类的东西。那爱弥儿住怎样的房子呢？由于我把他放在乡下培养，他住的房子和一个乡下人住的一模一样。他待在房间里的时间必然会很少。既然如此，就没有必要花费大量精力去对它进行装饰。但也许我说得并不正确。事实上，他自己也会进行装饰。在不久的将来，我们就可以看他的装饰物是什么了。

对于一个孩子而言，就算是谨慎小心到极点，有一些有用的东西仍会因为他胡混而打碎。在这个时候，你万不可因为自己的百密一疏而责备于他，或者棍棒相加。你应该避免指责他，哪怕是一句话，如果有可能，也尽量不让他感觉你很痛心。你应该装出一副样子：那个家具是自行损坏的。如果你能做到始终不发一言，在我看来，产生的作用会非常巨大。

有一个法则，它可以称为最有作用也最重要的教育法则。在这里，我准备放开胆把它说出来，这就是不应该争分夺秒，而是让时间白白流逝。这无疑是一个奇怪的理论，但我希望得到各位读者的谅解。要知道，当一个人在进行反复思考的时候，提出这样的奇怪理论完全在情理之中。就我个人而言，与其做一个持有偏见的人，我宁愿做一个抱有奇谈怪论的人。从降生的那一刻开始，一直到十二岁，可以说是人一生当中最充满危机的一段岁月。消除各种错误和恶习的方法，如果在这一时期内还不运用，那么错误和恶习就会迅速滋长。等到某一天，你想革除它们，会发现已经无能为力了，因为它们已经根深蒂固。你当下所实行的教育方式，在一种情况下或许是合适的，那就是孩子从刚出生便一下子长到有理智的年龄。但如果要从自然的进程来看待，一种与你实行的教育正好相反的教育才是最合适的。如果他们的心灵尚未具备各种能力，那么你就不应该让他们对其加以运用。当心灵还处于原始阶段的时候，即便你给它一个火炬，它也无法看见。何况，在浩瀚无际的思想中，对于理性所指引的那条路，它也没有能力找到。那条路的痕迹太模糊了，想要加以分辨，即使最完美的眼睛也做不到。

因此，在最开始的那几年，只应该进行消极的教育。这种教育的目的，在于避免让罪恶侵入他的心灵，让错误的看法渗入他的思想，而非以道德和真理加于学生。对于你的学生，你如果有能力把他健康地带到十二岁，并且在这期间不让包括自己在内的任何人教他，那么到了那个时候，即便他连左右手也分辨不清，只要你加以教育，理性仍然会融入他的智慧。这个时候的他，由于没有了偏见和习惯，你教育的成果也不会被什么东西消耗。在你的教育下，他会迅速成为一个充满智慧的人。起初，你不教任何东西，最终，你却造就了一个教育的奇迹。

你如果想很好地完成想做的事情，只需要采取不同一般的做法。谁也不想把孩子教育成一个孩子，而是想把他教育成一个博士。因此，父亲和老师对他的做法通常都是急于求成的，并没有在适当的时候做适当的事情，不论是恐吓、责骂或表扬他，教育或让他改正缺点，答应给他东西或对他晓之以理。但要想把事情做得更好，你必须在做任何事的时候都恰如其分。此外，还应谨记：不要和你的学生进行争辩，尤其是为了让他赞成他自己讨厌的事情而和他讲道理。要知道经常为不那么令人愉快的事情讲道理，只会让他形成一种看法：道理是可恶的东西。如此一来，在心灵对道理还一无所知的情况的幼年，他就开始怀疑道理了。你必须让他的身体得到锻炼，同样应该受到锻炼的还有他的器官、感觉和体力。但在这样做的同时也需要注意，尽可能让他不使用自己的心智，时间越长越好。同样需要注意的还有：在他还不具备对感情的辨别力之前，避免让他产生各种情感。也不能让他产生一些奇怪的印象。实行这种求善心切的做法是不适当的，而且可能让他产生邪恶之心。真正能够这样做的时间，是在他明白道理的时候。这些推迟的办法，都是很有好处的，它们可以使孩子在不受损失的前提下大为接近最终目的。没有什么东西是必须教他的，明天教如果可以接受，就没有必要在今天教。

这样一种方法，就算从孩子本身的天赋来看也是有作用的。因为必须要充分了解他的天赋，才能知道他适合于哪一种培养道德的方法。无论是谁，他的心灵都有它本身的形式，对这个人的指导，必须要按照这一形式去进行。要想你对他投入的精力不付诸东流，就必须按照他心灵的形式教育而非其他形式。各位谨小慎微的人们，请对大自然进行更多的探索。你想要对你的学生说出第一句话，必须要对他有充分的了解。要想仔细观察他性格的原始状态，必须首先让其自然地展现出来，不能有任何附加的东西。你要相信，让他得到这种自由并非是在浪费他的时间。实际的情况正好相反——对于这段时间的利用是非常合适的。因为要想知道怎样在最珍贵的时期充分利用所有时间，只能这样去做。但你也应该注意，不能在还没有头绪之前就着手去做。这样只会导致你做事情没有任何章法，以致把事情做错，从而必须再从头开始。于是，你本来是想把事情尽快做好，结果却比慎重行事完成得更慢。你不要向那些吝啬的人看齐。他们那些人，是舍不得花费一分钱的，但得到的却是更大的损失。你要知道，浪费在幼年时期的一些时间，到长大成人后可以得到补偿，甚至还会加倍。一个出色的医生在治疗病人的时候，一定会在对病人的体质加以研究之后才对症下药，绝不会只看一眼就胡乱地开药方。不错，他治疗病人的时间是晚了一些，但他却可以医治好病人。急于求成的医生则相反，他会治死病人。

但这就提出了一个要求：必须要让这个孩子有一个栖身之所，才能够把他当成一个没有知觉的人、一个机器人来培养。不可能把他放在月球或一个荒岛上与一切人隔绝，他只要在这个世界上，就会不断地看到别人产生欲望的情况和事例；也不可能从此就避免让他见到同龄的孩子，以及父母、乳母、保姆或仆人，以及邻居和老师（他毕竟不是一个天使）。

提出这种反对意见，不能说毫无根据。但是，各位，我从来就没有说过自然教育非常容易。你们硬要把所有好事都看得非常困难，我一点办法也没有！就我个人而言，我也认为这些困难并非不存在，并且也许是解决不了的。但我毫不怀疑，只要我们全力以赴，就可以在一定程度上解决。我把我们必须持有的目标提出来的目的，并非指我们一定可以实现它。只是借它在表达一种看法：谁向这个前进的信念越坚定，谁成功的可能性就越大。

任何一个人，要想担负起培养一个人的任务，必须要有一个前提条件，这就是他自己必须是一个被造就出来的人，一个值得大家学习的先锋。为了让孩子开始看到的事物都适合他自己，在他还不具备理智的时候，你就应该不慌不忙地把一切准备工作做好。你必须让自己受到所有人爱戴。为了让别人从各方面都满足你的心意，你必须以让别人爱你为标准去做事情。对于孩子身边的人，你如果没有能力加以控制，就无法做孩子的老师。如果没有一个基础——别人尊重的你道德，老师这一权威就无法得到充分展现。但这是否就是说要把自己口袋里的金钱大方地给予别人呢？当然不是！人的欢心能通过金钱来获得的事例，我目前还闻所未闻。但过于吝啬和冷酷也没有必要。当一个人身处痛苦之中，而你又有能力解救，这时你就应该施以援手，而不是只知道在那里表示忧心。你纵然能够慷慨地给予金钱，但如果心仍旧没有敞开，仍然很难期望别人也向你敞开心扉。在别人眼里，你的金钱和你本身并不是对等的。因此，你就有必要投入你的时间、精力、感情，甚至你自己。相较于送礼物，对别人表示关心和善意产生的作用要大得多，也更能把更多的实际利益带给别人。在这个世界上，一贫如洗和疾病缠身的人太多了，这些人需要的是我们的安慰而非施舍；受压迫的人也同样不计其数，这样的人需要的是我们的保护而非金钱。让我们从以下方面去努力吧：解劝争吵的两个人；奉劝别人不要以诉讼的方式解决问题；让孩子们的天性能够得到守护；让父亲们有一个广阔的胸怀；让别人获得幸福的婚姻；让别人不为苦恼所缠绕。对于那些饱受屈辱和欺凌的弱势群体，你应该尽量去予以扶持，扶持的对象就是你学生的父母。你应该大声疾呼：我是不幸之人的保护者。此外，你还要拥有一颗公正而善良的心，既要懂得施舍，又要懂得在和人相处的时候仁爱。与用金钱解决别人的痛苦相比，善意的行为作用更大。你如果爱别人，帮助别人，以手足之情对待别人，别人也会以同样的方式对待你。

让爱弥儿远离那一群糟糕的仆人，也是我要去乡下培养爱弥儿的一个原因，这些人可以称得上除主人之外最低劣的人。城市既然有光鲜亮丽的外表的装饰，孩子就很容易受到它的蛊惑和影响，这也是我要他远离城市不健康风气的原因。农民则完全不同，他们直率而粗鲁。你当然不会喜欢这些，甚至还可能产生厌恶心理，只要你不是有意模仿。

老师能够更好地处理自己要给孩子的东西，也是在乡下的一个好处。和城市里相比，在乡下，老师的名誉和言谈举止能让他获得更高的威信。在乡下他能帮助到每一个人，因而在每一个人眼中他都是应该尊重的。并且，在学生面前，他们也会想表现一下自己如何对待老师。这样一来，即便这些人身上的缺点仍然有那么多，最起码不会做那么多不好的事情。而我们想要达到的目的，正是这一点。

应该避免把自己所犯的错误归咎于别人。相较于孩子们因为你糟糕的教育而受到的不良影响，他们因为自己接触到的坏事而受到的损害远没有那么大。你不停地向他们讲道理，表现自己的学识，以求把自己所谓的美好观念传授给他们，但现实的情况是：你向他们灌输了你的观念，也一同灌输了许多毫无作用的观念。这样一来，尽管你的想法多多，但并不在他头脑中起作用。你在口若悬河地谈论时，他们是很可能听错某一句话的。他们很有可能按照自己的方式，去评判你所讲的那些千头万绪的东西。他们还很有可能从你讲的东西中拿出一部分，形成自己的一套说辞，在适当的时候反驳你。

你既然刚才已经数落了这个孩子一顿。那么，现在就请你听听他要说什么。你应该任由他按照自己的意愿发表意见。这样做了之后，你会立即惊异地发现：在他的口中，你所讲的那番道理已经改头换面，变成了一种奇怪的模样。他毫无秩序地说着一些话，这让你感到非常气愤。有的时候，他甚至还会出其不意地提出一个击中你痛处的反问。于是，你简直说不出任何话，只想让他闭嘴。在这个时候，对于你这样一个讲话滔滔不绝的人而言，他发现你突然变得沉默了。你认为他会怎样想呢？如果非常不幸，他在风头上盖过了你，并且他自己也认识到了这一点。那么，从此以后，你对他的教育无从谈起了，所有的一切，都将在那一刻瞬间崩坍。莫要说他受你的教育，他甚至还要尽量找你的不是。

所以，满怀激情的老师们，请永葆你们一颗纯朴的心，并且注意自己的言行。你所有行动的采取，只能在防止别人影响你的学生时才能进行。这一点，我在以后还要多次提到。为了避免让他们受到有害的教育，你甚至还要尽量抛弃有好处的教育。这个世界被大自然塑造成了一个人间胜境，作为存在于这个世界上的你，不能不小心谨慎。要避免在指导纯真的孩子辨别是非的时候，自己先把他们引向了邪恶。制止一个孩子在外面对别人有样学样，你无疑没有那种能力。因此，你必须竭尽全力在他的心中留下你想把他雕琢的模样。

　　孩子如果看到了冲动的情绪，就会产生强烈的震撼。他不得不注意到这种情绪，因为它的表现是极具刺激作用的。而极度愤怒的情绪影响力更大，甚至会表现出一种抓狂的状态。周围的人，是没有办法不觉察到它的。如果出现这种情况，你认为老师是否应该发表一番言论呢？不必了！不需要讲任何好听的话。你就让孩子走过来吧！碰到这种情景的他，已经感到无比惊讶，他会对你进行询问。这时候你应该怎样回答呢？方法很简单，把那些对他感官造成震撼的事物照直告诉他。一个脸红脖子粗、盛气凌人的人出现在他面前，只能说明一件事情：这个人的身体已经失去控制。因此，对于你而言，进行表面上的伪装是没有必要的，你只需要冷静地和他说："这个可怜的人害了病，他正在发烧。"你可以抓住这个机会，把疾病和疾病带来的影响用三言两语说清，让他获得一个观念。因为，疾病也属于自然，并且也是他无法逃避的一种束缚。

　　这个观念本身固然正确。但是也需要担心一个问题：当他拥有了这个观念，在他很小的时候，是否就会把过度放纵情绪看成一种疾病，从而对它感到厌恶？你是否会有这样一种认识：相较于让他在适当的时机获得这样一种观念，你没完没了的说教产生的效果可能更好？但是你不能不认识到这种观念产生的效果。对于一个极其不服管教的孩子而言，你在无计可施时完全可以这样做：把他当成一个病人来对待；用一间房关着他；如果有需要，你还可以让他在床上成天躺着，只给他送去定量的食物；用他不断增多的缺点去恐吓他，让他认识到，你为了让他改正缺点而必须采取的严厉手段是一种惩罚。在某个时候，你如果因为情绪失控失去了施教时应该具备的沉着和稳重，对于自己所犯的错误，你也不需要掩饰。你只需要以一种温和的责备口吻，坦率而真诚地告诉他："你让我感到非常痛心，我的朋友！"

你也不能不认识到，对于一个小孩而言，当他接受这种简单的观念后，会很容易产生各种天真的想法。因此，把他的天真的言行放在他面前谈论需要严厉禁止。最起码，你不能让他发觉这一点。你只要不加考虑地微微一笑，你六个月以来的功夫就可能毁于一旦，从而造成无法挽回的错误。我必须要三番五次地声明，你必须对自己提出严格要求，以求做好孩子的老师。如果有两个妇女邻居发生口角，我毫不怀疑我可爱的爱弥儿会走到吵得最凶的那一个面前，语带同情地告诉她："我替你难过极了，我们的好邻居你生病了！"无论是对于两个正吵得如火如荼的人还是观众而言，这句俏皮的话都会产生一定的影响。在这个时候，我会对他采取以下做法：不取笑他，也不责备和夸奖他；在他还没有觉察出这种影响之前，或者是还不能想到这种影响之前，带他离开现场，不论他是否愿意。然后，会迅速用其他的事情分散他的注意力，从而让他不久就把这件事抛诸脑后。

我并不准备不厌其烦地列举一切的详细细节，而只是想把一般的原则陈述出来。只有在碰到困难的时候，我才会举出一些事例。一个身处社会当中的孩子，要想让他在不对人和人的关系以及人类行为中的对错有任何认识的前提下，把他从出生一直带到十二岁，我认为是做不到的。所以，对于这些不可或缺的观念，应该尽可能让他了解得晚一些。当不得不让他了解这些观念的时候，应该只告诉他当时需要的观念。这样做的目的，是为了防止让他认为自己是别人的主人。同时还应该避免让他轻易地损害别人的利益，或者已经对别人的利益造成了损害还一无所知。我们不否认有一些性格非常温顺的孩子，在他们还处于纯真的童年时，就已经可以看出他们长大以后不会闯什么大祸。但我们也不能否认有这样一些孩子，他们有着非常刚烈的性格，并且凶悍的特性也发展得非常早。对于这类孩子，为了避免出现不得不束缚住他的可能，必须尽早地教育他们成人。

一开始，我们就要把自己的责任尽到。我们的自身，是我们原始情感的聚集地。让我们的生存和幸福得以保全，是我们一切本能活动最初的目的。因此，我们怎样对待别人，并不是第一个正义感产生的根源，别人怎样对待我们才是。如果说到最普遍的教育法，它还存在一个错误，这就是在教育孩子们的时候，一开始只讲他们有怎样的责任，而不谈他们拥有怎样的权利。这是一种本末倒置的做法。这样做导致的结果是：告诉了他们所有不应该知道以及没有任何关联的事情，对他们应该知道的事情一样也没谈到。

如果一个这样的孩子让我去教育，我一定会认为：一个不打人①但是毁坏东西的孩子，当他在不久的将来获得经验后，或许能够懂得尊重所有年龄和体力在他之上的人，但是不能说他就一定会爱护东西。所以，他首先应该具备的观念是财产观念，而非自由的观念。为了实现这一目的，让他拥有几样私人的东西就变得非常有必要了。不能只让他知道自己拥有哪些衣服、家具和玩具，因为那样做没有任何价值。不错，他正在用这些东西，但他知道这些东西是怎么来以及为什么会有这些东西吗？就算你更深入地告诉他拥有这些东西的原因是你的给予，也不见得就能怎么样。一个人，只有在自己有东西的时候，才能把东西给别人，所以，他在拥有某样东西之前，这样东西并不是他的。这种财产的原理，正是我们准备向他讲解的。并不需要赠送礼物，因为它只是一种社会风俗。在目前阶段，孩子们并不懂得社会风俗是什么②。从这个例子以及其他众多的例子当中，我想读者们已经认识到，只把一些孩子们不理解的词汇灌输到他们脑海里，并不能算已经教育好了他们。

---

① 应该对孩子像对待仆人一样打骂大人采取零容忍态度，倘若他有这个胆量，一定要让那个人加倍地还回去，从而让他不敢再打骂大人，即便那个人只是他的一个仆人或者是一个刽子手。有一些保姆会鼓励孩子造反和引诱他们打人，情况严重的，她们还会让他们打自己，甚至还嘲笑他们打得太轻了。我认为这都是一些愚蠢的保姆。她们难道没有想到，这个暴虐的孩子打人是被杀人的动机驱使的？他们在小的时候打人，长大之后就会杀人。——原注

② 这也是绝大部分孩子要把自己已经给别人的东西拿来，并且拿不回来就哭的原因。当他们明白什么叫送礼物之后，这种事情就不会发生了，至多他们会在送之前考虑得更久。——原注

所以，对财产的来源寻根究底就变得有必要，因为它是产生第一个观念的根源。孩子如果生活在乡村，只要具备观察的能力以及空闲的时间，就能够对田间劳动获得一些认识。毫无疑问，他具备这两样东西。创造、模仿和制作，以及把自己的体力和活力充分展现，是任何年龄段的人都有的想法，尤其是像他这样的孩子。因此，只要把别人锄地、播种和种菜的过程让他过目一两次，他就知道如何去进行种植。

因此，对于他的想法，我只会赞成而不会反对。我会分享他的乐趣，同时也加入他的劳动队伍。至于这样做的目的，只是为了让自己获得快乐而并非要使他高兴。最起码在他看来，我这样做的目的是这样。我会做他种菜的副手，帮他完成锄地的任务，直到他的臂力已经足以锄地。当他往地里放下一颗蚕豆，就代表这块土地已经归他所有。相较于努涅斯·巴尔沃亚①替西班牙国王在南海的海岸插上旗子就代表已经占领南美，这种占领无疑要来得更高尚和不容侵犯。

每一天，我们都为蚕豆浇水。当看到它们一天天长大，我们感到无比喜悦。我告诉他："这些都属于你。"听到这句话后，他更加欢喜异常。我向他解释了"属于"这个词语的含义。他开始意识到，自己投入了时间、劳动、精力以及人格在这里。他开始意识到，自己有东西在这块土地上，只要有人加以冒犯，无论是谁，他都拥有制止的权利。这就好比自己的手，无论是谁要强拉过去，他都能够缩回来。

这一天，天气非常晴朗，他拿着浇水壶，步调急促地走到了那里。情况非常坏，他感到无比伤心：别人铲掉了所有豆子，甚至连土地都被翻了一遍，种豆的地方已经没有办法辨认。他不禁问自己：我的劳动成果去了哪里？我非常在意的美味果实去了哪里？我的财产被谁夺了去？谁拿走了我的蚕豆？在内心深处，这个孩子满是反抗的情绪。他伤心极了，碰到这样不公平的事，对他来说还是头一回。他眼泪哗哗地往下流，大声地哭号了起来。当然，感到痛苦和愤怒的也包括我。我们不断地到处寻找，只要看到一个人，我们就向他询问。最后，我们终于找到了肇

---

① 西班牙殖民者，1513年曾率领远征队穿过巴拿马地峡，成为第一个看到太平洋的欧洲人。他称太平洋为南海，并声称海中可能有的一切岛屿都属于西班牙领地。——译注

事者——园子的主人。于是，我们迅速差人叫了他过来。

但最终发现，做错事的是我们。关于我们的气愤，当园主弄清原因后，他也愤怒了起来，而且还气得更厉害。他怒气冲冲地说："两位先生，真实的情况是你们把我的东西毁坏了！我种了马耳他瓜在这里，用到的种子，是别人以无比珍视的态度送给我的。等它成熟了之后，我本来准备用来款待你们。但是，我想你们已经看到，因为你们种那些可恶的豆子，我已经长起来的瓜全都不幸遭殃，就算是补种也没有办法了。你们给我带来的损失是巨大的，甚至于没有办法补救。不仅如此，你们把自己吃甜瓜的口福也葬送了。"

让－雅克：噢！请宽恕我们吧，我不幸的罗培尔。在这里，你曾经辛苦地耕耘过，流过了很多汗水。糟蹋你的东西很不应该，我现在已经明白了这点。请不要担心，关于马耳他瓜我会找一些种子来给你。我们也会得到教训，在以后种地的时候，一定要先弄清是否已经有人种了东西。

罗培尔：哦！算了吧，两位先生！但是已经没有了空闲土地。我所种的土地，是我父亲种过的。这里的每一个人都是这样做的。看吧，所有的土地都已经有人占领。

爱弥儿：罗培尔先生，你经常遇到这样的情况吗？

罗培尔：噢！我的宝贝，并不经常发生这种事。来到我们这里的孩子，像你这样淘气的毕竟是少数。邻居家的园地，我们是没有人去碰的。为了保证自己的劳动，所有人都尊重别人的劳动。

爱弥儿：但我没有园地呀。

罗培尔：这是你们自己的事情。你们如果再敢弄坏我的菜园，以后我就禁止你们入内。我才不想收获不到东西而空忙活一场。

让－雅克：我们和诚实的罗培尔商量一个办法如何？让他给我们划分这个菜园的一小块地方，以供我和你进行种植。当然，并非没有条件，我们会分给他一半的收成。

罗培尔：我白送你们一块。但我同时也要告诉你们，如果我的瓜再受到你们的糟蹋，我就铲除你们的蚕豆。

　　这样我们就做了一个尝试，通过这种方法，我们向孩子们传授了一些最基本的看法。从这个过程中，对于财产的观念是如何很自然地回到了第一个以劳动占有那块土地的权利，我们就有了一个了解。孩子也能够充分明白这一点，因为它并不复杂。只需要再前进一步，就能从这里到达产权和交换了。当完成这个阶段，就不应该再继续进行下去了。

　　陈述这件事情，我在这里用了两页文字。所花费的功夫，我们可以发现也许相当于一年的工作。这样做的原因，只是因为在培养道德观念的过程中，我们必须要放慢脚步，踏踏实实地往前走。这个例子，我希望年轻的教师能够时常回想。并且，我也希望你们不要忘记：你们所进行的教育，无论是哪方面的，都应该更重视行动而非言语。原因是：孩子们很难忘记对他们做过以及别人帮他们做过的事情，但是却很容易忘记他们说过什么或者别人告诉过他什么。

　　无论早还是晚，这样的教育都是要进行的，这一点我已经说过，唯一的不同是进行的时间，可能因为学生的性情是温顺还是刚烈，提前或者推迟。仅仅用眼睛，就能够看出这种教育的作用。但是我们仍然准备再举出一个例子来讨论，其目的是为了避免在这些困难的事情中忽略重要的东西。

　　也许你那个刚烈的孩子会毁坏见到的一切东西，但是你一定不能应此而感到愤怒，唯一需要做的事情是把他能搞坏的东西放在他无法触及的地方。他把他自己用的家具打坏了，你是否要给他另外的家具？不要这样做，让他感受一下没有家具所带来的不便吧。他把房间的窗户打破了，你也由着他去，让他享受日晒风吹，不要担心是否会冻着他。与其让他发疯，不如让他受凉。对于他给你造成的各种头疼事，你也不要去责备他，但你要让他成为第一个感受到这些事情的人。直到最后，你才能叫人来修理窗子。但在这整个过程中，你仍然要不发一言。如果很不幸，他在之后又打破了窗子。这个时候，你就应该采取另外一个办法。你同样不生气，只是干脆地对他说："这些窗子的所有权在我，安装它们我是费了九牛二虎之力的，我绝不允许毁坏它们！"做完这一切，你就用一间没有窗户的黑屋子关住他。如果这时他还要闹别扭、耍性子，那么就不让任何人搭理他。用不了多久，他就会改腔换调，低头服软，然后在那里自怨自艾，大吐自己的苦水。然后你让一个仆人到那里，他准保会央求那个仆人放出自己。到那个时候，你应该要求那个仆人找一个借口说不能放他，这就是："我也不愿意人家打破我的窗子。"让仆人说完这句话就离开。然后，继续让孩子在那里待着，待的时间也许是几个小时。等到他厌烦并且已经不会忘记这件事的时候，你再派一个人去他那里，告诉他可以和你订立一个条约。条约的内容是：你给他自由，他要承诺以后不再破坏你的窗子。他是非常愿意这样做的。于是，他叫人过来请你去看他，你去了。他开始把自己的条约向你提出来，你立即接受，并且还告诉他："这是一个于你、于我都好的想法，你完全可以早点提出来嘛！"接下来你只需要这样做：不问他是否还有什么其他意见，也不要他发誓坚守诺言，仅仅是满脸欢喜地抱住，然后把他带到他自己的房间。你就要通过这一系列行动，让他明白这个条约一经发誓之后必须要遵守。这样做了之后，对于这些约定的信念以及它们的作用，他会怎样看待已经不言自明。在获得这样的教训之后，如果还有哪一个孩子仍然要故意打破窗子，那我就承认自己的看法是错误的。所以，按照这样的顺序，尽管放手去做。对于一个不安分的孩子而言，在他挖一个洞种蚕豆的时候，我不相信他已经意识到是在给自己挖一个囚笼，让自己所学的东西迅速地束缚住自己[①]。

___

[①] 即便孩子还没有通过这种遵守承诺的责任感所产生的实际效果认识到它，但是这种责任也已经存在于他的身上。这一过程是他已经出现的内心情感把这种责任作为一种良心的准则，是人一个最重要的特点。它是由一切正义的创造者镌刻在我们心中的，而非是由人画在我们心中的。倘若把最初级的契约和它加给人的义务除掉，那么人类社会的一切都会变得不真实。一个人如果只在对自己有利的时候遵守承诺，那么他根本就是没有做出过承诺，或者说，对于自己做出的承诺，他最终会违背。玩枥球人为什么总是不给对方他的那个分数？他是想等到更有利的时候才用那一招。这是一个非常重要也非常值得研究的原理，人们同自己相矛盾，也正是从这里开始的。——原注

时至今日，我们已经进入道德的世界，这样一个世界的大门对罪恶是敞开的。在社会习俗和义务产生的同时，一并出现的还有欺骗和谎言。一个人，他如果愿意做自己不应该做的事情，也就会产生掩饰自己应该做却没有做的事情的想法。人既然可以因为一种利益而做出承诺，那么为了更大的利益而违背诺言也未见得奇怪。为什么会出现这种局面呢？是因为违反诺言可以不受到惩罚吗？不，是因为这个人有一种天然的认知：没有人能够阻止欺骗和隐瞒。我们现在之所以要惩罚罪恶的行为，其原因就在于我们不能在罪恶刚产生时就扼杀它。人出现错误的那一刻，就是人生经历各种不幸的开始。

我在这一点上已经说了很多了。说的原因，就是为了让大家明白：我们惩罚孩子的目的不是要惩罚，而是为了让他们明白，是他们的不良行为招致了这些惩罚。因此，如果他们撒谎，你没有必要就为这一点而去责备他们。当他们撒谎，你对他们的处罚只是为了让他们明白一个道理：如果撒谎，他们要承受谎言带来的各种灾难，比方说别人以后不会相信他们所说的真话，别人会在他们什么事也没干的前提下认为他们做了坏事。但也要注意一点，那就是对于什么叫撒谎，我们要向孩子们说清楚。

谎言可以分为：为过去做过的事情撒谎，以及为将来要承担的义务撒谎两种。对过去做过的事情矢口否认，或者强说自己做过某件没做过的事情，是前一种撒谎。这种撒谎简单说来就是，他所知道的真相本来是这样，但却要在嘴上说成那样。做出一个不打算兑现的承诺是后一种撒谎。用一句话说就是，他原本是这样的想法，但告诉别人的却是另外一种想法。有的人也可能两种谎言兼而有之[①]。但我在这里准备说的，是两种谎言的区别。

如果是一个认识到自己也是需要别人帮助的人，并且经常得到别人的好处，那么说谎对于这个人来说是不太可能的。或者，为了避免自己被误伤，他还可能尽力让别人了解事情的真相。从这一点就可以清楚发

---

① 撒两种谎的例子有：被人状告的罪犯在为自己申辩的时候，总是说自己是一个诚实的人。这个人撒了事实和义务两方面的谎。——原注

现，一个孩子之所以撒谎，并不是因为他生来就有这种习惯，而是由于要服从的义务而被迫去做的。众所周知，服从别人是一件非常痛苦的事情。所以，他们就想方设法地避免受到这种遭遇。他们当时或许还有这样一种认识：如果说出事情的真相，因此而获得好处只有在将来才能获得，但编造一个谎言却可以免受处罚和责备，这种好处是当下就能享受到的。你的孩子之所以会在自然和自由的教育之下向你撒谎，对你隐瞒事情的真相，完全是因为你在挑他的错，惩罚和强迫他。他之所以不会像告诉他的朋友那样天真地告诉你他做了什么，是因为他认为这样做危险。

事实上，为了自己要承担的义务而撒谎更加不自然，因为达成一项约定本来就不是一种自然状态，它是双方共同协商的结果。何况，一个孩子做出一项承诺，因为他本身并没有那么广阔的见识，能看到的只有眼下的情况，在这样做的时候，他并不知道究竟承诺了什么。只要他们具备了撒谎的能力，他们做出各种承诺的能力也就一并具备了。在他们看来，只要能摆脱眼下的困境，一切方法都是可以采用的，无论它的影响是大还是小。他承诺将来会怎么样，事实上并不可靠。这取决于以他当下尚未定型的想象力，不可能对两种情况下自己的情景有一个清楚的了解。你如果要他明天从窗口上跳下，得到的好处是能够避免一顿揍或获得一包糖果，他也会毫不犹豫地满口应承。法律之所以对小孩的约定不尊重，其原因就在这里。对于孩子们答应过要做的事情，如果严厉的父亲和老师一定要他们去做，也是因为这些事情即便没有他们的许诺也必须去做。

小孩答应做某件事情，他事实上并没有撒谎，其原因在于，他是在对承诺的事情没有深刻认识的情况下做出那个承诺的。但这就有一个问题：如果他对作出的诺言不予以执行，就很可能把它看成一种谎言，因为对于自己给出过承诺这回事，他是有非常深刻的记忆的。因此，现实情况之所以不同，他之所以没有遵守诺言，仅仅是因为没有意识到它的重要性。他观察将来的能力的缺失，决定了他无法预见事情可能出现的结果。因此，即便他没有遵守自己的诺言，以他在当时年龄所能具备的理智水平，他的行为也可以理解。

从这一点也就可以看出，是老师导致孩子学会了撒谎。他们的初衷本来是想让孩子说真话，结果却事与愿违。他们一心想要把孩子教导好，让孩子做事不违背常理，但是又找不到有效的方法。他们的看法是，要让孩子的心灵重新受到约束，可以通过一些不具备实际意义的格言和违背常理的教条达到目的。于是，他们抛弃了让孩子保持天真烂漫和诚实的做法，而更愿意让孩子背诵功课和无所顾忌地撒谎。

我们是绝不会这样做的，我们只希望我们的学生通过生活实践去获得知识。与其让他们满腹经纶，我们宁愿让他们做人忠厚老实。但为了避免他们学会欺骗，我们也不会硬要他们老老实实。我们也并不硬要他们做出各种承诺，因为一个这样的承诺，即便他们做出了，也并不一定会遵守。对于我的爱弥儿，他即便在我不在的时候做了什么坏事，我没有办法调查出来，也不会认为是他的错。我不会问他："是你干的吗？"①因为这只会让他否定自己的所作所为。即便他拥有一个非常固执的性格，以至于我只能和他订立一个条约，在这样做的时候，为了能让他来提出全部条约内容，我也会非常小心谨慎地进行。我会让他在订下条约之后形成一种看法：自己获得了最大的现实利益。即便出现另一种局面——他拒绝遵守承诺，我也会让他认识到因此而产生的痛苦不是老师在加以报复，而是这样做的必然结果。但对于如此严苛的方法，我并不认为自己会用到。关于撒谎是怎样一回事情，我可以确定要很久以后爱弥儿才知道。当他知道之后，或许还会感到非常惊讶，因为他想象不出撒谎的好处在哪里。如此一来，事情的本来面目就呈现了：因为我的原因，别人的观念和判断对他美好生活的影响越小，我便越能让他明白撒谎于他自己而言有百害而无一利。

在教孩子的问题上，如果我们不那么心急想要教好，也就不会急于

---

① 这可以说是一个最草率的做法。如果孩子已经做错事，这样做就更草率了。如果他认为你已经知道始作俑者是他，那么他就同时会认为你在害他。如此，他就会反感你。倘若他认为你不知道，他就告诉自己："我完全没有必要表露自己的错误。"从这一点可以看出，他撒谎完全是由于你当初这样草率问他所引起的。——原注

要他做各种事情。如此一来，关于我们对他的要求，我们就可以在适当的时候，不慌不忙地提出来。只要能够这样做，并且不过度地关爱孩子，想把孩子教好是完全没有问题的。但一个愚钝的老师是做不到这点的，他既然不知道如果教育孩子，就可能导致孩子不断地应付各种事情。但这些事情并没有任何选择性，而且数量非常大，门类非常多。这就会使得孩子痛苦不堪，身上背负着许多承诺。同时也必然会导致他轻视那些承诺，认为没有遵守的必要。情况严重者，他甚至还可能把它们当成一种空谈，认为做出承诺而不遵守是一件非常有趣的事情。对于他所说的话，我想你定然会希望他忠诚遵守。既然如此，你在向孩子提出要求时，就一定要慎之又慎。

就在刚才，我讲了一些撒谎的情形。事实上，它们在很多方面可以用来证明我们强行让孩子们承担了各种义务。为什么这样说呢？因为强行让他们去担负这些义务，暂且不说非常可恨，事实上他们也没有做到的能力。强行让他们承担某些义务，表面看是在向他们宣扬道德，但得到的却是另外一种结果——他们爱上了各种恶劣的习惯。这就出现了这样一种局面：我们本来是想避免让他们染上恶习，结果却造成了一个结果——让他们沾染上了这些恶习。于是，一系列的情况就出现了。你本来是想让他们变得更加恭顺，但在带他们进教室的时候，他们却抱怨满怀；你本来想让他们不停地小声祈祷，但他们却认为：真正的福音是从此之后不再向上帝祈祷。你让他们去施舍别人，以使得他们有一颗善良的心。但这也给了他们一种印象：你是因为不屑于去施舍才让他们去做的。我只想说，孩子并不是应该施舍别人的人，老师才是。一个老师，不管他对学生的爱多么深，对于施舍这一荣誉，他都应该和学生去争抢。他应该让孩子明白一个道理：施舍这种事情，是他这种年纪的人还不应该做的。只有成人才需要去施舍，因为他对施舍的东西的价值，以及别人的这种需要都能够了解。而对于孩子而言，施舍并不能算是一种功德，因为他不懂得施舍的含义。所以，他并不是因为慈悲和善意才施舍的。他甚至在施舍的时候还会感到羞赧，因为从自己的行为和你的事例当中可以看出，施舍只是小孩子的事情，当长大成人之后便不再会这样做。

但也要记住，只有孩子不知道价值的物品或他口袋里的金属物可以让他去施舍，因为这些东西对他来说并没有多大作用，唯一的处理方法是给别人。对于一个孩子而言，他是宁愿给别人一百个金币而非一块点心的。对于这个慷慨的施舍者，如果我们想立即看出你是否已经让他真正大方，只需要验证一件事情：你是否有能力让他把自己珍爱的玩具、糖果、点心等物品给别人。

想让他对别人慷慨还有一种方法可以达到，这就是把他已经给了别人的东西过一段时间还给他，这样一来，他就会形成一种习惯：把自己认为可以要回来的东西给别人。孩子身上的慷慨行为，我只发现了两种：一种是把对自己没有用处的东西给别人，一种是把别人一定会还给他的东西给别人。洛克说过这样一句话："要让他们从行动中获得一种认识，最慷慨的人通常最能得到好处。"孩子之所以会变成一个表面上大方但实则非常吝啬的人，正是因为这点。他又接着说，这样做可以使孩子变得大方。他说得很对，是大方没错，但却是一种高利贷式的大方。他把一个鸡蛋给别人，是想让人家拿一只母鸡还他。这样一种慷慨，当他真正要给别人某样东西的时候，就会消失得无影无踪，你如果准备把东西据为己有，他就不准备给你。因此，相较于仅仅养成一种表面上的习惯，能够养成一种发自内心的习惯更加重要。你所教育孩子的一切道德，大体上也是这样一种表面上的道德。他们的童年之所以充满了痛苦，就是因为被宣扬了这些美德。这不是一种高明的教育！

请不要再那样装模作样了，广大的老师们！你们应该秉持公正和善良的做人品德，让你们的学生能够在自己内心深处留下你们的光辉形象。我从不强迫我的学生去做任何慈善的事情，不仅如此，我还喜欢当着他的面，去做这类事情。更有甚者，我还会让他没有办法模仿我，从而认为以他现在的年纪，还不应该享受到这样的荣誉。不让他习惯于把只能是大人做的事情看成小孩做的事情，是非常重要的一件事情。我正在帮助穷人，他发现了。这个时候，如果我认为已经应该向他解释①，我就会

---

① 我无疑会在他高兴的时候回答他。否则，我就会受制于他的意志，从而将自己置于一个危险的境地：一个老师从属于自己的学生。——原注

告诉他："我的朋友，穷人想碰到富人，是因为富人有过一项承诺，这就是养活那些靠自己的财产或劳动都无法养活自己的人。"他接着就问我："那么，你也答应过要养活他们了吗？""是的，我之所以要这样支配经过我手的财物，是因为它们被附带了这项权利。"

另外一个孩子（当然并非爱弥儿）如果听到了这段话（关于怎样让一个孩子明白这段话的意思，其方法我已经说过），或许就会像我一样以富人的态度去做事情了。我这时就会防止爱弥儿带着扬扬自得的神情去做事情，即便付出的代价是他私下里夺取了我的权力。就他那样的年龄而言，也只能做到这种隐瞒的行为。也只有这种隐瞒的行为，才能获得我的谅解。

从别人那里学来这些美德的方式，我认为和猴子学乖是一样的。一种理想的行为之所以能够获得理想的道德效果，并不是因为你看到别人那样所以就那样做，而是因为你在做的时候已经认识到它的美好。但对于孩子而言，为了能够让他们最终凭借自己的判断和对善良的喜爱去运用自己模仿到的习惯，以他们那样的年龄来看，我们应该要确定哪些习惯是我们所希望他们养成的。人和动物一样，都是善于模仿的，喜欢模仿是一种良好的天性。但遗憾的是，在现在的社会中，这种爱好已经变成了一种恶劣的习惯。因为认为比自己优越的人的行为一定是好的，猴子才会模仿它们畏惧的人而不是其他自己所不屑一顾的动物。但我们却并不这样做，我们的各种小丑，是为了贬低美好行为的价值，把美好行为弄得荒诞才去模仿它们的。他们之所以竭尽全力想让自己能够和比他们高尚的人拥有同等地位，是因为他们有一种自卑的感觉。他们这样做的目的，不是想让自己变得更好和更充满智慧，而是想欺骗别人，让别人对他们的才能表示赞赏，即便他们尽力模仿自己所钦佩的行为，我们也很容易就能从他们选择的对象中发现，他们模仿的目标是不真实的。我们经常想超越别人的地位，就是我们模仿别人的原因。我毫不怀疑，如果我的工作能够达到预期的目的，爱弥儿是没有可能产生这种想法的。因此，对于这种想法可能产生的表面好处，我们必须想办法加以消除。

你如果彻底研究一下你所有的教育法则，就能发现它们全都是错误的，与道德和风俗有关的法则更是错得离谱。"坚决不损害别人的利益"，才是在道德教育方面唯一适合于孩子的一个原则。不仅如此，对于各个年龄段的人来说，这一原则都非常重要。其重要的程度甚至上升到了这样一种高度：如果教人向善不以这一原则为基准，那么这种设想也是虚伪和矛盾的，并且也不会有任何好处。任何人都想做一点好事，这一点是确信无疑的。于是，大家都做一些好事，坏人也做了一些好事。但如果是坏人做一件好事，就可能损害到上百人的利益。我们之所以会遭遇各种灾难，其原因就在这里。最高尚的道德是不那么积极的，并且，这种道德实行起来也最艰难。之所以这样说，是因为这种道德不是为了让别人看才做的，何况即使我们做得合了别人的心意，自己也不一定有快乐的感觉。一个人对自己朋友做出的最善良的事，就是从来没有损害过他的利益。他能够做到这一点，无疑就拥有了坚强的心灵和性格。仅仅是空谈这一点理论是无法体会到做到它的伟大和艰辛的，必须还要践行①。

在教育孩子的时候，我希望人们能够注意到这几个一般的观念。如果不时刻这样去做，孩子们就会损害到自己或别人，尤其会沾染上一些将来很难纠正的恶习。至于获得过良好教育的孩子，并不需要对他们这样做。在他们的心里，并没有不良行为的种子，他们也不可能变得粗俗、贪婪、调皮和喜欢撒谎。我在这一点上所阐述的看法，对于一般情形是不那么适合的，而更适合于特殊情形。需要指出的是，这种特殊的情形已经变得越来越普遍，因为孩子们已经拥有了更多的机会来脱离他们原来的状态，以及染上大人们的不良习惯。相较于在文明程度没那么高的地方培养出来的孩子而言，在繁华地方培养起来的孩子受到这种教育的

---

① 由于在社会条件下一个人幸福必然造成另一个人的痛苦，可以说"绝不损害别人"这条训令和"尽量不依赖人类社会"这条训令是相违背的。任何事物都存在这个关系，谁也无法有任何改变。对于社会当中的人和独自隐居的人谁更幸福的问题，我们可以用这个原则来判定。不否认这个说法不那么精准，但同前面那个说法相比，这个说法无疑更真实也更合乎实际。如果坏人是孤独的，他定然什么事情也做不了。他要设下陷阱陷害别人，只有在社会里才有实现的可能。如果有谁把这个论据调换过来，用来刁难好人，我就会用这个脚注所注释的这段文字来回答他。——原注

时间应更早。所以，采取这种教育是有必要的，即便说它是一种单独的教育，能起到的作用也只是让孩子在童年时期就变得成熟。

但也有一种完全不同的例外情形：一些孩子年龄很小但天分很高。这就好比一些人永远带有一些孩子气。对于有些人而言，童年对他们来说根本就不存在，从降生的那一刻开始，他们就已经是一个大人。但这种特殊的情形极其罕见，想要发现可以说非常困难。而这也是产生不幸的根源。身为母亲，无疑都认为自己的孩子可以成为神童，而她们的这种想法也是坚定的。她们很可能会这样做，把一些很稀松平常的现象——说话俏皮、动作粗鲁和活泼天真，看成是很特殊的现象。但真实的情况是，这些现象正是孩子在这个年岁应该具备的，仅能说明他们还只是孩子。你既然不反对孩子说很多话，有什么就说什么，不要求他们讲求理解和规矩，在他们偶尔说一两句颇为有道理的话时，就没有必要感到惊奇。真正让人感到惊奇的事或许是他从未说一句中肯的话才对，就好比星象家说了一大堆话却没有一句成为现实。亨利四世①说过这样一句话："尽管他们满嘴谎言，最终还是说出了实话。"谁只要说很多胡话，就或许可以说出几句得体的话。对于那些唯一的长处就是说几句得体的话的时尚人物，愿上帝保佑他们！

孩子们的手上可以佩戴最珍贵的钻石，因此，他们的脑子也完全有产生美妙思想的可能，或许说能够有最美妙的词句出现在他们嘴里更为准确。但如果因此说这些思想和钻石是属于他们的就不对了。就他们这时的年龄，是不可能真正拥有任何一种财产的。孩子对自己说出来的东西的认识，和我们对这种东西的认识并不相同。在他们的脑海中，这些观念都是没有前后衔接的（假设他们有这些观念）；在他们的思想中，也没有任何固定的和明确的东西存在。以你口中的天才为例，在有些时候，你会发现他有着非常敏捷的思想，他大脑产生思想的能力就像一个永不枯竭的喷泉，天上的云彩，都反映在喷泉清澈的水里。但在另外一些时候，通常这种时候更多，他又变得极其迟钝，有如被重重迷雾包裹住一般。他时而走在你的前面，时而又待在那里一动不动。过了一会儿，

---

① 应为法兰西国王亨利四世（1553—1660），法国波旁王朝的创立者。——译注

你说："他是一个天才。"随后你又说，"他愚不可及。"事实上，这两种说法都是错误的，他的身份只是一个孩子。他就如同一只还很幼小的鹰，一会儿飞入了高空，但过了一会儿又回到了自己的巢穴。

所以，在如何对待他的问题上，应该按照他的年龄来进行，不管他的表现如何。应该避免他所有的体力被过多的运动耗费。他的头脑如果已经开始发热，甚至于要沸腾起来，当你看见了这一切，为了避免能量全部消失，就有必要让他自由思维，停止再刺激他。如果他快要丧失掉自己刚出生时的精华，你在第一时间就应该想方设法保留余下的部分。这样做的目的，是为了让它们在以后的岁月中，能够变成保全生命的能量和真正的力量。否则的话，你投入的时间和精力就会白白浪费，你创造的成绩也会变成梦幻泡影。你满腔激情如同盲人骑瞎马一般陶醉一番，到头来却只获得了失掉精华的东西。

存在一个愚蠢的孩子，就会相应存在一个能力不足的大人。在我看来，这是一条最为普遍的法则，并且最为准确。在孩子还处于幼年时期的时候，就应该看出他是真正的愚钝还是仅仅表面上如此，因为表面上的迟钝通常代表了性格坚毅，而这一点也是最难做到的。猛地一看，这或许会让人产生一种奇怪的感觉，因为这两种极端情况具有非常相像的表现形式。事实上存在这种相似性是有必要的，在还没有具备真正思想的年岁，有天才的人和没有天才的人的区别只在于：对于一些不真实的观念，天才因为能够分辨出来，所以一个也不接受；但没有天才的人不同，他会全盘接受。这样一来，两者都和傻子很像，但一个是认为所有的东西都不合自己的心意，一个却是的确什么都不懂。能够表现这种区别的情况只有一种，并且是唯一的。这种情况就是：在传授某种思想的时候，有天才的儿童能够理解，但没有天才的儿童却总是那个样子。小卡托①幼年时在家人的眼里是一个愚蠢的孩子。人们看到他后给出的评价永远只有沉默寡言、性格固执。他的聪明，是他叔父一次在苏拉的

---

① 指罗马共和国末期的政治家和演说家马尔库斯·博尔吉乌斯·卡托·乌地森西斯，之所以有小卡托这个名字，是为了区分他和他的祖父卡托。他和恺撒曾经长期处于不和状态。——译注

客厅里发现的。如果他叔父没有走进那间客厅，在别人的眼里，他就算长到了有理智的年龄恐怕也只是一个粗鄙的人。恺撒[1]如果在那个时候不出现，人们或许永远会把他当成一个只会空想的人。但正是这样一个人，却对恺撒的阴险了如指掌，在很早的时候就对他的意图有所觉察。不加审慎地评价一个孩子的人，最后的结果通常会证明他是错误的。与孩子相比，这种人或许更加幼稚。我很荣幸能与一个人建立友谊。这个人在年岁已经很大的时候，仍然被他的家人当成一个智力低下的人，但事实上他是一个睿智的人。等到他逐渐成熟起来之后，大家最终会看到一个哲学家出现在大家面前。在当代最杰出的思想家和最博学的思辨哲学家这类人当中，我毫不怀疑后世的人会留一个光荣而崇高的位置给他。

　　不能急于确定儿童的好坏，应该要尊重他们。如果要对他们身上的特异现象采取与众不同的应对方法，一定要在这些现象得到充分体现之后才能实行。为了避免你的教育方法和大自然的教育方法冲突，你应该在大自然已经教导很长一段时间之后再去接替这一工作。你或许会找到一个借口：我不愿意浪费一分一秒的时间，因为我知道时间的价值。但你是否有认识到，相较于在那段时间中什么事都不做所造成的损失，因为用错时间所带来的损失可能更大？一个没有受过任何教育的孩子，要远比一个受到不良教育的孩子聪明。你或许会感到惊异：他的童年居然是在什么事也不做的情形下度过的？但我想问，他整天都处于欢乐中，整天都在嬉戏打闹，是否就一定代表在无所事事、虚度光阴？我想大家都认为柏拉图的《理想国》是一本严肃的书。但他对孩子的教育，却完全是通过节日、体操、唱歌和娱乐活动来进行的。他教他们嬉戏，一同教给他们的还有其他东西。在谈到古罗马青年的时候，塞内加曾说："他们几乎所有时间都站着，甚至根本就不知道怎样坐着做事情。"[2]一个人如果不那么浪费时间，他到了成年后身价就会因此而降低吗？答案显然是否定的。因此，不需要对这种所谓的懒怠状态过于担心。当你看到一

---

　　① 罗马共和国末期的军事统帅、政治家。——译注
　　② 参见塞内加《道德书简》：对于卑微的人学的东西，他们是不会拿来教育自己的孩子的。——译注

个人，他把一生的时间都利用了起来，完全不给睡眠留时间，我想你一定会说："这是一个疯子，莫说没有享受到时间，甚至还把时间浪费了。抛弃睡眠意味着走向死亡。"因此，你要有一种认识：这里也是这种情况，在孩子还处于幼年的时候，就应该拥有理性的睡眠。

乍一看，你或许会认为教育孩子非常轻松。但正是这种表面上的轻松，导致了孩子被贻误。这种轻松，本身就代表没有学到任何东西。对于你要给他们看的事物，他们是一点深刻的印象都没有留下的，他们那光滑的头脑，像镜子一样把它们都反射了出去。你说的话尽管留在了孩子的脑海里，但是思想却被拒之门外。孩子所说的那些话，所有听的人都能明白，不明白的刚好是他自己。

从本质上来说，记忆和理解并不是一回事。但两者要想得到真正的发展，却只有相互结合才能做到。孩子在不具备理智的年龄段时是无法吸纳观念的，唯一能接受的只有形象。一些固定的关系，决定了这两者之间的区别：形象只是可以感知的事物的轮廓，而观念则是对事物的看法。一个轮廓可以独立存在，但如果是一种思想，它就不能不引起另外一种思想。当你在心中想象，你所做的事情，只是在看。但当你进行思索，你就不能不加以比较。我们所产生的感觉，完全是被动出现。但被我们理解的思想，却来源于主动地判断。在后面的篇章中，我还会谈到这一点。

因此，我认为孩子们并没有真正的记忆，因为他们不能够进行判断。声音、形状和感觉，他们都能记得很清楚，但是记住观念却没有那么容易，记住观念之间的关系就更不用说了。当他们学会了一些初级的几何知识，我的反对者就利用这点来证明我的看法并不正确。但事实上他们恰好证明了我的观点正确，得到了相反的结果；证明了孩子不仅没有推理的能力，连别人的论据都不能记住。这些孩子所记住的，仅仅是题目的精确图形和术语，你们只要调查一下这些小几何学家用的方法就能发现这一点。只要你提出反对意见，哪怕只是很轻微的，他们也会不知所措；只要你把图形掉个个儿，他们就会怔在那里。他们所拥有的知识都是感觉上的，对于这些知识，他们还完全不能真正理解。那些别人在小时候就跟他们讲过的事情，他们要想在长大后重新理解，必须要再学习一遍。由此可见，他们的记忆力并没有超过其他能力。

但孩子们的理解力就一点也没有吗？我也不这样认为[①]。相反，对于眼前可以感受到的与利益有关的事物，我认为他们能够理解得非常好。但是，他们所知道的东西究竟是什么呢？对于这个问题，我们还不能明白。这就导致了这样一种结果：他们本来不知道的东西，我们却认为他们知道；某件事情他们本来完全不懂，但我们却硬要他们讲出个一二三。此外，喜欢让他们关注那些和自身没有丝毫关系的问题，也是我们经常犯的一个错误。比如说，让他们关注自己将来的利益，成年人有多么幸福，等他们长大之后，别人会怎样地尊敬他等等。对于缺乏远见的人来说，说这些话是不具备一点价值的。强迫不幸的孩子们去研究这些东西，通常只能得到一种结果：他们转而去关注了其他事情。因此，在要求他们注意这些事情之前，必须对它们加以判断。

一些迂腐而浅陋的老师，在得到别人的礼物之后，就改变自己的说法，大肆夸耀自己教学生的方法是如何如何地好。但实际的情况又是怎样呢？通过他们的行为就可以看出，他们持有和我相同的看法。他们教给学生的，仅仅是一些咬文嚼字之类的东西。在他们大力宣扬的各类学科中，他们唯独不教真正有益于学生的那些门类。原因何在？因为它们是事物的科学，他们没有能力教好！他们只把术语、谱系、地理、年代和语言等学问教孩子们，因为这是他们知道的，他们可以以此来显示自

---

① 在写这本书的时候，我已经反复考虑过多次，在一部长篇著作中使同样的词始终表达同样的意思根本做不到。还没有任何一种语言，它的丰富程度能够让我们想怎样修饰就提供怎样的字和词语。给所有的词都下一个定义，并且经常把被下定义的词用已经定义过的词语去代替，这固然是一个很好的办法。但是，这个办法实际上做不到。之所以这样说，是因为我们没有办法避免循环。倘若我们不用词句来下定义，定义或许会非常好，但我却有这样一个看法，即便我们的语言并不那么丰富，我认为我们也可以表达清楚自己的意思，所不同的是必须运用一种方法。这个方法就是，不管一个词语被使用多少次，我们都让它的意思被上下文体现出来，如此一来，包含这个词语的句子就可以反过来做它的定义，而不是让同样的词语始终都表达同样的意思。对于孩子们而言，我有时说他们没有推理能力，有时又说他们理解得非常好。这是否表明我在这个问题上思想自相矛盾？我个人不这样认为，不过我也不否认在表达方式上经常自相矛盾。——原注

己对这些学科都是精通的。时至今日，这些学问对成年人来说作用已经没那么大，就更不用说对孩子们的作用了。因此，在他们的一生当中，只要能有一次把它们拿上台面，就足够他们引以自豪了。

你也许会感到惊异：我为什么要把教授语言当成一种没有用处的教育？我想说的是，在这里我讲的只是童年时候的教育。因此，尽管你摆出各种理由，我也不相信一个孩子（当然不包括一些天才儿童）在十二岁或十五岁之前能把两种语言掌握。

关于语言的学习，如果仅仅是学习一些词汇，即所学习的仅仅是这些词汇的符号和声音的表达，我同样认为孩子应该进行这种学习。但我也不得不指出一点，那就是语言在变成符号的同时，一同被改变的还有它们所表达的意思。语言形成了知识，思想也带有一种观念，唯一共同的只有理性。无论是哪一种语言，它的表现形式都是独特的。之所以会有这种区别，或许在一定程度上是因为每个民族的性格不相同。有一种推论是肯定的，那就是：世界上的任何一个民族，它的语言已经几度受到了它们风俗的影响；这些语言的命运也和风俗相同，或是存在，或是改变。

在练习说话的时候，孩子们便可以在这一过程中学会那些不同形式语言当中的一种。在到达有理智的年龄之前，他所能记得的唯一一种语言，也就是这种语言。要想学会两种语言，其前提条件是要对它们的概念进行比较。但现在他们是没有办法比较的，因为连这两种语言的概念他们也不知道。在他们的眼中，任何一样东西都可以对应许多符号。尽管如此，但一个概念的形式却只有一种。因此，他们能学会的语言也只有一种。有人抱有一种看法，认为他们的确学会了一种语言。在我看来，这种看法是非常不正确的。我曾经看到过几个被称为神童的孩子，据说他们能够说的语言有五六种。我听见了他们讲德语，同时还听到了他们讲拉丁语、法语和意大利语的词汇。但是我只能说，他们用到的词汇确实有五六种，但是所讲的始终是德语。一言以蔽之，一个孩子只能学会一种语言，不管你把多少同义语教给孩子，他所变换的都只是词汇而不是语言。

你们要教他们学习那些已经失去生机的语言，正是为了掩盖你们在这方面能力的缺失。在眼下的这个时刻，关于这些语言的教法是不是符合文法规定，已经找不到判别的人。你就算是模仿书上所写的词句，也不可以说这些词句就是口语，因为这些语言通常的用法早已经无法考证。如果老师是以这样的形式教希腊文和拉丁文，孩子们所学的希腊文和拉丁文是个什么样子已经不言自明。在他们对语法还刚刚只摸清一些门道，对这种语言的用法还没有掌握的时候，你就要求他们用拉丁文译出一篇用法文写的文章。又或者他们虽然已经学得高深了一些，但你要求他们以散文的形式写出西塞罗①的句子，以韵文的形式写出维吉尔②的一些诗篇。如此这般，他们便觉得自己已经掌握了拉丁语，但是谁会去告诉他们，其实并不是这样的？

无论是哪一门学科，如果它所代表事物的各种符号，没有与之对应的这一事物的观念，那么这门学科就毫无价值。如此一来，你在向孩子教授这门学科的时候，他所学到的只有这种符号，对于这些符号所代表的东西，他仍然一无所知。你或许认为通过你的教育，他已经明白了地球的模样，但事实并非如此，他看到的只是一些地图。你把一些城市、国家和河流的名字教给他，但在他看来，这些地方并没有真正存在，你仅仅是在地图上指给他看一下。我曾经看到过一本地理书，它的开篇有这样一句话："世界是什么？世界就是一个纸做的球体。"这也正是孩子们所学的地理。你如果用两年的时间，拿地球仪和世界地图去教他们，我敢断定，他们当中没有任何一个十岁的孩子有能力按照你所教的方法，说出从巴黎到圣丹尼镇应该怎样走。如果某个孩子的爸爸给他一张园林示意图让他走，我也敢断定他无法从其中曲折迂回的道路中走出来。一些饱学之士就是这样，他们只知道地图上北京、墨西哥、伊斯法罕③以及地球上所有国家的位置。

---

① 古罗马著名哲学家、政治家、演说家、法学家。——译注

② 古罗马诗人，著有《牧歌集》《农事诗》，史诗《埃涅阿斯纪》，其中《埃涅阿斯纪》影响深远。——译注

③ 伊朗中部城市。——译注

我听见有这样一种说法：最应该让孩子学的东西，是那些只用眼睛就能学习的东西。我否定这种看法，也许有只用眼睛就能完全学会的东西，但是我反正没有见过。

你让他们学习历史也是一种更加可笑的行为。你或许认为，他们可以理解历史，因为历史代表的全是一些事实。但我不禁要问：怎样理解"事实"这个词语？你或许会有这样一种认识：孩子们可以轻易了解各种历史事实背后的观念，因为决定这些历史事实的关系要理解起来实在太容易了。你或许会认为：真正了解事件和了解事件的因果可以各自孤立地存在，对道德一窍不通的也同样可以学会历史，因为历史涉及道德的地方少之又少。如果对人的行为只观察外部的东西，那么几乎可以肯定，即便学习一段时间历史也会一无所获。如此一来，学习历史就变成了一件枯燥的事情。这就必然导致我们无法从中获得快乐，也无法从中获得什么有用的东西。如果你对我的这些观点，以那些行为的道德关系来加以判别，你就能明白你的学生是否有了解那些关系的能力了。然后，对于一个问题——他们那样年龄的人是否适合学历史，你就可以找到答案了。

各位读者，和你们讲话的人并不是什么学者，也不是一个哲学家。这个人的身份，仅仅是一名普通人。他忠于真理，没有什么偏见，也不相信任何主义。他被孤独包围着，和别人一起生活的时间也很少。所以，他没有那么多机会染上别人的偏见，同时，对于他和别人交往时自己感受到的事物，他就拥有了充足的思考时间。与其说我的论点是一种原理，倒不如说它是一种事实。为了让你们能判断我的论点，在我看来，向你们举出几个让我产生这些论点的事例是一个最好的办法。

我曾经住在一个乡下人家里几天。关于自己孩子们的生活和教育，那位可敬的女主人的关心是超乎寻常的。某一天早上，大孩子正在上课，当时恰好我也在场。一名曾经教过他古代史的人，也就是他的老师，正在为他讲亚历山大①的故事。在讲的过程中，这位老师又谈到了医生菲

----

① 指古马其顿国王。——译注

利普的著名故事①。不可否认，这个故事确实有讲的价值，书上也有它的插图。在我看来，这位老师是一个可敬的人，但是我不认同他对亚历山大勇敢行为提出的几个看法。为了避免他的形象在自己学生的眼里大打折扣，当时我并没有和他争论。吃饭的时候到了。按照法国人的习俗，那个可爱的小孩在这个时候通常都会被要求瞎说一顿。他讲了许多愚蠢的话。本来以他那种年龄具有的活泼天性，以及定然能够获得的一片赞誉，他说出这些话完全在情理之中。然而在这些愚蠢的话语中，也夹杂了一两句中肯的话，这就让人们忘掉了其余的傻话。他在最后说到了医生菲利普的故事，并且叙述得极其精简和优美。在照例对他表示一番赞扬（对于别人这样的赞扬，做母亲的人是求之不得的，孩子当然也有这样的期待）后，大家就开始对这个故事展开讨论了。绝大多数人所持的看法，都是责备亚历山大的冒失。但也有几个人和老师持有相同的观点，佩服亚历山大的果断和勇气。但是我认为，这一切议论都不足以表现出这个故事真正美的地方。于是，我对他们说："在我看来，如果非要说亚历山大的行为表现出了一些勇敢和果断，那也仅仅是一种鲁莽的行为。"这种观点得到了大家的一致认同。我紧接就想就这件事展开一番热切的阐述。坐在我旁边的一个妇人（她直到那一刻还从未开口说过话），这个时候把身体侧了过来，在我耳边轻声地说："不要继续讲下去了，让－雅克，你表达的意思，他们是完全不懂的。"我惊异地望了她一眼，迅速终止了陈述。

种种迹象让我产生了一点怀疑，对于这位博学之士所讲的那段了不起的历史，孩子并没有真正理解。因此，吃过晚餐之后，我拉着孩子的手去花园散步了一段时间。在随便问了他几个问题后，我得出了结论：对于人们所夸耀的亚历山大的勇敢，他比任何人都要钦佩。但他看出亚历山大勇敢的地方非常耐人寻味，这就是：亚历山大没有丝毫犹豫，也并不勉强地把那么难吃的药一口就吞了下去。就在十五天之前，这

---

① 蒙田在《论文集》当中也记述了这个故事：亚历山大……接到了帕密尼厄的一封信。帕密尼厄在信上告诉他，大流士用金钱买通了他最亲信的医生菲利普，菲利普会用毒药害他。他让菲利普看信，同时吞下了菲利普给他的药。——译注

个不幸的孩子还吃了一次药。能把药吃下去，他是费了九牛二虎之力的，药的余味至今还残留在他嘴上。在他看来，死亡和中毒只是一些不那么让人快乐的感觉，而旃那①是他能想到的唯一毒药。但他幼小的心灵因为受到了亚历山大果断的影响，以致做出了一个决定——以后吃药也要和亚历山大一样。我告诉他说这个想法是很棒的，但并没有向他进行解释，因为我知道，以他的年龄即便我解释他也是无法理解的。回去的时候我确实窃笑了一番：一些父亲和老师也真是高明，拿历史来教育孩子的方法居然都想到了。

要让他们把战争、征服、国王、帝国、革命以及法律等词汇在口头上学会，可以说是一点困难也没有。然而，如果要给这些词汇赋予明确的观念，则非要用我们同园主罗培尔的谈话方式来解释不可。

对于"不要继续讲下去了，让－雅克"这句话，有些读者定然不那么满意，这也是在我预料之中的事情。他们定然会有一个疑问，在亚历山大的行为中，我究竟认为哪一点值得称赞？不幸的人，我就算说了你们也不会懂，亚历山大之所以值得称赞，是因为他相信德行的力量；他有为了证明自己的信念，以头颅和性命作为代价的勇气；对于这个信念，他伟大的心灵是相称的。何以证明他有这种信念呢？这就是他所吞食的那一剂药。以这样庄严的证明来表达自己信念的人，还从来没有过。有谁如果认为自己是当今的亚历山大，就请他也以同样的方式来证明自己的信念。

你所说的话，孩子们既然不懂，那么就不应该用你的功课去教他们。他们要想有真正的记忆，必须要拥有真正的观念不可。我为什么这样说呢？因为在我看来，只保留了一些感觉，并不能算记忆。对他们来说，把一连串不知所谓的符号留在脑海里根本毫无作用。要学习那些符号，他们在学习事物的过程中就可以完成，没有必要再多浪费一次力气。何况，你如果要求他们把一些不知所云的话作为自己的学问，也会面临一种风险——使他们产生一种能造成严重后果的偏见。孩子之所以会丧

---

① 旃那，又名番泻叶，刺激性泻药，主治热结便秘，习惯性便秘，积滞腹胀。——译注

失判断力，正是因为他完全是按别人的话去理解自己所学的第一个词汇以及第一件事物，而自己本身对它的用途一无所知。对他而言，这样的一个损失①是无法弥补的，即便他能够在一个傻子面前炫耀很长的一段时间。

对于一个孩子而言，大自然让他的头脑具备了这种接受各种印象的可能性。但这就说明它是为了让他记住国王的名字、年代、谱系、地球仪和地方名称吗？为了让他记住不仅对自己年纪的人来说没有任何价值，而且对任何年岁的人都没有价值的词句吗？一点也不！背负学习这些东西的负担，只会让他经历一个十分凄惨和没有任何乐趣可言的童年。孩子的头脑之所以有各种可能性，是为了让他们记住那些对自己有价值的观念。在以后的岁月里，他的幸福和他能够履行自己的天职，与这些观念的关系是密不可分的。它们已经在他的心中烙下了深深的印迹。他的一生，因而可以按照自己的天性和才能过适合自己的生活。

一个孩子，即便不学习书本的知识，他的记忆力也大有用武之地。他会受到一切所见所闻的影响。对于这些东西，他会记录下它们，大人的言行举止也会被他记在自己的心中。于他而言，周围的事物就像一本书。在悄无声息的过程中，他会因为这本书不断地丰富自己的记忆，增强自己的判断力。判断力是他最需要具备的一种能力，要做到这一点，最好的办法是尽可能隐藏他所不应该知道的一切事物。通过这个办法，我们可以让他获得各种对他青年时期的教育和一生的行为有用的知识。我不否认这个方法并不具备培养神通的能力，也不能让别人称赞他的保

---

① 在称赞傻子的时候，大多数学者采用的也是孩子的这种赞美方法。记得许多的观念并不是他们学富五车的表现，记得许多的形象才是。他们对日期、地点，专有名词和各种孤立而没有思想的内容的记忆，完全是通过将它们转化成符号完成的。他们如果想要把它们记起来，必须要同时浏览一遍他们所读过的内容以及他们第一次看到那些东西的图形。那些在几个世纪之前曾风光一时的学者，和他们也是一样的。而我们这个世纪的学者就完全不同了。我们这个世纪的学者，不研究也不观察，只知道整天想入非非。当他们让我们接连几个晚上噩梦不断之后，他们就告诉我们：我已经教过你们哲学了。当然，一部分人也会说我也是在做梦。这种说法我完全认同，但我也要指出：我梦见的是别人不想梦见的东西，我如果是在做梦，我就会清楚明白地说我是在做梦，我会让读者去评判这些梦是否对不犯糊涂的人有好处。——原注

姆和老师，但是，它具有把一个人变得有见识、有性格、身体和头脑都健康的能力。可能没有人称赞小时候这样的人，但等到他长大以后，这个人一定可以获得众人的钦佩。

爱弥儿不会背诵课文，即便这篇课文是一个寓言，甚至是拉·封丹①的寓言，即便它们非常简单和生动。如果说到原因，那就是：寓言中的话并不就是寓言，正如历史中的文字并不就是历史一样。人们竟然把寓言称为孩子们的修身之学，我对此是无比迷惑的，原因在于：没有考虑到他们从寓言中获得快乐的同时，可能也会产生错误的看法；在受到编撰的事情迷惑的同时，会把真理放过去；他们虽然能够通过这样的教法获得快乐，但是在有用的方面一无所获。寓言固然可以起到教育大人的作用，但不能用到孩子身上。对于孩子而言，就应该无所顾虑地把真理讲出来。你如果用东西盖住真理，他就不会有掀开它的心思。

几乎所有的人，都要求孩子们学习拉·封丹的寓言，但是真正学懂的孩子又有几个呢？一个也没有！如果他们真正学懂了，结果或许更加不幸，因为以他们那样的年龄，那些寓言的寓意是不相称和过于绵延曲折的。暂且不论学不到任何良好的德行，甚至还有沾染许多恶习的可能。读到这里，你或许会说："又在发表奇谈怪论了。"你说得非常正确。但我想证明一件事情：这番奇谈怪论是否真理！

在我看来，小孩对你教他的那些寓言是无法明白的，理由如下：你是想通过寓言去教育孩子，即便你把那些寓言写得再简单，也会把一些他无法理解的观念夹杂进去。虽然你把它们写成诗的形式令背诵更加方便，但它们却因为诗韵而变得更难于理解。这样一来，寓言尽管被写得非常有趣，但它鲜活的寓意却丧失了。孩子们没有办法理解的寓言有许多，并且这些寓言对他们来说也没有任何作用。但是，你却有可能不加选择地让他们学习到这些寓言，因为它们通常是在一本书里和其他寓言混在一起的。我们现在先不谈这样的寓言，而只谈那些专为小孩而写的寓言。

我们知道，拉·封丹的寓言集里，充满孩子的天真气息的仅有五六

————————————————

① 法国作家，西方寓言的集大成者。——译注

篇。现在，我就把第一篇①作为例子来谈论一下。这样做的原因，是各种年龄的人都适合读这篇寓言，并且孩子们理解起它来也很容易，所以学起来就会充满乐趣。这也是作者把它放在那本书开篇的原因。如果作者写这篇寓言是为了孩子们能够理解它，并且让他们读过之后在获得快乐之余还能得到好处，那么这篇寓言无疑可以是作者的一个杰作。基于这一原因，我想用几句话逐行地分析一下这篇寓言。

乌鸦和狐狸

"乌鸦先生在一棵树上休息，"

这让人不得不产生一系列疑问。"先生"这个词语本身的意义何在？为什么要把这个词语放在一个专门的名词之前②？把这个词语放在这里是为了表达什么意思？"乌鸦"是什么？为什么要说"在一棵树上休息"？按常理说，应该是"休息在一棵树上"才对。

说到这里，就有必要讲一下诗歌倒置法了，以及解释一下什么是散文，什么是诗歌了。

"它把一块奶酪叼在了嘴里。"

这里又有不明之处。奶酪？是哪一种奶酪，瑞士奶酪还是布里奶酪③，又或者是荷兰奶酪？如果孩子根本就不知道乌鸦为何物，你就要考虑到怎样对乌鸦的模样进行一番讲述；如果他看见过乌鸦，你就要能够让孩子想象得到乌鸦把一块奶酪叼在嘴里是怎样的情景。因此，按照自然的样子来讲述才是最好的办法。

"狐狸先生受到了美味的诱惑。"

妙极了，又是一个"先生"！这个称呼可真是适合狐狸！不要忘了，它是玩弄手段的行家。因此，就应该对狐狸进行一番大概的介绍，并且

---

① 福米先生说这是第二篇。——原注

② 这里是指法语的讲法，在法语中，"乌鸦"和"先生"连在一起用时"先生"在"乌鸦"之前。——译注

③ 以法国东北部出产地命名的一种奶酪。——译注

讲清楚它们真正的习性和在寓言中出现的性格有什么不同。

一般说来，"诱惑"这个词语是不经常用到的,因此有必要加以解释。应该要说明,这个词语只有在诗里才用到。否则的话,当孩子向你问起诗歌和散文两种说法的区别在那里,你就没有办法回答了。

"受到了美味的诱惑!"这块奶酪是被一只在树上休息的乌鸦叼在嘴里的,因此我很疑惑,要把一只狐狸从树丛或地洞中引出来,奶酪需要有多大的气味!一个判断是否正确,要看它是否有可靠的依据作为支撑,在于是否能够分辨出别人所说事物的真假。因此,重要的是,你是否能够让你的学生学会这个判断事物的精义。

"对乌鸦这样说:"

"对乌鸦说"!狐狸也知道说话?它有能力讲出乌鸦的语言?请各位智慧的老师多多留心,在回答的时候,应该要多加考虑。你回答一个问题,所产生的影响之巨大是你无法想象的。

"你好呀!乌鸦先生!"

在这里又出现了"先生"!看到你把这个称谓当成一个笑话在用,小孩子会完全忘记它作为一种尊称的意义的。对于一个说"乌鸦先生"的人来说,他要把"乌鸦"前面的冠词"的"(de)解释清楚,要花费的功夫是很大的。

"你美极了!我觉得你非常漂亮!"

意思重复,一点作用也没有。你把同样的事情用另外一种修辞来重复说,当小孩发现这一点之后,也会跟你一样说些无聊的话。你或许会以这样的理由辩解:这种多余的话是作家的一种艺术手法,其目的是为了表达狐狸对乌鸦夸奖得厉害。我认同可以有这样的说法,但不适合对我们的学生说。

"不要撒谎,要使你的歌喉"

为什么要说"不要撒谎"?你是否撒过谎?你有没有想过,如果你告诉孩子说,狐狸之所以叫乌鸦"不要撒谎",是因为狐狸它自己有撒谎,你认为孩子会有怎样的看法?

"配得上你的羽毛,"

能告诉我"配得上"的意思吗？你让孩子比较声音和羽毛这两种性质完全不同的东西，你怎么能够期望他了解你的意思？

"就让你做这片树林中百鸟的凤凰。"

"凤凰"是什么？在这里，我们竟然谈起了并不存在的古代物种，几乎近于讲神话了。

"林中的百鸟"！这话形象极了！为了更容易诱惑别人，溜须拍马的人总是用文雅的词句把话说得非常高雅。但问题的关键是，一个小孩是否能够理解这种奇妙的地方？对于什么是更高雅的说法，什么是更低俗的说法，他是否能够理解？

"乌鸦听了这些话，欢乐得忘乎所以。"

要想体会这个成语表达的感受，必须要把十分激动的情绪亲身经历之后才能够做到。

"为了展现他美妙的歌声，"

孩子要想懂得这一行诗和整个寓言的意思，不亲身听过乌鸦的声音究竟哪里美，是没有办法做到的。

"一张开嘴，奶酪就跌落到地上。"

这真是写得很好的一行诗，其中的情景，仅仅从诗韵的和谐度上就已经可见一斑：有一只怪嘴出现在我眼前，张得非常大，同时，奶酪从树枝上掉到地面的声音也传进了我的耳朵。只是，对于孩子来说，这种美妙的地方是显得很突兀的。

"狐狸抓住了奶酪，接着说，我多么好的先生，"

看吧，好心竟然成了一种愚蠢的行为。当然，到了这里，你无疑会对孩子进行教育。

"众所周知，所有曲意逢迎的人"

这是一种笼统的说法，没有人能够真正理解。

"他的生活完全依赖于他所吹捧的那个人。"

这一行诗，一个十岁的孩子是无法理解的。

"以一块奶酪的代价得到这样的一个教训，还是划得来的。"

这句话说得是不错，把意思也表达得很清楚，但是有一点不得不指出：对于少数儿童来说，如果让他选择要教训还是要奶酪，他是宁愿要奶酪而不要教训的。所以，对于这种说法，应该让他们明白只是一个笑话，因为他们并不懂其中的美妙之处。

"乌鸦感到非常恼怒，并且气愤极了，"

再次把一种意思同样说两遍。这一次已经不容置疑了吧？

"发誓（可惜为时已晚）以后再不吃同样的亏。"

向孩子们解释"发誓"是怎样一回事，有老师敢这样做吗？

诚然，上述的阐述已经讲得非常详细，但是还不足以分析清楚这篇寓言的全部思想，以及总结出这些思想当中每一个思想所立足的基本观念。但是，为年轻人进行这样的分析，我想没有人会认为有必要。在我们这些人当中，又有谁在讲到哲学时会把自己当成一个小孩子呢？因此，我们索性接着讨论它的寓意。

但我有一个疑问，这就是：是否需要告诉一个六岁的孩子，有些人为了自己的利益，会阿谀奉承和欺骗别人？我们仅仅能告诉他们，的确有些人逗小孩子玩，以及暗地里嘲笑别人愚蠢。但在，在这个寓言当中，一块奶酪推翻了全局，因为你所做的事情，是在教他们怎么把奶酪从别人嘴里夺来，而非把自己的奶酪紧紧叼在嘴里。于是，我的第二个奇谈怪论又在这里提了出来，较之上一个奇谈怪论，它的重要性同样很高。

对于那些学过寓言的孩子来说，当有机会实现自己所学寓言时，他们的做法和寓言作者的意图通常是相悖的，只要你和他们相处过很长一段时间，就能够发现这一点。他们对你想纠正或防止的缺点会不以为意，更有甚者，为了从别人的缺点中获得利益，他们还会故意为非作歹。如前面所讲的那个寓言，他们固然会讥讽里面的乌鸦，但在另一方面，他们也会很喜欢那只狐狸。至于第二个寓言，你或许认为他们会以蝉来作为自己的学习榜样，其实不然，他们会选择蚂蚁。无论是谁，都只想充当一个出彩的角色，而不是失掉自己的体面。这是由一个人的自爱决定的，也是一个很自然的选择。但孩子如果受到这种教育则是可怕的。一个既吝啬又毒辣的孩子，完全可以称得上所有怪物当中最恐怖的一种。

这样的一个孩子，既能想到别人会向他索取什么，也能明白哪些东西不能给别人。寓言中的蚂蚁更显得厉害，拒绝别人不说，它还把别人骂了个狗血淋头。

狮子在所有寓言中可以说是最孚众望的一个角色。在学了这些寓言之后，孩子们通常只想做狮子。当要分什么东西让他来充当执行人时，他会想办法把所有东西都划归自己帐下，和狮子的做法完全一个样。但是，当他看到狮子被蚊子制服之后，他就不愿意做狮子而想做蚊子了。蚊子不能明着攻击别人而可以叮死别人的做法，他将来也会学。

当孩子们学了《瘦狼和肥狗》这个寓言，你认为他们会像你想象的那样，把它作为一种谦虚的教训吗？不会的，他们会把它当成是在教人放纵。我曾经看到过一件令我永生难忘的事情。为了让一个小女孩听大人的话，有人曾用这个寓言来折磨她。但最后的结果是那个女孩伤心地大哭了一场。至于她哭的原因，大家一开始并不知道，直到最后才终于明白：这个可怜的女孩在泣诉自己不是一头狼，因为她已经受够了别人的束缚，觉得锁链把自己脖子上的皮都磨破了。

因此，在孩子们看来，五个寓言的寓意一目了然：第一个是在教人怎样卑鄙，阿谀奉承；第二个是在教人变得残忍，铁石心肠；第三个是在教人做事怎样只偏袒某一方的利益；第四个是在教人嘲笑和讽刺；第五个是在教人如何我行我素。最后这个寓言于我的学生而言是没有任何意义的，对你的学生来说更不应该教。你如果教给他们一些自相矛盾的寓意，你所投入的精力注定付诸东流。但有一点也不容否认：我固然在用这些寓意来反对寓言，但你恰好在以这些寓意作为保存寓言的理由。在这个社会上，口头的教训固然需要，但行动的教训也不可或缺。这两种教训刚好又完全不同：第一种出现的地方，多是问答式的教育，教训了一段时间就不了了之；第二种则见于拉·封丹写给孩子们的寓言以及写给母亲们的故事。在这里可以说，这两种教训都被一个作者应用了。

拉·封丹先生，我们商量一个两全其美的办法可好？我可以对你做出承诺：关于你的书，我会选读，何况我还非常喜欢你。我要从你的寓言中汲取营养，因为我坚信自己可以理解它们的真正意图。但也请你同意我的请求：我不希望我的学生去学那些寓言，无论是哪一个。要想让我同意我的学生去学，你必须保证：第一，尽管那些寓言中有四分之一他不能明白，但是学了一定会有好处；第二，对于那些他能够理解的寓言，在他学习的时候不会曲解其中的意思；第三，他学了之后，既不会上当受骗，也不会为非作歹。

这样，我就替孩子们消除了一个最让他们感到痛苦的因素——读书，因为我让他们免于学习各种功课。在孩子们还处于儿童时期的时候，说读书是一种灾难也不为过。但即便如此，你却还要他们把时间浪费在读书上。我的爱弥儿，在他长到十二岁的时候仍然不知道书为何物。有人或许会说："他最起码也应该识字。"对于这种看法，我是认同的，他必须要在读书对自己有用的时候识字。但是在眼前，我唯一看到的事实是，读书只会使他感到厌烦。

孩子们之所以会去学那些现在对于他们没有作用的东西，完全是因为你们的勉强，如果不是这样，他们是一定没有心思去学的。对于并不在身边的人，同他们讲话和听他们讲话，以及把我们的感情、意志和希望通过媒介传递给他们，可以说是一种艺术。各种年龄段的人，都可以感受到这种艺术的用处。但就是这样一种作用巨大且趣味十足的艺术，竟然成了对孩子的一项惩罚，为什么会出现这种情况呢？原因就在于，你强迫了孩子们去学它，去学习他们并不了解的事物。这样一个工具，如果你是用来折磨孩子的，那么他再好奇也是不会去练习的。反之，这个工具如果能带给他快乐，即使是你禁止他使用，他也会二话不说就立即用它。

为了寻找读书写字最有效的方法，人们投入了大量精力。其中一部分人发明了单字拼读片和字卡，另外一部分人，则是把孩子的房间变成了印刷厂。洛克对于孩子们识字的主张是：用字骰。这的确找到了最好的办法，多么不幸啊！事实上，较之上述各种方法，还有一个更为有效但经常被人忽略的办法。这个办法就是：激起孩子们学习的兴趣。只要你把孩子们学习的欲望激发了出来，即便你把那些字卡和字骰放在一边不用，你也可以把他们教得很好。

人最大的动力，是现实的利益。人要想走得既稳妥又长远，这一动力也是唯一可以依靠的。有些时候，爱弥儿会接到一些请柬，这些请柬是他父母或亲朋好友给他的，其内容是邀请他去赴宴、游览、划船或看戏。上面仅有寥寥数语，字写得非常华美，意思也简单明了。这个时候，他想找个人来念给他听。但他当时总是找不到这样的人，就算找到了，这个人也答应得非常缓慢，就像昨天对他一样。一来二去，时间就这样流逝掉了，事情也时过境迁。最终，他还是听到了别人念请柬，但是为时已晚。这让他不禁感叹起来：我如果自己能识字，那该多好啊！又有一些请柬被送到他手里，上面的话语依然那么简洁，所谈到的事情依然那么充满趣味。其中表达的究竟是什么意思呢？这让他很想明白。有时候他能够找得到别人帮助他，有时候他也被拒之门外。他努力地尝试着，最终，请柬上一半的话语都为他明白了，内容大致是：明天请他去吃奶油。但是，在什么地方和什么人吃呢？这些他还没有弄清楚。花费了老大的功夫，他终于认出了余下的几个字！那么他不需要写字桌吗？我认为是不需要的。现在是否应该给他讲怎样写字？我也不打算这样做。在一部论述教育的著作中，涉及这样一些无足轻重的事情，连我都会感到不好意思。

在这里，我只想说：你如果不迫切达到什么目的，那个目的反而可以迅速和有把握地达到。这句话也可以作为一个重要的原则。爱弥儿之所以在十岁的时候就能读书和写字，就是因为我在他十五岁之前没有重视他读书识字的问题，这一点我完全可以肯定。然而，相较于他学到了一些学问而丢掉了其他一些有用的东西，我还是愿意让他一个字也不认识。为什么要这么说呢？因为，如果他对读书不感兴趣，读书对他来说就毫无用处。"切忌让还对读书不感兴趣的人首先就厌恶读书。为了避免让他在青年时期还害怕读书，切不可让他体味到读书的苦处。①"

我有一种看法：对于这种顺其自然的办法，我越是坚持，人们就会反对得越强烈。你要相信，你的学生如果在你身上学不到东西，他就会

---

① 昆体良*，第2卷第1章。——原注

* 昆体良（约公元35—95年）古罗马著名的教育思想家、演说家。——译注

转而向别人去学习；你如果不能用正确的道理去改正他的错误，他就会拥有许多错误思想。在他的身上，你所担心出现的那些偏见，其始作俑者正是他身边的人。在经过他所有的感官之后，这些偏见就会进入他的内心深处，以至于让他还处于成长期的理性受到损坏。这种影响还包括：他那长期处于休眠和麻木状态的心灵，也会被物欲淹没。思考的习惯如果在他幼年时期没有养成，在他今后整个的人生当中，这种能力都不会再出现。

到了这里，对于人们反对我的观点，我认为自己能够非常容易地回应了。但是，我不想总是去回答反对我的人的问题。对于那些反对意见，如果我的方法能够自动辩解，那么这个办法就是一个非常好的方法，否则它就一文不值。因此，我仍然准备继续陈述下去。

对于你的学生，你如果能够按照一定的方法做，就可以发现他完全具备观察、记忆和推理的能力，这些方法就是：依照我所制定的计划，采取完全不同于一般性的方法去进行教育；让你学生的心灵能够向往遥远的未来；避免因一些完全不同的地方、风俗以及不切实际的想法使他感到迷惑，而是让他认真地按照自己的能力生活，对直接关系到自己的事物保持关注。这些顺序是很自然的。有感觉的生物，只要一活跃，就能够获得和体力相称的辨别能力。它要想用体力来发展自己的思考能力，用于这方面的体力，必须是在总的体力能够保证自身生存的基础上剩下的。因此，你要想培养你学生的智慧，就必须把支配他智慧的体力先培养起来。应该要让他的身体得到持续的锻炼，让他拥有一个强壮的身体，同时兼备智慧和理性，拥有做成事情和不断活动的能力。此外，还应该让他能够按照自己的精力和理性做人。

如果他的行动总是靠你去指点，你总是不断地对他下达命令："快来这里，到那里去，应该做这个而不是那个……"其结果，只能是让他成为一个愚蠢的人。如果他要做什么总是由你帮他想好，那么就会荒废他的大脑。我们是有过约定的，这一点你千万不能忘记。如果你是一个墨守成规的人，那么我奉劝你最好别看这本书。

有些人存在这样一种错误的看法，让人感到好笑又带有几分愤怒：

锻炼身体是不利于思想的运用的，这就好比不能同时进行两项活动，一个活动不能总是去指导另外一个活动。

身体总是在得到锻炼的人只有两种：农民和野蛮人。但是，众所周知，农民非常强壮、粗俗而且愚笨，野蛮人却拥有敏锐的感觉和缜密的心思。整体而言，农民可以称得上最迟钝的人，但野蛮人是非常狡猾的。导致这种情形出现的原因就在于：农民总是按照别人的意思做事情，如模仿他父亲的做法，要么就是周而复始地做小时候就已经在做的事情。他的整个人生就像一部机器，所做的总是同样的事情，他的理性已经被习惯和服从取缔。但是野蛮人却是另外一种情形：他们居无定所，并不需要一定要做哪件事情；除了服从自己的意志外不需要服从任何人以及任何法规；在做每一件事之前，都会先谋划一番，否则就不会轻举妄动。如此一来，随着身体不断地得到活动，思维也变得越来越敏锐，体力和智力于是就都得到了发展。

各位见识广阔的老师，我们不妨来比较一下各自的学生，看看谁的学生更像农民，谁的学生更像野蛮人。你的学生必然是成天服从于别人的命令，感到了饥饿也不敢要食物吃，有了悲喜的感觉也不敢自由表达，做什么事情都要得到你同意。一段时间之后，甚至连呼吸都要遵从你的意愿。试问，如果你什么事都帮他想好，他大脑的价值又在哪里？他既然可以依靠你的谋划来做事情，那么是否还有自己考虑问题的需要？这必然会导致他不去操心任何事情，因为他的生命和幸福已经有你代为料理。他只会放手去做你没有禁止让他做的事情，因为他知道做这件事情是很安全的，若问原因，因为他的判断是依赖于你的判断的。他知道自己不必去猜测今天的天气是晴是雨，因为有你会帮他完成这一工作。他也不需要计算自己的散步时间，因为你一定会叫他准时吃饭。对于所吃的东西，他只吃你没有禁止他吃的东西，而不吃胃想获得的食物。因此，你工作的成果只体现在：迟钝了他的身体，也迟钝了他的思想；同时也损害他对理智的认知，因为他没有发现理智对自己的作用。还有更不幸的情况，这就是：他不会再对自己做错什么事情感到惊奇，因为当他做错的时候，都会被你指出来，次数多了也就正常了。

你或许会有这样一个看法：你的学生是聪明无比的，在同妇女交谈的时候，完全可以展现我前面所讲的那种风度。但我也要告诉你，在一种情况下，你将会发现他的愚蠢要大大超过农民的儿子，这就是当他碰到必须牺牲个人，在某种困难的情况下做出决断。而我的学生，或者说自然的学生更准确，他不会习惯性地求得别人的帮助，更加不会卖弄自己的才学，因为他从小得到的锻炼就是自己依靠自己。他还会评判一切与自己直接相关的事物，对它可能造成的后果和存在的道理进行研究。他不会说大话，而只会采取实际行动；对世界上的事情，他完全不了解，但非常明白哪些事情是自己应该做的。他会认真地观察事物，并对它可能造成的影响仔细考虑，因为他经常进行频繁的活动。在很小的时候，他就已经获得了很多经验，但这些不是从别人那里获得的，而是来自于自然。他反而能把受到的教育效果充分发挥，因为他对教育的目的一无所知。如此一来，他同时锻炼了自己的身体和头脑。他有能力不断地结合自己的身体和头脑的作用，因为他的所作所为是按照自己的想法而非别人的思想进行的。他的身体越是强壮，他的智慧和见识就越多。在以后的人生中，他将因此而拥有一般人所没有的东西，拥有绝大部分伟人所具备的智力和体力，哲学家的理解能力，以及大力士的精力。

年轻的老师，在教你的学生时不按照老套的方法来进行，而要让一切都自然发展，是我对你们的忠告。因为只有让一切自然发展了，一切才能发挥出应该发挥的作用。当然，你会认为这一点难以施行。就你的年龄来说，我不否认这个办法并不适合。不仅如此，如果你按照这个方法去做，在一开始既不能体现你的才华，也不能提高你在孩子们父亲心目中的地位。但要想达到预期的目的，这是唯一的一个办法。你如果不一开始就让孩子变得活泼，那么，想要教出一个聪明的人是绝无可能的。斯巴达人教育孩子所采用的就是这样一种方法。在教育孩子问题上，他们一开始并不是让孩子去读书，而是让他们把别人的食物掠夺来。但即便如此，斯巴达人在长大后也没有变得非常愚钝，他们说话有力、能言善辩是大家都知道的。他们有着非常卓越的战斗能力，在各种各样的战斗中，总是能够把敌人打得毫无招架之力。只懂逞口舌之利的雅典人是畏惧和他们说话的，当然，对和他们打架更是畏惧。

你或许会认为，只要采取严格的教育的方法，由老师调配一切，就能够把孩子管好。但是你错了，这样做的实际情况是：孩子在管老师。对于你强迫他做的事情，他加以了利用，于是，他反而让你不得不去做他所喜欢的事情。他能非常清楚地认识到，他如果认真地学习一个小时，有八天的时间，你就要允许他按照自己的意愿行事。于是，几乎是每一秒钟，你都在跟他讲条件，但这些条件却刚好方便了他荒谬的行为。为什么会出现这种情况呢？因为这些条件是你按照自己的方式提出来的，但他们执行的方式却是自己的。当你在条约中愚蠢地加入他不管有没有履行承诺都能够满足的要求时，他的胡搅蛮缠就变得更方便了。就通常情况而言，较之老师了解孩子的心，孩子更能了解老师的心。当然，这也是在情理之中的事情，对于一个没有任何约束的孩子来说，他既然可以利用智慧让自己得以生存，就必然会同样利用智慧让自己免于独裁者的束缚，从而让自己的天赋能够自由发挥。但对于老师而言，他是不会去揣度孩子内心的，没有任何切身的利益，可以让他拥有这样做的足够动机。因此，在某些时候，他反而认为让孩子偷懒一下或瞎闹一阵更好。

要束缚住一个人，并且还能够保持表面的自由，最好的办法莫过于：用一个和上面所述完全相反的方法去教导你的学生，让他认为只有自己才是自己的主宰，但事实上真正做主的人是你。这种方法甚至可以左右他的意志。这样一来，这个不幸的孩子完全落在了你的掌控之中，因为他对一切都不知情，也没有做任何事情的能力。鉴于你和他之间的关系，你因此也就可以把他身边的一切归自己支配。而你这位老师，也就可以任意对他施加影响，并且掌控他的工作和游戏，快乐以及痛苦。他诚然也可以做自己想做的事情，但这些事情都是被你所允许的，你能够预先知道他的每一个行动、想说的每一句话。

只要能够这样做，他将能够集中精力去进行适合自己年龄的体格锻炼，思维也就不会迟钝下来。就不会去想尽一切办法，去摆脱那些让他有无限烦恼的管束，而是对身边的一切善加利用，以获得当下的幸福。如此，你也就可以看到一种让你惊讶的情景：他懂得用怎样巧妙的方法，让自己获得可以获得的东西，并且能够在不受别人管束的情形下真正享用。

你如果能让他这样自由支配自己的思想，他就没有可能拥有一个扭曲的个性。用不了多久，你将会发现他已经可以做自己该做的事情，因为他所做的事情都是适合他的。他虽然在不断地运动着自己的身体，但是一关系到自己切身利益的时候，就会把自己的聪明才智尽量发挥出来，相较于你研究让他怎样发挥，这种发挥的方式要高明得多。

他因此也就不会对你撒谎，因为他发现你并不是存心为难他，而他自己也是无理由地相信你，对你没有什么可以隐瞒的地方。他将会把自己的本色勇敢地展现在你面前。如此一来，你就可以对他从容地进行观察，利用他周围的一切培养他。并且，他也不会对你的教育有反感心理。

从此之后，你拥有怎样的心情，他不会再带着怀疑的态度妄加揣测，你做错了一件什么事情，他也不会在暗地里嘲讽你。一定要避免他猜测或嘲讽你，否则就会带来许多麻烦。刺探管束自己的人的弱点，是孩子们最喜欢做的事情之一。他所捣的一些乱，这种偏好就是诱因。但导致这种偏好出现的原因，并不是因为他们天性就是这样，而是他们想逃离欺压他们的对象。对于你强加在他们身上的束缚，他们已经忍无可忍，因此就想要竭尽全力逃之夭夭。当他们发现老师的弱点之后，实现这一目标的最好机会就来了。他因此就会变得非常注意发现别人的弱点，把自己的快乐也建立在这件事情上。在爱弥儿的身上，这种恶习显然是不会出现的，因为它产生的根源已经被堵塞。他也不会挑我在哪里做得不好，因为他根本不打算这样做。当然，他们也不会挑别人的错。

在你的眼里，如果这些方法显得很难做到，那只是因为对它们还不了解。事实上，它们再简单不过了。之所以这样说，是因为我的一些假设对你必须成立：你有能力从事自己选择的职业；对于人心的变迁，你也完全了解；你也知道研究人类和独立个人的方法；当你向你的学生展现适合他年龄的有趣事物时，你能够预先知道他偏爱些什么。你如果具备了这些条件，就代表拥有了工具并且懂得怎样运用它们，如此一来，你当然就能够把应该做的事情做好。

你不应该厌恶孩子们乖张的性格。因为并不是自然养成了他们这种性情或导致他们出现这种性情的，是因为没有得到很好的教育。换言之，就是他们习惯听从别人的命令或命令别人。我曾多次说过，小孩子是不应该服从别人和命令别人的。因此，你的学生之所以会有今天的乖戾性情，完全是你自己一手所为，你完全应该为自己所犯的错误付出代价。这个时候，或许你会问我："那么应该怎样弥补呢？"一如既往地教导他，并且保持足够的耐心，就是弥补的办法。

　　我曾经管教过一个孩子几个星期。这个孩子已经养成了这样一种习惯：完全按照自己的意愿做事，并且也要别人服从于他的命令。所以，这个孩子可以说是混世魔王①。对他的管束还是第一天，他就在半夜起床了，其目的是为了验证我是否对他唯命是从。他在我熟睡的时候跳下了床。穿上衣服之后，他就走过来叫我。我从床上爬起来，并点燃了蜡烛。他要我做的事情，仅止于此。十五分钟后，他打起了盹，看了看眼前，觉得自己的试验和预期的一样，于是就睡觉去了。两天后，他又重复了这一过程。试验同样很成功，而我也表现出了足够的耐心。去睡觉的时候，他吻了吻我，这时我开始平静地告诉他："不要再来了，小朋友，我已经做得很好了。"因为我的这句话，他的好奇心被勾了起来。于是，他第二天又在那个时候来叫我，想验证一下我会怎样违逆他的意愿。我问他："有什么事情吗？""睡不着。"随后我说："糟糕极了。"然后便沉默了下来。他让我点燃蜡烛。我只问了他一句："为什么？"随后又沉默了。碰到这种简单明了的回答方式，他开始感到迷惑起来。在黑灯瞎火中，他找到了打火器，摆出一副要打火的模样。听见他打火弄疼手指发出的声音，我不禁在暗地里窃笑起来。他到最后也没有想出办法，于是只好带着打火器来到我床边。我告诉他："我打不着。"随即就翻过了身。接下来，他开始整个房间地瞎跑，时而叫出了声，时而又唱起了歌，弄得四面八方都是声音；一会儿打桌子，一会儿又打椅子。当然，为了避免因为疼痛而叫出声，每次打的时候他都是非常小心的。毕竟，他这样做的目的，只是为了让我难以安宁。但这一切最终都没有得到预期的结果。我看得出来，他的意图原是准备让我好好劝他，或者是大发一通

---

　　① 应该是指杜攀夫人的儿子，见《忏悔录》第7卷。——译注

脾气，但对于我的这种冷静做法，他感到始料未及。

但他仍然在那里吵闹个不停，似乎已经下决心要让我失去耐心。最后，他终于达到了自己的目的，我生气了。眼看着就要在不该发脾气的时候抓狂，从而把一切都弄得难以收拾，我改变了行动方针。我从床上爬了起来，一言不发地去找打火器，但是没有找到。于是，我问他要打火器。他以为我终于屈服，高兴地把打火器给了我。我打燃了火石，蜡烛被点亮了起来。然后，我拉着他的手，带着他安静地走到了附近的一间盥洗室。房间的窗子都完好地关着，里面没有什么怕被打坏的东西。我把他留在了里面，没有点上蜡烛，然后安静地锁好了门，回去睡了。在一开始，他仍旧大吵大闹，我安静地等着。最终，吵闹的声音越来越小。我凝神细听，发现他似乎已经开始安静，于是便放下心来。翌日，天一亮我就走进了盥洗室，看到了惊奇的一幕：在一张便床上，那个小小的造反者熟睡着。这是自然的，他毕竟已经精疲力竭。

但如果认为这件事已经结束，那就大错特错了。他一晚上有三分之二的时间没有睡觉这件事被他妈妈发现了。好家伙，孩子开始变得像死人一般。既然已经迎来了报复的机会，他索性就开始装病。但令他没想到的是，他自己并没有因此得到任何好处。医生来了，这下可好，母亲就遭了殃，因为站在他面前的是一个爱开玩笑的医生。为了利用她的恐惧开玩笑，这位医生开始加重他的恐惧心理。但他在这个时候凑近了我的耳边告诉我："交给我吧，我很快就能帮你把孩子胡闹的病治好。"随后，他对孩子的吃饭和睡觉做了一定的规定，然后把他交到了药剂师的手上。对于那位可怜的母亲，我只能表示同情：她受到了周围所有人的愚弄，却只恨我一个人，恨的原因，恰好是因为我把真相展现在了她面前。

她狠狠地指责了我一顿。随后，她告诉我："我儿子的身体是很娇贵的，在我们的家里，他是仅有的继承人，他的性命，我是无论如何都要保全的。"接着她又说："我不希望谁为难他。"她的这些观点，我自然是无条件同意的。但是，我能看出来，她嘴里的"为难他"指的就是我没有听从他的指挥。这样的一位母亲，我发现自己似乎应该以和孩子说话的态度对她，于是，我冷静地对她说："请原谅我，夫人，我并不懂得怎样培养一个继承人，并且也没有向这方面发展的打算。完全听您的意愿吧。"他们还需要我教一段时间。期间，孩子父亲极力劝解，但是母亲采取的做法却是写信赶紧催原来的老师回来。孩子的状况非常好，他发现打扰我的睡眠和装病都没有任何收获，就一心去睡他的觉，疾病也消失得无影无踪。

这样的事情——一个小暴君完全无所顾忌地驱使自己可怜的老师，我不知道究竟还有多少。导致这种情形出现的原因就是，老师的教育工作是在母亲的监视下进行的，对于自己的继承人，母亲是严禁任何人对他不服从的。老师不得不经常带着他，或者说跟着他更准确，因为每隔一个小时，他都想出门一次。而他有意选择的时间，又恰恰是老师最忙的时候。在对待我的时候，他准备也采取同样的做法。在晚上的时候，他虽然只能让我休息，但一到了白天，就展开了自己的报复行动。但对于这一切，我都愉快地接受了。并且，在最开始的时候，由于能够让他亲眼看到，让他开心，我的心理也是非常快乐的。但是，当纠正他的胡闹行为成为一个关键问题之后，我的做法就改变了。

第一步需要做的工作，是要让他能够认识到自己的错误。这是非常容易的，众所周知，小孩子能够想到的只有眼前的东西。因此，凭借比他更看得远这一点，我就能掌握控制权。我专门让他玩一些他非常喜欢玩的室内玩具。当看到他玩得正兴起，我就对他提出建议："去散步吧。"他把我推了开去，但我仍然坚持己见。最后，他不再理睬我。于是，我只能服从他的意志。而对于这种屈服，他都看在眼里。

等到第二天，我准备开始拒绝他。他在这个时候已经玩够了，这我早就看了出来。但是我会怎么做呢？我会采取相反的做法：装得非常忙的样子。看到了这种情况，他决意要有所作为。他马上对我提出要求，要我放下工作带他去散步。我拒绝了他的提议，但他依然坚持。我于是告诉他："不，在昨天的时候，你完全只按照自己的意愿做事，到了今天，我也学会了了这种办法。不去。"他接下来就会说："好吧，那我一个人去。"我回答："随便你怎么做。"然后继续自己的工作。

他穿好了衣服。看到我无意约束他，他开始有些不安。他准备要出门了。于是，他走过来向我行了一个礼，而我也回了一礼。随后，他把自己的行程一五一十地告诉了我，似乎自己要去很远很远的地方，企图让我感到恐惧。我表情平静，仅仅说了句"一切顺利"。这时，他不安的感觉更加强烈了。但他还是准备要出去，神色如常。他准备带上他的仆人。但是仆人是和我早就通过气的，于是这个仆人告诉他没有时间，我吩咐了许多事情给他做，他应该服从的是我而不是他。事情竟然到了这个地步，孩子开始觉得无计可施。自己这样一个重要性高于任何人的人，并且得到所有关照的人，竟然要独自一人出门，简直无法想象。这个时候，他开始意识到自己的弱小，也想到了一个人走在陌生的人群中会面临怎样的危险。唯一还在支持他的，只是一点不服输的心理。他走下了楼梯，神色勉强而困窘，并在心里想：要是我出了什么事情，别人肯定要对我负责。于是，他释怀了，最后来到了大街上。

这正是我希望看到的，因为是我事先准备好的这一切。因为是出现在公共场合，我首先得到了他父亲的许可。他才走出几步路，就发现了一个景象：道路两旁的人都在对他议论纷纷。"大伯，你看看那位孤身一人的俊俏少爷，他这是要去哪里？他准会迷路，我准备把他请到咱们家里来。""大婶，你可得小心了！这个放荡不羁的小家伙是个四体不勤的人，你还不知道吧，他正是因为这个原因才被家里赶了出来。""收留这样的人是不应该的，随他去吧。""好吧，愿他得到上帝的指引。但我担心会有什么灾难在等着他。"他又向前走了几步。这个时候，他碰到了几个年纪相仿的人。这些人也在嘲讽他，拿他取乐。他走的距离越远，狼狈的感觉就越严重。在那一瞬间，他惊异地发现：孤单的自己不仅没有得到别人的保护，反而还被大家当成了笑料。别人并不会因为他华美的服饰而尊敬他。

我让我的一个朋友负责掌握他的行踪。这个朋友会在保证不被他注意的情况下一路尾随，并且在适当的时候和他交谈。当然，他并不认识我的这个朋友。担任这一角色的人，必须要反应非常灵敏，并且能够很好地解决问题，因为它和《普索涅克》中的斯布里卡尼这一角色非常相似。为了避免让孩子担惊受怕，他一定不能够猛地一下让孩子受到惊吓。同时，他必须还要让孩子有这样一个认识：如此草率地离家出走是一种危险的行为。只要经过了半个小时，小孩就会被他带回来，并且不会带有任何强迫的性质。此时的孩子，已经变得非常窘迫，甚至没有了抬头的勇气。

这次长途跋涉后，他刚走进屋就遇上了下楼来的父亲，真是倒霉透了。父亲好像要出去，在楼梯处遇见他的时候，问他："你去了哪里？为什么没有看见你的老师？"听到他父亲这样说，他羞愧极了，恨不得找个地洞钻进去。父亲非常恼怒，大肆指责了他一番，并且告诉他："你如果有独自一人出门的想法，最好就是孤身一人。同时，你也要做好不能回来的打算，因为我不想有一个不服管教的人在家里。"

那么我当时的表现呢？我当时并没有批评他，并且也没有进行讥讽，但是较往常更为严肃了一些。我当天也没有带他出去散步，其目的是为了不让他发现自己眼前的一切只是一场骗局。次日我所看到的情景是非常令人振奋的，我们遇见了昨天见他孤身一人就消遣他的人，但是他仍然是昂首挺胸的。想来大家肯定猜到了，以后的日子，他再也没有说过要独自出去、不要我跟他一起这样的话来威吓我。

在和他相处的这很短一段时间里，我通过上述的做法和其他一些相似的办法，终于让他按照了我的意愿行事。在这一过程中，我并没有规定他应该怎么做，也没有对他的行为做出任何限制，又或者大肆勉励或指责他一番，让他被那些没有任何作用的功课所包围。除此之外，他还能够顺从我所说的任何话，在我一言不发的时候感到忧心忡忡。后者的原因，当然是由于他意识到自己是否做错了什么事情，以及自己从这些事情当中要经受的无可逃避的教训。但这并不是我们的当务之急，我们现在最要紧的事情是再次来谈论我们的主题。

那么，人在经过这种大自然单独指导不断地训练之后，会出现怎样的情况呢？答案就是，他的体格得到了增强，思想仍然和原来一样的敏锐，并且还拥有了一种独特的理解能力。这种能力最容易在幼年时期形成，但对于任何年龄段的人来说也都是不可或缺的。经过这种锻炼，我们了解了我们的身体和周围事物的关系，学会了如何对我们的体力加以利用，并且掌握了如何使用适合于我们器官的方法。如果一个孩子一直是由母亲在房间里带大的，那么他是不了解重量和阻力为何物的。他甚至会愚蠢地想要去拔掉一棵大树，或者是想搬开一块巨石。我曾经有过一系列愚蠢的行为：在首次离开日内瓦时想和一匹奔跑的骏马赛跑；用石头去扔萨勒夫山，这座山离我两公里远。当时，村里的孩子也都取笑我，因为在他们眼里，我是一个非常愚蠢的人。对于杠杆，我是直到十八岁才从物理学中对它有所了解的。但是在操作杠杆的事情上，相较于法兰西最杰出的机械师，十二岁的农家孩子都要比他们更加娴熟。你在课堂上给小学生讲的东西，还不如他们校园里彼此间交流学习的知识好，甚至还要差许多。

我们不妨来观察一下一只猫首次闯入一间房子的做法。它无疑会这样做：仔细地观察一番四周的情况，将身边的气味用鼻子嗅一遍，在把一切情况都充分了解后，才会放心去做事情。并且，这些步骤的完成都是非常迅速的。对于一个刚学走路的孩子而言，当他第一次在世界上行走时，他也会采取同样的做法。两者的不同之处只在于：尽管在探查的时候都要用到视觉，但孩子还多出了大自然赋予他的一双手，而猫所多出来的大自然赋予它的工具是敏锐的嗅觉。孩子将来是否变得心灵手巧，是否能够拥有活泼的个性，以及在做事情的时候是否小心谨慎，就在于这种能力的培养。

人一开始研究的东西，可以说是一门用来维持自身生存的实验物理学。其原因在于，人一开始的自然运动就是对周围事物的观察，以及对视线所及的所有东西，自己能够感知的性质和自身关系的探求。因此，在孩子还没有充分了解自己在这个世界上是一个怎样的存在时，你没有必要让他去研究一些没有实际意义的理论，而把这种物理学放在一边。此时的他，娇嫩而灵巧的器官能够自动适应一切接触到的物体，感官因此没有受到幻觉的侵袭而非常纯洁。它们要承担的固有的任务，这个时候正是加以锻炼的大好时机，事物同我们之间可以为我们感知到的关系，此时也最便于加以学习。感性的理解，是人最开始所具有的理解，因为当时一切进入人脑的事物，都是通过人的感官而进入的。也正是因为有了这种感性的理解，才有了后来的理智的理解。因此，我们的手、脚以及眼睛，可以说是我们最初的哲学老师。将这些东西抛弃，用书本取而代之，只会起到一种作用：教会我们对别人的思考成果加以利用；坚定不移地相信别人的话，而非通过自己的努力去得到答案。

必须要先拥有从事一门职业的工具之后，一个人才能从事好这门职业。而这些工具还必须有着很好的使用性能，因此只有这样才能有效地利用它们。所以，我们就必须对我们的四肢、感觉和各种器官加以锻炼，因为我们的智慧就是通过它们得以体现的。如此，我们就必须拥有能够使用这些工具的强壮身体，以使得我们能把这些工具充分运用起来。因此，最荒谬的说法莫过于：人类的真正理解力和身体无关。相反，只有具备了强健的身体，人的思想才能保持敏锐和正确性。

到了这里，有些人或许会认为我的行为非常可笑，为了证明在童年时期闲置那样长一段时间的好处，我竟然费了这么多的笔墨。有人或许会这样告诉我："只要你自己用批判的眼光反过来看，就可以发现有趣的功课都是没有学习的必要的。完全没有必要在这些能够自行理解的功课上花费时间和精力。一个十二岁的孩子，他完全知道你想要他学习一些什么，并且也能够学会老师教给他的东西。"

但我不得不说，你们完全搞错了。我要教给我学生的，是一项艺术，这项艺术必须要经过很长一段时间才能够学会。至于你们的学生，我可以保证他们无法学到这项艺术。这项艺术就是：保持自己的无知状态，因为任何人的真才实学都非常少。你们的做法是把各种学问教授给学生，这当然非常好。但是我采取的却是不同的做法，我只准备帮他们获得用来获得学问的工具。有这样一个故事，有一天，威尼斯商人向一位西班牙使臣极力地夸耀了一番圣马可教堂的珍宝。但这位使臣的做法是怎样的呢？他只是看了一眼桌子下面，然后对他们说："下面没有基础。"当我看到老师对自己的学问大肆夸耀时，每次都想对这位老师这样说。

那些对古人的生活方式有过研究的人，一定都会有一种认识：古人之所以会有那样的体力和智力，之所以会有不同于现代人的地方，就是因为他们得到了体育锻炼。这句话是蒙田①所说，我们从中可以看出，他对古人的生活方式的理解是入木三分的。同时我们也可以发现，对于这一问题，他从各个方面多次谈到过。在说到一个孩子的教育时，他有过这样的一番言论："必须要让他有结实的肌肉，只有这样他才能拥有一颗坚强的心；必须让他热爱劳动，只有这样他才可以忍受痛苦；同时还必须让他进行各种艰苦的体育锻炼，只有这样才能避免他将来被关节脱落、腹痛和疾病困扰。"在是否要对孩子的身体多进行锻炼的这一问题上，无论是聪明的洛克，还是值得尊敬的罗林，或者学富五车的弗勒里，以及迂腐不堪的德·克罗扎斯，他们都持有相同的看法，尽管他们在其他各方面持有的观点都各不相同。这一主张，可以说是他们所有主张中最正确的一个，同时也是最容易被人们忽视的。对于它的重要性，我已经进行了详细的阐述。我也会阐述其中的理由和方法，但因为在这方面洛克在书中所说的理由比我的更为高明，在阐述前我将先提出我对他的理由和方法的一些看法。

应该给正在发育的身体各部分穿上尽量宽大的衣服。严禁穿过小和紧紧贴住身体的衣服，或者是捆绑什么带子，这样会使得这些部分的活动和成长受到阻碍。法国风格的衣服是不适合给孩子们穿的，它们给成年人穿尚且已经不舒适并且不利于保持卫生，给孩子穿只会非常有害处。体液如果停止不动，就会让循环无法进行。如此一来，体液的性质就会发生改变。再者，休息的时间因为静坐得到大量增加，体液也会受到损害，容易产生坏血病。在我们这些人当中，患这种病的人已经一天多过一天，但对于古代的人而言，他们根本不知道这种病是怎么回事。究其原因，是因为古代的人穿衣和生活的方式，已经保证了他们免于遭受这种疾病的侵害。骑士服也是不适合的，它不仅不能减少不舒适的感觉，反而还会让这种感觉变得更加强烈。为什么这么说呢？因为这种服装虽然让孩子少捆了几根带子，但是却让他的全身被捆得更紧。让他们多穿袍子是最好的办法，尽量延长穿的时间。完成这一步后，可以拿非常宽大的衣服给他们穿。但是有一点尤其需要注意，这就是严禁用衣服去表

① 文艺复兴时期的法国作家，有《随笔集》三卷传世。——译注

现他们的身材，因为这样会对他们造成不良的影响。你想让他们提前成为一个大人，是造成他们身体和精神上出现缺陷的重要原因。

颜色有艳丽和暗淡的区别。孩子们无疑都非常喜欢艳丽的颜色，并且这样的颜色也和他们非常相配。这样一种自然的搭配，我不知道为什么人们在搭配颜色的问题上没有想到。当他们开始选择某种华丽的衣料，就代表着他们已经逐渐变得奢侈，逐渐更喜欢无理由的时尚。可以肯定地说，他们自身并不是这种爱好产生的罪魁祸首。教育受到衣服的选择和进行这种选择的动机的影响是巨大的，但是我却没有办法表述清楚。对于自己的孩子，一些只知道溺爱的母亲竟然同意以一些装饰作为奖励。此外，在要惩罚自己学生的时候，一些鼠目寸光的老师竟然也威胁要给他们穿粗布做的简陋的衣服。老师这样告诉他们："你如果不认真学习，不能够把自己的衣服保护好，我就要让你穿的衣服像一个农家孩子。"说这样的话，无疑是在非常明白地向他们表达一种意思："你身上所穿的衣服就是你的价值所在，因为人全都是靠衣服的。"如果这样教育青年人，当他们最终只看重装饰、只从外表去评判一个人，就没那么让人惊奇了。

那么，怎样才能让这样一个被宠坏了的孩子有所警醒呢？如果是我，就会采取如下做法：让他对穿华美的衣服产生一种不舒适的感觉，穿上这种衣服，他总是感到全身被紧紧地绑着，没有任何自由的空间。同时，我还会让他无法从穿华丽的衣服这一过程当中获得自由和快乐，具体的表现是：当他想和衣着朴素的孩子打成一片时，这些孩子就会四下走开。最后我将会致力于让他因为自己表面的华丽而感到非常苦恼，因为自己华美的衣服是那样严重地控制了自己，而把那些衣服看成是自己的阻碍物。如此一来，当他看到别人给准备给他穿华丽的衣服时，他就会感到非常恐慌，其程度甚至超过了身处最黑暗的地牢中所产生的恐惧感。一个孩子，只要我们的偏见还没有影响到他，让生活过得快乐和无所拘束一定是他首先产生的愿望。这个时候的他，眼里最宝贵的服饰也一定是最朴素和宽大的衣服，最让自己不受限制的衣服。

不同的人，对静和动的适应也各不相同。喜欢安静的人，应该要让他的身体免于受到空气变化的影响，因为他的体液流动是均匀的。相反地，如果一个人喜欢运动，那么应该要让他的身体习惯于空气的变化，因为他的身体在不断地受到动和静、热与冷的交替作用。所以，如果一个人喜欢待在家里，为了保证身体的温度总是不发生变化，应该让他始终都穿得非常暖和。而如果是经常走动的人，面临日晒雨淋、大部分时间都在户外活动的人，就应该让他经常穿得单薄。因为只有这样，这个人才会适应空气和温度的各种变化，从而始终处于一种舒适的状态。对于这两种人，我都要给他们一个劝告：不要按季节去变换衣服。在将来，我对爱弥儿也会采取同样的做法。但我也并不是说一定要他在夏天穿冬天的衣服，就像那些不动的人一样，我真正想表达的意思是：像劳动人民那样在冬天穿夏天的衣服。牛顿爵士活到了八十岁，但他在冬天穿夏天的衣服的习惯保持了一生。

尽量不要在孩子的头上戴那么多东西，哪怕是一样东西也不要戴，无论是在什么季节。古代埃及人就总是留着一个光头。至于波斯人为什么从前戴很厚的帽子，现在仍然缠着很厚的头巾，根据沙丹[1]的说法，完全是因为他们国家气候的需要。波斯人和埃及人的头，希罗多德[2]在一个战场上发现两者的区别非常大，这一点我在别的地方[3]已经谈到过。你必须要让你的孩子养成一种习惯，即无论是在什么季节，白天还是夜晚，都不让自己的头有任何附加物。因为只有这样，人才能拥有坚实而细密的头骨，从而让人的大脑能够免于受到伤害，并且还能够不受凉热和空气的影响。在夜晚的时候，你可以拿一种像巴斯克人笼头发用的网一样的镂空薄小帽给他戴，以保证他的清洁以及头发不凌乱。对于大多数母亲而言，我毫不怀疑她们会更加倾向于相信沙丹的话，从而对我的阐述并不那么在意。其原因当然是她们认为任何地方的气候都和波斯一样。但我想说的是，我并不准备把我的欧洲学生变成一个亚洲人。

我们给小孩穿的衣服通常都偏多，这一点尤其体现在给幼童的穿戴

---

[1] 法国旅行家。——译注
[2] 古希腊作家，有《历史》一书传世，其内容为他旅行中的所见所闻。——译注
[3] 《致达朗贝尔论戏剧书》。——原注

上。事实上，我们更应该让他能够经受住的不是炎热，而是寒冷。如果在很小的时候，他们就能够对寒冷很好地适应，即便以后碰到了极度寒冷的天气，就也能够应付如常。而如果不这样做，就会导致他们的皮肤变得苍白柔弱，从而变得很容易出汗，在经历极热天气的时候，他们的精力将无可避免地消耗殆尽。还有一点也值得一提，这就是：较之于其他月份，八月份孩子的死亡率要更高。除了这一点之外，能够经受住酷冷的北方人，通常要比能够经受住酷热的南方人更为强壮。但也要注意一点，即当孩子拥有越来越大的年龄，越来越健壮的肌肉时，就有必要让他们经常晒到太阳，并且随之不断增加晒太阳的强度。这样做的好处是，他们将来可以忍受住热带的酷暑而不危及生命。

洛克为我们提出了许多勇敢而合理的办法，但出乎我们意料的是，即便是严谨如他那样的思想家，也会说出相互矛盾的话。在对待孩子们的问题上，他固然主张让他们在夏天用冷水洗澡，但同时又反对让他们在发热的时候，喝凉水或者躺在冰冷潮湿的地方①。其中的矛盾之处是非常明显的：他既然希望孩子们经常穿湿乎乎的鞋子，就不应该又赞同在他们发热的时候应该让鞋子少沾水。他既然从手来对脚进行推论，从脸来对身体进行推论，我们就完全有理由从脚来思考身体。我会这样跟他说："你既然希望一个人全身都像脸那样健康，就不应该指责我希望他的全身像脚一样的健康。"

他说："为了避免让孩子在发热的时候喝水，应该要让他们养成一种习惯：在喝水之前先吃一块面包。"为什么要在孩子口渴的时候拿东西给他吃呢？这无疑是一种非常荒诞的做法。当他感到饥饿的时候，是不是又应该拿水给他喝？我们一开始的食欲就必须要这样混乱，从而使得我们不予以满足就会面临危险吗？如果这种说法正确，在还不懂得如何保护自己之前，人们已经毁灭过多次。

如果爱弥儿感到口渴，我就会让人拿水给他喝。这种水，必须是不

---

① 农村的孩子固然坐和睡觉都是选择干燥的地方，但是我还从来没有听说他们当中有谁因为潮湿的土地而生病。如果认为医生对这个问题的看法正确，那么原始人将不可避免地因为患关节炎而成为残废。——原注

含任何添加物的清水，甚至都不需要加热。无论是寒冬腊月还是酷暑天气，我都会采取这种做法。水的性质，是我唯一需要注意的问题。如果是让他喝河水，那么在取来的时候就应该立即给他喝，如果是给他喝泉水，那么这种水则要在空气中放置一段时间。因为，河水在夏天是热的，但是泉水因为没有和空气接触，能够让他喝的时间，必须是让它的温度和空气的温度相同的时候。冬天则应该采取相反的做法，因为在那个时候，河水比泉水更冷。但让人在冬天出汗则是一种不自然的做法，也是极其罕见的，尤其是在户外出汗。因为在冬天，汗水通常都因为冷空气对皮肤的不断侵袭被限制在了体内，毛孔没有办法把它自由地排泄出来。让爱弥儿冬天的时候在暖和的火炉旁边运动，这种做法我是不赞成的。在冬天的时候，我会让他去田野、去冰天雪地中去锻炼。当他因为团雪球和扔雪球而感到口渴的时候，我就让他喝水，喝完之后，我又会让他重新投入玩乐，完全不担心他害病。如果导致他出汗的原因是其他运动，我们就拿凉水给他喝，即便是在这样寒冷的大冬天。我们需要做的事情只是：把他缓步带到稍远的地方取水喝。这样做的目的是，让他通过这种缓步的过程受一些冷，等到达目的地的时候，他的身体已经非常凉快。如此一来，他就可以在没有任何危险的情况下喝水了。但我们同时也要注意，不能让他发现我们这种谨小慎微的预防办法。在有的时候，相较于让他老是担心自己的健康，我更愿意让他生一点小小的毛病。

由于孩子们很多的时候都在运动，因此应该让他们拥有尽量长的睡眠时间。这样一来，运动造成的消耗，就可以通过睡眠得到补偿。对孩子们而言，睡眠和运动无疑都是非常重要的。在夜晚休息，也是大自然定下的规律。有一个事实从来就没有改变过，这就是在太阳落下之后，在一切安静下来并且没有那么多阳光照射的时候，我们能够拥有更加好的睡眠。因此，于健康而言，养成一种日出而作，日落而息的习惯，好处是巨大的。从这一点也可以看出，相较于在夏天，在乡下生活的人和动物在冬天需要的睡眠时间更多。但是城市生活却是另外一番样子，较之于乡下生活，城市生活的单纯和自然的程度更低，更不能够做到那样免于受到事物的影响。城市生活的人们更难以像乡下人那样，有着固定的作息时间，并且也只能这样去做。人固然应该服从于法则，但是，在必要的时候，并且条件允许，打破法则也是一条更为重要的法则。所以，应该尽量避免在没有任何理由的情况下，让你的学生不受任何干扰地长睡下去，因为那样会损害他的体质。在一开始，你不要对他施加影响，应该让自然的法则引领他。但需要注意的是，应该让他在我们的环境下脱离这一法则的控制，这就是让他能够晚睡早起，能够猛地一下醒来，也能够站一个晚上也若无其事。只要我们尽早采取这种做法，并且逐步增加施行这种做法的时间，就可以让他的体质逐步适应所处的情况。

要是以后不怕睡不到那么好的床，就必须在一开始就养成能在不好的地方睡觉的习惯。整体而言，人的愉快感会因为已经适应艰苦生活而增加，但是会因为舒适的生活减少，甚至陷入无尽的烦恼之中。一个太柔弱的人，他能睡的只有软床，而一个睡惯了木板床的人，他无论走到哪里都能睡着。一个一躺下就能迅速进入睡眠的人，他也不会害怕睡硬床。

人如果睡的是一张柔软的床，就会如同陷进鸭绒被或者羽绒被当中。那样会让你的身体融入其中，不能自拔。如果将腰的部位弄得太过暖和，人容易发烧，容易引起结石或者其他病症，也会导致人的体质非常虚弱，变得孱弱爱生病。

让人睡能够更好地促进睡眠的床是可以的。我和爱弥儿在白天准备睡的就是这样的床。对于我们来说，要求波斯奴仆来给我们收拾床铺是不需要的，在种地的时候，我们已经整理好了被褥。

一个孩子，只要他拥有一个健康的身体，我们根据经验就可以知道，完全可以随时叫他睡或把他叫醒。当保姆对躺在床上不停吵闹的孩子感到不能忍受的时候，她就会告诉孩子："快睡觉。"这和在他生病的时候保姆对他讲的话是一样的："你赶快好起来！"让孩子入睡的最好办法莫过于：让他自己感到厌烦。你应该说大量的话，如果已经使得他无话可说，他很快就会入睡了。在各种训练的方法中，不停地说话这种训练办法也并非一无是处。相较于摇他的小床，不停地对他进行说教更加有效果。需要注意的是，这种麻痹他的方法只适合在夜间使用，在白天使用则万万不可。

在某些时候，我也会把爱弥儿叫醒。这样做的目的，当然不是害怕他贪睡，而是让他能够习惯一切，甚至习惯于被人突然叫醒。如果我无法做到什么话也不说就能让他自己醒来并且起床，那么就说明我这种老师并不合格。

如果他没有得到足够的睡眠，那么我就会采取如下办法：让他认识到自己所等待的是一个令人讨厌的清晨。这样一来，他就可以充分地利用能够用来睡眠的时间。反之，如果他的睡眠超过了限度，在他醒来的时候，我就会让他玩一件他喜欢的东西。如果我想要他在一个固定的时间醒过来，我就会告诉他："我准备在明天六点钟的时候去钓鱼，并且还要到某个地方去远足，你是否愿意去？"他答应了，并且要求我到时候叫醒他。那个时候，我就可以根据自己的意愿选择是否招呼他。如果他醒来的时间太迟，就会发现我已经出了门。因此，如果他不能迅速习惯于按时醒来，就会因此受到很大的损失。

如果一个孩子懒到了极点（这样的孩子是很少的），就不能任由这种倾向往下发展。如若不然，他将会变成一个迟钝无比的人。这个时候，我们应该多多鼓励他，从而让他能够及时认识到这一点。我们已经形成这样一种认识：问题的关键并不在于怎样强迫他活动，而在于应该让他产生某种欲望。如此，他就会有进行活动的意愿。如果我们能够很好地选择自然的秩序，这种欲望就可以让我们达到双重目的。

在我看来，只要我们运用的方法巧妙，就可以使孩子们对什么事情都产生兴趣，同时避免让他们变得攀比、嫉妒和浮而不实。更有甚者，他们还有可能热爱那件事情。要做到这一点是完全有可能的，因为他们拥有活泼的性情、模仿的心理，尤其是快乐的天性。但是，就是这样一个工具，直到今天仍然没有老师想到过加以利用。任何一个游戏，如果我们能让孩子们在做的时候相信这只是一场游戏，那么对于其中产生的痛苦，他就顺从甚至无比快乐地接受。否则的话，他们就可能因为感到痛苦而涕泪横流。对于野蛮人的孩子而言，挨打、挨饿、挨烫以及让身体极度疲劳反而是一件无比快乐的事情。从这一点就可以看出，痛苦就是一种调料，它可以让其中的苦痛消失。但是，如果你们因此而认为我所表达的意思是，让所有的教师都能够配制这种调料，让所有的学生在体验到这种痛苦时都表现得没有丝毫勉强，那就大错特错了。看吧，稍不留神，我就把话题引到了不相干的事情上。

一个人，如果不敢面对痛苦、疾病、无法预知的事件，以及危险和死亡，那么他就无法承受任何东西。因此，我们越是能让这些观念深入人心，那么存在于这个人心中的不安感觉就越能得到缓解。因为他的苦痛，就是由这种感觉产生的，他之所以没有忍受痛苦的耐心，也是因为这种感觉。像蒙田所说一样，我们越是经常让他遭受有可能遭受的痛苦，那么就越会对那些痛苦不以为然。而他的心灵，也会因为遭受到的痛苦变得更加坚强。他的身体就像一副盔甲，所有射向他的箭，都会被阻挡。这样一来，即便死亡已经悄然降临于他，他也会认为死亡也就是这个样子。于是，死亡和死就不再是同一个范畴了，即便说他不会死也并无不可。反正，于他而言，只能说他死了或是活着，绝不可能存在半死不活的状态。蒙田在谈到一个摩洛哥王子时曾说："在死之前，他比任何人都尽情地活过！"蒙田就是这样一个人。因此，幼年时期应该学习坚强这一美德，就像这一时期应该学习其他美德一样。同时也要注意，我们向孩子传授这种美德，并非只是让他们知道这种美德的名称，而是让他们在感受这一美德美妙的过程中去学习。

天花可以威胁到我们的学生，既然谈到了死亡，那么我们应该怎样对待这一问题呢？是在幼年时期给他种痘，还是让他自然而然地得天花？我们必须要找到这一问题的答案。如果这种威胁只是指经过妥善处置的种痘，那么第一个办法是比较可行的。这种办法可以让生命在不那么宝贵的情况下面临威胁，而非在珍贵的岁月当中面临危险。

让孩子在各个方面都由大自然按照自己的方法去照顾是第二个方法，这个方法和我们的总原则也更加相符。为什么在各个方面让大自然去照顾孩子呢？因为人如果施加作用，大自然就不会再按照自己的方法行事。让这位老师给孩子们种痘是最好的选择，因为相较于我们，它选择的时机更为准确，对于一个自然人而言，种痘在任何时候都是可以的。

但是，这样是不是就说种痘是不好的做法呢？并不是这样！因为我不让我的学生种痘，是根据他的情况来判断的，你的学生可能是另外一种情况。因此，如果你的教育方法用得不恰当，将有可能让他们难以逃脱天花的灾难。如果你让他们骤然患上天花，那么他们将可能因此而丧失掉性命。这样一来，我看到的现象就不难理解了：对于某些地方的人而言，他越是需要种痘，反而越是拒绝种痘。所以，我并没有阐述爱弥儿种痘问题的打算。他会根据时间、地点和情况来选择是否种痘，因此可以说，他是否选择种痘的性质都是一样的。我们可以对他采取两种做法，一种是人为地让他得天花，一种是让他自然地得天花。两种做法都各有其好处，前者可以让我们提前知道他会面临怎样的痛苦，后者可以使我们保障他免受看医生的痛苦。

　　富贵家庭通常都是选择最花钱的科目教给孩子学习，普通的科目他们是不屑一顾的，即使这个科目非常有用。若要问原因，这是由于他们教育的目的意在使受教育的人不同于众人。为什么在精心呵护下成长的年轻人都要学骑马呢？原因就在于这项教育是很耗费金钱的。但是他们之中会游泳的人却一个也没有，因为游泳是不花费一点钱财的。只是，一个工匠也能够拥有出色的游泳水平。即便对骑马的知识没有任何了解，一个旅行家也会骑马，甚至还可以骑着马奔跑起来。但是游泳这门技术就不同了，你如果不去加以学习，你就绝对游不了。何况，这两者还有一个差别：我们可以在艰难的处境中不骑马，但是却不能保证永远不遭遇危险。在以后的岁月里，像在陆地上过的生活一样，爱弥儿在水里也能过同样的生活。应该让他在任何环境下都能生活。如果一个人能够在空中飞翔，我就会让他化身成一只老鹰。同样，如果一个人能够经受住烈火的灼烧，我就会让他成为一条火蛇。

　　有些人存在一个担心：在学游泳的时候，孩子有可能被淹死。我想说的是，无论他是在学游泳的时候被淹死，还是因为没有学过游泳而被淹死，其罪责都在于你。为什么这样说？因为我们之所以做事莽撞，都是由于一时的自负，很难想象在没有任何旁观者的情况下我们也会只知道蛮干。爱弥儿就不会犯这种错误，他即便为全世界瞩目，也能够从容地做任何事情。在他父亲庄园的小河里，他将会练习横渡赫勒斯滂海峡^①，这些是很容易理解的，因为练习并不等于冒险。但是，也有必要经常让他遇到一些危险，以免他在遭遇危险是不知所措。我刚才谈到的学习，这一点是其中一个重要的组成部分。在我按照让自己得以生存的方法去制定让他生存的办法时，我也不担心他会粗心大意地执行。这是因为，在任何时候，我都是按照他的体力决定他所遇到的危险的程度的，并且许多危险都是我和他一起经历的。

一个小孩和一个大人，这个小孩可能没有大人那样高大，体力和智力也可能比不上这个大人，但是，这个小孩看东西的清晰程度却不一定比大人差，或者大致相当；在味觉方面，尽管他可能不像大人那样灵敏，那样贪图美味，但是也不一定会差到哪里去。本来，在所有的官能中，我们最先锻炼的应该是感官，因为它是最早成熟的。而实际情况是怎样的呢？人们最容易忽略的，并且也是唯一被遗忘的就是感官。

但也并不是说单单使用感官就是在锻炼感官。真正对感官加以锻炼，是指通过感官学会正确判断，即学会怎样去感受。原因何在？只有在经过学习后，我们才能掌握摸、看和听的技能。

有这样一些运动，它们的性质完全是自然的、机械的。这些运动可以让我们的体质得到增强，但是无益于我们进行判断。游泳、奔跑、跳跃、抽陀螺以及扔石头都属于这类运动。因此，这些运动仍然有一定意义。但是，由于我们并非只有四肢，还有眼睛和耳朵，并且这些器官也有助于手和脚的使用，我们除了锻炼体力之外，还应该对一切指挥体力的器官加以锻炼。测量、计算、称重和比较，这些技能我们都要学会。我们要将我们的体力很好地使用，就必须对阻力有所估计。无论在什么时候，我们决定怎样使用体力，必须先对它预期达到的效果有一个大概的了解。我们要让孩子明白：在使用体力的时候，使用的量必须大小适中。如果他在任何时候都能预先估计自己的动作可能达到的效果，并且能对错误根据自己的经验加以纠正，那么他活动的时间越长，便越能变得聪明。

---

① 即达达尼尔海峡，连接马尔马拉海和爱琴海，属于土耳其内海；长约61公里，宽约 1.3 ~ 7.5 千米。——译注

以将一块巨大的物体撬动为例，如果他用的是一个太长的棍子，那么就必然要使出巨大的力气，反之则力气不够。这个时候，他的经验就会告诉他应该选择多长的棍子。以他那样的年龄来说，拥有这种智慧是完全有可能的。再举一个例子：搬运笨重的物体。如果他完全凭着自己的意愿来决定要搬多重的东西，而你也不提醒他应该先尝试一下，他定然只会用眼睛去估计这样东西的重量。因此，如果他不学会比较，他是没有办法对有着质量相同但大小不同，或者有着相同大小但质量不同的东西加以比较的。我曾经见到一个青年人，他受到过很好的教育，他这样说：一个装满橡木刨花的桶和一个装满水的桶，我必须经过试验后才知道它们哪个轻哪个重。

我们身上的各种官能，并不是平均使用的。比如说触觉这种官能在我们清醒时就一直在起作用。它就像一个只知道工作的哨兵，每当一发现我们的身体可能受到伤害，它就会对我们提出警告。如果没有这种官能，我们是无法通过不断地运用它，并且不论我们愿意与否尽早获得信息的。也正是因为这一点，我们才不需要特别地训练它。众所周知，盲人因为丧失了视觉能力，只能从触觉去判断我们用视觉判断的事物，所以他们拥有更灵敏和更准确的触觉。所以，我们完全可以像他们那样，行走于黑暗当中，并且在黑暗当中辨别拿到的东西，以及周围的环境。简而言之就是，我们完全可以在不要灯光的黑暗中，去做盲人白天不用眼睛也能做的事情。如果有阳光的照射，我们固然比他们更强，但是在黑暗中我们就不如他们了。在我们的一生当中，视线无用武之地的时间几乎要占到一半。我们和瞎子的不同之处在于：他们知道怎样怎样去引导自己，而我们如果处在黑暗的夜晚，寸步也没有勇气迈出。或许有人这时就要说了："你完全可以点灯。"但是，你能够随时都有灯笼可用吗？又或者有谁向你承诺过总是会跟随你的左右？我反正是宁愿让爱弥儿的手指上长眼睛，也不愿意让他去卖蜡烛的地方买蜡烛的。

你如果做一个试验，在深夜的时候把自己关在一间屋子，然后拍手，那么你就可以根据回声对那间房子的大小，以及你是站在房子中央还是角落做出判断。如果离墙有半步的距离，你的脸上就会产生一种异样的感觉，因为这个时候四周的空气虽然没有分布得那样匀称，但是反射却更加容易。你在一个地方站定，然后原地旋转，根据一股微弱的风，你就会知道哪一方是门。你如果在船上坐着，船所行驶的方向，甚至在水上走得快还是慢，你完全可以根据迎面吹来的风做出判断。只有在夜晚的时候，我们才能获得这些经验或者许多相似的经验。白天是做不到这一点的，因为我们在白天见到的景象虽然也帮到了我们，但是我们的心思是被分散的。在这样的情况下，无论我们多么专心，也必然会遗忘掉这些经验。无论是手还是棍子，我们在这里都用不到。单单通过触觉，我们就能获得许多从视觉得来的知识，甚至不需要接触任何东西。

应该多在夜晚做游戏。从表面去看，其重要性虽然很难判断出来，但这一点却非常重要。人是害怕黑暗的，甚至动物在某些时候也害怕[1]。能够凭借自己的理智、判断、勇气和意志免于这种恐惧的，只有很少的一部分人。有一些辩论家、哲学家，以及在白天很勇敢的军人，我发现他们在夜晚的时候竟然与妇人别无二致，当树上掉下一片叶子，他们也会直打哆嗦。为什么会这样呢？有些人存在这样一种错误的看法：之所以会有这种恐惧感，是由于保姆讲的故事所导致的。但事实上，是一个自然的原因导致了这种恐惧的产生，这就是：不了解周围的事物和变化[2]。聋子之所以会猜疑，人们之所以会盲信，也是因为这一点。这并不难理解，我们既然平时习惯于从远处看东西，并且还要估量它带来

---

[1] 在日全食的时候，动物这种恐惧的情形最明显。——原注

[2] 也还有另外一个原因，对于这个原因，一位哲学家（他的著作常常被我引用，而我也经常受到他那出色的看法的启发）将它解释得很清楚。

因为特殊的情况，我们无法对距离做出估计，并且只能够根据角度的大小，或者更准确地说只能根据我们眼中物体所形成的形象来对它们进行判断，这个时候，我们必然会把这些物体的大小弄错。在夜晚旅行的时候，我想大家都曾经把身旁低矮的树木当成远处的参天大树，或者把远处的大树当成身边的树丛。所以，如果你无法根据物体的模样辨出它是什么东西，并且无法根据这个方法对它的距离做出预测，那么你弄错的概率就会更大。如果我们眼前飞过一只苍蝇，而它飞过时距离我们的眼睛仅仅相隔几个手指，我们一定会认为它是远处飞过的一只小鸟。另外一个事例，有一匹马在田里一动不动地站着，如果它采取山羊那样的站立方式，只要我们起先不知道它是一匹马，我们一定会认为它是一头肥胖的山羊。而当我们已经辨别出它是一匹马的时候，我们立即就会改变

的影响，当无法看清周围的事物时，自然就会认为自己可能受到数不清的人或事物产生变化的伤害，自然就会想办法保护自己。并且，我即便知道自己所处的地方没有任何危险也于事无补，因为要想让我相信这个地方真的安全，除非亲眼看见。这个时候我的潜在心理是：总是认为什么东西都非常可怕，只有在白天才不会这样。还有一点，我的身体既然被一个外物施加了影响，那么就一定有一些声音发出，所以我的耳朵总是时刻保持警醒的。只要有一点风吹草动，而我对它产生的原因又一无所知，自卫的心理就会促使我引起关注。我恐惧正是因为受到这些东西的影响。

我即便没有听到任何声音，也不会因此有任何放松的感觉，要知道，

（接上页）原来的看法，立即认为它确实有一匹马那么大。

我们在夜晚走路，如果走到一些很陌生的地方，而我们因为天色已经黑下来而无法判断它的距离，同时什么东西也看不清，这个时候，我们就很可能错误地判断出现在那里的东西。这也是几乎所有人都害怕黑夜的原因，也是许多人为什么会说自己见过鬼、见过庞大物体的原因。通常，我们会向他们解释说这些形象完全是他们想象出来的，就算他确实看到过他们嘴里说的曾经见到过的东西，并且肯定他们说的东西很可能真的存在。这是什么原因呢？其原因就在于：当我们要判断一个物体，但又只能够依靠它在我们眼里形成的角度进行判断，我们距离那个物体越近，那个物体体现出的形象就越高大。如果这个人一开始不知道他看见的是什么，并且也不知道自己是在多远的距离看到的，那么当这个东西突然出现在他眼里，如果这个东西只距离他二三十步远，它就会显得有几英尺高，如果距离几英尺远，那么它就只会显得有几英寸高。如果那个人不过去触摸一下那个东西，或者将它看清楚，就会始终处于恐惧状态。之所以会出现这种情况，是因为他在把那个东西弄清楚的那一刹那，那个巨大的物体会马上缩小，从而把真实大小展现出来。如果是另一种情况，那个人被吓得走开了，或者没有走过去的勇气，他就只会看到那个东西在他眼中的形象，如果看它的大小和样子，同样很庞大和吓人。所以，大家认为有鬼并非是空穴来风，而是自有其自然原因。至于鬼怪的幻象，也不像哲学家认为的那样，说完全是因为想象。（《博物学》第6卷第22页，12开本。）

对于它们只部分依赖想象的原因，我在正文当中已经尽量解释清楚。根据上面一段解释，我们可以得出一项认识：如果经常在夜晚走路，就能够学会怎样在黑暗中辨别各种东西因为形状的相似以及距离的不同而表现的各种样子。其原因是，如果一件东西距离我们越远，我们就越看不清那件东西，就算天空亮得能让我们看出各种东西的轮廓，但是毕竟中间还有空气阻隔。我们可以依靠自己的习惯，保证自己不出现本封先生在这里解释的错觉。我的这个方法，无论你怎样解释都是有效的，不仅如此，经验也已经证明它完全正确。——原注

别人完全可以悄无声息地对我予以突然袭击。在那个时候，我必然会以过去一些事物的情景为蓝本展开想象，想象这些景象一成不变。如此一来，我就一定会看到一些根本不存在的东西。像演戏一样，随着我一系列想象的进行，我会无法掌控它们。然后，我会想办法让自己平静下来，但越是这样心里越是惊慌。如果当时出现一点响声，我就会认为遭贼了。如果非常安静，我就会认为有幽灵出现在眼前。为了生存，我产生了一种警惕心理，但正是因为这种心理，我想到的才会都是一些可怕的事情。为了让自己保持平静，我竭力用理智去控制，但因为一种更强的本能的存在，这种努力完全是徒劳的。事实上，我们是完全没有必要去害怕它的，因为害怕也没有用，何况它根本不可怕。

要想开出医治疾病的药，就必须找到致病的原因。无论碰到任何事情，我们都会本能地让自己不进行联想，能让我们进行想象的，只有新的事物。事实上，让我们受到每天都见到的事物的影响并不是想象，而是记忆。俗语所说的"见怪不怪"就是这个道理。要知道，情绪只能靠想象去唤起。因此，当你要治疗一个害怕黑暗的人，最好的办法是把他带进黑暗的环境，而不需要对他讲一大堆道理。在所有的哲学论证中，这个办法是最有效果的。很难想象一个盖屋顶的工人会感到头晕。同样的道理，一个经常面临黑暗环境的人也不会害怕黑暗。

从这一点也可以看出，除了前面说的那个好处外，在夜晚做游戏又多了一个好处。但需要指出的是，必须要保证在做游戏时人是快乐的，因为只有这样，游戏才能成功。黑暗是最阴沉的东西，因此你万万不能把你的孩子关进地下室。最恰当的做法是：让他兴高采烈地走进黑暗，等到走出黑暗，他又能再次高兴起来。要让他在黑暗中玩了一通之后，又产生做其他游戏的意愿。如果能这样做，他就不会再有一些荒谬的想法了。

在每个人的生命中，都存在一个时期，当度过这段时间，人就会处于一种在前进的时候又想倒退的状态。这样的一个时期，我想自己已经度过。并且，我完全可以说，又有另外一次经历在等待着自己。我感觉自己已经到了成熟的年龄，在成年时期，我会回想自己幼年时的美好记忆。随着年龄的不断增加，我重新恢复了儿童之身，当到了三十岁，我回忆我十岁时经历的欲望反而更强烈。在这里，我援引了自己的例子，希望得到读者们的原谅，因为我必须怀着愉快的心情才能把这本书写好。

在乡下的时候，我曾寄宿在一个牧师的家里，他的名字叫做郎贝西埃。我有一个比我富裕的表兄，他也是我当时的一个伙伴。在大伙儿的眼里，他是他家名正言顺的继承人。而我的身份，只是一个远离父亲的落魄孤儿。贝纳特是我的大表兄，他的胆子非常地小，尤其是在晚上。他的这种胆怯，也被我一而再再而三地拿来开玩笑。这直接导致了郎贝西埃先生厌烦了我说的大话，想看看我究竟有多大的勇气。他在一个秋天的晚上交给了我教堂的钥匙，要我帮他把他放在讲坛上的《圣经》取回来。这一天的天色非常昏暗，为了让我产生雄心壮志并且不临阵退缩，他对我说了一番鼓励的话。

出发的时候，我并没有拿灯，因为拿灯可能情况更为不幸。墓园是一个必须要经过的地方。我在空旷的地方是不会感到害怕的，因此可以愉快而豪迈地走过去。

正准备开门的时候，几声哗啦啦的声音从圆屋顶上传了出来，听着像是人的声音。这时，我无所畏惧的心理开始发生动摇。门打开了，我准备进去。但是，我只走过几步距离就停了下来。想想吧，在一个如此宽广的地方，出现在我眼前的只有一片漆黑。我迅速被吓得汗毛倒立。我开始往后退，跨出了门，然后颤抖着逃跑。到了院子里，小狗戍尔唐出现在了我的视线中，我的心因为它的亲热开始平静下来。我觉得就这样逃跑实在丢面子，于是便产生了一个想法：带着戍尔唐重新去。但是，这条狗并不愿意和我同去。几乎是一瞬间，我跨过了大门走进教堂。但我刚进去又被惊吓到了，甚至达到了不知如何是好的地步。我清楚地知道讲坛在右边，但是因为没有看见却折向了左边。我寻找了差不多有半天时间，一路上不停地碰到凳子，最终连自己身处何处也弄不清了。因为大门和讲坛都无法找到，我的头立刻开始晕起来，现在想起来，我当时糟糕的样子简直无法形容。最终，我看见了大门，走出了教堂，然后又像上次那样逃跑。从此之后，我便决定不是白天绝不单独去那里。

我快马加鞭地赶回了房间。刚要进去，郎贝西埃先生的大笑声传了出来。他本来就要取笑我，这个我一早就知道。我开始认为就这样让别人看见会颜面尽失，于是踌躇着，不敢打开大门。郎贝西埃小姐的声音这时也传了出来，她表示非常担心我。随后，她让奴仆为自己拿来灯，郎贝西埃先生也准备和我那勇敢的表兄一起来找我。但他很快把这个光荣的任务全权交给了我的表兄。那一瞬间，我完全没有了害怕的心情，很担心在跑的时候被他们逮个正着。于是，我又飞一般跑回了教堂，并且准确无误地走到了讲坛。拿到《圣经》后，我往下一跃，几步就跳出了教堂，甚至连门都没关。我上气不接下气地回到屋里，把《圣经》扔到了桌子上。在这一次经历当中，我诚然也感到了惊恐，但是更多的是感到非常开心。我毕竟在他们派人来帮助我之前完成了任务。

有人或许因此就会有一个疑问，我说这个故事，是不是就是为了告诉大家应该去这样做，告诉大家我在这类锻炼中怎样地获得了快乐？完全不是这样！但是，我也希望通过这个故事告诉大家：安静地听隔壁房间人的谈笑声，是最能让人心平静气的方法。在晚上的时候，我希望大家不要独自一人和一个同学玩，而应该叫上许多的孩子一起玩。在这样做的时候，还应该避免把他们分别地派出，而是要让几个孩子成群结队地出去。如果你不能了解清楚一个孩子是否特别害怕，就不要轻易让他独自一人身处一个黑暗的环境。

这样一种只用一点小计谋就能够让人心甘情愿行事的游戏，我想是最有价值也最有趣的了。在一个大厅中，我用桌子、椅子、凳子和屏风布置了一个迷宫，它有着许多盘根错节的弯曲道路。在这些道路中，我放了八到十个一模一样的盒子，其中的一个装有糖果。我讲了几句话，意在对这些装糖果的盒子的所在地做一个说明，这个说明是足以让某个孩子找到这个盒子的，只要他不是那样的粗心①。做完这一切之后，我

---

① 你只能对他们说一些他们当时能够理解和能够激起他们巨大兴趣的事情，以便他们的注意力得到转移。除此之外，你还必须保证你不长篇大论，甚至不多说一句没有用的话，以及绝不能有语意含糊和话里有话的情况出现。——原注

会叫孩子们抽签，然后让他们一个一个地去寻找，直到找到那个盒子。当他们寻找的方法一次比一次熟练时，我也会让寻找那个盒子的难度相应增加。想象一下这样的场景：小小的赫拉克勒斯①远征回来，手里拿着一个盒子，面上带着不可一世的神气。他把盒子放在了桌上，然后小心谨慎地打开了它。当他们发现装在盒子里的只是一只小甲虫或蜗牛，又或者是一块煤、几个橡子②、一块芜菁③或者别的什么东西，而非他们期盼的糕点蜜饯，这个时候，我听到了一阵欢乐的笑声。

另外一次是这样的一件事情：我把几件玩具或小用具挂在了才粉刷过不久的房间的墙壁处，然后让他们去寻找。寻找的要求是：不能碰到墙壁。任何一个人，只要拿到一件东西之后就马上回来，让我检查他们的做法是否符合规则。只要他们弄白了帽子，或者是让白粉沾上了鞋子、衣边或袖子，就说明他们非常愚钝，不符合玩这个游戏的条件。我已经用了很多话来向大家阐明这种游戏的精神。但我想我还会讲得更多。只是我不能全部讲完，否则你就没有看这本书的必要了。

一个人如果得到了这种训练，他在夜晚一定比别人更占优势。在伸手不见五指的黑暗中，他可以自由地活动，因为他的脚已经习惯坚实地行走在黑暗中，他的手也可以毫不费力地摸出身边的事物。他将会对恐怖的东西看都懒得看一下，因为童年时期夜间游戏的情景已经充满了他的记忆。当一阵阵笑声传入他的耳朵，他只会认为有什么旧时的伙伴，而不是什么妖魔鬼怪。当他看见一群人，绝不会把这些人看成半夜的鬼怪，而只认为是聚集在老师房间的同学。黑夜将不会让他感到害怕，而只是唤醒了他愉快的回忆。更有甚者，莫说他不害怕黑夜，甚至还会喜欢上它。他在行军的时候将会始终整装以待，不论是独自一人还是与队伍同行。当他走进扫罗④的军营，能够在整个营房中间行走而不迷路。他会在不惊扰任何人的情况下走进国王的营帐，然后又悄无声息地回来。

---

① 希腊神话中的英雄之一，曾完成了十二项被誉为不可能完成的任务。——译注
② 橡树的果实，棕红色，外壳坚硬，含有丰富的淀粉，既可以食用，又可以用作纺织工业浆纱的原料。——译注
③ 一种蔬菜，两年生草本植物，又叫圆菜头或盘菜。——译注
④ 相传他是以色列犹太人进入王国时期的第一个国王。——译注

你如果想让他去偷雷苏士①的战马，你只管让他去。但如果不用这一种方法，你很难培养出一个尤利西斯②。

我曾经看到过这样一种情况，为了培养孩子能够不害怕黑夜的习惯，有些人用突然惊吓他们的方式加以训练。没有什么做法比这更糟糕了，因为它不仅不能够达到预期的目的，甚至还会让孩子更加胆小。当一个人对自己面临的危险一无所知时，他是没有办法安下心来的，无论是想通过理智还是习惯来做到这一点。因此，一个人如果经常受到惊吓，要想让他保持镇定是很困难的。如何让你的学生在碰到这类意外时能够从容应对呢？我认为最好的办法是，说我对爱弥儿说的一样的话。我会这样告诉爱弥儿："如果碰到这样的情况，你应该实行正当防卫。你要认识到，袭击你的人已经让你没有时间判断他是来害你还是吓你，并且你在当时也无法逃脱，因为他已经占据了优势。所以，如果夜里有什么东西攻击你，你就应该毫不犹豫地将其擒获，无论是人还是野兽。你应该竭尽全力把他掐紧，倘若他有攻击行为，你就应该不停地用拳脚招呼。在你无法确定他的身份之前，无论他有着怎样的言行举止，你都不应该轻易放手。当弄清事情的原委之后，你或许就这样认为：这也并没有那么可怕。如果你这样对待开你玩笑的人，他当然不敢再造次。"

无可否认，触觉是在我们所有感官中用的时间最长的一个，但较之于其他感觉，它所得出的判断不全面。原因在于，我们通常是把它和视觉一起加以运用，而眼睛又最先观察到物体。这样一来，要对它做出判断，根本不需要手，仅仅凭借心灵就能做出判断了。因为触觉的判断涉及的范围最小，这种判断也是最准确的。当我们用手触摸到某样东西，就能够纠正其他感觉的错误。因此就有这样一种事实：其他感觉虽然能在更广范围内感知事物的能力，但是感觉到某样事物的准确度却不如触觉。如果有必要，我们还可以把神经和肌肉的力量结合起来共同感知，通过温度、大小和形状对重量和硬度做出判断。也正是因为这些原因，在外界事物接触到我们的时候，较之于其他感觉，触觉获得的信息要更为准

---

① 古希腊神话中的勇士，特洛伊战争中的人物之一。——译注
② 古希腊神话中的勇士，特洛伊战争中的人物之一。——译注

确。这直接决定了我们使用它的频率更高，以及它最能为我们提供让生命得以生存的直接的知识。

我们都知道，声音在发音体中可以产生能够被感知的振动。既然如此，触觉就有可能在一定程度上代替听觉。如果我们在小提琴上放一只手，要想判断它发出的是低音还是高音，发出的声音是基音弦还是高音弦，只需要凭借音箱的震动就能够加以判断，根本不需要借助于眼睛或耳朵。只要我们对这种辨别差异的能力不断地加以锻炼，在经过很长一段时间之后，我毫不怀疑我们仅凭手指就能了解整个曲子。如果这个假设并非臆想，那么和聋子顺畅的交流将成为可能。因为，既然音调和节拍通过结合后能够像清音和浊音那样为人所感知，那么把它们作为语言的元素也并无不可。

触觉固然可以因为一些练习不断地变得迟钝，但是也可以因为另外一些练习不断地变得灵敏。前者会让触觉失去自然的感觉能力，因为在进行这种练习的时候，由于不断地被大量的动作和力量促使去感受坚硬的物体，皮肤就会变得粗糙，同时长满厚厚的茧。后者却可以让触觉获得一种能力，即在心灵注意到不断出现的印象时，判断这些印象产生的各种变化。在使用乐器的时候，这种不同之处就可以体现出来。比如说，当你使劲地抚弄小提琴、大提琴和低音提琴的弦的时候，你的手指固然会变得灵活无比，但是指尖也会变粗糙。大键琴柔和的指法可以说有两种作用：一是让手指变得非常灵活，一是让它们拥有更灵敏的感觉。所以，如果你要对这方面展开练习，最好选用大键琴。

让皮肤能够经受住空气的侵袭，能够适应空气的各种变化，也是一件十分重要的事情。因为，皮肤是身体其他各个部分的保护者。我反对任何总是用手去做一成不变的工作，这会让手变得僵硬不堪。我同样反对让手上的皮肤非常干枯，因为这样会让手无法再拥有敏锐的感觉。我们之所以能够分辨出手接触到的事物，能够在黑暗中经常改变接触的方法以获得各种感受，就是因为这种感觉的存在。

因此，要求学生在脚底下穿一块牛皮是没有必要的。在需要的时候，如果他的皮肤能够代替鞋底，是最好不过的事情。脚底的皮肤如果太娇嫩，无疑只会产生许多坏处。在隆冬的时候，日内瓦人被敌人惊醒，最先想找的不是他们的鞋子而是长枪。如果所有人都无法不穿鞋走路，那么日内瓦难保不会被敌人攻陷。

要让人拥有一种能力：在遇到任何意外事件时都能武装起来抵抗。无论是哪个季节，我都希望我的爱弥儿能每天早晨赤脚跑出房间，然后走下楼梯，在花园中奔跑而过。如果他能这样做，我不但不会怪罪于他，还会向他看齐。我只需要不让路上有玻璃。用不了多久，我将会谈到体力劳动。但目前最主要的任务，仍然是要让他学会有利于身体成长的步伐，以及能够用任何姿势稳稳地站立。此外，还应该让他学会跳远跳高、爬树翻墙；能够在任何情况下保持平衡；当对静力学还一无所知时，能够按平衡的法则对自己的所有动作和姿势进行调整。让他能够单单凭借脚站在地上的样子，以及身体和腿的姿势，就能够判断自己是否站得稳当。最赏心悦目的样子莫过于从容的举止以及稳如泰山的姿势。倘若我的身份是一名舞蹈家，我定然不会像马赛尔①那样，乱蹦乱跳地像个猴子。因为只有在适合表演的地方，那样的跳法才有用武之地。因此，我会严禁我的学生那样胡乱地扭动。此外，我还会把他带往一个悬崖，教授他如下的一些技能：怎样在岩石上站稳自己的身体并且抬起头；怎样向前运动；在蜿蜒曲折的小路上，怎样才能用手和脚轻松地行进；在上下坡的时候，怎样才能实现自由地跳跃。我要让他与山羊比赛，而非和舞蹈家较量。

触觉产生作用的范围，仅局限于一个人的周围。但视觉就不同了，即便是在很远的地方它仍然能够发生作用。然而，一个人一眼就能把地平线上半个圆圈内的东西尽收眼底这一点，也决定了视觉会经常出现错误。这是可以理解的，在某一个时刻的感觉和凭感觉做出的判断既然那

---

① 因为非常了解观众，巴黎著名的舞蹈家耍了许多荒谬的手段让人认为自己的艺术也出色。而实际的情况是，大家固然感到可笑，但是依然非常尊敬他们。采取这种做法的还有一种舞蹈，时至今日，仍然可以看到表演这种舞蹈的喜剧演员故意做作地做出一些夸张的东西，并且非常成功。如果用这个方法在法国表演，我相信一定有很多人去看。在法国，真实的艺术是没有出路的，因为真正的艺术不那么轻浮，而是比较朴实。在法国，朴实无华仅仅是傻瓜的专利。——原注

样多，完全可能产生一两个错误。视觉在我们的所有感觉中之所以容易发生错误，正是因为它发挥作用的范围太广。其他感觉也没有办法纠正它产生的错误，因为它总是第一个接触到物体。事实上，这种景物搭配的错觉也不可或缺，因为只有这样人才可以认识那样大的空间，并且对其中的各部分加以比较。要想看到远处的事物，没有假象是办不到的；要想对距离做出预测，或者更准确地说要让我们产生有距离的观念，就必须有大小和光度的层次。两棵同样大小的树，一棵距离我们一百步，另一棵距离我们只有十步，如果它们在我们视线当中的大小和清晰程度都别无二致，我们就会认为它们是并排的。我们看到的任何事物，如果它们的大小等同于真实尺寸，那么我们将不知道空间为何物。这个时候，我们就会有一个感觉：所有东西都好像紧挨着我们的眼睛。

物体在我们眼中形成的角度，是视觉在判断它们的大小和距离时的唯一标准。这个角度，是由许多因素综合形成的。因此，我们没有办法根据视觉区分出这许多原因特殊的某一个，如若不然，就会出现错误的判断。这一点就决定了一个事实：我们从这个视角看见一个物体小于另一个物体，我们没有办法一眼就把它们区分开来，因为它可能原本就要更小，或者是距离较远。

因此，必须采用和前面那个方法完全相反的做法。这就是进行双重的感觉，而非把感觉简化，以及把用这种感觉去验证那一种感觉变成一种常态，从而使视觉器官受制于触觉器官。换一种说法就是，对前一种器官出现的草率，用后一种器官所具有的稳重去克服。倘若不进行这种练习，我们就不能对高度、长度、距离和深度做出准确的估计。这也就是相较于我们，工程师、测量师、建筑师、泥水匠和画家的眼力更准确，对频率大小的估计更准确的缘故。如果这样做依然发生错误，那么这种错误就不是由视觉本身造成的了，而是对它运用的失当。与我们相比，这些人因为自身的职业获得了更特殊的经验。因此他们可以矫正视觉上的错误。

我们很容易就能让孩子去进行各种能够让身体得到运动，同时让身体不受束缚的活动。要让他们对测量、观察和估计距离产生兴趣，也有许多个办法可以实现。比如说：怎样把那棵樱桃树上的樱桃摘下来，它是那么的高，是否可以用梯子；怎样才能蹚过那边那条很宽的河流，是否可以把院子里的一块木板搭在上面过去；要把这个护城河里面的鱼钓上来，需要多长的钓丝；只用一根两英寸长的绳子，是否可以在这两棵树之间做一个秋千；有人建议我把另一栋房子的卧室设为二十五平方英尺，这样的大小是否足够我们用，它是否大于房子；我们已经十分饥饿，突然发现有两个村庄在那边，我们去哪个村庄吃饭更近？诸如此类的问题。

有一个非常懒惰的孩子，已经安排他以后进入军队了，他本来是应该练习跑步的，但他不愿意这样做，并且也不愿意进行其他练习。他的想法令我感到费解：以我这样的身份，是没有必要做任何事情和学习做任何事情的，我的高贵已经足以代替我的手脚，代替各种成绩。一个这样的绅士，要想把他训练成一名四肢敏捷的阿喀琉斯，即便有西隆①的妙法，也是很难做到的。再加上我们并不准备强迫他，做到这一点就更困难了。这就产生了一个问题：我既然不准备以自己的权威训诫他，也不准备让他做出什么承诺，或者是进行威胁，和他进行一番比赛，又或者把自己的本事在他面前展现一番，怎样才能一言不发地让他练习跑步？让自己先跑的方法无疑是很难奏效的，并且也不那么适合。还有一个问题也不得不面对，这就是怎样才能从这种练习总结出一些可能教育他的东西，以使得他能有机地调和自己的身体和心灵。以这个事例做阐述的人，也就是我是按如下的办法做的。

当和他下午去散步时，我偶尔会把两块他喜欢的点心放在衣袋里。散步的途中②我们会每个人吃一块，然后兴高采烈地回去。突然在某一天，他发现我居然有三块点心，对他来说，这种点心是多多益善的。于

---

① 阿喀琉斯的老师。——译注

② 我们此刻无疑是在乡下散步。对于孩子而言，无论是男孩还是女孩，在城市里喧闹的地方散步都是有害处的。如果让他们去那里，他们将会变得虚荣，有想向别人表现自己的想法。巴黎的美少年为什么那么傲慢和骄矜，为什么显得那么可笑，为什么到欧洲任何地方都被别人嘲笑和厌恶？就是因为他们经常出入于卢森堡、提勒里，尤其是王宫。——原注

是，为了能吃到那第三块点心，他三两口就吃完了自己的那块。但这时我却告诉他："我不会把它给你的，何况我自己也还想吃，唯一的可能是我们就一人吃一点。不过我还有一个想法，这就是叫那边的两个小孩过来赛跑，谁快给谁吃。"我叫了那两个小孩过来，并给他们看了点心，同时也向他们讲述我的办法。他们表示非常赞同。我把点心放在一块作为比赛终点的大石头上。定好了路线之后，我坐了下来观看。当信号发出后，几个孩子开始奔跑起来。最终，胜利的孩子获得了点心，当着那两个失败的孩子的面，他抓住点心就吃了起来。

点心的美味，毫无疑问是比不上这个游戏的趣味的。但在一开始的时候，这个游戏的效果并不明显。但我仍然保持着足够的耐心和信心，因为我知道一个道理：要想把孩子教育好，浪费一些时间是为了争取更多的时间。我们的散步仍然继续着。点心我也经常带，或者三块或者四块，更有甚者，我还会为赛跑的孩子准备一两块。我非常清楚，奖品的分量如果不够，争夺的人就不会那么有动力，必须要把一切办得非常得体，才能让获奖的人得到赞誉和欢迎。我尽量把路线定得更长，并且让几个孩子同时参加，其目的是为了让他们多跑以及更感兴趣。在比赛开始的时候，会有路过的人驻足观看，为了鼓励这些孩子，他们会鼓掌和叫喊喝彩。当看到我的爱弥儿就要赶上或者超过另一个孩子，这个时候我就会非常激动，并且起身大喊大叫。这样的一场比赛，在他的眼里无疑已经相当于一场奥林匹克运动会了。

有的时候，这些赛跑者也会运用计谋：他们会相互拉扯，或者弄得都摔跤，又或者弄一块石头挡住对方的去路。当出现这种情况时，我就会分开他们，然后让他们在不同的地方跑。至于这些地方到终点的距离，当然是完全相同的。我为什么要这样安排呢？你马上就会明白其中的缘由。因为，我正准备详细论述一下这件重大的事情。

由于经常看到别人吃点心，这位小骑士终于馋得无法忍受了。他终于意识到：跑步很厉害也并非一无是处。因为同样拥有双腿，他开始在暗地里去练习。对于这一切，我当然装作视而不见，我知道自己已经实现了目的。他终于假装问我要那块点心，这时的他已经认为自己足够厉害（我一早就看出了他有这种想法）。我当然不给他，但他仍然问我要。到了最后，他终于极其不耐烦地对我说："既然如此，你就把那块点心搁在石头上，然后定出路线。定好后让我参加比赛，看谁能吃得上。"这时我会笑着告诉他："非常好！很难想象一个骑士也会跑步，你终归无法得到想吃的东西，因为你会越跑越饿。"听到被人取笑，他非常愤怒，然后铆足劲跑起来。他在这个时候会更容易得到奖品，因为我会把他的路线定得很短，并且不让跑得最快的孩子参加。我想大家已经可以明白，当完成了这最开始的一步，后面让他继续参加赛跑就不那么困难了。在不久的将来，在没有我袒护的情况下，即便是很长的路线，他也可以轻而易举地地胜过其他孩子，因为他对这种练习已经非常感兴趣。

取得这个理想的结果后，一个我以前从没想到过的结果也会随之产生。当他还只有很少几次得到奖品，也会采取和其他孩子相同的做法，一个人独自享用。然而，当能够获得越来越多的胜利，他就会变得慷慨。这个时候的他，通常会和其他孩子把得到的点心共同分吃。通过这件事，对于道德，连我也有了更深一层的了解，并且对慷慨的原理也更加明白。

赛跑仍然继续着。但是我也做了一点改动，即在不同的地方设起跑点时，避免让他看见我所定的距离并不一样。这样做的目的，是为了让那个想要达到终点必须跑更多路的人居于劣势。但在这个时候，尽管我仍然让这个学生自由选择，但他对这点好处已经不屑一顾。他对距离的不以为意，直接决定了他挑选的路总是最平坦的。这使得我可以预先知道他选择哪条线路，从而决定是否让他获得点心。我原本是为了达到几个目的才采取这种做法的。于是，我竭力让他明白这一点，以便让他看出其中的不同之处。但让我没有想到的是，即便我投入全部精力，也无法让他明白自己受到了欺骗。个中原因，一是因为他玩起来太活泼了，尽管他在安静的时候是那样懒惰，二是因为他已经非常相信我。但是即便他愚钝得过分，我最终仍然让他明白了我在欺骗他。这时他开始怪我为什么要欺骗他？"你是没有理由抱怨的，"我告诉他，"奖品既然是由我拿出来的，我就有规定条件的资格。你要知道，我并没有强迫你来跑，也没有和你说过所有的路线是一样的。何况，你完全可以自己挑选，没有人不允许你挑选最短的路线。我非常纳闷，你为什么没有看出我在袒护你？你完全可以对不等的距离加以利用，但是你却只知道对这一点抱怨个不停。"话已经说得再清楚不过，而他，我想也已经非常明白：必须要仔细观察过后，才能进行选择。他起初是准备用脚步去测量的，但对于一个小孩而言，用脚步去量距离总是不那么准确。这一点，再加上我在那天又准备举行多次赛跑，就使得这种游戏变得让人心急如焚了，何况用赛跑的时间来测量路线未免太可惜。这种缓慢的方法注定为孩子们所不喜，因为他们有着活泼的性情。如此一来，他们就会想到应该好好练习用眼睛测量距离。这样，只花费了少量的精力，我就让他们产生了这种兴趣。我让他试验几个月，并且在过程中不断地纠正他测量的错误。当完成这种训练之后，他的眼睛几乎就成了一个目测仪。即便我随便在很远的地方放上一块点心，他也能用眼力准确地判断出距离，其准确的程度，已经相当于测量师用测链进行测量。

视觉有别于其他感觉的一个地方是它很难和心灵的判断分开。所以，要想熟练地观察形状和距离之间的关系，必须要花很长的时间学习观看，并且经常比较视觉和触觉之间的区别。即便是最厉害的眼睛，如果没有触觉以及前进的运动，也无法让我们明白自己所处的是怎样的一个空间。在蛤蜊的眼中，宇宙仅仅是很小的一个点。就算有人告诉它这个宇宙很大，它仍然不会改变这种看法。我们要想对某个物体做出准确的估计，只能通过行走、抚摸、计算和测量等途径实现。但是，总是用测量的方法也有其弊端，即导致感官依赖于仪器，从而丧失正确的感知能力。可是也不能让孩子们猛地一下就开始估计，而对测量方法弃之不用。正确的做法是：如果他们无法一次就比较出全部，就让他分开进行比较，以估量出的数字取代准确的数字。但需要注意的是，切不可让他们总是用手去测量，而是应该养成用眼睛测量的习惯。为了便于孩子们改正自己的错误，我认为可以实地地检验一遍他们最初的几次目测。这样一来，如果仍然有一些错误存在于视觉当中，他就能更好地改正错误，从而能够更好地进行判断。我们的脚步、伸直的两臂以及身躯，完全可以作为一种天然的尺度，它们几乎可以应用于任何地方。如果一个孩子想要对一座房子的高度进行估量，他的老师就是一把完美的尺子。如果他想估计出一个钟楼的高度，他完全可以用房屋加以比较。如果他要知道一条路的长度，只需要走上几个小时，然后进行计算。在做这些的时候，他已经不需要我们的帮助而能独立完成，这一点是最重要的。

一个物体，如果我们想要对它的大小和宽窄做出判断，就必须对它的形状有一个认识，甚至还需要描绘出它。原因何在？因为要想估计它距离的远近，就必须掌握描绘物体这项能力，而要想做到这一点，就必须遵从配景的法则。我也准备让我的这位学生学习这门艺术，因为孩子们都擅长模仿，并且想画一切视线所能及的东西。我并不是为了让他学习这门艺术而这样做的，而是为了让他能够正确的观察，并且能够拥有一双灵巧的手。整体而言，他是否懂得进行各种练习并不重要，唯一重要的是：让他能够灵巧地运用自己的心灵和眼睛，同时获得一些良好的身体习惯。这些习惯，我们必须要经过练习才能获得。我不愿意请这样一位教图画的老师来教他：只知道让他临摹一些仿造的东西，图画上怎样画，就叫他也怎样画。大自然才是我希望请来的老师，这样他就能以一切看到的东西作为描摹对象。我不愿意看到他只是在画纸上的图形，我希望他在画房子、树木、人的时候，都可以按照原物来进行。这样一来，他就会养成仔细观察物体的习惯，从而避免在画画的时候只是一成不变地临摹，转而根据实物来绘画。如果没有那样东西在眼前，我甚至不愿意让他根据记忆来描绘。我的做法是，让他对每次的观察进行描绘，以确保能够在心中留下准确的印象。这就可以避免事物真正的形象为一些荒谬的外在模样所取代，造成比例的观念以及对自然美的鉴赏能力的丧失。

如果他采用这种方法，我非常明白在很长的一段时间内，他所画的东西都会很不像，甚至可能混乱不堪。我也非常清楚，即便他画了很长一段时间，可能仍然没有办法像画家那样，把对象的轮廓和线条清晰地画出来，甚至连逼真的效果和图画的感觉也丧失殆尽。但是，他也可以通过这种练习有一个收获，这就是对动物、植物和其他各种物体的大小、模样的真正比例有所了解。如此一来，当他配景作画的时候，就能更加熟练和从容。以上所述的一切，就是我想达到的目的。我并不准备让他明白怎样描绘东西，而只是想让他对那些东西充分认识。他在画大门柱上莨苕①叶形的装饰画，只要他能够分辨出这种植物是莨苕，即便画得并不是那么好，我也会非常高兴。

我也会注意到，不能让我的学生在这个练习和别的练习当中，认为是自己一个人在玩。游戏当中的乐趣，我希望和他一起不断地分享，从而让他喜欢上这种练习。我希望我是他唯一的竞争者，并且不会阻碍到他。这样他就可以在练习的时候更有乐趣，从而使我们之间的关系更加融洽。和他开始时一样，我也会拿着铅笔，并且装作不会使用。我非常希望成为一个艾佩尔②，但发现画出来的东西无比低劣。于是，我开始画一个人。这个人和小孩子在墙上画的人别无二致：腿和胳膊各画一笔，画出来的是个指头，其粗细程度赛过胳膊。经过很长一段时间，我们都发现这件作品根本就是失真的。这些方面包括：有一条腿太粗了，并且粗的程度还各处不一；胳膊的长度，应该和身体保持一定的比例等等。如果按照这样的进度进行下去，我只会面临两种情形：要么和他并驾齐驱，要么稍快于他。这就可以使得他追上我没有那么困难，或许还有可能经常超过我。颜料和画笔我们都具备，这就让尝试描绘各种物品的色彩、样子和状态变为可能。我们蘸上颜色，然后开始绘图，想怎么画就怎么画，但在自由描绘的时候却依然在不断地观察自然。我们唯一画的对象，就是出现在大自然这位老师眼前的东西。

在以前，我们还担心房间没有装饰物，但是现在你看，一切都齐备了。为了避免别人乱动我们的图画，我们又为它们装上了框子，并且镶嵌了很好的玻璃。我们这样处置图画的时候，心中都不约而同地产生一个想法：不如自己的图画也这样放上去。为了能对作者的绘画进度一目了然，我们把这些画挂在了房间的四面墙上，并且每幅画都画了不下二十到三十次。我们画出来的房子，开始只是一个四方形，再简单不过，但是现在已经发生了改变：无论是正面、侧面、比例或者投影，都已经

---

① 一种一年或两年生草本植物，可入药，俗称天仙子。——译注
② 古希腊著名的画家。——译注

画得活灵活现。因为有这样的稳步提高，我们不断地画出了许多图画。这些图画都非常有趣，在别人眼里，它们或许只能让人感到惊异，但在我们看来，这些画却可以更好地让我们经常比赛。那些我们最初画的简单图画，为了让它们看起来更加漂亮，我们给它们安上了金光闪闪的边框。但越是后来的画，我们越只是给它们安上简单的黑框。这样做的原因在于：这些画的逼真度已经逐步提高，并且确实也已经非常好，它们本身的美决定了它们已经不需要其他装饰。何况，如果让边框分散人的注意力，图画就不再那样耀眼，而这无疑是一种损失。对于自己所作的画，无论是谁，我们两个人都希望用简朴的框子装饰。当一个人说要给另一个人的画装上金框子时，只能说明这幅画已经不能入这个人的眼。这样持续几天之后，在我们之间，金框子或许已经成为笑料。我们另一方面也希望，当大家在选择用什么框子来装饰自己的图画时，也用这种以图画的好坏来选择配框的方法来决定。

孩子们是无法理解几何学的，这一点我在前面已经说过。但我们之所以仍然这样做，完全是由于我们不具备正确的认识。我们没有认识到，他们和我们所用的方法并不相同，我们可以通过几何学培养推理能力，但他们通过几何学却只能培养观察能力。因此，我们教他们应该根据他们自己的方法来进行，而不是引用我们的方法。要知道，在学习几何学的时候，我们通常既把它当成一种推理，也把它当成一种想象。一项定理，如果已经被提出来，就应该想方设法对它进行论证。换种说法就是应该确定得出它的是哪一种已知定理，以及如何对在那种已知定理下得出的结论进行总结。

即便是最严谨的推理家，如果不具备创造的才能，在这样做的时候也立即会不知道怎么办。这就决定了论证的方法只是由他告诉我们的，而不是我们自己寻找到的，即老师不是在教我们推理，而是在代我们完成这一过程，他所做的只是练习一下我们的记忆力。

要想学会初等的几何学，只需要画一些很准确的图形，然后拼连或者重叠起它们，反复观察，再对它们的关系展开研究，根本不需要讲什么定义、命题或者论证的方法。我不会教爱弥儿几何学，甚至还会采取相反的做法：让他来教我几何学。我会把那些关系体现出来，但是发现的任务则交给他。他之所以能发现那些关系，当然是因为我在体现那些关系的时候，运用了他能够发现那些关系的方法。举个例子，在画圆周的时候，我会用一个线系住一根笔尖来画，而不是用圆规。当这种圆周完工以后，我会逐一比较它的半径。这样一来，爱弥儿就会讥笑我，然后告诉我：如果绷紧那根线，就不会画出半径不相等的圆。

如果我要量一个六十度的角，采取的做法将会是以这个角的顶点为中心画一个圆，而不是画一个弧形。为什么要这样做呢？因为对于孩子们而言，任何极其容易理解的含蓄做法都是不可取的。画好之后，我发现这个角的两条线之间的部分，是整个圆的六分之一。接着我又以这个角的顶点为中心画一个更大的圆，并且仍然发现弧形的比例占这个圆的六分之一。用同样的方法，我又画了第三个圆，并且重复了同样的过程。看到我竟然这样笨，爱弥儿惊呆了。于是他就会告诉我，无论大小，以这个角取得的每个弧形，都占所处圆形的六分之一，诸如此类的话。于是，我们就立即知道如何用圆规了。

为了证明三角形三角之和相当于两个直角，别人通常会先画一个圆，然后再进行论证。但我会采取相反的做法。我先把这一点在圆周内表现给爱弥儿看，然后告诉他，如果去掉圆周只留下这几条直线，这几个角的大小是否发生了改变等等。

大多数人作图是不怎么追求准确性的，而只会把精力集中在怎样对题目进行求证，他会假定这个图形很准确。我们采取的做法则恰好相反，对怎样求证没有那么在意，相反会很在意要把线画得笔直、匀称而准确，画圆和方都力求逼真。我们会从各个方面去检验图形画得是否准确，只要这些方面能够感觉得到；这就使得我们每天都有可能发现新的特征。我们会把一个圆按照直径对折，把一个正方形按照对角线对折，然后比较这两个图形哪一个折得更准确、更好。我们也有可能讨论平行四边形和不等边四边形是否也能够分得这么平均，以及其他的一些问题。

几何学在我的学生眼里，仅仅是一门如何使用尺子和圆规的艺术。我不会在它和图画之间画上等号，并且在他画图的时候，我会把这种两种器具拿开。最好是用一把锁锁住它们，从而让他无法轻易用到。为了不让他拥有乱画的机会，即便让他用也不能用太长时间。在两个人散步的时候带上所画的图画是可以的，这样彼此就可以谈论应该怎样画或者如何画得更好。

有这样一件我永远无法忘记的事情。在都灵，我看到过一个年轻人。在还是幼年的时候，他的老师每天都会拿出有着各种形状的奶油薄饼，然后要求他挑出其中边长相等的薄饼。他的老师希望通过这样的做法，让他明白周长和面存在怎样的关系。于是，为了多吃几口饼，这个小馋鬼就精细地研究了一番阿基米德①的艺术。

让小孩子玩羽毛球，可以让他看东西的准确度得到锻炼，还能让他的手打得更稳。而如果是让他抽陀螺，固然可以让他的力气得到提升，但是无法让他学到知识。有的时候，我会这样问别人："你为什么不让你的孩子玩大人玩的需要技巧的游戏，比如说网球、台球、槌球以及足球？"他们的回答是："他们还不具备玩这些游戏的体力。"或者是另外一种回答："他们的五官和四肢发育还没有完全。"在我看来，这些理由都不恰当。如果认为这些理由正确，就好比是在说一个身高不及大人的孩子不能穿大人的衣服。事实上，我也仅仅是要让他们在窗户被东西挡起来的大厅里玩，先只给他们软球玩，然后循序渐进给他们木拍子、皮拍子，然后玩用肠线绷的拍子。我完全无意让他们在一个三英尺高的台子上，拿我们玩的大棍子去打弹子，无意让他们到我们的运动室里去打台球，以及要求他们用小手去使用网球拍。你的这两个理由无疑都是错误的。你或许会认为，最好让他们玩羽毛球，因为羽毛球不会那么容易让人疲劳，玩起来也没那么容易受伤。但我想说的是，你的这个看法是错误的，因为羽毛球是妇女玩的东西，当见到皮球滚向自己，所有的妇女都会避之唯恐不及。这取决于她们白嫩的皮肤很难经受住摩擦，她们必须保证自己的脸不受到伤害。但是身为男子的我们却不同。从一出生开始，我们就是奔着让自己强壮的目的而去的。如果不经历这些苦楚，就没有办法成为那样的人。一个人，如果没有受到过任何打击，很难想

① 古希腊哲学家、科学家、数学家、物理学家。——译注

象他会拥有抵抗打击的能力。即使再笨的人，如果只是那样绵弱地玩，也不可能出现任何意外。谁都不可能因为掉下一个羽毛球而被砸伤。在用手去保护自己的头时，我们的手就会因为这种锻炼而变得非常灵活。我们的眼睛之所以能够看得那样准确和明白，也是因为受到了这种保护行为的锻炼。有这样一些游戏，它们让人在大厅里不断跳跃，与此同时判断在空中的球将会落向何处，在判断准确后，再用力准确地将球击打出去。这类游戏虽然不宜大人来玩，但是用来培养小孩的本领是完全可以的。

人们或许会说，这个孩子的筋骨太娇弱。但是，他的筋骨虽然差，并不代表他不灵活，他的胳膊虽然缺乏力量，但终归是一条胳膊。因此，对于这样的孩子，应该也要锻炼他们的器官，不过在锻炼的时候，应该要比较其他器官进行。人们可能会说，孩子掌握的技巧还太少。但是，我们之所以要让他们学习一些技巧，不就是因为他们缺乏技巧吗？一个大人如果和他们一样，也没有经过很多锻炼，那么相较于他们，这个大人动作的灵巧程度并不见得更高。我们要想知道怎样运用自己的器官，唯一的办法是充分使用这些器官。我们要想把自身的能力充分发挥出来，只能从长期的经验中去学习。而以上的经验，恰恰是我们真正应该学习的。要学，就应该越早越好。

可以教他们一切我们能做的事情。一个敏捷的孩子，做起事来手脚肯定和大人一样灵活，这一点我想谁都知道。他们所表演的那些金鸡独立、双手走路以及花样跳绳，我想我们也都在集市上有看过。把观众吸引到意大利喜剧院去看自己的芭蕾舞的儿童剧团，这些年不可谓不多。大名鼎鼎的尼克里尼哑剧团，在意大利和德国可以说没有人不知道。但即便如此，也没有谁说过那些儿童的动作不如成年舞蹈家熟练，他们的姿势不如成年舞蹈家优美，耳朵也没有那样灵敏，舞蹈的柔和程度也略逊一筹。那些儿童粗短的手指尽管没有那样灵巧，手也过于肥大，拿什么东西也晃晃悠悠的，但这并不会导致其中的一些人无法写字和画图。我敢这样说，别人在他这般大的时候，甚至还不知道如何拿笔。有一个英国女孩子，虽然年龄只有十岁，但是弹钢琴的本事却非常出色①。这件事情，我想巴黎的所有人现在仍然没有忘记。我曾在一个市长家里见到过这样一种景象：在用过餐并且吃过茶点之后，这位市长让一名非常俊俏的八岁大的男孩在桌子上演奏大提琴。他像雕像一样站在桌子中央，大提琴几乎和他等高，但即便如此，他仍然能够进行美妙的演奏，演奏出的乐曲甚至让提琴家吃惊。

上述这些事例，以及其他的一些例子，我认为都证明了一点：我们认为孩子们因为愚钝且缺乏力气而不适合做我们所做的运动，是没有任何根据的。倘若你们还没有看见过他们做成功这些运动，只能证明你们从没想过让他们这样做。

有些人或许就会说了："你在这里谈到儿童的身体时，又犯了一种错误，即你在谈到儿童的心灵时，曾经反对过过早的培养。"但我想说的是，这两种讲法并不相同，其原因在于：它们虽然都可以称之为一种进步，但一种是知识表面的，一种却是真正的进步。有一个结论已经被我证实：从表面来看，孩子们似乎有想法，事实上其实没有，反过来却不同，从表面看他们能做的事情，他们是有能力做到的。我们还不得不始终保持一种认识：尽管这一切都是游戏，并且也许只能是游戏，但也是大自然要求孩子们能够自由舒展身体的办法。只有通过这种办法，才能让孩子们的玩乐变成一门充满趣味的艺术，从而让他们心甘情愿地进行这种玩乐，而不至于认为是在忍受一种痛苦。为什么要这样认为？因为如果我们没有能力让他们认为游戏是在教育人，就不能够让他们认为游戏是一种享受。此外，就算我们没办法做到这一点也没有关系。因为，只要他们能够愉快地玩耍，不至于让身体受到伤害，并且也打发了时间，并不一定要求他们在各方面都取得进步。如果你们一定要求他们学习各方面的知识，只能让他们认为自己受到了束缚，从而产生怨恨和烦恼的心理。

我们经常使用的最重要的两种器官，我曾就怎样锻炼它们说过一番话。我们怎样对其他器官锻炼，这番话也同样适用。无论是静止还是运

① 她之后，有一个七岁的男孩比她弹得更好。——原注

动的物体，视觉和触觉对它们都能起到同样的作用。但如果世间所有的事物都静止不动，会让我们永远处于一片静寂之中，要知道，我们的听觉是靠空气的振荡而触发的，能发出声音的只有运动的物体。只有在心情愉悦的情况下，我们才愿意在夜间活动。这也就说明，我们是害怕所有运动着的物体的。这就对我们提出了一项要求：要有非常灵敏的耳朵，能够仅仅从声音就判断出发声物体的大小和远近，以及它振动的强弱程度。我们之所以能够多次听到一种声音，认为发声体不在它本来的地方而在其他地方，是因为振动的空气一般会被反射，而一反射就会产生回声。如果身处一片平原或一个山谷，只要我们把耳朵贴紧地面，较之于我们站立的时候，能听到更远的脚步声和马蹄声。

我们已经把视觉和触觉比较了一番，似乎也应该比较一番视觉同听觉的关系，这样做就可以了解产生于同一物体的这两种印象，最先到达接受印象的器官是哪一种。当大炮的火光出现在我们的眼前，我们或许还可以躲避。但是，如果我们已经听到了爆炸声，我们要躲避或许就为时已晚。其原因在于，这时的炮弹可能已经到了我们的眼前。这些经验，你无疑应该让孩子们充分了解。此外，你还必须要让他们以自己的能力去获得这些经验，并且根据这些经验得出其他经验。当然，对于我而言，我并不希望你去告诉他们这些经验，而是希望他们永远对这些经验一无所知。

我们身上有一个器官和听觉器官是相对应的，这就是发声器官。但对相于视觉器官而言，我们身上却没有一个相对应的器官。声音可以反复出现，颜色却不能。当然，我们也有办法培养听觉器官，这就是让主动器官和被动器官相互锻炼。

说话、唱歌和哀伤的声音，是人身上具备的三种声音，它们也可以分别称为音节清晰的声音、有旋律的声音和嘹亮的声音。哀伤的声音是情感的体现，人的歌声和话语之所以会那样充满生气，就是因为有情感的存在。这三种声音小孩也同样具备，但他们也一样不知道如何结合这三种声音。和我们一样，他们也具备欢笑和哭泣、喟叹、喊叫以及哀号的能力，但又不知道如何改变这些声音，以配合另外两种声音。只有能完美结合这三种声音的音乐，才能称之为好的音乐。但孩子们没有表现这种音乐的能力，因此他们的歌声并不具备情感。他们说话的声音并没有声调。与这一点相同，他们喊叫的声音也是模糊的，音量也没那么高亢。我们学生讲的话还要更乏味。因为情感还处于隐藏阶段，他还不能把想表达的情感和语言很好地结合起来。让他们去背诵剧本的台词也是没有必要的，无论是悲剧还是喜剧。在我看来，甚至不应该让他去接受某些人的建议——朗读。即便他有再卓越的大脑，也无法把自己一点也不了解的事情讲得绘声绘色，也无法把自己完全陌生的情感热情洋溢地抒发出来。

在教他说话的时候，应该遵循一些原则：运用清晰而匀称的声调，发出的音节不能模糊不清，吐字不能够装模作样而要干脆准确；发音遵从语法规定的重音和韵律进行，其声音大小要能够让人听得清楚，但要切忌超过限度（这个缺点在公立学校受到教育的学生普遍都有）。必须要知道，任何事情都不能超过限度。

教他唱歌也应该遵循同样的原则，即发出的声音要稳且准，同时还具备柔美和嘹亮的特点。此外，还必须要让他拥有一对能分辨出节拍和音韵的耳朵。事实上，需要他做到的也仅仅只有这些。以他那样的年岁，还不需要唱拟声音乐和舞台音乐。并且，如果可能，歌词我甚至也不希望他唱。同他的年纪相符，并且歌词像他思想一样简单的音乐，才是他应该唱的。

有些人存在这样的一个看法：我既然教他认字没那么着急，那么教他识谱也不需要那么着急。这是正确的，我们不应该让他的大脑因为过度劳累而受到损害，也不能火急火燎地让他在那些刻板的符号上倾注全部精力。我不否认，像不认识字也能说话一样，不识谱的人也能唱歌，只是做到这一点不那么容易。但它们仍然有不同之处：说话是表达自己的思想，而唱歌是表达别人的思想。这就要求你必须认识谱，否则就不能很好地表达。

但我们也必须认识到，即使我们对乐谱完全陌生，也可以听出是什么音乐，较之于用眼睛去学音乐，我们用耳朵听音乐还要更加准确。除了这些，我们还要认识到，仅仅会唱是无法很好地理解音乐的，要想理解好音乐，必须还要有作曲的能力；要想对音乐非常在行，这两方面的学习必须要双管齐下。你们可以这样去教你们的小音乐家：在一开始，拿一些非常通顺并且念起来非常流利的句子让他练习。然后，你再给这些句子加上一些音调，最后再把这些句子不同的关系用正确的音符标出来。想要达到这一目的，仅仅需要合理地选择一下音调和休止的时间。但切忌把歌写得非常怪异，也不能把忧伤的词句蕴含在其中。一般说来，一段曲调要称得上优美，必须具备朴实和容易唱的特点，并且起唱的总是主弦音，低音也要表达得非常清晰。只有这样的音调，听起来才不困难，才更容易让人唱出来。所以，以大键琴伴奏演唱，是训练嗓音和耳朵的最好方法。

在发音的时候，必须吐音清晰，才能够把音发得更好。正是由于这一点，我们才采用一些表示音节的字音来唱歌。必须把音阶以及它们固定的间隔定出名称，才可以把音阶区别开来。正因如此，才会有标明琴键的字母和标示音阶的音符，以及各种不同的音程。两个始终不变的音——A 和 C，发出它们的键固定的，但 ut 和 la 两个音却有着不同的情况：发出 ut 音的，可以是大调的主音，也可以是小调的中音；发出 la 音的，可以是小调的主音，也可以是大调的第六音。这就表明：我们乐谱中各关系之间固定的间隔，是由字母表示的，而不同音调相似关系的相似间隔，由音节表示；表示键盘上的键的是字母，表示调式的音阶的是音节。但这些区别在法国的音乐家那里就不那么清晰了，在他们那里，音节和字母的意思完全是混用的。他们进行了一项画蛇添足的工作：在琴键上使用双重符号。如此才导致了表示音弦的符号没有安放之地。而造成的不良影响则是：他们认为 ut 和 C 是同一种东西。这是于理不合的，因为如果它们是同一种东西，那么 C 就丧失了价值。他们的字音唱歌法也非常难以掌握。不仅如此，这种歌唱方法也不具备任何作用。原因在于：如果采用这种歌唱方法，ut 和 mi 两个音节就拥有了能够同时表示大小三度以及增减三度的能力，这样一来，我们的内心便不能获得一个准确的概念。我非常诧异，为什么正是在这个产生了许多优秀音乐著作的国度，学习音乐反而更困难。

在教学生音乐的问题上，我们应该采用最简明的办法。这种方法就是：只教他学两种调式关系始终不变的调式，并且代表它们的音节也保持不变。除此之外，还要让他在唱歌和弹奏乐器的时候，以十二个音当中的一个音作为调子的基音，以及按照不同的调式，在转调到 D 调、C调、G 调和其他音调时，以 ut 或 la 作为结尾。你想要让他明白的东西，他只有这样做了才能真正理解。只有这样做，他才能明白，心中必须要反复想到调式的主要关系，才能唱得或弹得准确，才能有完美的演唱和快速的进步。法国人嘴里的"自然唱谱法"可以说是一种极不靠谱的学音乐的方法。这种方法，不仅会让事物的真实概念无法体现，而且还会导致产生许多让人费解的荒诞概念。学习音乐最自然的方法，只有改变调式的"变调法"。关于音乐问题，以上陈述已经不少。在遵循把教音乐作为一项娱乐的前提下，你可以用任何方法来进行。

在上文，对于我们的身体和外界物体的重量、形状、大小、距离、温度、颜色、硬度以及静止还是运动之间的关系，我们已经了解得非常清楚。为了让我们不受到阻碍或者伤害，我们已经知道能接近的物体有哪些，应该远离的物体有哪些。然而，我们的体力是在不断降低的，这就需要我们对它不断地予以补充，因此仅仅知道这些还远远不够。尽管我们可以把其他物质变为我们自身的物质，但仍然需要对物质有所选择。这决定于人并不能吃所有食物，因为个人体质、居住的地方、性情以及职业不同造成的生活方式的不同。因此，一个人只能吃适合自己的食物。

在选择食物的问题上，如果我们一定要等到具备了分辨和选择的能力之后再开始，那么我们只能等着被饿死或毒死。可以感受到的生存的乐趣，已经被最善良的造物主变为保存生命的工具。通过它，我们可以根据我们的胃选择应该吃哪些食物。食欲，可以说是一个人在自然状态下最称职的医生。只要他按照自己的食欲来选择想吃哪些食物，这些食物对他的健康一定是最有好处的。

造物主为我们提供的食物，既有为了满足它赋予我们的需求的一部分，也有为了满足我们自身产生的需求的一部分。我们的口味之所以会不断随着我们生活方式的改变而改变，就是因为它经常使我们的欲望适应需求。我们同自然的状态距离越远，我们的口味便越会缺少自然性。说得更恰当就是：我们的第二天性将成为习惯，这种习惯将会逐步取缔第一天性。

从这一点可以看出，一种口味越是自然，也就会越简单。原因在于，想要改变这种口味最容易。但如果这种口味经常受到奇怪味道的刺激，当它最终定型之后，想要改变就没有那么容易了。在还没有形成一个固定地方的口味时，一个人很容易就能适应任何其他地方的口味，反之，他就做不到这一点。

在我看来，这一点就感觉来说是正确的，尤其是从味觉这一感觉上来看。奶，可以说是我们的第一种食物。但对于这种味道强烈的食物，我们的适应过程也是逐渐的，在一开始，它并不受我们的喜爱。蔬菜、水果、草以及烤熟的牛肉，虽然没有调料也没有盐，但在原始人眼里却已经是美味佳肴①。酒这种饮料，一个原始人如果是第一次喝，一定会紧蹙双眉，然后把它吐出来。就算是我们这些人，如果有谁到二十岁时仍然没有喝过发酵过的饮料，也定然再无法养成喝酒的习惯。因此，如果我们在幼年的时候没有别人给我们酒喝，我们或许一生都不会喝酒。食物口味越是简单，喜欢的人就越多，那些色香味俱全的食物，反而是人们讨厌的。没有人会不喜欢水和面包，这是自然造就的一种现象，也是我们认可的一种规律。因此，对于孩子们来说，我们应该让他原始的口味尽量保留。我们应该拿一些最简单和最常见的食物给他吃，从而让他的嘴经常和一些清淡的味道接触，以保证他不过分喜欢浓重的口味。

只是在此处，我并不打算讨论这种生活方式是否对健康更有益。对它的研究，我不是从这个角度出发的。我想做的只是证明这种方式是最可行、最自然、最容易和其他方式相适应的一种生活方式。有一种看法认为，应该拿孩子们长大后才吃的食物给他们吃，以让其逐渐习惯这类

---

① 参见伯桑尼阿斯的《世外桃源》以及本书第 176 页援引的普鲁塔克的一段文章。——原注

食物。但在我的眼里，这完全是一种荒谬的观点。孩子们既然在不同的时期有不同的生活方式，就没有道理一直吃相同的食物。成人之所以需要吃种类丰盛的食物，完全是因为他们的工作太耗费精力，以及脑力的消耗非常巨大，需要这些食物来为大脑补充能量。经常蹦跳的小孩子不同，因为他们正处于长身体的时期，需要的应该是营养丰富的食物，因为这类食物能够产生许多乳糜。况且，成年人和小孩还有不同的地方：成年人的社会地位、职业和家庭已经固定，但是小孩将来的命运却还是一个未知数。这就要求我们不能让他在任何事情上墨守成规，从而导致在将来改变的时候要花费九牛二虎之力。同时，也要避免让他养成不随时有一个法国厨师就活不了的习惯，以免使得在不久的将来，他只说法国人做的食物最好吃。好吧，我这种夸张的讲法只是在说笑，真实的情况刚好相反，最懂得吃的人，我认为只有法国人。因为要想满足自己的胃，他们做的食物必须要经过一种特殊的方法处理。

味觉是我们各种感觉当中对自身影响最大的一种。我们关心哪些食物更有益于我们的身体，之所以要超过关心我们身边的环境，也是因为这一原因。被我们摸到、看到或听到之后不以为意的东西，可以说有成百上千，但还从来没有一样东西，在我们尝到之后仍然无动于衷。味觉对想象的依赖也是最小的，因为它的活动涉及的几乎清一色的是肉体和物质。最起码也可以说，味觉是我们所有感觉当中最不需要想象发挥作用的一种。它不同于模仿和想象，后两者通常使得其感觉夹杂精神的成分。一个人如果心肠柔软或爱好情色，性格急躁或生性敏感，他整体而言受感觉的影响是最深的，但同时也最不重视味觉体验。初看这一点，似乎会得出结论：相比于其他感觉，味觉是最不重要的，贪图味觉享受的人最低劣。但我从这一点得出的结论却不同。在我看来，通过饮食来教育孩子是抚养孩子最理想的方法。与其拥有虚荣心，倒不如拥有贪吃的心理。因为贪吃的心理只是一个自然的欲望，它直接决定于感觉。而虚荣心则来自于风俗，决定它的是人的各种轻佻行为和不良习惯。贪吃的欲望是不能和其他欲念相提并论的，因为它只是幼年时期的一种欲念，当有其他的欲念与它相冲突，它就会消失得无影无踪。我说的这番话，请诸位读者一定要相信。只需要经过很短的一段时间，孩子对吃花费的心思就不会再有那么多。当许许多多的事情困扰着他的时候，他就会无暇考虑吃的问题。等到他长大成人，他贪吃的心理就会被许多其他的欲念所取代，这些欲念可以让他滋长虚荣心。在各种欲念当中，虚荣心可以说是唯一能够依靠其他欲念滋长的欲念。到最后，它却可以吞掉其他的一切欲念。对那些喜欢吃美食的人，我曾展开过一番研究。研究的结论是：这些人每天眼睛一睁开，考虑的问题就是今天吃些什么。在描述自己所吃的一顿饭的时候，其详细程度甚至超过波利比①对一场战争的描述。这些所谓的成人，在我看来不过是一些四十岁的儿童，因为结实的身板和充盈的体力都不具备，他们只能算是一种浪费大地资源的人。只有不具备坚强意志的人，才会养成贪吃的恶习。一个只想让自己的味蕾得到满足的人，是愚钝而没有能力的。他所在意的只有自己的一张嘴，只有在饭桌上，他才拥有自己的一席之地，并且能做的只有品评食物。品评食物这一工作，我们应该毫不犹豫地交给他去办。因为让他来做这件事情是最为适当的，对他和我们都有好处。

只有目光短浅的人，才会担心一个有出息的孩子沾染上贪吃的恶习。在还很小的时候，吃无疑是我们人生的一个主题。但到了少年时期这种情形就发生了变化。少年时期的我们，已经认为一切食物都非常可口，况且等着我们去做的还有许多事情。贪吃只是一个非常原始的想法，我不希望它被愚蠢地借题发挥。同时，我也不希望美味佳肴被用来鼓励良好的行为。童年既然是或者只能是玩乐和嬉戏的一段时期，那么单纯的身体锻炼就有理由获得适当的物资补偿。马略卡岛上的一个小孩，看到有一个篮子挂在树上，如果他用石弓打下了这个篮子，完全可以因此而得到奖励，完全可以用一顿美味的早餐来弥补完成这一工作所耗费的精力②。一个年轻的斯巴达人，悄悄地去厨房偷了一只活蹦乱跳的狐狸，他很可能因此而挨一百皮鞭的惩罚。他把这只狐狸藏在衣服里带出厨

---

① 古希腊历史学家和哲学家。——译注
② 这样一个习惯，马略卡岛上的人已经几个世纪没有拥有了。这是他们在还流行石弓的时候的事情。——原注

房，并且还被狐狸抓咬而鲜血淋漓，但因为不想被家人抓现行而丢脸，自始至终都不发一言，脸色如常，那么他完全有理由任意支配自己虏获来的东西，在被狐狸咬了之后吃掉它。但是要注意，不能把获得美食当成达到一个目标的奖励。爱弥儿绝不会认为，我放在石头上的那块点心是为跑得最快的人准备的奖品，他只会认为，只有比别人先到达那块石头，才能获得那块点心。

初一看，这似乎和我刚才讲的菜肴要怎样简单的一番话相矛盾。但实际上不是这样，因为想让孩子们有更好的食欲，关键不在于怎样刺激他们的食欲，而在于满足他们的食欲。只要我们不让他有挑食的习惯，那么即使是最普通的食物也能满足他的食欲。随着身体的成长，他的胃口会保持在一个很好的水平。这完全可以作为一种调料，只要有了这种调料，其他调料已经可有可无。如果要带许多孩子出去，只要水果和乳制品齐全，同时还有较之于面包更好一些的糕点，特别是拥有能够很好制作这些食物的配方，那么无论把他们带到多远的地方，这些孩子都不会偏好吃口味浓厚的食物，味觉也不会变得迟钝。

人并非一出生就喜欢吃肉，孩子们并不那么喜爱肉食，若要说到证明，他们更爱吃蔬菜类的食物就是明证。因此，万不可把他们这种原始的口味改变，让他们变得喜欢吃肉。这样做不仅于他们的健康无害，而且还会有助于他们获得一个良好的性情。谁都没有办法否认，无论在哪个地方，喜欢吃肉的人要比其他人更为凶狠、残暴。谁都知道①，英国人是最富有侵略性的，但高卢人②却最温和③。所有的原始人都非常酷虐，但这并不是因为他们有这样的性情，而是因为食物的影响。他们以打猎

---

① 但没有人不知道，对于自己的善良和良好的天性，英国人自己是大说特说的。他们夸耀自己脾气非常好，但得到的反应又是怎样的呢？他们只是自顾自地叫了一阵，并没有人回应他们。——原注

② 泛指生活在法国、比利时、意大利北部、荷兰南部、瑞士西部和德国莱茵河西岸的居民。——译注

③ 同高卢人相比，巴尼亚人更加严格地戒吃任何肉类，但他们又都是温和的人种。但巴尼亚人崇拜的东西并没有那样合乎情理，因为他们的道德并不那么纯洁。因此，他们也并没有那样诚实。——原注

看待打仗，以熊来看待人。在英国，屠夫和外科大夫就不能当作证人①。一些大的歹徒之所以拥有一颗冷酷的心，就是因为他们不仅要杀人，而且还会杀了人之后喝血。在荷马的笔下，食肉的独眼巨人是非常吓人的，但以忘忧树的果子为食的人却非常可爱。无论是谁，只要接触到后者，就会忘记自己的家乡，而只想和他们一起生活。

普鲁塔克说："你问我毕达哥拉斯为何不吃兽类的肉？那么我问你，一个人把打死的兽类的肉放到嘴边，把那奄奄一息的动物的骨头用牙齿咬碎，在有已死的动物摆在眼前的情况下吃那些死尸，吞下刚刚还活蹦乱跳、东张西望、不断吼叫的动物的肢体，需要多大的勇气？毫无疑问，他在用手往一个有知觉的生物的心脏插进一块铁器时，是非常痛苦的。在眼睁睁看着一场残杀，看着陷入绝望的动物流血、皮毛被剥落、四肢被瓜分以及那些颤动的肉时是不忍心的。他会非常厌恶那些动物的气味，在清除它们伤口上的污秽以及把上面的污血洗净时，也会感到讨厌和害怕。

地上跳跃着剥落的皮，
悲鸣的肉在火上烧烤着，
吃肉的人在颤抖，
这些肉在他们的腹中悲泣、控诉。

"这样的情景，在他头一回违背自然做出这样一顿恐怖的食物时，一定会出现在他的心里。这样的感受，当他要把那些还在吃草的动物吃掉，或者要求别人杀死那只正在舔着他手的羔羊，并且切成一片片烹煮的时候，也一定会出现在他的心里。那些拒绝食用这种食物的人并不让我们感到害怕，我们真正害怕的，是那些最先享用这种极端残酷的食物的人。或许最先享用这种食物的人的野蛮还情有可原，但是我们只能

---

① 我在这里本来说了一段嘲讽的话，但是被本书的其中一个英译者删掉了，还有两位译者对我的话有改动。事实上，屠夫和外科大夫是可以当证人的，屠夫仅仅是在审理刑事案件的时候不能当陪审，但是外科大夫可以。——原注

说我们要比他们还野蛮得多，因为他们那些能被原谅的理由，我们并不具备。

"吃这种食物的野蛮人可以向我们倾诉："比较一下我们当时情况和你现在的情况吧，为神所钟爱的人！然后，你就能发现自己多么幸福，而我们的命运多么悲惨！我们所处的环境，季节还无法号令新形成的土地以及烟雾弥漫的空气。河水也没有固定的流向，以至于把堤坝也冲毁，地上四分之三的土地都是池沼、湖泊和大沼泽，而贫瘠的树木和丛林则占据了剩下的四分之一，也没可口的果实生长在地上。我们不知道种地的方法，同时也缺乏种地的工具，而不播种的人是不可能有收获的。因此，饥饿可以说时刻都包围着我们。苔藓和树皮，是我们冬天吃得最多的食物。在我们的眼里，慈姑和石楠树的绿根已经是最好的食物。每当我们找到榉子、胡桃和橡子，就会无比高兴，围着一棵橡树或榉树唱着通俗易懂的歌曲，翩翩起舞，并且还会给大地一项称呼——养育我们的母亲。在我们的一生当中，除了这个时候充满了节日的欢乐，其他任何时候都是充满艰难困苦的。

"当我们无法再从贫瘠的土地获得丝毫东西，为了生存，我们只能违背自然，用我们那不幸的同伴果腹。这是没有办法的，因为我们若不这样做，所有人都会死亡。但是你们这些残忍者的情况并不相同，没有人逼着你们去剥夺别人的生命。你们身边有着富饶的生存资源，大地为你们产出了数不清的果实，还有无数的牛羊用自己的奶来帮助你们生长，用自己的皮毛做衣服给你们。那么，你们还想拥有什么？我不明白，你们已经吃也有，穿也有，为什么还那么残暴，去杀那么多的人？我不明白，你们为什么责备我们的大地母亲欺骗了你，没有给你们食物？我不明白，你们为什么要对创立神圣法则的塞丽丝[1]，对安慰人类的人——直爽的巴克斯[2]极尽侮辱。让人类得以生存，难道他们丰饶的馈赠还不够？如果已经够了，你们为什么还要把他们甘甜可口的果实和那些骨头搬上自己的餐桌？为什么在喝奶的同时还要喝产这些奶的动物的血液？那些被

---

① 希腊神话中掌管五谷的神。——译注

② 希腊神话中的酒神和植物之神。——译注

你们称为猛兽的狮子和豹子，它们只是为了保存自己的生命，凭借自己的本能去伤害其他动物。但是你们呢？你们在违背自己的本能，剥夺其他动物的生命不是为了需要，而是为了享受，你们比它们凶猛多了！那些被你们当作食物的动物，它们并不吃其他动物。但是你们却不吃食肉的动物，不仅不吃，你们还要效仿它们。你们所吃的，只是那些温顺的没有任何罪过的牲畜。它们不仅没有给任何人造成伤害，而且还总是陪伴在你们左右。它们辛勤地为你们工作，但得到的结果却是葬于你们之腹。

"你们是与自然背道而驰的刽子手。如果你一定坚持认为，大自然造就你的目的，就是为了让你去吃掉自己的同类，让你吃掉和你一样骨肉齐备的鲜活生命，那么你不妨干脆这样做：彻底丢掉你对大自然里让你感到害怕的食物的恐惧，亲自去结束那些动物的生命。这并不是让你用刀斧去杀那些动物，而是采取和狮子以及熊一样的做法，把它们的皮用你的指甲撕下来，用嘴把一头牛咬成碎块，把手指插入它们的皮毛，在一只羊羔的肉还冒着热气的时候，就把它吃下去，并且一同吃掉它的血液和灵魂。但这个时候你却瑟瑟发抖了，没有勇气用牙齿去咬那尚在颤动的新鲜的肉，你真是一个可鄙的人！你让那个动物死了两次：先剥夺了它的生命，然后吃了它的皮肉。但是因为你厌恶死肉，你的肠胃也不能接受，你觉得这样做还不够。于是，你用火烹煮和煎烤它，用药材改变它的样子，让它的味道变得更可口。这样做你仍然不满意，你还要求屠夫、厨工和烤肉的师傅帮你消除自己在它身上留下的，令人害怕的痕迹，要求他们烹调那丧失生机的躯体，以求让烹调的技术消除味觉对那些奇特味道的厌恶，从而使你能够有声有色地品尝那样狰狞的尸体。"

这段话无关乎我论述的问题，但我还是决定把它抄录下来，我相信读者也会认同我的这一做法。

你只要已经让孩子习惯吃最常见和最简单的食物，对他们的摄食量就可以完全放任，无论你要求孩子采用哪种摄取食物的方法；你尽管让孩子去玩耍，无论他采取哪种玩耍的方式。他们绝对不会摄取过量的食物，也不会有消化不良的问题。但如果你让他们一半的时间都在饥肠辘辘的状态，并且还有办法逃离你的看管，那结果就非常糟糕了：为了把自己的损失尽量补回来，他们会发狠地吃东西，直到有想吐的感觉，直到把自己吃撑。造成我们吃东西太多的缘故，完全是因为我们没有以自然的法则来对待食欲。我们自己吃的东西，经常被我们任意地增加或减少，但这项增加或减少的工作，又是由我们的手来完成的，衡量增加或减少的量的多少，也并没有取决于我们的胃而是我们的估计。我经常会举出一些自己看到的事例。农民家的菜柜和果箱经常都不关，但家里的大人或孩子都不会有消化方面的问题。

如果有一个孩子非常贪吃（假如采用了我的办法，我认为这种情况并不会出现），那么只需要让他玩一些自己钟爱的游戏。在游戏的过程中，他贪吃的想法就会被分散。而他营养不良的情况，也会在这一过程中不知不觉地被消除。但几乎所有的老师，都没有想到这样一个有效而容易的方法，这让我感到非常迷惑。希罗多德曾描绘了一番吕底亚①人极度缺乏食物时的情景。在极度饥饿的情况下，那些人发明一些游戏和其他的娱乐方式来让自己感觉不到饥饿，从而能够一整天都想起不吃饭②。这段记载，可能被你们这些博学的老师多次看过，但你们就是没有想到把它应用到孩子身上。你们有些人或许会告诉我："一个孩子不会在没有被约束的情况下离开餐桌去学习功课。"老师们，你说得非常对，但是我说的并不是他们的功课，而是他们的游戏。

同视觉先于触觉一样，嗅觉也是先于味觉的。味觉要知道一样东西将对自己造成的影响，从而能告诉我们应该寻找或躲避哪样东西，都是通过嗅觉达到目的的。有一种说法：较之于我们的嗅觉感受，原始人的嗅觉感受完全不同。这种说法我是很相信的。气味本身只能给人很轻微

---

① 吕底亚，小亚细亚中西部的一个古老国家，濒临爱琴海，位于今天土耳其西北部。——译注

② 古代历史学家描述的事实，可能并不正确，但是也并非一无是处：我们可以借用他们的许多观点。对于历史，我们都是不善于利用的人。大家关注最多的也是那些引经据典的批评。我们似乎抱有这样的想法：如果那件事不是真的，我们就无法从中得出有益的经验。而在明白事理的人眼里，历史仅仅是一些非常适合人心理的寓言。——原注

的感觉，与其说它触动了人的感官，不如说它唤醒了人的想象力。人对通过它而闻到的气味的感受，远远不如对通过它品尝到的味道的感受。如果这种说法正确，当一个人因为生活方式拥有的味觉和别人不同，那么对味道的判断也会不同。如此一来，这个人对表现味道的气味的判断也完全不同。一个鞑靼人嗅到一匹死马身上一块臭烘烘的肉所产生的感受，和猎人在闻到一只腐烂了一半的松鸡时的感受是一样的。

那些忙于走路和虽然没有那么多工作但没有空闲时间的人，并不会在意那些细微带花香的东西。同样的道理，经常忍饥挨饿的人也不会对与食物无关的香味感兴趣。

嗅觉是一种想象的东西。它之所以能使大脑处于一种兴奋状态，是因为它能够强烈地刺激神经。这也是我们一开始会感到兴奋，然后这种兴奋又会慢慢减弱直至完全消失的原因。在我们的各种爱好当中，嗅觉起到的作用是非常显著的。不同于人们的想象，化妆室里的香味作用其实是巨大的。一个聪明但感觉不敏锐的人，他竟然对情人胸前佩戴的花的香味无动于衷。对此，我不知道是应该称赞还是应该叹惋。

在童年时期，想象力因为还没有受到欲念的刺激，所以不那么容易受到情绪的影响。嗅觉在童年时期之所以不能够活动得太过分，原因就在这里。何况，在这一时期，我们还缺少由一种感觉的印象知道另一种感觉的足够经验。我们是经过研究而得出这一事实的。就大多数孩子而言，他们的嗅觉是非常迟钝的，甚至接近于没有。这倒不是因为孩子们没有大人那么灵敏的嗅觉，而是因为他们的思想和嗅到的气味不产生关联。他们不像我们一样，嗅觉轻易就能被一种快乐或痛苦的感觉影响，从而产生相应的感觉。如果我们能够研究自己的身体，我毫不怀疑我们能够发现女子感受气味的能力要强于男子，这甚至不需要解剖两者的身体进行比较。

有人曾认为：从青年时期开始，加拿大的原始人就已经通过训练拥有了非常灵敏的嗅觉。这让他们可以在打猎的时候，即便有猎狗也能不用，因为他们具备和猎狗同样的本领。因此，对于我们的孩子，如果我们能够让他们像猎狗分辨饮食那样分辨自己的食物，那么我认为他们的嗅觉无疑也可以和猎狗一样灵敏。只是这其中也有一个前提，那就是这样做必须是为了让他明白嗅觉和味觉的关系。但这所有的关系，大自然已经认识到应该让我们注意：为了让味觉和嗅觉器官的活动相互联系，大自然把嗅觉器官和味觉器官安排在了一起；为了让我们在品尝到某种味道的时候，也能够同样闻到相应的气味，大自然为嗅觉器官和味觉器官在口中安置了连接的通道。这种自然的关系，我希望大家不要为了哄骗一个孩子而去轻易改变，例如，用借助香甜的东西来让药物显得不那么苦。你是没有办法瞒住他的，因为这两种感觉是相违背的，其中强烈的那种感觉，终将会取代另一种感觉，他吃药也因此变得更加艰难。这样一来，他所有的感官将都会感受到难吃的味道。从此之后，只要他稍微接触到这种味道，就会联想到别的什么感觉，从而使他连可口的香甜味道也觉得难吃。这就造成了这样一种局面：由于我们采取的办法并不周全，因此削弱了我们愉快的感觉，反而让不愉快的感觉得到增长。

对第六感的培养，将是我在后面要论述到的东西。我以"共同的感觉"来称呼这一感觉。这样命名，并非是因为这种感觉所有人都有，而是因为它产生于其他感觉完美的配合当中，以及能够通过结合事物的外表而让我们明白事物的实质。所以，这个感觉只在人的大脑里存在，并没有一个独立的器官，并且是一种内在的东西。我们可以用"看法"或"认识"来命名它。这种感觉是多是少，决定了我们知识范围的广狭。它是具体缜密，还是模糊粗放，决定了那个人思想的对和错。我们说人的智力，就是通过比较这种观念得出来的。我们说一个人看问题太感性或者太孩子气，也就是说这个人是以一种简单的观念在组合集中感觉。反之，我们说一个人能够理性地看问题或者像一个大人，也就是说这个人能够复杂地看待几个简单的观念。

我们假设这样一种情况成立：我的方法是一种自然的方法，在应用的过程中，也能始终不出现错误。这样一来，我们就已经带着自己的学生跃出各种感觉的范围，进入了理解的阶段。从这一刻开始，我们走出的每一步都已经是成人的步伐。但我们要先把才走过不久的地方回顾一番,再进入那个新的领域。不同年龄段,有着不同的完善程度与之相适应,即有着特定的成熟时期。"成人"这一说法,对我们来说已经司空见惯。现在让我们来对"成熟的孩子"展开讨论。我们或许还不至于厌恶这样的一个人,因为它毕竟是新鲜的。

生命是非常虚无而短暂的,这让我们不得不感动于它当前的情景。我们经常给真实的东西披上幻想的外衣。其原因是我们如果不用想象力为那些触动我们感官的事物添加光彩,便无法为我们从其中得到的乐趣找到存在的价值。如果是一种这样的情况,我们得到的仅仅是感觉器官上的享受,心灵依然是毫无温度的。到了秋天的时候,我们尽管能够观赏大地由各种宝物呈现出来的美丽景色,但不能够说获得了感动,因为欣赏只来自于人的思想,与人的情感并没有关系。但到了春天,尽管田野里空无一物,树林也不产生投影,草地上长出来的都是一些刚冒头的叶子,我们的情感却能够被这一切唤起。眼见大地再次恢复生机,我们的生命似乎苏醒过来。因为身边的一切,我们感觉是那么快乐。我们的眼角充满了欢乐的泪水,其中既有欢乐,也有温柔。但在收葡萄的时候,尽管也不乏欢乐和热闹的气氛,并且我们也看在眼里,但是却不会流一丝一毫的眼泪。

导致出现其中的区别的原因在于,春天的时候,当我们看到当时的情景,同时也会想象到这种景色背后的季节;当那柔嫩的芽儿出现在我们眼里,我们会迅速联想到它的花和果实,以及绿荫,甚至还会联想到绿荫下可能出现的奇妙景象。我们的想象,会把这一系列景象联系起来,从而使得我们看到的只是这些景象以后的情景,而非眼前的真实样子,因为我们的想象力完全可以自由选择这些景象。但在秋天,我们只能看到眼下的真实情景,因为如果我们要想到春天,有冬天这一道阻碍横贯在我们眼前,寒冷的天气会抹杀我们并不活跃的想象力。

童年的绚烂正是因为具备这种让人倾倒的光彩,才会让我们对它的沉思比对成年的圆融的思考更多。我们要想怀着愉悦的心情观察一个成年人,必须要在我们回忆他曾经做过什么事情的时候才能做到。因为只有在那个时候,我们才会重现他年轻时的情景。我们如果依照他目前的境况或将来的老年时光去观察，所有欢乐的情绪都会被消灭殆尽。没有人会认为一个人昂首阔步走向坟墓是一件开心的事，因为死亡给一切都披上了丑陋的外衣。

然而我绝不会想到一个年龄在十到十二岁之间，拥有一个健壮的身体，并且发育也和年龄相适应的孩子会感到不开心。当我看到他活蹦乱跳的，没有焦虑和对未来的担忧，在好好把握当下，充分享受自己充盈的生命时，只会感到无比喜悦。让我感到喜悦的时候，也包括在看到他不断发展的体力每时每刻在增加，将他看成一个孩子的时候。当我将他看成一个成年的人，我的这种喜悦的心情还要更强烈。我们的血液从他沸腾的血液中获得了温度，我毫不怀疑他可以恢复我的生命，这活泼的景象可以让我重新拥有青春。

但正在这个时候，钟声突然响了起来，这对他来说无疑是一个巨变。他的双眼没有了光辉，他脸上欢乐的表情也不复存在，欢乐的游戏也开始离他而去。他的双手，被一个严肃而愤怒的人攥在了手里，这个人郑重地对他说："该走了，孩子。"随后，这个孩子被他带着离开了。我依稀看到了一些书在他们进入的房间放着。就他那样的年龄来说，书完全是多余的物品。那个人拉着那个不幸的孩子的手，孩子则是一脸顺从的表情。最后，这个孩子环顾了一番周围的东西，一言不发离开了。在他的眼里，有许多不敢流出来的泪水，在他的心里，也有许多不敢表露出来的怨气。

你是这样对一切都不感到害怕，生命中没有一分一秒感觉到烦恼，始终能保持开心快乐，快来我们这里吧，离开那个满腹忧虑的人，来我们这里给我们带来安慰。快来吧！他终于向我走来，当他靠近我的那一刻，我感到无比快慰。而他，也有着同样的感受。在这里等待他的不是别人，而是他的朋友和玩伴。当看到我的时候，他也坚信自己即将迎来快乐。信赖和和谐气氛充盈在我们之间，我们之间的友爱，超越和其他一切人之间能产生的亲密。

他快乐而充满信心，从他的举止神态和面貌就能看出来；他的周身都洋溢着向上的气息，并且拥有一个非常健康的身体；无疑他也有着旺盛的精力，否则不会有那样沉稳的步伐。此外，他还拥有娇嫩、光滑而结实的皮肤，上面布满了男人专属的印记，这些印记是空气和阳光刻上的。他还有着充盈的肌肉，说明他正在不断地生长。他的眼睛，尽管没有激情的火焰，但是纯真①的安宁却从不缺少，并且也总是明亮的，即便经历了一段相当长时间的忧伤。他的脸上，也从来不会总是泪痕斑斑。他有着他那个年岁特有的活泼，以及对自己的绝对相信和各种通过锻炼得出来的经验，这一点从他那矫健而沉稳的动作中就能看出来。他也完全不目中无人和轻佻，他豁达和开放的态度就是最好的证明。他也绝不会在胸前低垂着头，因为我们从来没有让他埋头看书。我们不需要要求他抬起来，而他并不会把头低下，因为他并没什么令自己感到害羞和恐惧的事情。

我们此刻不如让他出现在众人面前。同时，我们也欢迎大家来测验他。有什么问题你们尽管问他，不需要担心他强迫你帮他做各种事情和提出什么不合理的问题，也不需要担心他会向你说一堆胡话。你也不需要担心他会死缠着你不放，以及担心他想让你为他一个人服务，从而让你不知道应该如何是好。

不过，他也不可能对你们说什么好话，或者把我教他的话告诉你们，他唯一会对你们说的是一些实话，但这些实话是经过他加工和更改过的天真话语。他会想说什么就说什么，像无所顾忌地告诉你他做了什么好事一样，把自己做过的坏事也坦诚地告诉你，绝不会顾忌到这些话会对你造成什么影响。

有一部分人有一个爱好：钟情于预测孩子的将来。但他们难过的时候最多，由于经常听到孩子说了大量不怎么高明的话，他以前通过和孩子一些愉快交谈所产生的希望，也因此而破灭了。但我的孩子不会这样，他只会说有用的话，而不会没完没了地说让别人不乐意的话，即便不能满足别人的这种愿望，但也不会让别人感到非常难过。他并没有太多的思想，但这些思想都非常清晰；他也记不住很多事情，但却可以从做过

---

① 我是用意大利文来说"天真的（natia）"这个词语的，因为法文当中尚无一个和它意义相同的词。不过，只要我的意思大家能明白，即便用错了也无伤大雅。——原注

的事情中汲取很多营养。他读书的成绩也不如其他孩子，但却比其他孩子更能理解书本的知识。他的聪明从来都只存在于他的大脑中，而非言语上。他的判断力要强于记忆力，并且只会说自己理解的语言。他或许不能说出比别人高明的话，但是做事的能力却远远超过别人。

规矩和习惯，在他的观念里是不存在的。他绝不会让今天要做的事情，受到昨天的事情的影响[1]。他做事情不会墨守成规，并且会按照自己的意愿说话，不惧怕任何权威以及已经存在的先例。因此，你能听到他说的，只能是完全忠于自己的话，你能看到他做的，只能是完全忠于他自己的行为。

在他的观念中，你或许能够找到一些与他目前情况有关的道德观念，但绝不能找到关乎他成年之后的道德观念。而事实上，于这样一个还不属于社会当中一员的小孩子而言，这些观念是没有任何用处的。他可以理解什么是自由、财产和契约，知道物品为什么是和为什么不是他的，但是也仅仅知道这些。你如果要告诉他什么是义务和服从，他是不懂的，并且也不搭理你要求他去做什么事情。但是在一种情况下，他也可能马上满足你的意愿，这就是你告诉他："如果你能把这件事情做得令我满意，那么等到将来有机会，我也会把事情做得令你满意。"其原因是他会认为这是一件很好的事，因为他可以在被保证不受到破坏的前提下，扩大自己的活动范围。或许还会出现一种情况：为了让你充当一员，他也会让你加入，把你作为一个不可忽略的角色。但这种情况的出现，也代表着他受到了世俗的影响，你没有能很好地防止他产生虚荣心。

他如果需要帮助，定然会求助于第一个碰到的人，并且不管对方的身份，是国王还是仆人。在他的眼里，所有人都是无差别的。他也不会

---

① 习惯为什么能迷惑人呢？因为人生来就懒惰。如果这种懒惰还含有任性的成分，那么懒惰的程度就会更严重。一般而言，我们做自己曾经做过的事情会更轻松，走已经被人踩出来的路会更加容易。所以，我们可以得出这样一种结论：如果把老年人和懒惰的人放在一组，把青年人和勤奋的人放在一组，前面一组受习惯的影响很大，后面一组受习惯的影响很小。只有脆弱的人才会受习惯的影响，而被影响的结果则是：一天天变衰老。服从理性，是对孩子们唯一有用的习惯。除此之外，其他任何习惯都是有害的。——原注

认为你对他的帮助是应该的，这一点你从他的请求的态度中就可以看出来。他知道要想得到你的帮助，必须要你欣然应允。当然，他无疑也知道要做到这一点，需要付出感情。但他绝不会拐弯抹角地说话，无论别人答应还是拒绝他的要求，他都能够平静如常，你从他的声音、眼光和态度就能看出来。在这样做的时候他不会有偏向，既不是一种奴隶般的害怕和服从，也不是一种主人姿态的咄咄逼人，完全只是一种对朋友的信赖，一种一个人要求另一个人时应该有的高尚而平和的态度，一个不受约束、充满智慧但没有强壮身体的人，在寻求另一个同样不受约束但亲切而强壮的人的帮助。如果他的要求得到满足，他也只会觉得自己欠了一笔债，而不会对你表示感谢。而如果是被你拒绝，他也不会怨恨或死皮赖脸，因为他知道这样做于事无补。他会和你说的，绝不会是"我被别人拒绝了"，而是"这根本不可能"。只要他认为那件事无法完成，他就不会硬要去做。

你就让他独自待着好了，然后默默地观察他会做些什么，以及如何把事做成。他不会为了表明自己可以凭借自己的力量去做某件事，而草率地去做一件事情，因为没有必要证明自己是自由的，他知道自己始终都是自己的主人。他是机敏的，也是容光焕发的，他的活动始终洋溢着与他年龄相符的活力，并且始终保持着目的性。由于通过测验已经对自己的力量有充分的认识，他尽管会只按照自己的意愿做事，但是也不会做自己能力范围之外的事情。他能够把自己的想法和做法很好地结合，如果想做一件事情，就说明这件事已经绝对有把握成功。他绝不可能去问别人一个愚蠢的问题，因为他的眼睛是密切注意着一切的，如果要问，他一定已经事前进行了观察，并且已经了解清楚自己想知道什么。当遭遇困境，他也不会烦恼得像别人那么厉害，当生命受到威胁，他也能够从容面对。他能看到的，只能是存在于现实当中的景象，预测危险，也只能按照危险的真实程度去做，从而能够始终冷静应对。这取决于他的想象力还没有活动，以及我们也没有让它活动起来。他无疑只能承受自然的需要带给他的压力，以及从出生那一刻开始就受到的需求的约束。他现在终于能够坦然面对这些，并且始终充满信心。

在他的眼里，工作和游戏并无差别。他做每一件事情都会充满激情，并且动作极具张力，无论是谁见到了都会感到开心并且欢笑起来。他有着怎样的心理状态，以及知识范围的大小，已经从他所做的事情当中得到了体现。当一个眼灵手巧、满面笑容且有着沉稳态度的漂亮小孩，在你的面前做最重要的事情，或者一心一意地玩耍，你看到之后，无疑也会感到高兴。

现在，你不妨将他和别的孩子对比一番，让他和其他孩子在一起任意活动。这样一来，你立即就能发现他们谁成长得最理想，谁的完善程度最接近他们那个年纪应该有的样子。你将会发现，与那些城里孩子相比，他行动的敏捷程度是最高的，身体也是最强壮的。和乡下孩子相比，他的力气可能并不见得更大，但是手脚绝对要更灵活。他会比其他孩子更能理解孩子们能够理解的东西，比他们更善于决定、思考和预测。如果让他去蹦蹦跳跳、摇晃和搬运东西、对距离做出预测、发明游戏以及赢得比赛，他会比谁都厉害，因为他知道怎样用意志控制所有事物，甚至连大自然也不得不听他的号令。带领和管理同伴，就是他受到的教育，他的权力和威望，完全可以由他的能力和经验取代。随便你拿什么衣服给他穿，也随便你为他取什么名字，因为这些都不重要。无论是在什么地方，他都是超群的，他可以成为别人天然的领导者，而这些人也同样认同他比自己突出。因此，他即便不发出任何命令也是所有人的领头羊，这些人没有认为自己是在服从他，但确实是在服从他。

他长成了一个成熟的儿童。但他走到这一步，是把自己的童年生活完整地过完的，而非以牺牲欢乐的时间为代价。在他成长的过程中，这两者是并驾齐驱的。当他收获了和自己年岁相符的理智，也同样收获了自己体质允许的开心和自由。如此，即便我们在他身上倾注的爱和希望为致命的错误所消灭，我们也不会感伤于他的生命，为他生命的丧失而哭泣。因为我们并没有带给他痛苦，我们完全可以告诉自己："我们没有剥夺大自然赋予他的东西，他起码享受到了自己的童年。"

但要完成好这样的儿童教育，其间会出现诸多困难。这种教育具有的意义，只有拥有卓越见识的人才明白。花同样多的精力，一般的人培养出来的孩子也许只是一个顽劣之徒。即便是老师，他考虑得最多的也是自己的利益，学生会怎样是被他放在次要地位的。他在意的只是自己的时间是否被浪费，拿了别人的钱是否做好了相应的事，能否让他的学生掌握自己那些很容易表现的本领，以便于让他们随时拿出来显摆。但这些本领有没有用并不那么重要。他只让学生不加审慎地记住一堆乱麻似的东西。等到考试，他就叫他们拿出这些东西加以表现，大家感觉都很好，然后他就收拾好一切离开了。而我的学生是贫乏的，除了自己，他没有一样东西可以表现，也没有什么能够拿出来给别人看。没有人可以一下就看透一个大人或一个小孩，因此想找到一个能一下就看出别人的独特之处的人几乎没有。即便有也极少，在众多的父亲中也许很难找出一个。

任何人被问太多的问题都会感到抓狂，尤其是小孩子。一个小孩如果被问太多问题，只需要几分钟，他就会分散自己的注意力，对你多次问到的问题敷衍了事，回答得也非常随便。你想从他身上获得自己想知道的东西，用这样俗套的方法是不会有任何效果的。有的时候，相较于他口若悬河地讲一通，他下意识说出的一句话通常更能表达他自己的想法和感受。但是你也要注意，他这句话有可能是别人教的，也有可能是非常偶然说出来的。你想要对孩子的判断力做出估计，自己必须也有很强的判断力。

已经去世的海德爵士曾告诉过我一件事。他的一个朋友在意大利住了三年，回来之后，想测试一下他那十岁左右的儿子学习的进步情况。他与他儿子的老师，以及一些孩子，在某一天晚上散步了一番，地点是一个空旷的地方，有一些小学生在那里放风筝。散步过程中，他问他的儿子："风筝的影子在这里，那么风筝在什么地方？"孩子的回答非常迅速，甚至都没有抬头："大路的上空。"海德爵士说道："嗯，说得好极了！我们和太阳的中间就是大路。"听到儿子的回答后，那位父亲吻了吻他。测试完后，父亲一言不发地离开了。次日，他把一张支票给了老师，其中除了他的薪资之外还有一笔年金。这位父亲无疑非常开明，他的儿子也非常出色①。以那位儿子那样年龄的孩子来说，问那个问题实在是再适合不过，尽管他回答得非常简单，但是你会发现他的判断准确无比。亚里士多德的学生之所以能够驯服那匹任何骑师都无法驯服的名驹，也是因为准确的判断。

---

① 吉索伯爵，博立尔元帅的独生子。——原注

第三卷

　　一个人在还没有成长为少年的时候，他生命的全部过程都是非常脆弱的。但正是在这样一个时期，他体力的增长是超过他的需求的。因此，尽管从实际角度只能说这个正成长的人还很娇弱，但是说他已经变强也并无不可。以他现在的体力，满足他的需求绰绰有余，这是因为他的需求还并没有充分发展。

　　体力和欲望的不平衡，是导致人显得柔弱的原因。我们之所以这样柔弱，完全是我们的欲念造成的。我们为了满足自己欲望所耗费的体力，已经大大超过大自然赋予我们的体力。根据这一点，我们完全可以这样说：把我们的欲望减少，就是在增加我们的体力，体力多于欲望的人之所以很强壮，恰恰是因为他们体力还有盈余。于是，这就涉及了童年的第三个阶段，而这个阶段也是我现在要讲的。我仍然以"童年"来命名这一阶段，因为我找不到适合的词语。但这个阶段是指接近少年，但是还没有到青春期的一段时期。

　　孩子到了十二三岁，体力的增加已经大大超过了自身的需求。这个时候的孩子，尚未认为自己有很多、很强烈的需求。他这时的器官也发育得不成熟，似乎在等着他的意志去让它们摆脱这一局面。他完全不在意空气和气候对自己造成的伤害，于他而言，体温就是他的衣服，食物就是他吃东西的佐料。只要是有营养的东西，他都认为好吃。他如果感觉困了，甚至能够直接睡在地上。他发现到处都是自己需要的东西。他也不会感到烦恼，因为他没有幻想出来的需求，并且对别人的言语也完全不会在意。他的欲望，都是在他能力范围之内的。他有能力让自己的欲望得到满足，并且在满足后还有多余的体力。这样的一种情况，在他一生中只存在于这个时期。

对于这一切，无疑也会有人反对，这一点我早已经想到。这些人会说孩子们没有我说的那种体力，而不是说孩子们的需求比我说得更多。他们当然不会想到，我并不是在说拿着厚纸片做的玩具，穿梭于各房间的活动玩偶，而只是说我的学生。有些人也许会这样说：一个人要想拥有旺盛的精力，一定要在身强力壮的时候才有望实现，要想拥有一身结实而充满弹性的肌肉，从而能产生真正的力量，只有充满生命的元气才有可能。但这种说法是没有根据的，只是一种凭空的想象。我在观察的时候，一定会根据经验来得出结论。我在乡下看到一些孩子，长着高高身板，如果不分辨声音，你完全可能把他们当成大人。他们和自己的父亲一样，既能锄地耕田，也会搬酒桶和赶大车。即便是城里，也有着一些几乎和自己师傅一样结实的年轻工人、铁匠、刀匠和做马蹄护具的工匠。我毫不怀疑，只有能够及时地训练这些人，他们手艺的熟练程度绝不会低于他们的师傅。如果非要说差别（我也并不否认有差别），我不介意再次重申，较之于大人的各种强烈欲望和孩子有限的欲望之间的差别，这种差别要小得多。况且，这里说的不仅仅是体力，也包括补偿或运用体力而非常重要的精神能力。

处于这一阶段的人，其体力是超过欲望的需求的。因此，就像我前面说过的，于他而言，这一阶段即便不是绝对体力最大的时期，也是相对体力最大的时期。在一个人的一生中，这一阶段是最宝贵的一段时期，并且也仅此一次。它也是非常短暂的，如果这个人还没意识到好好利用这段时间对自己非常重要，那么就更显短暂。

对于这些在目前看来过多，但以后就不会再显多的天资和体力，他应该怎样加以利用？这种利用方法就是，在必要的时候，把它们用到对自身有好处的事情上。他这样的做法，完全可以被看成是在生命的盈余部分用到将来，就好比身强力壮的孩子，准备粮食给虚弱不堪的成人。但他只会把自己的东西放在自己的手里、大脑里或身体中，而不会将其放在别人能够偷走的箱子里，或者放在所有权并不是自己的箱子中。因为只有这样，他才能享有他获得的东西。因此，到了这个时候，应该让他工作、学习和受教育了。但需要指出的是，这些都不是我选择让他们做的，而是大自然的要求。

人的智慧并非无穷无尽，莫说无法了解所有的事物，就算是别人已经了解的那些事情，他也有可能一无所知。众所周知，每一个错误的命题都有一个与之相对的真理，那么，和错误的数量一样，真理的数目也是无限的。这就要求我们应该选择教授的内容和适合的学习时间。我们能获得的知识，其中有一些是虚假的，有一些是没有价值的，还有一些只会滋长有知识的人的骄傲之心。能让我们获得真正幸福的知识，可以说是少之又少。但是，值得让一个智慧之人去寻找的，也恰恰是这种知识。也正是因为这一点，这种知识也才值得孩子去找，因为我们本就是要把孩子培养成一个智慧之人。一言以蔽之，他学到什么知识并不是问题的关键，学到的知识是否有用才是关键。

但即便是这些数量很少的知识，也要把其中的一部分清除出去，这一部分就是：有可能导致孩子无法理解的关系。本身虽然并没有什么不对的地方，但是却可能让一个缺乏经验的孩子错误地认识其他问题。

这就要求你必须把你教的知识限制在很小的一个范围，即只和当下的事物有关。但对于孩子来说，以他所具备的思想水平，即便这个范围也已经很广阔。无论是谁，都不敢轻易除去覆盖在人类理性这一深渊外表的面纱。在这个可怜的孩子周围，我只看见许多陷阱，它们都是由那些浮华的各种学科制造的。因此，你作为引导他在这条充满危险的小路上行走，以及为他揭开遮住他眼睛的神圣纱幕的人，请一定要从容应对！你必须保证你和他的头脑都不犯迷糊，保证你和他都不目眩神迷。必须要时时警惕谎言的奇特魔力，以及骄傲这一充满诱惑力的烟幕。一个人无知无伤大雅，但是持有谬误却害处极大，人只会因为自以为是才误入歧途，而绝不会因为无知。这一点一定要牢记。

要想知道他智力的发展程度，他在几何学上的进步或许可以作为一个参考标准。但如果他已经能分辨事物的有用和无用，要想让他智力得到发展，就必须要安排得非常恰当，有很好的方法。只有这样，才能有助于他进行思考。举个例子，你如果要他在两根线中间找出一个比例中项，就要想办法让他明白应该找一个与一个固定的矩形相等的正方形；如果你还想让他找出两个比例中项，你就要把立方体的二倍问题这一有趣的概念讲给他听了。这样的例子还有很多。总之，要想让他能够辨别道德观念的好坏，就必须这样按照先后顺序进行。在目前阶段，我们还仅仅知道需要的法则，现在，我要开始讲应该怎样应用这些法则了。不久之后，我还会讲到怎样才能把它们应用恰当，以及怎样应用正确。

人身上不同的官能，可以被同一种本能所刺激。一个人，当他有着极其旺盛的身体活力，他精神的活力也会受到影响。或许，孩子起初只是好动，之后，他就可能变得好奇。只要指引得好，这种好奇心也可以成为一种动力，这就是我们现在讲的这个年龄的孩子对知识的渴求。但需要指出的是，我们还必须能够分辨清这些倾向，因为它们有些是自然产生的，有些则是偏见产生的。有一种求知心，它的产生完全是因为拥有它的人想让别人尊重他是一位学者。但另一种求知产生的原因却是这个人天然对眼前或将来与自己有关的事物的好奇。打从娘胎出来的那一刻开始，他就有一种追求幸福的诉求，所以他不得不尽量让这种诉求得到满足，从而不断地寻找满足这种诉求新的途径。好奇心产生的最初源头也是在这里。这个源头不是被刻意安排存在于人心中的，它的发展同我们的欲念和知识成正比例。如果有这样一个科学家，他带了自己的图书和仪器去到了一个荒岛上，想独自一人在那里过完自己的一生。那么几乎可以肯定，他不会去对天体说、引力法则和微积分进行研究，甚至可能再也不看书。但他仍然有可能想把整个岛游览一遍，不放过任何一个角落，即便这个岛大得离奇。因此，我们在幼年时期学习时候，绝不能学那些不属于我们天然兴趣的东西，而要去学那些我们的本能要求我们去学的东西。

地球，对人类而言就是这样一个岛，而太阳就是那个最容易引起人关注的事物。如果我们放眼望去，这个岛和太阳当是最先进入眼帘的东西。地球到底有多大，以及太阳的神秘，所有的原始人几乎都有过思考。

"这太快了！"大家可能会这样说。刚刚谈的还只是我们直接接触和我们身边的事物，现在突然就扯到了环游地球，一下子跨越了十万八千里。但我不得不说，之所以会有这种变化，完全是因为我们的体力和思想的发展。怎样让自己的生命得以保全，是我们在身体还很娇弱，体力还相对缺乏时精力所倾注的领域。但当我们已经拥有强壮的身体，体力也已经非常充足的时候，就会使自己生命的欲望跃出上述范围，甚至尽量远地往前探望。但我们的思想仍然局限在我们眼睛所能看到的范围当中，我们的理解能力也不能跃出这个范围发展，因为我们对知识的世界还一无所知。

对于我们来说，应该将感觉转化为观念，但切忌一蹴而就，在到达思想的对象之前，必须先经过感觉的对象。感觉，是一开始的思想活动的唯一指导者。有句话说得好，要把世界当成唯一的书本，把事实当成唯一的经验。孩子在读书，并不代表他就能把思想很好地运用，他很可能只知道读书。这样一来，他就并不是在接受教育，而是在读死书。

让你的学生去对大自然的各种现象进行观察吧！用不了多久，他就会拥有强烈的好奇心。但也需要注意，绝对不能匆忙地让他的好奇心得到满足，否则就无法培养他的好奇心了。你可以抛一些他能明白的问题给他，让他自己去思考答案，但要遵循一个原则：他知道的东西都是自己理解得来的，而非你的直接给予。万不能由你把问题的答案直接告诉他，而要让他自己去发现。因为当你的权威在他的心目中取代了他的思维，那么他将永远不会再自己思考问题。如此一来，他将成为别人思想的牺牲品。

你弄来了许多地球仪、天象仪以及地图，目的是为了教孩子学习地理。这当然是非常周全的，但是我不理解为什么要用这些实物的替代品。最应该采取的办法是首先让他看到原物，从而让他知道你讲的是什么，这是一个最低要求。

一天的黄昏，天空非常绚丽，我们去一个地方散步。那是一个僻静之处，我们可以经由开阔的地平线看到日落的全部景象。为了记住那个地方，我们认真地观察了日落之处的景物。到了次日，我们在日出之前再次去了那里，以便呼吸新鲜的空气。还没有看到太阳的时候，在很远的地方，我们看到了它红彤彤的光亮。光亮不断地变得更耀眼，似乎要将整个东方付之一炬。在光亮传了出来之后，经过了很长时间，我们仍然没有看到太阳。每一个时刻，我们都以为就能看到它，但它最终还是到了最后才出现。在我们的眼前，闪电般地出现了一个光点，无比绚烂，瞬间就把整个天空充满了。黑夜因此迅速地退了下去。大家居住的地方，重新映入了人的眼帘。人们惊奇地发现，它们似乎变得更为漂亮了。草地在夜晚获得了新的生命力。黎明时分，它沐浴在曙光里，全身被初升的太阳披上了一层金黄的外衣。露珠织成了一个网罩罩在它身上，闪闪发亮。所有人的眼里，尽是它的颜色和光亮。为了欢迎一切生命的父亲，鸟儿齐声歌唱。几乎所有的鸟儿，在这一刻都唱着歌。这婉转的歌声尽管没有那么嘹亮，却是一天当中它们唱得最柔和的，其中散发出一种像刚从睡梦中醒来的倦意。从这一切的景象中，我们获得了一种沁人心脾的清新之感。所有的人，都会为这半个小时迷醉，都会被如此壮观和瑰丽的景色触动。

为了让孩子也获得这种感受，老师让自己变得激情澎湃。他的初衷是想让孩子注意那些能触动他们自身情感的地方，以获得同样的感动。但我不得不说，这样的做法愚不可及！要想人理解自然的景色，非亲身感受无法做到，因为它的生命，只存在于人的心中。孩子尽管看到了各式各样的景物，但对于它们彼此的关系，它们美妙的和谐之处，仍是一无所知的。不获得一种从来没有过的经验，以及一些从来没有过的情感，他根本无法感受这所有的感觉综合起来的印象。要想感受到早上的新鲜空气，就必须在干燥的旷野中奔跑过，双脚曾被滚烫的沙土煎烤过，同时感受过被太阳暴晒的岩石所辐射出的令人窒息的热气！也只有拥有过这样的经历，一个人才能因为花朵的芳香、叶儿的漂亮、露珠的湿润、在绵软的草地上而感到快意。同样，一个人只有品尝过美妙的爱情和享乐，才能醉心于鸟儿的歌唱；只有想象力足以描绘出一天的欢乐，才能心情愉悦地去期待出现极其绚丽的另一天；只有知道为自然赋予这种魅力的对象是谁，才能欣赏到自然景物的美！

对于一个孩子，你万不可对他讲一通他不能理解的话，也不要添油加醋地形容一番。当然也不能口若悬河，只注重文字表面的功夫，或者诗句张口就来。在目前阶段，他与情感和风趣还不沾边。你仍然要冷静而简明地和他说话，采取另一种语言还为时过早。

在培养他的问题上，你如果依照我们准则的精神去进行，就必然会让他乐于制作自己需要的一切工具，如果要求助于别人，一定是因为他已经明白自己没有足够的力量。这样一来，当看到任何一件新事物时，他都会悄无声息地认真观察，做到喜欢思考而不是喜欢怀疑。所以，在恰当的时机，你可以出于调动他好奇心的目的，让他看到一些景物。当目的达到的时候，你可以再抛几个简单明了的问题给他，以指引他去寻找自己觉得奇怪的地方的答案。

可以用上述的事情来作为一个例子。当你和他观赏完日出，你可以让他观察日出之处的山峦和景物，并且和他谈谈日出的景象，言语随意。然后，你就若有所思地沉默一下，问他："在昨天晚上，我明明记得太阳是在那里，但今天早上为什么从这里升起来了？"随后你便不再说下去，即便他问你，你也不给他答案，而是以其他事情来转移话题。这样做是为了让他自己去寻找答案，以保证他能够独立思考问题。

让他花几天时间去弄清一个真理很有必要，这样可以让他把这个真理铭记于心，并且养成留心每件事的习惯。当这样做了之后，如果他仍然对上述的日出不明白，那么还有一个能让他更容易理解的方法，这就是把问题倒过来问他。他对太阳从落下到升起的过程尽管不明白，但最起码可以明白太阳从升起到落下的过程。他只需要用眼睛单纯去看，就能明白后者。如此，对于前面那个问题，你就可以用后面的问题去解释。只要你的学生不是愚钝到极点，就一定能轻易得出这个推论。如此一来，他就上了宇宙学的第一课。

从一个能感受到的观念，过渡到另一个可以感受的观念，对于我们来说总是缓慢的，熟悉一个观念再转而熟悉另一个观念也同样缓慢。因为这一点，再加上我们不会强迫学生用功，决定了要想向他讲太阳的运行和地球的形状，在上完这第一课之后还要经过很长一段时间。但是，从地球的自转讲到如何计算日食和月食，所花费的时间虽然要比把白天和黑夜的道理讲得清楚得多，但是所花费的力气却要更少。因为天体所有的运动现象都是依照同样的原理，第一次观察完成之后，就能引导进行其他观察。

我们都知道，太阳是围绕地球转的，并且所走的线路刚好是一个圆圈，一个圆圈若是完整，就必然有一个圆心。由于这个中心居于地心，因此它并不可见。但我们可以通过一个方法找到地球和太阳每天运行的轴心，这个方法就是：在地面上画确定两个和地心相对应的点，然后把三者连成一条线，并且把两端分别延长形成叉形。天在轴上转，和一个圆陀螺在它的陀尖旋转完全一样，它的两极就相当于陀螺的两端。如果和孩子这样说，他就会感到高兴，因为他可以找到其中的一极。我因此就可以向他指明在小熊星的尾巴的那一极。在晚上这样观察天象，无疑是一件非常有趣的事情。于是，对于那些星星我们慢慢地熟悉了，从而开始有兴趣认识每个行星和观察星座。

我们并不懒惰，在仲夏的时候，我们看过日出，在圣诞节或冬天的某个晴朗的早晨，我们还会去看日出。对我们来说，面对寒冷是一种乐趣。我们进行了第二次天象观察，所在地是第一次观察的地方，这也是我特意挑选的。只要能巧妙地做好观察的准备工作，我认为他很可能惊异地叫起来："多么有趣啊，太阳升起的地方竟然不是原来那里！我们原来把记号做在这里，现在它却从那里升了起来。由此可见，夏天和冬天的东方并不一样。"现在，你终于找到了教导的方法，年轻的老师！你用地球解释地球，用太阳解释太阳，完全可以把天体讲得非常明白，这个例子就是很好的证明。

一般而言，你会给他看一个代表某样东西的符号，以让这个符号引起孩子的关注，但这会使他忘记那样东西，只有在你无法给他看那样东西的时候才可以这样做。

在我看来，天象仪的构造并不那么完美，因为它各部分的大小并不相称。由于画满了杂乱的圆圈和图形，它看起来完全像一本巫师的魔书。当孩子们看到它，只会感到恐惧。它所表示的地球太小，但是圆圈又太多太大，有些圆圈甚至没有任何用处，如分至圈。除此之外，上面的每一个圆圈都大过地球。由于做这些圆圈的纸板太厚，它看起来很坚硬，使人觉得真有一些这样的圆东西。这样一来，当你真正想告诉孩子这些圆圈实际上并不存在，他就会不明白自己看到的是什么，也不明白它们的作用。

在教育孩子的时候，我们是从来没有从他们的角度去观察他们的心理的。并且，由于我们对他们的思想并不了解，我们会把自己的思想当成他们的思想。此外，对他们的教育，我们也始终在按自己的理解进行。这导致了我们在告诉他们许多真理的时候，也向他们灌输了许多谬误。

一直以来，在研究学问的方法上，大家对是用分析还是综合颇有争议。事实上，并不需要在这两种之间选一种。在进行一项课题研究的时候，我们有时会用到分析和综合两种方法。基于这一点，当孩子认为应该用分析的方法时，你可以用综合的方法指导他，这样可以让两个方法相互验证。当他发现从两个对立的地点出发，居然能走到一起的时候，必然会感到无比惊奇。这种心情无疑是让人愉快的。以教孩子地理为例，我会开始讲两极，然再在讲地球的旋转，接着从我们居住的地方开始，对地球的各部分进行测量。你在教孩子地理的时候，当他在研究天体，思想正在天空遨游的时候，你就可以让他再来研究地球的划分，并且一开始就给他讲自己居住的地方。

他住的城市和他父亲的乡间别墅，是在地理课上首先应该给他讲的两个方面。村镇和临近的河流次之，太阳的样子和如何定位再次。到了这里，所有就都联系起来了。你可以让他以一个极其简单的图画下这些地方。在最开始的时候，你让他只画两个地方，等他对其他地方的距离和位置有一个认识之后，你再让他慢慢画上那些地方。这是在教他用自己的眼睛进行定位，相比你现在也已经看出，这个方法对他而言多么有作用。

但你仍然需要给他一些少量的，甚至他都无法看出的指导。他如果弄错了，你也由着他去，不需要让他改正错误，你需要做的仅仅是一言不发地等他自己发现和改正错误，或者时机适当，画上几笔以让他发现错误。如果他始终都没有犯错误，反而不能学得很好。你还需要注意，让他能够把那个地方的地形画得很好并不是目的，掌握画地形的方法才是目的。他能否记住一些地图无关紧要，关键是让他能够了解这些地图代表什么，以及对画图的艺术有一个清晰的认识。你的学生拥有的知识，我的学生的无知，从这里你就看出他们两者的不同了。你的学生能看地图，但我的学生却能画地图，这样他的房间又会有新的装饰了。

我实行的教育是为了把许多东西教给孩子吗？并不是，让他能够获得正确和清晰的观念才是。只要他能不受到别人欺骗，即便什么都不知道也没有关系。我也是为了保证不让他产生谬误才教他真理的。防止各种偏见的产生是很有必要的，因为偏见产生的速度非常快，而理智和判断力的发展却是一个迟缓的过程。但也需要注意，如果学习知识只是为了做学问，那你就像掉进了一个茫无边际、深不见底，到处都是暗礁的大海，并且永远无法脱身。一个人，如果他非常喜欢知识，但是却陷入知识当中无法自拔，只知道不停地学一门又一门的知识，那么我只能说这个人就好比在海滩上捡贝壳的孩子。一开始，这个孩子捡了一些贝壳，但当他看到其他贝壳时，他又丢掉一些已经捡到的贝壳去拾它们，等到捡了一大堆贝壳，他开始不知道应该如何选择，于是干脆全都不要，空手而归。

幼年岁月是漫长的，为了避免在利用它的时候出现错误，我们于是尽量不花那么多时间。但现在的情况刚好相反，要想把有益的事情做好，我们的时间甚至已经都不够用。因为你的学生即将产生欲望，当欲望造访他的时候，他的注意力就会完全被它占据。充满智慧和平和的岁月并不长，甚至可以说非常快地就会度过。因此，想把一个孩子在这段时间变得有学问，是一件不现实的事情，何况这段时间还有许多其他不可避免的用途。所以，让他学会各种学问并不是关键，真正的关键在于让他乐于获得学问，以及在他充分产生这种兴趣之后，你能够及时告诉他应该怎样研究学问。一种教育要想被称为好的教育，这是一个基本的判断原则。

他正好可以趁这段时间养成一个习惯：学会持久关注同一个事物。但需要指出的是，我们不能强迫他去引起这种注意，而要让他真正愿意这样去做，同时还必须注意不能让他因此而增加负担，从而产生一种厌恶心理。这就要求我们在他即将感到疲倦的时候停止一切工作，因为最重要的是避免让他逆着自己的意愿做事情，而非他能学到多少东西。

他如果自发问你一些问题，你可以回答，但回答的方法应该遵从怎样才能让他产生好奇，而非满足他的好奇心。尤其需要注意的是，当你发现他问你问题不是为了获得知识，而是信口雌黄地抛出一大堆没有来由的问题，这时你就应该立即停止回答问题。因为这个时候的他，脑海里并没有在想你们讨论的事情，而是在想怎样用许多的问题难住你。这就是说，最重要的是说话的动机，而非说什么。在以前，我或许不会请你们一定采纳我这句忠告，但是现在，因为孩子已经能够运用自己的理智，这句话的重要性已经得到彰显，我只能请你们采纳。

哲学家的方法，是普遍真理中的一根纽带，所有的学科，都通过这根纽带和共同的原理联系在一起。但这里，我们用的是另外一种方法。这个方法可以让每一个特殊的事物和另一个特殊的事物联系起来，并且能表现出这些事物背后的东西。由一个事物联系到另一个事物的顺序，能够让人产生好奇心，并且关注每一个事物。通过这个顺序观察事物的方法，不仅大人要遵守，小孩子也尤其要遵守。在画地图的时候，当我们已经把方向确定，就有必要画出子午线。早晨和晚上的投影，它们之间有一个交叉的地方，对于一个十三岁的天文学家而言，这个交叉是一条很好的子午线。但是我们不得不在相同的地方画下它们，并且投入一些时间，因为这样的子午线终究会不复存在。但这种费脑筋且麻烦的工作，将不可避免地会让他感到厌倦。我们很久以前就想到了这点，因此已经有了对策。

我现在又要阐述另外一件事情了。我似乎已经听见你们在轻声抱怨，但我是不害怕这一点的，即便你们感到不耐烦，我仍然要把这本书最有用的地方讲出来。你们不愿意听我长篇大论吗？谁在乎！我反正要继续讲下去，不论你们是否抱怨。

琥珀、玻璃和蜡这些事物，我和我的学生很早就发现它们经过摩擦后能吸附干草，而其他物体则不具备这种能力。但有一次我们无意发现了一种更稀奇的物体，它即便不经过摩擦也能吸附其铁屑和铁片，而且吸附的距离能够相隔很远。为了知道这种物体的性质，我们花了很长时间进行观察，但是最终一无所获。后来我们发现它的这种性质竟然能过渡到铁身上，使铁也在某个方向被磁化。有一天我们去集市上[1]，看到一个变戏法的人一个令人惊异的举动：在一盆水里，用一块面包逗引一只在游动的鸭子，那只鸭子是蜡烛制的。但我们当时并没有讨论这种惊异，因为还不知道巫师为何物，我们也没有说他是一个巫师。接下来，在不断地看到这些我们不知原委的现象时，我们继续感到叹为观止。但在当时，我们并没有急着想研究这些现象的原理。我们并没有急于想解除自己的迷惑，而是想等到适合的时候再弄清楚。

回到家里，我们提及了集市上的那只鸭子。于是，照做了一个。我们拿来一只完全磁化的针，并用白蜡包裹住。然后，我们又用白蜡尽量做出一只鸭子的模样，再把这根针穿过鸭身，以针尖做鸭子的嘴。把鸭子放在水上后，我们用一个钥匙逐渐接近它的嘴巴，随后我们发现，和集市上看到的跟着面包游动的鸭子一样，鸭子跟着钥匙游了起来。为了下次能够再次做，我们还记住了让鸭子停在水面不动时是朝哪个方向。这件事现在已经占据了我们的全部身心。

我们在当天傍晚又去了集市，同时还放了一只特制的面包在衣服的口袋里。当那个演戏法的人演完戏法，我们这位小小的博学之士已经按捺不住了。他告诉哪个人："这太容易了，我也会演。"说完，他把那块藏有铁块的面包迅速从衣袋里掏了出来，怀着激动的心情走向桌子，颤抖着把面包伸了过去。鸭子游了过来，并且完全按照他的指引游动。他高兴地大喊大叫，手舞足蹈。观众看到这种情形之后也鼓掌为他喝彩。他简直快乐地有些找不到方向了。那个玩戏法的人虽然感到难堪，但仍

---

[1] 对于这段小故事，福米先生曾予以了尖锐的评论，当我看到他的评论，不禁哑然失笑。福米先生说："这个玩戏法的人可以说和爱弥儿是同一个世界的人，他以同一个孩子竞争为荣，而且他还拉下脸批评老师。"事实上，这一幕小戏剧是我开始就已经安排好了的，是我叫那个玩戏法的人担任这个角色的，但是这位聪明的福米先生当然不知道这一切。然而，我也不能把这点讲出来。不过，我这本书的阅读的对象，不是那些每件事都我进行解释的人，这点我已经说过很多次。——原注

然向他走了过去，拥抱他，并向他致以祝贺。与此同时，他还邀请爱弥儿次日也来表演，并且告诉他这样将可以获得更多的观众赞誉他的表演。这位不可一世的小科学家正要说话，但被我立即堵住了嘴。然后，我带着满是荣耀的他离开了。

满怀一种可笑的不安心情，这个孩子掐着时间终于等来了第二天。为了让自己的荣耀得到所有人的见证，他邀请去了所有他看到的人。但因为人不断地涌进来，大厅里的人甚至都坐满了，他决定不再等到规定的时间才表演，而是把时间提前。在走进大厅的那一刻，他娇弱的心脏几乎跳出了嗓子眼。在他的表演开始之前还有一些魔术。那个变戏法的人表演了一些令人惊艳的节目，用的都是平常没有表现过的本事。但对于这些节目，这个孩子甚至缺乏观看的欲望。他只是一个劲儿地着急，全身都沁出了汗珠，呼吸也感到困难。他把手放在衣袋里，玩弄着那块面包，另一只手急得直颤抖。终于，他表演的时刻来到了。以非常隆重的语气，那位魔术师把他的节目向观众介绍了一番。他走了过去，犹抱琵琶半遮面，然后拿出了面包。世事真是变幻无常，那只昨天还非常听话的鸭子，今天却变得那样不听使唤。它不伸过来嘴也就罢了，竟然还掉头就跑。昨天，它游向面包的心情是急切的，今天，它逃离面包和拿面包的手的心情也是急切的。爱弥儿又尝试了很多次，但无一例外地都失败了，这让观众嘘声不断。这个时候，他埋怨起来，说他被大家骗了，别人已经换掉了先前那只鸭子，甚至还要求那个玩戏法的人也用这只鸭子来表演。

变戏法的人什么也没说，只是拿着一块面包伸向鸭子。几乎是立刻，那只鸭子游了过来，来到了那只拿着面包的手面前。孩子又一次拿他那块面包去逗鸭子，但是仍然失败了。不仅如此，他发现那只鸭子竟然还愚弄起他来，不停地围着盆子打转。这让他只能无地自容地离开了，没有勇气再听观众的嘘声。

那个变戏法的人这时拿过了我们这个孩子的面包，并且以相同的办法表演了一次，同样非常成功。就在大家眼皮底下，他拿出了面包里的磁铁，这引起大家对我们的又一阵嘲笑。他就用这块空心的面包，也能让鸭子同样在水里游。此外，他还让一个第三者当众撕开另一个面包，也用来进行这种表演。他甚至用他的手套和他的手指头来表演，结果都获得了成功。他最后走到了大厅中心，以他那个行业惯有的声调，大声地对大家说："我的鸭子既能为我的手势驱使，同时还能为我的声音驱使。只要我向它发出命令，它立即就会听从，我能够任意决定它的行驶方向。"但对我们来说，观众不断地鼓掌欢呼已经成了一种讽刺。于是，我们悄无声息地退场了。在屋子里，我们把自己关了起来，并没有去讨论我们的成功，而我们原准备是要这样做的。

次日，有人在敲我们的门。我把门打开，发现是那个变戏法的。他表示很不满意我们的做法，但是语气是平和的。他说自己无法弄明白，我们为什么去拆穿他赖以生存的技能，他并没有做过损害我们利益的事情，在让鸭子游水的这件事情上，我们完全没有必要以剥夺一个诚实的人的衣食为代价，去获取那一点荣誉。他对我们说："先生们！坦白说，要是我有其他谋生的技能，谁会愿意以懂得这点本事作为一种光荣呢？我们是以玩这种小把戏为生的人，懂得的东西无疑要比你们只研究过很短时间的人多。我是因为知道一个人不应该把自己知道的所有东西全都展现出来，才在之前没有表演我的看家本领。我必须把它们留下来，以应付紧急情况。为了防止那些莽撞的人来揭穿我们，我还准备了其他戏法。各位先生，我之所以会告诉这个令你们曾经无比狼狈的戏法的秘密，完全是出于一片好心。但从今后，请你们不要再随便玩这个戏法，以免损害我的利益。同时，在以后的场合，也请你们要谨慎做事。"

他说完就拿出了演戏法的用具。看到那个用具之后，我们惊叹起来。他用作道具的，竟然是一块上好的磁石！同时，他还藏了一个小孩在桌子下面。磁石由那个小孩拿着移动，因此观众无法看出来。

那个人收起了他的用具。我们感谢了他一番，并且表达了自己的歉意。我们想送他一件礼物，但他拒不接受，他说："先生们！收了你们的礼物，我就要表达谢意，这是我不愿意做的。我更愿意让你们来感谢我，尽管我知道你们不乐意这样做，但这是我唯一能做到的报复。无论哪个行业的人，都有着自己慷慨的一方面。我挣钱的本事是表演戏法，而非教戏法。"

当他就要离开房间，他大声喊着我的名字，对我进行了指责："孩子犯错误是因为不懂事，这个我可以不计较。但是你呢，先生？他做得不对你是一清二楚的，但你为什么要听之任之？你们既然共同生活，你作为一个长辈，完全有关心和教育他的责任。你可以用你的经验来教育他，成年后，当他回忆起自己年轻时犯下的错误，如果感到了后悔，无疑要怪罪于你。他会怪你一开始没有警告他。①"

他离开了。我们两个人感到非常困窘。我开始责备自己，不该管得那么松懈。我向孩子做出了承诺：如果再有下次，我会严格保护他的利益，同时还会在他要犯错误之前，把他不能做的事情指出来。这样做的原因在于：在不久的将来，我们的关系将面临改变。到那个时候，我和他之间那种同伴式的照顾，将会被我以老师的严格取而代之。但这种改变是不能一蹴而就的，必须要有一个循序渐进的过程，并且开始的时候要准备很充分。这种准备必须一早做出安排。

我们次日又去了集市，去看对我们而言已经揭开神秘面纱的戏法。我们走近那位苏格拉底式的魔术师，因为太过崇敬，竟没有勇气抬头看他一眼。他礼貌地接待了我们。然后，他让我们坐在了一个非常显眼的地方。但正因为坐在这个地方，我们反而感到窘迫得更加厉害。他表演着他的戏法，一如平常。但当表演鸭子在水里游那个戏法时，他就有所不同了，不仅情绪更加热烈，而且耗费的时间也长了许多，同时还多次注视我们，带着骄傲的神情。个中原因我们心知肚明，但我们仍然保持着沉默。当然，我的学生，也不会愚蠢到在这个时候说话。

这个事例中所有细节，你们一定无法想象具有的意义有多么重大。仅仅在一个例子中，就有如此多值得总结的东西。仅仅是首次表现虚荣心，所带来的恶果竟然就有这么多。各位年轻的老师，对于这第一次冒

---

① 这番话是老师逐句教给那个人说出来，但是我不知道是否应该说出这个事实。同时，我也不知是否有这样一个人，认为我是一个愚蠢的人，因此让一个玩戏法的人说出这番话。但是我认为，我最起码也有中等水平，因为我能够让一些人按照自己的那种职业的神态说话。大家可以把下一段的结尾部分看一遍。我已经把一切话都说明了，除了福米先生，我想任何人都能看出这点。——原注

失，我希望你们能够仔细研究。你如果对它加以利用，让它使你被人奚落一番，或者遭遇一次不幸①，我毫不怀疑，你将在很长一段时间内不再碰到同样的事。你也许会说："你这不是在小题大做吗？"这话再正确不过了，但我们同时也认为，相较于代替子午线使用的指南针，这个例子和它起的作用是一样的。

当我们已经了解磁石可以穿过其他物体产生作用，我们迅速完成了一项工程：再做了一个一样的我们看到的那种道具。也是一张空心的桌子，在上面装了一个盛了一些水的平底盆子。除了这些，我们还做了一只鸭子，做工非常精细，和其他的一些东西。我们重复做着一件事：在盆子周围认真观察。最后，我们终于发现了一个现象：在静止不动的时候，鸭子所朝的方向几乎没有变过。我们以此为基础对那个方向展开研究，发现了鸭子总是指向南北。这个发现已经满足了我们的需要。因为我们的指南针，或者等同于指南针的东西，现在已经找到了。我们已经可以开始研究物理。

地球上的地带有好几种，不同的地带，它们的温度也各不相同。越是在接近极地的地方，我们越能感觉到气候变化的巨大。所有的物体都具有一种特性：受热之后开始膨胀，受冷之后开始收缩。在液体中，这种特征尤为明显，在酒精中会更加明显。温度计就是根据这一原理设计出来的。我们的脸能感受到风轻轻拂过，因此，说风是一种物体或一种流动物也并无不可。虽然我们无法看到它，但是却能感受到它的存在。你如果在水里倒立一只玻璃杯，便能够发现水并不能进入杯中，除非你释放出其中的空气。由此可见，空气也是有阻碍作用的。如果你再给玻璃杯施加一些向下的力，又能看到一个不同的现象：水已经可以进入空气中间，但是无法全部占满。由此可见，空气能够被适度地压缩。当你把一个皮球打足气，它弹跳的高度能够超越任何物质，可以看出空气也

---

① 从这一点也可以看出，那个玩戏法的人并不是导致遭受这次羞辱的人，真正的始作俑者是我。我认为福米先生至少应该投入一些精力，我倒不是让他去花费精力怎样写这本书，而是说他应该花精力把这本书看一看，因为他的目的就是想在我活着的时候把我的著作据为己有，并且在发表的时候，把我的名字换成了他的名字。——原注

有弹性。空气也是有重量的，一个很好的证明就是在洗澡的时候，如果你把身体平躺，把胳膊平展伸出水面，就能发现胳膊也要承受重量。如果你让空气和其他流体保持一个静止的状态，就可以测出它的重量。气压表、虹吸管、气枪、气筒，就是根据这些原理制造出来的。静力学法则和流动静力学法则，其建立的基础都是一些浅显易懂的经验。但我并不对上述的仪表和设备感兴趣，因为我们走进实验室的目的，并不是为了制作它们。科学将会因为科学的气氛而走向灭亡。因为在孩子和仪器之间，要么是孩子害怕仪器，要么是他对它们效果的注意力被它们本身分散。

我们需要的一切仪器，我希望都能由自己来制造。但是否要在还尚未拥有经验的时候就制造出这些仪器？并不是这样，我只会在自己无意获得一个经验之后，再逐步制造出一个仪器，但这个仪器的作用也仅仅是为了证明这个经验。也许我们的仪器做得并不那么精确和完美，但这一点我可以忍受，只要我们能清楚地理解它们大概的样子和怎样使用。天平并非我上第一课静力学必备的工具，我的第一课静力学来自于这样一个过程：把一个棍子交叉在一张椅子的靠背上放稳，然后测出两端的距离。然后再同时往两端加重量，所加的重量有时等重有时不等重。这样一来，就必须要做一个工作：决定把棍子是稍稍往前拉还是稍稍往后拉。最后我将发现，要想获得平衡，重量必须要和杠杆的长度成反比。于是，在还没有见过天平之前，我的这位小物理学家就学会了怎样校正天平。

较之于从别人那里学来这些认识，一个人亲自获得这些认识无疑要更清晰，他不仅能够因此不迷信权威，而且还可以使自己更能发现事物的关系。同时，他还可以把自己的思想融会贯通，制造仪器，对别人说的东西会选择吸收，从而让自己不至于在不思考的时候变得非常迟钝。一个人，如果老是让自己的思维处于停顿状态，似乎每天都有仆人帮他穿好衣服鞋子，并且出门就有马骑，那么他的手和脚，无疑失去了应有的力量和作用。在教拉辛①作诗的时候，布瓦洛②曾夸耀说："我非常尽

---

① 法国剧作家，诗人。——译注
② 法国诗人，文学批评家，被称为古典主义的立法者和发言人。——译注

心尽力。"但对于我们而言，怎样才能在科学研究中投入更多精力，才是在各种加速科学研究的方法当中最需要的。

一个人的研究，如果这样耗费精力而缓慢进行，在为研究投入精力的同时，也能使自身获得好处。这种好处是很明显的：让身体继续保持活动，让手脚变得更加柔韧，让双手始终得到劳动；等到长大成人，能够熟练地使用自己的四肢。训练感官在这个时候已经变得不那么重要了，因为为了给我们的试验提供帮助，为了让我们的感觉变得更准确，我们发明了许多能起到这类作用的仪器。我们已经不需估测角度的大小，因为已经有了经纬仪。测量距离也已经有了测链，而原本我们的眼睛测量距离非常准确。像以前那样，以手去估计重量也不必了，因为已经有了提秤。我们的感官，已经随着我们的仪器的精密度不断增加，变得越来越迟钝。我们已经不再把自己当成机器使用，因为已经有一大堆机器围绕着我们。

在最开始，我们是以技能代替机器，但现在发生了变化，技巧已经被用来制造机器。在以前，我们做事依赖眼和手的灵敏而非机器，但现在变了，我们已经在用这种才能制造机器。对我们而言，这样的做法只有好处而没有坏处。它不仅增加了一门技艺，让我们的本事得到了增长，而且我们操作的熟练也并不因此而有所损害。如果你让孩子去工地做事，而不是关起门来读书，他的心灵便会因为他的手得到发展。其结果是：他变成了一个哲学家，但是依然只认为自己是个工人。这种训练还有一些其他的好处，这些我在后面会陆续谈到。你们将可以看到，我会运用怎样的方法，用哲学游戏去让孩子拥有成人才具备的机能。

于孩子而言，纯理论的知识并不适合他们，这一点我在前面已经说过。不仅如此，孩子甚至在接近少年的时候也不合适学。让他进入理论物理学的大海，然后在里面苦苦遨游是没有必要的。真正应该对他做的，是让他用某种表演的方法，把自己的所有经验贯穿起来。这样一来，凭着这种联系，他就能牢记那些经验，从而能在有需要的时候想起来。要知道，要想牢记一种独立的事实和论据，没有回忆作为引导是做不到的。

你如果要教导你的学生探索自然的法则，应该始终都要遵循一个原则：让他从最常见和特征最明显的现象开始。此外，你还要告诉你的学生，不应该把那些现象当成起因，而是当成事实。我做了一件事情：把一块石头拿在手上，装作要把它放在空中，随后我松了手，石头掉了下去。对于我的这一举动，爱弥儿非常关注。于是，我问他："你知道这块石头为什么会掉下去吗？"无论是哪个孩子，当听到这个问题，我想都能够回答出来，绝不会目瞪口呆。爱弥儿也会说自己能回答出来，除非我想方设法让他不知道应该如何回答。大家一定会有一个统一的答案：石头是因为重才往下掉的。但我又要问他："什么是重量呢？它什么要因为重往下掉？难道说石头往下掉是因为它要往下掉？"听到我这样问，这位小物理学家不知该如何回答了。如此一来，他就完成了第一堂物理理论课。不管他是否能因为这堂课受益，但没有人能否认它是一个应该了解的常识。

当孩子拥有越来越高的智力水平，对于他所吸收的知识，我们的选择力度不得不加大。这是一些重要问题提出的要求。如果他已经对怎样才能让自己获得幸福，如果他已经对一些重要关系有所了解，以至于能自己判断哪些东西适合自己，那么他就能够分辨工作和游戏有什么不同了。这个时候，他已经能够视游戏为一种玩乐。在这个时候，你就应该做一件事情了：让他研究一些有真正价值的东西，在做的过程中，要还像玩简单游戏那样用心，而且还不能有所松懈。从古到今，需要人遵守的守则从来就没有缺少过。在很久以前，这些法则就已经要求人做自己不喜欢做的事情，从而避免碰到能对自己造成巨大伤害的事情。远见的作用就体现在这里。一个人如果能恰当地运用这种远见，那么他就会变得充满智慧，反之就会灾难不断。

幸福，无疑是所有人都渴求的。但没有人能否认，必须要先知道什么是幸福，才能获得幸福。自然人的幸福是非常简单的，就如同他简单的生活一样：能不受痛苦困扰。这样一来，健康、自由和生活的必要条件得到满足，就可以看成这种幸福的组成部分。道德人①的幸福并不是

---

① 语出亚当·斯密的《道德情操论》，指富有同情心、正义感、行为利他的人。——译注

这么一回事，但在这里，我并没有打算对它进行论述。

我已经说过很多遍，对于孩子们，尤其是那些尚未被我们的虚荣心和偏见影响的孩子来说，要想引起他们的兴趣，只有有形的物质才能做到。当他们已经对自己的需求有所感知，尽管这时还没有发现它们，但他们的智慧已经得到增长，他们已经意识到：时间很有作用。这个时候，对于他们而言，让他们把时间投入在有用的事物上最重要。但需要注意的是，这种有用的事物指在他们那个年龄，以他们的智慧来看有用的事物。应该避免让他们知道与道德秩序和社会习俗有关的一切事物，因为他们还不能理解它们。但我们采取的却是另外一种做法：强迫他们把精力倾注在大家告诉他们对他们的幸福有利的事情上。但实际情况是，这些人在告诉那些孩子的这些事情时并没有经过审慎考虑，他们自己也不知道那种幸福是什么。他们还告诉孩子："等你们长大后，就能够从那些事物中受益。"但在目前，即便他们自己也对这种好处不感兴趣，因为他们根本就不了解这种好处是什么。

此外，还需要防止孩子听从别人的话去做事情。他自己认为对自己有好处的事物，是对他唯一有好处的事物，其他一切事物都只有害而没有益。你让他去做能力所不及的事情，认为这是在让他提前演练，但实际上不是，因为你并不明白提前演练的真正含义。常识本来是人类的一件万能工具，但你就是不让他使用，而是让他去拥有一些徒有其表、或许永远都没有用武之地的工具。你还要让他对别人的命令唯命是从，从而让他被别人控制。你想他小时候是一个乖孩子，但你知道这样做的结果吗？结果就是：他长大后会成为一个容易受欺骗的人。你不断在他耳边念叨："我做的这一切可都是为了你好，但是你却不理解。事实上，你愿不愿意按我的话做和我一点关系也没有，它只有利于你一个人。"说这些话，你或许认为能让他获得智慧。但其实不然，你是在为别人提供便利，让他们有一天也用同样的话引诱他上当或者和他们同流合污，说空话的人、骗子、坏蛋以及各种狂妄分子都属于这类人。

对于孩子不知道用途的事物，大人固然应该要对它们有深刻的认识。那么，一个孩子是否也应该了解和能够了解大人应该了解的事物？这是一个很重要的问题。孩子学习自己某个年龄段有用的事物，他的时间其实并没有被浪费，你如果尽量教他这样做，你在过程中就能发现这一点。一样本来要等到他具备那个年龄才适合学的东西，你硬要以牺牲他今天学习的东西为代价，让他现在就学习，这种做法让我感到很迷惑。你或许会说："等他将来需要的时候，再来学习恐怕就来不及了。"我不知道是否真的来不及学，但我起码知道一点：提前学习是根本做不到的，因为经验和感觉才是我们真正的老师，谁要想知道哪些东西适合自己，只有根据他所处的关系才能明白。对于自己有一天终将成为大人，小孩子心知肚明。那么，为什么要对他实行教育呢？这是因为他对成人状态可能有多种认识。但是，没有必要让他知道他对这种状况的不解之处。这样的一个教育法则，也是我这本书不断试图证明的主旨。

对于"有作用"这个词语，我们要尽量让学生知道它的含义。这样一来，在管束他的问题上，我们又增加了一种方法。原因何在？在一种情况下，他会深刻地认识到这个词，这就是他认为这个词在他当下的年龄段对自己有意义，以及他对这个词和他眼前利益的关系有一个清晰的认识。你的学生则不然，因为对于这个词语，他无法按照自己的理解对它有一个概念。他不需要自己去思考问题，因而就不知道作用为何物。为什么出现这种情况？因为对于他有用的东西，别人会经常主动为他提供。

如此一来，有一句话就被赋予了特别的含义，我和我的学生所有的行为，都将被这句话确定。这句话就是："这有什么作用？"在一种情况下，我就真正意义上用这个问题来问他，这种情况就是：他确实在问我一些问题。但在另一种情况下，我会把这个问题作为一个搪塞之词，以免他再继续问下去，即他问一个问题并不是为了获得一种答案，而是以各种没有来由的问题来为难周围的人，以求使唤他们。我们倘若非常认真教育一个孩子，只教他有用的东西，那么就会让他具备一种特点：总是像苏格拉底一样问问题。因为他无比清楚，在问你一个问题以求得到解答之前，他自己一定要知道为什么要问那个问题。

这无疑是一个作用极大的工具，这样一来，我就把这个工具交给了你。而你也就可以借这个工具去约束你的学生。在任何时候，你都可以借这个工具让他服服帖帖，因为他找不到反对的理由。而你则不同，你可以把他拥有的事物的作用，对他说出个一二三四。你必须明白：你问他这个问题，也是在让他把这个问题反过来问你，他在以后做什么事情的时候，也会和你一样问"那有什么作用"？

对老师来说，想把这个问题对付好并不容易。如果你对孩子的问题只是应付了事，即以一个他无法明白的答案来对待他，那么就会造成：他不会再相信你的话，因为他已经知道你在向他解释的时候，是按自己的想法而非他的想法来进行，你对他说的话，只适用于你这一年龄。如此，你所有的努力都将白费。如果老师犯错，每一个老师无疑都不会承认。但是我不会这样做，我会订立一项规则：即便我并没有错误，但由于我没能让他明白我讲的东西，我也会说我错了。这就会保证我自始至终都很坦诚，从而让他始终都能相信我。与那些掩饰自己的错误的人相比，我的威信反而会更高。

你只需要注意一点：知道他应该学些什么东西，但是把选择这些东西的权力交给他。你需要做的只是想办法让他明白那些东西以及对学习产生兴趣，告诉他怎样才能实现自己的愿望。这就决定了你不能问他太多的问题，并且所问的问题都必须经过深思熟虑。你被他的问题难住的机会总是很少的，你问他"为什么问这个问题"的情况总是最多。因为较之于你问他的问题，他问你的问题总是更多。

事实上，他学什么东西并不重要，重要是他能够很好地理解所学的东西，并且善于运用。因此，对于他提出的问题，如果你不认为自己能够很好地回答，那么干脆什么都不说。你不妨告诉他："我还没有弄清楚，因此还不能很好地回答你。先把这个问题暂时搁置吧。"对于你教给他的东西，如果实在没有作用，那么你倒不如把这些东西完全丢弃，如果有作用，那么你就找尽快找一个机会让他明白受益。

滔滔不绝地进行口头解释，这种方法我并不喜欢。何况，对于年轻人而言这种解释他们也不会认真听，并且也没有办法记住。我必须不断重申：要用真实的事物说明问题。我们对琐屑无用的口头教育如果投入太多精力，所培养出来的人也必然会喜欢进行无用的长篇大论。

做一个假设：我和我的学生正在研究太阳怎样运行和怎样定位它，其间他突然打断我的话并问我："你研究这些有什么作用？"这个时候，我当然可以像一个迂腐的教书先生一样，把自己的学问展现一番。我可以发表一篇动情的演讲；在回答他问题的时候，我可以把许多的东西都讲给他听；当我们讲话有人在听的时候，我更可以对他讲得风生水起[①]。我会把旅行的好处、商业的利益、各地的特产、不同名族的风俗人情、历法的作用、怎样推算农业的季节讲给他听。我还会告诉他航行的艺术，以及当他在出现在海上但无法确定方位时应该怎样找到方向按照自己的方向前进。此外，我还要把政治学、博物学[②]、天文学、人的道德和权利等方面的知识告诉他，让他对这些知识有一个总体的认识和强烈的学习意愿。但这样做有什么好处呢？他也许没有听懂任何一个概念。如果放在以前，他一定会问我定位的作用在哪里，但现在因为怕我生气，他一定不敢再这样问。对于我讲给他听的东西，他会认为最好还是假装已经听懂了。为什么会有徒有其表的教育？原因就在这里！

我如果也这样做，爱弥儿就不会顺从，因为他受到的培养方式是非常质朴的。由于我们投入的大量精力，他已经学会了一套合理的思考方法。只要他听不懂我的话，哪怕只有一句，他就会离开在房间里四下玩乐，任由我一个人在那里喷口水。他需要的是一个更简明的答案，而非我这番深奥的学问。

我们观察蒙莫朗希镇以北森林的位置。其间，他突然问我："我们为什么要这样做？"我回答："这个问题问得很好！等有时间我们思考一番，如果发现这样做没有价值，我们就放弃，其他好玩的事情还有很多。"就这样，我们换了一件事情做。我们当天没有再谈论地理。

时间到了第二天。早上，我让他和我在午饭前去散一会儿步。听到

[①] 每当老师引经据典地给孩子们讲课，我经常发现他们并不是为了讲给孩子们听，而是为了讲给在场的大人们听。我自己就属于其中的一个，因此我说这句话非常有把握。——原注

[②] 博物学是人类与大自然相处的一门古老学问，指对动物、植物、矿物生态系统等方面所做的宏观的观察、描述、分类等，是自然科学的四大传统之一。——译注

这个消息，他开心极了。孩子总是喜欢出去走走的，何况这个孩子还有一双有力的腿。我们走进了一座森林。我们跑遍了整个森林，但后来却迷失了方向没有办法确定自己在哪里。当我们想回去的时候，发现已经找不到正确的路径。随着时间不断流逝，气温逐渐升高。我们两人开始饥饿起来。于是，我们开始快速地四处行走，想找到出路，但入眼的全是树林和旷野，根本没有一个能认路的标志。我们感到又累又饿又炎热，我们越是跑，越是不知道自己在哪里。最终，为了稍事休息，我们只好坐了下来，也好趁此机会认真研究一番。现在我们做一个假设：爱弥儿不会研究，他受到的教育和其他的孩子一个样。他开始哭了起来，他并不知道，事实上我们所处的位置已经是蒙莫朗镇的镇口，仅仅是因为我们被一片小树丛挡住了视线。对他来说，说这个树丛像一座森林也不为过。以他那样的身材，一片低矮的丛林甚至可以埋住他。

我们沉默了一会儿。随后，我不安地问他："亲爱的爱弥儿，我们怎样才能从这里走出去？"

爱弥儿汗水和泪水混合一起，告诉我："我也不知道。我非常累，并且感到饥饿难耐，口也非常渴。我没办法再跑了。"

　　让－雅克："我的情况也并不比你好。我之所以没有哭，是因为眼泪并不能当作面包吃。现在最要紧的是找到一条路，而不是哭。你看看手表，几点钟了？"

　　爱弥儿："十二点。我还没吃东西呢。"

　　让－雅克："嗯，是十二点，我同样没吃。"

　　爱弥儿："噢！那你一定饿极了吧！"

　　让－雅克："但没有人往这里送午餐，这太不幸了！现在是十二点，在昨天的这个时候，我们从蒙莫朗希镇还观察过这个森林的位置。既然如此，我们是否可以从这个森林找一下蒙莫朗希镇？……"

　　爱弥儿："当然可以，但我们面临一个事实：昨天我们能看见森林，但今天我们看不到蒙莫朗希镇。"

让－雅克:"这就是最不幸的地方……如果我们能看见它那该多好啊!"

爱弥儿:"唉,我的朋友!"

让－雅克:"我们曾经说过,森林在……"

爱弥儿:"在蒙莫朗希镇以北。"

让－雅克:"由此可知,蒙莫朗希镇应该在……"

爱弥儿:"森林的南边。"

让－雅克:"我们有一个办法能在中午找到北方。"

爱弥儿:"是的,看阴影的朝向。"

让－雅克:"那么南方应该怎样确定呢?"

爱弥儿:"怎么确定?"

让－雅克:"南方和北方是相反的。"

爱弥儿:"不错,要找到南方,只需要找到阴影相反的方向。南方就在这边!蒙莫朗希镇一定是在这边!我们如果朝这个方面找,准能找到!"

让－雅克:"你说的话也许是对的,我们现在就从这条小路穿过树丛吧。"

爱弥儿一边拍手,一边高声叫道:"我看见蒙莫朗希了!我能清楚地看见它就在我的前面!快跑,回家吃午饭!现在看来,天文学也并不是一无是处嘛!"

这最后的一句话,即便他没说,你也要想到他一定会在心里告诉自己。他今天得到的这个教训,你要相信他会终生都牢记在心。而如果我只是把这些东西在房间里讲给他听,到了第二天,他就会把这些东西完全忘记。我们一定要谨记一个原则:只说自己能够做到的事情,不能做到的事情就不要说。

在我看来,他的能力固然是很低下的。但我并不会因此每教一门功课都示范。我会遵循一个原则:无论教什么东西,我都会按照学生的能力举例子。因为学生不懂并可怕,可怕的是他不懂却认为自己懂了。这一点我不得不再次重申。

我曾经碰到这样一件事情，至今令我记忆犹新。我想让一个孩子喜欢上化学。于是，我先给他看了几种金属的沉淀，然后向他解释墨水的加工原理。我告诉他，墨水的黑色来源于矾类物质。矾类中很细的铁粉被分离后，把它放入碱性溶液中沉淀之后就变成了黑色。我开始进行一番深奥的解释。忽然，这个小家伙问了我一个我教给他的问题，当场把我难住，让我非常狼狈。

我想了一会儿，想出了一个对策。首先，我派一个人让他去主人的地窖中拿来一点酒，然后，我又让人去一家酒铺买来八分钱的酒。做完这些，我拿来一个小长颈瓶，装一些不挥发的碱溶液在里面，同时拿过两个装有不同酒的玻璃杯①。随后，我告诉他："为了让有些食品变得更加美观，有些人在其中加入一些不必要的成分。"无可否认，眼睛和舌头没有办法分辨出这一点，但这种做法非常有害。除此之外，与以前的这种食品相比，掺假后的食品外观虽然变得好看了，但是质量却更加不如。

掺假的情况容易出现在饮料当中，特别是酒。原因在于在它们中间掺假最难以被发现，并且能获得巨大的利益。

酸酒之所以呈绿色，就是因为加入了氧化铅，而铅即是氧化铅的一种成分。当铅遇到酸，它们就会生成一种盐。这种盐是甜的，能改变酒的酸味，但是对饮酒的人却是有害的。所以，如果你要喝一种酒，一定要弄清是否有氧化铅混入在其中。那么如何发现掺假呢？且听我讲来。

酒不仅含有容易燃烧的酒精，也含有酸类物质，这和你见过的用酒精做的白干酒是一样的。要想发现这一切，你可以去观察酒制的醋和酒石酸②。酸类天然亲近金属。如果将金属和酸溶液放在一起，就可以生成盐，铁锈就是被空气和水中含的酸溶解铁而成。铜绿也是按同样的方

---

① 在向孩子们讲解的时候，为了让他更加专心听，我每次都会先拿出一个小小的仪器。——原注

② 一种有机酸，可使食物具有酸味。——译注

式形成，只不过涉及的酸是醋酸①。

但较之于金属，酸类更加容易亲近碱类。这也就是如果在我刚才所讲的合成盐中放入碱性的东西，酸一定会分离出碱当中的金属的缘故。酸这样做的目的，是为了更好地和碱类结合。

脱离融化自己的酸类，金属就会沉淀。这种沉淀会让酒失去色泽。

因此，只要放一点氧化铅在这两种酒中其中的一种，氧化铅就会被酒中的酸溶解。这时，如果我再把一些碱性溶液放入这种酒当中，那么酒中的酸就被会被它强迫释放出来，其目的是为了和氧化铅化合。酒之所以被弄得浑浊不清，最后沉淀在杯子底部，就是因为铅脱离了酸的溶解。

如果酒里铅②和其他什么金属都没有，那么碱性的物质和酸③就会化合溶解在酒里，不产生任何沉淀。随后，我再用两个杯子分装碱性的溶液。如此一来，自己家中的酒依然能够保持清澈。而买来的酒则不同，它先会浑浊一段时间，大约经过一小时，我们便能看出杯底的沉淀铅。

我然后说："那一杯酒是纯正的酒，可以饮用，这一杯则是掺假的有毒的酒。在此之前，你不是问我给你讲墨水的知识有什么作用吗？现在我告诉你，这种知识可以判别出两杯酒中哪杯有毒，哪杯是纯正的酒。会做墨水的人就能分辨出酒是否掺假。"

在我看来，这个例子无疑是非常好的。但很快便出现了一种情况：那个孩子对此完全不感兴趣。我花了些时间思考了一番。最后，我发现是自己做了一件愚蠢的事情。我的解释，一个十二岁的孩子是不可能懂的，他也不会记住这种试验有什么作用。如果让他品尝一下两种酒，他只会觉得两种都很好。至于"掺假"是什么意思，尽管我已经向他做出

---

① 能形成铜绿的事实上并不只有醋酸。——译注

② 巴黎酒商的柜台都是包有铅的，而且当盛在容器里的酒经过铅时还会停留一段时间，因此，尽管他们零售的酒并不都掺有氧化铅，但未必一定不会有铅。但令人奇怪的是，警察并不会干涉这种如此明显和危险的事情。然而有钱人是很少会中这种毒的，因为他们很少喝这种酒。——原注

③ 植物酸的作用通常都非常柔和，如果是一种矿物酸，在化合的时候一定会冒泡，只要它不太淡。——原注

过清楚的解释，但他仍然不会明白。他也不会明白"不卫生""有毒"这些词语的意思。他当时的情况与其他孩子并不会有什么两样，就如同那个学习菲利普斯医生的故事的孩子一样。

于我们而言，所有我们不知道联系的因果关系，我们没有任何认识的善恶，以及我们没有任何感受的需要都不存在。并且，我们也不会有兴趣研究它们。对于我们来说，在十五岁时幸福地看待充满智慧和能力的人，同在三十岁时崇敬地看待天国并没有什么不同。如果这两种东西超出了一个人的想象范围，又或者这个人能够想象得到但不想要，那么这个人就不会那么想拥有它们，尤其是后者。强迫一个孩子去相信你教他的东西有用并不困难，但你没有办法让他发自内心地相信。仅仅是不温不火地讲出一番道理，就算能够让我们同情或反对一件事情，但没有办法能让我们有所行动。能够让我们行动的，只有欲念。没有人会对自己不感兴趣的事产生欲念。

严禁告诉孩子他不能理解的事物。在他对人情还没有任何概念时，在教育他时，你的言行举止都应该像一个孩子，因为我们不可能把他当成一个成人来养。同时你也只能告诉他目前对他有用的东西，而不是其他别的什么东西，即便这样别的东西对他未来有帮助。如果他开始明白事理，你就不能拿他和其他孩子比。他或许是在赛跑，但就算是这种情况，你也不能让他把别人当成对手或竞争者。与其让他因为嫉妒或虚荣而学到许多东西，我宁愿让他什么也不学。我只是记下他每年的进步，以便能比较下一年的进步。我会告诉他："你看看你去年越过的沟和搬过的重物吧，你现在已经长高了很多！看看这里，就在去年，你把一块石头竟然扔得那么远，一下子竟然跑了那么长的一段路，等等。再看看你现在，你的本事已经增加了那么多。"这样一来，他就不会嫉妒别人，并且很容易就能超越去年的成绩。而这对他也只有好处没有坏处。

我讨厌书，在我看来，书只能教我们谈论一些我们并不了解的事物。荷米斯①为了让科学的原理不被洪水毁掉，把它刻在了石柱上。如果他让人深深地记住这些知识，那么就能让这些知识代代相传而不致遗失。

---

① 古希腊神话中的人物，奥林匹斯十二主神之一。——译注

印刻人类知识最安全的石碑，就是经过训练的大脑。

那么，以下的目标是否还有可能实现：联系起分散在各书中的知识，让它们勾起人学习的兴趣，使他学习变得很容易，同时还能鼓励孩子学习？要想初步地训练孩子的想象力，在一种情况下或许能实现，这就是：为孩子创造一种能体现人所有自然需要的环境，同时巧妙地表现如何才能满足这种需要。这种环境的天然景象和生动，就是实现目的的工具。

这个时候，我似乎已经看见众多乐于助人的哲学家，已经发挥了自己的想象力。但我想说的是，这样做是没有必要且白费精力的，因为这种环境已经被发现。已经有人向我们描述过这种环境，并且要好过你的描述，最起码比你的描述更朴实更真切。读书，对于我们来说既然已经是不得不做的，那么，我认为有一本书对自然教育有着精彩的论述。这本书是我的爱弥儿最早读的一本书。对于他而言，这本书在很长一段时间重要性都最突出，并且独自占据着他的图书馆。对我们来说，这本书完全可以作为学习的书本，我们对自然科学的一切讨论，仅仅只是它的一个注释。它可以对我们的判断力是否有进步做出评判，并且始终能得到我们的喜爱，只要我们仍然有着正常的趣味。那么这本好书是什么书？它既不是亚里士多德的名著，也不是普林尼①的书，更非布封②的书，而是《鲁滨孙漂流记》！

在没有任何同伴的情况下，鲁滨孙一个人在岛上，也没有任何能干活的工具。但即便如此，他仍然能维持自己的生命，能在岛上有食物吃，甚至在一定程度上，还能过上一种舒适的生活。这一点，无论对谁都非常有意义。我们也可以通过各种办法，让孩子们喜欢上这个问题。在此之前，我曾以一个荒岛打比方，现在它成了现实。有人或许会这样说："这种环境并不是社会人的环境，并且也和爱弥儿所处的环境不同。"这种说法我是认同的，但我们起码应该根据这种环境去探讨其他所有环境。

---

① 指盖乌斯·普林尼·塞孔都斯，古代罗马百科全书式的作家，著有《自然史》一书。——译注

② 布封（1707—1788）：18世纪法国博物学家，作家，用40年时间完成了36册巨著《自然史》。——译注

让自己置身世界之外，并且像鲁滨孙一样完全按照事物的本来用途去判断事物，才能让偏见消除，才能根据事物的真正关系拥有自己的判断。

如果不看其中杂乱的部分，这本小说其实讲了这样一个故事：鲁滨孙在一个荒岛附近遭遇船难，最后来了一艘船载他离开了那个荒岛。因此，在爱弥儿还处于我们正在说的这个时期时，完全可以让他在没事的时候读这本书，或者把这本书当成他的教育读物。鉴于他正准备建造一间近似于鲁滨孙的房屋，我对他寄予了一系列希望：我希望他忙得完全没有空闲时间，能够把自己的楼房、羊群和种植的作物认真管理好。当碰到了和鲁滨孙同样的情况，能像鲁滨孙一样，身着一身兽皮和一顶大帽子，并且佩戴一把大刀，总之带上所有奇怪的东西，甚至不落下他那把根本用不着的太阳伞，而不是从书上研究应该怎么办；为了避免犯同样的错误，留心自己所犯的每一个错误。这样的一间房子，对处于他那种快乐的年龄的人说来，可以是一处名副其实的空中花园。以他当时的年岁，拥有必须的物品和自由就是能想到的幸福。

如果有一个人，能够为了利用这种想象有办法让孩子也产生相同的想象，那么在教育孩子的问题上，他就可以获得更多的办法。在一个地方放上各种东西，并把它据为自己的荒岛，无论对哪个孩子都极具诱惑力。在那种情况下，他甚至要比老师更想学习。那个时候的他想知道一切对自己有用的东西，并且也只希望知道这些。他根本不需要你的引导，你唯一需要做的事情只是防止他胡闹。不过你也需要注意，如果他觉得自己在岛上已经非常舒服，就让他第一时间长期居住在那里。因为一个时期即将到来，到了那个时候，他将不愿意在一个人孤单地待在岛上。而且，在那个时候，即使有他现在不曾提及的"星期五"①陪伴在他身边，他也会感到不满足。

自然技术的操作，一个人已经能够应付过来。随着自然技术的运用，工业技术也会紧随其后。而对工业技术的操作，需要几个人的同心协力，一个人是无法做到的。这两种技术，前一种一个单独的人和原始人也可以操作，后一种则只能产生于社会，社会也正是因为有应用这种技术的

---

① 指陪伴鲁滨孙的一个土著人，为鲁滨孙所搭救，后来成了他的仆人。——译注

必要才变得不可或缺。在只对身体需求有概念的时候，所有人都可以独立满足自己的需求。当有了多余的东西，这种情况就发生了改变，到了那个时候，分配财产和劳动将变得无可逃避。要知道，如果是一个人单独干活，获得的东西仅能满足一个人的需求，但如果是一百个人一起干活，获得东西或许能够满足两百个人的需求。这就出现了一个问题：如果一些人不干活，他们的消耗就需要其他干活的人合作才能弥补。

但你不能让你的学生涉及社会关系的概念，因为以他当下的年龄，还不足以理解它们。如果你因为知识的联系性而必须讲到人类相互依存，你也只能让他注意对产生联系的两个人都有用处的工业和机械技术，而非从道德方面进行诠释。如果在某个时候，你带着他从这个工作场地走到另外一个工作场地，你最起码要让他对看到的东西有一个大致的了解，如果你实在无法让他去尝试那些工作，或者让在他离开工场后实在无法告诉他里面的情形。这样一来，为了进行示范，你就有必要亲自工作了。同时，你还必须处处以徒弟自居，因为你要让他成为师傅。你必须认识到，与他一天学到的东西相比，他这样经过一个小时工作学到的东西要更多。

大部分人对各种技术的评价是，一门技术的真正用途越大，越是得不到肯定。有些技术甚至面临相反的情况：大家之所以很看好这门技术，正是因为它没有那么大的作用。想要了解这种情况并不那么难，其重要原因就是，最有用的技术通常报酬最少。公众需求度越高的产品，生产它的工人通常越少，这种产品既然为每个人需要，它的价值就只能按照穷人的价格来定。和那些少数自以为与众不同的工人（人们更愿意称他们为艺术家）不一样，因为需要这类产品的对象是懒惰之人或富翁，对于自己生产的那些华而不实的艺术品，他们可以任意定出价格。这样一种花哨的工艺品，它价格的本身其实也是一部分价值，因为这种价值，完全是随便定出来的。这也就决定了它的价钱越高，大家就觉得它的价值更大。富人是因为这类东西有用才这样看待它们的吗？完全不是，真正的原因是穷人买不起它们。"所有人对于我拥有的财富，只有羡慕的份。①”

　　很难想象，你的学生如果因为你也产生这种愚昧不堪的偏见，甚至这种偏见在你自己的身上也存在，又或者你的学生发现你在分别走进一个锁匠的店铺和走进一家珠宝商人的店铺持有两种不同的态度，他们将会成为怎样的一种人。同样难以想象的还有，当他们发现随便增加的价格不匹配产品的实际用途，一件东西越没有价值便越值钱，会怎样看待技术的真正作用和产品的真实价格？毋庸置疑，当他们一旦接受种类观念，你以后就不需要再教育他们了。你的努力终将白费，无论你怎么努力，他们仍然不会和普通人有什么区别。

　　爱弥儿则有着自己独立的思想，因为他想在岛上有几件可以使用的家具。即便是鲁滨孙，相较于萨伊德对制造各种小玩具的重视，他在过去对刀工作坊的重视程度远要更高。萨伊德在他的观念里只是一个招摇撞骗的人，但刀匠在他看来却非常值得尊敬。

　　“从降生那一刻开始，我的儿子就要生活在世界上，和他在一起生活的，不是智慧者，而是愚钝之人。因此，他做事就要遵从他们的愚钝，并且对他们的愚钝有所了解。认真研究事物有作用，但更有作用的是研究人类和他们的判断力，若要说到原因，则是因为人本身就是自己使用得最多的工具。最充满智慧的人，通常最懂得利用这一工具。给孩子灌输一种纯粹想象的事物的秩序，但相较于将来他们必须遵守的秩序，这种秩序又是完全背离的，这样一来，这种秩序就可以说完全没有作用。必须记住，在教他如何判断别人愚蠢在哪里之前，要先告诉他们怎样才能变得聪明。”

　　这番话看似很正确，其实根本没有道理。因为考虑不全面，一位父亲如果按照这种办法去教育自己的孩子，最终只会让偏见俘虏他们。他的初衷，原本是想让孩子能够利用愚笨的人达到自己的目的，但得到的结果却是孩子反而为对方所利用。在孩子还不了解许多东西之前，是不宜让他去认识人的。一个人如果足够聪明，那么他一定是最后才去研究人，而你却刚好相反，叫你的孩子首先就去研究人。因此，我们如果要

────────────

　　① 皮特罗尼乌斯《诗集》第 100 章，布尔曼编校本。——原注

按照自己的想法去教育孩子，就要先让他大概认识我们的想法。一个人可以对大家的愚蠢有认识，但不能让自己也变得那样，要想变得智慧，就要知道哪些人不智慧。你的孩子想认识一个人，但他却无法判断这个人的思想，也不能发现这个人哪个地方错了，那他无疑不能达到自己的目的。如果这还算可以接受，那么有一种情况无疑更糟糕，这就是，他在还没有弄清别人所说的事物之前，就先按照这些事物的样子去做事情。所以，要先把我们对一种事物的看法告诉他之后，才能把这件事物的本来样子告诉他。如此一来，他就知道如何辨别实际的情况和大众的看法，这就培养了他自己的独立思想。其原因是一个人如果相信偏见就无法看出偏见，如果和大家并无差别就无法教导他们。如果你在向他灌输人们的看法之前，没有先告诉他怎样判断人，那么就只能得到一种结果：你尽管非常努力，但他仍然会把别人的看法当成自己的看法，并且一生都很难改变。因此，要想让一个青年人变得智慧，我认为不能让他硬接受我们的看法，而是应让他习惯于自己独立思考问题。

目前为止，我想你们已经发现，我仍然没有对我的学生谈到人。只要他不是聪明得过分，就无法明白我在这方面所讲的东西。对于他同身边的人的关系，他还没有办法有一个清晰的感受，因此还没有办法对别人做出评判。他自己是他唯一能够理解的人，甚至即便是这种理解也不全面。但有一点无法否认：他尽管还不能完全认识自己，但对自己已有的认识是准确无误的。他尽管对别人的地位一无所知，但对自己所处的位置认识很清晰，不仅如此，他也能坚守这一位置。在这种情况下，我们并不是在他无法理解的社会法律在约束他，而是他的需求。他的身份，现在仍然是自然人。我们会继续以这种身份看待他。

对自己是否有用，是否关系到自己的安全、生存和舒适感等明显的关系，是他评价一切自然的物体和人类制造的东西的依据。所以，对于铁和玻璃这两种事物，他只会认为前者贵过黄金，后者贵过钻石，较之于朗培勒耳、勒布郎和所有欧洲珠宝匠，他更尊敬鞋匠和泥水匠。做面包的师傅在他心中更是占据着重要地位，如果让他用整个法兰西学院去换一个隆巴德大街上最小的糕点师，他也会毫不犹豫地答应。金银匠、雕刻匠和花边匠，在他看来只不过是一些懒惰的人，他们只会做一些没有实际用途的东西。他甚至也不那么尊敬钟表匠。如果一个孩子很快乐，那么就代表他享受到了时间，而不是被时间控制，他尽管没有认识到时间的价值，但他实际上并没有让时间白白流逝。他的欲望一点儿也不躁动，这让他能够平静地度过每一天。同时，他也可以凭借这一点来计算时间①。如果我培养出来的这样一个爱弥儿需要一个表，又或者会因为我们而哭泣，那么就代表他非常平庸（这或许对我有所好处——可以让别人更了解我），而我想培养的爱弥儿却是：同其他的孩子完全不同，并且别人也学不会他。

由于一种顺序的原因，对于各种技术，我们是根据它们相互间的联系去看待的，被我们排在最前面的，是最能独立操作的技术，需要其他许多行业帮助才能操作的技术则被排在了后面。这种顺序不仅符合自然，而且更加公平。但在大家的眼中，和上文那个评价的顺序一样，这个顺序是颠倒过来的，即便它能让大家在总的社会顺序上想到几个很重要的问题。这直接导致了人们轻视生产原料的技术，从事这一技术的人也不能挣到很多钱，原料制造得越多，他们所赚到钱和受到别人的尊重越是稀少。至于是不是因为把原料最终做成成品，所需要的技术应该得到的报酬应该比提供原料所需要的技术应该更多，这个问题我并没有打算研究。但我必须要说，在每一种东西中，最应该得到尊重的技术应该是用途最广和最重要的技术。我们对一种对其他技术依赖性最低的技术的评价，自然应该要高于对一种相对而言更依赖于其他技术的技术。因为，前者的自由度最高，最容易进行独立操作。只有这样一种评价标准，对技术和劳动力才是最适合的。除此之外的其他任何一种评价都带有偏见。

在我看来，农业是所有技术中最值得尊敬的技术，其次是炼铁，再其次是木工，以此类推。一个孩子也会以同样的顺序来评判这些技术，只要他没有被那些低俗的偏见所蚀。在鲁滨孙身上，爱弥儿也会想到许

①对于时间的进程，如果我们要完全按照自己的意愿支配，那么对我们来说，时间根本没有意义。一个智慧的人，他兴趣的平衡和心灵的平静就是他的计时表。他始终都可以掌握自己的时间，并且总能够把握得刚好。——原注

多问题。如果他发现有些技术应该完善，必须要有精细的分工，必须要不断增加各种工具的时候，他肯定会想："我不否认那些人很灵巧，但不能不说这种灵巧当中也混入一些愚钝。他们之所以要发明工具来代替他们的胳膊和手指，完全是因为他们担心他们有一天什么事情也不能做。他们不得不受到其他许多种技术的牵制，每一个工人要依靠整座城市，而这仅仅是为了操作一门技术。我和我的同伴则不会这样做，我们只把天才用在增加我们的技巧上，我们唯一制造的，是随身携带的工具。在巴黎，那些人尽管夸耀自己如何如何厉害，但如果到了我们的岛上，他们就什么也做不了，只能做我们的徒弟。"

读者们，在看我们的学生锻炼自己的身体和训练自己的技艺之余，同时也希望你们能做如下工作：思考我们是往哪个方向发展他们还没有成熟的好奇心，我们把一些怎样的常识教给了他们，怎样让他们懂得发明和拥有远见卓识，以及我们准备让他们拥有一些怎样的思想。在看到某样东西，或者要做某件事情的时候，他都要把它弄个一清二楚。当他用另一种工具时，他会想一遍自己用过的所有工具，直到想到自己用的第一个工具。无论做什么事情，他都会从实际出发。对于某样东西，如果他对这样东西不了解，那么就不会去学。当看到别人做弹簧，那么他就会想到钢铁是怎样从矿石中炼出来的？当看到别人把木板钉成箱子，那么他就会想到树木是怎样砍伐的？他如果在工作，每用一样工具，都会反问自己："如果我没有这样工具，要做出一个类似的东西应该怎样做？怎样才可以不用这种工具？"

但是你要注意，在你充满兴味工作的时候，孩子是否有厌烦的情绪？或者有这样的情绪但不敢表现出来？因为老师如果喜欢做一件事，很可能错误地认为孩子也喜欢做那件事。孩子的精力，应该集中在自己所做的事情上，这是理所当然的。但你精力则要用在他身上，你要在不让他发觉的前提下认真观察他。同时，为了防止他出现错误的认识，你还必须要预先知道他的想法。你必须要让他在有能力做一件事情同时，让他也喜欢上这件事，这当然因为他已经明白了这件事对自己有什么作用。

有一些相互联系的观念，已经具备了一些基本的轮廓，这就是：工艺的交换决定了技术的结合，物品的交换决定了商业的结合，票据和金钱的交换决定了银行的结合。在还很小的时候，爱弥儿就已经知道这些观念的真谛，这得益于园主罗培尔。为了让他对商业贸易有所了解，并且把与各地特产有关的博物学、航海方面的技术和科学详细地讲解给他听，我们现在要做的事情只是综合以上观念，并且用这些观念来证明更多的事例。当然，为了让他能深刻地理解商业，我还会向他详细讲述地域的距离、陆地、海洋和江河等方面的位置对交通造成的或大或小的困难。

不存在交换的社会是无法存在的。一种交换，如果不存在共同的尺度也无法进行。但是，要想能够使用共同尺度，平等是一个前提。因此，让人和人或物和物之间订立某种协定，是整个社会的首要法则。

较之于自然的平等，人和人之间的平等并不一样。没有成文的法规，即没有政府和法律，想实现这种平等是不可能的。对于政治，一个孩子对于它的概念应该尽量简单。必须在与产权有联系的时候，才让他对政府有一个大概的了解。这是没有办法的，因为他对产权已经有了一些了解。

之所以会有货币，是因为物和物之前存在约定的平等，货币始终只是一个比较各类物品之间价值的一个额度。如果从这个角度出发，说货币是联系社会的真正纽带完全不为过。能够被当成货币的，几乎可以是任何物品。牲畜以前就是货币，直到今天，仍然有几个民族以贝壳作为货币。斯巴达人的货币由铁做成，皮革曾经被瑞典用做货币，而我们用来做货币的东西则是金银。

金银通常被用于各种交换的中介，因为它们方便携带。后来，它们被铸造成了钱，这样做是为了避免在每次交换时都需要衡量金属的重量。铸造成钱之后的金银，每一块都被刻上了一种标记，不同的标记代表着不同重量的金属。因为有权铸造货币的人必须能让全体人民都承认他的权威，所以这个人只能是国王。

无论是多么愚钝的人，都能理解对这个发明这样解释。但如果是直接比较性质不同的物品，那就没那么容易了，麦子和布匹的比较就属于这一种。但在一种情况下，织布的人和种麦子的人，也是可以轻易说出他们希望交换的物品价值的，这种情况就是拥有一种类似于货币的价值尺度。如果有一个钱的数目和一定数量的布等值，这种钱数又和一定数量的麦子等值，那么拿布来换麦子的人就能公平的交易。所以，各种物品只有通过货币，才能用同一个单位的尺度来衡量，只有通过货币，才能相互比较。

你需要讲的也仅仅只有这些，万不可涉及人的道德因为这个制度而受到的影响。把一样东西的用途展现出来，然后把它不好的地方也同样表现出来，是你讲这样东西最需要注意的地方。你不能把孩子当成哲学家甚至圣人，让他们去了解甚至连哲学家都不能了解的事物，例如：向孩子解释众人是怎样因为金钱而产生各种欲望的，向孩子解释大量出产白银的国家是如何变得最贫穷的。

能让引起一个学生好奇心的有趣东西是很多的。我们还可以始终围绕着他理解的实际的物质关系这样做，也可以在不让他产生任何一个他不理解的观念的前提下这样做。避免让学生在那些并不那么重要的事情上倾注精力，而是让他不断地接触将来他必须了解的重大关系，就是教师的职责所在。当你和学生进行交流，你必须具备一项能力：善于启发并向他灌输思想。其他孩子或许不会那么在意这个问题，但是爱弥儿思考这个问题的时间，几乎达到了半年。

我们去一个富人家里吃饭。到了那里，我们发现一个隆重的宴会已经准备得很妥当。有很多客人和仆人，菜肴的数量也非常多，还有一套餐具，非常精致和漂亮。不经常看见这套餐具的人，乍看之下很容易有惊艳的感觉。我的学生会因为这些受到怎样的影响，是我首先想到的东西。宴会进行着，菜正在被不断地端上来，满桌子的人都在喋喋不休。这时，我凑到他耳旁，问他："你眼前桌上的这些东西，在端上来的时候，你估计已经有多少人接触过？"他刚才还悠然自得的样子，瞬间就消失得无影无踪。这也在情理之中，这简短的一句话，无疑让他产生了诸多想法。他开始忐忑起来，不断地在思考和计算。在这个孩子用哲学的态度独自思考问题的时候，那些哲学家正在被美酒或身边的女人弄得七荤八素，只能像一个小孩子一样胡乱地说着许多话。他向我征求答案，但我没有告诉他，而是对他说在别的时候再告诉他。但他就不从容了，不仅心急如焚，甚至把吃东西都忘记了，心里唯一的想法，是离开桌子痛痛快快地问我个明白。以他的好奇心，想知道这件事情的心情无疑是非常急切的。而且，于他而言，这些话用来教育也是非常动听的。如果他了解到如下情景，我们可以设想一下他可能产生的想法：身上所穿的漂亮衣服在中午穿一点时间，但在晚上又要放进衣柜；它的费用，世界上的所有地方都得分担；这种分担可能是两千万人的不间断地进行劳动，也可能无数的人因此而丧失性命。

对于这些问题，你可以先进行仔细观察，然后再在心里得出自己的看法。他也许会得出其他看法，如果你不像我那样进行预防的话，这就使当他看见许多人奔走着为自己准备午餐时，他会认为在这个世界上非常重要。当他还没有这种想法时，如果你对此已经预先知道，要想防止他不出现这种想法就没有那么难。就算再怎么说，也可以让他已经产生的想法立即消失。这个时候的他要想判断一样东西是否适合自己，只有依靠感知，因为他只会出于追求物质的享受而去拥有这样东西。当一个人做了一段时间运动之后感到饥饿，这个时候对他而言，最令人感到畅快的事莫过于开心自由地吃一顿简单的乡村风味。这样一来，较之于那种规模非常大但是让人放不开的宴会，他无疑会认为吃这样一顿饭才获得了真正的好处。但他在离开农民家的桌子和金融家的桌子时，并没有从哪一方得到真正属于自己的东西，除了都吃得非常饱之外。

在这样的情况下，老师无疑一定会这样说："你仔细想想，这两顿饭你哪一顿吃得最舒畅？哪一顿吃的时候让你笑得最多？哪一顿你吃的时间最长但是又不感到乏味，并且不需要再另换一套餐具？其中的差别是明显的。那种好吃的黑面包是那个农民用收获的麦子做的；那种美味可口并且对身体有好处的纯黑色酒，也是他用自己园中的葡萄酿造的；他用的餐布，是在寒冷的冬天，他的妻子、女儿和女仆用他种的大麻织的；桌子上的菜，全部来自于他家里人之手；他几乎不会去附近的磨坊和集市。而另一张桌子的情况则不同，尽管同样不缺少远方出产的东西，同样是由很多人共同做出来的，但是你却并没有真正享受到什么。如果那些东西不能让你吃一顿像样的饭，那么东西再多也没有任何作用。在那张桌子上，专门为你做的东西一样也没有！如果这家主人是你，你无疑会更感到奇怪，你本来是想把自己享受到的豪华在别人面前展现一番，结果却根本没有达到这一目的。不仅没有达到目的，你还为此耗费许多精力，但他们才是最终快乐的一方。"

　　无可否认，这是一番非常动听的话。但对于爱弥儿来说，它并没有什么价值。原因在于，他对这些根本一无所知，也不能把别人的观点当作自己的观点。基于这些原因，就有必要对他讲得更简单。吃过这两次饭之后，我会在一天早上问他，说的话是这样的："今天我们要去哪一家吃饭？由你决定！如果去这一家，你将会看到这样一番景象：银器摆满了桌子的四分之三；纸做的花放满了光亮如镜的盘子；你将会被那些傲慢的女人当成小孩子，听到她们往你耳朵灌一些不知所谓的话。而如果去距这两公里路的农村，款待我们的就是一些乐于拿出奶酪的人。"毫无疑问，爱弥儿会选择后一家，讲究排场和没完没了地说废话并不是他的作风，一种满是拘束的感觉也并不为他所喜，同时他也不喜欢美味佳肴。只要一说要去乡下，他总是在第一时间去。对于美味可口的水果、蔬菜和奶酪，以及非常好客的人家，他都非常喜欢[①]。他在前去的路上很自然地就说起了自己的看法："那些为举行大规模宴会而花大力气的人，那样做的原因只有两个：一个是觉得精力太多了，要浪费一些；一个是理解不了我们这种快乐。"

　　如果仅仅对于一个学生而言，我举的这些例子或许还不错，但它并不一定适合所有学生。你也可以对它加以改变，前提是你对其中的精神

---

　　① 我为什么知道我的学生喜欢乡村呢？这是我从他受到的教育推断出的结果。他也不会像其他孩子那样受妇女们欢迎，并且还会有些憎恶她们，不愿意和她们在一起；就算同她们在一起，也不会对她们的姿容持欣赏态度，其原因是他没有那种衣着华丽的花花公子那样的相貌。即便她们应该被更尊敬，我仍然不会教他去亲吻她们的手，向她们说几句完全没有真情实感的奉承话，以及教他要比尊敬男人更尊敬她们。我定了一条铁律：如果一件事超出了他的智力能理解的范围，坚决不让他去做。再说，让孩子们以不同的态度去对待性别不同的人，我们目前还找不到充足的理由。——原注

已经领会。必须已经充分研究了一个人特有的天资，才能选择好适合他的例子。而你是否能让他有表现自己天资的机会，是能做好这种研究的前提。那么，这是否就是说，只要通过我所讲的这三四年时间，就可以让一个有着得天独厚先天条件的孩子，对一切自然的技术和科学都获得一个概念，从而让他有一天能够独立学习？答案是否定的！但我们如果能这样把他所认识的事物让他逐步经历，就可以让他能够发展自己的爱好和才能，从而开始迈向他天资相契合的目标。如果这样做，我们还可以通过这一过程，应该从什么地方帮助他发展天性。

这些知识尽管为数有限，却非常正确。通过它们之间的联系和关系去教育他，让他能清楚它们应该在自己心里有一个怎样的位置，以及防止他像我们大多数人那样，只侧重于培养某些才能而忽略其他才能，是我们可以通过这些知识能获得的另外一个好处。一个人，如果能很好地了解每一部分应该处于什么位置，那么他就可以很好地了解整体。同样的道理，如果一个人能够彻底地研究每一个部分，那么他就会成为一个博学的人。但这代表他也拥有远见卓识，要做到这一点，还必须对整体了解得非常透彻。知识并不是我们想获得的东西，判断力才是，这一点我们一定要知道。

但我的方法是否只是从我所举的事例中得出来的呢？当然不是！它考虑到了不同的年龄段的不同能力，也考虑到了不同能力的不同学习内容。你当然也可以去找其他更好的方法，而我毫不怀疑你可以找得到。但我也必须指出，如果你找到的方法不适合孩子的个性、年龄和性别，将会很难取得同样的成绩。

在第二个时期开始以后，利用自己多余的精力，我们把自己带离了距我们居住地很远的地方。我们不仅遨游了天空，也丈量了大地，对自然的法则也一并进行了探寻。如果要用一句话来概括，这句话就是：整个岛屿我们都跑了个遍。现在，我们重新回到了这个世界，在悄无声息中，我们又走到了自己的居住地。在回去之后，我们如果能发现那些想强占我们居住地的人没能占据它，我们将感到无比开心！

我们在已经看过我们周围的情况之后，就应该使用我们能够获得的所有物品，并且把自己的好奇心充分利用起来，以让自己更幸福。我们现在已经制造出了许多工具，各类的都有。但对于我们能使用哪一种工具的问题，我们还一无所知。以下两种情况都是有可能的：一种是我们的工具对自己没有用，但是对别人有用；一种是我们还需要把别人的东西拿过来用。如此一来，无论是哪种情况，我们发现只要交换就有利于我们。当然，必须要了解彼此的需求之后，每一个人都已经知道别人用什么工具，自己有什么工具之后，交换才能够进行。现在做一个假设。有十个人，每个人都分别有十种需要。这十个人要想自己的需求得到满足，每个人都必须做十种不同的工作。但同时也存在一种情况：因为天才和能力的差异，每个人工作的成就各不相同。本来每个人都有自己的长处，但因为是在做同样的一件事情，所以并没有得到理想的结果。在这种情况下，如果把十个人分成一组，让每一个人都做自己适合的工作，无疑就会得到一种理想的结果：每个人都能从另外九个人的才能中获得好处，有如一个人同时具备了九种才能。由于每个人重复着在做一种相同的工作，因而熟练程度不断得到提高，如此一来，这十个人不仅分别满足了自己的需求，而且还能为别人提供剩余的东西。一切制度显而易见的原理，就在这里得到了体现。至于这个原理会产生的结果，因为我们在另外一本书①中已经阐述过，因此在这里并不打算再研究。

一个人如果想只依靠自己而与世隔绝，如果根据这个原理，并不能得到一个很好的结果。情况严重的，甚至可能无法生存。原因何在呢？因为当他发现我们已经占据了整块土地，他什么也无法获得的时候，他无法找到自己需要的东西。事实上，当我们已经褪去了自然状态，也强制别人一并褪去这个状态。一个人想在不理会其他人怎样做的情况下保持这种状态，是做不到的。因为让自己的生命得以保全是自然的首要法则。

如果一个孩子还不是社会某个活动中真正的一员，通过这种方法，我们可以让他逐渐认识社会关系。爱弥儿之所以能够用自己的工具去换自己需要并且别人能够提供的工具，就是因为他发现了自己和别人都要使用工具。如此一来，这些交换的必要性，我毫不费力地就让他有了一

① 即《论人类不平等的起源和基础》。——原注

个了解。这样，他就可以通过这些交换来满足自己的需求。

有一名讽刺作家非常贫困。当一位官员责备他从事这门职业有失身份的时候，他的回答是："大人，我不得不生活。"但权贵的回答非常冷淡："我不认为有这样做的必要。"一位官员固然能把这句话讲得很得体，但如果是别的什么人讲这句话，难免会显得有些鲁莽和做作。因为没有一个人不需要生活。无论是谁随着做人做事方面经验的变化，他对这句话的认同感也会有相应的变化。同时我认为，任何人说这句话都有着不容置疑的理由。无论是谁，只要他已经没有办法生活下去，在对死亡的厌恶心理的驱使下，他完全可以想尽一切办法生存下去，因为厌恶死亡是大自然赋予我们的所有厌恶感中最强烈的一种。但需要指出的是，这一简单原则和因为操守而轻视生命或以身殉职依据的原则并不一样。即便完全不培养自己，有些民族也能够保持善良。事实上，最幸福的民族，恰恰也是即便没有道德规范也能工作的民族。如果真的存在一种境况，可以让身处其中的人无法生活，使身处其中的人为了生活而不得不欺骗别人，那么，应该下地狱的不是那个做坏事的人，而是那些促使他这样去做的人。

当爱弥儿已经知道生命为何物，让他怎样保护自己的生命，就会成为我首先关注的问题。职业、等级以及财富，我直到现在仍然没有提及，即便到了以后，我仍然不会提及。我只会讲一些其他的东西，这是因为：身份不同的人并没有什么两样。难道说有钱人的胃一定比穷人的胃更大和更能消化食物？又或者是主人的胳膊一定比仆人的更长和更有力量？又或者是一个伟人一定比一个普通人长得更高？当然不是这样。因为自然的要求，每个人都是完全一样的，同样相同的还有满足需求的方法。一个人受到的教育，其出发点必须是为了与这个人相适应，而不是适应其他别的什么东西。他之所以只能适应一种社会地位，完全因为你是这样培养的。如果幸运之神不垂青你，那么你让他得到的唯一结果只能是沦为一个不幸的人。对于这一点，我们都心知肚明。如果一个显贵变成了一个乞丐，那么最可笑的事情莫过于他在穷困不堪的时候仍然夸耀他的身世；如果一个富人已经丧失了财产，最不幸的事情莫过于，他在想到大家对穷人的轻视之时，认为自己也变成了一个最卑微的人。沦为流氓或骗子，是前一种人的唯一结局，而后一种人能做的，只有低声下气的奴才。这样的奴才在见到别人时，也不得不说一句动听的话："我要生活。"

你想依赖现有的社会秩序，但是你却没有看到，这种秩序最终将被改变。你同样没有看到，你的孩子将不可避免地受这种改变的影响，但你却只能束手无策。你没有办法逃脱命运的打击，大人物要被小人物取代，有钱人要成为穷人，贵族将变为老百姓！即将出现在面前的，是一个充满危机的和革命的时代①。未来会变得怎样，谁也没有办法预料。人能够破坏一切人制造的东西，不能被摧毁的事物，只有大自然的作品。但是，有谁听说过大自然会生产国王、富人和贵族？当将来沦落到社会底层的时候，这位你当初只告诉他要追求权贵的显赫官员，无疑想不出应对之策；当将来一贫如洗的时候，这位只有依靠黄金生活的税务官无疑不知该怎么办；当将来身无长物的时候，这位没有任何技能只能靠别人养活的人，无疑只能坐等命运的裁判。一个人要想称得上幸福，必须在自己地位已经发生变化时，有毅力将其决然抛弃，必须能够无视命运的捉弄而坚持做自己。尽管王权已经衰败，但是仍然企图苦苦维持，这样的国王是无法得到我的尊敬的，无论你们对他怎样推崇备至。他的生活在我看来只不过是建立在权力的基础上，如果他并不拥有国王的地位，那么他就什么也不是！或者，倘若他已经不再拥有王位，只能靠自己的能力生活，相较于身为国王的时候，他的格调或许还要更高。当他已经不再拥有国王这一无论是恶棍、疯子和懦夫都能取得地位，而是拥有了更高的地位——只有少数人才能拥有的地位，才能说他已经掌握了命运。因为这个时候的命运，在他眼里已经无足重轻，他已经能够自己独立面对一切。与其让我拥有一个遭人讨厌的塔克文②，我宁愿要

---

① 欧洲的几个大君主国家，我认为它们难以长时间延续。原因在于它们都繁荣过一个时期，而盛极必衰。就算不看这个法则，我也还有一些独特的理由。不过，我无意在这里谈论，因为它已经是一个众所皆知的东西。——原注

② 罗马王政时代的第五位国王，一位独裁者和征服者。——译注

一百个任教于柯林斯学校的西拉丘兹①王，或者是一百个在罗马做录事的马其顿王。塔克文什么也不想做，一心只想做国王，只想成为三个王国的继承人。他受到众人的讥讽，他因落魄也被大家轻视。他总是被别人嘲笑，在各个宫廷之间不断奔走，以求获得别人的帮助。他没有任何本事，并且也无力从事一门职业。

无论是做什么事情，一个人或一个公民能投入社会的只有他自己，除此之外再无其他。一个人，当开始变得富裕，把这些财富让给公众而不自己享受也是有可能的。之所以会有前面那种说法，是因为那个人获得的东西是别人的。而即便出现了后面那种情况，也不能说那个人就对大家做出了贡献，就算他把自己的财富全部奉献了出来，他仍然还有没有偿还社会的债务。有这样一种说法："我父亲对社会的贡献，就是他在为自己争取财富的那一刻。"这句话或许有些道理，但你不能忘了，他把他的债务偿还了，并不代表也一并偿还了你的债务。你一出生就是满身债务的，因为你一出生就过得非常优越。在这种情况下降生的你所欠的债务，比你在没有财产的环境下降生欠的债务还要多。无论是谁，他所欠的债务只能由自己偿还，任何一个父亲都没有权利让自己的儿子成为一个对同胞来说没有价值的人，因此，用一个人对社会的贡献来抵消另一个人对社会的债务是不合理的。这时你或许就要说了："他之所以给自己儿子自己的财产，就是出于这样的动机，他劳动的证明和偿还，就是他的财产。"但是，你要知道，一个人在那里什么也不干，只吃别人给他的东西与偷盗没有什么两样。如果有谁只靠政府的钱财生活，什么也不做，那么他就是一个强盗。一个与世隔绝的人可以只按自己的方式生活，因为他不欠别人债务。但生活在社会中的人却不能这样做。生活在社会中的人，必须要用自己的劳动来偿还自己的生活成本，因为他依赖别人的力量生活。因此，对于一个在社会中生活的人而言，他有不可推卸的劳动的责任。一个不干活的公民就是一个纯粹的流氓，无论他是否有财富，强大还是弱小。

手工劳动，是人类一切能够维持生存的职业中最能让人接近自然状

---

① 意大利西西里岛上的一个城市，为古代希腊人的城邦。——译注

态的一种。而手工业者，可以说是所有人当中受别人和命运影响最小的人。这当然是因为他具有以下特点：完全依靠自己的技能生活，并且不会受到那么多拘束。较之于被土地束缚、土地的产物所有权完全归别人的农民而言，手工业者的自由无疑是一个鲜明的对照。农民的处境是恶劣的：他的土地，随时都可能被敌人、有权有势的邻居或一场诉讼夺去；他随时都可能被别人利用他的土地对他进行刁难，方法多种多样。但手工业者则不需要面对这样的命运，无论在哪里，只要别人想为难他，他都可以随时卷铺盖走人。但谁也不能否认农业是最高尚的职业：它不仅有着久远的历史，受到的掩饰最少，并且对人的帮助也最大。然而我不会提醒爱弥儿去学习农活，因为他知道怎么干农活。无论是哪一种农活，他都非常拿手。在一开始，他得到的训练就是干农活，并且一直没有中断。所以，我只需要告诉他："你有必要学一门技艺。因为你现在耕种的土地，是你的先辈留下来的，当你已经无权拥有它的时候，你必须要有应对的方法。"

"老师，你是否打算让我的儿子去学一门技术，让我的儿子去做一名工匠？""夫人，在这方面我比你考虑得更全面。你的想法，无非是让他成为一个有权有势的人。但你是否有考虑，他也有可能将来一无所有？我只想把他教育成一个人，让他能够拥有一个无法被撼动的地位，并且时时能以这个地位为荣。相较于你能给他的地位，他无疑更可能获得这种地位，这一点你无法否认。"

如果只是从字面上看，这番话似乎并没多么招人待见，但它体现的精神是足以激励人的。为了掌握一门技艺而去学一门技艺无关宏旨，重要的是防止不客观地看待那种技艺。你或许永远要不停地劳作，但这对你可能并没有什么好处，多么令人伤心啊！不过这些都是无关紧要的，因为即使你劳动并不是为了生活，至少可以为了荣耀。只有你愿意做一个工匠之后，身份才会比从前更高！你只有一开始就学会不依靠命运和事物，你才能真正让它们为你所用！只有已经控制了舆论，才能利用它来进行统治。

我并不是要求你掌握一种才能，而是掌握一门技艺，这一点你要切记。一门真正的手艺是一项机械的工作，在做的时候较少动脑而较多动手，虽然没有办法让你腰缠万贯。但是，如果你掌握了这门技艺，你就可以不需要财富。在一些根本不需要担心忍饥挨饿的家庭里，我发现了这样一种情况：有几个父亲，在认真教育自己的孩子之余，还尽心竭力把一些遭遇意外时用来求生的知识教给他们，其眼光无疑是长远的。这些父亲无疑会认为做了很多事。但真的是这样吗？一点也不，他们其实什么事情也没有做！因为他的初衷尽管是想让孩子脱离对命运的依赖，但是替孩子想的办法却并没有做到这一点。一个人再有本领，如果没有适合的发挥环境，他同样会因为穷困而丢掉性命，和没有本领的人并不会有什么两样。

在困窘到极点的时候，你意图用手段和谋略让你重新拥有原来的地位，但与其这样做，倒不如用它们去让你生活得更丰裕。你想学的技艺，如果只是那些必要获得名家名声才能有成就的技艺，你让自己唯一能够胜任的职位，如果只是那些需要别人宠爱才能获得的职位，那么很悲哀，当你因为正义而厌恶世俗的时候，当你轻视那些让你成功的手段时，你将会发现这一切对你毫无作用。你对政治和权贵们的喜好有研究，这固然很不错，但是你是否有想到，在一种情况下，你所研究的这些东西也可能对你是没有作用的，这种情况就是：你无法接近大臣、宫廷贵妇和长官，也不知道如何才能得到他们的宠爱，而他们也认为你不是一个适合的仆人。你是一个建筑家或画家，这当然很好，但是你要让你的本领有表现的舞台，必须要让别人知道你有这种本事。你没有办法把一个作品直接放在沙龙里陈列，除非你是法兰西学院的一员。如果没有别人的帮助，你甚至都不能把它陈列在一个不那么敞亮的地方！因此，扔掉尺子和画笔吧！坐一辆马车去一家一家拜访，这样你的名气才能被传播开来。那些有权有势的家庭，他们的门卫和仆人理解事情都是靠手势完成的，对他们来说，手就是他们的耳朵。你必须先能够找到愿意跟你学的学生，你才能把自己学到的知识传授给被别人，才能做一个地理老师、数学老师、语文老师、音乐老师或者图画老师。此外，你还要找到一些替你打广告的人。你如果只擅长说大话，并不具备一项熟练的技能，那么别人永远会认为你无知。

如此一来，你就可以明白，这些你赖以生存的方法都不保险。你必须同时还知道许多其办法之后，才能很好地运用这些方法。但即便如此，在如此污浊的环境中，你也将会变成另外一个人。你并没有因为身处恶劣环境而变得更强，而是变得更加不堪。当别人讥笑你的时候，你看问题将会变得偏执，并且轻视你谋生的手段，即便那种手段并不那么高尚。在以前，你只知道依靠自己的财富生存，但是到了今天，你不得不依傍有钱人。你奴隶的身份一天天被确立，你在这种生活中受到的痛苦，一天天在加重。这个时候的你，已经身无长物，并且连自由也丧失了，成为一个不折不扣的堕落分子。

事实上，那些高深的知识并不是用来滋养身体的，而是用来滋养心灵的。因此，你如果能不过多地依靠那些高深知识，能够在必要的时候靠你的双手和制做出来的东西来生存，你将会获得好处。你将不会遭遇困难，权谋也会完全失去用武之地，你总能在需要的时候让自己得以生存，你的生活也不会受到正直和荣耀的影响。除了这些，你可以得到的好处还有：见到有身份的人物之后，能够应对自如的说话；遇到坏人的时候，敢于进行反抗；不需要低三下四地迎合某一个人（你如果在一点钱也没有的时候去向别人借钱，就是一个强盗）。这样，你就不会被别人的理论所左右，也不需对某一个人说他爱听的话，或者去奉承某一个愚昧的人，或者降低姿态去迎合某一个门房，或者去巴结某个得宠的妇人，对她讲一些好听的话。你可以在平凡的生活中成为一个诚实的人，并且拥有自己赖以生存的面包，即便你所处的环境是许多坏蛋在掌权，并且他们和你没有任何关系。你走进你首次学习技能的那个工厂，然后说："师傅，我想找份工作。"马上你就能听到答复："你就在这里干吧。"你很快就把午饭钱挣了回来，而此时还没到吃午饭的时间。当你踏踏实实地干了还不到一个星期的时间，你把下个星期的生活费用也挣了回来。如此一来，你将拥有一个自由的生活，你自己也会变得勤劳、正直、诚实、健康。

爱弥儿无疑需要学一门职业。你说，爱弥儿既然要学，那就要学一门诚实的职业。但这就产生了一些问题："诚实"这个词到底有怎样的含义？按道理说，只要有益于大家的职业都是诚实的。除了绣花匠、金匠和漆匠，洛克嘴里的那种斯文人、音乐家、喜剧演员和作家①，以及其他与之类似的职业之外，他想学任何职业我都不会加以干涉。与其让他做一个诗人，我更愿意他做一个鞋匠；与其让他在瓷器上描绘花卉，我更愿意他去修马路。在这个时候，你也许会说："难道你能说警卫、密探和刽子手也没有作用吗？"只要政府不存在，这些人就是没有任何作用。等等，好吧，我说错了。一种职业只有作用还稍显不足，只有同时还能避免让从事的人变得邪恶才行。总之，我们从事的职业必须要有诚实的特点，而一门职业如果没有作用，就很难说得上诚实。

就在这个世纪，有一个非常有名的作家②。他的著作尽管内容很宏大，但是看法却并不那么客观。像教会里的许多教士一样，他也决定不娶妻子。但据说他最后决定请一些非常漂亮的女仆，因为他发现别人怀疑他的性取向。在他看来，这样做也是为了弥补人类因为他草率的决定而受到的损失。每个公民都有义务为祖国生儿育女，生儿育女不仅可以为国家做贡献，而且还能够增加手工业者的人数。等到这些孩子长大之后，他会让他们学习一门自己喜欢的职业。当然，他对这种职业也是有规定的，那就是不能是没有实际用处，并且容易被习俗左右的职业。做假发就属于这类行业，因为做假发根本就是不需要的，在大自然允许我们长头发的情况下，这一行业的价值会不断降低。

对于爱弥儿从事的职业，我在选择的时候也应该按照以上的标准来进行。或许另一种说法更为恰当：让他们自己去选择，而不是我们代为选择。其原因在于：他会因为自己遵守的标准不自觉地轻视没有作用的东西。对于无用的工作，他是绝不会在上面花费时间的。他真正想要做的，是根据事物的实际用途，去把它的价值了解清楚。他掌握的技能，即便

---

① 或许有人会对我说我就是著作家，这句话是没错的，我是因为不幸而成为著作家的。但是，我认为自己已经尽量改正了自己的错误。因此，别人如果再拿它来作为我想成为著作家的理由，我认为是不合适的。我是为了避免我的读者学我才写书的，而不是因为替自己的错误辩护。——原注

② 圣皮埃尔神父。——原注

在鲁滨孙的岛上也必须有用武之地。

如果孩子真的有某种天赋，我们在某些时候完全可以发现端倪，并且能够研究他的情趣、偏好和性格。这些时候可以是让孩子观看自然的事物和艺术的事物的时候。当他因为我们产生好奇，并且我们知道这种好奇心朝哪个方向发展的时候。但是，大部分人都习惯于机会的结果归功于自己才能的爆发，把人和猴子都有的模仿心理当成某种艺术倾向，所以你必须避免也出现这种情况。人之所以会和猴子一样，看到一种动作就想模仿，就是因为后面这种心理，而事实上他并不明白那种动作的作用。世界上有许多手工匠其实是没有从事那一职业的才华的，其中以艺术家最为突出。很多的时候，艺术家从事一门艺术完全是因为幼年的影响，或者因为其他习俗的原因，或者是因为一时的冲动。这种冲动并不具有恒久性，在这种冲动产生的时候，如果他当时看到别人在搞另外一种艺术，或许也会喜欢上那种艺术。如果他那时听到的是鼓声，他就会想当将军，看到了别人修房子，他就会想当一个建筑家。一个人，当他看到别人从事一门他自己认为受人尊敬的职业时，他就可能产生从事这一职业的想法。

我认识一个仆人。他因为看到了主人画画，于是自己也想成为一名画家。下定决心后，他开始拿起铅笔来画。只要不是要用画笔的时候，他的铅笔就一直握在手里。或许，他一生都不会再放下手中的铅笔。他没有学过任何绘画的技能，仅仅是看见了某样东西，就把这样东西画下来。整整三年时间，他都在这样不停地胡乱画，除非要替主人办什么事情。无论自己的天赋多么一般，进步的速度多么慢，他都这样一如既往。某一年夏天，酷暑持续了六个月，在一个朝南的小房间里，我经常能看到他的身影。即便是从那里走过，我也感觉被热得有些窒息。但是他在一张椅子上坐着，或者说他已经成了椅子的一部分，一个地动仪摆在面前，手里不停地进行描绘。他画好这一幅，接着又画另一幅，表现出极其顽强的毅力。他如果停止了，只代表他那时已经认为画得非常好。他最终把工作辞掉了，而专门以绘画进行生活，这得益于他主人和一位艺术家的帮助。但是，谁也不能否认，以坚强的毅力去弥补他才能的不足，不可能是无穷无尽的。他已经达到了一个弥补的顶峰，在以后的岁月里，他终其一生都不可能超过这一顶峰。若要说到坚持和进取，这个实诚的仆人无疑是值得褒奖的。他的一生，因为自己的努力和坚持，永远会充满被人的尊敬。但有一点也不可改变，这就是他画的画，永远只能是一些不能称得上完美的画。无论是谁，我想都有过一种经历：把自己的热情当作一种才能。但喜欢一项工作并不同于适合一项工作，甚至可以说差别很大。如果不对一个孩子进行细致入微的观察，是没有办法看出他真正的爱好和才能的。这样一来，我们就有可能仅凭着他的满腔热血就轻率地对他做出判断，而轻易放过研究他的天资。如何观察孩子？对于这个问题，我希望一个充满智慧的人写一篇论文详细论述。这个方法已经不能被忽略。但到了今天，有些父亲以及老师甚至还不知道这个方法的基本要点。

如何选择一门职业，在这里或许被我们看得太重了。爱弥儿做出这种选择是很容易的，因为那只不过是选择一门手艺。通过我们对他进行的各种锻炼，他已经渡过超过一半的学徒时间。他几乎能干所有的活，无论是用铲子还是铁锹，又或者是使用车床、锤子、刨子或者锉刀。他面临的唯一问题只是：怎样更熟练地操作这些工具当中的一种，从而成为一个善于使用的人。他拥有比所有人都得天独厚的条件。一副轻灵的身板和灵活的四肢，让他做什么姿势都是那么容易，并且能够持续很长一段时间。他的所有器官都完好无损，并且还有过充分训练。此外，他对各种技术的机械原理也非常精通。只有经验他还尚显不足，但这需要时间。我们现在面临的问题，只在于在众多的职业中让他选择哪一种，然后投入全副精力去做。

每一个人，都应该让他有一个与自己性别相符的职业。而对于年轻人，则应该让他有一个同自己年龄相符的职业。但如果一份职业只是坐在房间里作业，那么这份职业对身体是有害的。年轻人是不适合做这类工作的，同时他也不会感兴趣。谁有听说过一个年轻人会心甘情愿去做一名裁缝？对于这种偏女性化的职业，一个男子必须要掌握一些特殊的方法才能做到。其原因在于，从出生那一刻开始，他就不适合做这类工作①。一双会使针的手，想让它去使剑是困难的，同样，一双会使剑的手，想让它使针也不现实。我如果身为国王，在针线活方面，我就会只允许妇女和瘸腿的男子从事。像妇女一样，我要使瘸腿的男子也会使用针线。东方人专门让一些人成为宦官，认为这种人必须存在，这在我看来是丧心病狂的行为。有许多丧失了天性、灵魂已经变质的人，他们完全可以让这种人去担任宦官。胆小而柔弱的男子，他们适合的生活应该是安静的。对于他们来说，类似于妇女生活的生活是最适合的，妇女也最适合和他们在一起工作。因此，应该为他们选择一份适合的职业，时间越早越好。倘若宦官不可或缺，那么最适合做宦官的人应该是因为选择了不适合自己职业而把男性尊严丧失的人。从某种角度上来说，完全是因为大自然做了错误的安排，他们才会选择那种职业。你如果把这种错误纠正，绝对只会有好处。

我的学生如果去从事不干净的职业，我是坚决反对的。但是，如果他们去从事需要吃苦耐劳的职业，甚至是充满风险的职业，我是不会禁止的。因为这类职业是不适合妇女们担任的，它们能够锻炼人的身体和勇气，只有男子才适合做。所以，如果男子夺去了妇女的职业，那么应该感到惭愧。

打仗的事情，女人是很少参与的，勇士的那份食物，女人也不会去吃。但是你做的是什么呢？你竟然去织毛衣……②

在意大利的商店里，妇女的身影几乎从来不出现在我们的视野中。想想吧，当一个常常见到法国和英国的人看到这个国家的街道，会感到一种怎样的萧索！当我看见杂货铺的男人向女人叫卖花边、丝球、发网和绒线，我只感觉看到了一种荒诞的情景：一双双粗壮的手拿着那些细小的装饰品，而这样的手生来就是应该打造铁器的。我不禁产生了这样一个想法：为了报复男子，这个国家的妇女也应该开设一些卖刀剑和枪炮的店。我衷心地希望，每一个人制造或出售的武器，都是和他或她的性别相适合的。使用这些武器是很有必要的，因为我们要了解它们。

---

① 裁缝在古代是没有的，男子们的衣服通常都是妇女们自己在家里做的。——原注
② 尤维纳《讽刺诗》第2卷第5篇第33首。——原注

广大的年轻人，我对你们有一个期望：你们应该在你的工作上打上男人的烙印。有一些技能你们一定要掌握：用健壮的胳膊使用斧头和锯；做大梁和上房顶安装横梁；用支柱和系梁牢固地安装好横梁。然而，你就叫你的姐姐来帮手，就像她将叫你去帮她结花边一样。

我已经深刻地认识到，我为我可敬的同行已经在这个问题上讲了太多的话。然而我必须指出，论述这些结果的影响，我有时候是身不由己的。一个人，如果羞于当着众人的面，拿着斧头、系着围裙干活，不论他是谁，我都认为这个人是舆论的俘虏。因为对于自己做过的有价值的事，当听到别人讥讽居然还会不好意思。父亲有偏见，只要这种偏见不会损害到孩子，我们是可以接受的。但我们不需要也拥有这类偏见，而只是保证不对它们冷嘲热讽，因为我们应该尊重所有对人有用的职业。在同类型的职业中，当我们拥有选择的权利，并且又不受到某种约束，我们完全可以根据自己的兴趣和爱好来决定究竟要做哪一种职业。谁也不能否认，打造金属器具的工作很有作用，甚至可以说是最有作用。但是，在没有特殊理由的情况下，我也绝不会让你的孩子去做马掌匠、锁匠和铁匠。他们在铁炉旁边的那副凶神恶煞的样子，是我所不愿意看到的。那么泥水匠和鞋匠呢？我也不愿意让他们去做。尤其是后者。无论哪个行业，都不缺少从事的人。还有一点也不得不注意，那就是拥有选择权利的人，应该考虑自己将要从事的职业是否卫生。这并不是我的偏见，我们的考虑决定于我们的感觉。此外，我对那些无趣的职业也没有好感，其原因在于：从事它们的工人，没有一个人是认真工作追求上进的。这些人和一台机器几乎已经没什么两样，一双手只会织布、织袜子和磨石头。让一个聪明的人去从事这类职业，一点好处也没有。从事这类职业的人，与使用另外一架机器的机器实在相像极了。

在我看来，木工才是最适合我学生兴趣的职业。我得出这一答案是经过仔细考虑的。这种工作的好处是明显的：卫生并且有用，同时还可以在室内做；从事的人身体可以得到充分的活动；在让工人拥有技术的同时，还可以让他变得勤劳；做出的产品不仅实用，而且雅致美观。

当然，你如果让你的学生去制作数学用具、眼镜和望远镜之类的东西，我也不会反对，只要他们确实更适合做科学的研究。

同时我还希望，在爱弥儿学自己的职业时，也有我的加入。我毫不怀疑，如果我们能够一起学，他可以学得更好。我们两个人都会作为一名学徒。我们只希望别人把我们看成名副其实的学徒，而不是虚有其表的绅士。此外，我们做学徒完全只是为了做学徒，而不是认为这样充满乐趣。沙皇彼得就在工场做过木匠。除此之外，他还担任过自己军队的鼓手。我想，你定然不会认为他的身世和功勋还不如你。无须怀疑，我说这番话的对象并不是爱弥儿，而是你。我是一定会对你这样说的，无论你拥有怎样的身份！

我们没法往工场投入自己所有的时间，这非常令人遗憾。对我们而言，在学习做工人的同时，学习做人也同样不能放下。较之于学习做工人，学习做人要经历的苦楚还要更多，学习的时间也要更长。但我们不会像你跟舞蹈老师学习那样，每天用一个小时的时间跟刨木板的师傅学习。不管怎么说，我们都只是弟子，而非学徒。学会木匠的技能，并不是我们的目的，我们的真正目的，是让自己能够获得木匠的身份。所以，我认为每个星期都应该去师傅家里学习至少一两天。在这期间，我们要当着他的面工作，在他家里用餐，并且按照他的吩咐做事。在一天工作结束后，我们再荣幸地和他一家人吃晚饭。晚饭过后，如果我们有意向，也可以回家去睡自己的硬板床。我们要想把几种职业都学会，这样做是必须的。只有这样，我们才能够在学习一种手工活的时候，还能进行其他方面的学习。

我们应该秉着一颗单纯之心去做正当的事情。我们不能一方面同虚荣抗争，另一方面自己也产生虚荣。我们战胜了偏见，但我们也因此变得傲慢，这和服从偏见没什么两样。有人认为苏丹国王也是要自己亲手劳动的，因为这是奥托曼人由来已久的习俗，而出自于国王之手的东西，必然被当成一件出色的作品。于是，苏丹大方地向朝中的大官分派了自己的出色的作品。这些东西所值几何，当然依照制作者的身份而定。有人认为这件事表现出了一种糟糕的政治，但在我看来，它或许未尝不是一件好事。因为你想，苏丹既然分享到了大官从人们那里掳获来的东西，他本人就会相应地减少对人民的掠夺。对于专制制度而言，这是一个必然的缓和，否则这个恐怖的政府就没有存在的基础。

让人认为那个悲哀的人非常重要，是这种习惯的真正坏处。事实上，他与米达斯王完全一样，尽管看到自己碰过的东西都变成了黄金，但是不知道会有怎样的后果。应该拒绝让爱弥儿也能同样地发家致富，以免让他也面临同样的命运。他做出一个什么东西，要保证决定那样东西好处的是它的价值，而非制造它的人。如果大家指责他所做的东西，这种指责的依据，我只允许和它做比较的对象，是有着更高明技艺的师傅做的东西。人们尊重他的作品，唯一的根据是作品的本身，而不是因为这样东西是他做的。当见到一件出色的物品，你只会感叹这件东西的完美，而不会问它的制作者是谁。他如果满脸骄傲地告诉你："这件东西是我做的。"那么你就冷冷地回答："这并不重要，只要这件东西很好，谁做都一样。"

德才兼备的母亲，你千万要防止别人对你说谎话。你不要轻信你儿子知道的东西，即便他满腹才学。如果他成长于巴黎，并且非常富有，那么非常不幸，他可能没有一个很好的前途。当他的身边跟着技艺娴熟的艺术家时，他或许能学到艺术家的本事。但如果艺术家已经不在，那么他还能学到什么呢？巴黎的富人和穷人，前者知道一切，后者一切都不知道。喜欢艺术的男子，尤其是喜欢艺术的女子，在这个都市比比皆是。这些人制作作品，其容易程度堪比纪尧姆先生调配颜色。在艺术界，值得尊敬的男子，我所知道的有三个，当然，我也不否认还有更多。但值得尊敬的艺术界女子，我还一个都没听说过。是否真的有这样值得尊敬的女子呢？对于这个问题，我是充满怀疑的。在艺术界和法学界出人头地，总体说来是一样的。一个人如果成了法学博士，他就可以做官；一个人如果成了艺术家，他就可以做艺术批评家。

一项职业，如果你的孩子已经认识到它有好处，那么，即便没有学过，他也会懂得这门职业。因为他知道，这门职业会让他成为一名师傅，就像苏黎世市的议员一样。你们不要奉承爱弥儿，而要让他有被奉承的资格。我们应该让他默默地学习，而不是告诉大家："他已经学会。"让他去做自己最擅长做的东西，但严禁赞扬他已经成了做那种东西的大师。应该让他工人的身份体现在作品上，而非只是一种说辞。

我的学生，我不仅让他的身体得到了锻炼，而且还让他养成了热爱劳动和喜欢思考的习惯，这就避免了他因为轻视别人的话和因为自己平静的情绪而变得心不在焉。到了此刻，如果我已经让你们明白我的意思，那么这些你们也当已经可以体会到。为了避免让他像愚人那样做一天和尚撞一天钟地过日子，他必须要像农民那样劳作，以及像哲学家那样思考问题。让身体锻炼和思想锻炼相互弥补，是教育的第一要诀。

此外，我们还要注意一点，这就是防止向学生灌输一些以他们的心灵目前还不能懂的东西。关于社会上的不平等，爱弥儿一开始只是见到一点点，当他做了工人，又会接触到这种不平等。我教给爱弥儿的，都是一些他能够理解的准则。因此，当爱弥儿以后要检验我，也必然会依据这些准则来行事。他一定会想知道我为什么非常不像穷人，因为他对穷人的遭遇有着非常深刻的认识，并且教育他的人只有我。他或许还会突然抛出一个尖锐的问题："你曾经和我说过你是一个有钱人，而现在我自己通过观察也发现了这一点。我知道，用钱人也同样是人，所以同样有为社会工作的义务。那么，你为社会做的工作有哪些？"当碰到一个这样的问题，一个称职的老师应该怎样回答呢？对此，我并没有一个清晰的认识。或许，这位老师会做出不高明的回应：把自己给予对方的教育讲述一番。但我是不会这样做的，我只会利用我们的工作场地，来为这个问题找到一个满意的答案。我会这样对爱弥儿说："你问得很好，亲爱的爱弥儿！我可以回答这个问题，但我希望你也找到一个你认识合适的答案。我的回答是，我会为你和穷人尽量贡献自己多余的力量。为了避免成为一个无益于众人的人，我会每个星期做一张桌子或一个凳子。"

如此，我们又谈回了自己。当已经意识到这些后，我们的孩子就快不再是孩子了。相较于以前，此时的他已经感受到自己更应该依赖各种事物。这样一来，我们就可以让他结合自己四肢的运用和智力的运用。在此之前，我们已经先锻炼了他的身体和感觉，随后锻炼了他的思维和判断力。我们无疑是在培养一个思想和行动兼备的人，但为了完成得更好，我们还必须要让他变得更平易近人和懂得事理，即用情感来使他的理性变得更加完善。这样，我们就进入了一个新的阶段。但在进入这一新阶段之前，我们有必要把刚刚过去的阶段回顾一遍，有必要认清我们已经达到了怎样的高度。

在最开始的时候，我的学生只有感觉，而到了现在，已经具备了观念。他最开始只能用感官去感知，但是现在他拥有判断的能力了。其原因在于：有一种被我称为观念的混合感觉，在比较接连发生或同时发生的几种感觉的过程中，以及在判断这些感觉的过程中产生。

这种观念形成的方式，就是人的心灵具备特点的原因。一种心灵，如果能够按照真正的关系形成观念，那么它就是健全的。反之，一种只能满足表面关系的心灵则是有缺陷的。一种心灵，如果能看出关系的本来面目，那么它就是有逻辑的。反之，一种无法对关系做出正确判断的心理，则是无序的。如果有哪一个人，凭空捏造出一些既不符合实际，也不符合表面的关系，那么他就不是一个正常的人。谁如果不比较各种关系，那么他就是一个愚蠢的人。人智力的高低，以及其他许多方面的差异，都决定于比较观念和发现关系方面能力的强弱。容易理解的观念，只产生于感觉的相互对比，判断就蕴含于简单的感觉和混合的感觉（我以容易理解的观念来命名它）当中。产生于感觉的判断完全是被动的，判断我们通过我们感知的事物获得的感觉，是它唯一的功能。但产生于知觉或观念的判断却是主动的，它要承担的任务包括：进行综合比较，对感官所无法断定的关系做出判断。这一切就是全部差别所在；无可否认，这个差别也是巨大的。大自然有欺骗过我们吗？答案是否定的，始终都欺骗我们的是我们自己。

某次吃饭，我碰到一件事情。一个人给了一个八岁的孩子一块奶酪，这块奶酪是冰过的。由于不知道是什么东西，当这个孩子把勺子放到嘴里的时候，突然被冷得一激灵，并大声喊叫："烫死我了！"由于体验到了一种很尖锐的感觉，他认为自己被火灼伤了，在他的观念里，火是最尖锐的。但事实上这两种感觉并不相同，谁如果体验过这两种感觉，就一定不会把它们搞错。所以，并不是感觉让他发生了错误，而是他对感觉的判断出现了错误。

这样的错误，也会出现在首次看见镜子或光学仪器的人身上，也会出现在最寒冷的冬天和最炎热的夏天，走进地窖里的人身上，以及在温水里放进一只很热或很冷的手的人身上，以及用两个指头交叉旋转一个小圆球的人身上。在做出判断时候，如果这个人依据的只是看到或感觉到的一种情况，那么这种判断就完全是被动做出的，因而就不会出现失误。反之，他判断的根据如果是事物的表面，那么那种判断就是主动，并且逃不开一番比较，逃不开他经过推理得出自己没有看到过的东西。这也决定了这种判断可能或者一定存在错误的成分。如此一来，他就需要拥有经验以纠正或避免犯错误。

你如果让你学生在一天晚上，观察一番他和月亮之间飘过的云，那么他就会得出这样一种认识：云是静止不动的，月亮正在朝着相反的方向运动。他当然是因为仓促地推理了一番才得出这样的结论。这也不难理解，在日常生活中，较之于小物体，他见到大物体的概率更高，再加上他不知道月亮距离自己很远，自然就会认为云比月亮大。如果他坐在一艘正在航行的船里看对岸，那么就得出一个刚好相反的错误结论。由于自己静止不动，他会认为陆地正在移动，从而认为船、海或河以及所有地平线上的东西都是一个静止不动的整体，认为自己是移动的海岸或河岸的一个组成部分。

孩子如果是首次看到一根一半浸在水里的棍子，一定会认为那根棍子是折断的，而这种感觉也确实没有错。即便是我们大人，也可能产生这种认识，只要我们对这种现象的原理不了解。因此，当你去问他看见了什么，得到的回答一定是："一根折断的棍子。"他没有说错，他所看到的的确是一根折断的棍子。当他判断错误，说自己见的是一根折断的棍子，然后再进一步观察。这个时候，他如果仍然说自己看到的是一个折断的棍子，那么就只能说明他没有得到一种正确的认识。因为他在这个时候已经变被动为主动，判断的依据不再是他的观察，而是他的推理，他说的已经不再是他的感觉。换一种说法就是，他由这一感觉得出的判断，已经被另一种感官检查过了。

因此也就可以说，我们的判断，是我们一切错误产生的根源。由此就可以得出一种结论：如果不需要判断事物，就没有学习的必要，这样一来，我们就能够始终真实地面对自己，较之于具备各种知识的时候，一无所知的我们反而更快乐。在学者们掌握的知识中间，谁也不能否认其中有许多知识，一些愚昧之人可能一生都不会了解。但与此同时，谁也没有办法肯定，有学问就一定就更接近真理。真实的情况往往是相反的，由于自大膨胀的速度大大超过知识增长的速度，这些人越是往前迈进，离真理的距离就越远。他们或许可以掌握一些真理，但是许多的错误判断也会因此产生。说欧洲的各种学术团体是一些公开场所，里面谈论的都是一些不切实际的东西是完全正确的。同时我们还可以说，与整个休伦族①人当中发生的错误相比，法兰西学院中产生的错误多多了！

我们已经知道，人越是知道更多的东西，出现错误的概率便越大。因此也就可以说，什么也不知道是避免犯错的唯一办法。只要不做出判断，错误便不可能发生，这也是自然和真理告诉我们的。如果不看一些数量很少的，事物和我们之间明显的直接关系，可以说我们对任何事物都是不在意的。一个原始人难道喜欢去看那些精巧的机器的运转和电流的奇异景象？无知的人经常会说："这与我何干？"这句话也同样适合智者。

但对于我们来说，说这句话是不适合的。所有的事物和我们都是有联系的，并且我们也离不开它们。随着我们需求的不断增长，我们的好奇心也与日俱增。我之所以说哲学家很好奇而原始人则刚好相反，其原因就在这里。哲学家是需要一切人的，尤其是能奉承他的人，而原始人则什么人都不需要。

说到这里，你也许会质问我："你说的东西已经超出了自然的范围。"但我不这样看，我认为大自然对工具和标准的选择，其依据不是人的偏见而是人的需求。不过也要认识到，人的环境如果发生了变化，

---

① 北美原居民。——译注

需要也会跟着转变，相较于生活在社会环境的自然人，生活在自然环境中的自然人有着很大的区别。爱弥儿就是一个要生活在城市里的原始人，而不是一个只在荒野里奔跑追逐的人。要想和城市里的居民相处，尽管不需要像他们那样生活，爱弥儿必须知道如何在城里让自己的需求得到满足，如何利用城市里的居民。

因此，不管是否愿意，他都要根据各种关系做出判断。既然如此，我们不妨就教他如何正确判断。

要想做出正确的判断，最好的办法莫过于尽量让我们的感觉过程简单。这样一来，即便我们不运用到感觉，我们也能做出正确判断。从这一点也可以看出，我们还必须做到一点——让每一种感官都能够不需要其他感官的验证而独立获得印象，尽管在很早以前，我们就已经知道，某两种感官获得的印象可能能够相互验证。如此一来，对于我们来说，每一种感觉就能变成一种符合实际情况的观念。这也是我在这人生的第三个阶段中想获得结果。

要想很好地运用这一方法，我们就必须谨慎而且有耐心。而对于很多老师而言，他们是做不到这一点的。但是如果学生也不能做到谨慎和耐心，那么就可能永远无法做出正确的判断。举个例子，当他因为根据表面现象，错误地认为棍子是折断的。这个时候，你固然可以把棍子从水里拿出来，以求让他认识到自己的错误，并且也有可能让他改变错误看法。但是无可否认，你没有让他学到任何经验。因为，你指出来的东西，他自己也能够明白。由此可见这样的做法并不是我们应该采取的。告诉他一个真理并不是问题的关键，教他去怎样发现真理才是！对于他所犯的错误，为了能更好地教育他，我们不能那么急于纠正。我现在拿爱弥儿和我来做个示范：

对于那些只受到一般方法教育的孩子来说，如果根据我们说过的谨慎和耐心当中的谨慎来看，他们一定会给出一个肯定的回答："没错，是一根折断的棍子。"但对于爱弥儿，我认为他不会也这样回答我。在还没有得到确切证明之前，他一定不会仓促做出判断，因为他知道，做一个有学识的人或假装一个有学识的人没有任何用处，而在这件事情上，要找到相应的证明再容易不过。如果一项判断只是根据表面现象做出的，那么很容易受到错觉的影响，他对这一点心知肚明。因此，他做事一定会非常谨慎。

我在问他每一个细小问题时，他也能够看出我抱有他起初还无法发现的目的，这一点他从已经获得的经验中就能明白。所以，他不可能含糊地对我做出回答，而是采取相反的做法：在回答之前先怀疑，注意观察和认真研究。他不可能以一个连他自己也不满意的答案来回答我，但也不能否认，他并不容易获得一个令自己满意的答案。一句话，我们谁也不会因为自己知道的事情而感到荣耀，我们只会因为不犯错而感到荣耀。我们无疑适合说一句话："我不知道。"事实上，我们也经常说这句话，并且也没有发现有什么不好的地方。但是，无论他用什么话来回答我的问题，我都会紧跟其后说一句"请允许我们先仔细观察一番"，他既可以用"我不知道"这句最实用的话来避免回答，也可以是非常莽撞的冲口而出的回答。

这一根插入水里半截的棍子，是垂直着固定放置的。从表面上看，它是折断的。因此，我们会在做了很多工作之后，才把它从水里拿出来，或者用我们的手去水里摸，以弄清它是否的确已经折断。

我们先绕着棍子转圈。我们发现，在我们移动的时候，那根折断的棍子也在移动。由此可见，是我们的眼睛认为它在动，但大家都知道，视觉并不能移动物体。

然后，我们从暴露在空气中的那一截棍子的末端往下看。我们看到，此时棍子已经不再弯曲，靠近我们眼睛的那一端和水里的那一端是重合的[①]。这岂不表明了我们的眼睛把棍子变直了？

接着我们搅动水面。我们发现，棍子已经被裁成了几截，跟着水纹一起呈"之"字形晃动。这岂不又说明，这根棍子可以因为我们搅动谁而折断、变软和融化？

---

① 我后来做了一个更精确的实验，得到的结果刚好相反：弯折的地方在动，就像在做旋转运动；相较于水外面的那一部分，水中间的那一部分更大。但是，我的结论并不受这一点影响，如果因此就说我的结论不正确是不合适的。——原注

随后我们放掉水。我们看见，随着水位的下降，棍子逐渐变直。到了这里，这件事情和光线折射的道理已经可以得到清楚地解释了：我们既然可以仅凭视觉纠正我们认为的视觉错误，我们就不能说视觉欺骗了我们。

如果有一个孩子非常愚笨，即便是这些实验结果他也无法理解，那么就需要借助于触觉了。具体的做法是这样的：让棍子保持原来的位置，而不是把它拿出水面。然后，让孩子从一端摸到另一端。当他感觉不到有弯曲，就能明白棍子并没有断。

这时你或许会说："这件事不只与判断问题有关，与形式推理的问题也有关。"你所说完全没有错，但你要知道，观念的形成来自于思想，一种判断就是一种推理。当你对一种感觉产生了意识，就代表得出了一个命题，形成了一个判断。因此，我们只要把这种感觉和那种感觉进行比较，就是在进行推理。判断的艺术就是推理的艺术。

如果爱弥儿没有绕着这根棍子学习一番，他可能永远都不知道什么是屈光学[①]。如何解剖昆虫，如何计算太阳上的黑斑，什么是显微镜和望远镜，这些他或许都可能一无所知。并且，对于他的这种无知，你那些满腹经纶的学生也可能会加以嘲讽。他们有理由嘲讽，因为我的目的，是让他在使用这些仪器之前先自己去发明它们。而你们呢？你们怀疑在不久的将来，这一点有没有做到的可能。

这就是我在这一阶段实行的整个方法的要义。当孩子用两个指头交叉旋转一个小圆球，如果他仍然认为有两个圆球。这个时候，在他还没有弄清其实只有一个圆球之前，我会避免让他用眼睛去看圆球。

关于我学生的心智现在已经发展到一个怎样的水平，他在达到这一水平之间经过了一个怎样的过程，通过这些解释，我想已经能够说明得很清楚。也许你会有一个担心，害怕我向他灌输如此多的东西会伤害到他的大脑，因为你发现，我竟然让他注意到那样多的事物。但实际的情况恰好相反，我的目的并不是要教他各种事物，而是让把保持对事物的

---

　　① 屈光是指光线从一种介质进入另一种折射率不同的介质，前进的方向会发生改变，顾名思义，屈光学就是研究这一问题的学问。——译注

无知。我为他指出的是迈向科学的道理。沿着这条路走，他就能进入真理的胜境，仅仅只是需要一个缓慢而漫长的过程。为了让他知道怎样入门，我已经让他走了一点距离，但我并没有同意他深入。

他使用的智慧都是自己的，因为他只能自己独立学习。这样做是有理由的：一个人必须要能够不屈服于权威，才能够不受别人偏见的影响。我们所有错误的看法，都不是来自于别人，而是自己本身。只要能够坚持这样的练习，像工作和劳累能让身体产生活力一样，他就会因此获得活力。并且，他心智和体力的发展，还可以因此呈比例进行。和肉体一样，心智也只能做和它能力相符的事情。一个人要想记住各种事物，必须要在充分认识它们后才能做到。只有这样做了之后，他从记忆里翻出来的东西才是他自己的。如果只是把许多没有经过思考的事物不求甚解地塞进大脑，那么只能得到一种结果：记住的东西没有一样属于自己。

爱弥儿只掌握了很少的一些知识，但这些知识都是归他所有的，他也能够充分理解这些知识。在这些他非常了解的少量事物中，有着非常重要的一项，这就是他非常清楚有许多事物他永远也无法了解，有更多的事物他永远不能了解而别人了解，还有许多的事物无法被任何人了解。他拥有一个广阔的胸怀，这取决于他有获得知识的能力而非他拥有知识。他还有着开阔的视野，敏锐的头脑以及随机应变的能力。在当下，和蒙田说的一样，他不能说已经是一个学富五车的人，但称之为一个善于学习的人是完全可以的。对于自己的所有行为，他能够知道目的，对于自己相信的各种事物，他能够明白相信的原因，如此，我就心满意足了。我再次声明，教给他各种知识并不是我的目的，让他学会在需要的时候获得知识，能够对知识的价值做出准确估量，并且热爱真理才是。我不否认采取这个办法进步会非常缓慢，但是也可以获得好处：避免让我们走不需要走的路，避免让我们在无法前行时又必须倒回来再学。

爱弥儿只具备自然的知识，而且只是其中物理的那一部分。他也完全不了解历史，不知道形而上学和道德为何物，甚至对历史这个词也一无所知。人和事物之间的主要关系，他是明白的，但对于人和人之间的道德关系，他就完全不清楚了。他概括观念的能力没那么强，也不怎么擅长抽象思考。对于物体的共同特性他能看出一些，但再对这些特性进行研究他就不那么擅长了。对抽象的空间的认识，他是通过借助几何图形来实现的。对抽象的数量的认识，他实现的途径是通过代数符号。要进行抽象思维，离不开这些图形和符号，因此他的感官不得不依赖它们。事物的性质并不是他认识事物的根据，他受事物的影响才是。他依据自己和外物的关系去评估这一外物，并且这种评估是准确无误的，没有掺杂一丝一毫的臆想和偏见。他看一样事物，主要是看它对自己是否有用。他人的偏见永远不会影响到他，因为他始终都在以这个方法去认识事物。

爱弥儿非常热爱劳动。此外，他还拥有温和的性格，具备果敢、有耐心和坚强的特质。但此时的他，还不会认为遇到的危险有那么大，因为他的想象力还没有那么活跃。因为不知道如何和命运抗争，他对病痛是轻视的，所以能够咬牙挺过所有痛苦。死就更不用说了，他甚至还完全不懂得这个概念。但是，在无法回避死亡的时候，他也能够坦然面对，既不挣扎也不呻吟，因为他已经习惯完全顺从必不可少的法则。对于我们在这样一个不招任何人喜欢的时刻采取这样的处理方式，大自然是许可的。对待死亡的最好方法就是无拘无束地生活，不忧虑人世间的一切事物。

他已经懂得了个人道德中所有那些与自己有关的道德。只要再向前迈出一步，把要求人们遵循这种道德的关系弄清楚，他就可以具备社会道德了。用不了多久，他就可以获得在这方面还不足的知识。

他所在乎的只有他自己，并不会去管别人怎样。因此，他也希望别人不要在他身上花什么心思。他不要求任何人，也不认为有谁应该为他做什么。在人类的社会中，他的生活一个人过，从不依赖于其他人。较之于别人，他依靠自己的需求更为迫切，这是因为他已经达到了他那个年龄最高的高度。除了一些逃避不了的错误，他没有犯过任何错误，除了那些谁都不能幸免的习惯，他没有沾染过任何恶习。他拥有着健壮的身板和敏捷的手脚，心灵自由且没有任何欲望，思想也是健全而没有任何偏向的。至于在所有欲念中最突出也最自然的欲念——自私，在他的心里也还没有产生。在大自然许可的范围内，他能够最大限度地自由、快乐、满足地生活。一个孩子如果这样长到十五岁，你难道能说他浪费了时间？

扫码分享电子版

第四卷

在这个世界上，我们所有人的时间都在飞快流逝。当我们生命的第一个四分之一过去之前，我们还完全不知道怎样将其加以利用，当最后一个四分之一到来时，我们已经不能享受生命！我们最开始不知道怎样生活，没过多久，我们开始无力享受生活。这两个端点，完全是空虚地度过的，而余下来的时间，睡眠和工作、伤心与抑郁以及各种痛苦又耗去了其中的四分之三。我们常说：人生很短暂。其原因并不是因为时间少，而是由于我们没有闲暇去享受这很少的时间。不可否认，死亡和出生之间有一段相当长的距离，但同样不可否认的还包括，你如果不认真度过其间的时间，人生只能是很短暂的。

事实上，我们可以说经过了两次出生。为了存在经过一次，为了生活再经过一次；为了做人是一次，为了做一个男子又是一次。在一些人的眼里，女子被看成一个不完全的男子。这当然是一种错误的认识，但他们有一种看法也没有错，这就是就男女外表而得出的一个结论。男孩和女孩在还没有成年之前外表是没有明显差别的，甚至连面孔、肤色和声音都如出一辙。此时的他们还都是孩子，用同一个名称来称呼这两种非常相似的人再合适不过。对于男子而言，如果他的外部发育被阻断，那么他当时的样子会持续一生。如此一来，就可以说他始终是一个大孩子。至于妇女，由于她的样子几乎没有变化，因此许多方面看起来都好像一成不变。

男子一般说来不会永远停留在儿童状态，到了大自然固定的时间，这种状态就会被抛弃。这一时刻非常短，但是却非常关键，并且有着深远的影响。

众所周知，当暴风雨即将来临时，有一阵海啸会出现在前面。和这一过程一样，这种猛烈的巨变在来临之前，也会用一阵水涨船高的欲望来打头阵，以此来宣告一种无声的骚动就要到来。这个孩子，因为性情发生了变化，无数次出现的愤怒，总是掀起惊涛骇浪的心灵，开始变得狂躁。在以前，他向来都很听我的话，但现在不这样做了。他不再信任他的向导，不再甘心受到别人的管束，成了一头暴怒的狮子。

如果不看性情变化的精神征兆，变化同样明显的还有他的面容。经过不断地成长，他的相貌已经棱角分明，似乎在昭示着他拥有独特的个性；柔软稀疏的绒毛已经覆盖了他的下腮；他的声音已经变得浑厚，或许说已经丧失了声音更准确。此时的他，已经不再是小孩，但也称不上是大人，因为这两种人的声音他已经哪一种都不能发出来。在此之前，他的眼睛这一心灵器官是毫无体现的，但现在已经能体现他的语言和情感。它们因为不断变剧烈的情火已经变得神采飞扬。他那灵活的目光，虽然说仍然留有圣洁的纯真，但是以前那种茫然的神情已经没有了。通过感知，他明白自己的双眼已经能够表达一切，包括表达愤怒和忧郁的情绪。他的意识还没有告诉他什么，但他的心已经让他有所感觉。他是焦躁的，但却不知道自己为什么会这样。这些都没有什么，因为你有足够的时间观察他，可以逐渐进行。但是，如果出现以下情况，聪明的尤利西斯，你就得万分小心了：因为活泼的性格，他变得过于急躁；他的热情已经成了一种疯狂；激动和悲伤对他来说是家常便饭；就算没有任何原因，他也可能泪水涟涟；当接近一个自己认为有危险的事物，他就会心跳加速、眼睛变红；当一个女人把手搭在他手上，他就战栗不已，如果靠近这个女人，更是会感到羞赧和惶恐。如果出现这些情况，就好比你认真系牢的包裹现在重新打开。在这样一个狂风重新肆虐的时刻，你一定要牢牢地掌握好舵，否则一切都要宣告终结。

我所说的第二次诞生，就是指这个时候。但只有到了这个时候，人才算真正开始生活，才能淡然地看待世间的事物。对于孩子而言，我们在此之前只是关心他的游戏，到现在才算真正在关心照顾他。此时，普通人施行的教育已经结束了，但我们施行的教育还只是个开始。但我们仍然要再次谈一下前面讲过的事情，以便清晰地阐明这个新的计划。

我们能够生存，主要是因为有欲念，因此我们是不可能消灭自己的欲念的。消灭欲念的努力只是一种可笑的做法，就好比是想控制自然或者改变上帝的杰作。上帝无意彻底消除人的欲念，否则他就是在做一件矛盾的事情：既希望人生存，又希望人毁灭。这样糊涂的命令，上帝还从来没有发出过，在人类的心路历程中，这样的事情也从来没有出现过。如果上帝要人做什么事情，它会自己去告诉那个人，让他记住自己想让他做的事情，而不是让另一个人去告知。

因此，那些想让欲念无法产生的人以及想将欲念连根铲除的人，在我看来并没有什么两样，都是一样愚不可及。我不希望有人对我产生一种误解，认为我之前采用的办法想达到的目的就是这个。

谁都知道，人的天性是导致人产生欲念的原因。因此，我们可以得出一个结论：我们在自己身上感觉到的和看见别人表现的所有欲念都是自然的。这个结论是否正确？答案是肯定的，因为自然是它们两者的本源。但在这条河流里我们已经找不到最初的水流，由于无数小溪流的注入，这条河流的源头已经非常宽广了。我们自然的欲念并非无穷无尽，它是有限的，我们能获得自由，能够维持生存，都是因为它的存在。至于我们身上存在的，那些胁迫和毁灭我们的欲念，它们都来自于其他地方。我们是违背大自然意愿擅自将它们理解为自己的欲念的，因为它们并不是大自然赋予我们的。只有自爱，是人生来就存在且始终会存在的唯一欲念，而它也是我们所有欲念的源泉。较之于其他欲念，它是原始而内在的，并且也最先出现。从某种意义上甚至可以说，其他一切欲念都是它的衍生品，因此你也可以说所有的欲念都是自然的。但大部分的演变之所以能发生，是因为外因的作用。这类演变于我们有百害而无一利，只会让人脱离自然，和自己相违背。因为，它们把最初的目的改变了，没有按照真正的原理进行。

自爱始终没有坏处，它与自然的秩序也始终是契合的。始终关心自己的生命，是我们的首要责任，因为每个人都有一项特殊的使命：保全自己。要知道，让对生命没有兴趣的人去关心生命是困难的。

所以，我们必须只有爱自己，才能让自己的生命得以保全。我们对自己的爱，要胜过对其他一切事物的爱。当我们拥有了这种情感，一种对保护我们生存的人的爱护之心也会随之产生。没有一个孩子是不爱自己乳母的。对于那只用乳汁哺育过自己的狼，罗慕路斯①也一定有着很深的情感。这样的一种爱，在最开始并没有明确的动机，完全是由本能在主导。我们会喜欢能让我们幸福的人，会讨厌让我们受到损害的人。我们如果感受到对方对自己有好处或者有害处，我们就会产生一种意图。这种意图可以让这种本能转化为情感，让依恋之情变为一种爱，让讨厌变为一种憎恨。但我们不会喜欢或厌恶一个感觉迟钝的人，因为他们要想有所行动，必须要有我们的刺激。而另外一些人却能够让我们对其产生我们讲过的那些感觉，因为他们可以给我们带来影响，无论这种影响是好的还是坏的。之所以能够产生这种影响，既是因为他们内心的好恶，也是因为他们的思想。当我们看到他们竭力的帮助会损害我们时，就产生了那些感觉。因此，存在这样一个事实：我们会去寻找帮助过我们的人，对于那些热衷于帮助我们的人，我们更是会对其产生爱的情感。同时，我们也会逃避损害我们的人，厌恶那些意图损害我们利益的人。

爱护自己，是小孩产生的第一种情感。他的另外一种情感——爱那些亲近自己的人，也是从这种情感中产生出来的。后者产生的原因，是因为他在当时还非常弱小，因此完全是以对方给予自己的帮助和关心来认识一个人的。他对他的乳母和保姆所表现出的那种依恋，在最开始只是一个习惯。孩子是因为对她们有需求，知道她们有好处，才去寻找她们的。这算不上一种浓情厚谊，至多只是一种常识。想要知道他自己需要她们，并且她们也乐意帮助自己，他还需要经过很长的一段时间。他到那个时候才会开始对她们产生爱。

如果有谁接近自己，一个孩子很容易就会认为对方是来帮助自己的，

---

① 罗马神话中罗马城的奠基人，他出生后被人装进篮子扔到河里，结果篮子被冲到了岸边，搁浅在了无花果树的旁边。最终，一只母狼和一只啄木鸟先后走了过来给他喂食。——译注

这种看法会让他习惯于爱自己的同类。因此，一个小孩对人亲热，完全是自然而然的。但他最终会意识到自己和别人的关系，随后意识到自己的喜好和责任。此时的他，已经因为自己的利弊、需求，越来越多地主动或被动地依靠别人。这时的孩子，已经拥有了自大和嫉妒的特性，喜欢对人说谎话和实施报复。当我们强制他去做一件事情，如果他无法明白我们让他那样做的好处，他就会表示抗议，他会认为我们在找茬故意刁难他。倘若一直以来我们就是顺从他的，那么当有什么事情和他心意不相称，他就会认为我们是故意和他作对的。这个时候，因为我们的抗拒，他就会盛怒起来进而大拍桌子和板凳。当自己的需求得到真正满足，我们便会心满意足，因为自爱只关乎我们自己。但我们的自私心理却永远无法被满足，因为它会让我们和别人进行比较。不可能在已经让我们只顾自己而不顾别人之后，还让别人先关心我们再关心自己。从这里我们就可以得出一个结论：自爱产生温良敦厚的性格，自私让人变得偏执和嫉妒。由此可见，只有让一个人的需求变少，并且能够坦然地看待一切事情，才会让这个人变得真正善良。因此，可以说一个人如果有很多需求，并且相信偏见，那么他就是一个坏人。把孩子和大人引向向善或向恶的道理，我们根据这一原则就很容易看出端倪了。但是，让他们始终那样单独生活是不现实的，因此，让他们始终保持善良也非常困难。当他们的利害关系增加，这种困难也会随之增加，再加上社会上的毒害，我们在这方面就面临了一个不得不解决的问题。那就是采取必要手段和方法，防止人的心灵因为新需求而不断堕落。

人应该研究自己和周围的关系。当这个人认识自己只能通过肉体的存在来进行时，他对自己的研究就应该根据他同事物的关系来完成。在做这种研究的时候，他应该把自己的童年利用起来。如果他经意识到自己的精神，那么对自己的研究就应该根据他同别人的关系来进行了。这样的一个研究，应该占据他一生的时间。此时此刻，我们已经刚好可以做这种研究。

但到了某一个时刻，他就不能再被称为一个孤独的人，也不能再称自己的心是一颗孤独的心，这就是当他意识到自己需要一个伴侣的时候。当他和这个伴侣发生关系，他同别人的各种关系以及心中所有的爱也会一同产生。这是他的第一个欲念。用不了多久，他的其他欲念就会因为这个欲念变得蠢蠢欲动。

至于这个本能会向何处发展，这一点很难确定。我们的天性，决定了不同性别的人会相互吸引。人正是因为具备了知识、成见和习惯，才产生了选择、偏爱和对别人的爱。我们要想明白什么是爱，必须先要懂得很多知识，然后再经过很长一段时间实践。我们要想拥有偏爱和选择的能力，必须先要经过一个过程，前者必须经过判断，后者必须经过比较。不可否认，这些判断的形成并不具有目的性，但是如果因此而断定它们不真实，那也很不适合。尽管我们因爱的魔力而迷失，尽管爱不能让我们认为爱人之心完全没有丑恶，甚至自身也有可能具备丑恶的特性，但真正的爱是受人尊重的，否则我们就不能感受到爱至高无上的境界。我们认为许多选择是违背理性的，而实际情况却是，这些选择恰好来自于理性。我们完全是因为爱比我们能看到更多的东西，能对我们看不到的关系也一览无遗，才说爱是盲目的。如果一个男子不具备道德观和审美观，他一定会认为所有妇女都非常完美。于他而言，第一个碰到的女人就是最可爱的。爱并非来自于自然，相反它还会对自然欲念的发展横加阻碍。人正是因为有它的存在，才不会在意其他异性而只是在意自己爱的对象。

当我们喜欢一样东西往往就想得到它。但是爱不同，它关系到两个人。我们只有先让自己变得可爱，然后才可能被别人爱，只有让自己变得更加可爱之后，才能让别人对我们的爱更深。所以，与自己相似的人，是一个人首先关注的对象。他会把那些人和自己比较一番，并且和那些人进行竞争，同时还会嫉妒那些人。他感情丰富，并不拒绝把心声告诉别人。这时，他开始觉得自己应该有一个情人，不久以后，他又开始认为自己需要一个朋友。被别人爱无疑是幸福的，一个人只要注意到了这点，他就希望自己能得到所有人的爱。人们之所以会有所偏爱，就是因为发现有许多东西自己不满意。当一个人产生爱情和友情时，一同产生的也有矛盾、敌对和憎恨。偏见，就是许多欲念中的一种，它的地位似乎永远无法被撼动。当它遭遇一个愚笨的人，它就完全控制了他。在它的控制下，这个人只能按照别人的意愿去生活。

如果以更广的范围来定义这些观念，你就可以发现我们似乎天然就有自尊心。此外，你还可以因此得到另一个问题的答案：自爱为什么不能成为一种绝对的情感。伟人因它而变得骄傲，小人因它而变得虚荣，所有人因它变得在只为自己的同时还要损害别人的利益。孩子是不可能无缘无故地产生骄傲和欲念的，因为这些并没有一开始就存在于他们心中，如果有，只存在一种可能：我们为他带去了这些欲念。但这种情况并不适用于青年人。对于青年人来说，我们不管怎样做都无法阻止他们产生欲念。所以，现在必须改变方法了。

在论述这一紧要阶段之前，我们先对几个重要问题做一番说明。从童年到青春期这一阶段，人会因为气质的不同而不一样，民族会因为风俗的不同而不一样，它并不会按照自然的安排度过。酷热的地区和严寒的地区，在这方面差别是非常大的。性情急躁的人一般成熟得更早。所有的人都知道这些，那么为什么会有这种差别呢？这一点是人们经常搞错的地方。本来是精神的原因，他们会归结为物质的原因，这也是当代哲学家最容易犯的错误之一。较之于人施行的教育，自然施行的教育时间更晚，并且也更缓慢。自然的教育是在让感官去唤起想象。人的教育则不同，它是在让想象去唤起感官。因为受到这种教育的影响，感官不得不在还没有成熟的时候就活动起来。这种活动，在一开始会损害一个人的元气，让人的身体变得非常虚弱。如果持续的时间足够长，它还可能让一个民族变得更弱。之所以会如此，有一些人认为是由于风土人情的缘故。但更多的人持另一种更被肯定的说法："与更为原始的人相比，受过教育的文明人的发情期和性能力成熟的时间更早①。"通过堂而皇之

---

① 布封说："城市里有钱人家的孩子达到这一阶段的时间要早些，因为他们经常吃种类繁多和有营养的食品。而贫困家庭的孩子因为吃得不那么好并且不能吃那么多，达到这个阶段的时间通常要更晚。他们达到这一阶段，大概需要两三年。"（《博物学》第4卷第238页，12开本）他所说的事实我是承认的，但是原因不承认。乡下的农民有些是吃得很好的，并且也吃得很多，比如说瓦累，又比如说意大利的某些山区（如福里乌尔）。但是，这些地方的男孩和女孩的发情期同样晚于城市里的孩子们。由于虚荣心的

的外表，孩子们能够发现任何不良习惯，这是他们特有的一种灵敏。人们如果硬要一本正经地和他们说话，告诉他们做人要老老实实，或者对他制造各种迷雾，只会让他们更为好奇。你们那样做，初衷是为了正儿八经地防止他们知道某件事情，但得到的结果却是让他们知道这件事情。

这样低劣的做法，只会让自然的作用速度更快，并且损毁人的气质。城市人口之所以会减少，原因就在此。在很早的时候，年轻人就把自己的精力用得一干二净，因此只能拥有一个矮小柔弱的身体，变得不能健康地成长。在春天，你们让葡萄结出果实，到了秋天，你们又让它枯萎，这样一个过程和上述的过程完全一样。

一个人，要想知道孩子们无忧无虑地生活能够天真多久，必须要在淳朴的人们中间生活才能知道。没有人会否认，能看到漂亮的男孩女孩自由自在地做那些天真的儿童游戏，能看到他们以一种快乐的心情亲热，是一件令人赏心悦目的事情。这些令人喜爱的年轻人最终结了婚，然后，他们彼此向对方奉献了自己的精华。当他们拥有了一群非常健壮的孩子，他们的这种结合就更加牢不可破了。这一结果，是对他们青年时期良好品行的奖励。

我们已经知道，受教育和受自然的作用不同的人，获得性知识的年龄也会不一样。由此我们可以得出一个结论：对于获得性知识的年龄，我们通过培养孩子的方法让它来得更早或者更晚。我们越是将这个进度放缓，年轻人就越能获得更多的精力，因为我们放缓还是加速这一进度，决定了当事人的身体是否健壮。但现在我们所论述的，还只是这一切对体格的影响。不久以后，你们将可以看到，除了影响身体之外，这些影响还能造成其他后果。

（接上页）驱使，城市里的人们吃东西通常是非常有节制的，并且大多数都印证着一句俚语：穿得上档次，吃得非常差。但在山区当中，我惊奇地发现。有些高大得像成年人一样的男孩子，说话声音非常尖锐，并且下巴也没有长出胡须，至于已经长得落落大方的女孩子，仍然不知道女性的月经是怎样一回事。为什么会有这种差别呢？依我看，唯一的原因是身处那种淳朴的环境中，他们的想象力在很长时间内都保持了平常，因此血液沸腾的时间才更晚，气质才没有成熟那么早。——原注

如此一来，人们经常争论的一个问题就有答案了：是把孩子们觉得奇异的事情尽早告诉他们，还是以一些小事情敷衍了事？在我看来，这两个方法都不具备可行性。我们应该尽量不让他好奇，只要没有好奇的机会，他就不会好奇。你不能不加审慎地以谎言去回答一些你并非一定要回答的问题，你即便问他，也比欺骗他好。如果你已经让他在一些不重要的事情上习惯于服从，那么你依照这个方法行事，他就不会感到奇怪。当你已经决定要回答他的问题，由于满足孩子的好奇心比勾起他的好奇心危险更小，你应该以尽量简洁的话回答，严禁含糊其辞和莫名其妙，或者发笑。

除此之外，你回答的话还必须真实。这一点其实已经不需要声明：成年人要想让孩子知道撒谎的害处，他自己也必须知道对孩子撒谎的危害。学生们只要发现了老师在撒谎，哪怕只有一次，这位老师的所有教育成果都将不复存在。

对于孩子们不应该知道的事情，如果能让他们永远都不知道，那是再好没有的事情。但是如果某些事他们始终会知道，只是时间的早晚问题，那么就应该将这些事尽早告诉他们。只有两种可行的做法：一种是不让他们产生任何好奇心；一种是满足他们的好奇心。如果不这样做，等到了一定的年龄，他们的好奇心就会伤害到他们自己。你在这方面应对你学生的方法，在很大程度上应该根据他面临的特殊情况、他周围有哪些人以及你认为他可能会面临怎样的环境等因素来制定。在这个时候，无论什么事情，都要严禁按照偶然的情况来处理，这一点非常重要。你能确定他是十六岁之前一定不知道两性的区别吗？如果不能，就干脆让他在十岁之前知道这种区别。

人们或许喜欢装模作样地向孩子们说一番非常严肃的话，或许喜欢避实就虚地回答孩子们，不向他们吐露实情。但我是不喜欢这样做的，因为只会让他们发现你是在虚与委蛇。朴实，是回答这些问题应该遵循的第一要义。说得鄙陋一点是没有关系的，因为他的理解能力，已经被沾染了恶习的想象力训练得非常灵敏，他会不遗余力地对你说话的词语进行推敲。但是应该避免夹杂色情的观念。

人类天生就倾向于行为端正，这一点已经成为一种共识。但孩子们对此并不知晓，他们只有在意识到有罪恶出现的时候，才会明白应该要行为端正。这样一来，在孩子们对罪恶还没有并且也不应当了解时，说他们不会从这种知识中认识到要行为端正，就无可辩驳。无端强制地告诉他行为要端正和诚实，可以说没有一点好处。采取那样的做法，同告诉他们有些事情是不诚实和羞于示人的，同从侧面促使他们知道这些事情没有什么两样。这些事情，他们是一定会知道的，只是时间早晚的问题。只要他们的想象力被某种因素激发，他们的感官一定会加速活动起来。一个人只要会脸红，就已经具备犯罪能力了。真正天真的人不可能会感到害羞。

成年人才拥有的欲望，孩子们固然还没有具备。但是，他们也很容易染上那些于感官有害的猥亵行为，这一点和成年人并没有什么不同。因此，针对这种行为可以施行的教育，也可以针对他们。自然已经对我们做出了安排：在同一个地方同时安放了隐秘的令人快乐的器官和让人讨厌的排泄器官，从而让这种观念和另外一种观念交替教育我们——在任何年龄段都应该谨慎。这一安排我们是要遵守的。它让成年人学会节制，让小孩子学会爱干净。

在我看来，让孩子们身边的人尊重和爱护他们的天真，是保持他们天真的唯一办法。如果做不到这一点，我们为控制他而采取的任何方法，就只会得到相反的结果。我们如果做有隐瞒意图的动作，无论是眨一下眼睛或微笑一下，他们都会明白我们在隐瞒什么事情。只要他意识到这一点，就会产生想知道那件事情的欲望。温文尔雅的人和孩子们谈话，一般都喜欢出语过分文雅，这样的做法，只会让孩子们意识到其中有什么事情自己不应该知道。因此，用那种装点门面的辞藻和孩子们谈话也是应该严厉禁止的。如果我们能够真正尊重他们的天真，我们就能找到一些适合的话语和他们谈话。对于单纯的孩子们来说，有一些天真的话语无疑是非常适合和他们说的，他们也非常喜欢听那些话语。这样一种没有任何掩饰的语言，正好可以在孩子产生危险的好奇心的时候，将其转移。开诚布公地和他说话，他就不会怀疑你对他有所隐瞒。一个人说粗话，当他把这句话和它表达的意思结合之后，他的想象力就会被扼杀。但禁止他去说那些话和获得那些观念是没有必要的，我们只需要对他做到一点：每当想起那些话和那些观念，他就会感到非常厌恶。如果大家认准一个道理——只说应该说的话，并且能够无所顾忌地说话，这样一种纯真的说话方式，将会为自己省去许多麻烦。

孩子很自然地就会问到一个问题："小孩子怎样来的？"这无疑是一个让人很难回答的问题。如果回答得不好，孩子一生的品行和健康都可能受到影响。当孩子这样问，做母亲的可以直接禁止他问这个问题，这样她既能避免回答这个难题，同时也可以避免欺骗孩子。当然，这样做也有一个前提，这就是我们很早就已经让孩子在一些无关紧要的事情上习惯于听从我们的回答，并且孩子也不会认为这样的回答包含什么神秘的成分，否则不会起作用。但母亲是很少以这样的方式回答的。她很可能会这样告诉孩子："这是结了婚的人的秘密。"这样做当然让母亲避免了回答这一问题，但是也有一个弊端：当孩子被母亲的嘲弄刺激，就会想迫切地知道结了婚的人有怎样的秘密，用不了多久，他就会知道这回事情。

我曾听到一个让我至今记忆犹新的迥异的回答。我的印象为什么这么深刻？因为给出这种回答的人，是一个在语言和行为上都非常谨慎的妇女。她有着一个深刻的认识：为了孩子的利益和德行，如果有必要，应该置别人的指责于不顾，不去说那些令人啼笑皆非的废话。事情是这样的：前段时间，她的小儿子小便撒出来一个很小的硬东西，这样东西甚至弄破了他的尿道。他早就忘了这件已经过去的事情。偶然，这个愚蠢的小家伙问他的妈妈："妈妈，小孩子是怎样出来的？"她妈妈果断地告诉他："是女人从肚子里拉出来的，我的儿子！拉的时候所产生的痛感，几乎让人丢了性命！"那些疯子，你们尽管可以去嘲笑！那些傻子，你们尽可以感到害羞！不过聪明的人，你是否能够想到更适合和更能达到目的的回答？

这个孩子具有一种因为自然的需求而产生的观念。这种观念，将会避免让他想到另外一种神秘的作用。他对神秘作用的观念，被痛苦和死亡这两种互相关联的认识，用一层不那么显眼的幕布遮盖了起来。这让他的想象力得到了抑制，从而避免了让他产生好奇。经过这重重影响，孩子自然不会想到生孩子的原因，而是生孩子的结果。这位母亲的回答很容易让人想到令人作呕的事情。因此，孩子再往下问，就必然涉及解释一系列问题，如人类天性的不足、令人讨厌的事物以及痛苦的模样之类的事情。进行这样的谈话，他定然不会迫切地想要知道生孩子的原因。这样既没有歪曲事实，也不需要对孩子横加指责，反而还可以教育孩子一番，何乐而不为？

应该让你的孩子读书。通过读书，他们可以获得不读书就无法获得的知识。如果他愿意研究，那么在安静的书房里，他们的想象力就会被激发并不断地变得激烈。他们进入社会生活，这时他们难免会听到一些粗鄙的话，看到一些令人难忘的行为。当看到大人们做一些事情，他们难免会追问自己什么时候才能做，因为你已经多次说过，他们已经长大成人。这并不奇怪，他们既然一定要听别人说的话，那么当然就可以去做别人做的行为。家里的仆人是完全归他们所有的。正是因为这一原因，仆人们才会不惜昧着良心和道德去迎合他们，去取悦他们，才会在孩子还只有四岁的时候，就说一些连最低劣的女人在他们十五岁的时候都不敢说的话。当把这些话说完，她们就忘得一干二净了。但是孩子们呢？他们会记住自己听到的事情。就这样，轻浮的言语为将来放荡的行为埋下了伏笔。因为品行不端的仆役，孩子也变得放荡。

一个孩子，如果对他的培养是按年龄进行的，那么他注定是孤独的。他只能按照自己的习惯去做事情，像爱他的表一样爱他的姐妹，像爱他的狗一样爱他的朋友。自己是什么性别？属于哪一个种族？这些他都不知道。在他的眼里，男人和女人是奇怪的，他完全不知道他们所做的事、所说的话和自己有什么关系。之所以会如此，是因为他对他们根本就没有关注过，像对他们说的话不感兴趣一样，他对他们做的事也同样不感兴趣。对于他来说，这些和他根本没有任何关系。这无疑是一个人为的过错，其产生原因，并不是我们采取了这样的做法，而是由于自然的疏忽。大自然对自己学生进行启蒙教育的时刻，现在已经正是时候。要想让自己的学生可以稳妥地从自己的教育当中得到好处，这是唯一的一个时机。这一切事实上也是一个原则，但在这里我不打算说它的详细规则，因为已经超出了我们的论述范围。对于这件事情，我们针对其他事情提出的那些方法也同样适用。你必须要让那些方法的发展过程尽量延长，从而让它们在发展的时候有条不紊，这样才能让不断增长的欲望带上规律性和变得有次序。唯一能够让它们有条不紊的只有自然，因此你完全可以让它自由去安排。

如果你的学生只是一个人，那么你不需要做任何事情。但是非常遗憾，他的想象力会因为他身边的事物变得非常活跃。此时的他，已经被偏见控制。要想防止这一点，必须从对立面去努力。这种方法就是：用情感去束缚住想象力，用理智去克服偏见。人的感性是人所有欲念产生的源泉，而这些欲念向何处发展决定于想象力。一个人如果能感受到这些关系，当这些关系发生变化，当他认为以自己的天性其他关系或许更适合，他的内心就会有波动。没有进行正确的想象，是所有心胸狭窄的人的欲念变成各种邪恶的原因。如果想错了，天使的欲念甚至都有可能变邪恶。因为，只有认识到了所有人的天性，他们才知道最适合他们天性的是什么。

我们现在来归纳明智地运用欲念的关键点。要同时从人类和个体两方面去认识人真正的关系是第一点，要让内心的一切感情受到这些关系的约束是第二点。

人要想自主地用各种关系去约束自己的感情，只在一种情况下可以实现，这就是能够自由地向某个目标倾注自己的想象力，或者能够自由地养成某种习惯。但是现在，怎样一个人教育他并不是问题的关键，我们怎样通过给我们的学生选择的环境去教育他才是。我们如果把怎样让他按照自然的秩序做事情说明，怎样让他脱离那个秩序的方法也会一同被说明。

既要把我们看到的事例排除在外，又要寻找那些顺着自然秩序发展的例子，是在阐释时会碰到的无可避免的困难。

一个孩子，如果他受到过一定方法和文化的影响，只要他有了一定的能力，就会把这种过早的教育应用到实际生活当中去。这种能力到来的时间，这种孩子是非常清楚的。那么，他会等待这一时间的到来吗？完全不会，他甚至还会让这一时刻更早地到来！在血液还很稚嫩的时候，他就让它燃烧了起来，在还没有感受到自己拥有哪些欲望之前，对于这些欲望将要实现的目的，他早就心知肚明。这是大自然在撩拨他吗？并不是这样，反而是他在强迫自然。大自然并没有教过他采取这种方式做成年人，在他还不是成人的时候，他已经具备能被称为一个成人的思想。

自然的真正进程是迟缓的。它是一个逐渐发展的过程：血液慢慢地变得激荡，思虑逐渐地变得缜密，逐渐地拥有独特性情。一个管理工厂的人，如果他有足够智慧，在用工具制造东西之前，一定会努力让他使用的所有工具都非常出色。人在最初的欲望产生之前，会有一个长期的不安过程需要经历，在这一时期，他欲望的产生是被长时间的蒙昧状态所蒙蔽的。他有欲望，但是又不知道想要得到的是什么。这个时候的他，血液是燃烧的，多余的精力正要寻找方法释放。他的眼睛是炯炯有神的，并且不断地注视别人。周围的所有人，都让他感到兴味盎然，他开始认为自己并不是生来就独自生活的。此时的他,已经开始懂得爱别人，懂得爱是什么。

一个受到过精心培养的青年人，他首先产生的情感并不是爱情，而是友情。不断成长的想象力，让他的一些同类成了他首先想到的人。相较于性的影响，人类对他的影响更早。所以，延长无知的时期，可以借助不断发展的感性，让这个青年人拥有博爱的可能。这一好处具有重大意义，因为在他的一生中，对他的关心和教育只有在这个时候才是有效的。

我发现很早就开始堕落、行为不检点的青年，他们是很冷酷的。暴烈的性情，让他们成了一些没有耐性、睚眦必报和很容易愤怒的人。为了达到自己的目的，他们可以什么都不在乎。在他们的观念里，根本不存在仁慈和怜悯的概念。更有甚者，为了能让自己获得片刻的快乐，他们甚至可以弃父母和整个世界于不顾。一个成长于单纯而朴素生活的青年则恰恰相反，他必然会因为自然的作用而变得敦厚和重感情。当看到有人深陷痛苦的泥沼，他那热诚的心会感同身受；当看到自己的伙伴，他会快乐地战栗起来。他的双手，有着温柔拥抱别人的能力；他的眼睛，能够流下同情的泪水。当发现自己惹别人不高兴，他就会无地自容；当发现自己冲撞了别人，他会感到非常自责。即便他因为无可抑制而不安和愤怒起来，你也能很快发现：他的天性是善良的，他那歉然的表情就是一个明证。如果发现自己对别人造成了伤害，他就会哭泣和发抖，此时的他，甚至愿意用自己的血去补偿别人流出来的血。当发现自己犯了错，他的愤怒就会消失得无影无踪，他的所有骄傲都会被谦卑取代。如果是别人冲撞了他，只要这个人在他盛怒的时候表达自己的歉意，向他说一句话，那么就可以让他的怒气平息。对于自己的过错，他能真诚地予以弥补；对于别人的过错，他也能真诚地予以原谅。在青春时期仇恨别人是很不合适的，应该在这一时期对人仁慈和慷慨。你如果要以实际经验来验证我的话，我一点儿也不害怕。一个孩子如果在二十岁之前一直保持着纯真的善良，那么他在青春时期定然是一个最大方和最善良的人。他不仅最爱别人，也最值得别人爱。我敢打包票，定然还从来没有人向你讲过这些话。至于那些成长于学院腐败气氛中的哲学家，他们无意知道这些。

人为什么要合群？我们为什么心系人类？答案是，前者是因为人的身体柔弱，后者是因为我们面临着同样的苦难。如果我们不是人，我们将不需要对人类负任何责任。人是因为没有足够的力量才依赖别人的。我们所有人，如果谁都不需要别人的帮助，那么没有一个人会愿意和别人合作。因此，由于自身存在弱点，我们反而获得了幸福，尽管这种幸福那样微小。能称得上真正幸福的人，必然是一个孤独的人。因此，能够享受绝对幸福的只有上帝。但有一点是不容否认的，那就是我们谁也不知道什么是幸福。一个人如果没有足够的力量，他即便能够让自己的需求得到满足，也很难称得上很快乐。或许，他还可能成为一个孤独而忧郁的人。一个没有任何需求的人，我认为他不会喜欢任何东西，这样的人要想过得幸福，在我看来完全是天方夜谭。

所以，说我们是因为感受到了我们同类的快乐才爱他们，不如说我们是因为感受到了他们的痛苦才爱他们。要知道，我们要想看出我们具有相同的天性，看出这一他们爱我们的保证，只有在痛苦中才有望实现。通过利益，我们共同的需求能够把我们联系起来，通过情感，我们共同的苦难也能把我们联系起来。拥有一张幸福面孔的人，人们只会嫉妒他，而不是羡慕他。我们将会说："他是因为盗取了自己不应该享受的权利，才过得这么舒服的。"因为自身的自私心理，他也会让我们感到痛苦，我们会认为这个人已经不再需要我们。然而，当看到别人遭受痛苦，没有人会不表示同情，没有人会不想帮他脱离苦海。这个时候的我们，由于自己的内心的缘故，只会想象自己就是那个被痛苦折磨的人，而不是想象自己是一个幸福的人。对于痛苦的人和幸福的人，相较于后者，前者更容易打动我们。怜悯心会让人产生幸福，当我们发自内心地站在别人的立场上为他考虑问题时，我们就会产生一种庆幸的心理：还好我们没有遭受那样的苦难。反之，嫉妒心理会让人产生痛苦。当一个人看到一个幸福的人的面孔，并不会羡慕那个人居然那样幸福，而只会为自己不能成为那样的人而感到悲伤。

所以，对于一个青年人而言，你绝不可以让并不真实的人们的幸福为他将来可能变得骄傲、虚荣和嫉妒埋下伏笔，也不能让他过早地看到宫廷的奢华和富贵的排场，以及带他在交际场所和衣着华丽的人中间流连。如若不然，你将无法培养他那不断成长的开始冲动的感情，无法让他成为一个善良的人。他适合看见上流社会外表的时机，只适合在你已经让他拥有了从上流社会本身去了解它的能力之后。否则的话，你就是在祸害他，而不是培养他；是在欺骗他，而不是在教育他。

难道人一出生就能做帝王、有钱人或达官贵人？在降生的时候，所有人都是一无所有的。没有一个人能够免受苦难、疾病、忧患、贫穷、死亡等痛苦，这就是做人的真谛。我们进行我们的研究的时候，首先就要从人天生就具备的东西，从组成人性的东西着手。

对于一个已经十六岁的少年而言，因为经历过痛苦，他对痛苦的意义是非常清楚的。但是对于别人也同样遭受痛苦这一点，他就不一定明白了。此外，还有一个我多次讲过的原因，这就是孩子在还不能想象别人的感觉时，只能对自己的痛苦有感触。当他的感官已经开始发育，想象力已经被激发，那么他就具备了一项能力：切身地考虑自己的同类。此时的他，就会忧心他们，为他们遭受的痛苦而感到悲伤。他的心灵，因为苦难的人类的悲惨情景将会产生一种同情，一种他从来没有体验过的感情。

如果你难以从你的孩子身上发现这样一个时刻，那完全是你自己的原因。因为在很早的时候，你就已经让他们学会对情感不认真，让他们学会说话带情感，从而造成一种结果：他们总是以那种腔调说话，用你教他们的东西来和你唱反调，以致让你们分辨不清他什么时候说的是真话，什么时候说的是假话。但我的爱弥儿却完全不是这样，尽管我已经把他抚育得么大，你们可以发现他没有动过任何感情，也没有说过任何假话。在对爱还不了解之前，他从来没有对人说他很爱你。在父母或生病的老师房间里应该怎样做，怎样在没有忧虑的时候装得忧心忡忡，对于这种问题，我从来没有为他提供解决的办法。由于还不知道什么是死，他见到人去世也不会假装哭一场。他做出某种表情，就说明他在心里产生了某种感受。他也不会注意除自己之外的其他人，这是和其他孩子相同的一点。不同的一点就是，他不会像他们那样假装关心别人。

经过了很长时间，他才知道什么是痛苦和死亡，因为他很少会思考有感觉的生物究竟有哪些感觉。但是现在，他呻吟和哭泣了起来，他的眼睛，已经因为流血的样子而无法睁开。当他看到那种肌肉跳动的情景，如果他不能理解一个垂死的动物为什么会全身抽搐，他定然会感到非常痛苦。如果他仍然和当初一样鄙陋，对所有的事物都一无所知，那么这些感觉就不会出现在他身上。他并不清楚这些感觉来自何处，因为他没有受到过足够的教育。但是，由于比较了一番自己的观念，也不能说他什么感觉也没有。然而这也不能代表他已经能够想象出他所感觉到的情景。

怜悯就是这样产生的，它可以被称为是按照自然秩序最先触动人心的相对情感。必须让孩子知道，他曾经遭受过的痛苦，感受过的悲伤，同他相同的一些人也同样经历过。同时，还必须让他知道有一些人还因经历了另外的痛苦而悲伤，因为他已经能够对这些感受有体会。只有这样，他才会变成一个有情感和有怜悯心的人。对于我们来说，只会在一种情况下产生怜悯心：已经抛开了自己的形体，认为自己与那个受苦的动物并没有什么两样，并且能够站在它的立场上把方方面面都想到。我们要想感到它的痛苦，只有在我们已经确定它的确在承受痛苦时才可能。并且，我们痛苦的也不是那个动物，而是我们自己。所以，无论是谁，只有想象力已经被激发，他才有忘记自己的可能，才有变得充满感情的可能。

对于这样一种不断增长的感情，我们要想在一个青年人身上激发和培养它，按照它自然的发展轨迹去认识和引导它，不按照下列方法做是做不到的：让他把心中不断增长的力量用来让自己变得心胸更为广阔，从而懂得关心别人，而把与自己相关的事物抛在脑后。对于那些能够让他心胸狭隘、变得以自我为中心的事物，我们小心翼翼地将其清除。换句话说就是，我们要让他变得善良、博爱、怜悯和仁慈，让他产生一切让人自然感到快乐的温柔可人的情感，不能让他变得仇视、贪婪、嫉妒，以及产生一切不仅能使人无法产生情感，并且还会起到反作用和折磨他的有害的欲念。

对于我阐述的以上各种观点，我认为可以归纳为三个简明的原理。

第一个原理

异地而处时，人最关心的，感受最深的，是那些比自己更值得同情的人，而非比自己更幸福的人。

如果你发现有例外的情况，即和这个原理完全不符，那也只是表面上的不符。无论是谁，都不会设身处地为他喜欢的有钱人或权贵着想，即便他好像真的很喜欢对方，也只是因为想从对方那里获得一部分利益。这些有钱人或权贵，在有的时候走了背运反而会得到别人的同情。但是，他们在发财或者升官的时候，可以说是没有一个真正的朋友的，除了那些一以贯之同情他们，没有被走运的外表所迷惑的人。

有些人的幸福生活是能够让人心生感动的，农民的田园生活就是一个很好的例子。当我们看见那些敦厚的幸福的人，我们不禁为之倾倒。这种感觉，并不存在嫉妒的恶意成分，而完全只有真切的喜欢。我们认为自己能够降低身份去过这种宁静朴素的生活，去享受他们那种幸福，是导致这种情形出现的原因。这实在可以称得上一个能让人快乐的方法，只要我们能够将其付诸行动。当自己财富的源泉摆在面前，当自己财产出现在脑海里的时候，我们总是会感到无比开心，即便我们不去享受。

　　因此，想让一个青年人变得博爱，最好的办法是：当他看到别人拥有如日中天的命运，告诉他这种命运也有不好的地方，从而让他感到畏惧，而绝不能让他去艳羡这种命运。这样，他就会按照自己的方法去寻找幸福，而不是使用别人的方法。

第二个原理

　　对于别人的痛苦，我们只会对我们也可能遭受的那一部分表示同情。"我之所以要来对不幸的人施以援手，是因为我经历过苦难的生活。"

　　　　　　　　　　　　　　　——《伊尼依特》第 1 卷第 634 节

　　这一行诗是如此优美、动人、深刻和真切，我还从来没有见到谁说出的格言能与之媲美。

　　帝王之所以视自己的民众如草芥，是因为他们知道自己永远不会是一个普通人；有钱人之所以对待穷人残酷，是因为他们永远不用担心自己困窘；贵族之所以轻视劳苦大众，是因为一个贵族永远不会成为一个平民。土耳其人也是因为他们的政府非常专制，才会比我们更为仁慈和宽容。由于个人的财富和地位始终都不稳定，他们根本不认为自己永远不会贫穷和卑贱[①]，也许就在第二天，他们就变得和他们今天帮助过的人一个样。在东方人的小说中，这种观点是层出不穷的。较之于我们这

---

　　① 这种情况似乎已经发生了变化，人的身份已经变得更稳定，同时人也变得更狠心。——原注

种苍白的伦理对读者的影响，它对读者的感染力要强很多。

你的学生，你应该避免他因为自己的显贵而轻视可怜之人的痛楚和奔忙。如果他认为这些人和自己完全没有关系，你就不可能把他教育成一个能同情他们的人。你要让他深刻地认识到，因为生活中出现的各种意外和无法逃避的事情，他也可能面临和那些不幸之人同样的命运，那些人经历的各种痛苦，可能马上就会降临到他身上。此外，你还要让他明白，身世、健康和财产并不能保证他拥有幸福生活。你要让他明白，命运是起伏多变的，同时为他找出一些事例，以证明较之于那些不幸之人，有些地位更高的人沦落之后命运更悲惨。但要切记，不要和他讲那些人之所以沦落是因为他们所犯的错误，因为在现阶段，他们还不懂错误是什么。你要用他能理解的道理去启迪他，而不是对他说一些他不明白的话。只有这样，他即便学识很低也能明白：一个人尽管做事非常小心，对于一些事情也是无法确定的。例如，一个小时之后，他无法确定自己是死是活；在天黑之前，他无法断定自己是否会因为肾脏炎而疼得牙关紧咬。经过一个月，自己是贫穷还是富有；经过一年，自己是否会被送往阿尔及尔，在别人的鞭笞之下划船。你必须要注意，不能以一问一答的刻板方式向他讲解这些事情，这一点非常重要。你必须把这些人类的灾难，一五一十地展现在他眼前。你要让他震惊，让他知道危险遍布了自己周身，让他在你向他描述这些的时候，紧紧挨着你，生怕自己遭受这些危险。如何做到这一点？告诉他一个人时刻都可能遭受的危险！你当然可能有一种担心：我们这样做，岂不会让他变得胆小？我想说的是，从使他成为一个善良的人开始入手，是我们现在最要紧的事情，至于是否真会让他变得胆小，我们以后就可以明白。

第三个原理

别人经历过多少痛苦，并不是决定我们对他多同情的因素，我们为那个遭受痛苦的人进行了怎样的联想才是。

我们对一个不幸之人的同情程度，决定于我们认为他不幸的程度。相较于我们想象痛苦所产生的感觉，我们在肉体上对痛苦的感觉更轻微。我们之所以会表示同情，是因为我们的记忆延续了我们的痛苦，想象力把那种痛苦附着在了我们的未来之上。按理说，因为拥有共同的感觉，我们对动物也会平等看待。但是，我们为什么相较于对它们痛苦的关注，更关注人的痛苦？其中的原因，我想就在这里！有谁会可怜自己养的拉车的马？我想没有，因为谁也不会去想象马在吃草的时候，是否也会担心自己被皮鞭抽打，并且很快便筋疲力尽。我们尽管知道，在不久的将来，那只在牧场上吃草的羊将会被人吃掉，但是我们会可怜它吗？也不会，因为我们明白，它不会想到自己的命运。从这一点也可以看出，我们是同样对待人的命运的。众所周知，富人让穷人经历了各种痛苦。但他们是心安理得的，因为在他们看来，穷人是愚蠢的，甚至连自己为什么会痛苦也不清楚。在评判一个人为他同伴的利益做的各种事情时，我的标准通常是他是以怎样的眼光看待他们的，没有人会在意自己轻视的人的幸福。如此，你便可以明白，政治家在谈到人民时为什么表现出一种轻蔑，绝大部分哲学家为什么认为人类非常坏。

　　这样的人是不能称为人类的，因为人类是由人民构成的，不从属于人民的人没有任何价值。如果我们认为各种等级的人无差别，那么最值得我们尊敬的，无疑是人数最多的那一级。一切社会地位，在有思想的人的眼里都是无差别的。他并不会认为大人物和小人物有着不同的欲望和感觉。在他看来，大人物和小人物的真正不同只在于他们的语言和或多或少装出来的样子。如果这两种人有什么极大的不同，那么这个极大的不同就在于装样子的人特别不真诚。人民之所以不受欢迎，是因为他们的行为和思想是统一的。上流社会的人是不得不虚伪的，如果他们自由地展现自己，后果不堪设想。

　　不同等级的人，我们那些满腹诗书的人说他们的幸福和痛苦是同等的。这个说法是有害处的，并且也没有立足点。为什么这么说？因为如果大家都幸福，人就不需要为了别人自讨苦吃。让所有人都维持现状吧：让被折磨的人继续被折磨，让因为疾病缠身受痛苦的人继续受痛苦，成全那些想死的穷人死的愿望。因为改变他们的地位一点好处也没有！学者们把富人的痛苦一件件揭露出来，说他的快乐都是表面的东西，这完全是一种无稽之谈！他的痛苦并不是他本身造成的，而是由于他的社会地位，他没有很好地利用自己的社会地位！即便他的痛苦程度超过了穷人，也没有什么值得怜悯的地方，原因在于完全是他自己一手造成了自己的痛苦，如果愿意，他完全可以让自己过得幸福！但是穷人不同，穷人的痛苦是环境造成的，是他恶劣的命运造成的。他的肉体是无法不感到疲劳和饥饿的，因为他没有办法避免穷困，也不具备足以改变的智慧，所以只能忍受他那个地位的痛苦。在很早的时候，爱比克泰德①就已经认识到自己的主人会把他的腿打断。他即便意识到了这一点，也改变不了什么，他的腿依然要被打断。不仅如此，因为早就意料到了这一点，他反而还要承受更大的痛苦。即便不像我们想的那样，人民并不是那么愚笨而是非常聪明，也只能过自己正在过的生活，只能做自己正在做的事情。你只要研究一番这个等级的人，就可以发现他们其实和你一样智慧，尽管他们说话的方式和你不一样。更有甚者，他们的常识比你还要丰富得多。所以，对于你周围的人，你应该保持敬意，你必须要意识到，他们当中的大多数人都是人民。如果拿掉所有的国王和哲学家，人民就会缺人数吗？一点也不，各种事物也不会因此而变得更加不如从前。总而言之，你要教育你的学生爱所有人，包括那些轻视人民的人。你要让他和全体人民在一起，不从属于任何一个阶级。你如果和他谈到人类，绝不能说一些轻视人类的话，而要以亲切甚至同情的口吻进行。人如果说人类的坏话，那就太不可思议了！

　　通过这些和别人采取的方法完全相反的做法去深入青年人，从而让他最初的自然情感得到激发，让他拥有能容纳他同类的广阔胸怀，是一种非常适合的做法！但是也要注意一点，这就是不能让个人的利益混入他的自然情感当中，尤其是不能让虚荣、攀比、荣誉以及那些让我们必然会同别人进行比较的情感混入。其原因是，进行这种比较，我们必然

---

　　① 古罗马著名的哲学家，被称为继苏格拉底之后，对西方伦理道德学发展贡献最大的哲学家。——译注

就会仇视那些同我们竞争的人，就会始终认为自己才应该第一。这样做导致的结果只能是：我们要么盲目行动，要么满腔怒火，要么成为一个坏人，要么就成为一个愚人。这种不是这一种就是另一种的情况，我们要尽量避免。你也许会这样告诉我："这些非常有害的欲念是早晚会出现的，它并不以我们的意志为转移。"我同意这一看法，因为只要时机和地点适合，每一种事物都会出现。但是在这里，我讲的只是我们不应该帮助它们出现。

这就是我们应当采取的方法的要义。但是，有一点也必须指出，那就是这里举出的实例和描述的细节并没有什么实际用处。原因何在？因为人在这一时期性格已经千差万别，能适合我所举的例子的人极少。对于一个能力突出的老师而言，让自己学者和哲学家的作用得到真正发挥，用巧妙的方法窥探出学生心思，从而达到培养他的目的，在学生的这一年龄是非常适合的。在青年人还不知道怎样掩饰自己的心情，对这种做法还一无所知的时候，是培养他的最佳时机。我们这时只要给他一样东西，根据他的态度、眼神和姿势，我们就能看出他对那样东西的印象如何；通过他的面部表情，我们可以看出他内心有着怎样的想法。如此一来，我们就可以对这种活动做出预测，从而在最后加以指导。

无论是谁，碰到流血、受伤、呻吟、哭泣、痛苦的手术和其他能够让感官感到痛苦的事物，都会感到紧张。如果是见到毁灭的情景，反而比较镇定。人对死的形象有所感触，必须要很久以后才能实现。因为谁也没有死过，要想知道死的时候会经历怎样的痛苦，只有在死的时候才能体会。然而，当我们已经深深地记住了这种形象，那么在我们的心中，死亡就变成了最可怕的东西。这个时候的我们，更害怕那种无可逃避的景象。导致这一点的原因，可能是这种情景通过感官让我们产生了彻底毁灭的观念，也可能是我们知道这样的时刻每个人都会碰到。

不同的人，由于拥有不同的性格和习惯，各种印象在他们身上的体现和程度也各不相同。但每个人都有，这一点是肯定的。然而，有一些感触只能缓慢地获得，能拥有它的只有敏感的人。因为导致这些感触出现的，是人的痛苦、悲伤、烦恼和郁闷等情绪。有这样一些人，要想激起他们的情绪，必须要让他们听到哭泣的声音。如果只是看见一个人无比悲伤地在那里暗自抽噎，他们甚至不会叹息；如果看到一个人脸色苍白而破败，一双眼睛没有丝毫神采并且已经哭不出眼泪，他们也不会掉下一滴眼泪。心灵遭受的折磨，对他们而言是无足轻重的。他们如果估量这些折磨，并不会觉得怎么样。在他们的观念里，只有残忍、毒辣和严酷的存在。变得诚实而正直，对他们而言也许是可能的；但变得善良、宽容和怜悯，对他们来说是不可能的。而我要说他们成为一个正直的人也有一个前提条件：一个居心险恶的人能成为一个正直的人。

这时，你或许就要采取一个错误做法了：以这个标准去评判年轻人了，评判那些受到过良好教育、从来没有人让他们遭受过痛苦的年轻人了。为什么说这种做法是错误的？原因我可以再次重申：因为他们只会同情他们能体会到的痛苦。你也许发现他们非常冷漠，但这是因为他们还处于对知识的获得阶段。这种冷漠，在他们认识到自己对生活中的许多痛苦还一无所知时，就会迅速变成一种同情。如果爱弥儿能够在幼年保持天真善良，我毫不怀疑他到了青年的时候会成为一个宽容和仁慈的人，因为观念的正确在很大程度上决定了情感的真切。

到了这里，有不少读者可能会批评我把当初的想法抛在了脑后，把我对我学生的承诺——要让他们享受永恒的幸福——抛在了脑后。他们或许会说："你为什么总要谈起那些穷人和即将进入坟墓的人？我看不出意义所在！这并不能让一个进入社会的青年人懂得什么叫幸福和快乐！由此可见，他那位不幸的老师原来说要给他优良的教育，但实际得到的结果却是让他遭受痛苦。""这和我一点关系也没有。"没错，我是说过要让他过得幸福，但是我并没有说过要让他在表面看起来幸福。如果你一定被外表蒙蔽，以表面现象充当真实，只能怪你自己！

现在做一个假设。有两个受过基础教育的青年进入社会，但进入社会的门是完全相反的。其中的一个人立即得到了命运的垂青，在最风光的上流社会出入。由于有别人的引领，他不断地在宫廷、显贵、富人和名门闺秀的家里出入。他是到处都受到欢迎的，尽管我不认为这种欢迎有什么好处，但我仍然这样假设。同时我还假设：因为自己的智慧，他并不接受这种欢迎。他每天都可以碰到快乐的事情，并且不断地喜欢上新的事物，因为他是那样喜欢所有事物，以至于你的兴趣也被激发了出来。在你看来，他是专注、沉迷和好奇的，你深深地记住了他赞美的第一个事物。因此，你认为他是心满意足的。但真是这样吗？关注一下他的精神状态吧！你或许认为他在享受快乐，但是我却认为他在忍受痛苦。

　　他睁开自己的眼睛，最先入眼的便是各种他以前从没见过的财产，并且其中大部分东西他只能暂时摸一下。这样一来，他只能认为这些东西之所以出现在他视线里，是为了让他难过的，让他为没能拥有那些东西难过。他在宫廷之中穿梭，一副愁闷而好奇的神情，这时你可以看出，他正在暗自思索自己父母的家为什么不是这样。从他脑海中产生的问题可以看出：他在不断地比较自己和那间房子的主人。在经过比较后，他开始羞耻起来，并且产生了逆反心理，于是虚荣心得到滋长。如果一个衣着华美的青年人被他看到了，我就发现他满嘴的怨愤之语，抱怨自己的父母太吝啬。就算他的穿着优于别人，他仍然是痛苦不堪的，因为在他看来，自己和那个人比起来只能让自己更加像丑小鸭，在一件极其朴素的衣服面前，他那全身的绫罗绸缎只会显得更加鄙陋。有一个事实是不容否认的：在一群人中间，衣着华丽的只有他一个人，并且昂起高傲的头给别人看。在这样的时刻，谁都会想挫一挫这个纨绔子弟骄矜的神气。于是，他被严肃之人用不安的神情注视着，被爱嘲讽的人用冷言冷语讥讽着，就算当时只有一个人看不起他，但因为这个人轻视的态度，其他所有人的喝彩都会带上轻视的痕迹。

　　我们尽管按以下的原则去对待他：满足他的一切需求；让他无所顾忌地开心；变着法子地夸奖他；让他穿华美的服饰，整个人都神采奕奕招人喜欢。如此一来，有些妇女就会找他。但有一点需要引起注意：如果她们找他不是因为被他喜欢，而是她们自己的追求，那么他就可能无法成为一个情人，而是成为一个疯狂的人。如此，或许会有好的运气伴随着他，但一心一意地体味其中的乐趣，对于他而言是困难的。的确，他的欲望很快就得到了满足，但是他却反而不快乐了。我们的本意，原是为了让他获得能让他拥有幸福生活的女性，最终得到的结果却是，他在对幸福生活还一无所知的情况下，就开始讨厌这种做法，认为它一点意义也没有。他或许也可能会继续追求，但是其动机已经纯粹是因为无所事事。终于有一天，他因为已经了解那样做的真意而有心钟情一个人，但此时的他已经不再是一个独一无二的可爱美少年，已经没有办法在自己的情人当中找到一个忠贞的女子了。

即便已经如此，但我还没有谈到与这种生活密不可分的矛盾、背叛、刺痛和阴暗的事情。谁都知道，因为处世的经验，我们是厌恶世事的。因此，在这里我只准备谈一下由第一个妄念带来的困惑。

作为一个一直在亲人怀抱中生活到今天的人，他深知自己是他们唯一的爱护对象。但是到了现在，因为换了一个环境，他的地位竟然已经变得无足轻重。在自己的世界里，他长期都是作为一个中心存在的，但现在他却发现，自己似乎进入了一个完全不认识的世界。可以想象，看到这种生活，又回想起以前的生活，他会产生一种多么强烈的反差。因为成长于亲友当中，他已经变得目中无人，当他和陌生人相处，如果依然持有这种认识，无疑会遭受许多的讥讽和羞辱。在还是孩子的时候，大家或许都会让着他，并且对他予以周到的照顾。但当他已经长成一个青年，如果再按以前的方法行事，难免会得到非常惨痛的教训，因为这个时候的他，已经不得不让着大家。长久以来，他都是想要什么就能得到什么的，他之所以会有这种习惯，其原因也在于此。因为这一习惯，他不断地想要得到更多，不断地认为自己缺少许多东西，他喜欢的所有东西都在向他招手，他应该拥有一切别人拥有的东西。什么东西他都想要，每一个人在他看来都是让人嫉妒的，他想居于所有人之上。此时的他，虚荣心已经滋长，一颗朝气蓬勃的心，正在被无法抑制的欲望烧灼着。因为欲望的存在，猜疑和仇恨也开始在他心底扎下根。在他的心里，所有于人有害的欲望在同一时间产生。因为这些欲望，他在繁杂的世界里焦虑起来。每天晚上回家的时候，他总是忧心忡忡，不满意自己，也不满意别人。就算是睡觉，他也在不断地想问题，整个人都被纷乱的思绪搅得不得安宁。在睡梦里，他骄傲的心也不停歇，而是在急切地幻想得到他或许永远都不能得到的财富。你的学生，就是上述所谈的那个样子。

那么，现在让我们来看看我们的学生。

假设让他有着深刻印象的第一个情景是很糟糕的，那么，当他回想起自己的过往，他就会感到一种快乐。看到自己竟然避免经历了那么多灾难，他就会庆幸自己没有成为那样的人，从而发自内心地感到一种开心。这样一来，他也会懂得分担他同伴的痛苦，并且动机是友善的，行为也是自愿的。对于他们经历的痛苦，他是同情万分的，但与此同时，他也庆幸他们的那种痛苦自己并没有经历。此时的他，会认为自己有一种能激发我们的力量，通过这种力量，我们不仅能有力量让自己获得幸福，并且还能有多余的力量倾注在别人身上。从这一点也可以看出，一个人同情别人自己也能获得快乐，这也表明了我们的情感非常丰富。如果是一个铁石心肠的人，因为没有多余的情感去同情别人，他定然是痛苦的。

必须承认，我们认为幸福的地方通常都是最不幸福的地方，因为我们判断幸福的标准太表面了。由于快乐通常是幸福的一个虚假表征，我们通常都会去不可能有幸福的地方寻找幸福。一般说来，一个快乐的人定然是不幸的，因为他拼命地欺骗别人和自己。一些人尽管在交际场合非常开心，但是回到家里以后，几乎都是满肚子苦水、心情郁闷。这时，他们就会把讨好朋友受到的那些委屈让仆人去承受了。从来没有哪一个真正满足的人会那样玩乐。这样的一种感情是甜蜜的，并且也得到了我们尽心竭力的爱护。正因如此，我们在享受的时候才会想到它，体会它美妙的滋味，生怕它一下子就消失不见了。一个人如果真正快乐，他通常会把喜悦藏在自己的心里，绝少会表现在言行举止上面。谁如果总是不消停地穷开心，只能说明他满是失望和忧愁。忧郁必然伴随着寻欢作乐，蜜甜的欢乐必然带来同情和泪水。一种快乐到极点的情绪，不会让人笑，只会让人哭。

如果不加审慎，很容易就会产生一种认识：玩乐的次数和花钱的数量越多，人就越幸福，平淡无奇的生活只会让人感到乏味。但如果仔细思考，我们就能发现真实的情况刚好相反：只有适度地享乐才能让人感到舒畅，才不会使人产生欲念和烦恼。人只有在知道还有更好的环境时，才讨厌眼下的环境。野蛮人，在所有人类当中是最缺乏好奇心的，并且也最少感到忧愁。在他们看来，一切事物都是无足轻重的。他们的快乐，只会来自他们本身，而不会由各种事物引起。因为一生并不需要做什么，所以烦恼从来就不存在于他们的概念中。

处事圆滑的人，几乎不会展现自己的本来面目，他们整天都是一副虚伪的面孔。情况严重的，甚至连自己都不认识自己了。如果无可避免地只能还原自己，他们就会感到非常不安。他们的本来面目如何，对他们来说并不重要，真正对他们重要的是看起来是什么样子。当我前面提到的那个青年人出现在眼前，我无可避免地会产生一种看法：他是那样骄傲、圆滑和虚伪，以至于所有人都讨厌他和指责他。而如果是看到自己的学生，只会有一副淳朴可爱的神情，以及他表现出的欢乐与安宁出现在脑海。大家都尊重和信任他，你只要在他身边出现，他似乎就要向你倾诉自己的友情。有人持这样一种看法：人的相貌，只是大自然所描绘的特征的简单发展。我不否认这种看法，但同时也要指出，一个人的面部特征，也会因为某些感情一贯的影响而无声无息地形成。流露于面部的这些情感，可以说是最真切的。为什么这样说？因为它们经常表现在脸上，时间一长，就在脸上留下了持久的印记。我之所以说相貌可以体现一个人的性格，之所以说即便不听别人拿一番我们不懂的学问神秘地解释一番，也能看出彼此有着怎样的性情，原因就在这里。

快乐和痛苦，是小孩唯一拥有的两种情感。他的情感只有这两种，不会有中间地带。在高兴的时候就笑，在痛苦的时候就哭，就这样循环往复地哭和笑。这并不会导致他的脸上留下不可磨灭的印记，也无法让他拥有一定的相貌。但是，当他的年龄到了一定阶段，感觉比以前更敏锐的时候，脸上就会留下可能永远存在的痕迹，因为情感对此时的他，已经能造成更强烈和更持久的影响。这样一来，随着时间的不断流逝，产生于内心习惯状态的特征，就会变得永远难以消灭。那么是否也有相貌随着年龄的变化而变化的人呢？答案是肯定的，我们能看到很多这样的人。我就看到几个这样的人，并且我还发现，这些人因此连一贯的脾性也跟着改变了。我认为如果能充分地研究这一情形，其意义是重大的。

在以阐述根据外部特征去判断内心活动为中心的众多教育论文中，这一研究成果无疑会占有重要的地位。

那么，我教育的这个青年，是否会因为不懂得模仿通俗的做法以及他原本没有的情感，而变得没有那么招人喜欢呢？我并不打算就这一点在这里进行论述，但是有一点我是可以确定的，这就是他将来肯定比别人更有感情。为了让别人喜欢自己，一个只爱自己的人能假装和有些人一样，以爱别人来使自己产生另一种快乐的感觉吗？不管你信不信，反正我是不信！只要读者有足够智慧，就能通过我这方面的论述理解这种感觉，这些论述，也可以作为我前后的话并不矛盾的证明。

现在不妨把我采用的方法重新谈论一遍。当年轻人已经快要到达懂事的年龄，为了从那些能激起欲望的事情上转移他们不断增长的想象力，我认为要遵照下列原则行事：只让他们看到一些能克制而非刺激他们欲望的景象，让他们看一些既不对他们的感官产生刺激，又能对他们想象力的活动进行抑制的事物。由于大城市里妇女的装扮和浪荡的行为，将让他们更早地受到自然的教育，因此必须让他们远离城市。当然，让他们远离城市还有另一个原因，这就是他们会认为大城市里的一切都是享乐，他们知道那种享乐的时机，应该是他们拥有选择能力的时候。把他们再次带回他们最初住的地方，淳朴的农村生活将大大减缓他们那个年龄的欲念的发展。如果他们因为爱好艺术而必须留在城市里，那也必须要做到如下几点：防止他们因为这种爱好而变得懒惰；对他们交往的人以及日常的活动和兴趣仔细挑选；为了让他们的心受到熏陶，但是又不激起他们的欲念，从而达到在不刺激他们感官的情况下培养他们的情感，给他们看的图画必须是生动而淡雅的；节制他们的欲念，以避免让他们受到损害，因为在他们身边，到处都充斥着一些需要我们提防的放荡行为。之所以要强迫你的学生去做看护或慈善会的会员，或者强迫他们去接受那些让人非常悲伤的事情的折磨，又或者强迫他们去探望各个病人、在各个医院之间奔忙、不断地去看刑场和监狱，并不是为了要让他们变得无比冷酷，而是为了让他们从这些人世间悲伤的景象当中受到感动。任何一个人，如果不断地看到同样的景象，最终必然会非常平静地对待它。此时的他，已经能够平静地看待所有事物。如果某样事物总是在我们的视线里出现，我们就不会对它产生联想。我们正是因为展开了现象，才能够对别人的痛苦有感触。教士和医生之所以拥有一颗那么强硬的心，这是因为他们看惯了死人和病人。所以，对于你的学生，你要让他看到人的命运和周围人的痛苦，但是要注意一点，不能让他看到的次数太多。只要对每一件事加以选择，不到适当的时候不让他看，不出一个月，他就会成为一个仁慈的人，并且经常思考那件事情。他能够判断出看见的事情并不是因为他看到了很多次，而是因为他思考了自己看到的情景。同样的，他能够牢牢地记住一件事情，也是因为他从某种角度去考虑了那件事情，和那件事情本身并没有关系。所以，我们如果让他知道了太多的事情、教训和情景，时间一长，就会让他感官的敏锐度降低，同时还会让他偏离他原来按照自然指示而前进的方向。

当他拥有越来越多的知识，对于那些知识，你就应该有选择地以一定的观念武装它们。同样地，当他拥有越来越强烈的欲念，你也应该有选择性地让他看到一些能够克制欲念的情景。一个勇敢和智慧并存的老军人对我说过一番话。在年轻的时候，他对酒色沉迷得越来越深，看到这一切，他的父亲便竭尽全力进行管束。但他父亲最后悲哀地发现，无论自己采取怎样的方法，儿子总有办法对付。最终，这位父亲决定带他去看一家花柳病医院，并且一开始没有和他说。到了医院之后，他父亲叫他走进一间房间。房间里全都是一些患花柳病的人，因为做了一些有伤风化的事情，他们只能来这里进行令人恐慌的手术。 当这位青年看到了那些令人不堪入目且令人呕吐的情景，他难过起来。这时，他父亲严厉地对他说："去看看吧！那条让人堕落的罪恶之路，也是你这个好色之徒将来要走的。用不了多长时间，你就会来到这间房子，在这里受苦丢脸。你将在这里因为那些有失体面的疾病失掉性命，而作为父亲的我将在这里感谢上帝带走你！"

因为这简短的几句话，以及那让人惊恐的场景，这位青年得到了一个非常深刻的印象。因为职业，他的青年时期是在军营里度过的。在这期间，他没有学他的伙伴们那些浪荡的行为，无视他们对他冷嘲热讽。

他告诉我："我已经是一个成年人。我承认自己有不足，但直到现在的这个年龄，看到妓女时我仍然会感到害怕。"老师们，你们一定要谨记：少说多做，对时间、地点和人物要善于选择，在教育你学生的时候，如果能以实例进行，一定能收到成效。

并不需要特别在意儿童时期是怎样度过的。在这段时间内产生的恶习，存在改正的可能；在这段时间产生的好的习惯，经过一段时间之后也会起到好的作用。如果一个人已经开始进入真正的生活，在刚开始的第一年，他就会面临不同的情况。我们应该要倍加珍惜这段重要的时间，因为它是那样短暂，短得甚至让我们无法做完应该做的事情。这也是我们坚持想方设法延迟这段时间的原因。要想庄稼成长得理想，让作物生长的时间尽量延长，从而使它能够缓慢而健康地成长是最好的办法。对于一个少年而言，在他还不具备多余的力量做一个成年人时，应该尽量避免让他成为一个成年人。在身体成长的过程中，精神会伴随增长，血液会得到精炼，肌肉也会变得更有力量。在这个时候，如果向其他方向转移他的精神，用本来只供一个人健康成长的东西去培养另一个人，只能得到一个结果：两个人都变得非常娇弱，大自然也没有完成自己的工作。一个人尽管拥有强健的四肢，但并不代表他也拥有了勇气和能力。如果沟通心灵和肉体的器官出现了问题，我认为身体的力量并不能产生心灵的力量。如果是另外一种情况，心灵和肉体得到了适当的发育，但是缺少提供足够动力的血液，为他整个身体运作提供动力的弹簧就只能干巴巴地运作，因为血液是保证它们拥有弹力的物质。较之于那些一产生精力就放荡的人，在年轻时善于保养的人会拥有更多的活力，因为他们并没有未老先衰。为什么有品德的人比没有品德的人更善良和勇敢？这就是其中的一个原因。缺少良好德行的人之所以表现得更惹眼，完全是依靠自己的一些小聪明。他们称那种能力为智慧、机灵和聪明，但我却不知道如何称呼。能够让智慧和理性发挥伟大而高尚的作用的，使自己因为自己良好的行为和德行，以及有着无可置疑的价值的事业而超凡脱俗的，并且受到别人尊重的人，也只有具备良好德行的人。

老师们经常抱怨："这个年龄的青年人，因为有一种愤怒的缘故，已经变得不服从管束了。"这个抱怨当然是有道理的，但是反过来我也想问老师："你们自己就一点错也没有吗？"老师们在让青年人愤怒起来的时候，应该能够想到这种愤怒已经如箭在弦上，不得不发。一个迂腐的老师以冷冰冰的语气不厌其烦地对学生教育一番，他应该知道这样做并不能让学生想象的那些快乐场景消失，不能把那些将学生置于水深火热之境的欲望消除，不能让他抑制自己那种已经知道用途的热情。这样一来，因为存在这些困难，他就无法顺利获得幸福，而他也会因此而感到愤怒。你如果在他对规则纪律还一无所知的时候强行要他服从，只能导致他认为你是因为要存心折磨他才这样肆意妄为，认为你仇视他！既然如此，他再来反抗和仇恨你就很好理解了。

如果谁让自己更有亲和力，我相信能让他自己得到更多人的尊敬，也更能保持表面的威信。但对于你的学生而言，我不清楚你保持这种威信的必要性在哪里。你保持这种威信，只会让他产生各种不好的习惯，而你作为一个老师，正应该用自己的身份去制止。你这样做，无异于为了让一匹烈马驯服，而让它跃入无底深渊。

青年时期的这种冲动并不会阻碍教育的进行，恰恰相反，要想紧张而圆满地教育到他，离不开这种冲动的帮忙。你能够在一个青年和你一样强壮的时候，仍然控制住他的心，也是因为有这种冲动的存在。在最开始的时候，他的情感就像一条纽带，你通过这条纽带，可以对他所有的活动进行指导。但是现在，我发现这条纽带已经缠绕着他，他已经失去了原来的自由。在没有偏爱的时候，他自己和自然的需要是他唯一的从属对象，但在他已经有偏爱的时候，他的从属对象已经变为了他爱的人。他和人类的结合，就是这样开始形成的。你在向他不断增长的情感灌输人类这一概念时，切忌认为"人类"这个词代表所有人，因为他并不明白这个词语的意思。他的那种情感，只够让他想到和自己相似的人。而在他的眼里，能算作同他相似的人只有那些和他有关的人，他非常亲爱并且不可或缺的人，以及他认定和他有着相同的思想和情感、跟他荣辱与共的人，而并不是那些陌生人。一言以蔽之，他眼中的人类，指的只是和他非常相似、令他喜欢、能够彼此间有着亲密关系的人。要想把个人归入人类这个抽象概念，并且在个人的爱之外再产生他和整个人类结合在一起的爱，只能发生在他已经用各种办法培养了自己的天性以及反复研究过他对自己的情感和他见到的别人的情感之后。

如果他已经有能力爱别人，也就拥有了感受到别人爱的能力[1]，对于被人爱的这种感觉，他就能够时刻留意。到了这里，我想你定然已经发现新的控制他的办法。看吧，他的心灵，在他还没有发现你之前已经被你加上了多重束缚。当他巡视着自己，发现全是你采取的各种办法，当他比较一番自己和那些年纪相仿的青年，比较一番你和其他的老师，就一定会有所认识！但我要声明一点，我并不是说由你去告诉他这些，而是要让他自己去发现。因为如果由你告诉他，他就再也没有办法发现！如果你强迫他服从你，因为你认为你照顾了他，那么只能招致一种结果：他认为你是在先发制人。他心里就会认为：你是为了想让他欠你债才无条件帮他的，其目的是为了用一个他完全不认同的契约去束缚他。你当然也可以告诉他，这样做完全是为了他，但是却不会起作用。任你舌灿莲花，他会始终认为你是在强迫他，并且认为你强迫他的那些事情都没有得到他的允许。一个穷困的人得到了别人假意给他的金钱，但最终的结果却是这个穷人不管是否同意，都要被登记在新兵的花名册上。当你发现了这一点，你定然要为那个穷人叫屈。但是现在，你做的却是一件同样不公平的事情——要求你的学生对他根本不接受的关心付出代价。

对于那种给予一点小恩小惠就要求得到丰厚报答的事情，如果众人能够少做一些，忘恩负义的人也会跟着少一些。我们爱那些为我们提供利益的人，这种情感再自然不过。人的良心，天生就与忘恩负义的行为相违背。但与施恩图报的人相比，忘恩负义的却更少，这不能不算一种有趣的现象。你如果卖给我一样东西，我必然会和你讲价钱。但是，你

---

[1] 爱并不一定要求别人的回报，但是友谊并不这样。友谊是一种交换和契约。这种交换和契约不同于其他的交换和契约，但是却更为圣洁。"朋友"这个词没有相关语，只有它的自身。如果有谁不对朋友友好，这个人一定是一个匪徒。原因在于一个人不拿出或假装拿出自己的友谊，是无法获得别人的友谊的。——原注

如果先假装送给我那样东西，然后再开出你的价钱卖给我，就只能说是一种欺骗，无异于把一件白送的物品变成了一件无价的东西。无论是谁，自己的心永远只会服从自己，你如果妄想控制它，反而会让它更加肆无忌惮。相反，如果你让它恢复自由，反而能更牢固地抓住它。

钓鱼的人在水里放入了美味的饵料，这个时候鱼游了过来，并且在饵周围大胆地停靠。等到把隐藏在饵料之中的鱼钩吞入之后，它发现有人在拉鱼线，这个时候它开始想逃之夭夭。碰到这样的情况，你能说钓鱼者在广施恩德，鱼儿在忘恩负义吗？没有哪一个人会忘记给过自己恩惠的人，即便这个施恩的人已经忘记他。真实的情况恰好相反，对于那位给过他恩惠的人，他会经常提及，并且始终在心里想念他。如果他拥有了报恩的机会，拥有了能够表示他记得对方帮助的机会，他的内心一定是非常高兴的，并且在心里想："我现在终于可以报恩了！"当他的恩人感谢他的时候，可以想象他会多么开心，他一定会兴高采烈地告诉他恩人："现在是我为你效劳的时候了！"这种声音，完全出自于天性，没有人会忘记真正的恩惠。

因此，知恩图报是一种自然的情感这一说法如果成立，并且能够始终让这种情感得以保存，没因为你的错误而消亡，那么对于作为老师的你而言，如果学生看出了你对他的呵护照料的价值，并且你之前没有说价值有多大，他就能感觉到它有多大价值。如此一来，你在他的心里就拥有了至高无上的威信。但有一点你万不可以做，这就是在你的这种威信在他的心里还不牢固之前，向他夸耀自己。这样的做法，只能让你无法获得这种威信。你吹嘘自己做了各种事情，就好比在让他讨厌你做过的那些事。你如果不提及，他反而能够记住。只要他还不能够被称为一个成年人，你都不能够说是他在依靠你，而应该说他是在依靠自己。你必须给他充分的自由，以让他按你说的做。你应该不声不响地躲开，以让他自己来寻找你。你如果始终只谈他的利益，那么就会得到一种收获：让一种高尚知恩图报的心理在他心里扎下了根。在他还不理解之间就告诉他你做的一切都是为了他，这种做法是我不希望看到的，因为那样只能让他认为你是从属于他的，你是他的仆人。现在的他已经对爱有所了解，并且已经明白亲密的关系能够让一个人和他爱的人结合在一起。所以，对于你没日没夜为他工作的那种热忱，他将不会再认为是一种奴隶的依附，而是认为是一种朋友的关爱。受到过深刻考验的友谊的声音，对人心灵的影响是最大的，因为它表达的所有东西都是我们的利益。在有的时候，我们也许会认为某个朋友的做法不正确，但是我们不会因此而认为他有意欺骗我们。他所提出的忠告，我们也许不接受，但是我们一定会重视。

现在，我们终于进入了道德的领域。这是我们以成人身份跨出的第二步。如果条件允许，我准备就两个问题给出答案：良心是怎样在心灵最初的活动当中产生的；善和恶的观念是怎样从爱和恨的情感当中产生的。我会一并论述清楚："正义"和"善良"是理智引导出来的真正的爱，是我们原始情感逐步发展的结果，它们既不是两个抽象的名词，也不是由智力想出来的单纯的道德观念；如果只服从理智而对心灵弃之不顾，我们将不能遵从任何自然的法则；如果自然的权力不是建立在人心自然产生的需求之上，那么它就是一句空话[①]。在这里，我认为我不需要讨论伦理学和形而上学的理论，也不需要做任何表面上的讨论，而仅仅需要依据我们的天性，指出我们的感情和知识的形成的顺序和过程。我只在这里提出问题，至于阐述的工作，交给其他人。

我的爱弥儿直到现在仍然只对自己负责。所以，当他第一次注视那些和他相似的人，他将会比较一番他们和自己。如此一来，他就会产生一种好胜心。这一点就是自然变成自私的关键。这里也是由自私而引起

[①] "你希望受到别人怎样的对待，你就应该怎样对待别人。"这句格言本身就建立在感情和良心的基础上。如果不是这样，就没有办法证明一个事实：我在是自己的同时，在做事的时候还要把自己看成别人，并且在确定自己不会有和别人同样的遭遇后还要那样做。因为没有人能够保证，在我忠实地履行这句格言时也按同样的方式对待我。为什么坏人能占便宜，并且希望自己是唯一的坏人？就是因为好人很诚实，坏人则刚好相反。无论如何，这一点都不利于好人。当我的豁达胸襟让自己认为自己同和自己相似的人没有分别，当我认为他完全是我自己，这个时候我是为了让自己不遭受痛苦才希望他不受痛苦的，我是为了爱自己才爱他的。所以，说自然的法则完全是建立在理智的基础上的说法，我认为是错误的。它们赖以建立的基础要更加牢靠。人类正义就产生于因爱而产生的对他人的爱。这一点可以说就是对《福音书》当中全部道德的归纳。——原注

的各种情感产生的源泉。那么，对于这些在他性格中占优势的情感，如何确定它们是博爱忠厚还是阴毒残酷，是善良宽容还是嫉妒贪婪呢？这就需要对他自认为自己在人类当中居于怎样的地位，对他自认为需要战胜那些困难有一个了解。

想要在这方面指导他，有一些工作是不得不做的：把人是怎么一回事通过人类共有的一些遭遇向他表述，然后再通过人相互间的关系把人的情形告诉他。这就要求我们现在对自然和社会的不公平做出一个衡量，把整个社会秩序做出一番描绘。

既通过人去研究社会，也通过社会去研究人，才是一种正确的做法。如果谁把政治和道德分开来研究，只能导致两样东西都不明白。在最开始的时候，我们要对原始的关系展开研究。然后，我们就可以知道人是怎样受这些关系的影响，哪些欲望是从这些关系当中产生的。我们最终发现，这些关系之所以越来越不容易弄清楚，彼此间的联系不断地变紧密，正是因为欲望的发展。人是因为节制了自己的心灵才获得自由的，而不是因为他拥有的臂力。一个人，只要他不产生那么多的欲望，他就能够尽量少地去依靠别人。有些人经常做以因为果，以果为因的工作，把我们的欲望和我们的身体笼统起来讲，认为人类社会建立在我们身体的需求这一基础上，结果只能是让他们的所有理论变得越来越不明晰。

尽管每个人都有差别，但这种差别并不足以使一个人去依赖另一个人。仅仅凭借这一点，我们就可以认定：有一种永远不能被消灭的真正的平等在自然的状态中存在着。在人类社会中用来维护这种平等的方法等同于在毁灭这种平等，所以并不存在真正的权利平等。导致真正的权利平等不存在的原因还包括，公众的势力更有助于强者压迫弱者，这样就使得大自然在他们中间建立的平衡被打破了[①]。在社会等级中，我们见到的那种表面和内在的矛盾，就是从这第一个矛盾之中不断产生的。绝大部分人，都成了少数人的牺牲品，公众的利益，也总是成了维护个

[①] 为强者欺负弱者提供有利条件，是所有国家法律的普遍精神。偏袒有钱人欺负穷人这个缺点是固有的，也是不可改变的。——原注

人利益的工具。正义和从属关系说起来无疑是很好听的，但它们的实际用途是怎样的呢？通常成为实施暴力和从事违法行为的工具！从这一点就可以看出，那些总是声称自己服务别人的上层阶级，实际是在做损人利己的事情。所以，我们有必要按照公平和正义来评判是否应该尊重他们。去研究一番每一个人得到的地位，是否最有利于居于这一地位的人的幸福吧！只有这样，我们才能知道他们如何看待自己的命运。我们现在要研究的问题，就在这里。但我们仍然要先了解人心，因为只有这样才能研究好这个问题。

虚伪的面孔，青年人是经常见到的。因此，如果按照虚伪的面孔向他们讲述一番是问题的关键，那么我们根本不需要这样做。但是，我们之所以在向他们描绘人的时候，仍然如实地描述人的真正面目，是因为假面具并不是人，它他表面的光鲜能够诱惑到青年人。但我们这样做也不是为了让青年人去恨它们，而是为了让青年知道，那些人是可堪怜悯的，因此不要向他们学习。这样的做法我认为才符合一个人对人类抱有的最真切的感情。

根据这一点，如果在这个时候教育年轻人，我们就要遵循一个原则：采用与之前的方法完全相反的做法，少用自己的经验而多用别人的经验。倘若他受到了人们的欺骗，他就会恨上他们。而如果他为人们尊敬，当他看见他们相互欺骗，就会产生同情心理。毕达哥拉斯说："一切与奥林匹克竞赛的情景别无二致。为了获取金钱，有些人在那里开店铺；为了获得荣誉，有些人在那里以命相搏。而其他的人呢？在那里的目的只是为了看比赛！不过，这些看比赛的人并不是坏人！"

我希望大家把这样一个社交界给青年：在这个社交界里，他认为和自己生活在一起的人都是好人。同时，我也对他抱有如下愿望：能够让他学会认真地观察世界，视世界上的所有事情都是坏事；能够认识到人的天性都很美好，并且以这一点去评判他的邻居；了解社会会让人堕落和败坏的原因；知道人之所以有各种恶习，是因为他们的偏见；对于大众是轻视的，但对于个人是衷心地尊重的；知道所有的人都有着一副伪装，但是有一些面孔比这些伪装更漂亮。

但是，因为如果让他过早地善于观察，让他对别人的所作所为观察得太过仔细，就会使他喜欢议论和讽刺别人，不加思考地对别人的习惯指指点点，以悲观的态度看待所有事情，甚至认为好的事情也不好。所以，对于这个方法，不能否认它有不足，并且实行起来也非常困难。当他看到邪恶的事情，会认为非常正常，一如你见到穷人时不会认为他可怜。就算见到坏人，他也不会感到害怕。长此以往，他就不会把人类的这各种罪行看成是一种教训，而把它们当成一种推托之词。他定然会这样认为："既然每个人都这样，我又何必与众不同？"

你必须对他采用一种他无法理解的片面、静止而孤立方法，主动去拥抱你一向都注意避免的烫手山芋，把一些老生常谈的道理讲给他听，将他经验和理智的发展用老师的经验和威信取而代之。这样做了之后，你才能以一番大道理教育他，从而有可能在他了解人心的天性之时，也了解那些使我们的倾向变成恶习的外因所起到的作用，让他从用感官去感觉事物的阶段，遽然上升到用理智思考事物。

我准备为他指认距离我们很远的人，让他去看其他时间和其他地点的人，以求让他能够在看到那种场合的情况下不去进行模仿。这样做的目的是为了将这两个困难同时消除，让他在有能力了解别人的内心的同时，又不让自己的内心受到腐化。因此，现在应该讲历史了。只要能够了解历史，他即便不学哲学也能够对人心有一个深刻的认识，并且可以绝对客观地以一名普通观众的眼光去判断它们。下这种判断的时候，他不是以同谋或诉讼者的身份去进行的，而是以一个裁决者的身份在做。

想要认识一个人，应从他的行为中去认识。在现实社会中，我们听到他们说的话也仅仅只是说说而已，他们的所作所为是秘而不宣的。但是毕竟没那么幸运，到了历史当中，他们的行为就不能不大白于天下了。通过这些行为，我们可以对他们进行评判。这个时候，他们说出来的话和他们的行为比较，反而有利于我们评价他们。我们可以同时看出他表面上是一个什么样的人，而实际上又是一个什么样的人。他们伪装得越厉害，我们对他们的了解便越深。

但这种方法也有风险，并且有几点不足。从一种观点去公正地评价一个人，是一件不容易做到的事情。从人不好的一面去描绘人的时候多，从人好的一面去描绘人的时候少，是历史的最大弊病之一。这是因为只有革命和巨大的动乱，才是它感兴趣的东西。因此，当世道太平，人民安居乐业的时候，它的记载就少之又少。当一个国家的人民的需求自己无法满足，从而对邻国人民的事情进行干涉，或者是让邻国的人民来插手他们的事情，到了这个时候，它才会开始记述他们的活动。也就是说，必须要等到他们走下坡路的时候，它才开始记述他们。我们的一切历史，开始动笔的时机都是它们本应该结束的时候。但我们已经掌握了足够多的灭亡民族的历史，我们真正需要的是那些人丁兴旺的民族的历史。后者是那样的幸福和善良，使得历史面对它们都说不出一句话来。就算到了今天，我们发现人们反而不去谈论把国家管理得很好的政府。那些坏事在不断地为我们知道，但就是没有提到过那些好事。能为大家熟知的，只有坏人，好人从来都是被大家忘记的，要么就成为大家取笑的对象。从这一点也可以看出，历史和哲学并没有什么不同，都是在不断地诋毁人类。

历史记述的那些事情，其描述也没有那么可靠。在写那些事情的时候，历史学家是按照自己的兴趣去进行的，因此带有自己个人的偏见。要想让读者对某件事有如身在其中，清楚地直到那件事的来龙去脉，从来就没有哪一个历史学家能够做到。整件事情，都被无知和偏见渲染了一番。就算能够如实地对某以历史事实进行描述，但是把与之相关的环境进行了夸大或缩小，所得到的结果仍然是失真的！在不同的地点观看同一个东西，往往会有所不同，尽管改变的只有关注者的眼睛。你把一件真实的事情告诉了我，但是没有让我以它原来的样子看待它，也同样没有尊重事实。一场战役的胜负，很多时候都是因为多了或少了一棵树，因为左边或右边有一块岩石，因为一阵大风刮起了一股沙尘决定的。对于其中的原因，谁也说不清楚。并且，如果我不知道其中的缘由，那么那些事实对我来说就一文不值，因为我并不能从中获得教训。历史学家给了我们一个原因，但那个原因来自于他们的杜撰。而对它的评论，尽管讲述得非常生动，但本身也只不过一种揣测。我们能做的，只能是从几种谎言中选出一种和事实最为接近的。

描写克丽奥佩托拉①或卡珊德拉②或任何一个这类人物的书，我不知道你们是否看过。写书人的做法是：挑选出一件大家熟知的事情，然后按照自己的意愿进行加工，并将一些根本不存在的情节和人物加入其中以增强情感色彩，不断地讲着许多故事，从而让读者看起来兴趣盎然。你所读的历史书，我认为和这样的传奇故事非常相像。如果一定要说区别，最大的区别就在于小说家只描绘自己的想象，而历史学家却盲从别人的想象。你如果愿意听，我还可以补充一点区别，这就是小说家在写书的时候最起码是为了道德，但历史学家对这一点都根本不在乎。

这个时候，人们或许就会说："相较于真实的历史记载，真实的风俗和人物更为有趣，只能能够描写好人心，历史事件是否叙述得真实无关紧要。对于我们而言，两千多年前发生的事情一点用处都没有。"在一种情况下——那些形象都是按照其本来面貌进行描写，那么这些人的说法就非常正确。但在另一种情况下，你就会碰到你想避免的困难——将你身为老师拥有的威信双手奉送给历史学家，这种情况就是：其中的大多数都是按照历史学家的想象写成的。如果说拿一些虚构的图形给我的学生看是被允许的，那么我只会让他看我自己画的这种图形，而不是由别人代劳的作品。因为我这样做至少可以让他更好地理解它们。

那些一边叙事一边加入自己评论的历史学家，对一个青年是最有害的。应该要让青年人自己去判断真实情况，否则他对人类是没有办法了解的。老师以作者的判断去引领他，只会让他习惯于从别人的视角看问题。如果这种视角有一天消失，他就会变成一个盲人。

我向来不主张让学生学现代史。其原因，除了它没有特色，并且我们这些人都差不多之外，还在于我们的历史学家还都爱出风头，都想描绘一些浓墨重彩的形象，只不过得到的结果是描绘得什么也不像③。古

① 指克丽奥佩托拉七世，即是大家熟知的"埃及艳后"。——译注

② 古罗马神话中的特洛伊公主，拥有神奇的预言能力。——译注

③ 大家可以参见达维拉、纪希阿丹、斯特拉达、索力斯和马基雅维利等人的著作，如果有可能，可以再把德图本人的书看一看。懂得描述历史而不塑造人物的历史学家，可以说只有维托特一个人。——原注

代的历史学家，整体而言较少会刻画人物，他们在判断历史事实的时候，大多依靠常识而不是灵感。但即便如此，对于古代的历史学家也应该甄选，最初读他们著作的时候，不要选那些最有才气的人写的，而应该选那些最质朴的人写的。对于青年人，我不喜欢给他们看波利比或萨鲁斯特①的著作，而塔西佗②的著作青年人根本看不懂，只适合给老年人看。总之，必须先要从人的行为中去观察了人心的本来面目，然后才能深入去查探人的内心，必须要先把事实弄得一清二楚，然后再研究原理。一板一眼的哲学，只适合给有经验的人读。青年人最应该研究的是个别的特殊事例，而不是大量地去研究普通的东西。

在众多的历史学家中，我认为修昔底德③堪称典范。他只专注于叙述历史事实，从不把自己评语加入其中，但即便如此，他也没有漏掉一个有助于我们自己去评价历史的情景。他为读者展现了全部事实，与此同时，不仅能保证自己不位于历史和读者之间，而且还能够使自己距离非常远。我们在读他的书的时候，完全不会认为自己是在读史书，而是好像亲眼看到了那些事情。但他记述的只有战争，这是非常让人遗憾的地方。他所写的《万人撤退记》和《恺撒评传》，优点和缺点大致相仿。实诚的希罗多德拥有天真而流畅的文笔，他既不刻画人物，也不拘泥于条条框框，所写书带有浓厚的趣味性，从而让人非常喜欢阅读里面的情节。但是因为那些情节通常简单地像给儿童讲故事，所以并不利于培养青年人的兴趣。如果不是因为这一点，他或许可以被称为最好的历史学家。缺乏鉴赏能力的人，是没有办法读他的书的。在这里我并没有谈到李维④，但在后面会谈到他。他既是一名政治家，也是一名修辞学家，因为对于这一年龄的青年，并不适合涉及他的著作。

由于历史只能记载能够确定人物、地点和时间的著名而重大的事

---

① 罗马共和国末期的历史学家，曾为恺撒部将，所写书因为重视史实而有着非常高的史学价值。——译注

② 古罗马历史学家，在对罗马史的研究上有着举足轻重的地位。——译注

③ 古希腊哲学家，他在记述历史的时候，不仅力图真实地记载历史，而且力图从哲学的高度去理解和概括历史。——译注

④ 古罗马历史学家，活跃于屋大维时期。——译注

件，没有办法记载造成那些事件漫长的原因，从而造成这种原因缺失，所以整体而言它是有不足的。对于一次革命，人们总是喜欢从一场胜仗或败仗当中去寻找缘由。但真实的情况却是，那次革命在那种战争爆发之前已经无可避免。那场战争，完全只是突出表现了由精神原因导致的事情，但历史学生是很少能看出精神原因的。

本世纪几位历史学家的思想，已经被哲学的精神扭向了这方面。但是他们的著作是否真能阐述和启发真理？对于这一点，我是表示怀疑的。因为他们有着不同观点，不尽量按事情的本来面貌去论述不说，反而还要让事情去符合他们的看法。

此外，我还要作一些补充。这就是历史描述并不是人而是动作。原因在于，历史只能够在几个特定的时刻，在其中的人物衣着光鲜的时候抓住他们的样子来描写。它只展现事先经过安排而出现在大家面前的人，而对他的家、私室以及亲友的情况秘而不宣。由于它只在那个人扮演某个角色时描述他，因而只能描绘到他的衣服。至于人，它是没有办法描绘到的。

只有先研究了一个人的个人生活，才能开始研究他的心，然后那个人才无所遁形。他的行踪，历史学家时刻都关注着，他根本没有空闲的机会。正因如此，他才没有办法躲在某一个角落逃脱大家锐利的眼睛。他自认为已经躲避得很好了，但恰恰是在这个时候，他一丝一毫的举动都没有逃过历史学家的眼睛。蒙田说："在写作的时候，如果传记作家能够在主人公的兴趣和内心的东西上花费更多心思，而不是着力于观察主人公的偶然事件和其他的事物，这样写出来的传记，我就会喜欢读。我之所以在经过多番挑选之后仍然选择读普鲁塔克著作，原因就在这里。[①]"

相较于个别人的性格不同于集合了许多人的倾向或者说民族的倾向，如果不在人群中研究人，我们就无法认识到人心的全貌。但我的看法也有立足点。我认为只要先从研究个人着手，才能认识整个人类。要想对一个民族的整体影响有所预见，就必须全面地了解每一个人的倾向。

① 参见蒙田《论文集》第 2 卷第 10 章。——译注

在这里，我们必须向古人学习。原因有两点。我在前面讲过的理由是第一点。由于现代盛行的文学体裁都对所有虽然普通但是真实和典型的情节有涉及，从而使现代所有人在自己的个人生活和社会当中出现时都经过了一番装饰，是第二点理由。历史学家在写书的时候，由于要受到各种道德约束，不得不写得非常正经。原因在于有些事情可以公开来做，但是让历史学家公开来说则不能。在描写人物的时候，他们只能将其当作角色来处理，这就导致了那些人物只能在舞台上我们才认识，到了书中则是陌生的。历史学家尽管为国王无数次写长篇大论，但是像苏埃东尼那样的历史学家，我们却一个也不能发现了①。

我们不敢记述的一些细微情节，普鲁塔克敢于记述，这正是他超过我们的地方。在描述伟大人物的时候，他是通过一些细微的事情去体现的，所用的文笔也非常优美，别人难以模仿。他善于选择事例，因而对于主人公的独特个性，他通常通过一句话、一个笑容或一个手势就能表现出来。就因为说了一句笑话，汉尼拔②就使得他那败退的军队士气重振，从而让他们能够愉快地奔赴意大利战场。阿捷西拉骑在一根棍子上，然而正是因为这一点，我喜欢上了这位战胜一个君主的人。在经过一个僻静的村庄时，恺撒在和他朋友谈话时，无意中暴露了自己是一个居心险恶的奸雄，而他以前曾声称自己只想拥有和庞培③同等的地位。亚历山大一言不发地吞下药，在他的整个生涯当中，那一刻竟然成了最妙不可言的瞬间。阿里斯泰提在一个贝壳上刻上自己的名字，以此表明他应当得到自己的别名。一到别人家里，菲洛皮门④就把自己的披风脱下，然后到厨房里替主人拾掇木柴。这种只通过细微的事情去揭露他们天生的性情的做法，而不是疏落的笔调去描写人物的面貌，以豪壮的行为去描写人物的性格，才是真正的描写手法。大家都知道的事情，要么就是

---

① 模仿塔西佗以粗线条的叙述方式描写历史的，在我们的历史当中只有一个人。不仅如此，这个人还有胆量模仿苏埃东尼，有的时候甚至敢模仿科敏斯的写作手法。但这种方法虽然让他著作的价值增加了，却也引起了我们的批评。——原注

② 北非古国迦太基著名的军事家。——译注

③ 古罗马共和国末期的军事家和政治家。——译注

④ 古希腊政治家与军事将领。——译注

太普通，要么就是太装样子。然而对于我们的著作家而言，囿于严肃的写作风气，他们能够写的东西也只有这些。

在上世纪，德·图伦无疑是一个伟大的人物。有人在为他写传记的时候，曾用他为大家熟知的小事情将传记写得充满趣味。但对于一些能够让大家更为熟悉他、觉得他更可爱的情节，这位作家仍然不得不删除。这类事情，我现在只举出其中的一个。在我看来，这件事情一定是真的，如果是普鲁塔克，他一定会写上去，而如果是拉姆塞，他一定没有勇气写。

这是一个夏天。有一天天气很热，图伦在客厅的窗子面前站着，身穿白色小裤，头戴小小的简易帽子。一个仆人随后走进客厅。当他看到图伦那一身衣服，便认为是自己熟识的厨师的助手。仆人蹑手蹑脚地在图伦后面走过，忽然，照着伯爵的屁股使劲地打了一巴掌。被打的人立即转过了身。看到是自己的主人，仆人吓得全身发抖，并头脑发晕地跪倒在地，接着说："大人，我还以为你是若尔日……"图伦揉着臀部说："就算是若尔日，你下这样的重手也不应该呀。"悲哀的人们，我断定你们不敢讲这样的话！好吧！就让你们永远成为不要天性也不要怜悯心的人！让你们冷酷的内心，因为你们那可鄙的严肃而变得越来越冷酷，让人们因为你们的庄重而轻视你们！但是对于你这位可爱的青年而言，当读到这段名不见经传的事情，亲切地感受到蕴藏于一股怒火之下的柔肠时，也不要忘记看看这位伟大人物在涉及自己门第和荣誉时表现出来的渺小。正是这位图伦，为了让别人知道他的侄子是一座显贵府邸的主人，曾处处让着他侄子。你如果比较了一番这些情形，你就会喜爱天性而轻视成见了，从而能够把这个人彻底地认识清楚。

一个青年人在这样的指导下读书，很少有人能够知道他那纯洁的心灵将受到怎样的影响。从幼年的时候开始，我就埋头于书本，这使我养成只学习不思考的习惯。对于自己所读的东西，我们并没有产生深刻的印象。在我们的身上，也已经可以看到在历史和人的生活中随处可见的欲望和成见。正是这些使得我们认为他们做的所有事情都非常自然。这是很好理解的，因为当时的我们，已经违背自然以自己的眼光去评判别人了。然而，对于我十八年来竭尽全力使之保持完全的判断力和健康的心灵的爱弥儿，当他拨开纱幕首次注视这个世界的舞台时，或者更确切地说，当他站在舞台后面看着演员们化妆，看到观众受到舞台后面那么多绳子和滑车造就的虚假景象的蒙蔽时，你认为他会有怎样的感受？一开始就吓一大跳是毫无疑问的。随后，他会鄙视和讥讽他们一番。他感到非常恼火，为什么整个人类要这样欺骗自己？要自甘沦落去做那些不成熟的事情？他痛心极了：为了一个永远都不可能实现的梦想，他们竟然大打出手，竟然宁愿让自己成为猛兽也不愿意做一个人。

学生只要拥有自然的禀赋，他学来的东西就可以变为一种实用的哲学，即便他的老师对于他读的书籍没有进行选择，也没有让他在读过书之后思考一番书中的东西。较之于你们用来把学校里的青年完全搞糊涂的空洞理论，他所学到的知识无疑更踏实有用。当听完皮鲁斯①不切实际的计划，西雷厄斯就问他：既然想征服世界，从此以后必须受到无数的折磨和痛苦，那么征服了世界之后能获得的好处又在哪里？西雷厄斯这样一问，我们一般会认为只是一句玩笑话。但是，就是从这句话当中，爱弥儿得出了一个很有见地的看法。他一开始产生了这个看法，即便到了以后，这个看法也会永远存留在他的记忆当中。这是因为在他的观念里没有任何一个与之相悖的偏见阻碍这种认识的进入。当他以后阅读到皮鲁斯的传记就会认识到，他是一个疯狂的人，他所有的伟大计划只奔着一个目的而去：让自己在一个妇人手里丧命。这也就可以理解，爱弥儿为什么会认为这位杰出的统帅和政治家，是为了寻找那能带来厄运的砖瓦，从而以为人轻视的下场终结自己的一生和计划的，才去建立盖世奇功和施展谋略的。

征服者并不都是被杀身亡，谋逆者在自己的冒险事业中也并不都是失败。其中有几个人，在思维受制于俗见的人看来，可以说是幸运的。但如果有一个人，只凭借他们的内心感受去评判他们是否幸运，而把那些表现放在一边，就可以发现他们即便成功也非常悲惨。他会发现：他们的幸运越多，他们的欲望和伤心的事情也会跟着增多；他们尽管竭尽全力往前迈进，但是尽头似乎永远不可见；他们每翻一座山，就会像没有经验初次

①古希腊名将。——译注

攀登阿尔卑斯山的旅行家一样，开始认为翻过了这座山就过了整个山脉，但登上山顶之后却悲哀地发现还有一座更高的山峰在前面等着他。

奥古斯都在把自己的臣民平复、把自己的对手击败之后，统治了长达四十年。但即便拥有如此的权力，在他要求瓦鲁士重振他那溃败的军队时，仍然只能用头去撞墙壁，焦急得大喊大叫，吵闹声甚至传遍了宫廷的每个角落。他即便战胜了所有敌人，但如果在自己最亲密的朋友意图加害自己，在看到自己的亲族被羞辱和杀死时，只能号哭而一筹莫展，他那虚无的宏图霸业也没有任何价值。这个不幸之人怀揣着统治整个世界的梦想，但是却完全不知道也要把自己的家管好。因为没有怎么打理家庭，他只能看着自己的侄子、义子、女婿都在年富力强的时候丧命。他的孙子为了让自己那悲哀的生命再多存活几个小时，只能吃自己床上的棉絮。他的女儿和孙女也让他颜面尽失，做了许多为人所不齿的事情。到了后来，她们一个在荒岛上被饿死，一个在监狱中被一个弓手杀死。他自己最后在自己悲惨的家庭中也成了一个孤家寡人，由于受到妻子的逼迫，只能把自己的继承权交给一个怪物。无可否认，这个主宰世界的人曾经风光无限，既富且贵，但仍然只能得到这样的下场。那些对荣誉和富贵满眼艳羡的人，你们还愿意以同样的代价去换取吗？

在之前，我是以人的野心作为事例的。但如果有谁想从历史的研究中，以死者的遭遇来认识自己或者让自己变得更智慧，所有人类欲念的冲动都可以用作教训。在这个阶段，如果是教育年轻人，安东尼的传记可以说是最适合读的，奥古斯都的传记则不适合读。在最近读的书籍中，爱弥儿发现了许多奇怪的事物。这些事物把他弄得晕头转向，但即便如此，他仍然知道在欲念还没有产生之前，先让自己脱离欲念的幻象的控制。他一开始就不会以那种可能使自己受到欲望（倘若他无法幸免）迷惑的生活方式生活[①]，因为他非常清楚，无论是什么时候，人如果有了欲念就会变得平庸。这样一些教训，我深知对于他来说很不相宜。并且，

[①] 我们心中的欲念，始终是偏见让它沸腾的，没有一个人的欲念会在他只关注现有的事物，只重视自己了解的东西的情况下炙热如火。之所以会产生强烈欲望，是因为在开始就已经有了错误的看法。——原注

当他有需要的时候，它们也不能及时出现或者能够足以供使用。但对于我从阅读历史中得出来的一些教训，我认为和这些教训并不相同。我一开始就是抱着另外一个目的读历史的，如果老师不能让自己的学生达到这一目的，那么只能怪老师自己。

当自私心理开始增长，相对的"我"就会活动频繁。这样一来，当青年人看到别人的时候，就会每次都联想到自己，从而把自己和他们进行比较，随后便想知道他们怎样看到自己。在我看来，你那种教青年人历史的方法，只是在使他们一心想成为书中那些人。在这一刻，他们想成为西塞罗，在那一刻，他们想做图拉真①；在另一刻，他们又想做亚历山大。这样做只会让他们在头脑一清醒的时候就失落万分，让他痛恨自己为什么是这样一个人。这样的教育方法，我承认也有一定的优点，但并不适合爱弥儿。如果爱弥儿也那样把自己和别人进行比较，喜欢做苏格拉底或卡托那样的人而不愿意做自己的话，我的教育无疑是失败的。无论是谁，只要他一开始就把自己想成另外一个人，那么用不了多久，他就会把自己忘掉。

在我看来，哲学家是通过哲学上起先就有的观念去观察人的，因此他们并不是对人类了解最深刻的人，他们也是我见过的拥有成见最多的人。较之于哲学家对我们做出的判断，野蛮人对我们的判断可以说更为客观。哲学家对于自己的缺点是心知肚明的，但他们同时又轻视我们的缺点，正因为如此，他们才说："在我们中间，没有好人。"但如果是野蛮人看我们，由于他们不会产生情感，只会说："你们是一群疯子。"他说的话是有根据的，因为谁也不会为了做坏事而做坏事。除了有一些不同的地方，爱弥儿也是一个这样的野蛮人，这些不同的地方包括：他喜欢思考、比较各种观念，认真观察我们做得好与不好的地方以避免让自己重蹈覆辙。还有一点不同就是，他在判断一样东西之前会先把那样东西了解清楚。

我们之所以痛恨别人有欲望，是因为我们自己也有欲望；我们之所以对坏人恨之入骨，是因为我们要让自己的利益得以保全。如果他们对

---

① 古罗马皇帝。——译注

我们不会造成任何损害，我们不仅不会再恨他们，甚至还会同情他们。他们给我们带来的痛苦，让我们已经无法想起他们给自己本身造成的伤害。他们也是会为自己所犯的罪行自责的，如果我们知道这一点，或者能够更容易原谅他们。他们对我们的伤害尽管逃不过我们的双眼，但是他们自己得到的惩罚我们是看不到的。他们得到的只是表面的好处，但是受到的却是内在的痛苦。一个人在享受恶行所带来的成果时感受到的痛苦，和他们恶行失败时感受的痛苦是差不多的，虽然有着不同的目标，但是心中的焦虑并没有什么不同。他们对自己的幸运大肆夸耀，把自己的内心隐藏起来，但无论怎样隐藏，他们的心依然会被自己的行为暴露出来。他们的用心我们完全可以看出来，并不需要具备一颗一样的心。

因为有着共同的欲念，我们迷失了方向；因为具备与我们兴趣相悖的欲念，我们产生了反感。我们之所以会去批评别人做了某事，就是因为这些欲念在我们身上发生了冲突。事实上，我们也有想做同样的事情的欲望。当别人犯了我们在他那个地位也可能犯的错误，而我们又只能忍受时，我们就会既感到反感，同时又产生一些不着边际的想法。

要想对人做出正确的研究，必须要满足如下条件：抱着极大的兴趣去研究，从十分客观的角度去进行判断，拥有一颗在设想人类各种欲念时极其敏感的心。此外还要有一颗不受那些欲念影响的非常冷静的心。如果有这样一个时期，在这一时期最适合做这种研究，我替爱弥儿选的这个时期可以说有些过早，这个时候的他还完全不了解世人。但是，如果为他选择一个更晚的时期，他又不可避免地会和你们一样。现在的他，已经对人的成见的影响力有足够的认识，但又还没有受其控制；对欲念的影响力也已经心知肚明，但是依然还能坚守住自己的心。没错，他的确孤身一人，但他要关心自己的弟兄，他也拥有一颗公正的心，但他要对自己的同辈做出评判。这些人遭受到的各种痛苦，完全缘于他们根据自己的偏见设定的目标，但他是没有那些偏见的。这样一来，如果他能够正确地判断他们，并且也没有想成为他们当中任何一个的意思，就会认为那些目标根本无法实现。而他自己想要的东西，凭借自己的能力完全可以获得。他根本不需要依靠别人，因为他既能够让自己的需求得到满足，又能够不受别人偏见的影响；他拥有个健康的身体①，也不缺胳膊少腿，懂得节制又没有那么多需求，对于自己的需要，也有方法予以满足。由于成长于绝对自由的环境，因此奴役在他看来是最大的罪行。对于那些不幸的国王，他是满怀怜悯之心的，他认为他们也是奴隶，因为一切都只能服从他们的臣民。对于那些为虚名所累的伪智者，他也充满同情。他同情那些愚不可及的富人，认为他们是那种华而不实的生活的牺牲品。对于那些表面张狂、沉迷于喝酒吃肉的人，他也是同情的，他认为他们是这样一种人：为了让别人看起来自己很快活，于是就醉醺醺地度过自己的一生。即便是那些做过坏事的敌人，他也会对其采取同情态度，因为从他们的行为中，他看出了他们也有着自己的痛苦。他会告诉自己："这个人只有命运依附于我的命运，才会想要损害我。"我们只要再往前推进，就能达到自己的目的了。自私心这样东西，当然是一件非常有用的工具。但是，它也同样一件非常危险的工具。在使用他的时候，我们经常会一并伤到自己的手。而它所起的作用，也通常是坏的作用多，好的作用少。如果爱弥儿认识到了自己在人群中的地位，认识到自己是非常幸运才拥有所处的地位，就会把你的智慧造就的成就认为是自己的智慧造就的，认为本来是由他幸福地位所造成的结果认为是自己的造成的。他会告诉自己："除了我之外，其他人都很愚蠢。"当他对别人表示同情，一同传递出的还有一种轻视之心，当他为自己感到庆幸，可能就会认为自己非常出色。而当他对自己比别人更幸福有所感觉时，可能就会形成一种观念：较之于别人，自己更有资格享受当下的幸福。这种错误最可怕的，因为它最难拔除。如果这种认识永远占据着他的心灵，那么有一点已经可以肯定：对于我们的各种关心照顾，他无法从中获得很大的利益。与其让他受骄傲的诱惑，不如让他受偏见的影响，如果让我选择，我会这样选的。

伟人们对自己的优点是绝不会胡乱用的。对于自己比别人更优秀的

---

① 我有一个这样的观点：身体健康和体态匀称，可以作为一个人所受教育给他带来的利益，或许看作他所受的教育为他保留下来的大自然赐予他的礼物更准确。——原注

地方，他们诚然有清楚的认识，但是依然会保持谦虚。他们越是超过别人，对于自身的不足，就会认识得越深刻。相较于对他们超过我们的地方感到的自负，他们对自己的不足感到的羞愧更强烈。当享受独自有的长处的时候，他们绝不会对自己并不拥有的才能进行夸耀，他们没有那么愚蠢！心地纯善的人，可以为自己拥有的美德感到骄傲。但如果一个人只拥有才华，他就没有什么值得骄傲的地方。大家可以参看拉辛在自认为自己不如普拉东的时候采取怎样的态度，以及布瓦洛在认为自己比不上科坦的时候采取怎么的做法。

但我们却面临着不同的情况，自始至终，我们都在按普通的水平做事情。对于我的学生，我假设他没有过人的天赋，不过头脑也不迟钝。因为，为了证明教育能够在多大程度上影响人，我是在普通人当中挑选出他的。特殊的情况是另外一回事，处理它的方式当然不是一般的办法。经过我的培养，如果爱弥儿选择目前的这种生活方式、观点和理解问题的方法，而对别人的这一切不予以选择，就代表他的做法是正确的。而如果出现另外一种情况，就证明他的做法是错的，他在自欺欺人，这就是：自认为天赋比别人更突出，出身也比别人更为高尚。这个时候，你就必须要让他觉醒过来。换种说法也可以是避免让他再犯同样的错误，从而造成时间一长无法改正。

一个人只要是正常人，他一切不切实际的想法，除了虚荣心之外都是可以根除的。至于虚荣心，如果说有什么东西能够根治它，这样东西就是经验。但即便不能根治，有一点是我们是最起码可以做到的，这就是在它产生的时候防止它继续蔓延。因此，对于青年人而言，你完全不需要和他讲什么入耳的道理，以让他明白自己和别人并没有什么不同，和别人一样也有不足之处。但是要记住，你如果不能让他自己发现这一点，倒不如不让他知道。如果说到我的教育方法，我会把这一点当作一种特殊情况来对待。如果出现这种情况，为了让我的学生明白他并不比我们聪明，我宁愿让他们去经历一些意外的事情。如果碰到的是前面讲过的魔术师的事情，那么我就会反复试验各种方式。我会让吹捧他的人从爱弥儿身上获得好处；如果有哪一个不靠谱的人有胆量带爱弥儿去胡作非为，我将让爱弥儿吃他的亏①；如果有哪个骗子叫爱弥儿去赌博，我将让爱弥儿受到他的欺骗。我会让这些人去讨好他、欺骗他和抢劫他。更有甚者，当他们把他钱包里的钱骗得一干二净、拿他取乐的时候，我还会在他的面前感谢他们一番，感谢他们教训了他。我唯一尤其需要防止他陷进去的只有放浪的妇女设下的圈套。对于这种我让他遭受的危险，我会和他一起面对，对于我让他遭受的耻辱，我会和他一起承受。这也是我对这一问题采取的唯一办法。我将不会有任何抱怨，而是默默地承受着这一切。对于这些事情，我也绝不会向他提起。只要我能够始终这样谨慎地行事，当他看见我为他遭受的各种痛苦，毫不怀疑会留下深刻的印象，其深刻程度甚至要超过自己对自己遭受的痛苦的印象。

在这里，我要揭开老师虚伪的面孔。他们之所以要愚蠢地遏制自己的学生，之所以要假装自己始终以孩子的眼光来看待孩子，之所以在做任何事情的时候，都要装出一副如果是他们去做就会做得更好的神情，完全是因为他们要显示自己的聪明。这样挫伤青年人的锐气是不适合的。相反，应该要竭尽全力去让他们的信心得到提高；为了让他们成为一个能和你不相上下的人，应该让他们具有和你同等的能力。如果你的水平他们现在还无法达到，那么你就应该做一件事情：丝毫不感到羞耻地、迅速地把自己降到和他们同等的水平。因为你的颜面是由你学生代表的，而不是你自己。你只有分担了他们的错误，才能让改正他们的错误，只有承受了他们的耻辱，才能洗刷他们的耻辱。要像勇敢的罗马人看齐。罗马人在看到自己的军队溃逃而无法改变局面时，就会在士兵的

---

① 由于我的学生身边有趣的事情非常多，因而不会认为自己的生活乏味，并且对金钱的用处现在也不了解，因此非常幸运不会吃这种亏。你出于虚荣心和利益来教育孩子，而今后浪荡的妇女和流氓引诱他上当的东西，也将会这两种东西。你如果看见孩子一见到奖品和赏金就两眼放光，看到他在十岁的时候做了一件有益于大家的事情就能得到别人的称赞，那么可以肯定的是，等到二十岁的时候他将会在赌场被人把钱包骗了去，会在风月场所毁掉自己的身体。此外，他们班上的那些聪明孩子，将来也一定会成为没人比得上的赌徒和色鬼。一个人在幼年时期没有用过一些方法，那么这些方法到他青年的时候就不会对他造成损害。然而，我们一定要做最坏的打算，这应该作为一个原则。我们应尽量避免让恶习产生，如果已经产生，就要尽力改变它。——原注

前面带头跑，并且一边跑一边喊："他们是在逃跑吗？不，他们是在跟随自己的统帅。"而他也不会因此而丢颜面，因为他是在以牺牲荣誉的办法来获得更大的荣誉。而我们也只能称颂他们，因为我们愚不可及的偏见，必然会被责任的力量和道德的美丽所打破。在为爱弥儿尽自己的责任时，如果我被打了一耳光，我不会去采取报复。更有甚者，我还会把这件事情到处宣扬。在这个世界上，我不相信还有一个人[①]能坏到因此而不尊重我的地步。

　　一个学生，认为老师的知识也和自己一样有限，认为老师也和自己一样容易被骗是不应该的。因为还不具备观察和比较的能力，一个孩子认为所有人的水平都和自己一样，只相信水平和自己相当的人的话，这种看法还情有可原。但这种错误是不可能出现在爱弥儿身上的，他是一个非常年轻、非常聪明的青年。如果他愚蠢到拥有那样的想法，他就算不得一个好青年。他对老师的信任，是对判断的理智，知识的丰富，以及老师能够理解并且认为对自己有好处的长处的信任。经常长时间的观察，对于教导自己的这个人，他已经非常清楚对方很爱自己，清楚对方有才有学，并且懂得怎样使自己获得幸福。为了让自己的利益得到保证，他清楚在目前阶段，最好的选择是听从这个人的意见。但是，这个老师必须保证没有和学生一样老是被别人骗，否则的话，他就不能强迫学生尊敬他，也不能教育学生。做学生的也要遵循一定的准则，即不能认为老师是在故意让他被别人陷害，不能看老师头脑并没有那么多弯弯绕绕，就给他设下许多圈套。要想把这两种不好的想法同时避免，最好的办法是保持和学生一样的纯真和质朴，这也是最自然的办法。这种办法具体说来就是：不浮夸不急躁，不装腔作势也不故作高深，告诉他即将面临的危险，并且把那些危险为他指出来。尤其需要注意的是，在这样做的时候不能以命令的形式，让他不能不选择服从，同时不能有犹豫不决的感觉。如果你已经这样做了，但他仍然死性不改，沿袭以前的作风，那么你就听之任之，不要再说什么。他怎样做，你也怎样做，在做的时候，尽可能保持坦率的态度和跟他一样的开心快乐的心情。倘若后果太过糟

---

① 其实我这句话并不正确，这样的人至少还有一个，这就是福米。——原注

糟，而这时你又恰好在场，那么你就予以制止。于是，你就表现出了一种好意，当他认识到这一点自然会信服你眼光的独到之处，对你的良苦用心也会心怀感恩。你这样正好把他犯的各种错误变成了控制他的工具，在有需要的时候，你可以用这一工具对他予以约束。这其实是老师应该掌握的一门技术，即预先知道这个年轻人会在什么时候听从自己的约束，在什么时候会坚持自己的做法，从而能够让对他的劝诫依据情况展开，让他更多地去接受经验的教训，不面临太大风险。

他不好的地方，你应该在他还没有铸成错误之前就告诉他。如果他已经犯了错误，你就不要再去批评他，否则只会激起他的愤怒，然后让他为了维护自己的尊严反抗你。切忌不能在责备他的时候招致他的厌恶，那样没有任何好处。在我看来，有一种做法是最糟糕的，这就是告诉他："很早我就告诉了你这点。"装作已经忘记了自己说过的话，是让他回忆起你告诉过他的话的最好方法。如果出现这样一种情况——他因为意识到没有听你话而感到羞愧，这个时候，你应该把他的这种羞愧感用平气和地用美好的语言掩饰过去。这样，他就看到你为了他忘记了自身，看到你不仅不让他处于尴尬境地，而且还对他进行劝慰。如此，他一定会对你心怀感激。而如果你采取另一种做法，他不仅会对你心怀恨意，而且还会为了表明自己并不重视你的意见，发誓不再听你的话，这就是在他正为自己的感到难过的时候，你再去指责他。

你如果安慰他，原本就代表你已经教训了他。你对他的这样一种安慰，越是能够让他相信你的用心，便越能让这种教育发挥作用。当你告诉他这样的过失许多人都犯过的时候，我坚信他不会想到你竟然对他说。这样一来，他所犯的错误，你就以一种表明同情的办法进行了纠正。以别人也有过这样的错误来安慰自己，对于一个自认为高人一等的人来说是可堪羞耻的，因此他就会意识到自己以后最多只能说他并不比别人差。

在对方犯错误的时候，讲寓言是一个最好的时机。一个罪犯，如果我们能够以寓言这种奇特的方式去批评他，不仅能够起到教育他的作用，而且能够保证不冒犯他。对于自己听到的寓言，当他能够以其中昭示的道理来对照自己，就能明白那个寓言并非是空穴来风。我在之前讲过的那些寓言，一个从来没有在被别人夸耀的事情上栽过跟头的人是无法明白的。而如果是一个才被别人吹捧过的笨蛋，就会非常清楚地认识到乌鸦确然是一个傻瓜。如此，在经过了一件事情之后，这个人就获得了对付一件事情的经验，因为仅仅是单纯记住这种经验很快就会忘记，但如果是通过寓言来加以记忆就会印象非常深刻。无论哪一种寓言，其中的教训，可能是别人的经验，也可能是作者自己的经验。如果他必须要经历不可承受的危险才能获取某种经验，那么万不可让他自己去尝试获得这种经验，而是应让他去历史中去找寻。相反，如果他在尝试过程中碰到的危险可以接受，那么不妨让年轻人自己去冒险。对于他目前还不知道的事例，我们还可以用寓言的形式编成格言。

但你们也不会误会我的意思，我要你这样做并不是让你把格言的含义诠释一番，也不是要求你一定要把格言写成某种形式。绝大部分寓言，好像是因为寓意不能够或者不应该表述清楚，因此采取格言的办法让读者们明白一样，在结尾昭示的寓意总是不知所云。在书的结尾附上这种寓意是完全不应该的，读者们本来可以靠自己的思维去获得乐趣，但这种做法把他们的这一权力剥夺了。要知道，让学生喜欢上你所教的东西，就是教育的真谛！你既然要让他喜欢上你教的东西，那么就不应该用你的话去禁锢他的思想，让他唯一能做的就是听你的话。一名老师，我不否认他应该有自己的尊严，但他也必须让学生也有机会表现自己的自尊，他必须允许学生说："让我想想。哦，我明白它的意思了。"

意大利喜剧中的那个丑角为什么很讨厌？其中的一个原因就是：观众本来已经非常理解他的那一套说辞，但他硬是要大说特说一番。对一位老师而言，我既不愿意他去做一名这样的丑角，更不愿意他去做一名寓言作家。在我看来，一名老师只需要让学生明白自己所讲的东西，但是在说话的时候又能有所保留。一个人，如果把所有话都说出来，不仅不能把自己想表述的东西讲好，而且还会让别人到最后厌恶他。在那个关于加油打气的青蛙的寓言中，拉·封丹添加了四行诗，但我认为是没有必要的。因为你想，拉·封丹并不会担心别人读不懂这个寓言，他如一位伟大的画家，根本不需要还在自己画的东西下面写下名称。他那样做，只会让自己的寓言仅仅适用特殊的情况，而对普遍的，大量的情形不适用，只会使自己的寓言被举出的例子框住，从而没有办法把寓言在其他事情上应用。因此，对于这个卓越的作家所写的寓言，我希望大家先去掉其中的结语，然后再交给年轻人去阅读。他在结语中费尽心思阐述的东西，在前面已经讲得很清楚有趣了。你的学生如果必须要借助这种解释才能明白那个寓言，那么我坚信即便这样解释了一番，他仍然不会懂得那个寓言。

除了这一点，在让青年人阅读这些寓言的时候，让他们以充分符合教学原理，充分符合青年人的智慧和情感的发展进度进行，也非常重要。倘若只是让他们刻板地按照书中的顺序去阅读，而对他们自身的需要和当时的情况视而不见，是非常不合乎常理的。把讲蝉放在最开头，然后分别讲乌鸦、青蛙和两匹骡子等等，就属于这样一种做法。那篇讲两匹骡子的寓言我很不喜欢，因为我曾经亲眼看见，一个学习理财的孩子，由于别人怕他将来要做的工作把他弄得狼狈不堪，建议他去读这篇寓言。但尽管读了很多遍，他仍然没能从中得出有助于自己从事那种职业的道理。孩子们学过寓言，他们有实践过吗？又或者有谁有费尽心思去教他们应用寓言？两者我都没有看见过，从来没有！大家口口声声说，寓言是一种道德教育，但孩子想的却是要请一些人来听自己背诵寓言，他母亲持相同的想法。于是，等到孩子到了需要应用而非背诵的时候，孩子就不知道该怎样做了。我再次声明，成年人才真正应该从寓言中汲取教训！现在爱弥儿已经可以学习寓言了。

我既然在说话的时候有所保留，那么为了保证他能够始终行进在正确的道路上，我就不得不从宏观的角度指出：如果按照某种方法做，就会偏离正确的路径。只要你让你学生依照我的方法去做，我坚信他能以最低的成本获得与自己和与人类相关的知识。这样一来，他就可以以平静的心态看待自己生命中的起伏，不认为自己是命运的宠儿而是满含敬畏之心，一面肯定自己，一方面又不认为自己比别人更聪明。你这样做尽管是在让他作为一名观众，但他同时也成了一名演员。在包厢中只能看到事物的表面，在戏台上才能看到事物的真相，因此，这一工作是必不可少的。要想看到全部景象，只有坐到合适的座位上；要想把对象看个一清二楚，必须要到事物身边去看。但这就有一个问题：一个年轻人，对于世界上的事情，他应该以怎样的名义去参与，对于那些见不得光的神秘的事物，他过问的权利在哪里？要知道他这个年龄的人，所知道的还仅仅是娱乐和安排自己的生活，即还没有处理事情的能力。在所有商品中，人是价值最低的一种；在我们所有重大的财产权中，人身的权利不值一提。

看到青年人在最充满活力的年岁只学习纯理论的东西，在还不具备任何实际经验的时候就进入社会和面对事情，我只有一种想法：这是反理性和反自然的。如此，我终于知道懂得为人处事的人为什么那么少了。因此，既然能不能做事并不重要，我就无法理解乱提建议让我们去学那许多事物的人为什么那么多了。这些人嘴上说是为了社会而培养我们，但如果从教育我们的方法这一点来看，他们其实只是在给我们安排一种命运：在书房中独自思考一生，或者是一辈子和完全扯不上关系的人谈论毫无根据的问题。你教孩子做一些活动筋骨的体操和说一些不知所云的话，以为这样就算已经教他怎样生活。但我在教育我的爱弥儿怎样生活时采取的却是不同的做法。我会教育他要依靠自己的力量生活，怎样做才能获得自己的食物，怎样对待别人，怎样使用支配人的工具，从而让自己能够生活在世界上。此外，我还要教育他：在文明社会中，怎样估量利益的作用和反作用，怎样对重大的事情做出预测，从而保证自己不在事业中被别人欺骗，用恰当的方法获得成功。青年人的事务和财产，法律并不允许他们单独处理。但是我不得不说，如果这种保护青年人的办法，使他们在到了法定年龄的时候仍然没有任何经验，那么就没有丝毫作用。要求他们在到达那个年龄之后才自己做决定有什么作用呢？一点作用也没有！不仅如此，那样做还可能导致他们即便到了二十五岁，却仍然和十五岁的时候一样对什么事情都不懂。对于一个青年人来说，我们不否认应该避免让他因为无知或欲望的迷惑而损害到自己的利益，但是教育他应该以平和的态度对人，应该在一个有远见卓识的人的指导下，保护那些需要我们帮助的穷人仍然是有必要的，无论他处于怎样的年岁。

　　乳母和母亲为什么那么疼爱孩子？因为她们在抚育孩子的事情上倾注了精力。人们的内心，因为社会道德实践产生了爱。在我看来，有一件事情最无可置疑：人之所以会成为一个好人，是因为他做了好事。对于你的学生，你应该让他一生都力行一些高尚的事情：做一切自己能够理解的良好行为；同等地看待自己的利益和穷人的利益，不仅要对他们进行钱财上的资助，还要关心他们；保护他们替他们做事，把自己的时间和个人利益倾注在他们身上；认为自己是帮助他们处理事情的人。在这个世界上，受压迫而投诉无门的人数不胜数，现在，他终于可以为他们秉持公道了！他完全有能力做到这一点。他既然从道德的实践中具备了勇敢和坚强的素质，就有能力为他们竭尽全力地叫屈。他也能够为他们在权贵们的家庭里出入，为了让那些不仅贫穷，而且没有任何可以依恃的力量，而且因为害怕坏人报复而噤若寒蝉的不幸的人向国王倾吐心声，如果有必要，他也可以直接进入王宫。

　　我不知道我们是否要把爱弥儿变成一个侠客或者一个专好替人申冤的仗义之人；也不知道他是否应该去参与公众的事务；是否应该以智者和法律的保护人自居，然后在权贵们的府邸奔走；是否应该为别人向法官求情，以别人律师的身份出现在法庭。我只知道，事物的本质，不会因为一个荒诞的名称而被改变，他将做一切自己认为有价值和好的事情。一个人是不应该去做不适合自己的年龄的事情的，那样既没有好处也没有价值。而他知道这一点，所以不会做除此之外任何多余的事情。他知道，对于自己而言，把自己的责任尽到是第一要务。他也知道，一个青年人应该相信自己，但不能过分；无论做什么事情，都应该慎之又慎；尊敬长辈；尽量少说没有意义的话；尽量少做没有意义的事情，但要有做有意义的事情，有说出真理的勇气。那些青史留名的罗马人就是这样做的。在还不能担当重任的青年时期，为了让自己在伸张公平正义和保护善良的风俗里得到教育，他们就已经在惩治邪恶和保护善良的事情上全力以赴了。

爱弥儿是不喜打闹和吵架的。他也不喜欢人和人的吵架[①]，甚至是动物之间的打架。挑逗两条狗相互争斗，或者让一条狗去追另一条狗，这种事情他从来没有做过。这种追求和平的精神，是他受到的教育得到的其中一个结果。为什么要这么说呢？因为这种教育没有让他有一丝一毫的自私和一丝一毫的自傲，如此一来，他就不会把快乐建立在使唤被人和让人受痛苦上面。他产生的完全是一种自然的情感：看到别人痛苦，自己也产生痛苦。当一个有感觉的生物遭受到痛苦，一个青年人如果能够忍受或者乐意看到那一切，只有一个原因：认为自己可以凭借自己的智慧和优越的地位免于遭受那种痛苦。无论哪一个人，只要他能够让自己不受这种想法的影响，他就不会招致这种想法所带来的不良后果。因此，爱弥儿是非常爱好和平的。当有一张喜悦的脸孔出现在面前，他也会感到同样喜悦；当他有能力让别人笑逐颜开，他的心情也是快乐的。当他看到不幸的人，我坚信他不会只是冷淡地对他们表示一番同情，或者是对用自己怜悯心就能治愈的痛苦表示一番叹惋。用不了多久，他积极的仁善行为就能让他获得许多知识，而如果他的内心非常冷酷，这些知识他是无法或者很晚才能获得的。当他看到两个伙伴闹别扭，他就

---

① 这时或许有人会问我："如果有人找他吵架你该如何应对？"我的回答是："这种情况不可能发生，他不会让自己和别人吵起来。"也有人或许会这样说："然而，如果有一个醉汉或者一个鲁莽的流氓想毁坏一个人，谁又能保证他们不会打那个人一耳光或说一句坏话？"这件事是属于另外一个范畴的事情，粗俗的人、醉汉或者唐突的流氓没有权利摆布公民的荣誉。再说，也没有人能够保证不被屋顶上掉下的瓦砸中头部，因此这完全是在预料之外的事情。被人打一下耳光或说一句坏话固然会产生一些社会影响，但是任何人都是没有办法预防这种事情发生的，也没有任何法庭能够惩治这类事情。他必须独立起来，自己依靠自己，这是由法律的不足所决定的。所以，在他和羞辱他的人之间，他自己才是评判人，才是法官，并且是唯一的。他必须解释和执行，同时为自己主持公道，而且也只有他能够这样做。在这个世界上，傻到因为他在这种情况下这样做而惩罚他的政府，我想一个也不会有。需要指出的是，我这并不是让他去和别人打架，打架是一种暴力，我只是说他应该为自己做主，做唯一维护正义的人。如果我是国王，要想让自己的国家不出现有意打人或者骂人的事情，我只需要采取一个简单的办法就能做到，并且不需要让法庭去进行解决，也不用颁布一大堆徒有其表的严禁斗殴的法律。反正，在这种情况下，爱弥尔知道怎样去维护正义，怎样去维护正直人士的安全。他只会凭借自己的力量去避免别人大肆夸耀自己有胆量侮辱他，而不会依靠别人的力量去做到这一点。——原注

会想方设法让他们和解。当他看到某个人老是苦着一张脸，他就会去询问对方有什么烦心的事情。当他看见两个人互相敌对，那么他就会问他们因什么而敌对。当他看见一个贫困之人，因为不堪有钱人和强权者的压迫而喘不过气来，他就会竭尽全力让他免受这种痛苦。总之，所有可怜的人他都会关心，所以他也关心所有能够化解他们痛苦的方法。我们对他做的，应该是对他的思想和学习进行引导，利用他的热情让他的思考和学习能力得到提高。

教育青年应该要靠行动而非言语，我必须要多次声明这一点，因为在书本中，他们根本学不到他们要从经验中学到的东西。最荒谬的事情莫过于，在他们说不出任何话的时候让他们练习口才，在他们没有东西能说服别人的时候，强迫他们像一根柱子一样钉在板凳上，感受那豪言壮语的震撼和用巧妙语言让人信服的艺术。如果一个人根本不懂得语言有什么作用，只会认为所有的修辞手法都是在玩文字游戏。对于一个小学生而言，不知道汉尼拔为了让部下坚定决心越过阿尔卑斯山而怎样润饰自己的语言，完全不足为奇。我几乎可以断言，你如果不在他耳朵旁边聒噪那些漂亮的语句，而是告诉他怎样才能让校长给他放假一天，他一定会认真听你讲怎样修辞。

我如果去教一个已经产生了各种欲念的青年学修辞，会采取如下步骤：首先，不断地把一些有助于他欲念增长的东西灌输给他，然后再和他研究应该用一种怎样的说话方式才能让别人愿意满足自己的欲望。但是对于我的爱弥儿而言，因为自身所处的环境，他就算是一名雄辩家也没有用：他的需求几乎都是身体方面的，相较于他对别人的依赖，别人对他的依赖更多；他也无求于别人，这决定了他即便产生了说服他们的渴求，也不会因为急迫而过于冲动。所以，整体而言，他的言语应该是朴实的。他说的话必须要程度适中，并且口气平和，并且只需要达到一个目的：让别人能够听明白。由于还没有学会怎样概括自己的思想，他几乎不说什么精炼的话。他也很少用比喻，因为他很少会情感冲动。

这是否是因为他非常刻板呢？当然不是，他的年龄、脾性和兴趣决定了他没有可能变得刻板。他被青春的热情所包裹的精神是活跃而又稳重的，并且已经被自己的血液淬炼得非常精纯。这为他那纯真的心灵注入了一股火热的力量，这股热力所散发的光芒在他的眼睛里闪烁着，在有的时候，我们甚至发现这股热力也体现在他的语言和行为当中。他说话的音调已经抑扬顿挫，某些时候甚至算得上言辞激烈。他的灵感被高贵的情操激荡着，这让他的力量非常充足，人格也变得非常高尚。他的心里，满含着对人类的爱。这种心灵的活动也在的言语当中得到体现。较之于别人那种花哨的语言，他那种坦诚的言语显得更有吸引力。或许说他才是一个真正能言善辩的人更为确切，因为他如果想让听他讲话的人动感情，只需要照直说出心里的感受。

我越是不断想，就越是肯定一种看法：任何一种有价值的知识都能让青年人的心得到浇灌，就看我们能否把慈善之心这样地去实践，能否在我们做得好或不好的时候找出原因。这样做，不仅能让他获得在学校中能获得的各种真正的知识，也能让他把获得的知识应用到生活当中去，而后者是一门更加重要的学问。由于非常关心自己的同伴，他能很快就掌握衡量和辨别他们行为的方法，较之于那些不关心任何事、并且因此什么事都不做的人，他更能客观地评价哪些事情对人的幸福有益，哪些事情对人的幸福有害。自私的人是没办法客观地判断事物的，因为他们太容易动感情。也正是因为这一原因，他们的心里充满了许多偏见，只要自己有一丁点利益被人们夺了去，他们就会觉得到了末日降临。

在一种情况下，我们可以把自爱变成一种美德，这就是由自爱延伸到爱一切人。无论是谁，心里都能找到这种美德产生的根源。我们所关心的对象同我们的关系越远，我们对自己受个人利益的蒙蔽的担心就越小；我们越是让更多的人享受到这种个人利益，这种利益就更加公平公正。以上的观点是成立的，因此我们可以认为爱人类就是爱正义。这就决定了，我们必须让爱弥儿每件事都远离自己的利益去思考问题，然后才能让他热爱和认识真理。他对别人的幸福关心越多，就越能让他自己拥有一颗开朗聪慧的心，从而能够更清楚什么是善什么是恶。但在这样做的时候，我们也要避免他因为个人的看法或偏见而产生一种盲目的偏爱。因为服务一个人而把另一个人伤害，对他来说毫无必要，只要他能把所有人的最大幸福扩大，那么谁都可以从中获得好处。因为任何利益都从属于整个人类，而不是单单只与一个人有关，有智慧和能力的人通常最先关心的大家的利益，然后才关心个人的利益。

必须要同情整个人类。只有这样，才能防止同情心变为一种软弱，并且保证我们在同情一个对象之前先同情正义。为什么首先要同情正义？因为正义是所有美德中对人类的共同利益最有帮助的一种。我们对人类的同情之所以要超过我们对邻居的同情，能够认识到同情恶人就是对其他人的残忍，完全是由理智和自爱决定的。

还有一点也不得不提及：正是因为这些方法和我的学生有直接的关系，我才能够用这样的方法使他忘记自己。在这样做的时候，我既让他的内心获得了享受，也让他在帮助别人的时候教育了自己。

我既然已经提出了这些方法，那么现在是提及它们的效果的时候了。我似乎已经看到：他的头脑呈现了一番壮观的景象，他的心中有一种无比高贵的情操的生长，这种情操抹杀了渺小的欲望成长的可能。他有着无比正确的理性和无比准确的判断力，因为他有着非常高贵的倾向，因为他从他的经验中已经得知，如何在一个严格的范围内集中一个伟大的灵魂的欲望，如何让一个比别人优秀的人，在无法把别人提高到和自己同等的水平的情况下，把自己的水平降为和他们持平的程度。他牢记了真正美的典型，牢记了所有人和人的道德关系、秩序和观念。任何一种事物，他都知道它应该有着怎样的地位，以及它为什么脱离了那个地位。他也知道什么东西对人有用，什么东西对人没用。对于人世间的烦心事，他尽管没有经历，但已经看出它们在外在的体现和作用。

我已经坚定决心，事物的力量要我怎样走，我就怎样做，不管读者如何看。在很长一段时间内，他们都认为我是在凭空幻想，但我始终认为是他们始终无法摆脱偏见。普通人的那种迂腐见解，我尽管已经毅然决然地抛弃了，但是我仍然会在心里经常想到它们。我为什么要对它们展开分析和思考？当然不是为了接受它们或者远离它们，而是为了把它们放在理智的天平上进行考量。每当我面临一个时刻——必须要和普通人的庸俗之见划清界限——我的经验就会告诉我：读者们不会采取和我相同的做法。我毫不怀疑，要想让他们相信我的说的话有实现的可能，除非让他们亲眼看到它在某一天实现。我也毫不怀疑，对于我所描述的这个青年，由于他们把他拿来和其他青年相比就能发现大有不同，他们就会认为这个青年只是一个凭空想象出来的人。他们当然不会想到，其他青年和这个青年是迥异的，因为两者受到的教育和被影响的感情也完全不同。他如果长成了我理想中的样子，并没有什么让人感到怪异的地方，因为他和他们受到的教育根本就不相同。恰好相反，如果他长得和他们一个样，那我就不得不感到奇怪了。他是人培养出来的吗？其实不是，他是大自然培养出来的。他们之所以觉得他奇怪，恰恰也是因为这一原因。

由于我的论述是从人的诞生开始的，而这一起点是我们大家所共有的，所以我在写这本书的时候，一开始就决定对于我要论述的事情无所避讳。然而，我们会发现，随着论述的进行，我们彼此的方向会偏离得越来越厉害。原因在于：我提倡培养天性，而你们意欲破坏天性。在六岁的时候，由于都还无暇损害自己的本来面目，我的学生和你的学生并没有什么不同。但是现在变了，他们彼此间已经几乎没有相同的地方。我的学生即将成人，如果我花费的精力有效果，到那时候他将长得和你的学生完全不同。就数量来说，他们学到的知识或许并无分别，但如果就内容来说，他们学到的知识就大不相同了。当你看到我的学生，将会惊异起来：他拥有高尚的情操，而你的学生甚至连产生高尚情操的迹象都没有。你要知道，在你的学生已经成为哲学家或神学家的时候，爱弥儿对哲学还一无所知，甚至连上帝都没有听人讲过。

有人或许会这样对我说："你口中的那种人根本不存在。一个青年人，绝不应该是那个样子。青年人应该有各种欲望，想做各种事情。"有些人因为看到花园里的梨树都很矮小，由此便认为梨树不可能长成大树，这个人的说法和这种看法是一样的。

喜欢为难别人的批评家们！我希望你们能够意识到：你们所说的这种情况，我和你们一样知道得清清楚楚。或许，我考虑这种情况的时间更长也说不定。我不需要你们一定接受我的看法，因此我有权利向你们提出要求：在挑我的毛病之前，请先至少观察一番。我殷切地希望你们把人的身体认真研究一番。为了便于了解一个人因为受到的教育可以和另外一个人有多么不同，我也非常希望你们对人的心灵在各种环境下最初的发展展开一番细致的观察。做完这些后，你再把我施行的教育和他身上产生的效果比较一番，这个时候，你才可以和其他人挑我理论的错误。只有这样做，你或许还有把我批评得哑口无言的可能。

我为什么说得这样肯定，并且认为自己说得这样肯定是可以原谅的？因为我没有拘泥于俗套，我能够尽量根据实际观察去做，而不是对一套理论照搬照抄。我只会根据自己看到事实去看问题，而不是根据想象。这确然是一个事实，只从某一个城市的市区或某一种等级的人的生活中去获取经验，这样的事情我才从未做过。我尽量比较了一番我在以往的生活中见到的各种社会地位的人，比较完之后，我有了一个认识：如果有某种东西只是某些民族专有或者只是某种职业的人专有，那么这样东西就应该遗弃，因为它是人为造成的。只有那些各种年龄段的人，任何社会地位和任何民族的人，甚至一切人共有的东西，才有研究的价值。

作一个假设：一个青年，你从他的童年开始就按照这种方法去教育他，并且保证在过程中他不受任何偏见的影响，别人的权威和看法也不能影响他。那么，你认为这个青年是更像我的学生还是你的学生呢？我想我应该首先回答这个问题，以证明我到底是否有弄清楚。

诚然，一个人想要开始动脑筋想问题并不那么容易。但如果他已经开好这个头，就能够拥有一直思考的能力。一个人，只要使用过自己的思想，那么他就会经常思考问题。人的思虑只要已经考虑过某件事情，以后就没有办法再回复静止状态。某些人或许存在这样这一种看法：在这方面，我做的工作太多，或者太少了；想要开启人的心智，并没有那么容易；我虽然给了他前所未有的便利条件，但另一方面，我又使他在一个应该已经过渡的思想范围停留的时间太长。

我不否认这种看法有些理由，但你也要认识到：我尽管想把他培养成一个自然的人，但并不打算把他赶到森林里去，让他成为一个原始人。

我的愿望只是：他能够在激荡的社会生活中坚守自己，不被各种欲望或成见所诱惑；在做事情的时候，能够依靠自己的眼睛和头脑，不服从任何权威，只相信自己的智慧。而他在这种情况下，显然能够获得在其他情况下不能或者很晚才能获得的观念。因为，他在那个时候，定然能碰到许多能让他心动的事物，碰到许多让他动感情的感受，以及各种能够让他的需求得到满足的手段。如此一来，他心灵当然会加速发展，而不是变得迟缓。在森林里的时候，一个人或许会一无所知，但如果到了城市，即便只作为一名普通的看客，这个人也能变得非常有智慧和理智。让人保持头脑清醒的最好方式是：看到了不理性的事情而不参与。但话要说回来，一个人即便是参与了不理性的事情，也可以从中获得教育，只要他不被那件事情蒙蔽，不去重蹈那些荒谬之人的覆辙。

此外，我们还要认识到，要想对哲学的抽象概念和纯粹的精神观念有所体会，是非常不容易的。为什么要这么说？因为我们的官能只能感知可以感知的事物。我们如果想要领会那些东西，能用的方法是有限的，方法有三：其一，将同我们形影不离的身体抛弃；其二，一个个事物逐步领会；其三，直接大踏步越过这个距离。但最后一个方法孩子们做不到，即便是成年人想要做到，也需要有人给他们一些特殊的帮助。

我们的眼睛和双手，并没有办法接触到那位包罗万象、控制了大地活动、一切生物的神奇创造者——上帝。他是存在于我们感官之外的对象，这就好比一个人在我们面前放上他创作的东西，但是自己却躲了起来。那么，他是怎样存在的呢？要认识到这一点是很困难的。在某一天，如果我们已经对他有所认识，并且在心中自问："他是何许人？他来自于何方？"到了那个时候，我们就会惶惑起来，不知道怎样想才正确。

洛克对我们有一个提议：先研究精神，然后再研究身体。我不得不说这种方法是不理智的，甚至说不上是一种有条不紊的自然方法。这是一种没有科学依据的方法，一种带有成见的方法，总之是一种错误的方法。要想真正了解精神，并且能够对它的存在做出假设，必须先要研究身体很长一段时间。既然翻转了顺序，那么就干脆承认唯物主义好了。

我们已经知道，我们获得知识的第一个工具自己的感官。那么也就可以说，我们能直接理解的东西只能是有形和可以感知的物体。精神这一事物，在普通大众和孩子们眼里也是一种物体。他们有一种说法：精神也会喊叫、说话以及嬉闹。如此一来，你难道不承认精神也和身体一样，有胳膊和舌头吗？包括犹太人在内的世界上所有人，为什么都需要制造躯体的神？这就是原因。我们绝大部分人可以说都是神人同形同性论者，最好的证明就是我们也有"圣灵""三位一体"和"上帝的三位"这类词语。有人曾告诉我们："上帝无处不在。"我承认这一点，但是我也要说："我们也相信空气无处不在，最起码在大气层当中是这样。'精神'这一词语说的意思归根结底也是'风'和'气'的意思。"只要你让人养成一种习惯——说什么话都经常蹦出一些不明所以的词，那么，你以后再让他说什么，你就可以毫不费力地让他说什么。

我们如果对某些物体采取行为，我们首先得到的感受必然是：如果它们也对我们有所行为，它们对我们的影响和我们给它们的影响是一样的。人类为什么一开始就认为所有影响自己的东西都有生命？原因就在这里！人类之所以认为那些事物力量无穷无尽，是因为他们认为自己没有它们那么强大，对它们的力量没有一个清楚的认识。当他们把它们想象成了一个有躯体的事物，它们在他们的印象中就成为神了。在古代，人们是惧怕所有事物的，同时认为自然界的所有东西都是活的。由于物质的观念本身就不具体，因此物质观念在他们身上的形成，其速度甚至和精神观念的形成一样慢。在整个宇宙中，他们认为可以感知的神无处不在，认为有灵魂、有神灵和有生命的东西包括：星星、风、山脉、河流、树木、城镇、甚至房屋。许多对象都曾做过人类最初的神，如拉班[①]的家神、印第安人的"曼尼托"、黑种人的物神，以及所有自然和人创造的东西。多神论是人类最早的宗教，而人类最早崇拜的对象就是偶像。他们最终明白只有一个神的时刻，是在他们已经能逐渐概括自己的观念，从而能够探寻到一个造物主，以一个单独的观念来定义一切，并且对"实体"这一抽象的词语有认识的时候。因此，一个孩子如果相信上帝，必然也崇拜偶像，至少持神人同形同性的观点。只要他在想象中认为看

———————————
①《圣经》中的人物。——译注

见了上帝，哪怕只有一次，他以后就不太会去思考上帝究竟是个什么样子。这就是洛克先研究精神后研究身体的顺序的错误之处。

当一个人已经能够从抽象的角度去认识实体，就会形成一种认识：在接受一个实体的时候，必须先假定一个独有的实体有些排斥和无法相容的特质，然后才能接受这个实体。以思想和外延①为例，从本质上来说，思想是可以分割的，外延则丝毫不能。这种认识的形成也有一个前提：那个人认为思想，或许说感觉更合适，是一种原始的性质，并且和它从属的实体不能分割。这种关系，也是外延和实体的关系。这样就可以得出一个结论：有生命的物体失去这些性质的任何一种，都会失去它赖以生存的实体。从这一点就可以看出，死亡，只是实体的一种分割。当两者结合到一起，两种性质从属的实体就会创造出生命。

在此，我们不妨来为两个问题寻找答案。一个问题是两种实体的概念和神性的概念之间有多远的距离；一个问题是我们的身体受到我们的灵魂神奇的作用的观念，同一切生物受到上帝的作用之间有多远的距离。有一些观念是非常清晰的，如创造、毁灭、永生、神性、无处不在和无所不能，只有极少数人认为它们模糊且杂乱无章，至于一般人，他们根本不认为这些观念存在。既然如此，为什么那些只有初步的感官活动，要碰到什么才会想到什么的青年人，理解这些观念那么吃力并且似乎完全不明白呢？根本不需要挖许多深不见底的深渊，那样只是在做无用功，因为小孩子根本不害怕它们，并且以他们的能力也无法看出它们的深度。对于小孩子而言，所有事物在他们眼里都是无限的。这是因为他们丈量的尺度特别长吗？并不是，是因为他们的智力水平还不够。更有甚者，我还发现他们还存在这样一种看法：认为无限大比自己知道的空间小而不是大。他们在对一个广阔的空间做出估计的时候，用的是双脚而不是眼睛。他们认为这个空间尽管很大，但是自己的仍然能看得到，所超出的，只是自己能走到的范围。如果你为他们讲上帝的力量如何如何大，你认为他们会怎样看呢？他们最多认为上帝的力量堪比他们的爸爸。他们之所以认为你告诉他们的东西小于他们想象的东西，原因就在于他们衡量

①哲学上的外延指一个概念对应的客体总和。——译注

一切事情可能的大小都是依靠自己的知识。孤陋寡闻的人和智力缺乏的人所拥有的自然的判断力也是这个样子。阿贾克斯就是因为他认识阿喀琉斯而不认识丘比特，才会有和丘比特较量的勇气，而不敢和阿喀琉斯比试。你如果对一个自认为是世界上最富有的瑞士农民讲国王是怎样一个人，他一定会骄傲地问你："国王在山上放牧的牛有没有一百头？"

许多的读者，当看到我和我的学生童年时就形影不离，但是却一点宗教的知识也没有教授给他的时候，定然会感到奇怪。这一点，其实我在很早的时候就已经有所预见。他直到十五岁的时候，仍然不知道自己有一个人的灵魂，或许等他到了十八岁的时候，我仍然会认为把这件事情告诉他不合适。一件事情，如果在他还没有到应该知道的年龄时让他提前知道，只会导致他永远不会真正明白那件事。

你们如果要求我说一件让人气愤的糊涂事，我就会说一个迂腐的人给孩子以问答的方式讲道理的情形。我如果想让一个孩子抓狂，我就会把这些道理的意思也讲给他听。你可能会表示反对，说："你教一个孩子基督教的教条，如果要等到他能够理解的时候再教，那么就不得不等到这个孩子成人。情况严重的，甚至得到他去世的那一刻仍然不能教，因为基督教的教条大多是很深奥的。"要回答这个问题，我首先要说："有一些玄之又玄的意义，是没有办法让人理解的，同时也不需要相信。一个孩子，只要没有从小就习惯撒谎，我认为他根本不需要教他们教条。"我们至少要先知道它玄妙在哪里，然后才承认它，但孩子是不可能明白这个概念的。当还处于一个认为每件事都很玄妙的年龄段时，就不会对玄妙有什么概念。

有一个被误解的教条：必须要信上帝才能得救。因为对它的误解，人们为了消灭对手不择手段。许多人变得爱说空话，由于爱说空话，所以就去学一些虚无的东西，从而使得自己的心智受到严重伤害。要想得到永远的解救，无疑要珍惜时间。但是，如果不断地默念这几句话就可以得救，像能够让孩子升入天堂那样，那我们也就可以让喜鹊和鹦鹉进入天国了。

信仰也包含履行。一种哲学如果缺乏信仰，那么它就是错误的。原因在于它没能正确地运用自己培养出来的理智，甚至还遗弃了自己能够理解的真理。然而一个以信仰基督教自居的孩子，他能信的只有自己明白的东西。对于你教给他的东西，他只能理解很少的一部分。少到什么程度呢？其少的程度达到了，你如果教他截然相反的道理，他也会立即接受。儿童的信仰以及许多的成人的信仰，可以说只是一个地理问题。很显然，他们生在罗马或生在麦加，天资并不会有差别。你如果告诉他穆罕默德是神的代言人，他也会跟着你说穆罕默德是神的代言人。反之，你如果调换两个人的位置，他们彼此也会相信对方相信的说法。然而，我们显然不能因此就把他们一个送进天堂，一个送进地狱。当一个孩子说："我相信上帝。"这时你就要注意了，他其实信的并不是上帝，而是张三或者李四。为什么这样说？因为这个孩子是被人告知说有一个大家称之为上帝的东西。由此可见，他对上帝的信仰和幼里皮底斯所说的话并没有什么两样：

　　神灵丘比特！我只听说过你的大名，却没有见过你的本尊①。

　　一个孩子如果还没有成长到懂事的年龄就死去，我们认为恒久的幸福已经会伴随着他；在天主教的教徒看来，孩子只要已经受到过洗礼，即便他没有听说过上帝，也依然能获得长久的幸福。从这点也可以看出，某些情况下，即便不相信上帝也可以得救。儿童时期或丧失心智的时期，都属于这类情况，因为在这类情况下，人的精神没有办法进行为了认识上帝而进行的活动。在这个问题上，我认为我和你之间的差别在于：在你看来，孩子或许七岁就已经能够认识上帝，但在我看来，他们即便到了十五岁也未必能做到这一点。若要验证我的观点是否正确，必须要去对自然的历史翻看一遍，而不是以一个信条来判断。

　　因此，即便到了垂暮之年仍然没有信过上帝，只要这种不信不是刻意的，我们仍然不能因为这种人没有信过上帝，连他来生去见上帝的权利也一并剥夺。难道他自愿成为不相信上帝的人？我看不是这样！你也承认疾病虽然让疯人丧失了精神能力，但却并没有连他做人的权利也一

---

　　① 参见普鲁塔克《论爱情》，达姆约译本。梅纳利珀本来是以此作为悲剧的开篇的，但因为雅典人舆论太盛，幼里皮底斯只得把这个开场白做了改动。——原注

并剥夺。所以，他们有权利享受上帝的恩惠。所以，你们的一种观点就站不住脚：对于那些从小就过着与世隔绝、极端原始的生活的人，你们只因为他们没有获得只有同人交往才能获得的知识，就反对他们也一样享受上帝的恩惠①。我似乎已经听到你们辩解："因为不可能让这样一个原始人的思想境界提到到能够认识上帝。"但只要运用一下理智，我们就能明白：惩罚一个人，必须是那个人有意识地犯错误；我们没有权利把一个人无法改变的愚昧看成是他的错。结论出来了：所有相信上帝的人，只要他们具备一些基本的智慧，在永恒的正义面前，他们就算信上帝的人。一个人即便不相信上帝，只要他不是有意拒绝真理，他就不应该受到惩罚。

向那些还无法理解真理的人宣扬真理是没有必要的，那样做和传播错误的观点没什么两样。与其让他们侮辱上帝，认为上帝鄙陋和荒诞，不如让他们一开始就对上帝一无所知。不知道上帝的存在，总好过冒犯上帝。实诚的普鲁塔克有这样一句话："较之于让别人说我不公正、心胸狭窄，同时还非常专横跋扈，喜欢强迫别人去做无法办到的事情，我更愿意别人认为这个世界上根本没有我的存在②。"

把上帝塑造成一个奇怪的样子，然后把这个样子印在孩子的脑海中，最大的弊端在于：孩子一生都会记得这些样子，甚至在长大成人之后，仍然认为，所谓上帝就是他们在幼年事情听别人讲的那个样子。在瑞士，我曾看到过一家人对这个道理坚信不疑。为了避免儿子满足于只了解一点粗浅的宗教知识，到了懂事的时候甚至抛弃更好的知识，家里那位虔诚的母亲在他年幼的时候根本不提及宗教。事实上，在听到别人讲上帝的时候，这个孩子总是满怀尊敬之情。而每当他自己要讲上帝的时候，别人也会阻止他，似乎认为这件事情太深奥，不适合他那样的人讲。但就是这种讳莫如深的态度，恰恰引起了他的好奇心。这种好奇心，再加上一种自尊心，导致了他迫切在某一个时候，自己能弄清大家强行不让

---

① 同人类精神的自然状态和它发展的缓慢相关的东西，请参见《论人类不平等的起源和基础》第一部分。——原注

② 参见普鲁塔克《论迷信》一书第27节。——译注

他知道的事情。于是，大家不向他谈论上帝，禁止他自己讲上帝的程度越厉害，他反而越是想找到上帝是怎样一回事。这导致了他认为上帝在哪都能看到。但是，我担心这种故作高深的样子，将会对一个青年的想象力造成过度刺激，从而搞混他的大脑，导致最后让他只能成为一个盲目相信上帝的人，而不是成为一名上帝的真正信奉者。

至于爱弥儿，因为他从不对超过自己理解能力的事物寻幽探奇，并且在听到别人谈论他不能明白的事物时不专注，我完全不担心他也会这样。在他看来，许多事情都是与自己没有关系的，再多一件这样的事也无伤大雅。当他开始想对这些意义重大的问题有一个了解，完全只是因为自身智慧和自然发展的促成，而不是因为别人问了他这类问题。

受过文化的影响的人，他们的心灵通往这些神秘境界的所由之径我们已经有过观察。同时，一个人即便身处社会之中，要想达到那个境界，我承认他必须要到年龄大一些的时候才有望实现。然而，我们必须同时让管理欲望的智慧也快速发展，否则我们就会违背自然的秩序，从而使得自然丧失平衡。因为社会中的许多无法避免的原因，让人欲念的发展大大加快了。一种东西发展过快，如果我们无法把控，为了能够让秩序得以保持，为了让与它齐头并进的东西跟得上它的步伐，为了让人能够在一生的任何时刻都不留下遗憾，为了让人不因为这种能力的过快发而展出现异常，就有必要让与它相关的所有东西也以相同的速度发展。

但就是在这里，我发现存在着一个巨大的困难。它在不断地增大，增大的原因，一是因为它并不是由事物本身引起的，二是因为那些面对这一困难的人太懦弱，没有搬开它的勇气。但为了解决这个困难，我们至少要敢于提出它。为了让孩子受父亲所信的宗教的熏陶，大家用得最多的办法是：向孩子论证这种宗教怎样是一种独一无二的真正宗教，而其他宗教则没有任何价值。但这种论证对宗教来说其实无法让人信服，它完全是因国家而异。一个土耳其人倘若在君士坦丁堡讥笑基督教，那么他可以来巴黎，看看我们如何看待伊斯兰教。人的偏见影响力巨大，在宗教问题上更可以说压倒了一切。我们没有必要培养爱弥儿信仰什么宗教，因为我们一早就打定主意，不让他受到任何事情的约束，不服从于任何权威的东西，不教他学习他在别的地方无法学懂的东西。对于这个自然人，我认为不应该要求他加入任何一个派别，而是让他正确地运用自己的理智去选择。

火在余烬的掩盖下依然在燃烧，我在它上面阔步向前！

没有关系的，直到现在，我的热情和信心仍然存在，我考虑的不周全可以以此来弥补。在适当的时机，我希望它们能够确保我始终正确。读者们，我是一个热爱真理的人，因此你们无须担心我过于保守。我牢记着自己的办法，但是我也会经常怀疑我的判断是否正确。在下文，我将会告诉你们一个观点，它不是我想出来的，而是来自于一个身份高于我的人。其中陈述的事实，我可以保证是绝对真实的！我为什么敢这样说？因为它们都是我写下的这段文字的作者的亲身经验。然而，我不能确保你一定能够从这段文字中就我们谈论的问题得出一些有价值的观点，因为决定权在你。我把它抄录在这里，只是为了给你的研究提供帮助，因此我建议你在评判它的时候，不要以你、我或者另外一个人的感觉作为标准。

"时间上溯到三十年前。在意大利的一个城市里有一个年轻人，他远离自己的家乡，并且困窘到了极点。本来他相信的是加尔文教，但后来改信了其他教派。这是他认为自己漂泊他乡，并且没有生存的技能，为了生存的一时糊涂之举。在那个城市有一处住房，是专门为改信宗教的人设立的，他被别人收容在了那里。人们告诉了他一些宗教上的争论，这让他产生了一种前所未有的怀疑。有些罪恶他本来不知道，但是人们也让他知道了。同时，他也听到了一些别开生面的教理，看到了一些更为别开生面的风俗。这一切都为他所经历，即便是他本人，也差一点成为它们的刀下亡魂。他尝试离开当地，人们把他关了起来。他如果有抱怨的话，人们就让他受到惩罚。他被残酷的人们肆意妄为，在那个时候，他发现了一点：自己因为不愿意犯罪，反而被当成一个有罪之人。如果没有亲身经历，很难想象在首次遭到荒蛮和有失公正的事情时，一个就像一张白纸的青年心中会有怎样的滔天怒火。他满脸都是泪水，这泪水是愤怒的结晶，心里面饱受屈辱。他把满腹苦楚向上苍和所有人说，把事情的真相告诉每一个人，但结果怎样呢？听他说话的人一个也没有！出现在他眼前的都是一些怎样的人啊！坏蛋，帮凶，专干一些他耻于听到和看到的事情。这些人讥讽他故作清高，并且怂恿他和他们一样。他几乎就要毁在那处住房里，幸亏有一位忠厚的基督教牧师因事去了那里，想方设法隐秘地给他想了办法。其实，那是一个贫穷的牧师，他也需要别人的帮助。当他意识到被压迫的人需要他的帮助更迫切时，他果断地帮助了对方想办法离开，而让自己面临可能被残酷的敌人报复的危险。

　　"这个年轻人和命运的抗争变成了一种白费力气，他虽然有幸逃离的灾难，但在之后又陷入了贫穷。在某个时期内，他认为是自己战胜了命运。于是，在人生刚刚有所起色的时候，他就把自己的痛苦和搭救者抛在了脑后。没过多久，他的所有希望都就变成了一场空，大好年华被无谓地虚度着，一切都被他想入非非的思想破坏了。他终于为自己的那种忘恩负义的行为买单！他缺少让自己的人生变得顺利的本事和办法，既无力克制自己，做坏人也不在行，然而又想获得许多自己无法获得的东西。就这样他重新陷入困窘：没有住地和食物。当被饿得奄奄一息的时候，他重新想起了他的恩人。

　　"他又去了他恩人那里。他找到了恩人，恩人很好地接待了他。一看见他，那位牧师就想起了自己做过的一件好事。牧师的心灵从这种回忆中获得了很大的快慰之感。从一出生开始，他就非常善良和富于怜悯心。对别人的痛苦，他能够以自己的痛苦去体会。他已经过上了丰裕的生活，但这种生活并没有让他变得冷酷；相反，因为知识和仁厚的品德的影响，他变得比别人更加善良。他欢迎那个年轻人。然后，他找了一个住地给他，还分给了他自己的生活必需品。两个人就这样勉强地生活着。另一方面，牧师还开导和教育他，告诉他怎样尽力维持生活，咬牙度过人生中这段艰难的时光。一个牧师会做这样的事情，这件事情竟然会出现在意大利，我认为是你们这些满怀偏见的人想不到的。

"这个诚实的基督徒有着怎样的身份呢？他是萨瓦①地方上的一个贫困的牧师。在青年的时候，由于一件冲动的事情，他和主教起了争执。于是，他翻过阿尔卑斯山，去寻找在他的故乡无法找到的谋生的方法。由于智慧和文化兼备，并且人也长得漂亮，他得到了许多人的帮助。最终他在官员家里落下了脚，负责教育官员的儿子。他是这样一种人：即便一贫如洗，也不愿意寄住在别人家里，也不善于侍奉权贵。在那位官员的家里，他只待了很短一段时间。但即便如此，在离开的时候，别人仍然非常尊敬他。他的终极愿望，只不过是重新体面地回到主教那里，请主教安排自己在山区做一个小牧师，然后在那里过完整个人生，因为他的生活非常高尚，并且人们也非常爱戴他。

"当看到这位漂泊他乡的年轻人，他很自然地就产生了一种关爱之情，并且认真地研究了他一番。他得出了结论：这个年轻人，因为自己悲惨的命运已经丧失了生活的动力，他的勇气，已经被耻辱和轻视摧残得一点不剩；他原本拥有的骄傲，这个时候已经化为了对所有的人的仇恨；人们所有不道德的行为，在他看来都是他们邪恶的天性和空洞的道德导致的。对这名年轻人来说，宗教只不过是自私的遮羞布，圣洁的崇拜不过是虚伪的防护罩；在那些没有意义的争论中，天堂和地狱已经变成了一种咬文嚼字，大家已经严重地曲解了上帝庄严而朴实的观念。当他产生一种观念——要信仰上帝就要把上帝赋予的理性甩在脑后，就会轻视我们可笑的冥想和我们要冥想的原因。他已经变得非常愚昧，对那些比自己知识更丰富的人也满含轻视，这当然是由于他没有认识到事物的本来面目，也不了解它们为什么发生。

"如果忘记宗教，做人的义务也会一同被忘记。这一过程，这名漂泊无依的人的心已经毁灭了一半。他并非生来就是一个坏蛋，但他很快就被引向了毁灭之路，接受了坏人的做法和观点，因为他的天性已经被怀疑和困窘消磨得一干二净。

"当然，这种邪恶尽管几乎无可逃避，但是也并非没有挽回的余地。这名青年人并非没有任何知识，也并非没有受到过一点教育。他的内心

---
① 法国东南部的一个城市。——译注

已经被满腔热血激荡得非常活跃，不再受制于狂暴的感官，并且依然是纯洁无瑕的。同你竭力束缚你的学生一样，他的心灵也被他天生的羞耻心和羞赧的个性长久地束缚着。他的想象力并没有被他看到的那些腐化且不堪入目的恶行激发起来，相反还被它们给束缚住了。他完全是因为自身对事物的憎恶，才长期保持自己的纯真的，而不是因为他自己的操守。因为只有在目眩神迷的情况下，天真的心才有可能被败坏。

"这种危险没有逃过牧师的眼睛。在困难面前，牧师并没有退缩，而是想到了解决办法。这项工作让他心情感到愉悦。他已经下定决心：完成这项工作，从罪恶中解救出这个人，让他重新拥有美德。他的方针是欲擒故纵。他被高尚的动机激发出了勇气，想出了一个配合对方热心的做法。不管成功还是失败，他坚信自己的时间会有价值。一个人只要全副心思放在一件事情上，他必然能做好那件事。

"他的第一个步骤是：让这个新皈依的人相信他。他采取的方法是：不夸耀自己的恩惠，不强迫对方做各种事情，也不向对方没完没了地说教个不停，而是让自己始终能够为对方了解，把自己的姿态放低，以求和对方保持一个平等地位。我毫不怀疑我们会被这样一种情景感动：一个中规中矩的人，愿意去做一个顽皮的人的朋友；为了完全战胜一个放纵的人，一个有道德的人顺着对方的步伐去做。那个年轻人逻辑不清地告诉他一些毫无顺序的心事时，他没有感到厌烦，而是认真地倾听，让对方畅所欲言。他对他说的一切都兴趣盎然，除了不认同不好的事情。为了避免截了他的话头，从而让他伤心难过，他从来不草率地指责他。那个年轻人既然发现牧师在认真地听着自己讲话，自然愿意说出自己所有想说的话。于是，他全盘讲清楚了所有事情，却认为自己什么也没说。

"当牧师认真地分析了一番这个年轻人的情感和性格，得出了结论：从年龄上看，尽管不能说他无知，但对于自己应该知道的所有事情，他确然已经忘得一干二净；他心中真正的是非标准，已经被他那命运的多舛而造成的屈辱抹杀。一个人，即便他只是某个阶段经历了堕落，这个阶段也可以完全腐化他的灵魂。一个整天只忧心衣食的人是无法听到内心的声音的。对于这个即将道德沦丧的年轻人，牧师首先做的事情是唤起他的自爱和自尊，而非要求别人挽救他。他告诉他：'你只要能善用自己的才能，就能拥有一个美好的未来。'他告诉他别人良好的行为，以求让他产生变得忠厚的欲望。这样一来，他既然已经让那个年轻人敬佩那个有着良好行为的人，就让他也产生了想效仿那些良好行为的愿望。牧师让他抄写了一些书中的重要部分，并且骗他说他应该阅读那些抄录下来的语句，以求让他获得一种高尚的感情——感恩。他的真实目的实际是：让他悄无声息地远离那种放荡疏懒的生活。牧师间接地用这些书籍让他受到教育，让他获得一种充分的自信，从而避免让他破罐子破摔而认为自己一无是处。

"通过这样一件小事，我们就可以得出一个看法：这个善良的人尽管在表面上没有进行教育，但他却用了一种十分巧妙的办法使自己的学生寂然无声地远离了堕落。在人们的眼中，这位牧师一向是廉洁而谨慎的。因此，对于一些人而言，他们宁愿把自己愿意捐的东西捐给他而不是城里的那些富裕的牧师。在某一天，有人给了牧师一些钱，让他去分给贫民。那个年轻人也拉下面皮，说自己也是穷人，让他也分一些给自己。牧师的回答是果断的：'绝不能这样做。我们现在已经是兄弟，因此你就是我家里的人了，把这笔钱拿给自己使用是不应该的。'说完，他掏出了自己口袋里的钱，给了那个年轻人所要的钱数。对于那个尚有药可救的青年人来说，他是一定会记住这样的教训的。

"我已经无法忍受再用第三人称讲，这样谨慎的做法完全是多此一举。亲爱的朋友，我想你已经有所觉察，这个流落异乡的不幸的人就是我自己。对于我从前那些荒唐的行为，我现在已经有勇气承认，因为我已经确定自己不会再像青年的时候那样。而在这里，我完全有理由让自己再受到一些羞辱，以赞扬那位救我于水火中的人的恩情。

"德行崇高而不做作，心地善良而不犹豫，说话开门见山且不说一套做一套，是我对这位可敬的老师的个人生活最深刻的印象。至于他所帮助的那些人是否有晚上祷告，是否经常反思自己的过错，是否在指定的日子严守大斋小斋，我是从来没有看见过他追问的。他也不强求那些人答应他类似的条件。但确信无疑的是：他如果没有遵照这些条件做，即便饿死，他的信徒也不会帮助他。

"我被他的这些行为深深鼓舞。这让我能够不在他面前表现一个才皈依不久的人伪装的热心。相反，我会向他讲出自己的各种想法，而这没有招致他的责备。在有些时候，我会这样告诉自己：'他是因为看到我幼年的时候就不关心信奉的宗教，才不过问我为什么那样不关心我所改信的教派的。他也正是从这点看出，我的这种漠不关心的态度并不是一个教派的问题。'然而，我也碰到这样一些时刻：偶尔听到他赞同完全和天主教教义相反的教理，对天主教的一切外在形式不以为意。在那些时候，如果我曾看到过他随便应付那些他表面上似乎不那么重视的仪式，哪怕只有一次，我就会得出结论：他是一个虚伪的基督徒。但是我深深地知道，即便没有人在场，他对牧师的职责也是和在公开场合一样恪尽职守的。这让我迷惑了：我应该怎样判断这些矛盾的现象？对我们而言，他的生活完全是可以作为一个模范的，他的行为也无可挑剔，他的话也真诚而入情入理。我和他相处得十分亲密，这让我对他的尊敬之心与日俱增。他由于处处关心别人，以致让我冒出了一个想法：等有了机会，探究他是根据什么原则才一如既往地过完这惊艳的一生的。

"一直过了很久，我才等到这个机会。他在告诉我一切之前，先做了一项工作：让自己撒在弟子心里的理智和善意生根发芽。有一种看不惯一切的骄傲心理在我身上存在着，并且非常难以被克服，这就是仇恨世界上所有的幸运之人和有钱人。我似乎有这样一种认识：他们之所以能够家财万贯和飞黄腾达，完全是以牺牲我为代价的；他们的幸福都是从我这里抢夺过去的。我非常容易暴怒，这缘于我青年时期的藐视一切的虚荣心所碰到的阻碍。我的老师竭尽全力让我重新获得了自尊心。但就是因为这种自尊的心理，反而使我变得骄傲。世界上的所有人，在我眼里变得更加邪恶了，我莫说轻视他们，甚至还痛恨他们。

"为了避免让我变得冷酷，他没有直接对付我这种骄傲的心理。除了避免让我因为自尊而轻视其他人，他任由我自己尊重自己。他经常做一件事情：拨开事物虚假的表面，为我指出在它掩盖之下的痛苦。因为他的这一做法，我开始为我同伴感到惋惜，同情他们遭遇的痛苦而不是嫉妒他们。他深刻地知道自己的弱点在哪里，因此非常同情别人的弱点。在他看来，世界上的人只有一个身份：自己的罪恶和别人的罪恶的牺牲品。他看到了一个事实：穷人在富人的束缚下哀叹，富人在偏见的束缚下哀叹。他说：'请不要怀疑，我们的幻象并不能掩盖我们的痛苦，相反，它还会增加我们的痛苦。原因在于它们让一些本来没有价值的东西变得宝贵，从而让我们认为总缺少东西。而如果这些幻象不存在，我们就不会有那种感觉。一个人，如果做什么事情都最看重生活，那么他其实是一个最不会享受生活的人。一心想要寻求幸福的人，结局通常会非常不幸。'

"'你看事情的角度太悲观了！'我沉痛地叫了起来：'如果把一切都不看，我们来到这个世界上就变得没有目的了。无论是谁，如果对美好生活一点都不向往，没有人会认为他过得幸福。'但在某一天，牧师回答了我，语气让我感到惊奇：'我以及你都是幸福的。你看你，如此不走运，如此贫穷，在他乡漂泊，同时还被人迫害，你太幸福了！你是怎样做才获得这种幸福的呢？'接着，他又对我说：'孩子，我愿意告诉你我的事情。'

"我恍然大悟：在听了我说心里话之后，他也准备把自己的心里话告诉我了。他抱住我，说：'我要如实地把真相告诉你，即将呈现在你眼前的，即便不是真实的我，最起码也是我眼中的自己。对于我为什么认为自己很幸福的问题，当你听我把整个信仰的独白叙述完，当你对我心灵的境界有一个详细了解之后，你就能找到答案了！到那个时候，如果你和我持有相同的想法，你对怎样才能获得幸福的问题就会有答案了！但我打算等找到一个合适的时间和地方之后，再和你平和地谈论一番，因为一时半会没有办法把这些话全部说完，我必须要能够有一些时间，才能向你陈述我是如何看待人的命运和生命的真正价值的。'

"我表现出一种姿态：迫切想知道他的心情。最后，我们约定，他告诉我自己心情的时间，最迟不能超过明天早上。时值夏天。天刚刚一亮，我们就出发了。他带我去的地方，是城外的一座小山。在那座山的山脚，波河①曲折的河水冲刷着肥沃的河岸。田野的远处，是阿尔卑斯山巨大的山脉。阳光洒满了田野，同时也带出了树木、丘陵和房屋长长的拖影。这幅我们人类用眼睛能看到的最美丽的图画，被它用万道金光装点得美轮美奂。我们如果得出这样一种看法也并不为过：大自然是为了让我们有话题，才让我们看到它整个的灿烂景象的。我们默默观赏了一番景色，然后这位平和的人开口了。"

信仰的自我诠释
萨瓦省一个牧师的自述

我的孩子，我不会向你讲那些广博的学问和深奥的道理，我不是一个大哲学家，也没有成为大哲学家的志向。但常识我还是具备一些的，我也始终热爱真理。同你争论，或者让你心服口服，这些想法我从来没有过。我想做的只是把我心中朴素的思想讲给你听。我对你只有一点要求：在听我讲的时候，也对自己进行反思。如果我犯了错误，我只希望你不因为此就认为我犯下了罪行，因为我即便错也错得非常坦诚。同样，如果你犯了错误，只要你也诚实，那么那种错误造成的危害就不会太大。如果我的想法正确,那么只说明一个问题:我和你拥有共同的理性，我们都想听到理性的声音。我希望你也能像我这样想。

我是在一个贫困的农民家庭出生的。这样的出身，决定了我必须得干农活。但大家希望我能够去学牧师，因为在他们看来，我如果去做牧师更能养家糊口。这样做的目的，并不是为了寻求一门理想、真实和有价值的学问，而是为了获得担任牧师的职位所应该具备的知识。我的父母和我都秉持着这样的想法。我的言行完全遵从别人的意愿，就这样，我成了一名牧师。然而，没过多久我就意识到了一点：我在承诺自己不流于俗的时候，许下的是一个自己无法遵守的诺言。

大家告诉我们：良心源于偏见。但根据我自己的经验，我认为良心是这样一种事物：只顺从自然的秩序，不以人的意志为转移。因此，禁

---

① 意大利最大的河流。——译注

止我们做各种事情，那样的努力只能是徒劳无功。如果我们在有序的自然允许的范围内做事情，特别是按它的安排做事情，我们就不会受到良心的谴责。我的好孩子，你现在所处的是一个幸福的状态，因为大自然此刻还没有激发你的官能，因为自然的呼声在此时就是最纯真的声音。你一定要有这样一种认识：较之于抗拒自然的教导，你在它还没有教你之前提前去做更加违背它的本意。所以，你必须先学会不被邪恶诱惑，然后才能在屈服于邪恶的时候不去做不好的事情。

婚姻，在我少年的时候就被我看作首个最为圣洁的自然的制度。但我已经决定，不冒犯婚姻的圣洁，因为我已经放弃将来结婚的权利。由于我不管受到了怎样的教育读了怎样的书，都让自己的生活简单而有规律，因此最古老的智慧之光仍然存留在我的心灵之中。它们并没有被流言蜚语掩盖，由于我过得是贫穷的生活，我也没有可能去进行万恶的诡辩。

但我之所以会遭到毁灭，也是因为我的这个决心。由于太过于尊重婚姻，我让我的错误展现在了众人面前。既然做了错事，当然少不了被责罚，我开始被关禁闭，后来职务又被革除。我会招致这样的灾难，并不是因为我自制能力欠缺，而是因为我的犹豫不决。人犯的错误越大，便越能逃避惩罚，这是我从大家对我有失体面的事情提出的批评中得出的结论。

一个人如果很聪明，一点点这样的经验就能让他总结出很多看法。我对正义、诚实和做人的各种义务的观念，已经被各种悲观的看法冲得七零八落，这让我每天都不得不把一些我已经接受的思想抛弃。我开始不能够清晰地认识显而易见的真理，因为我头脑里余下的思想已经不足以形成一个完整的体系。到了最后，我甚至已经不知道该怎样想问题，从而沦落到了你这样的境地。但我的怀疑是由年岁不断增长导致的，它产生于各种困难被经历之后，因此已经变得牢不可破，而这也是我和你不同的地方。

我的心性始终是游移的，其中存在着一种怀疑，一种在笛卡儿看来为了追求真理所不可或缺的怀疑。这样的一种状态，很显然没有办法长久地持续下去，因为它让人感到痛苦和不安。一个人，只要内心不倾向罪恶和懒惰，就不会愿意持续这种状态。我的心尽管不能说毫无败坏，但是还没有达到安然处于这种状态的地步。无论是谁，只要爱自己的身体胜过爱自己的财富，就会养成一种经常思考的习惯。

人类的不幸，被我在脑海中一遍遍地思索。我看到一种景象：它们在人偏见的海洋上沉浮着，缺少舵和罗盘，只能被当事人狂风骤雨似的欲望激荡着东游西荡。但令人悲哀的是，它们唯一的领航人没有经验，对航线也一无所知，甚至也不知道起点和终点。我告诉自己："我对真理是无比热爱的。我苦苦地找寻它，但是它却始终隐藏着。请告诉我它的所在地，好让我紧紧跟随着它。我非常疑惑它为何要和一个无比崇敬它、急不可耐想要见到它的心捉迷藏。"

我的生活，尽管从来不缺少巨大的痛苦，但在这段无序而焦躁的时期内，我经历了绝无仅有的苦闷。其间的我怀疑一切，在静静地思考了很长一段时间后，仍然只能得到这样一些不具体也不能肯定的看法，我存在的原因和尽自己的职责的方式和它们是相违背的。

我不晓得如何成为一个既固执己见又保持诚实的怀疑论者。在我看来，这样的哲学家或许从来没有，即便有也可能是所有人当中最不幸的一个。一个人如果怀疑我们应该坚信的事物，他的心灵会受到严重损害。但忍受这种伤害对心灵来说是不适合的，因为它要不断地做出各种决定。与其什么都不相信，它宁愿受到欺骗。

由于抚养我的是一个独断专行的教会，我也不得不面对一个难题。这样的出身，决定了我只要对一点不认同，也会不认同其他一切东西。由于我无法接受许多的没有理由的决断，我也会一同拒绝那些有理由的决断。当大家让我完全相信，却只能得到相反的结果：我什么都不相信，甚至不知道如何是好。我向许多哲学家请教过问题，他们的著作我也阅读过，他们的各种观点我也做过研究。最后我总结出了一点：他们几乎都是骄傲、武断、狂妄自大的人。即便是在自己的怀疑论中，他们声明自己知道一切，说自己无意没有穷尽地追问下去，说应该彼此嘲笑对方。尤其是最后那一点，几乎能从所有的哲学家身上找到踪迹。因此我认为，他们说的最正确的一点也是在这里。他们趾高气扬对别人刀剑相加，但自己却无力保护自己。他们嘴里的那些观点，如果加以仔细推敲，很容易发现对人是有害的。而你如果去问他赞成谁的观点，所有人都会说赞成自己的。他们走到一起的目的，纯粹是为了争论。因此，我的疑惑是不可能通过他们的那些说法找到答案的。

我认为，智力不足和骄傲的心理，是造成人的看法各不相同的两个原因。人的智力是一个巨大的机器，我们既没有办法对它的尺度做出估计，也没有办法对它的功能进行计算，它最重要的法则和最后的目的我们也一无所知。此外，我们对自己也是不了解的。我们的天性和能动的动力来源，自己完全不明白。我们甚至不知道人是一个简单的存在还是一个复合的存在。在我们的身边，充满了一些我们无法感知的神秘事物。我们或许会认为能够理解它们，但那其实只是我们的想象。在这样想象时，每个人都得出了一个自认为很正确的方法。但采取这一方法是否一定能达到目的呢？谁也不能确定！对一切都有一个了解，探寻一个究竟是我们非常希望做的事情。我们唯一不愿意做的事情是承认自己一点也不了解无法知道的事情。相较于让我们承认谁也不了解一个东西，我们宁愿去碰运气，宁愿去相信那些虚假的东西。造物主让我们争论的对象是一个巨大无比的东西，在它的中间，我们小得不能再小。所以，我们无法确定它长个什么模样以及我们和它有什么关系。

假设哲学家能够发现真理，我们也没见过他们当中有谁对真理充满兴趣。较之于别人的观点，所有人都知道自己的看法并不见得更正确，但他们每个人仍然认为只有自己的看法正确。个中原因，当然是因为那种看法是他自己的。在他们中间，没有一个人在分清真和假之后把自己的谬论抛弃，转而采纳别人说的真理。有没有为了自己的荣誉而不欺骗人类，从骨子里不准备出名的哲学家？一个也没有！他们看重的不是真理，而是能否飞黄腾达，是否能够击败和他争论的人，尤其重要的是自己的看法和别人的不同。他两头都不落下，在信奉宗教的人中间他是无神论者，在无神论者中间他又是教徒。

这样思考了一番后，我得到了第一个结论。除了知道那些必须要知道的事物之外，必须要不关心其他的一切。我探讨的对象只应和我有直接关系，其他的，即便怀疑某些事物，也应该不闻不问。

此外，哲学家没有打消我多余的怀疑，相反还让我更增疑虑，这是我得到的又一个认识。于是我做出一个决定：去找另外一个导师。我告诉自己："请教内心的智慧之光吧！它最起码能够做到，与哲学家让我走过的弯路相比，让我走更少的弯路。又或者让我只犯自己的错误。而且，我如果按照自己的想法做，即便堕落了，堕落的程度也不会比听信他们的无稽之谈更厉害。"

因此，我回想了一番从出生开始，影响过我的各种想法。我得出了结论：它们尽管都没有明确地能让人心服口服，但是每一个都具有或然性，不同的只是这种或然性的多少；我们的内心之所以会对他们表现出不同程度的肯定或否定，就是出于这一原因。我据此极其客观地比较了一番所有不同的概念，得出了一个认识：最简单和最合理的观念，就是第一个最为共通的观念，只要在最后面列举出它，大家就会达成一致的意见。我们先做一个假设：无论是力量、偶然、必然、命运、原子，还是有生命的世界、有生命的物质和各种唯物主义的说法，古代和现在的哲学家都对它们做过研究。在这之后，著名的克拉克做了一件让人豁然开朗的事情：揭示了生命的控制者和万物的施予者。大家敬佩和赞赏这一套全新的说法是有理由的，它不仅伟大、高尚、抚慰人心、适合于培养心灵、能够为道德立基，而且还非常夺目、简单和特别容易让人心生感触。不否认它也包含了人类心灵不能理解的事物，但我认为这种量远不及其他各种说法包含的荒谬的事物多。我告诉自己：由于人的心灵并不那么广阔，并不能解决所有的困难，所以它们也有无法解决的困难。但是，仅仅凭借这些困难就断定我们否定各种说法也是不适合的。不过也要认识到，它们所依据的直接证据区别极大。上述的这个说法我们是可以选择的，因为它除了解释清楚了一切之外，存在的困难也不如其他观点存在的困难多。

我的全部哲学，就是我对真理的爱。我采用的方法也只有一种，一种既简单又能够让我避开各种空洞论点的法则。根据这个法则，我把我知道的知识又重新验证了一次。我下定决心：以显而易见的眼光来看待我只能坦诚接受的各种知识，认为和它们有必然联系的知识绝对真实。对剩下的知识持不置可否的态度，它们既然没有实用价值，就不需要耗费精力去对它们进行研究。

但就我的身份而言，我并没有权利对事物做出评判。如果决定我做出判断的事物是根据我接受的印象强迫我去那样判断，我进行的这番讨论就没有价值。这样一来，选择就只有两种，一种是进行彻底的探讨，一种是不理会决定我做出判断的事物，而是让它们自己去达到目的。所以，为了能对我采用的工具以及我使用它们把握有多大有一个了解，我必须先要认识我自己。

打动我的内心，让我只能接受的第一个真理是：我存在于这个世界，有着自己的感官，通过感官我能得到感受。但是，到目前为止，我还不能为一个问题找到答案：我对我的存在是否有一种特有的感觉，或者说我是否能够只通过自己的感受就感觉自己的存在？原因在于，我是直接或通过记忆而不断受到感觉影响的，因此我没办法确定"我"的感觉和这些感觉是相互独立的，不能确定是否受它们的影响。

我的感觉是在我身体内进行的。何以知之？因为它能让我感觉到自己的存在。但它们产生的原因却与我的身体无关，因为无论我接受也好，不接受也好，它们都会对我造成影响，我也无法决定它们的产生或消亡。这也就为一个问题找到了答案：我身体内的感觉和它们产生的原因（我身外的世界）是不是同一事物？答案是否定的。所以，我固然存在着，但其他的实体，即我感觉对象也同样存在。这些对象尽管只是一些概念，但它们并不就是"我"的概念。

对于我能感觉到的，我身外能对我的感官起作用的事物，我以"物质"来称谓它们。我同时以"物体"来称呼物质的分子，因为我认为所有物质的分子最终会结合成单个的实体。如果是这样，我的一些看法就有可能正确：唯心主义论者和唯物主义论者之间的所有争论都没有价值，他们说的物体的表象和实际之间的差别，只是自己的一种想象。

同我坚信自己的存在一样，我现在对宇宙的存在也一样坚信。接着，我对我感觉的对象做了进一步思考。我发现，我完全有能力比较它们。这时，我意识到了我有一种自己以前所不知道的力量。

什么是知觉？知觉就是感觉。什么是比较？比较就是判断。但判断和感觉并不是一回事。我如果通过感觉去看物体，就会得到这样一种认识：它们是各自孤立出现在我的眼前的，其情形就好比它们在大自然中一样。但我如果通过比较去看物体，得到的又会是另外一种认识：我把它们的位置移动了，为了方便我说出它们的相同点和不同点，以及对它们的关系弄出一个大概，我逐个地把它们叠了起来。有主动意识的或有智慧的生物，我认为它们能够给"存在"这个词赋予一定意义。这种能够比较和判断的智力，我没有在只有感觉的生物身上找到过。这种被动的生物尽管能够感觉出每一种客体，甚至连由两个物体合成的整体也能够感觉出来，但是由于无力逐个叠加客体，因此不具备比较和判断它们的能力。

能在同一时间内看见两种物体，就代表能够发现它们的关系或差异了吗？能够看到几个互相独立的事物，就代表对它们的数目也清楚了吗？显然不是！当我看完了自己整只手，没有经过计算也能知道有几根手指①。和这一过程相同，当我的视线扫过几根棍子，我也能在同一个时刻拥有长短的概念，虽然我没有进行比较，也没有进行判断。对于"更长和更短"这类比较的观念以及"一、二"等这类数目的观念，我们尽管必须在有感觉的时候才能产生，但不可否认它们依然不能算是感觉。

我们或许听向别人说：有感觉的生活能够借助各种感觉之间的差异把它们区分开来。这种观念是有必要解释一番的：当它们体现的感觉各不相同时，凭借这种不同，有感觉的生活的确可以区分它们。但在另外一种情况下——它们体现的感觉相似，有感觉的生物是因为认识到它们相互独立才能够区分它们的。要不然，一种现象就没法得到一个合理的解释：在同时发生的一种感觉中，它把两个相同的事物区分开来。当看到那两个事物，它就要搞混它们，且认为它们是同一种东西。如果以

---

① 拉•孔达明曾说过一件事,他说有一个民族的人计数只能计到三,他们虽然都有手,但就算经常看到自己的手指也不知道把数数到五。——原注

另外一种说法来看，这一点表现就更为突出，因为那种说法认为空间的表象感觉根本没有外延。

当我们发现两种需要加以比较的感觉，以下的一些方面也一同被确定：我们对它们已经有了印象，对两个客体都拥有了感觉。但是，这是否就说明我们已经感觉到了它们间的关系了呢？也不能这样说。如果对这种关系的判断是一种只来自客观对象的感觉，由于人能够准确无误地感知自己所能感觉的东西，我们的判断就不会出现差错。

我为什么会把这两根棍子的关系搞混呢，尤其是弄不清它们是否相似？举一个例子：当短棍的长度只相当于长棍的十分之一，我为什么会认为是三分之一？也就是说，形象（感觉）为什么不合乎实体（事物）？原因是明了的：我是主动进行判断的；在比较的时候，我的活动出现了差错；当我判断关系时，我的理解力把自身的错误和表示客观事物的真实杂糅在了一起。

你如果曾经思考过，我认为你还会惊奇于一点：如果我们消极运用自己的感官，各感官之间的交互就会断绝，如此一来，我们在摸到和看到同一样东西时，就无法发现它们的区别。这就决定了只有两种可能：一种是我们丝毫不能感觉到我们身外的任何东西，一种是感觉到有多种可以感知的实体，但无法判断出它们是不是一样东西。

我心灵中具备归纳和比较我的感觉的能力只会为我所有，而不会出现在别的什么事物的身上，不论别人给它冠上各种名称，称它为"注意"或者"思考"或者"反思"。同时，尽管我产生能力的时间只能在由事物给我印象的时候，但是却只有我自己能够产生它。我虽然不能决定自己是否产生感觉，但至少可以任意地对我感觉到的东西进行判断。

因此，我有两个身份，一个是消极被动的有感觉的生物，一个是主动的有智慧的生物。我始终都以自己能够思想而感到光荣，不管哲学家如何看待这一点。我所了解的只有：真理只存在于事物当中，在判断事物的思想中是找不到的。判断事物的思想中"我"的成分越少，我就越靠近真理。我是因为有理智本身告诉应该多依靠感觉而少依靠理智，才按照这一标准去做的。

我现在对自己充满信心，而这也是我决定观察身外事物的依凭。我充满恐惧地发现：我被这个漫无边际的宇宙包围着，对于应该怎样做没有一点认识，就像扎进了无边无际的生物的海洋。这些生物的样子，我一点儿也不了解，同样不了解的还有它们相互间的关系，以及它们和我的关系。我对它们进行观察和研究，并且得到了一个认识：我应该把我自己作为和它们比较的第一个对象。

我通过感官发现的所有东西都是物质。我从可以感知的性质中去推到物质具有的根本特性，就是以这一点为依据的。要知道，我能发现物质与这些特性有着密不可分的关系，并且这些特性和物质也有着密不可分的关系。我发现它并不是总是静止或者运动，而是有时运动有时静止[①]，于是我得出结论：对物质来说，静止或运动并不是不可或缺的本质，运动的是静止状态的终结，因为它是一个动作。所以，物质在不受外物影响时，始终是处于静止状态的，这也是静止或运动对物质并非一定不能缺少的原因。但另一方面也要认识到，物质的自然状态是静止的。

物体因外物而发生运动，以及物体自发或随意运动，是我发现的物体的两种运动形式。前者的动因存在于物体之外，后者的动因存在于物体之内。但这并没有让我认为表这类东西的运动也是自发的，这类东西想要启动和转动指针，没有外物使发条对表产生作用是做不到的。对另一些观点，我同样也是不认同的：液体的运动是自发引起的，使液体产生流动性的动力是自发运动产生的[②]。

看到了这里，你或许会问："动物的运动是否自发的？"我的回答是："我不知道。"但如果用类比的方法看待，说它是自发的也并无不可。当然，你也有可能问我："你怎么知道有一些运动是自发的？"而我也可

[①] 这只是一种相对的静止。但是我们可以想象出它的两个极端，因为我们是在或多或少的运动状态中看到的这种状态的。我们之所以会认为它是一种绝对静止的状态，是因为我们有能力把它想象得很清楚。如果所有物质都是静止的这个观点成立，那么说运动是物体的本质就不正确了。——原注

[②] 化学家的观点是燃素或火的元素是分散和静止不动的，并且在由自身组成的化合物当中也是那样。直到有一个外在引物发挥作用，它才能够释放出来，聚集在一起，然后开始运动，最后形成火。——原注

以告诉你："我是因为感觉到了这种运动才知道有这种运动的。"我完全可以自由运动自己的胳膊，只要我愿意。在这一过程中，我的意志是唯一的决定因素，最为有力的证据就是：没有人能够找到一个理由来让我怀疑我身上的这种感觉。要不然你就完成一个任务：证明我并不存在。

人的活动，世界上发生的事情，倘若都没有丝毫自发性，那么对于它们各种运动的首要原因，我们就更加无法确定了。在我看来，物质的自然状态是静止的，没有任何活力存在于它身上。当一个运动的物体出现在我眼前，我首先会想它要么是一个有生命的物体，要么是由于其他物体的影响才运动。

我们肉眼可以看见的这个宇宙是物质的，并且是分散而无生命的物质[①]。有生命的物体各部分是连在一起的，有组织也有共同感觉，但宇宙并不是这样的。举个例子，我们是这个整体的一部分，但我们一点也不觉得自己处于这个整体之中。这个宇宙无时无刻不处于运动状态。与此同时，在自身有序而均匀的运动中，它又被固有的法则所约束着。人和动物自发的运动中的那种自由，它是不具备的。因此可以说，认为这个世界是一个能自发运动的巨型动物并不正确，一定有某种我们还没有发现的外在原因蕴含于它的运动中。这个原因是如此的明显，以至于让我不得不做一些不由自主的工作：在看到太阳运行时认为有一种力量在推动它，在看到地球旋转时认为那股推动的力量甚至可以看见。

对于一些普遍的法则，如果我在还没有看出它们与物质的主要关系时强行接受，是什么经验也无法获得的。因为，它们既然是抽象的，就一定有一种我所不知道的存在基础。我们通过经验和研究认识到了运动的法则。这些法则也有着一定的局限性：能够确定结果但是无法确定原因，并且也无力对世界上的各种现象和宇宙的运行做出解释。笛卡儿用几个骰子组成天和地，但他也有无法做到的方面：让骰子自发运动。这

---

① 为了想象出一个活的分子，我曾经投入了巨大精力，但是最终以失败告终。在我看来，说没有感官的物质有感觉，完全是一种不可理解的观点，是一种自相矛盾的观点。但是，我们如果想要对采取还是否定这种观念做出选择，就有必要先把它研究清楚。我必须承认自己还没有做到这一点。——原注

就决定了他无法使它的离心力起作用。牛顿发现了万有引力定律，但万有引力也是行不通的，那样会立即使得宇宙成为一块静止的事物。所以，要想说明天体的曲线，他在这个定律之外还要加上一种推动力。让笛卡儿为我们解答让他的漩涡体旋转的是一种怎样的物体法则；让牛顿告诉我们是什么力量把行星放在它们轨道的切线上。

物质内部并没有运动的首要原因。运动可以为物质接受和传送，但是不能为物质产生。当我对自然力的作用和反作用的相互影响研究得越深入，便越是发现：我们有必要通过一个个相互关联的结果去找到某种意志，然后从中去寻找运动的首要原因。为什么呢？因为假设有许许多多的原因，和假设一个原因并没用什么不同。一言以蔽之，任何一个不是由于另外一个运动而引起的运动，它能够产生，只能够归结到一个自发而自由的动作。没有生命的物体尽管也在运动，但是它只有运动而没有活动。而意志是存在于所有真正活动的事物当中的。我的第一个原理就在这里。宇宙能够运动，自然具有生命，我坚信是因为一个意志的作用。我的第一个定理，或者说我相信的一个法则就在这里。

我并不明白一个意志产生物质的活动或有形的活动的方法。但有一点我能够肯定：我能在我的身上感受到它产生了这种运动。我能够完全凭自己的意愿做事情，如我想移动身体，我就可以移动身体。但要说一个没有生命的静止的物体也能够自发活动或运动，就太让人感到不可思议了。这样的情况，可以说谁也没有见过。我对意志的认识，是通过意志的活动而不是通过意志的性质去达成的。这种意志，被我看作运动的因素。但是假想物质是运动的产生者也是不恰当的，那就好比是在得出一种没有原因的结果，从而让假想变得不具备任何价值。

我做不到想象我的意志怎样运动我的身体，就好比我做不到想象我的感觉怎样影响我的心灵。对于这两个神秘的事物，我甚至不知道它们为什么解释一个比解释另外一个更容易。我自始至终认为，无论是在被动还是在主动的情况下，两种实体的联合法都是绝对不可理解的。但是，人们混合两种实体，正是因为它们无法理解，他们好像认为：对于这两种性质非常不同的运动，较之于以两个主体去解释，以一个单独的主体去解释更为容易。

我不否认我给出的定理很模糊，但它最起码做到了一点：说出了一个道理，并且那个道理完全没有同理性和经验相违背。但对于唯物论我们却不能这样说。有几点是显而易见的：如果物质的本质是运动，那么运动和物质就密不可分，并且在物质当中的程度也始终保持不变，在物质当中的外在表现也始终不变。它必然没有传输导送的能力，也不能增减。此外，我们也不能设想有静止的物质。如果有人这样对我说："运动并不是物质的必需品，但却是物质的必然产物。"那么我会认为：这个人是在准备以替换说法的方式拉拢我。这种说法即便还有其他意义，想要驳倒它也非常容易。因为，如果是物质本身产生的运动，那么运动就是物质的本质；如果是物质外在的原因产生的运动，只有在动因能够影响到物质的时候物质才运动。如此，我们又回到了第一个难题。

人们为什么会犯大错？那是由他们普遍的抽象的观念引起的。能从抽象的梦话当中得出真理的人，还从来没有出现过。那类话语只能让哲学充满许多荒谬的言论。我们如果不看那些谬论光鲜的外表，很快就能发现它们是有失体面的。我的朋友，请你为我解答一个疑惑：当别人向你提及大到适用于整个自然的没有来由的力量时，你是否真的获得了某种真实的观念？他们用"宇宙的力量""必然的运动"之类的模糊词语，以为这样可以把某些东西表述清楚，但真实的结果是怎样的呢？他们什么也没有表述明白！运动指的是从一个地方移到另一个地方，由于单个的物体无法同时向多个方向运动，因此运动都是有方向的。因此，物质必然向什么方向运动。组成物体的物质的运动是否速度均匀，即每一个原子是否都有自己的运动，才是我们应该问的问题。如果是前面一种情况，整个宇宙就必然是一个无法分裂的坚硬的东西；而如果是第二种情况，那么宇宙就会变为一种流体，甚至无法让两个原子结合。那样一来，我们就不得不面对一些问题：整个物质是朝什么方向运动的，这种运动是直线的还是圆周的，偏转的方向又是怎样，倘若物质的每一个分子运动的方向都是固定的，那么它们为什么要有这样的方向，为什么要有这样的差别。如果绕着自己的中心旋转，是物质的每一个原子和分子的唯一运动形式，那么就可以得出以下认识：每一个原子和分子都只能按自己的原有的位置运动，因此也就不能有传导的运动。何况，要想进行这种圆周运动，没有一个固定的方向是做不到的。仅仅凭借抽象的办法就说物质在运动，这样的说法是没有意义的，甚至可以说是多此一举。如果要认定它的运动是固有的，就必须能够说明为什么会有这种运动。我越是拿出更多的特殊事情，就越是需要对一些新的原因进行解释。如此一来，我便永远也不能为它们的运动找出一个共有的原因。元素偶然的联合有什么秩序，对我来说是超出理解能力之外的。我也不能想象其中有什么斗争。因此，我认为同宇宙的和谐相比，宇宙的混乱更加难以理解。对于这个世界的结构，我深知人的心智还不具备理解的能力。然而，如果要想对它加以阐述，就不得不讲出一些人们能够理解的东西。

我第二个坚信的东西是：如果运动的物质证明着一种意志的存在，那么以一定法则而运动的物质就证明着一种智慧的存在。你或许会质问我："你说它存在，那你看见它在哪里？"我告诉你吧！它既存在于旋转地天上，也存在于照射我们的太阳中。我的身上也有它，在那吃草的羊的身上、在那飞翔的鸟儿身上、在那片被风刮走的树叶上都有它的存在。我并不知道我来到这个世界上是为了做什么，但是我却能够判断它的秩序。为什么？因为我想要做到这一点，只需要比较一番它们的各个部分，研究一下它们是如何配合的和有着怎样的关系，观察它有着怎样的变化过程。对于这个宇宙，我尽管不知道它存在的原因，但对于它的变化过程以及所有紧密的联系，我始终都没有停止过观察。组成宇宙的每个实体之所以能够相互帮助，正是通过这种关系实现的。这时的我，同一个首次看到打开表壳的表的人毫无差别，尽管对机器的作用一无所知，甚至连内部都没有看到，但仍然对它构造的精巧赞不绝口。我一定会这样说："它的用处我一点也不明白。我所知道的只是它每一个零件都做得和另一个零件刚刚契合。那个工人精良的做工，让我感到佩服万分。我毫不怀疑，这些齿轮是为了达到一个共同的目的才这样有序转动的。"

我们如果比较一番各种特殊的目的、方法和关系，然后再观察我们内心的情感对我们要说些什么话，那么，一个心灵只要足够健康，就不可能拒绝它提供出来的这些证据。这种存在的宇宙秩序，明显表达了一种最高的智慧，一个人只要没有偏见，要看出这一点是非常容易的。不管你怎样花言巧语，大家依然能看出万物的和谐之处，依然能看出这一部分是如何紧密配合而保存其他部分的。你喜欢把化合和偶然挂在嘴边，这当然随你的便。但是，你如果不能把我说得心服口服，讲得再多都没有任何作用。你一定会受到我的反驳，这种反驳来自于我无力控制的自发的情感，而你是没有办法消除这种情感的。你有这样一种说法：在还没有取得固定的形状时，有机体的结合是以各种方式偶然完成的；它的胃出现在嘴产生之前，脚出现在头产生之前，手出现在胳膊产生之前，各种无法维持自身的不完备的器官是最先出现的。如果这种说法正确，那么有一些问题就无法解释通：我们为什么一点儿也没看到过这种残缺的东西？大自然为什么制定出一些自己首先就不能服从的法则？我能够理解说事物在可能产生的时候产生这种说法，也认同说困难的事情多做几次就能够做成说法，但是不认同一个人这样对我说："我即便把铅字丢在一边，也能写出一部完整的《伊尼依特》。"在我看来，去验证这个谎言是没有必要的，即便很容易做到。或许有人会为我指出："你没有提到进行的次数。"那么，假设要想让化合变成事实，假设需要这样做多少次呢？我认为只能是一次！我之所以有勇气说这样做再多次数，也不会有一次偶然产生的结果，所依据的就是这一原因。还需要指出的是，化合和偶合得出的产物，只能和化合元素性质相同的产物，组织和生命的产生，绝没有来自于同一个原子；化学家在制造化合物的时候，绝没有可能使那些化合物在坩埚里产生感觉和思想①。

---

① 倘若不是有真凭实据，我想没有人会相信人类会荒谬到这样的程度。阿迈图斯·路西塔努斯硬是为自己辩解，说他看见朱利马斯·卡米罗斯用炼金术在一个玻璃杯当中炼出了一个小人，大小相当于一个人的指头。在《物性论》一书中，帕拉赛尔斯还对这种小人的制造方法进行了描述。同时，他还如此叙述：自己曾经用化学的方法制造过侏儒、半人半羊的畜牧神、半人半兽的森林神以及半人半神的女神。在我看来，也只有说有机物能够承受火的温度，并且它的分子能够在炉中也保持生命，才能让这些事情的可能性得到证明了。——原注

在读纽文提特的著作时，我感到非常震惊，甚至于接近气愤了。我简直无法想象，对于无不昭示造物主大智慧的自然界的奇特景象，这个人竟然会想只用一本书就阐述明白。他居然会没有想到，自己的那本书即便写得和地球一样厚，也无法一定就能把其中的主题彻底论述清楚，如果描绘细节，就会把万物的和谐这一最壮观的奇特景象遗漏掉。即便只提到有机物，人类的智慧也不足以把它完全弄明白。大自然的这一意图再明白不过，最好的明证就是：为了让各类物种不致混淆，它在它们中间设置了无法越过的障碍。并且，它还不仅仅只建立了这一秩序就算完事，为了让这种秩序不被其他东西扰乱，它也采取了一定方法。

宇宙中的每一个存在，都可以被看作所有其他存在的共同中心，不同的仅仅是从哪方面看的问题。为了方便彼此间互为目的和手段，它们彼此环绕着。许多关系人们都无法理解，但让人费解的是，这些关系本身却都是非常清晰的。要想从偶然运动的物质的盲目结构中演绎出这种和谐的现象，无疑要做很多假设才能够实现。关于这个巨大的整体，许多人认为它各部分表现的目的并不一致。在论述的时候，他们用的尽是一些抽象、对等、普遍法则以及象征等词汇，但这并没有改变他们这种论述不切实际的特点。他们尽管有着各种理由，但是我认为，万物的系统之所以能够这样有秩序，必定有一种智慧在进行安排。因此，我完全不相信偶然的机会能产生有智慧的生物，也不相信没有思想的东西能产生有思想的生物。

因此，我认为是一个有力量和智慧的意志在统治着世界。我能看见它，或者说我能感觉到它，而了解它原本也是我应该做的。但是，对于一些问题的答案，我只会在它们对我有价值的情况下才会去努力寻找，如：这个世界是从来就有还是由人创造的，所有事物是只有一个最初的根源还是有两个或两个以上的最初根源，这些最初的根源有着怎样的性质，以及与我有着怎样的关系。这些抽象的问题，由于会搅乱心境，对做人没有帮助，并且也超出理解能力之外，我在以前是根本不愿意思考的。

我并非在推销自己的看法，而只是在阐述它。并且我认为物质只有一个整体，而且这种整体还表现出一种独特的智慧，不管这种物质是从来就有还是由创造者创造的，不管它最初的起源是消极的还是根本就没有。依据在哪里？因为我发现这种系统里的所有东西都是经过安排的，每样事物也没有一个共同的要达到的目的，这个整体也是在这个秩序中得以保存的。我称这个有思想和能力的存在为上帝，而并没有计较它有着怎样的身份。它有着自行活动的能力，也有推动宇宙和对万物做出安排的能力。我把我所有的"智慧""能力"和"意志"等观念都归入了"上帝"这个词语。由于这一种观念一定会产生出"仁慈"的观念，我把仁慈的观念也一并带入了这个词语。但这是否就代表我非常理解以"上帝"称呼的这个存在了呢？当然不是！由于它行踪的捉摸不定，我的感官和智力并不能发现它，我想它的程度越厉害，迷惑的程度也就会越深。它的存在我心知肚明，并且知道那种存在是独立依存的。我深知没有它就没有我，并且没有它也没有我所了解的其他事物。我发现上帝在它创造的事物当中无处不在，并且似乎也存在于我的周围，存在于我的心中。但是，在某些情况下，它也会躲避我，让我漫无目的的心灵感觉不到它的存在，这些情况有：我想从它的本身来对它进行思考的时候；我想确定它的位置的时候；我想知道它才本来面目和组成成分的时候。

我的能力是非常有限的，非常清楚自己的这一点。因此我不会轻易去论述上帝的性质，除非我对上帝和我的关系有所认识，使我必须要论述上帝的性质。推论他的性质是一件很危险的事情。如果一个人有足够智慧，在采取行动时就会非常谨慎，在讨论这个问题时，一定要非常清楚自己是否有这种能力。心中不去想上帝并不会有损上帝的威严，想错了才会有这种影响。

通过研究他的属性，我有一个发现：可以通过一些属性去对他的属性进行假设。于是，我又重新观察了自己一番，为的是搞清楚一个问题：在由他治理并且我有能力研究的事物的秩序中我占据怎样的位置。最终我发现，因为人的身份，我自然而然就占据了第一的位置。这是很好理解的：我既然有意志和能够使我实现自己意志的工具，对周围事物的影响力就更大，也就可以完全自由决定是利用还是避免它们的活动。而另一方面，它们却没有一个有能力仅凭身体的冲动就能够无视我的意愿而影响我，并且因为我具备智慧，所以能够对所有事物进行观察的只有我。众所周知，在这个世界上能够认识一切其他生物，能够对它们的行动和后果做出估计，能够把自己的意识和共同存在的意识结合起来的生物，只有人。既然能够把我和一切事物联系起来的对象只有我自己，那么我就可能认为一切都为我而做的。

所以说控制地球的是人完全没有错：人有能力让所有东西服从自己，也有能力通过自己的双手而让自己生存。在地球上，知道怎样让自己生存的只有人，并且知道通过思考而到达其他星球的也只有人。有谁能告诉我除了人之外，这个地球上还有其他生物能够用火以及观赏太阳？但是，我尽管有观察和认识一切生物和它们关系的能力，有认识秩序、美和道德为何物的能力，有对这个宇宙和控制这个宇宙的手展开思索的能力，有喜爱善良和做出善良的行为的能力，我仍然会把自己看作野兽。地位低下的人，你为什么会被弄得和野兽一样？完全是因为糟糕的哲学！否则，由于你的才能有能力鉴别出你说的那些原理的错误之处，你善良的心有能力暴露出你讲的那些规矩的虚伪，你即便想让自己沦落也做不到。就算是另一种情况——你无度地运用你的才能，在不知不觉的情况下，也会看出自己的才能非常出众。

我对哪一种说法都不支持。我是一个非常平实的人，既不喜欢拉帮结派，也无意做哪一帮派的领头羊。对于上帝为我安排的位置，我感到非常满意。在我看来，人类是除了上帝之外最高级的一个物种。这也足以解释，如果要让我在各种生物的行列中选择自己的位置，我只会选择做人。

但我并没有因为自己拥有了这个想法而感到沾沾自喜，相反，我为之深受感动。若要说原因，那就是并不是我选择的这种地位，它并不能算是一个还未在这个世界上出生的人的功劳。如此一来，当我发现自己有如此优越的地位后，自然会为自己能拥有这样一项殊荣感到庆幸，自然会对这项殊荣的给予者充满赞美。当我这样想，我就会在内心感激和祝福人类的创造者。而因为有了这种情感，我也会开始尊敬慈悲的上帝，崇拜它无与伦比的权力，感激它对我的馈赠。我的这种崇拜是自然而然产生的，并不需要别人的教导，我这样做完全是因为我的天性。既然我对自己珍爱备至，那么就很好理解我也尊敬保护我的人，爱戴给我们幸福的人。但是，当我对自己在人类中的地位有所认识，从而对人类的各种等级和占据那些等级的人进行研究的时候，我又感到特别迷惑。这无疑是一种奇怪的现象，因为我以前看到的秩序已经完全找不到了。在我的眼里，大自然依然无比和谐而匀称，而人类却一点秩序也没有。一切事物都能够天衣无缝地配合，并且能够保持很和谐的步调，但人类却始终处在一片纷乱和嘈杂之中！所有的动物都非常快乐，最悲惨的对象，只有它们的君王。这不能不让人感叹：智慧的规律究竟是怎样的？上帝是以一种怎样的方法在统治世界？慈爱之神的能力究竟体现在了哪里？在我看来，这个地球上罪恶遍地。

亲爱的朋友，我的心灵之所以会产生以前一直无法找到的灵魂的崇高观念，你们定然无法相信就是由这些悲观的看法和明显的矛盾导致。当我对人类的天性进行思索的时候，我发现：人的天性中有两个完全不同的最初的源头，一个所起的作用是促使人研究永恒的真理，去热爱正义和美德，另一个所起的作用是让人因循守旧，让自己被自己的感官和欲念控制。人之所以无法顺利接受第一个最初源头对自己的各种启示，正是由于欲念对感官的指使。当我意识到两种矛盾的运动的牵制和冲击的时候，我便会告诉自己："人的感受是多方面的。不错，我拥有意志，但是这种意志我也可以不行使。我既有被奴役的感觉，但在另一方面，又觉得自己无拘无束。我非常清楚善良为何物，并且也非常喜欢，但是我做的却又是一些坏事。如果是理智支配着我，那么我就会非常积极并且有所作为；而如果是欲望支配着我，那么我就会处于一种消极被动的局面中。最让我感到痛苦的时刻是我屈服的时候。原因何在？在那个时候我明知自己有抵抗的能力，却并没有那样做。"

青年们，请你们一定要相信我所说的话，因为我说的态度是非常真诚的。倘若说良心来自于偏见，那么我说的话当然不正确，这个时候，公认的对和错是不存在的。但是，在一些条件被满足的情况下，如果还有人说人只是一种简单的生物，那么我希望他能够解释存在于那些条件当中的矛盾，如果能够解释清楚，那么我就承认只有一种实体。这些条件就是：人最基本的正义感是生来就有的，爱自己胜过爱别人是一种自然倾向。

我会用"实体"一词，你一定要明白定然有指代某种原始性质的存在，这种存在不包括任何特殊的和第二性的变异。所以，如果是以下情况，我们就应该承认只有一种实体：我们所了解的所有原始的性质都能够结合成一个存在。而如果是这一种情况，就可以说互相排斥的性质有多少种，不同的实体就有多少种：这些性质都相互排斥。你可以对这一点展开一番思索。对于我而言，只要认识到物质是延伸的和可以分割的，我就会始终坚信物质没有思考能力，不论洛克的论述辞藻多么华丽。如果有一个哲学家走过来告诉我："树木和岩石也是有感觉和思想的。①"那么我会认为这个人是一个居心险恶的诡辩者，而我也一定不会被他迷惑，即便论证得再非常巧妙。原因何在？他居然宁愿说石头有感觉，也不说人有灵魂。

我们做一个假设。有一个聋子，因为耳朵从来没有听到过声音，所以便认为声音并不存在。我采取了一些行动：把一个弦乐器放在了他眼

---

① 当代的哲学家，我认为他们虽然没有说石头也有思想，但是却说了人也没有思想。他们说：大自然中的所有事物都是有感觉的，人是有感觉活动的感觉存在，石头是没有感觉活动的感觉存在，是人和石头的唯一区别。我不得不说，倘若所有的物质真的都有感觉，那么我们将无法找到有感觉的单位或单独的自我。因为，我们无法确定它是存在于分子当中还是分子的聚合体当中，无法确定是否要这个单位也同样纳入液体和固体当中，纳入混合物和元素当中。当然，你也可能说："大自然本来就是由个体组成的。"对此，我的回答是："如果说每一个原子都是一个有感觉的存在，那么我们怎样理解两个存在之间，相互感知从而让两个'我'建立一种的内在联系呢？"引力或许是大自然的一个法则，尽管我们对这个法则的奥秘还不了解，但是我们最起码可以在引力在按质量的多少产生作用时，认为它同物质的延伸和可分性并不矛盾。我想知道你们是否也持有相同的看法。可感觉的部分是外延的，但是有感觉的存在是不能分成部分的，它只有两种可能，一种是一个完整的整体，一种是根本不存在。因此，有感觉的存在并不是一个物质的东西。我们的唯物主义者会怎样看待它呢？这点我是不知道的，但我认为他们既然因为一些难题否定了自己的思想，那么这些难题当然也不例外。他们为什么只完成一个步骤而不完成下一个步骤呢？事实上，要完成下一个步骤并不那么难。他们既然认为它们没有思想，就没有理由认为它们有感觉。——原注

前，然后悄无声息地用另一个乐器使它发音。我这时发现聋子看见弦在颤动，于是我就告诉他：“弦之所以会颤动，是因为声音的缘故。”但他的回答却是：“并不是这样，弦是自己颤动的，这种颤动的特性所有物体都具备。”这时我对他说：“既然如此，那么你就让我看看你颤动其他物体，至少为我解答一个问题：这根弦为什么会颤动。”聋子回答：“这我做不到，因为我想象不出这根弦颤动的原理。但是，我既然对此毫无概念，就没必要用声音对它做出解释。如果硬这样做，就好比在用一种更为模糊的原因解释一件模糊不清的事实。要想我承认它的存在，除非你能让我对你所说的声音有感觉。”

对人内心的思索越多，我便越有一个认识：同这个聋子的理论相比，唯物主义的那番理论并没有多少差别。他们其实听不到那种坚定的内在的声音：“机器根本无力思想，能够产生思想的某种运动或外貌也没有。在你的身上存在一种东西，它正在试图逃离那些束缚它的纽带。你是无限大的，大到空间已经无法做出测量，即便是其大如宇宙也不能容纳你。让你产生感情、欲念、焦虑甚至骄傲的，是另一个最初的产生源。你被束缚住的狭小的身躯，就是它的独立存在地。”

任何一种物质，它的存在都谈不上本身的能动，但是我并不在此列。人们为什么白费精力地和我争论这一点呢？这是因为，感觉到这一点的是我，较之于和它斗争的理性对我的影响，这种感觉对我的影响更强烈。此外还因为我有一个和其他物体相互作用的身体，我的意志不受制于我的感官，我完全可以自行决定赞成或反对某样事物，我的欲念时刻都只听从我的支配。意志力我是时刻都具备的，但是时刻贯彻意志的能力我却不具备。当各种诱惑让我眼花缭乱的时候，我就遵从外界对我的刺激做事；而当我对这个弱点进行谴责的时候，这时主导我的就是我的意志。我会因为自己的恶行而成为奴隶，因为自己良心的悔恨而获得自由。这种自由的感觉是会长存的，除非我破罐子破摔，从而让心灵的呼声无法战争肉体的本能倾向。

我了解意志的路径只有一条，这就是我对自己的意志的认识。智力我是不那么清楚的。如果你问我：“决定你意志的是什么东西？”那么我会进一步问自己一个问题：决定我判断是什么？我为什么要这样做？因为这两者的原因其实是同一个。如果你已经清楚人在进行判断的时候是主动的，构成它智力的要么是比较能力，要么是判断能力，那么对于我们为什么说他自由，即具有从智力中演化而来的能力的问题，你就能够得到答案了。他如果进行了正确的判断，就说明他选择了善；而如果他的判断出现了失误，就代表他选择了恶。他的判断，就是决定他意志的因素，而他的智力，即判断的能力在决定他的判断。他所有决定的原因，都存在于他的自身。我所知道的仅仅是这些。

那么，我既然是自由的，我会不会不希望自己幸福，愿意让自己受到损害呢？当然不会，我没有那么傻！并且即便我这样做，我的自由存在的范围也是有限的：第一种存在的情况是我希望得到适合自己的东西，第二种情况是在不受他人影响我估计某样东西是适合自己的。那么，因为我就只能做自己就说我不自由，这样的一种说法是否正确呢？

必须先有一个有意志的自由的存在，所有的行动才能产生。"自由"并非是一个没有意义的词语，"必然"这个词才没有意义。假设某种行为或者某种结果并非由具有主动性的最初的根源产生，就好比是在假设一种没有原因的结果，始终处于一种恶性循环当中。一种真正的意志，不可能不具备自由，无论它是否完全不存在原动力，又或者所有原动力都没有任何最初的原因。于是，我遵守的第三个原理就出现了：人在自己的行动中是自由的，在这种行动中，他要受到一种无形的实体的影响。到了这里，我便不再一一赘述，因为你通过这三个原理已经足以明白剩下的东西。

人既然是主动的和自由的，那么在做事情的事情，他就有能力按照自己的意愿去进行。他所有不受任何约束的行为，都是他自己决定而非由上帝系统地安排的，因此他所有的责任也不能由上帝去承担。被别人滥用自己赋予对方的自由去做坏事，是上帝所不愿意看到的事情。但为了不影响到别人的自由，不让人因为天性被损坏而去做更恶劣的事情，他并不阻止人去做坏事。他这样做当然也可能是另外一个原因：他认为非常柔弱的人所做的坏事并不算什么。为了便于让人通过选择而弃恶从善，上帝给了人自由。他给了人一种能力：利用他赋予人的能力选择弃恶从善。但是，为了避免无度地利用他赋予的自由从而扰乱总的秩序，他对人力量的限制也非常严格。人只要做了不好的事情，就必须要承担这件事带来的后果。这样一来，世界上的所有事物就不会受到影响，人尽管做了坏事，但不至于危及人类的生存。埋怨上帝对人类的恶行视而不见，同埋怨他给人类优良的天性，埋怨他给人能让人行为高尚的道德，埋怨他让人有权利获得美德是一样的。让自己感到满足，是最令人快乐的事情！我们能够降生于这个世界，能拥有自由，能够被各种欲望诱惑以及被良心约束，就是因为要得到这种满足。因此，我们不应该再向上帝提更多的要求。我们不应该去担心他可能给我们的天性制造矛盾，可能不会对那些无法作恶转而从善的人进行嘉奖。我们没有权利为了堵塞让人变成坏人的道路，就要求他只能按照自己的本能做事情，那样就好比是让他成了一头牲畜。我绝不刁难于你，我灵魂的神灵！我绝不要求你按照你的形象来创造我的灵魂，以使我也像你一样自由、善良、快乐！

我们为什么会变得这样不幸和邪恶？就是因为我们没有很好地利用自己才能。我们之所以焦虑、忧伤和痛苦，完全是我们自己的原因。既然我们精神上的痛苦是自己造成的，那么身体上的痛苦呢？我们身体上的痛苦，如果不是由于我们的邪恶让我们痛苦的缘故，根本就不值一提。大自然是为了让我们的生存得到保证，才让我们意识到自己的需要的。身体产生痛苦，是在告诉我们身体出了毛病，以此来告诉我们应该更加小心。死亡……邪恶分子的所作所为，同时戕害自己的生命和我们的生命，所以没有人会愿意始终那样生活。让我们的罪恶得以消除的最好方法就是死亡，让我们总是处于痛苦当中是大自然所不希望看到的。生活在蒙昧无知状态下的人，遭受的痛苦必然非常少。他们是几乎不得病的，欲望也很少产生，对于自己死亡，他们既没有预见的能力也无法意识到。当他们意识到自己的生命行将结束，因为自身受到的痛苦，他们将会希望自己死去。此时的他们，已经不会觉得死亡是一种痛苦。如果我们能安于自己的现状，就不会抱怨自己的命运。但我们事实上却让自己经历更大的痛苦，为什么呢？因为我们要追求一种完全空想的幸福。如果有哪一个人，连一丝一毫的痛苦也不能承受，他肯定会遭受更大的痛苦。由于生活放纵，一个人把自己的身体损坏了，这个时候，他想用医药使自己重新变得健康。这样的一个人，可以说已经遭受了两种痛苦，一种来自于自己感受到的痛苦，一种来自于因为害怕而产生的痛苦。对我们而言，如果害怕死亡，定然会让死亡来得更加快。我们越想让它远离自己，它越会如影随形。这样一来，我们的一生可以说都是在恐惧死亡，等离开这个世界的那一天，我们还说："都是大自然惹的祸！"

你问："是谁在为非作歹？"别这样问了，因为这个人就是你。这个世界上的所有罪行只有两种，一种的你犯下的，一种是你遭受的，而它们都是你一手造成的。在我看来，所有事物的都有着一个稳定的秩序，当这个秩序变得混乱时，普遍的灾祸才会发生。而特殊的灾祸，它只能被遭遇的人感觉到。但尽管如此，这种感觉也是人自己造成的，而不是大自然所降临的。只要不把痛苦老是左思右想，不犹豫不决，人就不会感到什么痛苦。我们如果及时抑制住自己的罪行，并且保证今后不会再那样做，我们的境况就会变得越来越好！

越太平无事的地方越少发生违背正义的事情。而有正义就必然要有善，换一种说法就是善是一种自爱之心的必然结果。这种自爱之心是一种取之不尽、用之不竭的力量，在所有的感觉当中必然会存在。精通一切的人是这样一种人：把自己的存在和万物的存在结合了起来。能力的任务，就是创造和保存，并且在执行这个任务时永不停止。上帝仅仅是死去的人的上帝吗？当然不是，他如果毁灭和伤害人，也会让自己受到损害。什么都会的人只会有一个愿望:与人为善①。从这一点也可以看出，一个人如果因为能力极大而成为一个非常善良的人，他必然也是一个非常正义的人。如果不是这样，他的身心就会发生矛盾，原因在于：我们口中的"善"就是一种因为爱秩序而创造秩序的行为，我们嘴里的"正

---

① 古代的人以"至善的至大"来称呼最高的神，这种称谓是非常正确的。但是我认为，如果称为"至大的至善"或许更准确，其原因在于：他的善既然是由他的力产生的，那么他定然是因为很伟大才有能力为善的。——原注

义",也是一种因为爱秩序而保护秩序的行为。

大家有这样一种说法：上帝并不亏欠他所创造的生物任何东西。但我并不这么看，我认为他应该完成一项任务：在创造他们的时候答应他们的所有要求，使他们倾向于为善，使他们感觉到有善良的必要。这就好比给了他们一个承诺：我会把善给你们。我的灵魂中有这样一句话："做事符合正义，你就可以获得福气。"我对自己的反思越多，我对这句话的领悟就越多。我认为，恶人的命运通常都很好，而正义之士则总是遭受压迫。看吧，我们一直这样期盼，终于到了希望无法实现的那一刻，我们就愤怒了起来！良心终于对我们提出了抗议，并且开始埋怨上帝，万分悲痛地说："你欺骗了我！"

"我欺骗了你？你不认为说这句话没有经过大脑吗？我想知道教你说这句话的是谁！我想知道，你的灵魂是否已经不复存在，你是否也已经不复存在！布鲁图斯①！我的儿子！请你不要在你高贵的生命即将结束的时候让它染上瑕疵！你的身体尽管遗留在了菲利普斯战场上，但请不要让你的光荣与希望也一同埋在那里。你即便为自己的美德获得报酬，但你在那时候为什么要说'美德毫无价值'呢？你认为你要死了，但事实并非如此：你会活下去，我对你许下的一切诺言，正是在这个时候履行的。"

鉴于那些缺乏耐心的人的抱怨，人们或许会说："上帝应该在把他的报酬在我们完成事情之前就给我们，这是他为我们美德的价值预先支付的。"这样说是不恰当的，我们首先要善良，然后才能得到幸运。如果还没有得到胜利，我们就不能提前索取奖赏，如果还没有开始工作，我们就不能强行要工资。普鲁塔克有言："在神圣的竞技场中获得胜利的人，在刚进入运动场的时候还不能算已经获得了胜利。他为自己带上荣誉的桂冠的动作，必须发生在他跑完了自己的路程之后。②"

灵魂如果是无形的，那么即便身体已经死亡，它依然能够继续存在。倘若它的存在时间比身体更长，那么就说明上帝确然存在。而如果要证

---

① 古罗马贵族，策划刺杀了恺撒，并获得成功，但最终被迫自杀。——译注
② 论文《我们按照伊壁鸠鲁的说法去做是否能快乐地生活》第 59 节。——原注

明灵魂无形这一点，即便没有其他证据，把这个世界上恶人得意而好人受压迫的情形拿出来也已经足够。在如此和谐的宇宙中，竟然会有这样一种引人注目的不和谐的事情发生，以至于让我不得不想尽力找出一个答案。我告诉自己："如果只说我们，我们生命结束并不代表其他一切也已经结束。在我们死亡的时候，一切事物都会回归原来的秩序。"我们当然也会问自己的一个问题："一个人，如果他所有能感觉到的形体都消逝后，他去了哪里？"在我了解了有两种实体之后，解决这个问题可以说已经非常容易：一切不能为感官所知的事物，在我肉体还非常鲜活的时候是不会引起我注意的，因为那时的我只通过感官去认识事物。当肉体和灵魂的结合已经被破坏，我认为肉体就已经不复存在了，而灵魂则仍会得到保存。你们或许会问：肉体的消失为什么不会致使灵魂也一同消灭？我的回答是：刚好相反，由于性质的不同，它们在结合的时候会剧烈地冲突，当这种结合终了，它们就会回到各自的天然状态。它是这样一个过程：有活力以及有主动性的身体，把自己以往用来推动那没有生命的被动的实体的力量收回去了。真是不幸，在自己犯下的所有罪恶中，我清楚地得出了一个认识：人在自己的一生中所过的时间只是自己生命的一半，他的灵魂生活会在他肉体死亡之后展开。

但这就产生了一个问题：灵魂的生活究竟是怎样一种状况？它是否永远都不会消亡？答案我是不知道的。我的智力非常有限，没有办法想象出无限的东西。我不知道是应该肯定还是否定它们，我也没有办法就无法想象的东西讲出一番道理。灵魂在肉体死亡之后，我相信会为了保持秩序而存活一段足够的时间，但我并不确定它是否永远持续。肉体因为各部分的分离而毁灭，这一点我是很容易理解的。但是，设想思想的存在也经历这样一个毁灭的过程，我则没有办法想象。我既然无法想象它的死亡，那就我就只好假定它不死。我自然愿意接受这个假设，因为它既不会让我觉得有什么不合理，又能给我以安慰。

我意识到了自己的灵魂。意识的途径，来自于我的感觉和思想。我尽管对它的本质完全不清楚，但是我知道它一定存在。我无法对现在还没产生的概念进行推论，我只知道一点：我想让"我"得到延续，只能通过记忆达到目的。为了确保这个"我"和真实的我是一样的，我必须记住自己曾经是怎样的存在的。我如果不能记住自己的感觉，从而记住自己做过哪些事情，就没有办法在死后回忆自己的一生。我坚信好人终有一天会庆幸有这样的记忆，而恶人则终有一天会因为有这种记忆而感到痛苦。在这个世界上，人内在的情感是被各种各样强烈的欲念所淹没的，良心的责备也被那些欲念掩盖。人之所以会感觉不到道德的美，是因为道德的实践带给了人委屈和屈辱。但是，良心在某些时候也会重新发挥自己的力量和权威，这就是：我们不再受制于肉体和感官使我们产生的幻觉，从而能够满怀喜悦地看到神圣的存在和以这一存在为源泉的永恒的真理的时候；我们的整个灵魂已经被秩序的美触动，从而诚恳地比较我们已经做过的事情和应该做的事情的时候。这个时刻，每个人为自己安排的命运，将会被我们自己因为满意自己而产生的单纯的欢乐，以及因为沦落而产生的痛苦和追悔，通过我们无法抑制的情感得到展现。请不要问我幸福和痛苦还有没有其他产生的源泉，我的朋友，我不知道。我所假设的那个根源，已经足以让我此生无憾，何况我还抱有一个期望：从它那里获得来生。但我并不是说善良的人就一定会得到报酬，对于一个优秀的人而言，能够按照自然而生活已经是获得了最好报酬。我认为他们必定是快乐的。何以知之？因为他们的上帝，一切正义的神，既然把感觉赋予他们，就不是为了让他们感受痛苦，何况他们这辈子遭受了苦难但下辈子一定会获得补偿。我并不是根据人的功绩而得出这一看法的，我得出这一看法依据的是善的观念，我始终认为，这种观念和神的本质有着紧密的联系。我不得不说：万物都是遵循固有的秩序的，上帝始终忠实于自己[①]。

你或许也会问我："恶人是否要承受无穷无尽的痛苦？他们之所以要那样，是不是上帝的仁慈所判决的？"我只想说，你也不要问我这些，

[①] 我的主，
荣誉应该归于你自己，
而不是归于我们！
是你让我们获得了重生！
《诗篇》第 115 篇）——原注

因为我无意对这些没有价值的问题展开研究。恶人会面临怎样的命运和我一点关系也没有，我完全不关心他们的命运。但我也并不相信对坏人的判处的痛苦会无穷无尽。因为，如果拥有无上权威的正义之神要进行报复，只会把这种报复在人的今生就执行。世界上的各个民族，你们错就错在不该都是他的使臣。对于那些犯下大罪的罪人，他在利用你们的灾难进行惩罚。当你们表面上风光无限的时候，穷凶极恶的欲望已经对你们的罪行予以了惩罚，在你们心里不断滋生的嫉妒、贪婪和野心就是这种惩罚的证明。地狱何须去来生找，坏人的心里就存在着一个地狱。

我们的欲望和罪行要想终结，必须要我们的瞬间的需求已经消失，我们如脱缰野马一般的欲望已经停止。因为只有一颗纯洁的心灵，才不会沾染上邪恶。但是，既然没有什么需要，他们又怎么会变坏呢？只要他们不让自己的感官变得粗俗，他们就会以沉思人生为快乐，从而认认真真地向往善良。一个人只要及时终止变坏，那他就不会永远痛苦下去。以上所述，就是我初步的看法，但我还没有花时间做出结论。仁慈的上帝，我是始终尊重你的，不论你有着怎样的目的。我不否认这个观点并不充分，如果你决定要对恶人实施永久的惩罚，那么我就会在你做出公正的裁判之前抛弃他。但如果是另外一种情况，随着时间的推移，这些不幸的人最终可以将自己心中的悔恨消弭于无形。他们的罪行总有一天被终止。在某一天，大家都可以同样获得平安，我将会对你大加赞扬。坏人同样是我们的兄弟，曾经有很多次，我们都想去学他们的样子！只要他们能够避免遭受痛苦，他们就不会故意让自己痛苦。我希望他们也和我一样快乐，我不仅不会去嫉妒他们的快乐，反而还会因为他们能够获得快乐而变得更快乐。

对于上帝这一无限的存在，我终于扩展了它所有不完全的和有限的观念。我是通过按它的业绩去想象它，通过它的属性还有我应该知道的那些属性去研究它实现的。但也不能否认，这个观念越高，它和人的理性就越不相配。在精神上，我越来越接近那永恒的光明。这使得我在它光芒的照射下头晕目眩、惶惑不安，从而只能把那些曾经帮助过我去想象它的世俗观念抛弃。此时的上帝，已经没有了具体形体，并且也开始不能被感知，那统治世界的最高智慧并不能算是世界的本身。而我做的工作，与花费力气去想象他无法想象的本质差不多。我会经常想象是上帝把生命和活力赋予有主动性活动的实体，让它统帅有生命的形体。在那个时候，别人就会经常说我的灵魂是神灵的，上帝就是一个神灵。我是讨厌这种亵渎神灵的本质的说法的，原因也很简单：这种说法似乎在表明上帝和我的灵魂是同一个性质，表明上帝并非是唯一的绝对存在，并非是唯一能够真正活动、感觉、思想和贯彻自己意志的存在，表明并不是它创造了我们思想、感觉、活力、意志、自由和生命。但实际的情况是，我们是因为他想让我们获得自由才获得自由的，我们的灵魂和他那无法阐明的实体有着相互不能或缺的关系，这种关系近似于我们的灵魂和我们的肉体的关系。我不明白他是否创造了物质、身体、灵魂和世界。对我来说，创造的观念是模糊不清的，我并不拥有足理解他的智力。但因为我具备想象他的能力，所以我相信他是没有问题的。我深刻地了解一些事实：宇宙和一切存在的东西都是他创造的，他处理和安排着一切。上帝无疑是永恒的，那么问题来了：我是否能够理解永恒的观念？我拿一些自己完全不懂的词来迷惑自己原因在哪里？我是这样看的：上帝是最先产生的，然后万物才产生，他存在的时间和万物存在的时间完全相等，并且即便万物在某一天毁灭了，他仍然能够继续存在。有一种说法在我看来是笼统而不能理解的：有一个我无法想象的存在在赋予其他存在生命。而有一种说法在我看来也是矛盾、甚至是荒谬的："存在"和"虚无"是一体的。

上帝固然非常智慧，但这种智慧达到了一种怎样的程度呢？在推理的时候，人的智慧达到了最高值。但最高的智慧却不需要推理，既不需要前提条件，也不需要结论，甚至不需要命题。它只是一种直觉，一种既能够认识已经存在的事物，又能认识可能存在的事物的直觉。在它看来，所有的真理只是一个单独的概念，犹如在看来他所有的地方认为只是一点，在它看来所有的时间只是一瞬一样。人要想让工具发挥作用，非运用力量不能做到。而神不同，可以自行发挥作用。上帝有运用意志的能力，因此他是无所不能的。那什么是他的力量呢？他的意志就是！上帝也是善良的。这一点并不难理解：人是通过爱自己的姐妹兄弟来表现善良的，而上帝则是通过爱秩序来表现善良的。他让所有的存在和所有的部分和整体联系在一起，并通过秩序来实现这一点。我坚信，上帝是公正的，这种公正取决于它的善良。他并不是人类不公正行为的始作俑者，人类自己才是造成人类不公正行为的罪魁祸首。哲学家以道德的混乱来证明并没有上帝，但我认为道德的混乱恰好证明了上帝存在。人的公正是通过给每一个人应得的东西来实现的，而上帝的公正则是通过要求每一个人对他赋予的东西付出代价来实现的。

我并不会绝对化地去看待这些属性，我是因为很好地利用自己的理智才逐渐发现它们的。但是，我尽管承认这些属性存在，但对它们的属性我是一无所知的。既然如此，也可以说我事实上什么东西也没有承认，即便我告诉自己："上帝就是这般模样，我感觉到他和体验到他并不会有什么作用。因为我并不能很好地理解上帝为什么是这个样子。"

一句话总结：我对上帝无限的本质思考得越深，我便越不能理解他。但这无伤大雅，我只需要知道他的确存在。因为我越是不理解他，对他的崇敬就会越厉害。我面带谦卑，对他说："造物主，我是因为有你的存在才存在的，我是为了明白自己的根本才这样不懈地思索你的。让我的理性服从你的意志，是我想要恰当地运用自己的理性最好的方法。正是因为感受到了你的伟大，我的心灵才会这样欢乐，我娇弱的体质才会这样招人喜爱。"

我通过能够感知的客观事物获得印象，在内在感觉的指引下，按照上天赋予我的智慧去判断事物的原因。当这些印象以及内在的感觉让我了解到了必须了解的重大真理之后，我就会采取如下行动：对它们进行分析，找出哪些准则可以用来为我的行为提供指导，我必须要遵守哪些规律才能做到，自己在这个世界上的使命，按照使我降生的在这个世界上来的神的意图完成。这些规律并不是从高深的哲学中引申出来的，因为我始终都在按照自己的方法做事情，它们也完全来自于我的内心深处，因为在那里它们已经被大自然用永久的字迹写了下来。我想要做什么事情，只需要确定自己是否认为应该那样做。于我而言，良心是解决我疑惑的一件利器。因此，只要不是故意要和良心过不去，我们就没有必要运用那种诡辩。自身原本是人首先应该关注的问题，但是我们的内心却在不断地告诉我自己：损人利己的做法并不正确。我们损人利己以为是遵照自然的意愿，但实际上我们是在违背自然。我们的做法是：在听从它指导我们感官的同时，又轻视它对我们心灵的指导，这就好比它一方面服从于主动的存在，另一方面又被被动的存在命令。如此一来，因为良心来自于灵魂，欲望来自于肉体，良心和欲望就变得相互矛盾了，而这无疑是一种奇怪的现象。我们不得不对应该服从哪一种理性进行选择，因为理性在很多时候都是欺骗我们的，我们有足够的理由怀疑它，而良心却是人类的真正指导者，它和灵魂的关系就好比本能与肉体的关系①。因此，只要按照良心行事，就代表着服从自然，从而就不需要担心找不到方向。这个时候，我的恩人发现我有打断他说话的意图，于是立即接着说这一点非常重要，让我听他做更深入的解释。

我们先是因为拥有了判断的能力，然后行为才和道德相符的。倘若善就是善，我们也要在心灵深处把善看成善，犹如我们在做事情时把善

---

① 这种被称为"本能"的奥秘的能力，无须任何经验就能引领动物达到某种目的的能力，当今的哲学是避而不谈的，它只讲自己能够解释的东西。在现今知识最渊博的哲学家当中，有一个哲学家就持有这样的观点：所谓本能，只是一种经过思考之后获得，但是缺乏思想内容的习惯。我们如果按照他解释的获得这种习惯的过程来看，就一定会得出一种结论：小孩比成年人思考的时间更多。这种观点是没有研究的价值的，因为它太奇怪了。我在这里先不就这个问题展开讨论，而只是想问一些问题：应该如何定义我的狗虽然不吃鼹鼠很想同它打架的急切心情；应该如何定义它有的时候花几个小时守候一只鼹鼠的耐心；应该如何定义，我尽管没有训练过它捕捉鼹鼠，也从来没有告诉过它哪里有鼹鼠，但它有能够在鼹鼠刚一出来就捕住它，然后把它抛到很远的地方再咬死它的巧妙方法？应该如何解释，在我第一次吓唬这种狗时，它就躺在地上，把四只脚弯曲起来，做出一种最能使我产生怜悯心的样子，而如果我还仍然要打它，它就仍然保持那个样子的原因？要知道，我的这条狗还是很小的，才刚刚出生不久，因此他定然不具备道德心，也不明白善良和宽容是什么。既然如此，它又是怎样知道只要这样任我施为，就能够让我的怒气得到缓解呢？如果身处这种情况，所有的狗都会采取这种做法的，不信每个人可以去试验一下，看看我所讲的是否正确。我只想知道，那些对本能不屑一顾的哲学家，是否能够只依靠感觉的作用和我们通过感觉而获得的经验来对这个事实进行解释。如果可以，那么就我是在胡说，而今后我就再也不会谈什么本能了。——原注

看成善一样。而我们认识到了自己做了正确的事，就是行为合乎正义的第一个奖赏。如果说人的天性和道德的善是契合的，那么就可以确定：一个人想要获得身心双重健康，必须要为人善良。如果人一生下来就是一个坏人，那么要想停止他的恶行就只能把他的天性破坏掉。这样一来，他所拥有的善就成了一种违反天性的根源。人如果一出生就要残害自己的同类，就像狼对待自己要吞噬的动物那样，那么一同被确定就有：人如果善良，与天性反而是相违背的，就好像豺狼一善良就失去了狼性。但如果这样做，我们必然会为我们做了合乎道德的事情而悔恨。

现在，我们重新来聊一下我们自己吧，我年轻的朋友们！我们不妨先把个人的利弊放在一边，探视一下我们的倾向将带领我们去往何方。我们不妨反问一下自己：最能让我们感动的，是别人的痛苦还是别人的快乐？最能让我们快乐的，并且在之后能够让我们留下美好记忆的，是与人为善还是与人为恶？我们在看戏的时候最关心的人是哪一种？我们是否喜欢看到为非作歹的事情？当看到罪犯受到惩治时，我们是否会流泪？大家说："同我们产生关系的只有我们的利益。"但实际的情况却完全是另外一回事：能在我们遭受痛苦时给我们安慰的，恰好是温厚的友情和善良的心。更有甚者，我们如果在快乐的时候无人分享，我们也会感到孤寂和彷徨。倘若人的心中不留存任何道德，那么人就不可能有崇敬英雄以及伟大人物。但是，我们又不得不面对一个问题：这种道德的热情与我们个人的利益有着怎样的关系，较之于做凯旋的恺撒，我们为什么更愿意做自杀的卡托？这是因为，如果把我们心中对美的爱消灭，人生的乐趣也会一同被消灭。有一种人是体会不到快乐的：在狭隘的心中，邪念已经把这种优美的情感堵塞。这样的人只会想到自己和爱自己，因此不可能感受到快乐。他的心是没有温度的，任何令人高兴的事情都不会让他感动；他的眼睛，已经丧失了流出热泪的能力，任何事情都已经无法博得他的欢心。这样一个不幸的人儿其实已经和死人无异，因为他既没有感觉，也没有生机。

但是像这样只在乎个人利益，无视所有公正善良的事情，像死尸一般的人毕竟是少数，不管这个世界上有多少坏人。大家之所以喜欢去做不公正的事情，是因为那样的事情能够让人获得好处。如果不是这样，没有人会不希望无辜的人得到保障。在大街小巷当中，如果我们看到凶恶和不公正的事情，马上就会产生一股想保护被压迫之人的愤怒。但是，一种强制的义务会约束我们，法律不允许我们去保护被压迫者。当我们看到某个人表现出仁慈和慷慨，无疑都会满怀崇敬，并在心里想："我也应该这样做。"于我们而言，两千多年前一个人是好还是坏关系是不大的，但我们依然会非常关心古代的历史，似乎它们就发生在这个时代。卡特里拉和我一点关系也没有，但我依然把他看作和我同时代的人，对他感到非常恐惧。为什么？难道是因为我害怕成为他的牺牲品？我痛恨坏人，既是因为他们让我们受到了损害，也是因为他们很坏。我们自然是希望自己幸福的，但我们在希望自己幸福的同时也希望他人幸福。当别人的幸福和我们的幸福不起冲突时，我们就会因为别人的幸福更加幸福。因此，人始终都会同情不幸的人，不管他是否有这种意愿。当他们的苦难展现的我们面前，我们同样也会感到痛苦。即便是一个坏到极点的人，在看到这种情景时也会表现出恻隐之心。因此，他们通常是使自己的行为和自己相矛盾的：当看到一个穷人光着身子，抢劫行人的劫匪也会拿衣服给他穿；当看到一个人晕倒在地，最残酷的杀人犯也会扶他起来。

我们说：悔恨发出的声音将对那些没有显现在表面的罪行进行惩罚，并且会把它们的真正意图呈现出来。事实上，我们谁都知道这种声音并不那么令人愉快。我们说出这种话，完全是根据经验，我们想要把这种极其痛苦的感觉扼杀。只要我们顺从自然，我们完全可以感受到大自然的温和，并且发现自己见证自己的行为有多么快乐。恶人的心经常是悬着的，他只要一感受到快乐，就会忘记自己身在何处。他会环顾自己的周围，目光里尽是焦虑，想找一个能让自己取乐的地方。他只要不奚落和讥笑别人，就会感觉很压抑，嘲讽别人是他唯一的快乐。而好人不同，好人的内心是宁静无比的，由于自身就是快乐产生的地方，所有他的笑容也是快乐的，并且完全不带有恶意。一个人也好，一群人也好，他总是同样高兴。他的快乐并不是来自于周围的人，而真正的情况反而是他给他们送去快乐!

你只要把世界上各个民族观察一番,把从古到今的历史看一遍就能发现:同样的公正和诚实的观念,同样的道德原则,同样的善恶标准,充斥着与人情相悖怪异的礼拜形式。在古代的邪教中存在着一些神,它们几乎可以被当作十恶不赦的人来惩罚。罪恶,也就是欲望,即是它们描述的最大快乐。然而邪恶即便拥有了无上的力量,从天上骤然来到人间也是徒劳无功的,因为囿于道德本能的限制,它没有办法进入人的内心。大家对丘比特的不羁尽管非常认可,但同样也崇敬色诺克拉底的克制。圣洁的卢克莱修①崇拜寡廉鲜耻的维纳斯②,就好比一个勇敢的罗马人去崇拜一个令人畏惧的神。为什么这样说呢?因为维纳斯是杀害父亲的神,卢克修斯祈求的是一个杀害父亲的神的庇护,最后自己悄无声息地死在了父亲的手里。看吧!一个最伟大的人,竟然去崇拜一个最无耻的人!神圣纯洁的自然的呼声之所以在世界上受到尊重,是因为它盖过了神的呐喊,就好比把所有的罪恶和罪人归于无形。

所以,有一种正义和道德的准则最开始就在我们的灵魂深处存在着。我以"良心"来称谓这一准则,因为我们尽管有着各自的准则,但是在判断自己和别人行为的好坏时,依据的都是这一原则。

我发现我的这句话被一些所谓的智者在到处闹哄哄地议论着,他们的观点是一致的:这是一个低级错误,来源于教育的偏见!但只有从经验当中获得的东西才能存在于人的心灵当中,而我们对其他东西的判断,也是根据我们所持的观念完成的,因此他们的做法有些太过了!他们居然有勇气否定所有民族都普遍认同的东西!他们不为人知地去寻找一些特殊的情况,这些情况是难以理解且只有他们自己才明白的,以求对这个人类一致的看法进行反驳。他们似乎认为:一个民族的堕落就毁坏了所有自然的倾向,因为有了十恶不赦的人,整个人类都快要走向灭亡。我对多疑的蒙田的做法是充满疑惑的:他竟然无比辛苦地去世界各地寻找一种与正义观念相违背的习惯。我认为他的举动一点价值都没

---

① 罗马共和国末期的诗人和哲学家,以哲理长诗《物性论》著称于世。——译注
② 罗马神话中主司爱和美的神。——译注

有！他完全没有必要不相信著名的作家而相信最没有含金量的旅行家。世界上的各种民族在这一点上的看法是一样的，尽管在其他方面不尽相同。因此，对于这个看法，不能仅凭我们不能理解的地域原因所形成的一些习惯就把它否定。蒙田，你自己说自己做人坦诚，所说的话都是真理，但我要对你说，如果一个哲学家真的能够坦诚地说真话，就请你回答我一个问题：在这个世界上，有哪个地方的人会以罪恶去看待做人善良和大方？又有哪个地方好人被鄙视而背信弃义的人会受尊敬？

大家说："每一个人资助公众的福利，都是为了自己个人的利益。"那么这就有一个问题：好人为什么要牺牲自己而去帮助众人，难道说不顾惜生命也是为了自己的利益？每个人都只会为自己的利益而行动，这是无可争议的。如果把道德问题搁在一旁，完全可以用私利去解释坏人的所作所为。如此一来，别人就不再会追根究底了。这种哲学是令人畏惧的，它会让人没有勇气去为善，变得前怕狼，后怕虎；让人以居心不良去解释善良的行为；让人诋毁苏格拉底和勒居鲁斯。即便有人产生了这种看法，这种看法也是存在不长久的。因为它们会不断受到自然以及理性的声音的攻击，从而让抱有这种看法的人无法找到一个相信这种看法的理由。

在这里，我无意对形而上学展开讨论，因为我和你的理解能力不足以对它进行讨论，讨论得再多，也不会有实际的成果。我已经告诉过你，我一点也没有和你讲哲学的意思，我的目的，只是帮助你倾听自己内心的声音。于我而言，我只需要你认为我讲得并没有错，即便所有的哲学家都认为我满口胡言。

因此，我唯一需要做的是：让你有辨别我们从外界获得的观念和我们自然的情感的区别的能力。其原因是我们的认识产生在感觉之后，我们趋善避恶的习惯来自于大自然的赋予，而非我们的后天学习，这就决定了我们的好恶之心是一出生就有的，就像我们自爱的产生一样。良心并不是为了判断而生的，它真正的源头是感觉。无可否认，我们一切观念都来自于外界，但是对这些观念进行衡量的情感却只在存在于我们本身。没有那些情感，我们就无法知道我们和我们应该追求或逃避的事物之间存在哪些好处和坏处。

于我们而言，存在即是感觉，较之于我们智力的发展，我们感觉能力的发展无疑更早，而观念是出现在感觉之后的[①]。没有人能够否认，无论我们因何存在，但存在本身是为了保护我们才给了我们适合自己天性的情感的，最起码这些情感是生来就有的。我认为，对自己的爱、对痛苦的忧愁、对死亡的恐惧和对幸福的追逐都属于这种情感。倘若我们可以确信无疑地说："人生来就具有合群性，最起码可以变得合群。"如此，我们就可以肯定：人变得合群，是通过跟他的同类相关的固有的情感来实现的。因为如果只存在物质的上的需要，这种需要就会让人类分处不同的地方。而正是因为有了这样一种根据自己对同类的双重关系而出现的一些道德，良心才具备了激励人的力量。一个人知道了善为何物，并不代表他已经爱善。但有一点可以肯定：如果他的理智已经让他认识到了善，他的良心就会促使他爱上善，因为我们生来就有这种情感。所以，我的朋友，以天性的结果来解释良心直接的本原，我认为是可以的，因为它和理智并没有关系。如果有哪一个人说这样解释不合理，那么说不需要这样解释或许更恰当，原因很简单：有些人可以不承认这个人类公认的本原，但是却没法证明它一定不存在，他们说这个本原不存在，只是一种强词夺理；而我们也是和他一样有确凿的证据认定它存在的，此外我们还有内心的证据作证，良心的声音为自己辩护。如果我们的眼睛已经因为受到判断的影响而变得看不清东西，那么我们就等待，等到我们微弱的视力重新恢复之后再看。到了那时，在自身理智的帮助下，我们就可以看出那些东西在大自然最初拿给我们看的时候是个什么样子。或许用另外一种说法更准确：我们一定要保持自己的天真，尽量少玩概念的游戏。我们内心最开始体验到的情感有哪些，我们就只能具备哪些情感，因为我们只要一心一意防止自己误入歧途，就能让这些情

[①] 就某些方面来说，感觉和观念是一种东西。我们所说的一切知觉，无论是知觉的客体还是受客体影响的我们的本身，都可以用这两个词。不过，如果我们要确定哪一个词更合适，就要看我们所受的影响的先后顺序了。如果是先想到客体，然后才想到自身，那么就是观念，反之就是感觉，即先注意到自己获得印象，随后才想到造成这种印象的客体。——原注

感重新出现在我们身上。

良心！你来自于圣洁，是经久不息的天堂的声音。一个虽然无知但充满智慧且自由的人，之所以能够准确地判断出善恶，从而让自己也近乎上帝，完全是因为有你周全的引导。人的天性之所以能够善良，行为之所以不违背道德，也完全是因为你的帮助。没有你，我就会觉得自己与禽兽无异，并且只能按照我没有逻辑的见解和没有判断标准的理智，不幸地持续做错误的事情。

没有上苍的帮助，我们无法逃离这种令人恐惧的哲学的空洞，我们即使没有满腹学识也能做人，也无须花费自己一生的时间去研究伦理。为什么？因为对于这浩瀚的偏见的海洋，我们已经用最低的成本找到了一个可靠的指引者！然而，我们也要认识到，仅仅有这样一个指引者是不够的，我们还必须对它有一个全面的认识，并且始终跟随它。它实际上告诉了所有人自己的想法，只不过听到的人很少罢了。论原因，是由于它是以自然的语言和我们说话的，而我们经历的所有事物已经让我们完全忘记了这种语言。良心是羞涩的，安静才是它喜欢的环境，人们一吵闹它就会害怕。有人说："良心是偏见的产物。"这种说法是不对的，偏见其实是良心最害怕的敌人。良心和偏见一相逢，就会马上避让开去，要么就一言不发。人们之所以无法听到良心的声音，是因为它已经被偏见喧闹的声音淹没了。这才使得偏执的想法有勇气冒称良心，有勇气打着良心的旗号让人犯罪。由于被人误解，它最终沮丧起来。于是，它不再对我们发出呼唤的声音，不再回答我们的问题。我们由于长时间都对它不屑一顾，因此只得花大力气让它回来，其辛苦程度和我们当初让它走花费的力气相当。

在探索过程中，我无数次因为内心缺少热情而倦怠，无数次在最开始思考的时候让偏见参与进来，使我觉得自己思考的东西完全是空穴来风。另一方面，我们匮乏的心也没有热情去爱好真理。我问自己："我这样不辞劳苦地寻找并不存在的东西，意义在哪里？道德上的善其实是虚无的，只有让感官得到享受才最能让人快乐！"我们如果让灵魂变得无力愉快地欣赏，这种能力将难以再出现！而如果起初没有这种能力而后来再想拥有，可以说难上加难了。倘若有谁说："我一件令自己感到满意、让自己觉得此生无憾的事情都没有做过。"那么我只能这样定义这个人：缺乏认识自己的能力，只能始终做一个坏人，永远处于痛苦之中，因为他无法明白最适合自己天性的德行是什么。但我也想问你，你是否相信世界上存在这样一个因为已经极度堕落，从来没有产生过为善的想法的人？这种为善的想法是必然会产生的，只是时间早晚的问题，因为它是那样自然和让人愉快。只要它能给人留下快乐的回忆，即便只有一次，也能让我们不断地想要为善。但非常令人遗憾，在一开始的时候，一个人由于有各种理由会违背自己心中的倾向，这种愿望很难得到满足。他被一种多余的谨慎困在"自我"的范围内，想要脱离这一束缚需要非常大的勇气。对善行的奖励，就是为善快乐，一个人要想获得这种奖励，必须要有和这个奖励相匹配的资格。道德是最惹人爱的事物，但不去实践它是发现不了那种可爱的。当我们产生拥抱它的欲望，它就会开始变化出各种可怕的形象，就像神话中神秘莫测的海神一样，能看到它本来面目的，只有紧紧抱住它不放的人。

在某些情况下，因为受到偏向公众利益的自然情感和只为自己利益的想法的影响，我会始终陷入对这两者的选择中，始终做和自己内心相违背的事情，喜欢为善，却在不断地做着恶行。有些人想只依靠理智建立道德，这样的想法是不切实际的。为什么这样说呢？因为那样做没有一个坚定的基础。他们认为道德对秩序的爱就是道德，那么是否可以考虑一下，有没有把这种爱放在我对自己幸福的爱上呢？如果他们可以为我举出一个充分且明了的理由，说明一个人为什么要这样做，那么我将非常愿意。他们嘴里的原则，事实上只是一种文字游戏，明证就是：我也可以说对秩序的爱是罪恶，只是这种秩序的意义不同。情感和智慧在哪里出现，某种道德的秩序就也会在哪里出现，不同之处只在于好人会先考虑别人，然后才考虑自己，坏人反之。好人会先测量一下自己所处地域的半径，然后坚守那个圆，而坏人则认为自己是所有事物的中心。因此，人应该依照共同的圆心（上帝）来确定自己的地位，依照所有的同心圆（上帝创造的人）来确定自身的地位。倘若没有上帝，那么明白道理的就只有坏人了，好人则都是一些笨蛋。

我的孩子，如果你在某一天认识到了人类思想的虚无，体味到的欲望的痛苦，发现了光明的前路和勤劳一生的代价，以及那你认为毫无可能的幸福的源泉离你只有一步之遥，那一天，你就会知道自己已经卸掉了一副重担。人类不公正的行为，已经把自然法则应尽的一切义务从我们的心里消灭殆尽，但现在永恒的正义让那些义务又回到了我们的心中，但它是为了让我们履行这些义务才这样做的。我有了一种意识：是无上的上帝创造了我；我是它的工具，他希望看到并且愿意去做一切幸福的事情，他通过结合他和我的意志，以及正确地运用我的自由为我创造幸福；最幸福的事情莫过于能意识到自己在一个尽善尽美的体系中拥有一定的地位。我固然被痛苦折磨着，但是我依然耐心忍耐，因为它马上就会消失，它只是我的一个身外之物。如果我在没有见证的时候做了一桩好事，我深深地知道一定有人看到这一点，我在做的，是以我今生的行为来保证来生。有失公正的事情降临到我的身上，我会告诉自己："统治万物的公正的上帝会让我受到的损失得到补偿。"身体的需要和生活的贫困，让我认为自己能够忍受死亡的来临，从而让我临死的那一刻不需要挣脱那么多的束缚。

我不知道我的灵魂为什么会被我的感官控制，要被我的肉体奴役和折磨。我也没有勇气轻率地说我听从了上帝的劝告，而只能小心翼翼地料想一番。我告诉自己：倘若人的精神始终保持自由和纯洁，当他发现一早就有这个秩序，并且这个秩序不受影响时，然后喜爱和遵循这个秩序，并不能算是他的一种功绩。他固然也可以拥有幸福，但那种幸福不能达到极值。像一个天使，是他能够达到的最大限度，但较之于天使，一个有德行的人反而更好。现状既然如此：一些千奇百怪的牢固的锁链既然把他的灵魂绑在了一个可以死亡的身体上。那么，一种想让身体得以保存的意念，就会促使他的灵魂总是想到自己，总而形成一种局面：他灵魂所认识和喜爱的总的秩序，总是和他的利益产生冲突。他如果能在此时正确运用自己的自由，才能算他的业绩和报酬；他如果能在此时自由抗拒红尘的欲念并遵守最初的意志，为他准备取之不尽的幸福才是时机。

我们今生所处的境况尽管低下，我们更加向往的仍然是正直。我们的罪恶既然都是自己造成的，那么就没有理由责怪它们折磨我们。如此一来，我们就没有权利以我们遭受的痛苦和我们武装的敌人来责备上帝。我们一定要认识到：只要我们不让人变得放纵，这个人很容易就能成为一个好人，并且快乐地生活着，良心也不会感到不安。有些人说："我是不得已才去犯罪的。"这一种人，不仅是犯下了罪行，而且还说了谎话。他们本该明白：他们当初是因为自己的意志而沦落的；他们之所以最终无法抵抗诱惑，是因为他们当初愿意受到它们的引诱。到了这个时候，他们固然已经只能做坏人或意志薄弱的人，但当初他们对此是可以有选择的。即便到了今天，我们也是有可能轻易控制我们自己和我们的欲望的，我们需要做的只是在我们的习惯尚未形成，在我们的精神才开始活跃的时候，我们就让我们的习惯了解它应该知道的事物，从而让它能够辨别哪些事物它不应该知道。为了让我们按照自己的天性变得聪明和善良，为了让我们在完成自己的天职时感到快乐，诚挚地希望自己受到教育，而不是出于炫耀的目的才这样做。由于我们在接受这种教育之前已经被罪恶腐化，已经被欲望控制，我认为教育在今天已经被许多人认为是令人讨厌和辛苦的。如此一来，我们便没有办法正确地评价一个事物了，因为我们在善恶还没有分清之前，就给出了一个判断和估量的标准。

在人生中有一个阶段，人会急不可耐地想得到自己还不了解的幸福，在这一阶段，心处于这样一种境地：虽然自由，但带着一种好奇心去追寻这种幸福。这是很好理解的，心由于被感官魅惑，便让人把自己目光放在了它的幻象上，从而使得人以为找到了幸福，但实际上并没有找到。根据以往的经验，我认为在很长一段时间内这种幻象都会存在。当我分辨出这种幻象时，已经无力把它们摧毁，因为为时已晚，只要产生这种幻象的肉体没有消失，这种幻象就会始终存在。但在某一时刻，因为我已经认清了它们的本来面目，它们已经无法再诱惑我，无法再败坏我的身体，我尽管在追随它们，但是对它们是轻视的，它们不仅没有被我看成幸福，甚至还被我看成是通往幸福之路的荆棘。这个时候，我希望尽快到来。那时我将成为一个和谐的"我"，因为已经摆脱了肉体的禁锢，并且只依靠自己就能获得幸福。我用不了多久就会成为这样一种人，因为此刻的我已经有了一种认识：所有的痛苦都微不足道；自己的生命已经和自己的存在没有多大关系；只有依靠自己才能获得真正的幸福。

我开始无比庄严地沉思，以求让自己得到磨炼，从而尽快成为这样一个坚强、幸福和自由的人。我之所以安静地思索这个宇宙，完全是为了持续地赞美他，对这个智慧的创造者表达崇敬之情，而不是为了用虚伪的学说去对他进行阐释。我是因为觉得他能够使人觉得他无处不在才这样做的。我同他进行交流，一同也完成了一个过程：让我所有的才能都受到了他神圣精华的熏陶。我接受着他的馈赠，也感谢他的恩赐，但对他却无所求。我对他是很难有要求的，我不可能要求他为我改变事物的进程，也不可能要求它创造一个奇迹——让环境更有利于我。我既然应该最爱他用自己的智慧建立，用自己的力量维系的秩序，就不应该再让他为了我而搞乱这个秩序。这样的请求是一种冒失的请求，不应该得到允许，而只应该受到惩罚。我也不会去要求他让我有能力为善，因为他已经给了我这样东西，明证就是他已经让我用良心去爱善，用理智去认识善，用自由去选择善。如果这样我仍然做了坏事，那就是我咎由自取，我只能说："我是因为自己愿意做坏事才去做坏事的。"如果要求他把我的意志扭转过来，已经与下列行为无异：让他去做他要求我做的事情，让他替我工作以及领取薪水。我如果不满意自己的命运，就好比是不想做人，好比只要其他东西而不要自己，好比渴望秩序混乱灾害降临。仁慈博爱的上帝啊，你是正义和真理产生的源泉，我非常相信你，因此我最希望的事情是你实现自己的意志。当我把自己的意志和你的意志结合在一起，那么我就具备以下能力：能做你做的事情，能够接受你的善意。我毫不怀疑，我已经预先得到了善行的奖励，这一奖励是我最大的幸福。

如果我偏离了正确方向，犯了一个于自身有害的错误，那么我就请求他让我改正自己的错误。而这也是正身处怀疑之中的我对他的唯一要求，或许说等待他裁决的唯一一件事情更为准确。我既然要做一个诚恳的人，就不能认为自己绝对不会犯错误。事实上，在我认为自己的观点最正确的时候，那些观点恰恰是错得最离谱的。要知道，所有人都只会认为自己的看法是正确的，但很少有人能够判断得准确。幻象尽管是我自身产生的，但它绝对不可能使我犯错误，因为我只需要依靠上帝，就能把它完全消灭。在追求真理的路上，我已经做了我所有能做的事情。但真理的尽头太远，以至于我没有前进的足够力量，这自然不是我的过错。在这个时候，它应该来到我身边。

怀着无比的热情，那位善良的牧师把这一番话讲完了，他和我都非常激动。我似乎感觉到英明的奥菲士正在唱自己最美妙的赞歌，其目的在于告诉大家敬畏神灵。我可以感觉到自己能向他提出许多相反的意见，但是我没有提。我没有提的原因，并非是因为这些意见有不恰当的地方，而是因为它们容易把人搞糊涂，况且，我在内心还是倾向于赞同他的。他告诉我的这些话，我的良心已经在告诉我要相信，因为他在说的时候也是本着自己的良心的。

我对他说："在我看来，你刚才讲给我听的这些观点非常新奇。但我同时也认为，与其说它们是因为把你认为你相信的东西解释清楚了才显得新奇，不如说它们是因为它们讲述了你承认自己不知道的东西才显得新奇或许更恰当。我认为这些观点讲述的是一神论，即自然的宗教。基督徒意欲把这种宗教和无神论（即不相信宗教）等同起来，但实则这两者的宗教观点完全是相反的。但以我目前信仰的程度，我必须要提高自己的信仰才能接受你的观点，而不是降低自己的信仰。同时我也发现，我很难达到你的现在的程度，除非我可以一样智慧。我想和我自己的心灵展开谈判，以求使自己也像你一样诚心诚意到极点。从你的事例中，我得出了一个结论：我应该依靠自己内在的情感来指导自己的行为。但是，你又曾经亲口对我说过：如果让它沉默了很长一段时间，再想让它回来就非常困难。我将会牢牢地记住你说的话，并且对它们进行深刻地思索。如果那样做了之后我仍然像你这般坚信，那么你将成为最后一个向我传授宗教的使者，而我也将始终成为你忠实的信徒。所以，请你继续对我进行教导，你只讲了一半我应该知道的东西。请你再把神的启示、《圣经》以及幼年时无法明白的深奥的道理向我讲述一番。这些东西是我不能理解的，也是我无法相信的，我不知道自己是否应该接受。①"

他抱住我，同时说："非常好，我的孩子。我会告诉你所有我想的东西，以及我所有的心里话。但我这样对你毫无保留也有一个条件，这个条件就是你愿意听我的。我向你讲的东西，直到现在为止仍然只是我认为对你有用的东西，只是我坚信不疑的东西。但我之后讲的东西是非常神秘和难以让人理解的，因此我只能对它表示怀疑和轻视。我只好惊惧地决定，向你阐述一番，说我向你讲的是我的看法，或许说我向你讲的是我的怀疑更为恰当。如果你有着更为坚定的看法，我或许会踌躇一番，考虑我是否应该告诉你我的想法。但在目前，我认为你像我这样思考更有好处。因为我无法确定自己讲的内容一定正确，因此你还应该用理智来判断我讲的这些话。要想让一个人经常以断然的语气发表议论是非常不容易的，但我想要告诉你的是，我在这里说的断然的话完全是我怀疑的理由。真理就让你自己去探寻吧，我能说的只有："我对你百分之百真诚。"

"我陈述的东西，你认为仅仅是对自然宗教的信仰，但我们其实还需要另外的信仰。这是令人奇怪的事情。因为，我是从什么地方看出这种需要的，我依照上帝赋予我的心灵的光明以及它启发我的内心情感奉承上帝时，我为什么会做错误的事情，这些都是亟待解决的问题。既然有实证的教义，我或许就能够做一件事情：从这一教义当中推导出一些纯洁的道德，以及对人有帮助，能让上帝更荣耀的教义。如果仅仅只从正确运用我的能力中推论，而不存在这种教义，我任何东西也推论不出来。我迫切想要知道除了完成自然法则的天职外，还需要完成哪些天职以让上帝获得荣誉，有助于社会的幸福和我自己的利益？另外我也想知道，如果一种新的信仰不是源自我信奉的宗教，你能够从这种新的信仰中领会到哪些道德？要知道，我们完全是从理性当中产生的对上帝深刻的观念的。你只要查看一番自然的景象，倾听一番自己内心的声音就能

---

① 我认为这句话是这位善良的牧师说给大家听的。——原注

够明白：上帝已经让我们看到了一切，把一切都告诉了我们的良心，把判断一切的权利都交给了我们，已经没有什么东西需要由人来告诉我们。事实上，如果由人来进行启示，因为人会把人的欲望说成是上帝欲望，一定会降低上帝的地位。在我看来，狭隘的教义没有任何好处，若要问体现在哪里，这就是：它不要说不能阐释伟大的存在的观念，甚至会把这种观念弄得更加模糊；它没有能力提升它们的地位，相反会它们受到损害；它仅仅是把一件件神秘的外衣披在上帝身上，以及制造数不清的无理由的矛盾，让人变得目中无人，偏执和残忍；它没有为世界带来安宁，相反还带来了许多烧杀抢掠。我质问过自己："这一切有什么好处？"但是没有得到回答。人的罪恶和人类的痛苦是我从中看到的唯一东西。

"有人对我说：'应该有一种教大家按照上帝喜欢的方法崇敬上帝的启示。'为了证明这一点，他们拿出了自己制定的各种奇怪的礼拜形式。他们当然不明白，正是因为启示的荒谬，才导致礼拜形式的怪异。只要各国人民有利用上帝说话的意愿，那么他们都可以要求上帝按他们的方式说他们想说的话。倘若大家只愿意听上帝向人内心说的话，在以后的岁月里，这个世界便只会有一种宗教。

"我非常认同敬拜的形式应当统一一这一观点。然而若说这一观点非常重要，重要到一定要依靠神所有的一切权力和能力来规定，我却表示怀疑。把宗教的仪式和宗教的本身混为一体是很不恰当的。上帝要求的是人在心中敬拜自己，只要这种敬拜是诚心诚意的，那形式就没有什么分别。有一种举动无疑是疯狂的：在心中想象着上帝对牧师穿的衣服的款式，对牧师说话时所用的措辞，对牧师在祭坛上做的姿势，对牧师各种跪拜的样子非常感兴趣。我的朋友，即使你非常高大，当你笔直站立着时，你和地面也是非常接近的。人们从精神上真切地敬仰自己，才是上帝希望看到的。这也是所有宗教、所有国家和所有民族应尽的义务。外在的形式是不需要什么启示的，即便必须一致以求有秩序，也只是一个规矩上的问题。

在最开始的时候，我并没有从这些问题着手思考。当时的我是迷惑不解的，以至于我微弱的思想无法到达那最高的存在，这种迷惑来自于教育的成见，也来自于经常使人想跃出本分的危险的自私心理。于是，我竭尽全力想把那种最高的存在拉到和我一样的地位，想把他在他的天性和我的天性之间留下无限的距离缩短一些。我希望自己和他能够直接用心灵进行交流，能够得到他的特殊教导。我产生了以后总想获得一些超自然的想法，我希望拥有一种只属于自己的信仰，希望上帝能够告诉我他全部没有对别人讲过的话。如果换一种说法就是：我希望自己能听到别人所不能听到的声音。

"我得出的一切论点，都被我看成了所有信神的人为了获得更清晰的信仰需要共同拥有的出发点。这就决定了我从自然宗教的教义中找到的只是整个宗教的原理。我把世界上的各种教派，它们之间的相互攻击，相互往对方身上泼脏水的情形在心里回想着。我提出问题：'哪一个教派最好？'每一个教派都回答：'我这一个教派最好。拥有正确想法的唯有我和我的同伴，其他的各派的想法都是错的。''如何能够确定？''上帝这样说过。①''谁告诉过你上帝这样说过？''我的牧师，他是非常清楚的。'他告诉我'你应该这样信仰'，于是我就这样信仰了。他对我做出过保证：'同他说法不一致的人都是说谎者，因此你不能听信他们的话。'

"这就让我迷惑了，我不禁自问：真理不是只有一个吗？难道我认为真的东西在你看来是假的？如果行走于正途和误入歧途的人用的是同

---

① "'所有人都说自己拥护和信仰的教派（我也搞不懂大家问什么要用这个词）是上帝的，而不是任何人和任何生物的。'一位善良的牧师如是说。我们如果不曲意逢迎或刻意隐瞒，可以这样说：'没有哪一个教派是属于上帝的，因为各个教派自始至终都是由人靠手段来维持的。为什么这样说？最开始的一个证据就是，宗教一开始将传授给人们用的是什么方法，现在还是在用那些方法。一个人要信什么宗教，决定于他生长的地方，因为任何一个民族或国家在任何地方都可以产生宗教。在很早以前，我们就已经受过割礼或洗礼而成为犹太教徒或基督教徒了，而在那个时候我们还不知道宗教是什么呢。我们是不能够挑选信仰什么宗教的，而接来下的一个证据就是，人的生活风俗和宗教非常不协调，并且一个人可以因为很小的一个原因就公然违背他那个宗教的教规。"（见夏隆《论智慧》第 2 卷第 5 章第 257 页，波尔多 1601 年版。）

如此看来，同萨瓦的牧师的表白相比较，这位孔东的有德行的神学家所做的诚恳的表述大致相近。——原注

374

一种方法，那么无疑不能确定他们谁的功劳或过错更多。让他们承担过错是有失公允的，因为他们那样选择完全是出于偶然。如果硬把过错归咎于他们，就好比把一个人出生的国家来作为奖励或惩罚他的标准。如果有谁说上帝是这样裁判我们的，完全是在抹黑上帝的公正。

"上帝喜欢所有宗教，认为所有宗教都非常好。如果不是这样，那么他一开始就会给人类一个固定的宗教，如果人类不相信这个宗教就会受到惩罚，为了让人能够分辨那个宗教，他必然会把一些鲜明而真切的标记印在那个宗教之上。这就决定了，无论是老人还是小孩，智者还是愚人，欧洲人还是印度人，非洲人还是原始人，在任何时候任何地方都能清楚地看出这些标记。如果有一种宗教，它不能为这个世界上某个地方的某个诚心诚意的人所认可，那么这种宗教就是不公正的，也是残忍的统治者。

"所以，在探寻真理的时候，我们一定要真心诚意。严禁让谁因为出身而得到什么特权，让一名父亲或一名牧师拥有某种权威，应该让良心和理智来检验他们教给我们的所有东西。他们突然要求我们抛弃自己的理性，但又不说出理由，那我们就不能扔掉自己的理性。

"在我向你讲的这番话里，已经包含了我通过观察宇宙和正确运用自己的能力而学到的全部神学。如果你还想知道得更详细，那么就只能依靠特殊的方法了。但这种特殊方法不能是人的权威，原因在于：我和大家都是人，知道人天生就知道的所有事物，况且，别人也和我一样会出现错误。就算我对他的话深信不疑，这种坚信也只是因为他那句话是对的，而不是因为那句话是他说的。所以，人的见证，事实上是一种对自己理性的见证，仅仅是上帝为了让我去认识真理而给我的一种自然手段。

"真理的使者，我想对你说：'有哪些事物是我自己不能判断而需要你告诉我的？没错，上帝已亲口说过，让你听他的启示。但我实在不能完全明白'上帝已经亲口说过'这句话的意思，实在太含糊了！他向谁说的？世人吗？那我为什么丝毫没有听见？你说，他已经请别人向你传达了他的话，这下我明白了，是别人来向我传达上帝的话。但是我更希望看到的是上帝亲口跟我说，因为这样做不仅能节省他的花费的工夫，也能够让我避免被别人引诱。你说，他会保证我不被别人引诱，因为他已经让他的使者明白了自己的使命。那么怎样表明呢？用奇迹表明！那么奇迹在何处？在书里！书又是谁做的？人！那么这些奇迹是谁见证的？见证奇迹的人！我崩溃了，又是人在作证，又是人来向我传达上帝的话！为什么在上帝和我之间有这么多人存在？倒不如让我们随时观察、比较和验证！如果上帝能让我免受这些麻烦，我敬奉他的心也就不会如此不虔诚！

"说到了这里，我的朋友，我想你已经发现我谈及非常可怕的问题。要想追溯到那遥远的古代，对所有预言、启示以及在世界各地传播的、宣扬信仰不朽著作的时间、地点、作者和过程进行考察和验证，我必须具备无比渊博的学识才能做到这一点。我要想分辨出真实的和假冒的文献，比较反驳和答辩的言辞以及译文和原文，对证人是否公正和具有良知通过智慧进行判断，明白其中是否有增减、调换、更改和作假，把其中矛盾的地方指出；确定我们在向对方提出确信无疑的事实时他们会怎样一言不发，确定他们对我们的这些看法已经心知肚明，确定他们是否重视我们的看法并愿意做出回答，确定书籍是否已经非常普遍，从而让他们也能看到我们的书，确定我们是否也诚心诚意让我们的人群中也流行他们的书，让他们尖锐的反对意见得以保全，无疑也需要非常正确的鉴别能力！

"这些不朽的著作，只要承认它们都是真实可靠的，那么证明它们的作者是否有负上帝的使命，就成了接下来不得不做的工作。要想知道哪些预言必须要有奇迹才能实现，就必须要知道因果的法则和偶然的可能；要想分辨出其中的话哪些是预言，哪些是辞令，就必须知道那些话体现了什么精神；要想了解一个狡诈的人能把一个忠厚的人迷惑到什么程度，把一个聪明人惊吓到什么程度，就必须知道其中哪些事实是和自然的秩序相符的，哪些是和自然的秩序相违背的；要想让人相信一个奇迹，并且证明谁如果怀疑谁就会得到惩罚，就必须对那个奇迹的特征和可靠的程度做出证明；而要想从真的奇迹和假的奇迹当中找出可靠的规律，从而能够对它们加以区分，就必须比较一番它们的证据。同时还需要说明一个问题：上帝为什么一定要用一些本身都不太可靠的方法去证明他说的话，就好比他故意要玩弄人的信心，故意不用真正的说服手段似的。

"威严的上帝即便很谦逊，愿意让一个人成为他神圣意志的传达者，也会有一些问题：他在还没有让整个人类知道谁够格做他的一个传达者时，就强迫人们服从他的意志是否合适？他在只在有限的几个无所事事的人面前显现了一些特殊的奇迹，而更多的人只听见而没有看见那些奇迹时，就根据那几个奇迹组成他值得相信的证据是否合适？世界上任何一个国家，如果某个教派相信他们国家的百姓和简单的人说亲眼看到的奇迹，那么这个教派就是一个理想的教派。而这也会让奇迹发生的数量多于天然发生的事情，其中的一个最大的奇迹就是：那个国家不缺少被迫害的狂热信徒，但是从来没有发生一件令人惊叹的事情。能够为人们指出那只掌握自然的智慧的手的，只有大自然固有的秩序。我无法想象有许多例外的情形，我是一个非常相信上帝的人，所以我不会相信那些声称与他匹配的奇迹。

"如果有人告诉我们：'俗气的人们，现在，我把上帝命令告诉你们；我的话，你应该把它看成就是派我来的上帝话。我的命令就是，让太阳改变自己的运行轨迹，星星重新确定自己的位置，高山变成平地，江河的水流上升，地球换一个面貌。'如果看到了他实现了这些奇迹，没有人会不认为他是自然的主宰。然而，对于那些骗子的命令，大自然是不会听从的。他们那些所谓的奇迹，完全来自于十字街头、穷山恶水以及非常隐秘的房间，他们让少数容易相信的观众上当，也只有在那些地方能够实现。谁有勇气告诉我，一定要看到过多少证据才能让人相信一个奇迹？你是为了证明你的教义才弄出奇迹的，如果那些奇迹本身也需要证明，就没有任何作用。不去弄那些奇迹，或许还要更好。

"严格考察宣扬的教义也是有必要的。有些人既然说魔鬼有时候也会模仿上帝在这个世界创造的奇迹，那么我们就可能在见到被很好地验证过的奇迹时也不会比从前更有领悟。法老的巫师就敢当着摩西的面做摩西依照上帝的命令而做的事情，那么他们就更有可能在摩西不在的时候，以同样的名义说自己拥有同样的权威。所以，为了避免把魔鬼的奇迹当成上帝的奇迹，在用奇迹证明了教义之后，应该又反过来用教义证明奇迹[①]。这种两端论的方法，你认为是否正确？

"既然是上帝创造的这个教义，那么这个教义就应该具备上帝神圣的特征。大家的辩论在我们的心灵留下了毫无秩序的观念，它应当为我们厘清这些观念。此外，它还应当制定一种崇拜的仪式给我们，为我们建立一种道德，为我们订立一些合乎上帝属性的行为准则。因为，我们对他本质的想象，仅仅是通过这些属性去完成的。在某些情况下，由于我们不得不选择，我们是绝不会抛弃自然宗教，信仰这种教义丛生的宗教的，如：这种教义只把一些荒谬的东西告诉我们；它让我们讨厌同类，畏惧于自己的本身；它为我们描绘的是一个不宽容、喜欢报复、非常愤怒、不公正、讨厌人类的上帝，它无时无刻不在想着如何将人类毁灭和进行摧残，无时无刻不在宣扬要折磨人和给人痛苦，无时无刻不在声称也要惩罚天真无辜的人。因为这样的一个上帝，是一个让人恐惧的上帝，而我是绝不会亲近这样一个上帝的。我只会告诉那个教派的人：'你们的上帝不是我的上帝。'一个只挑选一个民族而将人类拒之门外的上帝，算不上人类共同的父亲。如果他让绝大部分人都处于无尽的痛苦之中，就算不上是我理性告诉我的仁慈善良的神。

"清晰明白，能够以自身的真实而打动人，是我的理性告诉我教义

---

① 关于这一点，《圣经》上的很多地方都谈到过。《申命记》第13章就有一段说：倘若有一个鼓吹邪恶之神的先知用奇迹来为自己说过的话作证明，但是他预言的事情又的确发生了，我们就不应该相信他的话，不仅如此，我们处死他。倘若基督教的师徒去对其他宗教宣扬上帝，并且用预言和奇迹为自己的使命做证明，从而被对方所杀害，这个时候，我认为我们依靠什么理由去反对他们，他们也会以同样的理由对我们进行反驳。身处这种情况，唯一能做的就是折回来，继续谈论道理而不是奇迹，在谈论道理的时候完全不提奇迹更加好。一种简单无比的常识，如果用一种深奥玄妙的方式讲出来，反而会变得让人难以理解。基督教的教义就属于这种东西。但是，要理解基督教的教义，然后知道要信仰上帝，也并非一定要具备许多智慧，否则的话，耶稣就不应该在开始庄严地讲道的时候首先祝福心智弱小的人，不该说天国是为许多并不聪明的人准备的。如果你能够证明给我看，那么一切就都不是问题。不过，我还要提出一个要求：你必须要用我能够理解的话向我证明，必须把你的道理以一个心智低下的人能够理解的方式讲出来，要不然我是不会承认自己是你真正的门徒的，也不承认你讲的是上帝的教义。——原注

应该具备的特点。如果非要说自然的宗教有什么不足，采用了深奥的语言向我们阐释伟大的真理就是它最大的不足。如果它要把真理告诉我们，所有的方法应该是人心灵能够明白的，从而让人能够理解、思考和相信真理。原因在于：信念正是经过理解才被坚信的，最好的宗教也应该是最易明白的宗教。如果有谁为他要向我宣扬的宗教披上一件神秘的外衣，带上一点矛盾的特性，我一定会怀疑那个宗教。沉沦的上帝绝不是我所崇敬的上帝。他既然赋予了我理解的能力，就绝没有不让我利用这种能力的可能。所以，谁要求我拒绝理智，就是给创造理智的神抹黑。真理的传播者绝不会压制我的理智，相反，他还会让我的理智得到启发。

"所有人的权威，都被我们抛弃了。谁如果想拿不合理的教义去传播给另外一个人，但又没有权威，是无法让那个人相信的。我们先让这两个人吵一段时间吧，以求在他们双方都习以为常的粗暴的语言当中，听听他们在说些什么。

"明白神旨意的人：'理性告诉你说整体大于部分，但是我以上帝的名义告诉你，部分大于整体。'

"遵从理性的人：'你是谁？凭什么告诉我说上帝自相矛盾？我是应该相信那通过理智来教我永恒真理的上帝，还是相信以他的名义发表奇谈怪论的你？

"明白神旨意的人：'相信我吧，因为我得到的启示更加可靠。我将以确凿的证据证明我是他派来的。'

"遵从理性的人：'你是要向我证明，你是上帝派来推翻他自己的吗？你想让我相信上帝是借你之口，而不我是通过他给我的理解力向我讲话，有什么证据？

"明白神旨意的人：'他给你的理解力？你真是一个渺小而目空一切的人！你似乎已经成为一个非常不虔诚的人，被罪恶腐化的理智，似乎已经把你带入了错误的道路。'

"遵从理性的人：'我想说，你这位上帝派来的使者也是一个大坏蛋，因为你居然用自己的骄傲来证明你拥有使命。'

"明白神旨意的人：'哲学家也会骂人吗？'

"遵从理性的人：'这分时候，因为圣人已经准备骂人了。'

"明白神旨意的人：'我是有权利骂人的，因为我在代表上帝说话。'

"遵从神理性的人：'请你先拿出证明你特权的证据，然后再行使特权。'

"明白神旨意的人：'我的证据经得起考验，天地可以为我作证。我现在就把论证讲给你听，你认真听着。'

"遵从理性的人：'我不相信你的论证，因为你的话并没有经过思考。你说我的理性欺骗了我，就好比是在说它不能帮你说话。不愿意服从理性的人是没有资格用理性来说服别人的。原因在于：如果在论证过程中你说服了我，我不知道自己是不是由于自己那个被罪恶腐化的灵性的影响，才让我接受你向我说的话的。况且，较之于你列出的证据和阐释的道理意欲反驳的那些确实的道理，你的那些证据和道理更加模糊不清。如果部分大于整体这一说法正确的，那么我们就可以认为它是一个谎言了。'

"明白神旨意的人：'那根本不是一回事！我的证据是确信无疑的，是超越自然之外的。'

"遵从理性的人：'超越自然？我不懂这是什么意思。'

"明白神旨意的人：'它指的是一些自然秩序中的变化、预言、奇迹和各种奇特的事情。'

"遵从理性的人：'我从来没有见过奇特的事情和奇迹。'

"明白神旨意的人：'你没见过没关系，别人已经替你见过了。这样的证人有许多，各国的人民都是。'

"遵从理性的人：'各国人民的见证是否也是超自然的？'

"明白神旨意的人：'那倒不是。但既然大家都这样说，就说明是真的。'

"遵从理性的人：'理性是唯一不可争辩的东西，在人类所做的见证上，它不能有丝毫不清楚的地方。我再次重申，我们要亲眼看到超自然的证据，因为人类的见证谈不上超自然。'

"明白神旨意的人：'你真是一个残酷的人，你是不会得到圣恩的启示的。'

"遵从理性的人：'这不能怪我。原因非常简单，你自己说过，一个

人必须在已经获得圣恩之后才能要求圣恩。我现在既然没有得到圣恩，就请你为我讲述一番吧。'

"明白神旨意的人：'我现在难道没有在讲吗？但你不听啊。你是怎样看待预言的？'

"遵从理性的人：'我的看法是，我首先没有听到过什么预言，就像我没有看见过什么奇迹一样，再者我不相信任何预言。'

"明白神旨意的人：'你是魔鬼的使者，你为什么不相信预言？'

"遵从理性的人：'因为我必须要三个条件得到满足后才会相信它，这三个条件也是不能混合在一起的：我能够亲自听到预言；我亲眼看到事情的经过；为我证明这件事符合预言不是出于偶然。我为什么要有最后一项要求呢？因为随便举出的一个预言也有实现的可能，即便预言比几何学的定理还精确和明白。何况，它即便实现严格说也不能证明那件事就是做预言的人预言的。

"'现在，我想你已经能够明白，你那些超自然的证据、奇迹和预言究竟是怎样一回事。你之所以会相信那些东西，完全是因为别人也相信那些东西。它们完全是让人的权威盖过启发我理性的上帝的权威的。我心中扎根的拥有的真理是不允许有任何损坏的，否则我无法再相信任何东西。我不会相信你是代表上帝和我说话，甚至不敢肯定是否真有上帝。'

"看吧，我的孩子，困难已经非常多了，而且这还只是一部分。在无数互相取代和互相排斥的不同宗教中，如果其中真的有正确的宗教，那么正确的宗教只有一种。只研究其中的一种宗教是不足以找到这种正确的宗教的，必须把全部的宗教都研究一番。此外还要注意，无论是什么问题，如果我们自己还没弄清楚，就不能说别人错了[1]。我们要说别

---

① 普鲁塔克说："斯多葛学派有一种和其他奇谈怪论完全不同的观点，他们认为并不需要先听取矛盾双方的意见然后再对矛盾的争论进行判断。"因为，之所以会产生争论，一定是因为一方已经证明了自己的说法，或者是没有证明自己的说法。如果他们已经证明，那么问题就解决了，同时他们还应该对另一方进行谴责，反之就是他们的不对，他们应该认输。在我看来，那些只承认一种启示的人所采用的方法，非常相似于斯多葛学派采用的方法。如果有一方认为只有他说的话才正确，为了公平起见，就必须把各方的论点就加以考虑，然后再做出选择。——原注

人错了，必须比较一番反对的意见和证据，必须把一方对另一方的攻击以及相互对攻击有什么反应研究个透。我们越是认为一种说法正确，就越要研究一个问题：为什么有那么多人不能发现它是正确的？要想了解对方的论点，如果觉得只听一方的学者的意见就能够做到，这种想法未免过于简单。没有一个神学家有勇气说自己是诚实的，谁都会以削弱对方的手段来为自己辩驳。无论是谁，在自己一派人当中都是优秀的。然而，尽管这个人在自己的派系当中口若悬河、风光无限，如果他也对对方说同样的话，那他的脸面可丢大了。你无疑需要具备广博的学识，会许多种语言，翻阅许多典籍，阅读许多书才能够从书本上去进行了解。就算这样，也还有一个问题，这就是没有指导我进行选择。任何一个国家，想要找到那个国家的好书是非常不容易的，把各派都认可的好书都找出来就更加不容易了。何况，你就算找到了，也立即会有人告诉你：'这些书没有读的价值。'一个人如果不认真，总是会弄错事情。因此，你如果在讲述好道理的时候用不屑一顾的口气，讲述坏道理的时候用自信的口气，完全可以毫不费力地抹掉好的道理。而且书籍也是最欺骗人的事物，它们最会歪曲作者的情感。对于天主教，如果你根据博须埃[①]的著作去理解它的精神，当你在我们当中生活一段时间后，就会发现你的这种做法错得非常离谱。你会发现，他用来对新教徒提出反驳的那种教义，根本就不是他向一般人讲的那种教义，而事实也的确如此。他所写的书和他在讲坛上讲的道理完全不是一回事[②]。要想对一种宗教做出正确的判断，就不应该去研究那个宗教的教徒写的著作，正确的做法是：到他们当中去实地了解，实地了解和从书本上研究是大不一样的。无论哪种宗教，都有着自己的传统、习惯、意识和偏见，它信仰的精神就是由这些东西组成的。要想对哪种宗教做出判断，必须要把它们联系起来。

　　"有许多伟大的民族是既不印刷也不阅读的，这样他们当然没有办法判断我们的看法，而我们自然也无法判断他们的看法。我们对他们满含鄙夷，他们也对我们不屑一顾。如果我们的旅行家认为他们可笑，当

---

　　① 博须埃（1627—1704）：法国散文家、大主教、布道演说家。——译注
　　② 参见博须埃的《天主教教义解说》。——译注

他们的旅行家来到我们这里，只需要一次，他们也会认为我们可笑。以传教为目的，力求了解宗教的智慧的人、忠厚的人、真理的朋友，无论哪一个国家都不会缺少。但有一点也无可否认：在认识宗教的问题上，每个人都是按照自己的信仰去进行的，在他们的眼里，其他国家的宗教都是很荒谬的。然而外国的宗教真想我们认为的那样怪异吗？不完全是，就是说我们在自己的宗教里听到的道理也不那么可靠。

"有三种宗教存在于我们欧洲。这三种宗教各有不同：有一种宗教承认的启示只有一种，有一种承认两种启示，还有一种承认三种启示。它们每一种对另外两种的态度几乎都是厌恶和侮辱的，说另外两种盲从、虚伪、固执和残酷。如此一来，如果没有首先衡量过它们的证据，没有倾听一番它们各自的道理，任何一个公正的人都不敢轻易评判它们。只承认一种启示的宗教年代是最久远的，而且也似乎最正确。承认三种启示则是最新的，并且从头到尾都没有变过。剩下的一种也许是最好的，但它也很容易被看出来是前后矛盾的，因为它有多种否定自身的偏见。

"三种启示的所有经书，都是由信教的人不认识的文字写成的。犹太人对希伯来文一窍不通，基督徒对希伯来文和希腊文可以说是门外汉，土耳其人和波斯人也不懂阿拉伯文。到了今天，对于穆罕默德说过的话，就连阿拉伯人自己也不说了。最愚蠢的方法莫过于用所有人都不懂的语言去教育人。这时或许会有人反驳：'这些书都已经被翻译出来了。'这当然是一个很好的回答，但不可否认也存在一个问题：没有人能够保证这些书的译文没有改变原文的意思，如果上帝愿意和世人说话，就没有必要再找一个人替他翻译。

"相信书上有着人需要知道的一切，相信一个人因为无心的无知——看不懂经书或者找不到懂经书的人——而受到惩罚，对于我来说是绝对不可能的。你看，我总是在谈论书，都快要成为一个书痴了。我是因为欧洲的经书太多了，因为欧洲人认为经书不可或缺，没有认识到世界上有四分之三的土地上有人根本就没有看过经书，才这样反复提到经书的。要知道，所有的经书都是人做的，一个人如果一定要在读过经书之后才明白自己的义务，那就会有这样一个问题：在还没有经书之前，大家是用什么方法知道自己的义务的？所以说，一个人的义务，要么由他自己去明白，要么不让他知道。

"为了对教会的权威有一个认识，我们的天主教徒在唇枪舌剑。但是，他们这些吵闹实在一点作用也没有，因为像别的教派要证明自己的教义必须拿出多少证据出来一样，天主教徒要证明自己拥有这种权威也必须拿出一些证据。这就好比是教会在确定教会是否有决定的权力，因而形成了一种无法被攻破的权威。如果再谈得更深入一点，对于我们讨论的全部问题，你就可以明白了！

"有许多基督徒在挖空心思做一件这样的事情：研究犹太教在哪些事情上是针对自己的。我想，如果有谁知道一些犹太教有所针对的事情，也一定来自于基督教徒的著作。要想了解对方的观点，这当然是一个非常好的办法。于是，我们开始采取行动了：如果有人在我们这里刊印一些公开为犹太教鸣不平的书，我们就要对书的作者、出版人和出售的书店进行惩罚。要始终认为自己正确，这当然是一个再简单不过的方法；反驳一个不敢说话的人实在是轻而易举①！

"我们这些人，即便有些人和犹太人交谈过，那些人也未必就了解很多。不幸的犹太人已经深刻认识到一点：我们掌控着他们的命运。于是，在我们的酷虐之下，他们开始变得畏畏缩缩。他们明白，基督教虽然追求善良，但是照样会做出不公平和残酷的行为。他们既然害怕我们指责他们对神灵不敬，自然就不再敢发声。因为贪心，我们变得热情满怀。但他们呢？因为自己并没有犯错，反而变得富有。最富有学识的人和视野最开阔的人，在做事的时候总是非常小心翼翼。我不否认你可以做到如下事情：让一个穷困的人背弃自己的宗教，用钱去让他指责自己的宗教；叫几个拾荒的人来，对他们讲一番话，让他们屈服而奉承你。你的确让他们服从了你，方法是利用他们的无知和懦弱，但你知道他们的学

---

① 在这里，我想我不需要解释这一点，因为大家知道许多这样的事实。天主教的神学家，曾经在16世纪不加辨别地烧掉了犹太人的所有书籍。罗伊希林，一位著名的学者，仅仅因为在同别人谈论这件事情的时候提出一个主张，就几乎葬送掉了自己的性命，这个主张就是：保留其中没有责难基督教和不是讨论宗教问题的书。——原注

者是怎样做的吗？他们也在暗地里嘲讽你的无能！在巴黎神学院只要提到救世主的启示，所指的对象无可置疑地是指耶稣基督。但阿姆斯特丹犹太的法学博士如果提到救世主的启示，就与耶稣基督一点关系也没有。我们要想正确了解犹太人的论点，我认为只有具备以下条件才有望实现：犹太人有了一个自由的国家，有了自己的学校和经院，并且能够在这些地方自由地辩论。也只有在这个时候，我们才能知道他们也有着自己的话要说。

"土耳其人能够在君士坦丁堡述说自己的观点，但是我们却没有在那里陈述自己观点的勇气，我们在那里只能屈居人下。我们如果强迫犹太人信奉他们并不十分相信的耶稣基督，那么土耳其人就可以采取和我们相同做法，也强迫我们相信穆罕默德。如此一来，我们就没有理由指责土耳其人，没有理由说我们做得有道理，因为我们也没有按照公平的原则来解决问题。

"在整个人类当中，同时不是犹太教徒、伊斯兰教徒和基督教徒人占到了总数的三分之二，而从未听说过摩西、耶稣基督和穆罕默德的人更是有许许多多。有些人否认说：'我们传教士的脚印是遍布世界各地的。'这当然是一个很好的说法，但是有一点也不容否认：对于那些我们至今为止还不十分了解，并且从未有过欧洲人涉足的非洲的腹地，还没有哪一个传教士去过那里。我也毫不怀疑，还没有哪一个传教士骑着马去寻找那些远离海岸的鞑靼人。那些人直到现在也没有接触过外国人，不知道什么教皇，他们甚至还不知道什么是大喇嘛。此外，他们定然没有走遍整个美洲大陆，那里有好几个民族丝毫不知道他们的世界迎来了另外一个世界的客人。我们的传教士还去日本吗？在那里，我们有些传教士曾因为自己的行为而被永远驱逐，当地的好几代人曾把那些传教士当成想篡夺自己的帝国的阴谋家。我们的传教士是否进入过亚洲各国国王的王宫，向那无数的奴隶宣扬福音？他们是否知道，那里的妇女始终无法听到任何一个传教士向他们讲道究竟是什么原因？他们是否知道，那些妇女会不会因为与世隔绝而全都下地狱？

"即便福音遍布了全世界，也不见得就有什么好处。因为一个国家在迎来第一个传教士之前，一定会有一个没有听到他讲福音就死去的人。我们无疑要想出一个对待这个人的办法。这个世界上只要有一个人没有听到传教士向他宣扬耶稣基督，就会带来一个非常严重的后果。其严重的程度，同没有向四分之一的人类宣讲耶稣基督是一样的。

"传教士向遥远的民族宣扬基督的福音，但无可否认的是，如果没有可靠的证明，那些民族的人民会仅凭他们的一面之词就相信他们的话。你告诉我，在两千年前，在世界上非常遥远的地方有一个神降生，之后死亡在一个我不知道名字的小城里，告诉我，如果有说不相信这件神秘的事情，必然会受到惩罚。这些事情是匪夷所思的，我不可能仅凭一个陌生人的权威就立即相信。如果你那位上帝要让我知道那些事情，就不可能让那些事情在一个离我很远的地方发生。何况，一个人不知道自己所在的地方发生过什么事情，并不能算是一种犯罪。要求我相信另外一个半球上有一个希伯来民族和耶路撒冷城，无疑是在强迫我相信月球上发生的事情。你说你来告诉我，但是我非常疑惑：你为什么不告诉我父亲？他是那样的善良、忠厚、全心全意追求真理。我认为，你不应该懒于告诉他而让他永远受惩罚。我无疑不能仅凭你的证明就相信你说的那些不足为信的事情，无疑不能认为许多不公正的事情同你向我宣讲的公正的上帝的旨意是一致的。你如果能不偏不倚地替我考虑一番，就能明白这一点。我必须先去看看那出现了许多在这个地方从来就没有听到的奇迹的遥远国度，必须先去了解一番耶路撒冷的居民为什么认为上帝是一个强盗，然后才能相信你的话。你或许会说：'他们不知道他就是上帝之子。'但是，你要知道，我也仅仅只是从你的口中得知上帝的。你或许会接着说：'他们已经得到了惩罚。惩罚就是被驱离在了各个地方，受到了压迫和奴役，并此后再也没有人能走到那个城市。'他们当然是自作自受，但是你也要认识到，到了今天，耶路撒冷的居民否认自己的先辈钉死了耶稣这件事，而且也不认为上帝就是上帝。这和原始居民的后代并没有什么两样。

"你说上帝在那个城里，但为什么那个城里以前和现在的居民都不认识他呢？而在这样的情形下，你竟然要求我，要求一个在快两千年后才出生，与那个城相距两千里远的人去认识上帝，岂不非常荒谬？你无疑非常清楚，你尽管把这本书看得非常神圣，但是我对它却一点儿也不了解。你无疑非常清楚，我只会在从别人那里而不是你那里了解到那本书是在什么时候什么人做的，是怎样流传了下来，然后又怎样到了你的手里之后，才会选择是否相信那本书。我必须清楚，那个地方人为什么会对这本书不屑一顾，而他们也同样非常了解你给我讲的这番道理。我绝对只会在亲自考察一番欧洲、亚洲和巴勒斯坦之后才会选择是否相信你说的话，否则我就是一个十足的疯子。

"这些话在我看来是很有道理的。我同时认为，一个人只要有理智，在这种情况下都会这么说。如果传教士在还没有具备能够证明他们自己的证据之前，就急于教训他和给他洗礼，他一定会驱逐那些传教士。以上的道理或类似的道理，我认为可以像有力地反驳基督教教义一样反驳其他任何启示。从这一点也可以看出，如果出现了一种情况，所有人就必须穷尽一生尽力去研究和比较所有的宗教，并且将信奉各种宗教的国家走个遍，这种情况就是：只有一种真正的宗教。如果有谁不信奉这种宗教，那么就会遭受苦难。任何人都需要把自己首要的职责履行好，没有权利去依靠别人的判断做事情。这才有了人必须思考、研究、辩论和行万里路，无论是以手工技术为生的工匠，还是目不识丁的农民、羞涩而弱不禁风的少女或者整日只能躺在床上的病人。而这必然会形成一种局面：所有人不能再在一个地方安居乐业；朝圣的香客会遍布全世界，他们不惜花费大量的钱财长途跋涉去亲自比较和研究各地信奉的宗教。如此一来，各种手工、艺术、人文科学和社会职业就再也找不到从事的人了，而能够研究的东西，也只能是宗教了。就算到了暮年，一个人仍然还是很难知道自己究竟应该信哪种宗教，即便他有着非常强健的身体、非常珍惜时间、善于运用自己的理智并且能够活到最高的年龄。而如果他能在离开这个世界之前知道自己应该信奉什么宗教，其实可以算很有收获了。

"但是，在这样做的时候，如果你不能放开，就很可能受到人的权威的侵入，从而完全受制于它。一个基督徒的儿子，没有经过一番客观和深入细致的考察就信奉了父亲信奉的宗教，如果说这种做法是正确的，那么同样正确的就包括一个土耳其人的儿子信奉自己父亲信奉的宗教。对于这个问题，我几乎可以断定，所有不能包容其他教派的人都不能给出一个答案，以让一个明白事理的人感到满意。

"当被问到这些问题，有一种人会这样做：尽管回答不上来，但是仍然坚持自己粗暴的教义，即便上帝会因此而成为一个不公正的上帝，纯真且没有任何罪孽的人会因为他们父亲的罪恶而受到惩罚。而有一种人则会这样做：当看到一个虽然野蛮但是道德生活非常好的人，出于好心让一个天使去教导他。能想出这样一个天使，不能不说是一种非常好的办法，他们就像做了一件这样的事：不仅拿自己的臆想来糊弄我们，而且还使上帝也感到自己需要用他们创造的东西。

"我的孩子，这样你可以看出来了，如果每个人都认为只有自己的正确，目空一切且无法容忍其他看法，就会导致出现非常荒谬的事情。我向你保证，以我崇拜的和向你宣扬和平的上帝保证，我会绝对真诚地进行探究，当我发现这番研究将会成为一种无用功，发现我将会进入一个巨大的泥潭，我就会立即回身，依然按照自己最初的观念保持自己的信仰。那种说不成为一个满腹学识的人就要被上帝罚入地狱的说法，我是无论如何不会相信的，除了一本书外，我会合上所有的书，这本书就是打开在大家面前的自然之书。通过阅读这本伟大的著作，我学会了怎样崇敬它的作者。倘若我降生在一个荒岛，岛上只有我孤身一人，并且对古代发生于世界一个角落的事情也一无所知，我同样能够学会怎样认识的上帝，怎样对上帝和上帝创造的事物满怀热爱，怎样追求它希望的善，怎样履行自己的义务以让自己感到快乐，只要我能够培养自己的理性并加以运用，很好的使用上帝赋予我的本能。较之于大家的学问对我的作用，它对我的作用无疑要更大。

"如果我是一个出色的推理家或者一个学富五车的人，我或许能够看出启示的真理在哪里，看出它对那些能够理解它的人有何作用。我看到了一些否定它的问题，并且这些问题我无法解决，尽管我也发现了一些无可置疑的肯定它的论据。在论证和否定两个方面，充分的理由是如此之多，使得头晕目眩的我只能决定以不置可否的态度对待启示。但我也要否定一点，这就是某些人的一种说法：人有相信启示的义务，原因在于：这个义务是和上帝的公正相违背的，并且只会在我们通往得救的道路上设置更多的障碍，而不是将那些障碍清除，从而使绝大部分人都无法克服那些障碍。对于这个问题，我始终持有一种虽然尊敬但是怀疑的态度。别人要相信我不相信的东西，我没有任何意见，因为我知道自己并不能说一定正确。我得出这些道理，只是为了我自己，因此我既不会责备于他们，也不会模仿他们。他们或许能比我更准确地判断，但如果我们的判断和他们的判断并不相同，也并不是我的过错。

　　"我还要直截了当地告诉你，我为《圣经》的庄严感到非常惊奇，为《福音书》^①的圣洁感到叹服。哲学家的书固然非常非常宏伟，但是和这本书比起来仍然是小巫见大巫。这本书是如此肃穆，以至于让人怀疑是否真是人的手笔。书中故事所叙述的人，完全不是一个普通的人，书中的语气像极了一个狂热的信徒和一个充满野心、在意宗教派别的人。没有谁能像书中的那个人一样，拥有一颗那样圣洁而温柔的心，在教育别人的时候那样循循善诱，所作所为有着那样高尚的行为准则，说出来的话那样一针见血，在回答问题的时候那样敏捷、机智和客观，能够那样地克制自己的欲望！在做事、经受挫折和死亡的时候，没有哪一个圣人能像书中的那个人那样不卑不亢。描写一个一生虽然遭受种种罪恶和非难，但最终应该享有美德的奖励的人^②，柏拉图在这样做的时候描绘出了一个和耶稣基督完全一样的人。其相似的程度，达到了任何一个神父都不能分辨出来的地步。一个人只要不是固执和愚蠢到极点，就不会把索弗隆尼斯科的儿子和玛丽的儿子去进行比较，因为两者的差别实在太大了。苏格拉底能够让自己的人品一直得以保持，在于他直到死的那一天仍然没有遭受痛苦，仍然没有蒙受屈辱。他如果不是因为死得从容而一生得到尊敬，我们认为他是一个诡辩家完全没有问题，即便他非常智慧。有些人说是他创立了道德，但真实的情况并不是这样，在他之前，

───────────

　　①《福音书》为《圣经》中的一些章节。——译注

　　②《理想国》第1卷。——原注

就已经有人在实践道德了。他所做的事情只是陈述了别人做过的事情，以那些人为榜样来教育人。在阿里斯泰提为人已经很公正的时候，苏格拉底还没有阐明什么叫'公正'；在勒奥尼达斯已经为自己的国家献出生命时，苏格拉底还没有说爱国爱家是人天生应尽的义务；在斯巴达人做事已经很严谨的时候，苏格拉底也还没有对严谨表示赞美；在希腊已经有许多德行非常著名的人的时候，苏格拉底同样也没有对'道德'给出定义。然而，在耶稣的那个年代，无疑找不到只有他教育过和以身作则实行过如此高尚的纯洁的道德①。我们通过最疯狂的行为找到了最高的智慧，人类中地位最低的一部分人，因为毫不掩饰的勇敢的道德行为获得了荣耀。在临死的时候，苏格拉底仍然能够安详地同朋友们谈论哲学，因为他死亡的方式可以说是最轻松的。耶稣死亡的方式则是最可怕的，因为他直到死的时候仍然在刑罚下呻吟，被一个民族无休止地谩骂、嘲讽和羞辱。当苏格拉底拿着那杯毒酒，仍然在祝福那个递给他酒杯的泪流满面的人；而耶稣即便经受着巨大的痛苦，也仍然在为屠杀他的残酷的刽子手祈祷。如此看来，苏格拉底的一生如果是圣人的一生，他的死也是圣人的死；耶稣的一生当然就是神的一生，他的死便是神的死。那么问题来了，《福音书》中的故事是不是为了糊弄读者而捏造的？不是这样的，我的朋友！苏格拉底的事迹大家虽然都无比相信，但耶稣的事迹事实上更加可信。如果故意对困难视而不见，就无法真正解决其中的困难。较之于说这本书是由几个人合著的说法，说这本书是围绕一个人的事迹来写的或许更加可信。其中的语气和寓意，是犹太人的著作家从来没有用过的。而《福音书》中的那些真实的人物是那样伟大，那样的充满魅力和无法被模仿，以至于让描绘那些人物的作者的光芒盖过了那些人物的光芒。但尽管如此，《福音书》中仍然有许多不可信的事情，有许多和理性相违背、任何有理智的人无法想象和不能接受的事情。那么，我的孩子，如果你碰到这些矛盾应该怎样做呢？你应该始终保持谦虚，尊重一切你不能理解无法做出判断的事物，同时以谦卑的态度去对

---

① 他在自己登山训众时，对比了一番自己的道德和摩西的道德。参见《马太福音》第 5 章第 21 节以下。——原注

待那唯一知道真理的伟大上帝。

"我并非是有意抱有这些怀疑的。但因为它们无关乎实践中的重大问题，而我又非常坚持自己应该尽自己天生要尽的义务，所以我并不会因为这些怀疑而感到痛苦。我只会赤诚地敬奉上帝，并且尽最大努力去寻找我必须从我的行为中知道的东西，而不会在教义上投入太多精力，因为教义对人的行为和道德是没有影响的，反而还会让许多人备受折磨。在我的眼里，各种宗教都是有益的制度，它们能够为一个国家制定一种为大家所接受的敬拜上帝的方法，当然也还有另外一种作用：让它们在每一个国家找到存在的理由，这种理由可能来自于那个国家的风俗、政治、人民的天资，也可能来自于其他因时间地点的不同而不同的、让人只喜欢一种宗教的地方。那些宗教只要能够让大家适当地敬拜上帝，我就认为它们是好的宗教。内心的崇拜才是一种真正的崇拜。一种崇拜只要能够诚心诚意，就一定能得到上帝的喜欢，不论这种崇拜是用什么形式表达的。当我信仰的宗教要求我服务教会，那么我就会竭尽全力去履行教会给我的职责，如果我因为明知故犯而在一件事情上没能很好地尽到我的责任，我就会受到自己良心的谴责。想必你已经知道，我的教职曾被停止了很长一段时间，我是在德·莫拉勒得先生的帮助下才获得了教会的许可、重新担任牧师以为维持自己的生活的。在做弥撒的事情上，因为一件再严肃的事情做久了也会懈怠，我以前是非常马虎的。但是现在，当我已经了解了这些新的原理后，再做弥撒的时候就非常恭敬了。对于上帝那无上的威严，我进行了深刻的思索。我思索他的存在、人类心灵的柔弱，并且认识到自己对它的创造者的了解是那样的贫乏。当我在心里想，我是在向他传达人们的祈祷，我便非常仔细地做礼拜，并且极其认真地诵读原文。在读的时候，我的心思是高度集中的，绝不会放过一个字和一段仪式。当我终于迎来了一个时刻——接近圣体——我就会集中精神，按照教会和肃穆的圣礼所要求的各个步骤去奉献神灵。在最高的智慧的面前，我尽量让自己的理性不发挥作用。我告诉自己：'你是什么人，居然妄想衡量那无限的权能。'我一丝不苟地默诵圣礼的赞辞，我毫不怀疑，只要我诚心诚意，我的所作所为一定会起作用。这样，等到最终裁决的那一天到来，我就无须惧怕因为我在心中亵渎了这无法想象的深奥结果而受到惩罚，不管那是一种怎样的结果。

"我的职位尽管很低，但是我不会去做、也不会去说任何让我与这一崇高的职责不相称的事情，因为我已经以这种圣职为荣耀。我要做的事情是：不断地向所有人宣扬道德，并且不断地鼓励他们为善。如果有可能，我自己也要尽量那样做。我无法让他们一定认为宗教可爱，也无法让他们一定坚信真正有用和每个人都必须相信的教义，但我绝不会向他们宣扬排斥其他教派的酷虐教义，绝不会让他们讨厌邻居，绝不会他们对别人说'你要受到惩罚'，以及教他们说'不入教会就永远无法得救[①]'之类的话，以让上帝高兴。我这样做，我的职位倘若再高一些就会为自己带来麻烦。但实际上我不需要有任何担心，因为我的职位非常低，即便再降也不能降到比现在低。我在任何情况下都不会侮辱公正的上帝，也不会亵渎圣灵。

"在很久以前，我就希望自己能够掌管一个教区。时至今日，我的这种愿望仍然没有变，不同的是我已经无望得到这种职位。朋友，在我的眼里，教区牧师是最理想的职业。同一个好的官员爱好正义，一个好的牧师向往仁慈一样，一个教区牧师并不会做什么不好的事情。如果他不能对一件好事身体力行，也会请别人代劳。只要他知道如果让别人尊敬自己，他就会经常达到自己的目的。如果我能够在我们这个山区里掌管一个贫穷的教区，能为善良的人服务，将会感到非常快乐！因为我会认为，我能够让我教区里的人幸福。我并不会让他们每个人都非常富有，但我会和他们一起过贫穷的生活，让他们免受比贫穷更让人无法忍受的轻视和侮辱。我要让他们爱上和气和平等！我之所以敢这样说，是因为只要有了这两样东西就可以驱灾避祸，就可以在灾难来临之前有忍受的能力。只要他们认识到，我虽然不比他们富有，但是我很满足于自己的

[①] 一个人固然应该喜爱自己的国家，但是不应该相信同善良道德相违背、不容忍其他宗教的教义。人类为什么会有战争？为什么会有敌人？就是因为有这一可怕教义的缘故。说政治上的宽容和神学的宽容不是一回事，那完全是一种胡说八道。事实上这两种宽容是紧密相连的，如果要承认一种就也要承认另外一种。否则，即便有天使降临，人类也不可能和平相处，因为天使也会认为人类是上帝的敌人。——原注

生活，他们就能够学会自我安慰，并且像我一样满足于自己的生活。当我要讲道，我会尽量多讲《福音书》里面的精神，而把教会的精神尽量少讲。因为《福音书》里的教义除了简单之外，还蕴含了高尚的寓意，并且在谈到宗教行为和慈善行为的时候，谈慈善行为更多。我如果教他们应该做某件事情，为了让他们明白我心里怎样想就对他们怎样说，我在教他们之前会竭尽全力重复做那件事情。如果有新教徒在周围或者我的教区内，在基督徒的慈善事业方面，我对他们的态度和对我本教区的教徒不会有区别。我将会教导他们：不要有歧视，要相亲相爱；以兄弟的眼光看待彼此，对所有宗教保持一种敬仰之情；在各自的宗教里安宁地生活。在我的观念里，诱使一个人背叛他本来的宗教，就是在让那个人做坏事，而那么诱使的人也是在做坏事。我们要一方面期盼美好未来，另一方面也要同时保持公共秩序。无论是在哪个国家，我们都要尊重法律，不能扰乱法律规定的遵守形式。无论是哪个国家的公民，因为我们并不知道让他们抛弃自己的观点而接受别人的观点是否于他们有利，并且我们同时又知道不服从法律非常糟糕，所有我们不能教他们违背那个国家的法律。

"我年轻的朋友，就在刚才，我已经向你讲述过上帝在我心中观察到的信仰自由。听过我这番内心独白的，你还是第一个人，也许也是最后一个人。对于那些安静的灵魂，只要人类还留存一丝一毫诚挚的信仰，就不应该去破坏那种安静。而对于那些头脑没有想得那么复杂的人，也不能拿一些疑难问题去动摇他们的信念，其原因在于：他们并不能解决那些问题，而另一方面，那些问题还会让他们处于惶惧当中，不能从那些问题当中有所启发。然而，如果一切都发生了动摇，我们就应该牺牲次要的部分以保护主要的部分。应该激励所有像你这样惶恐不安、快被淹没的良心，以让它们重新焕发活力。这就好比一个过程：为了在永恒的真理上覆盖良心，就必须全部消除迄今为止良心还认为可以依赖的支柱。

"以你现在的年龄来说，你的心灵接受真理是最容易的时候，一定的形态和性格在你的心灵正慢慢形成，你已经可以决定你今后是向善还是向恶。因此，现在可以说是你的关键时期。过了这段时间，你的心灵就已经固化，不能再接受新的东西。年轻人，在你心灵非常柔弱的时候，你就应该使它惯于接受真理。倘若我能够确定自己的观点非常正确，我就会采取断然的语气和你说话，但是非常遗憾，我是一个不仅无知而且容易犯错误的人，而这一点也是我深知的。我已经让你赤裸裸地看了我的内心，并且如实地告诉了你所有我认为真实的事情。我的做法是坦诚的：当我心中有疑惑，我就告诉你我的疑惑；当我有自己的看法，我就告诉你我有自己的看法；而在我怀疑或相信的时候，我也会告诉你我的理由。现在是你判断的时候了，为了谨慎行事，你在这一点上投入了很大精力，我认为这是非常应该的，同时这也让我对你持肯定态度。你必须让你的良心愿意接受启发，然后让自己十分真诚。我认为，你只需要接受自己相信的东西，把余下的东西放在一边。你虽然被恶习影响，但是还没严重到要走邪路的地步。我认为我们可以商量一番。但也必须指出，一起讨论同时会情绪高昂，就会在谈论中加入夸张和固执的成分，从而让彼此不能坦诚相见。朋友，我们不要争论了吧！我们并不能通过争论来让自己或别人得到启发。就以我为例，我能够有这些看法，是经过几年时间殚精竭虑的思考才得来的。因此，我的良心是安之若素的，我的内心也感到非常满足。如果我想再次观察一番我的看法，在观察的时候，我也不会再产生对真理更纯洁的爱。我心灵的活跃程度已经大不如前，它已经无法再像以前那样认识真理。我会把我现在的这个样子保持到将来，这样做的原因在于：我要避免把对思考的爱好变成一种没有作用的思考欲望，从而使得自己无法履行自己的职责；另一方面也为了避免让自己再次陷入我当初的那种绝对怀疑而没有力量挣脱。我的一生已经度过多半了，在以后的岁月里，必须充分利用自己的时间，并且用我的德行去弥补我所犯的错误。即便我做得并不正确，也不是我故意做错。我并不喜欢自己的愚笨，对我的内心有深刻了解的人都知道这一点。但是我无力利用智慧让这种愚钝的状态消除，因此只能过一种诚实的生活。上帝让石头给亚伯拉罕生育了后代，他既然能够这样做，那一个人只要有权利享受光明，他也就有期盼光明的权利。

"当一些条件得到满足时，我会告诉你，不要让困穷和失望的情绪击败你，不要屈辱地让别人支配你的生命，并且从此之后不再吃别人施舍给你的那令人作呕的面包，这些条件就是：我以上的看法能够使你像我一样思考问题，我的情感能够成为你的情感，同时我们能够说出同样的信念。回你的家乡吧！在那里，你再诚心诚意地信奉你祖先所信奉的宗教，并且从那以后始终坚守，因为它是那样的质朴和神圣。在全世界的所有宗教中，我认为只有它最纯洁，它的教义最周全。你不需要担心你的路费，因为我会给你，也不需要害怕这样不体面地回去丢脸面，做错了事情固然丢脸，但只要能够改正就没有这回事了。以你的年龄，犯任何错误都是可以原谅的，但是要切忌以后再也不能轻易地犯下罪行。只要你有倾听你良心的声音的意愿，就一定能够听到它的声音，哪怕这其中有许许多多的阻碍。你将形成一种认识：我们的这种宁愿信奉其他宗教而不信奉来生就隶属的宗教的行为，才是一种草率的行为，一种不可被原谅的行为，一种弄虚作假的行为，我们嘴上说信仰那种宗教，但在做事情的时候却不遵守那种宗教的教义。如果任由自己沦落下去，那么你将不能在最高审判面前被宽恕。他可以原谅我们因为被被人引诱而走上了一条错误的道路，却不能原谅我们故意走错误的道路。

"我的孩子，你要让你的灵魂时刻都期盼有一个上帝，并且始终坚信这个上帝。无论是最后有着怎样的决定，你一定要谨记：人类的制度并不能影响真正的宗教的义务，神灵就存在于真正的心当中；你必须遵守爱上帝胜过爱一切，爱别人胜过爱自己的标准，不论是隶属于哪个国家或哪个教派；任何宗教都是以道德作为天职的，而能作为真正旨意的也只有道德的天职；内心的崇拜是这些天职当中最首要的一个，没有信念就谈不上真正的美德。

"至于那些以解释自然为由，传播让人心腐坏的学说的人，你要远离他们。他们虽然在面上表示疑惑，但较之于与他们相对的一方，他们的做法更加武断，尽管他们是以一种肯定的语气在说话。为了让我们把他们那不可理解的，完全凭想象得出的学说作为事物的真正原理，他们高傲地说：'只有我们的见识最广阔，内心最真诚，因此你们必须要相信我们的话。'但事实上，他们的那些话是非常刻薄的。他们还使得受压迫的人失去了能从苦难中得到的最后一丝安慰，让权贵和富人可以无所顾忌地满足自己的欲望，他们之所以会这样做，是因为他们破坏和轻视一切人类尊重的东西。他们让人变成了这样一种人：内心不再悔恨自己的罪行，不再希望能够拥有德行。而即便如此，他们仍然大言不惭地说：'我们是人类的救星。'他们还说：'真理对于人是没有任何损害的。'同他们一样，我也相信这点，同时我认为，这恰恰还证明了他们讲的并不是真理[①]。

[①] 我不愿意去和他们唇枪舌剑，进行多番辩论，以列举出他们所有的诡辩，因为那实在是一件太繁重太轻率的事情。因此，我只好在看到他们时举出几个事例来谈论。将假想为好哲学家的民族和假想为坏的基督徒的民族对立起来，是哲学家最常用的一个诡辩方法。那么，培养有真正的哲学家的民族和培养有真正基督徒的民族相比，是否一定是前者比后者更容易呢？对于是否在个人当中找到好的哲学家比找到好的基督徒更容易，我不敢做评论，但是有一点我是知道的，这就是既然是属于民族范畴的问题，就必须要有一个假定，即假设有些民族在没有宗教的时候滥用哲学，同我们这些民族在没有哲学的时候滥用宗教是一样的。只有这样，我认为问题才会有大的改观。

同无神论相比，宗教的狂热害处是更大的，培尔已经很清楚地证明过这点。事实上这一点也是非常正确的。但是，他也小心地隐藏了一个同样真实的情况，这种情况就是：宗教的狂热尽管容易造成残酷和血腥的行为，然而却不失为一种强烈的热情，有鼓舞士气、让人无惧死亡并且产生巨大动力的作用，只要能够因势利导，就能导致各种崇高的德行，而如果不相信宗教和一般的好辩的哲学风尚，人的生命就会被削弱，心灵也会变得非常脆弱，让人为了不值一提的个人利益和卑贱的自身耗费自己的所有精力，而把社会的真正基础一点点摧毁。因为，个人利益一致的地方是非常少的，相互冲突的利益往往难以保持平衡。

至于无神论者，他们之所以不会造成血腥行为完全只是因为不关注为善，并不是因为他们爱好和平。究其原因，是那些自诩聪慧的人只要在自己的书房里安静地待着，则外面的风风雨雨都与他们无关。无神论的论点对人类繁衍的风俗是有破坏作用的，同时也会破坏人和人之间的关系，把他们的爱都转化为对人类和道德都有严重危险的自私心。哲学家的淡漠态度，就好比是专制制度统治之下的国家的宁静，纯粹是一种没有生机的宁静。同战争造成的破坏相比，它的破坏性要更大。

所以，如果看直接的后果，宗教的狂热比我们今天所谓的哲学风气危害要更大，而如果看最后的后果，危害无疑要更小。把一些听着顺耳的道理在书上一一列举出来，这种的工作再容易不过。但这并不重要，真正重要是知道那些道理和他们的学说是否符合，是否一定会从学说当中产生。这也是我们至今还没有弄清楚的问题。当然，还有一些方面也是需要知道的，这就是当哲学家高枕无忧地享受权威时，是否能够对人的虚荣、贪婪、

（接上页）野心以及一些没有价值的欲念加以克制，是否能真正做到他们煞有介事向我们吹捧的美妙的人道行为。

从理论上说，宗教能够代替哲学给人类带来的所有好处，而哲学却未必能同样代替宗教给人类带来好处。

一个人即便相信一种宗教，但未必会在什么事情都服从宗教。用什么来证明呢？证明就是有一部分人，他们也信宗教，但是只部分地按宗教原则做事。当然，对于这些人，一些宗教的动机可以加以阻止，从而让他们具备美好的道德和做出值得称赞的行为。倘若这些动机并不存在，这些道德和行为就不可能在他们身上出现。

如果一个教士否认一笔存款，只能说明把钱交给他的那个人是一个笨蛋。如果帕斯卡也采取相同的做法，那只能说明他是一个虚伪的人，并且虚伪到了极点。但他拥有怎样的身份？他是一个教士！以宗教为职业的人，对宗教是否真的相信？同别人的各种罪恶一样，在教士当中发生的各种罪恶并不能证明宗教毫无作用，而只能证明相信宗教的人太少。

在当代，我们各国的政府为什么权力比较牢固，遭遇革命的次数为什么较少？这无疑是基督教的功劳。因为基督教的作用，各国的政府已经没有之前那样喜欢征伐了。如果要一个证明，可以去对比一番现在的政府和古代的政府。这样一种宗教，如果暂时不看宗教的狂热，它无疑已经使基督徒变得更加温和。这种改变不是文化造成的，证明就是：在有着灿烂文化的地方，人道并没有得到更大的尊重。如果要为这点做出证明，可以去看看埃及人、雅典人、罗马皇帝以及中国人的严酷行为。因为《福音书》的引导而做的慈善事业，可以说少之又少。因为信仰而愿意对自己过失进行弥补和表示悔罪的天主教徒，可以说也少之又少；在我们这些人当中，许多人在领着圣餐，但是并没有帮补贫穷，也并没有放弃往日的恩怨而和好。希伯来人的五旬节，并没有让多少抢掠的人减少一些贪婪，也并没有防止多少不幸的事情的发生！而摩西律法中的精义——友爱，却把整个民族都团结了起来，他们当中一个乞丐也没有。土耳其也是没有乞丐的。为什么呢？因为有许多虔诚的宗教团体在那里。因为宗教教义的缘故，他们甚至对宗教敌人也很大方。

沙丹曾说："伊斯兰教徒认为，所有人在经过全人类大复活的考验之后，都要跨越那种亘古不变的、名为'宝赛'的火焰桥。在他们看来，这座桥可以说是第三个考验，也是最后一个考验。在这座桥上，好人和坏人是分开走的，所以它也被称为真正的最后审判。"

他又说："对于这座桥，波斯人是非常相信的。如果一个人经受一桩苦难，而这桩苦难又无法得到沉冤昭雪，这个人最后就会安慰自己：'好吧，神为我作证！你会在最后审判的那一天加倍补偿我的，否则你就通不过宝赛桥，我会把你的衣服紧紧扯住，抱着你的两腿不让你走！'"由于害怕自己在通过这座桥时被对方这样喊叫，我曾经见过有许多著名人物和各行各业的人物请求那些对自己有怨言的人放过自己。我自己就碰到过很多次这样的情形。我曾遭到一些有着很高身份的人强求去做一些我不愿意做的事情，等过了一段时间他们认为我已经不再生气的时候，他们就会过来对我说：'把这件事看成是合理的吧，我求求你了！'为了让我能宽宥他们，能够对他们说是我心甘情愿做的，他们有些人甚至还送礼物给我。他们并不是因为什么其他原因而这样做的，而仅仅是因为

"可爱的年轻人，你应该真诚，而不是目空一切，并且懂得如果让自己的厚实的天真得以保存。只有这样，你才能不让自己被蒙蔽，并且也不会去蒙蔽别人。如果你的才学让你有能力向别人叙说你的观点，那么你就要保证自己所说的话遵照自己的良心，而不要在意它是否会得到别人的赞扬。知识如果没有得到合理的应用，怀疑必将伴随而生。一个人如果满腹学识，对卑俗的看法是不屑一顾的，他有着自己单独的看法。高高在上的哲学必然导致产生傲慢的心理，这就好比不加审慎地信仰导致狂热信仰某一宗教。坚持真理，是避免这样极端的一种方法。换句话说就是，你纯真的心认为什么是真理，你就应该坚守它，不要让自己因为虚荣和怯懦而背叛它。一个哲学家，要有承认上帝的勇气，要有敢于在不能容忍和自己意见不同的人当中宣扬人道的勇气。你固然可能被孤立，但是已经有一个证明存在你心里。有了这个证明，你就不需要以人作为证明。他们喜欢你也好，痛恨你也好，研究你的著作也好，轻视你的著作也好，都无关紧要。你要说真话，做应做的事情。要知道履行自己在地上的天生应尽的义务，是一个人最重要的事情。你在某个时刻忘记了自己，你在那个时刻为自己做的事情也最多。我的孩子，利己之心会迷惑我们，只有正义的希望才能指引我们。"

我在这里录下这些文字，并不是为了以它作为一种标准，用来确定我们在宗教问题上应该怎样做。我的真正目的，只是为了说明在向学生讲解的时候应该抱有一种怎样的态度，才能始终不背离我竭力想采取的做法。在自然的状态中，我们完全可以仅凭自己的理智使自己始终不跃出自然宗教的藩篱，只要我们没有服从于人的权威，也没有服从于我们

（接上页）他们相信，他们要想通过那座桥，一定要完全偿还清楚那些曾受他们压迫的人的债务。（《波斯和东印度旅行记》第7卷第50页，12开本）

在我看来，我们既然认为这座桥能够让许多人洗刷冤屈，也同样可以拿这个观念来预防罪恶的发生。很明显，如果把这些观念从波斯人的头脑中抹掉，让他们相信宝赛桥或者类似替受压迫的人在欺凌他们的人死后报仇的东西并不存在，那么，肇事者一定会心安理得，从而不会去安慰那些受苦受难的人。因此，这个教义虽然不一定是真理，但是一定不会有害。

哲学家，你那些道德法则的确很光鲜亮丽，但是不可否认谁也没有承认过它。你就直接告诉我用什么东西来代替宝赛桥好了。——原注

的宗教。而我也是正在自然宗教的范围内向我的爱弥儿讲解的。如果他想相信其他宗教，那么我就没有指导他的权利。如果是那样，只能让他自己去选择。

我们是培养自然工作的。当自然培养人的体格，我们就专注于培养人的精神。但是，我们的工作和它的工作进度并不相同。当身体非常强壮的时候，灵魂还处于一种柔弱的状态，你即便有再好的办法，也没有办法避免体质的发育总是快过理智的发育。对于这两者，我们今天的做法是这样的：刺激体质的发育，遏制理智的发展。这样做的目的，是为了保证这个人始终一致。我们一方面要发展他的天性，另一方面要让他感情的成长得到暂缓，采取的措施是让它受制于理性，让感觉的对象的印象被理智的对象冲淡。在探寻事物原理的过程中，我们要避免让他被感觉控制，只有这样，他才能够顺利地从研究自然入手，进而去寻找自然的创造者。

我们只有达到了这种境界，才能找到新的方法控制我们的学生，并且让他打心眼里服从这种方法。如此一来，他才可以诚心诚意地为善，即便既没有别人监督也没有法规约束，才可以让上帝以及他自身看他的时候认为他为人公正，才可以不顾性命也要履行自己天生就应该尽的责任，才能恒念美德。他并不只是因为爱秩序才这样做的，他这样做也是为了爱创造自己的对象。由于人生来就是爱自己的，也就是所谓的自爱，当这种爱和自爱结合，他就可以在享受了今生的幸福之后，获得一种许可：因为良心的宁静和对最高存在的思索，被允许享受今生的幸福。如果不是这样一种情况，因为竞争最终必然会导致个人的利益高于一切，让每一个人以美德来看待罪恶，我认为人世间就只会存在背叛、狂妄和虚伪的行为。所有遵从理性而不相信上帝的人，心里面必定都是这样想的：让别人为牺牲自己的幸福以成全他的幸福，让一切都归他所有，如果有必要，为了避免让他受到片刻的饥饿和痛苦，可以让整个人类在穷困和困难的境地中饿死。我一生都认为，一个人如果在心里说没有上帝而在嘴上又说有上帝，那么他不是骗子就是疯子。

读者们，我花费的这番功夫可能是徒劳的。因为我认为你们在看待我的爱弥儿时不会用和我一样的眼光。你们只会持有一种这样的看法：他和我们的学生也并没有什么两样，都是一样的愚蠢、轻浮和急躁，一样的只知道得过且过，对任何事情都没有恒心，只会玩了这个又玩那个。你们会感到可笑：我竟然意欲让一个正值大好年华、充满激情且个性坚毅的青年，变成一个喜欢沉思的人，变成一个哲学家和真正的神学家。你们也许会说，这位梦想家整天只知道胡思乱想。他想以他的方法去教育学生，如此一来，他就不单单只是在培养学生，也是在创造学生，而这种创造完全是在脑子里完成的。他认为他是在按照自然的方法教育，而事实上他只会越教越不自然。但是我却发现，当我比较你的学生和我的学生时，他们没有任何相似的地方。由于他们的培养方法完全不同，如果他们有某些相似的地方反而会让我惊奇。爱弥儿的童年是在一种自由中度过的，而这种自由，你们的学生要到青年时期才能享受到。所以，对于你们的学生在童年时期遵守的那些规矩，他是到青年时期才开始遵守的。你们的学生受到了这些规矩的束缚，因而痛恨它们，认为正是因为有了这些规矩，他们的老师才那样残酷。他们同时会形成一种认识：要想不再是一个儿童，只有摆脱这种束缚[①]。于是，他们想方设法让他们在你长时间的管束下受到的损失得到补偿，就像一个囚犯在解除了锁链之后要舒展一下身板一样。然而爱弥儿和你学生的情况刚好相反。他以自己已经成为一个大人，并且能够服从不断成长的理智的约束而感到荣耀。他已经不再需要那么多的运动，因为他的身体已经开始发育，并且已经能够自己控制自己。此时的他，心灵已经处于一种半成熟状态，为了让自己迅速发展，它正在想尽一切办法。所以，你的学生也许认为到了有理智的年龄正好可以挥霍青春，但爱弥儿却认为到了有理智的年龄应该发挥理智的作用。

那么，在这方面，是你的学生，还是我的学生更符合自然的秩序呢？你们如果想要知道这个问题，可以去做一番研究，研究的课题是：离自

---

① 无论是谁，在刚刚脱离童年的时候对童年都是非常轻视的，这就好比那些不平等现象并不那么严重的国家比任何国家都在意等级一样。在他们当中，每个人都害怕和比自己等级低的人走在一起。——原注

然秩序较远的人和离自然秩序较近的人有什么区别？你们可以对农村的青年来一番观察，看他们是否也和你们的青年一样性情偏执。勒伯先生说过这样一番话："当原始人处于童年时期的时候，我们发现他们都非常活泼，整天做着各种运动身体的游戏。然而当他们变成一个少年时，他们就变得非常安静了，并且很爱幻想，所做的游戏，也尽是一些很费力和具有一定危险性的游戏。①"爱弥儿成长于农村儿童和原始人所享受的那种自由当中，因此当他逐渐长大，就会具备和他们一样的变化和举止。唯一的不同是他的活动既是为了玩或生活，但他在过程当中又学会了如何运用思想。现在，只要他愿意，已经随时可以走上我为他选定的道路，因为通过我的方法，他已经达到了这个阶段。他之所以会对我让他思考的那些问题好奇，因为那些问题本身就是充满趣味的。而于他而言，那些问题也是让人耳目一新的，并且是他能够理解的。但你们的孩子却不同，你们的那些乏味的功课、老生常谈的训令和没完没了的问题，已经让他们感到倦怠，从而使得他们的心情也十分沮丧。如此一来，他们自然会把自己的精力用来思考你们强加在他们身上的许多大道理，自然就会拒绝费心思去思考他们的创造者。况且，他们的创造者还被你们说成了他们欢乐的阻碍。当这些东西一在他们脑海里出现，他们就会感到烦躁不安，心生厌恶。他们已经因为强制的做法变得垂头丧气，而这必然导致他们今后难以安排自己的生活。要想重新让他们高兴，非有新的东西不可。对于你们那种对儿童讲的语言，他们已经不再引以为意。当我的学生成为大人的时候，我就会以一个对待大人的态度对他说话，并且只说一些新鲜的事物。你们学生讨厌的东西，他恰恰很喜欢。

让天性的发展延迟，从而让理性获得好处，就可以让他获得双倍的时间。但事实上我也并没有延缓天性的发展，而只是避免因想象力而让它发展得更快。对于年轻人在其他地方接受的过早教育，我用另一种教育进行了平衡。当他被我们的习俗裹挟前进时，我们用别的办法把他拉到相反的方向，从而让他不仅能够依然停留在原地，而且还能够停留得非常稳妥。

---

①《高等法院律师勒伯先生奇遇记》第 2 卷第 70 页。——原注

自然的真正时刻是无法抵挡的，它终究会到来，它也必须到来。人既然难免一死，为了能够使人生生不息，使得世界的秩序不被打破，就应该繁衍后代。你通过我的陈述，预料到了这一关键时刻即将到来，这个时候，你就应该放弃你过去的口吻。他固然还是你的学生，但是已不再是小学生。他已经是你的朋友，已经是一个成年人，从今以后，你也应该这样去看待他。

　　这时你或许就要说了："这是让我在最需要权威的时候放弃权威，让我在成年人对怎样做人和可能陷入最严重的错误时，听凭他自己去处理自己的事情，让我在最需要对他行使我的权利时放弃自己的权利。"并没有人要求你放弃自己的权利！之所以会出现上述情况，完全是因为他才刚刚承认你的权利。到今天为为止，你的权利都是通过暴力或诡计得来的。而他呢？他是完全不懂权威和义务为何物的，这就决定了要想让他服从你，必须通过强制或欺骗才能做到。但是你却让他的心受到多重束缚，他的理智、友谊、对人的感激之情和深厚的爱在向他倾诉，他不可能不理解这些倾诉！尽管恶习已经把他污染，但他还是能感到自然的欲念，所以他还是能听到这些声音的！他是没办法不把自己交给你管束的，这取决于他的第一个自然的欲念，即自爱。而他的习惯又使得他愿意听命于你。因为一时的沉迷，他脱离了你的管束，但他的忏悔心理马上又会让他回到你的身边。真正永久的感情，是他对你的依恋，除此之外的一切欲念都是短暂的，都是相互抵消的。你禁止他沦落，他就始终对你言听计从。除非他已经沦落，否则就不可能反抗你。

　　而你如果直接干涉他不断增长的欲望，不加审慎地把他当下感觉到的新需求看成是罪恶，我敢保证他不可能永久地听命于你。如果你不按照我的方法做，我们无法为今后的结果做出承诺。你必须不断地告诉自己：你是大自然的使者而非敌人。我认为你只能有两种选择，一种是让他倾向得到发展，一种是压制他的倾向。要么就事事都管，要么就完全放任。这两种方法都会导致非常严重的后果，因此在选择的时候，你一定要慎之又慎！

　　尽快让他结婚是第一个解决办法。在使用的时候，这个办法是最保险的，也是最自然的。但是，我也有所疑虑：它是不是一个最好的办法，是不是一个最有效的办法？个中理由，我将会在后面进行阐述。但在现在，对于让青年人在结婚的年龄结婚的观点，我是持认同态度的。要注意的是，因为我们使他们过早地成熟了，他们的结婚年龄不能太提前，我们应该让结婚的年龄和他发育成熟的年龄同步。

如果需要解决的问题，只是让他的倾向自然发展，那么就再好办不过了。但自然的权利和社会的法律之间是存在许多矛盾的。要想让两者共存，必须要不断不断地躲开和绕过矛盾。而要想防止一个生活在社会当中的人变得非常虚伪，也需要采取许多巧妙的办法。

如果采取我说的方法以及类似的方法，根据以上的理由，我认为我们最起码能让青年人在二十岁以前不产生结婚的想法，从而让他的身体保持纯洁。事实的确是这样的，以日耳曼人为例，如果他们当中有一个青年人在二十岁之前有过性行为，那么就会受到人们的羞辱。而恰恰是因为他们在青年时期懂得节欲，所以著作家才有理由认为日耳曼人体质强壮并且子女众多。

我们也可以把时间上溯到几个世纪以前。那个时候，法国的情形也是如此。说到这里，大家定然知道许多事例，我仅仅以蒙田的父亲为例来作一个说明。同自己的身体强壮和有力气一样，蒙田的父亲是一个严谨而诚实的人。在意大利战争期间，他服过长时间的兵役。他还做出一个承诺：一定会等到二十三岁时以童贞的身份结婚。根据他儿子的著作，我们可以发现，他直到六十岁的时候仍然保持着旺盛的精力和愉悦的心情。当然也会有人反对说：他之所以会那样，是因为我们的风俗和偏见的缘故，算不上是普通人的经验。

我现在暂时不谈我们青年时期的经验，因为对没有经历过青年时期的人来说，这种经验并不能说明问题。我完全可以在自然法则允许的范围内，假设爱弥儿因为我的教育一直到青年时期仍然保持自己最初的那份纯真，因为大自然并没有规定不能提前或延迟的严格期限。但是我发现，用不了多久这种快乐就会行将结束。在他身边，布满了危险性不断增强的陷阱。这就决定了我不管怎样努力，他只要有机会，就会避开我的约束。而在不远的将来，这样的机会就要到来了。到那个时候，他做事将只会遵从他感官漫无目的本能，但他却只有千分之一的概率幸免于难。对于这开始的片刻对他造成的永远不会消失的影响，我不能不引起高度注意，因为我曾极其深刻地思索过人类的道德。如果我忽略了，他就会乘虚而入。如此一来，他就会认为逃过了我的眼睛，从而轻视我，而我就成了他堕落的一个帮凶。到了那个时候，我即便想让救他于水火也有心无力，因为他已经不再对我言听计从。在他的眼里，我已经成了一个他欲除之而后快的眼中钉、肉中刺。因此，在这个时候，我只能让他对自己的行为负责，并且防止他在毫无知觉的情况下犯错，把他身边的危险为他一五一十地指出来。这也是我唯一能做的事情。

对于这些新的教育内容，我们有重新谈论一番的必要，因为它们都非常重要。一个时刻现在已经到来，这就是：告诉他我和他各自是如何利用自己的时间；告诉他我和他各自是一个怎样的人；告诉他我和他各自做了什么事情；告诉他我们彼此间有哪些相互的义务；告诉他所有的伦理关系，以及他所做出的一切承诺和他和别人间订立的约定；告诉他他的官能已经发展到了一个怎样的程度；告诉他必须要怎样做和在这样做的时候会碰到那些困难和怎样克服；告诉他我可以在哪些方面帮到他，以及从今以后哪些事他必须自己解决；告诉他现在正是一个关键时刻，有许多他从来没有碰到过的危险遍布他的周围；告诉他在被自己不断增长的欲望控制之前，因为哪些原因要保持对自己的警惕。

在对成年人的教育上，你必须意识到要用和教育儿童完全相反的方法。对于你长久以来谨小慎微向他隐瞒的神秘事情，你应该果断地告诉他。这些事情既然总有一天让他知道，由于他既不能从别人那里获悉，也不能自己顿悟，那么不如由你告诉他。在今后的人生中，他的斗争既然势在必行，为了避免让他在遭遇袭击时手足无措，就有必要让他对自己的敌人有一个了解。

这些事情，我们发现有很多年轻人知之甚多。至于他们为什么会了解得这样多，其中的原因我们并不清楚。但是可以确定他们必定是在经历过一些困难之后才知道这些事情的。愚钝的教育方法是无力达到良好的目的的，不仅不能达到，反而还会破坏接受这种教育的人的想象力，从而让他们也染上施行这种教育的人的恶习。这还不算家里的仆人在这方面会迎合他们，以求让他们相信自己，从而让他视自己的老师为一个令人憎恶、心情糟糕的人。此外，在私下聊天的时候，他们还会说他的是非，把他当作茶余饭后的谈资。如果学生到了这样的地步，做老师的就可以告老还乡了，因为他已经一筹莫展。

孩子之所以会选择一些人特别相信，原因通常是管束他对他采取了强制手段。他如果没有必须要隐瞒的事情，完全没有必要躲避管束他的人；他如果没有什么感到不忿的事情，没有必要抱怨满怀。在他的眼里，他们天然就是一个知音。如果我们仔细观察他把心里话讲给他们听时期盼的神情就能明白，他直到把自己的想法告诉他们的那一刻为止，仍然是认为自己并不很了解这些事情的。如果孩子没有后顾之忧，并且也不惧怕你的责备和教训，我敢肯定他一定会把自己的想法向你和盘托出，而大家由于知道他会把任何事情告诉你，也不敢教唆他隐瞒你。

我为什么对我的教育方法这样确信无疑呢？因为只要能够严格按这一方法行事，就不会遇到可能在我的学生的生涯里留下不愉快的印象的事情。无论出现什么情况，他都能够保持自己的最初的天真，他或者无比愤怒了，或者想反抗我对他的束缚，逃避我的管束了，但即便在这样的情况下，在他那副激动而愤怒的模样中，我仍然能发现他最初的天真并没有丧失。他的心和他的身体同样的纤尘不染，恶习于他而言是没有概念的，虚伪也是一样。无论别人怎样地嘲讽和侮辱他，他都能够勇敢地面对，而不是畏畏缩缩。他的心始终是纯真而坦诚的，没有任何心机，也不知道怀疑别人，甚至对骗人的好处也一无所知。他的心灵始终是活跃的，从他的眼里或嘴上就能发现这一点。此外，我通常还可以在他还没有觉察出及自己的情感以前就看出他有什么情感。

他这样一种对我完全的坦诚，愿意告诉我自己的想法，只要他能够保持，我就不会有顾虑，也不会有什么危险在前方等着他。但如果他变得比平常更羞赧、更拘束，又或者在我和他的谈话中首次看到他害羞和手足无措的状态，就说明他的本能已经显现出来了。这种神态当中，已经混入了邪念，而这时就到了一个关键时期。到了这个时候，如果我不尽快告诉他，他就会自己想办法弄清楚，把我的管束放在一边。

可能会有这样一些读者，他们对我的观点是认同的，但另一方面又在心里想：想要解决这种事情，只需要随便和这个青年谈一次话就成。我想说的是，如果采取这种方法是不能管住一个人的心的。说话的时机你如果不能选择得恰当，你所有的工作都会徒劳无功。必须先锄好地，然后才能播种。道德的种子成长起来是非常困难的，如果时间不够长，想要让它生根发芽就如同痴人说梦。说教面对的对象是所有人，它并没有选择性，而这也恰恰是它没有作用的一个原因。这并不难理解，既然听众在天资、性情、思想、年龄、性别、职业和观点上各有区别，我们当然不能认为某一个说教适合他们所有人。你给大家讲的话，或许都无法同时适合两个人！我们的情感都是多变的，无论是谁，在他的一生中，我们都无法找出两个时刻他对听到的同一个说教产生相同的印象。如若要想证明这一点，当激荡的感官扰乱了你的理智，禁锢了你的意志时，你体味一下你是否还有听那严肃的智慧的训斥。因此，即便年轻人到了有理智的年龄，如果你还没有让他能够明白事理，依然不能和他谈什么理智。绝大多数教训都是徒劳无功的，而这并不是学生的原因，而是老师的错误。迂腐的人和老师说的话大致相同，不同的地方只在于：前者说话毫无目的，而后者在说的时候已经认为会产生效果。

这就好比一个梦游的人，他正头昏脑涨地在一个深渊的边上来回走动，你这时如果突然叫醒他，他就坠入那个深渊。这也是我的爱弥儿面临的处境，如果让他在纯真的梦中沉睡，他反而能免受他看不见的危险。而我如果突然叫醒他，他就会陷入危险当中。我们要做的事情是：让他先远离那个深渊，然后才把他叫醒，最后远远地为他指出那个深渊。

就他所处的年龄而言，可能导致他陷入危险的方面有很多，如读书、孤僻、懒散、不喜欢走动、同妇女和青年交游等等。因为这些事物的存在，他可能会持续接近危险。我是这样做的：用其他事物转移他感官的注意；为了让他的思想不再重复刚才走过的路，给它设立另外一条路线；为了让那可能让他犯错误的想象力得到遏制，让他去从事艰苦的体力劳动。当他的两臂正在进行紧张地工作时，他就无力进行联想；当他的身体处于十分疲劳的状态，他的心就能古井无波。当然，最容易施行的办法是避免让他接近危险的场所，这个方法也是最简单和直接的。第一步，我带他离开城市，远离那些可以引诱他的事物。但仅仅这样做也还远远不够，必须还要确定要到怎样的荒漠和旷野中去，才能够让他远离那些和他如影随形的形象。我必须要认识到，如果无法让他逃离这一切，如果不能让他转移注意力，同让他留在原来的地方一点区别也没有。

的确，爱弥儿会一门技术，但在这个时候，这门技术还不能利用。他爱好农业，并且会干农活，但只干农活也是行不通的。为什么要这么说呢？因为他已经熟练掌握这项工作，每天重复做同样的工作，就好比什么都没做。何况在那种情况下，他的心思是不集中的，思想和行动并没有一致。因此，必须让他去做一份全新的，能够引起他好奇的，让他忙得没有喘息之机，能够让他集中精神且爱好做，愿意全身心投入的工作。在目前阶段，能够同时达到这所有目的的工作，我认为只有打猎。如果打猎能够作为一种无害的娱乐，并且也适合成年人玩，那么我们在目前就应该利用它。爱弥儿有着强健的身体，敏捷的四肢，有耐心且不知疲倦，因此具备从事打猎的一切条件。所以，他将会喜欢上这项运动，并且在这项运动上投入自己这个年龄的所有精力。那种因为生活舒适而将产生危险的情况，最起码在一段时间内会远离他。因为打猎，他的内心可能变得和他的身体一样坚强，并且能对流血和残酷的情景见怪不怪。人们有一个比喻：戴安娜（狩猎女神）是爱情的敌人。这个比喻是非常贴切的，原因在于：爱情的缠绵完全来自于舒适宁静的生活，如果正在进行激烈的运动，所有温柔的情感都无从产生。情人和猎人在森林和田野的感觉是非常不同的，即便看到同一样事物，他们产生的印象也会有很大区别。当情人身处森林和田野中，会认为那是清凉的树荫，是小灌木丛，是约会的最佳场所。而如果猎人处于那样的环境，则会认为那一片牧场，其中可能会有野兽。情人听到的声音，可能是笛声和黄莺的叫声，而后者听到的声音，可能是号角和狗叫的声音；前者可能会觉得看到了森林女神，后者可能会觉得看到了猎人、猎狗和马匹。你假如陪着两种人散步，倾听一番他们各自说的话就能立即明白，在他们的眼里，这个世界完全是另外一回事，同他们迥异的爱好一样，他们的思想也完全不同。

至于如何结合这两种兴趣，如何才能有时间去体会它们，方法我当然是知道的。但是，对青年人来说，这样区分他们的热情是不适合的。如果让他专门去做自己喜欢的事情，用不了多久他就完全忘记其他东西。产生不同欲望的知识也是各不相同的，值得我们长时间追求的目标只有我们最开始的爱好。让爱弥儿把整个青年时期都用于去屠杀野兽是我所不愿意看到的，我更加不认同他沉迷于这种残忍的行为。我的目的只有一个：用这一行动去延缓另一个更加危险的欲念到来的时间，从而使他能够在听我讲到这个欲念时保持平静，能够从容地听我说完而不产生冲动。

人的一生，总有一些永远无法忘却的时期。现在，爱弥儿正在接受我阐述的这种教育，于他而言，这段时间是永远不能忘记的，他今后的一生都会受到这一时期的影响。因此，我要让他牢牢地记住这一时期。过度地使用冷静的理智，把理智当成是唯一可以利用的事物，是我们这个时代的一个错误。我们对影响想象力表象的语言视而不见，于是，我们不再拥有所有语言当中最有力的一种。语言造成的印象总是很平淡的，较之于用耳朵，我们用眼睛更能打动一个人。我们只知道讲一通大道理，但正是这个做法使得我们的教训变成一些空话，无法投入到实践当中去。仅靠理性是不能发挥作用的。它尽管在某些时候能约束一个人，但却基本无法鼓励人，无法培养任何伟大的心灵。而小肚鸡肠的人的一大爱好，恰恰是凡事都讲一番大道理。心胸广阔的人有着另外一种语言，通过这种语言，他可以让人心服口服然后采取行动。

最近几个世纪，我发现人和人之间已经只会用暴力和利害关系控制彼此。而在古代，因为知道如何利用表象的语言，大家采用的都是劝导和精神感召的方法。所有的契约，为了避免遭到破坏，都是在无比庄严的情况下达成的。在暴力还没有产生之前，人类的主宰者是神。人们在神的面前订立条约，结成同盟，并宣布他们共同遵守的信条。这些事情，都被地球的表面记录了下来。因为经历了这些行为，岩石、树木以及一堆堆石头都变成了神圣的事物，成了原始人眼中值得尊敬的物品。它们就是地球表面进行记录的一页页纸，人们在任何时候都能看见它们。宣誓用的井，尚能看得见人用的井，芒布累历史悠久的橡树，做见证的石堆，这些东西尽管只是一些难以入眼的纪念物，但谁也不能否认它们是圣洁的，代表着契约的神圣。没有哪一个人胆敢用犯罪的手去侵犯它们。同今天严苛空洞的法律相比，这些无言的证人无疑更能坚定人的信念。

在由政府统治的时期，人民是受到王权的威仪压制的，在他们的眼里，王座、王笏、紫袍、王冠和纹章①等尊贵的标记都是神物。如果一个人被这些标记装扮起来，他们就会敬重这个人。这个人只要一开口，他们就会完全服从，完全不需要军队和威胁的手段。现在人们如果要把这些标记取消②，从而使得王室的威严不复存在，只能得到一种结果：国王想让民众服从自己，只能通过军队实现；臣民之所以会尊敬国王，仅仅因为害怕受到责罚。不过，国王固然不再需要戴王冠，贵族固然不再需要戴什么标记以显示自己的尊贵，但他们要想让自己的命令得到执行，就一定需要许多的军队。他们或许会认为这样做反而更好，但明眼人一下就能看出，随着时间的推移，这对他们最终是不利的。

古代的人能凭借自己的口才达到目的，这当然是令人匪夷所思的。但这种口才也不仅仅是表现措辞的优美上，何况向来都是说话的人话说得越少，就越能取得更好的效果。说话并不是因为言辞变得生动的，而在于是用怎样的符号表达。也就是说，说话生动并不是因为说得生动，

①　按照一定规则制成，专属于某个人、某个家族或某个团里的识别物，欧洲的中古时期就有着自己的纹章体系。——译注

②　这些标记，罗马的天主教士很巧妙地保留了下来。他们的做法也得到了如威尼斯等几个共和国的效仿。威尼斯的国家尽管已经衰败，但是它的政府依然受到人们的拥戴，究其原因就是政府有富丽的古物的装饰。在这个世界上，能够像威尼斯的执政那样，尽管没有权势，但是因为隆重的礼制而显得神采飞扬，因为在公爵一般的头冠下蓄着妇女的发式而受到尊敬的人恐怕只有戴三重王冠的教皇了，而某个国王，某个贵族的人物或者平民是一个也没有的。在基督升天的那天举行的同大海结婚的仪式，如果愚昧的人看到固然会捧腹大笑，但是为了保住这个专制的政府，威尼斯的人们却可以流尽自己的鲜血。——原注

而是演得生动。只需要举出一个例子就能说明这所有的问题：让一个人看见某件东西，他就能展开联想，从而产生好奇，以至于只想听你会说什么。亚历山大在他宠爱的人嘴上刻上印记，代奥吉尼斯走在芝诺前面，他们的这种做法，无疑比发表长篇演说更能表达自己的意图。如果是说话，要表述清楚这些观念无疑需要费许多唇舌。大流士①和西塞人对决，西塞王给他们送来了一只鸟、一只青蛙、一只老鼠和五支箭。使者来了之后，放下这些礼物掉头就走了，什么也没说。如果放在今天，人们一定认为这个使者是个疯子，但大流士很快明白了西塞王可怕的打算，于是立即收兵回国了。如果不用这些东西，转而用一封信，那封信说得越是寒气逼人，别人就越不会害怕，大流士看到了必然会明白那是在虚张声势，进而不以为意。

罗马人是非常注意表象语言的。随着年龄和身份的不同，他们穿的衣服也各不相同。在他们那个年代，礼袍、显贵们的衣服、镶边的饰品、小金结子、斧头、棍杖、宝座、权标②、金冠、叶冠、花冠、小凯旋、大凯旋等一切都是很讲究的。它们具备一定的意义和礼仪，同时在公民的心目中也有着一定的印象。而国家所在意的方面，只是人民是否应该集中在这个地方，而不是别的什么地方，是否瞻仰过神殿，是否和元老院是保持一致的，是否选择了在哪一天讨论政事。在他们那个时候，被告人穿的衣服是不一样的，候选人也要穿与众不同的衣服，士兵们不会夸耀自己的战功，而只会显现自己的伤痕。我如果做一种假设：在恺撒死的时候，有一个当代的演说家为了感动人民，把所有陈词滥调了用尽了，以求生动地描绘出恺撒的伤和恺撒的血以及尸体。但安东尼却什么也没说，尽管他长于辩论，他只叫人搬来恺撒的尸体，这种做法无疑是一种最美妙的修辞手法！

看吧，说着说着我又跑题了。这样不知不觉跑题的情况，我已经经历过很多次，如果再跑下去，我担心读者们失掉耐心。因此，现在我还

---

① 大流士一世（前522年—前486年）：波斯帝国国王，在位期间通过不断征战让分裂的波斯帝国重新统一。——译注

② 一种权力的象征。——译注

是言归正传吧!

有一件事是绝对不能去做的,这就是只枯燥地和年轻人说大道理。如果你想让他明白你讲的道理,你就要把它用一种事物标记出来。只要让他的心接受了思想的语言,他才能够真正理解。我不介意再次声明:缺乏温度的理论只能影响我们的观点,它并不能决定我们的行为;它拥有让我们相信它的力量,但是无力让我们按照它去行动;它只能告诉我们应该怎样想,而无法告诉我们应该怎样做。如果这一点适用于成年人,那么它更加适用于青年人。因为,青年人现在是被感官蒙蔽的,他们怎样想就会有怎样的印象。

对于我所讲的这些准备工作,我尽管已经准备周全,但是也并不会毫无征兆地进入爱弥儿房间,然后正儿八经地向他讲一通我要教育他的这件事情。我首先会做的,是激发他的想象,我会选择时间、地点和对象,从而让它们能产生我理想当中的印象。倘若条件允许,对于我和他之间的谈话,我会让大自然做见证。我要让自然的创造者这一永恒的存在,为我证明我讲的话句句都是真理,并且做我和爱弥儿的裁判。我们在哪里谈话,我就会在那个地方做上标记,让周围的岩石、森林和山脉,成为记载他和我承诺的石碑。我希望激起他的那些热情,我就会把这些热情在我的眼睛、音调和姿势中表现出来。只有到了此刻,我才会开始讲话,而他才会听我的话;我的心情是很不平静的,而他也大为感动。我同时要让他懂得尊重自己的责任,因为我自己深刻地认识到责任是十分神圣的。为了让我的论点更有说服力,我会用各种形象来表现它;但是我绝不会滔滔不绝和毫无逻辑地讲乏味的大道理,而是展现出充沛的情感。我尽管是在严肃简洁地讲话,但仍然无法说尽我心中想到的事情。我终于告诉了他我为他做的事情,这个时候,我会让他明白这些事情似乎都是为我自己做的,而他通过我和他之间的深厚友谊,将看出我为什么会做这所有的事情。当我突然转变话锋,他就会感到非常惊异和激动!我如果不提及他的利益,他就能始终保持心情平静,而在此之后,我将会只谈自己的利益,但这却更能打动他的心。他年轻的心里,已经有我种下的友爱、大方和感恩的幼芽,看着它们一天天长大是让人快乐的。现在，我要让这些幼芽去影响他的心了。我抱住他，抱得紧紧的，并且在他身上流下了热情的眼泪，同时说："我的孩子，你是我的财富和事业。只有你获得幸福的时候我才能获得幸福。如果你让我的希望成为黄粱一梦，那么我二十年的生命就葬送在你的手里了，你将使我的老年活在痛苦之中。"你要想让一个青年人永远记住你的话，非这样讲不可。

我曾经举过一些关于老师在碰到困难后应该怎样教导学生的事例。这一次，我原本也是打算这样做的，但在经过了几次试验之后，我放弃了这个想法：法国的语言在我看来太细腻了也太讲究了，用来在一本书当中描述就某些事情实行的初步教育的那种单纯的做法是不合适的。

法语这种语言，在大家的口中是最雅驯的语言，但在我看来却是一种最不纯净的语言。一种语言的雅驯，我认为不在于是否能避免粗俗的词汇，而在于避免有哪些词汇。而实际的情况是，你越是避免用到它们，就越不得不把它们考量一番。况且，较之于其他语言，法语可以说是最难以通透表达各种意思的一种。当读者看到作者所写的东西，因为毫不费力地就能发现轻浮的说法，他固然感到非常惊异，但想让作者不说这些话是很难做到的。一句话既然为不那么干净的耳朵接收了去，难免染上不干净的东西。反过来也一样，一个民族如果有着淳朴的民风，那么就可以用适当的方法表达任何事情，并且说法非常正当，因为它们本来就是堂堂正正用的。《圣经》上的语言可以说比任何人说的话都要朴实，因为它是以天真的神态说出来的。要想让《圣经》上讲的东西听起来吊儿郎当，只需要做一个工作：把它译成法文。我要告诉爱弥儿的话一定具备如下特点：他听起来会觉得非常正派和规矩。而读者们读起来如果也想产生同样的感受，就必须拥有一颗和他一样纯洁的心。

当我们因为这件事情涉及道德，我甚至还有这样一种看法：有必要考虑一下我们讲的话是否真的雅致，是不是在对罪恶玩概念的游戏。原因在于，当他已经学会用朴实的语言，同时也会学会用严肃的语言，因此应该让他分辨出这两种语言的异同。我总认为，不管情况如何，对于年轻人来说，我们不应该过早地向他们灌输一些空洞的教条，以免等到他到了应该应用这些教条的时候，反而对它们嗤之以鼻。我们应该等待，等到他能够听懂我们话的那一天的到来。到了那个时候，我们再把自然的法则如实地告诉他，同时向他指出：违背这些法则的人要遭受肉体和精神的痛苦，就是它们对人的惩罚。当我们把这个让人惊叹的生殖之谜告诉他的时候，不仅要让他知道自然的创造者让这种行为具有了快感，而且还要把这种行为是因为有专属的爱情才变得微妙一并让他知道。同时还要让他知道，这种行为当中还蕴含了许多关乎贞节的义务，它们让这种行为在达到目的时能获得双倍的快乐。婚姻在我的笔下，不仅是所有结合中最甜蜜的结合，也是所有契约中最不可侵犯的契约。所以，我会重点为下列问题给出答案：这种结合为什么这样神圣地受到所有人尊重？为什么任何敢玷污它纯洁的人就要遭到世人的唾骂和诅咒？我会告诉他，在这条看不见的路上，只要一不小心就会造成各种罪恶，从而让走在上面的人万劫不复。我将会根据真凭实据向他指出：只要崇尚贞洁，就能获得健康、精力、勇气、美德、爱情以及人类所有真正的财富。当我们已经让他希望保持贞洁，在我们把如何保持贞洁的方法向他讲述时，我认为我们将发现他会认真地倾听。因为，一个人只要贞洁还没有丧失，他就会珍惜它，只有已经丧失的人才会轻视它。

因此，有些说法是错误的，如说作恶是一种不可逆转的倾向，我们不仅不能让它受我们的控制，而且还会向它俯首称臣。奥尼列斯·维克多说过一件这样的事：为了能和克利奥帕特拉欢度一晚上，有几个喜爱女色到极点的人愿意牺牲自己的性命。患了色情狂的人，做出这样的牺牲确实不是怪事。但假设有一个疯狂到极点、无法控制自己感官到极点的人，当他看到别人在准备刑具，并且能够确定自己在下一刻钟就要在刑具下极其痛苦的死去，那么必然会立即拒绝这种诱惑，并且还会认为轻而易举就能战胜那种诱惑。原因在于，他接受诱惑的想法将被伴随诱惑而来的可怕的印象消灭，如此就不会再有这种想法了。我们完全是因为没有坚强意志才出现这个缺点的。事实上，对于我们一心想要实现的愿望，我们从来就有实现的能力。"有毅力就能克服困难。"我们无疑非常爱惜自己的生命，我们如何以和这种爱相当的恨去对待罪恶，那么，我们就能轻易地让自己不吃那有毒的美味佳肴，不去犯那只能获得片刻欢乐的错误。

在这件事情上，你对一个年轻人施行的所有教育为什么都徒劳无功呢？那是因为你施行的那些教育还不能被他那个年岁的人明白，何况你要想让不同年龄的人喜欢对他们讲的道理，一定要用一定的形式表述出来。如果有需要，你索性一本正经地讲出来，但要注意让你的话具备一种他不能不听的力量。只是枯燥地说一些话来抹杀他的欲望，对于我们来说是大忌。我们也不能引导他想象，而应该采取遏制的做法，以免让他的想象造成可怕的后果。应该要告诉他什么是爱，告诉他妇女是怎样一回事，讲快乐的事情给他听。在你和他谈话的时候，要让他能够从中发现能人开心的美妙的事物。此外，你还要想方设法让自己成为他的知己，因为你要想真正做他的老师，只有在他已经对你无所隐瞒的时候才能实现。因此，担心他讨厌你的话是没有必要的，与你要想说的话相比，他要求你告诉他的话要更多。

我如果按照这些原理做一些必要的准备，并且把这些应该告诉他的话，在爱弥儿的年龄达到这个紧要关头的时候告诉他，我毫不怀疑，在预定的时刻，他将急切地来寻求我的保护。当他发现危险遍布自己周身的时候，他将以他那个年龄特有的热情告诉我："我的朋友，我的看护人以及老师，你曾一度想放弃管教我，现在请你重新行使这一权力，因为我现在很需要你的管教。以前你只在我还没有足够能力的时候管教我，但现在我要求你行使这一权力，而我将会更加尊重它。请为我提供保护吧！保护我免遭周围的人的迫害，特别要保护我免遭自身陷害。为了让你自己的事业能和你的名字相配，请你关心你自己的事业。对于你的规矩，我非常愿意遵守，也愿意始终遵守。只要不是迫不得已，我都会始终服从你。因此，请让我免遭情欲的折磨，从而让我重新拥有自由。你要避免让我被那些情欲控制，让我能够自己主宰自己，让我不被自己的感官控制，而只遵从自己的理性。"

但是，如果你的学生已经做到了这一点，你还要注意：为了避免让他在认为你管束他太严苛的时候，抱怨你突然对他横加控制，从而认为自己有权利远远地躲开你，你也不可太相信他说的话。在这个时候，你应该谨慎地说每一句话，因为是他首次看到你以这种态度对待他，你的话对他会造成巨大影响。

你告诉他："年轻人，因为草率你做出了一些自己难以遵守的承诺。你其实应该先摸清楚一下情况再做出承诺的，因为人们曾被情欲无情地推入那以快乐的情景作为伪装的罪恶的沼泽。我深知你的心灵并不卑贱，但我同时也知道，你尽管不会违背自己的承诺，但是无数次后悔你做出这样的承诺。对于那个爱你的人，你将会无休止的漫骂，原因只是他为了让你免受那些即将到来的痛苦而不得不让你伤心。当希琳的歌声触动了尤利西斯的心弦，尤利西斯便让开船的人把自己身上的束缚解了下来。你同样也会迷失在快乐的表象里，想把自己身上的锁链挣脱。你将会埋怨我，并且次数会非常多，当我对你表示关心，你反而会怪我对你实行强制手段。为了让你幸福，我投入了所有精力，但最后却被你敌视。我的爱弥儿，如果你把我看成一个坏人，我将会肝肠寸断。即便我是为了让你获得幸福才面临这样的处境，所付出的代价也是我不能接受的。可爱的年轻人，你应该知道，因为你已经同意服从我，我才别无选择地教导你，别无选择地忘我地帮助你，别无选择忍受你的各种抱怨，别无选择地让我和你各自的欲望征战。比起你承受的东西，我承受的东西多多了。因此，在挑起这副重担之前，应该要仔细地衡量自己的力量，我们各自都拿出一些时间去考虑周全。我们确定我们遵守的承诺越是慢，我们的承诺便越能得到遵守，这一点你应该明白。"

同时，你还要认识到：你把承诺想得越困难，你越能很好地践行你的承诺。你必须让你的学生明白，他答应遵守的承诺非常多，而你答应遵守的诺言更多。当时机成熟，即他已经在契约上签上了自己的大名，你就应该换一种语调说话。你以前是尽量以严格的语调说话，现在应该让自己的语调尽量保持宽和。你这样对他说："我必须让你保持理智，因为你的经验还非常欠缺。现在只要你能够让自己保持头脑清醒，你就能够明白我有怎样的动机，因为你已经具备了这样的能力。最开始的时候，你应该听我的命令，然后才能明白我命令你那样做的动机何在。当你已经具备理解我的能力，无论在什么时候，我都可以把其中的道理讲给你听，而不需要担心由你来评判你和我之间的东西。你同意我并服从我的约束，而我也做出了一项承诺：对于你的这项承诺，我只会利用它来让你变得最幸福。那么我的承诺可靠吗？要想证明这点，你只需要拿你以前的生活来比较即可。只要你能够找出一个和你年纪相仿也享受同样幸福生活的人，我马上闭嘴，不再向你提及什么承诺。"

当我的威信已经确立，我马上就会想到怎样才能不使用这样威信。为了方便自己成为他正苦苦求索的知己和做决定的人，我想尽一切办法逐渐得到了他的信任。我不会阻碍他那个年纪的倾向的发展，不仅没有阻碍，为了控制那种发展，我还会去熟悉它们发展的情况。我想要指导他，就必须对他的观点了如指掌。那种以他当下的快乐为代价去追求某种遥远的幸福的做法，我坚决不做。他只能拥有短暂的快乐是我所不愿意看到的，如果有可能，我希望他永远沐浴在快乐之中。

为了防止年轻人陷入情欲，一部分人就正儿八经地对他说教，以求让他讨厌爱情。如果可能，他们巴不得让他在那个年龄一想到爱情就认为是在犯罪，就像只有老年人才该和爱情产生关联。这是一种错误的做法，同时也没有办法让人信服，而大家对此也是心知肚明的。因为受到一种可以相信的本能的驱使，年轻人有可能假装接受这种糟糕的教条，但在私下里，他会讥笑它们，只要有适当的机会，他就会把它们抛在脑后。同时，这种教育的方法也是和自然背道而驰的。我采取一种相反的教育方法，达到目的的把握反而更高。如果这让他的心中产生了自己期盼已久的爱情，我也不会感到恐慌，我要把爱情描绘成生活中最大的快乐，而事实上爱情也的确是生活中最大的快乐。我是为了让他对爱情认真才这样描写的，我将会让他认识到：当两颗心合二为一，人就会因为感官的快乐而迷醉。如此一来，他将会轻视浪荡的行为。我要让他成为一个情人，但也会让他同时成为一个好人！只有狭隘的人才会认为年轻人不断增长的欲望是理性教育的阻碍。在我看来，要想让他顺利的服从理性教育，这种欲望恰好是一种工具；要想控制欲念，我们只能同样以欲念去克服才能实现。我们必须对它们的力量充分利用，以求抵挡住它们的残暴；要控制它，我们应该从天性的本身去寻找合适的工具。

爱弥儿来到这个世界上，并不是为了永远一个人生活，作为社会当中的一分子，他要完成社会赋予他的义务。他是要和其他人共同生活的，既然如此，他就应该了解他们。他对人类已经有了一个大概的了解，但他还有一个任务：对每个人进行了解。关于人在世界上需要做的事情，他已经非常清楚，但还有一点他也必须知道：人在世界上应该怎样生活。对于这个巨大的舞台，他已经知道里面的具体情况，现在，已经应该把外面的情况告诉他了。如此一来，他就不会像一个莽撞的年轻人一样对它满含艳羡，而是凭借自己的价值观去辨别认清它。他无疑会受到情欲的摧残，任凭情欲控制自己，当然会受到它的摧残。但是，被别人的情欲欺骗，对他来说是绝对不可能的。倘若别人产生了情欲，而且被他所看见，他将会以智者的眼光去看待他们，而不会模仿他们，也不受他们偏见影响。

　　一个人一生中有一个年龄段是适合用来研究社会习惯的，这也和一个人一生有一个年龄段适合用来研究学问一样。对于这个习惯，一个人了解得越早，他就越会不加审慎地予以遵守。所以，他按照这个习惯做事，对那些事的意义始终是不知道，尽管他遵守那个习惯遵守得很好。反过来就不同了，一个人如果对这种习惯既了解明白其中的道理，在遵守的时候又有所分辨，才能够遵守得更好和更诚挚。你不妨做一个实验：交给我一个还是一张白纸的十二岁小孩，等他到了十五岁的时候我再还给你。到那个时候，我敢保证，较之于一个从童年时期就受你教育的孩子，他学到的知识并不会更少，除了你的孩子更多的是把知识记在心里，而我的孩子是把知识表现在判断上面之外。相同的道理，一个已经进入社会的二十岁青年也能用这个方法教育。只要我们教导有方，只需要一年，他一定比一个从幼年时期开始就一直生活在社会环境当中的青年更慷慨和讨人喜欢。因为他已经具备了分辨情况的能力，已经能用与社会习惯相符的方法来对待年龄、地位和性别各不相同的人。而另外一个青年却整天只在亦步亦趋地做事，因而当没有了可遵循的方法，他就会不知道该怎么办才好。

　　在法国，所有的少女都是在修道院受教育的，直到结婚。我们应该了解，对于这些她们认为很新奇的方法，她们是难以理解的，同时应该了解，我们不能把巴黎的妇女那样窘迫和不了解社会习惯归咎于她们没有从小就在社会中生活。这种偏见的产生，是男人本身造成的。他们不知道这只是一个微不足道的理由，除了这个理由，还有更重要的原因。也正是因为这样，他们才形成一种错误的看法，认为早早进入社会就能了解社会。

当然，等的时间太长也是不适合的。无论是谁，如果在与世隔绝的地方度过自己的全部青年时期，那么当他以后进入社会，就会始终一副拘束的模样，不能得体地说话，动作行为也很生硬，就算他已经习惯了社会生活，对于这些表现得不那么理想的地方也会始终无能为力，反而越改越不得体。教导任何一件事情，都要在一个恰当的时间点进行，同时将它可能带来的危险尽量避免。但我决定不让我的学生在没有任何防范措施的情况下冒这种危险，何况我们现在教导的这件事情是那样危险。

如果我的方法能满足以下条件，我就会认定它是一个良好的方法，并且认定我有很好地运用它：能够完成一个固定的任务；在避免一个困难的同时，又能够防止产生另外一个困难。就当下这件事而言，我依照我的方法就是这样做的。在面对我学生的时候，如果我态度冷淡且严酷，他们就不会再信任我，过不了多久，他们就会逃避我。但是，我如果每件事都依他，或者听之任之，我也算不上他的保护人。我使用自己的权威，完全是在他无理取闹的时候施行的，我是以自己的良心去挽救他的良心。如果我让他进入社会完全是为了教育他，那么他就能得到比我预期更多的教育。而如果我让他始终与世隔绝，他无疑从我这里什么也学不到。他或许学到各种书里的知识，但是却无法学会和他的同伴一起生活，而后者是每个人和每个公民都要学会的东西。但我也不能在这方面教育他太早，否则只会让他无视我的话，要知道无论是在什么时候，他只会注意眼前的东西。我并不会仅仅只让他获得快乐，因为那样对他没有任何好处，只会让他一天比一天沦落，并且无法受到任何教育。

我的目的并不是要按上述方面做，而是为教育他而做好各种准备。我将告诉这个年轻人："你需要一个女伴。让我们去为寻找一个适合你的伴侣而努力吧！因为这个世界上并没有那么多优秀的人，所以我们找到她并不容易。但是我们要无惧困难，并且要保持耐心。这样一个真正优秀的人无疑是存在的，到最后我们总会找到她。最不济我们也能找到一个和她差不多的人。"当我采取这样一个让他充满希望的计划时，他就能够被我带入社会。我已经无须再讲更多，想必你已经发现，我把一切都说得明明白白了。

当我把为他寻找的情人的样子告诉他时，你想他会不会听我的话呢？会不会认为我讲的品质确实可爱呢，会不会明白自己应该追求和远离哪些情感呢？答案是肯定的！我并不愚蠢，因而不可能也无法让他预先知道希望找到一个怎样的人。无可否认，我向他描述的对象来自于想象。但这无关紧要，只要能够让他讨厌那些引诱他的人，能够让他处处进行比较，从而能够宁愿要自己幻想当中的人而不要眼见的人，就已经足够了。因为，真正的爱情之所以有价值，就是由于它是虚构和幻想的。同我们追求的对象相比，我们想象的人总是更加可爱。倘若有一天，我们发现自己所爱的对象也就是那么回事，那么爱情就不存在于这个世界上了。倘若有一天我们不再爱下去，即便我们所爱的人没有变，我们也会觉得她并不可爱。当庄严剥落，爱神就会消失。当我描绘想象的对象，我也会同时进行比较并做出判断。如此一来，我就可以毫不费力地避免他对真正的人物产生幻象。

那么我会因此就向青年人描绘一个完全虚构的完美的美人吗？我绝不会这样做，我绝不会用这个办法去拉拢他。然而，在为他的情人挑选缺点的时候，我是会这样做的。我会使她的缺点适合于他，并且为他所喜欢，同时以她的缺点去改正他的缺点。我也不会欺骗他，我描绘的人本来不存在，我不会硬说存在。但需要指出的是，如果他喜欢我描绘的样子，他就会很快希望得到一个这样的真实的人。从希望到想象，其间只有一步之遥，原因在于：只要你能够描绘得惟妙惟肖，把特征凸显出来，就能够使他想象的人物极其接近真实。更有甚者，我还会为这个只存在于头脑当中的取一个名字。我会笑着告诉他："你未来的情人，我们给她取了一个名字，叫'苏菲'。苏菲是一个吉祥的名字。如果你选择的对象并不叫苏菲，那么她至少要能配得上我们叫她苏菲。这样一个荣耀的名字，我们可以预先给她。"当讲了这些话，如果我持不置可否的态度，而是谈一些别的事情，那么就会让他坚信自己的怀疑。这样一来，他就会认为我们是在故意告诉他将来的妻子，并且认为等到时间适合，他就会看到她。只要他能够这样想，并且我们能够对向他描绘的特点进行仔细的选择，其他的一切就不再是问题。即便我们让他流连于社交场合，他也不会有什么危险。我们需要做的，只是防止他的感官受到损害，因为他的心始终是很安全的。

对于这个我向他描绘的可爱的美人，即便他不把她想象成某一个人，只要对她的描述是很清楚的就够了。因为这样，他既不会减少对与它相似的人的爱，也不会疏远那些和它不像的人，在他的眼里，那个美人已经与真人无异。这个方法是非常方便的，我们如果采用这个方法，就可以保证在他身体面临危险的时候内心不面临危险，并且可以以他的想象去控制他的感官，让他免遭那些女人的诱惑。那些女人的动机是险恶的，为了让他学会这些知识，她们要求他付出惊人的代价，她们是在用他的诚实来换取他的礼貌。而苏菲却是一个非常普通而淳朴的人！因此，你设想一下，当其他妇女向他走来，他会怎样看待她们呢？他无疑会反感她们的那种神态，由于她们和他想的相差甚远，他永远都不会受到她们的不良影响。

那些主张约束孩子的人，他们之所以会有那样的看法，完全来自于相同的成见和教条。他们既然都没有能够深刻地观察孩子，当然也不可能对孩子们有正确的想法。青年人为什么会走向一条错误的道路呢？不是他们的体质和感官的发育导致的，而是因为别人的成见所导致。如果有几个在学校住宿过受到过教育的男孩子和在修道院受到教育的女孩子在这里，我可以当着他们的面证明这一点。我之所以敢这样说，是因为恶习会是他们最开始学到的东西，也是他们唯一能够学会的东西；他们的天性无损于他们，让他们受到损害的是大家的做法。对于那些寄宿在学校和修道院的男女孩子，我们现在已经不必去管他们，就让他们去受那不良风气的影响吧，因为他们已经病入膏肓了。在这里，我仅仅谈一下家庭教育。假设有一个年轻人，他在远离他父亲所在省份的另一个省的家里受到过良好的教育，那么，当他到了巴黎，或者到了社交场合，他会有怎样的表现呢？他无疑会只想正当的事情，理智和思想也会非常健康。他还会轻视罪恶的事情，恐惧纸醉金迷的生活。只要一提到娼妓，他的双眼就会流露出一种天然的憎恶感。对于妓女们的目的和困窘遭遇，如果青年人已经有所了解，我毫不怀疑他们会拒绝进入那些不幸之人的昏暗的房间。

当你六个月之后再来看这个青年，你会惊奇地发现，你已经对他感到陌生。除了能从他向你自嘲自己过去多么中规中矩和他告诉你他因自己原来是一个质朴的人而感到惭愧，看出他仍然像个青年。当你看到他言语是那样放荡不羁，一派轻浮的模样，还会以为见到了另一个人。在这样短的时间里，他居然就成了这个样子，居然发生这样突然且巨大的变化，原因在哪里呢？是因为他体质的发育吗？但他在他父亲的家庭中也是这样发育的啊！我们可以确定，在以前他并没有以这样的语调说话，也没有用这样的言辞。这并不是因为他的感官已经开始体会到快乐的滋味。当他独自一个人寻找快乐时，心里是感到害羞且不安的，他会逃避光亮和嘈杂的人声。最开始的几次肉体的欢愉总是充满神秘性的，同时因为一颗贞洁的心而变得趣味盎然，而那颗贞洁的心，也因此而想隐藏它们。在碰到第一个情人的时候，他只会感到害怕，而不会变得放浪。这种无比新奇的情景，将会让这个年轻人目眩神迷。而他为了让这种情景得以保持，总是会不声不响地享受。如果他到处去宣扬这些事情，那么足可说明他就算不是一个色鬼，也不是一个专情的人。他吹嘘得越厉害，就越体现他不懂爱情的乐趣。

之所以会出现这种前后判若两人的情况，是因为思想方法发生了改变，他尽管仍然保持着原来的心。他的感情开始是以缓慢的速度在改变的，但到了最后，因为思维方法发生了改变，恶意不得不随之改变。至此，他就成了一个彻底沦落的人。在才进入社交场合不久的时候，他就受到了一种和他原来的教育截然相反的教育。这导致了他轻视以前看重的东西，转而看重他以前不屑一顾的东西。因为受到别人的影响，他将把他父母和老师的教训看成是过时的东西，认为他们教育他应该遵守的那些义务只适合小孩，而他现在既然已经是大人，自然可以无视这些规矩。他会认为，必须要改变自己的做法以让自己变得体面。即便他没有这种想法，也会变得无法无天，什么事情都敢做，如果不这样，他反而认为没什么意思。在对善良的习惯还一无所知的情况下，他就已经看不起那些习惯了。纸醉金迷的生活让他引以为傲，但他却不知道，自己已经逐渐变成一个轻浮的人。一个瑞士卫队的军官曾说过一句让我至今忘记的坦率的话。他说他对他伙伴们的那种放荡的生活感到不满，但是因为怕被他们嘲笑，又只得和他们沆瀣一气。他告诉我："同我不喜欢卷烟也得跟着抽烟一样，我和他们一起去花天酒地。时间一长，就能够体会其中的滋味了。毕竟谁都不能总是像一个孩子。"

因此，对于一个才进入社会不久的青年来说，不需要担心他陷入色欲，真正需要担心的是他被虚荣影响。因为当他进入社会之后，他将会被别人的喜好同化，而不是坚持自己的喜好。他是因为一种狂妄的心理才变得这样放荡的，而不是因为爱情。

如果这一点成立，那么我就要问：在抵抗所有可能伤害他的道德、情操和元气方面，同我的学生相比，还有谁的学生武装更好，更能抵抗暴风雨的冲击？因为他对所有诱惑都是有抵抗力的。倘若因为欲念的驱使，他去接近妇女了，也无法在她们当中找到自己追求的人。这又是为什么呢？由于自己的心已经有归属，他将会和她们保持距离。就算他的感官已经让他意乱神迷，不能自已，他也会尽量克制。当他一想到奸淫和嫖妓的危险后果，他就立刻离娼妓和已婚女子远远的，因为他知道，青年人之所以会花天酒地，通常是由这两种女子牵头引起的。一个女子如果没有结婚，即便很轻佻，面皮也一定非常薄。即便有一个青年男子认为她很理想，想让她做自己的妻子，她也不会主动去投怀送抱，况且她还有监护人。爱弥儿作为一个这样的男子，也不会让自己的情欲控制自己。他和她最起码是畏惧和羞怯的，因为这种心理是伴随着最初的欲念而来的。猛然亲热到如火如荼的地步，对于他们俩来说是绝对不可能的，甚至逐渐亲热起来也做不到。如果情况不是这样，那就说明他已经和他的玩伴一样了，已经和他们一样嘲笑自己的节制，强迫自己像他们那样。但他是一个最讨厌效仿别人的人，既没有自己的成见，也不会受别人成见的影响。一个这样的人，自然不会只听到别人的嘲笑就改变自己原来的样子。在培养他抵抗别人的嘲讽的问题上，我已经投入二十年时间，因此，他们短时间内是没有办法迷惑他的。在他的眼里，嘲笑仅仅是一种愚蠢者的语言，他已经知道，想要不受别人嘲笑的影响，就要对他们的成见不屑一顾。要想让他动心，非采取讲道理的方法不可，而不是嘲笑。只要是讲道理，因为我有良心和真理做保障，就无惧于轻浮的年轻人将他同化。就算很不幸，他产生了成见，二十年的感情也不会完全是个摆设。无论是谁都没有办法让他认为我曾经拿过一些毫无价值的教育让他吃过苦头。一个忠实的朋友的声音，将击败二十个引诱者的狂吼，所依仗的就是一颗正直且满含感情的心。现在的任务，只是为了让他明白自己有被他们欺骗，让他明白他们明面上是以成人在看待他，但实际上仍然认为他是孩子。因此，为了让他明白把他当成人看待的只有我，我在说话的时候必须要语气恳切严肃。我会告诉他："我说这番话的原因，是因为我的快乐是建立在你的快乐之上的，我也只能这样说。但那些年轻人之所以要来规劝你，是因为他们想要诱惑你，而不是因为爱你或关心你。陷害你是他们的唯一的目的，因为他们不如你高尚。他们想让你自暴自弃，直到像他们一样身份低微。他们是因为自己想管束你才责备你听我的管束的。你可以自己问自己一些问题：让他们而不是我来管束你是否更好？他们的能力是否更高？他们对你一天的感情，是否要超过我对你的感情？他们要说自己的嘲笑有道理，就必须拿出真凭实据。他们要说自己的行为准则好过我们，也要拿出真凭实据。事实上，他们只是在模仿其他的纨绔子弟。现在，他们又要你效仿他们了。为了让自己不受他们嘴里的父亲的偏见束缚，他们就采取了一个办法：听从他们伙伴的偏见。他们这样的做法，我实在看不出有任何作用！但是有一点我可以确定，他们将失去父母的爱和经验。众所周知，父母的忠告往往是很真挚的，而我们能够判断自己所知道的事物靠的也是经验，父母都经历过小孩的生活，而小孩却未经历过父母的生活。

"但亲爱的爱弥儿，他们其实并没有按照他们那些不合常理的说法做事，为了蒙蔽你，他们也欺骗了自己。他们说和做是不统一的，他们的虚伪被他们的心不断暴露出来。在他们当中，有些人是以取笑老实人为乐的，但如果有谁以同样的方式去对待他的妻子，他就要抓狂了。他们当中有些人是无视道德的，情况严重的，对于自己未来的妻子是否道德也毫不在意，或者不重视自己已经结婚的妻子行为道不道德。但如果涉及他们的母亲，你不妨问问他们，是否愿意为了更改姓名而盗取别人家直系继承者的财产，而去做一个行为放荡同人通奸的女子的儿子，是否能够无动于衷地被别人当私生子。他们当中，也不会有人愿意让自己的女儿遭受他让别人家女儿遭受的同样的命运。如果你让他们自己去实践他们教你的那些方法，他们谁都会想弄死你！从这一点就可以看出，他们是心口不一的，他们说的话，连他们自己也不相信！而这一切就是我要讲述的道理。如果你认为他们也有自己的道理，亲爱的爱弥儿，你不妨把他们的道理思考一番之后，拿过来和我的道理进行比较。如果我也和他们一样，对他们采取嘲讽的态度，你会发现他们捉襟见肘的地方比我更多。对于严苛的考验我向来无所畏惧，讥讽别人的人只能获得短暂的胜利，真理永远不会变为谬论。用不了多久，他们不可一世的笑声将会消失得无影无踪。"

当爱弥儿长到二十岁，你认为他已经不可能再像以前那样顺服，但我的看法恰恰相反。我认为他最难管理的时间段是在十岁，因为在他十岁的时候，我没有可以控制他的事物。我是花了整整十五年才获得我目前对他的控制的。其间，我并没有对他施行教育，而是在为他接受教育做铺垫。他现在之所以这样温顺，是因为他受到的教育已经足够。友情这一事物，他已经有所了解，同时已经学会服从理智。乍一看，我似乎并没有管束他，但事实却刚好相反，他被牢牢地控制着。因为他愿意受我的约束，所有他其实受到了最严格的约束。以前我之所以一步也不敢离开他，是因为我只能控制他的身体而不能控制他的心。现在在某些时候，我已经不再跟着他，而是让他去按照自己的意愿行事，原因当然是我始终有控制他。离开在即，我抱住他，并信心百倍地告诉他："爱弥儿，我把你交给我的朋友代为照看，他的心是无比诚实的，你的一切都将由他承担责任。"

将一直健康的感情破坏，将产生于理性深处的准则抹掉，不是一朝一夕能做到的事情。在我离开的那段时间，如果情况发生了变化，他也不可能对我隐瞒一切，不可能在危险发生之前让我无法看出端倪，或者无法做出及时补救，因为我离开的时间并不长。他也不可能把骗人的把戏骤然学会，因为他还没有到达猛然变得极其堕落的地步。在所有人当中，如果真有这么一个人，对欺骗的手段完全不在行，那这个人就是爱弥儿，原因是他还从来没有碰到使用这种手段的机会。

我毫不怀疑，当他受到了这些教育，完全可以不被奇异的事物和低俗言辞所污染。所以，较之于让他独自留在自己的房间或花园，被他那种年纪的焦虑的心情笼罩，我宁愿让他去巴黎最不招人待见的地方去。或许他会被一切有可能给青年带来危害的敌人的攻击，但他并不会受到伤害，他自身是他唯一需要提防的敌人。事实上，完全是由于我们所犯的错误，这个敌人才拥有那样强大的力量。这并不难理解，我已经多次说过，我们的感官之所以会蠢蠢欲动，完全是因为我们想象的刺激。肉欲算不得一种身体上的需求，因此不能说它是一种真正的需求。倘若我们目不见淫秽的事物，心不生污秽之念，这种所谓的需求，我们是感觉不到的。如此一来，即便没有别人的指引，自己也没有努力修养过，我们也能够一如既往保持贞节。青年人血液中为什么有那样强烈但潜藏的骚动，个中原因人们是不知道的，他们甚至也不知道他们什么会忧虑不安，看不出这种不安的心情很难平静，即使平静了以后也会重新产生。而我对这个关键时刻以及它直接和间接的原因思考越多，就越坚定一种看法：一个成长于荒野的孤单的人如果什么书都不看，什么教育都不受，什么女人都不接触，即便他活到一百岁才去世，他临死的时候仍然会是贞洁的。

然而，这样一个原始人并不是我们在这里谈的话题。我们在众人之中为社会培养一个人，就是为了把他放在一种糊里糊涂的环境中培养的？完全不是，我们不可能这样做，也不应该这样做！况且追求知识这回事，情况再糟也只是让一个人变成半吊子。在我们一个人的时候，我们的脑海将会浮现我们的眼睛看到的事物的记忆以及我们获得的观念，这使得我们无可避免地产生了许多比真实事物更诱人的印象。所以，同过惯了孤单生活的人能从独处中获得好好处一样，心中抱有上述印象的人也会因独处受害。

所以，对于青年人的行为，你要细致观察。他固然能让自己免受别人的危害，但是你有义务避免让他被自己伤害。白天也好，晚上也好，你都不能离开他，并且要睡在他的房间。在他并不十分困的时候，你就不要让他睡觉，等到他以醒过来，你就要要求他立即起床。只要你教育他本能无法企及的事物，他就会对他的本能产生怀疑。要知道，他的本能在他一个人的时候尽管能起到好的作用，但在他进入社会之后就会不再管用。然而我们不能把他的本能消灭，而是应该控制它，控制它的难度甚至要高过消灭它。这样的危险只要降临在他身上，哪怕只有一次，他就会被彻底毁灭，从此之后，他的身心也会不定时地受到伤害。这样的一个习惯，可以说是一个青年人能沾染的所有习惯中影响最坏的一个，即便等到他离开世界的那一天，他仍然会有这个习惯。最理想的情况当然是……亲爱的爱弥儿，如果你对那激烈的情欲无可奈何的话，那么我就认为你非常不幸了。然而，为了避免让大自然的目的落得一场空，我也会果断做出决定。如果你需要一个残暴的人才能制服，由于我有救出你的能力，我宁愿把你交给他。同从你的自己的手里挽救你相比，从女人的手中救出你无论如何都更加容易。

他在二十岁以前的精力不会有剩余，因为他的身体从来就没有停止过成长。所以在这个时期节制情欲是自然法则的结果，逆此而行就必然会让身体受到损害。当过了二十岁，克制情欲就具备了另外一种性质，成为一种教育一个人怎样约束自己，怎样主宰自己的欲望的道德行为了。不过道德行为也并非一成不变的，它也有特殊的情况，有着自己的法则。对于两种伤害，如果我们因为人类的缺陷必须二选一，我们总会两害相权取其轻。这是因为与其染上一种不好的习惯，我们宁愿做错一件事。在这里，我不仅是在说我自己的学生，也是在说你的学生。因为你的原因，他的情欲激荡不已，这也使得你完全没有了管束的能力。于是，你就索性放任不管了，并且在明面上承认了他的胜利和你的失败。如果你把他胜利的情况一五一十地告诉他，你认为他会感到骄傲吗？不会的，他只会感到耻辱！如此，在他误入歧途的时候，你就取得了指导他的权利，如此，他最起码不会被完全败坏。无论学生做什么事情，即便是在干坏事，老师也应该将事情了解得一清二楚，并且加以监督。同被学生欺骗和学生做了坏事自己完全不知情相比，老师同意学生做一件错事或自己做一件错事要好很多。一个人，如果想对某些事情放任不管，用不了多久他将发现，他对任何事情都只能完全放任。你如果在他首次做坏事的时候不管，他就会再次铤而走险，如此循环往复，到了最后，这个秩序都将被破坏，所有法规都将被违逆。

还有一个做法也是错误的。我曾经抨击过这个做法，但缺乏广阔胸襟的人仍然不长记性。这就是老师们经常装出一副老师的威严，以求让学生成为一个完人。事实上，这样做得到的完全是相反的结果。他们当然不会了解，他们的威信正是因为他们想建立自己的威信而毁坏的。他们当然不会了解，他们应该一开始站在听话人的立场考虑问题，听话的人才会愿意听他们讲的话。要让别人感动，必须要让自己的行为合乎情理。完人是不能感动别人的，也无力让别人听从于他。因为自己没有情欲，所以由自己去克制学生的情欲非常容易，是大家通常的一种看法。但是你如果想把你学生的弱点加以弥补，你就应该也让他看你的弱点，让他在你的身上体验到斗争。如此一来，他就会像你一样克制自己，而不是说和别人同样的话："这个老家伙，他自己不能过年轻人的生活就算了，居然想把青年人也看成老年人。他自己没有情欲，就认为我们的情欲是一种犯罪。"

蒙田说过这样一桩事情，他曾经问了德朗盖爵士在和日耳曼人谈判的时候，为了帮助国王，有多少次是醉醺醺的。对于某个青年的老师，我也要问一个问题：因为他学生的原因，他曾经去了那污秽的场所几次？事实上我说几次并不正确，如果他的那个浪荡公子在第一次的时候没有决定不再去，如果他依然我行我素，毫无悔过羞愧之心，并且没有在他面前泪如雨下，那么他就应该果断离开那个人。他其实已经成了一个异类；如果你还要在他身边，那就是一个不折不扣的傻瓜，因为你对他再起不了任何作用。但我们无意用这些极端的方法，原因如下：这些方法不仅会带来不好的后果，同时还非常危险，它们并不需要应用在我们这种教育当中。

一个青年人尽管有着很好的天性，但如果要让他接触这个时代的不良风气，我们在这之前仍然要做许多周密的准备工作。做这些工作并不轻松，但是却无可避免，因为如果在这方面稍有差池，一个青年就会被败坏。有些人正是因为在少年时期做了不道德的行为，才会后来开始沦落，然后变成今天这般模样。由于失掉了精气的身体早已经被腐坏，而余下的精力已经不足激起他们的精神，在不道德的行为中，他们已经变得性情疏懒和卑俗，并且胸怀非常狭隘。他们样子滑稽，而这正说明了他们没有一颗坚强的心。伟大和高尚的情感，他们是从来体会不到的。天真和活力已经远离他们而去，无论做什么事情，他们都非常低贱，并且很招人讨厌。他们唯一能做的工作，是当小混混和当骗子，让他们去做盖世大盗，他们也缺少相应的勇气。一个人如果在年轻的时候沉迷于色欲，以后就会变成这样一副可鄙的模样。在他们当中，如果有谁懂得裁节自己的行为，即便和他们在一起打闹，也能保证自己的内心，自己的性情和德行不受到他们的影响。等到了三十岁，那些小人就会败在他们脚下，如果他想控制他们，其容易程度甚至超过控制自己。

爱弥儿如果想成为这样的人，是非常容易就可以做到的，不论他有着怎样的出身和命运。然而他是不屑于去使唤他们的，因为在他的眼里，他们太一文不值了。由于他进入社交场合是为了认识这个场合，以便在其中找出一个适合自己的伴侣，而不是在里面引人注目，我们现在来看看他将在他们中间保持一种什么样子。

他始终都能让自己保持质朴和低调，不论他出生在什么样的家庭，不论他在一开始进入的社交场合是什么样的。希望上苍保佑他不要在社交场合太优秀。他并不具备那些初看很优秀的品质，也没有拥有那种品质的愿望。别人的语言无法影响他，因为他根本不在意别人怎样说，如果别人对他还尚不了解，他就不会在乎别人是否尊重他。在和别人见面的时候他是自然而真诚的，始终都能保持不卑不亢。拘谨根本不存在于他的词典，他也不会变得装模作样。他能够保证自己在众人之中和单独相处时一个样。但他也并不会因此而变得粗鲁和目空一切，在一个人的时候他既然能够尊重别人，那么和他们在一起的时候自然也会对他们保持尊重。他是故意保持自己的本来面目而不学他们的，这就是他认为他们并不比自己做得更好！但他也不会轻视他们，轻视这一特点在他身上压根就不存在。你尽管可以说他不懂得表面的礼节，但他对人和人之间的关心是非常在行的。看到别人遭受苦难，他的确于心不忍，但他不会虚伪地把自己的位置拱手让人。然而，在某种情况下，他又会好心好意让出自己的位子，这就是他看见了一个人被别人轻视，而且他发现这个人确实因此而伤心难过。这个时候，他就会把自己的位置让给他。这并不难理解，同看着别人不得已站在那里相比，我的学生会认为自己站起来把位子让给对方更舒心。

就主要方面而言，爱弥儿不会仰视别人，但也不会轻视他们，其原因是，他非常同情和关心他们。如果他无力让他们领会真正的善，为了避免让他们变得更坏，他也会让他们保持他们喜欢的口头的善。所以，以下几点他都可以做到：不和他们争论，也不反驳他们；不对某人曲意逢迎，也不对某人溜须拍马；在表达自己看法时，也允许别人发表自己的看法，因为自由是他的至爱，而自由最好的表现形式之一就是坦诚。

因为不喜欢引人注目，他很少说话。这也决定了他如果要说话，就只会说有意义的事情。爱弥儿是非常有教养的，因此绝不会成为一个聒噪不休的人。而我们为什么会喋喋不休呢？原因有二：一是我们拥有我在后面即将谈到的自命不凡的心理，二是计较一些无关紧要的事情，错误地认为别人也和我们一样重视这些事情。一个人如果已经充分地了解事情的真实的情况，从而已经能够准确地估量它们，定然不会说太多的话。原因在于他能够同时做出两个判断，一是确定别人是否会注意听他的话，一是确定别人是否会对他的话感兴趣。整体而言，一个人的知识越少，讲的话就越多，反之亦然。道理非常浅显，知识缺乏的人，总是认为自己知道的事情是重要的，应该逢人便讲。一个教养很好的人则不会这样做，他不会轻易地把自己的学识展现出来，他固然能讲很多东西，但因为知道自己还有许多东西讲不好，因此就会保持沉默。

爱弥儿不会抵触别人的礼貌态度，相反还会顺着他们的礼貌去做。这样做并不是为了表现自己对那些规矩非常了解，当然也不是为了假装文质彬彬，而是因为害怕别人注意他，以及看出他的卓尔不群。因为只有在不引人注目的时候，他才感到舒服。

他虽然已经进入了社交场合，但对于应该怎样做，他还完全是个门外汉。然而即便如此，他也不会感到局促和畏惧。他仅仅是因为不能让别人看见自己以求认真观察别人，才隐藏在别人后面的，而绝对不是因为拘束才那样做。他既不在意别人的眼光，也无惧于别人的嘲讽，这也让他经常能保持一颗平静的心和一个清醒的大脑，从而避免因为多余的忧虑而让自己感到不安。他只是一如既往地尽全力去做，而不在意别人是否会注意他，因为能够始终认真地观察别人，他同时还能够准确地判断出他们那样做的意义。被庸俗的看法所蒙蔽的人，是做不到后面一点的。我们不妨这样做：他正是因为对他们的做法不以为然，才能迅速地看懂他们的做法。

把他的风度和那些花花公子的风度进行比较是一种错误的做法。他的表情固然平淡，但并不是目中无人，他的态度固然从容，但是并不眼高于顶。只有奴仆才会一副粗暴的模样，独立自主的人绝不会装模作样。一个有着高尚心灵人把高尚通过言语表现出来，这样的事情我还从来没有见过。只有拥有一个邪恶的心和空虚的人才会装腔作势，因为他们唯一可以表现的东西，就是这种神态。在一本书①上我看到过这样一个故事。一个外国人某天走到著名的舞蹈家马赛尔的客厅里。马赛尔问他："你是哪个国家的人？""英国人！"马赛尔接着说："你是英国人，你是从那个公民可以参与国家大事，公民是主权的一个组成部分的岛国来

---

① 参见法国哲学家爱尔维修（1717—1777）的《论精神》第2篇第1章。——译注

的吗①？但是先生，我认为你只是一个表面上称作选民的奴隶，因为你是低着头的，目光非常羞怯且局促不安。"

这些话是否表明他非常了解一个人的性格和外表之间真正的关系？对于这个问题我并不清楚。我没有舞蹈大师那样的身份地位，但我的看法恰好相反，我会这样说："说这个英国人是一位阿谀奉承的人绝对是错误的，阿谀奉承的人低着头并且局促不安的事情我从来没有听说过。一个在舞蹈家的客厅里表现很害羞的人，并不代表他到了众议院也是这个样子。"有一点已经确信无疑，在这位马赛尔先生的眼里，他自己国家的所有人都已经成为罗马人了。

我们在爱别人的时候，同时也希望得到别人的爱。爱弥儿对他的同伴是满含爱意的，但他也想得到他同伴的爱。除此之外，因为他的年龄、他的品德和他的目的的促使，他还想被妇女喜欢。我为什么要说到他的品德呢？因为在这方面，他的品德将大有用武之地。真正尊重妇女的人，是那些有性格的人。他们不会模仿其他人机械似地说一大堆讨欢心的轻浮话语，在他们的身上，有一股由内而外散发的无比真实和温柔的热情。如果一个有品德和自制力的人同一些花天酒地的人站在一个青年妇女身边，那些人即便成千上万，我也可以轻易地认出他来。如此一来，我们就可以想象爱弥儿会怎样表现了，他的心是那样炙热，但同时又那样能够抵抗欲念和理智。为了接近她们，在某些时候，我不怀疑他会感到羞怯不安，但她们绝不会因此就讨厌他。一个女人，只要心术不坏，绝大部分情况是会认为这种样子是可爱的。不仅如此，她还会想方设法让他更靠近这种样子。另一方面，随着对方身份的不同，他那人情的表现也会相应改变。如果那个女子已经结了婚，他的表现是稳重而尊敬的；如果那个女子没有结婚，他就会表现得温柔而活泼。无论在什么时候，他

---

① 那个外国人这样说，就好像是在说这样一件事：有些公民并不是市民，他们不能以这样的资格参与主权。但对于公民这个光荣的、以前是高卢人的城市市民的称号，法国人认为自己是有资格享受的。在把这个称号拿过来之后，法国人把它包含的观念做了改变，以至于我们再也无法明白它的意思。在最近这段时间，有一个人写了许多荒谬的文章批评我的《新爱洛漪丝》，同时还以"潘伯夫的公民"作为文章最后署名的一部分；他似乎认为这样做就向我开了一个风趣的玩笑。——原注

都会牢牢记住自己寻求的目标，只有和他的目标相似的人，才会是他注意的对象。

要说到体面地依照自然的秩序和良好的社会秩序对人表现自己的尊重，爱弥儿可以说是做得最好的。他在顺序上也是有讲究的，始终都是先按自然的秩序去尊敬人，然后再按社会的秩序去尊敬。身为社交场合年轻人中的一分子，他极其谦虚的态度是贯彻到底的。这倒不是因为他想装出一副谦卑的样子，而是因为他有一种以理性作为基础的自然情感。那些假装聪明的年轻人，尽是一副目中无人、知道一切的样子，为了讨同伴欢心，说起话来声音甚至盖过聪明而有见识的人，在和老年人谈话的时候，通常会截断对方的谈话。这副模样，在爱弥儿的身上绝不会出现。路易十五曾经问过一个老年绅士一个问题。他问他："你是喜欢你那个时代，还是现在这个时代？"老年人回答："陛下，在我年轻的时候，我对老年人是处处尊重的。现在到了老年，我必须对年轻人也处处尊重。"如果是爱弥儿听到这番话，他并不会认为这个老年绅士说的话正确。

他能够顾及人的方方面面，但从来不受一般的俗见影响。他非常愿意让别人快乐，但又不在意别人是否看重他。所以，他无疑是一个很懂礼数的人，一个真诚待人的人，不会高傲和装模作样，同你对他说一大堆恭维的话相比，你如果关心他一次，他会更加容易被你感动。因此，他对自己的仪表和言行举止也是很在意的。更有甚者，他还可能注意自己的穿着，这当然不是因为他想装得高雅，而是为了让自己的仪表更加漂亮。但他没有必穿华丽的衣服，让那样的衣服损害自己的风度，是他决不允许的。

但这些都并非来自我的教育，而是他幼年时受到的教育的结果。社会风气，已经被大家弄得神秘兮兮，就好像一个人到了应该懂的年龄，也没有办法自然地懂得，就好像一个诚实的人根本就没有了解风气的基本法则。对人心怀善意，才是真正的礼貌表现。一个人只要心怀善意，想要表达自己对人的礼貌轻而易举。在表面上装出一副懂礼貌的样子的，只有那些居心险恶的人。

"让人们根据习俗引以为标准的道德去做事，是习俗的礼貌的最大弊端。当我们受到教育，如果连人道和善意也被启发，我们就会礼貌待人，或者说我们不必装出一副懂礼貌的样子。

"在我们的身上，并不存在那种表现斯文的礼貌，但表现诚实的人和公民的礼貌我们从不缺少。我们不需要玩弄虚假的东西。

"我们用不着装模作样以求得到别人的喜欢，只要能够保持一颗善良的心也能达到相同的目的；用假话去敷衍别人以求得别人的喜爱，也是没有必要的，我们只要能保持宽容就能做到这一点。只要我们用这种方法去对待一个人，就不会导致这个人骄傲，也不会让他被腐化。他将对我们的这种做法感恩戴德，从而变得比以前更优秀。[①]"

这段文字是杜克罗先生所要求的一种礼貌，如果有一种能够产生这种礼貌的教育，那么我从自始至终都会主张进行这种教育。

如果采取这种与众不同的方法，我认为爱弥儿将会被培养成为一个与众不同的人。他永远不成为一个和世人相同的人才好，愿上帝保佑！但尽管他和别人有许多不同的地方，别人也不会憎恶和嘲笑于他，他诚然有许多引人注目的不同点，但别人并不会因此而感到不快乐！如果愿意，你可以以一个外国人的身份来看待爱弥儿。对于他奇异的地方，大家一开始是原谅的，说："将来可以把他教育好。"随着时间的推移，大家发现他并没有改变，而且对他的做法已经习以为常，于是仍然对他采取宽容的态度，并说："他原本就是这个样子。"

不同于那些落落大方的人，他并不会得到别人的吹捧。然而大家仍然对他是喜爱的，尽管说不出为什么喜爱。大家也没有赞誉他满腹学识，但如果碰到了有学识的人在争论，却乐意过来请他去评判。他只有有限的学识，并且非常单一，但这并不代表他没有一个清晰的头脑，不能做出准确判断。他从不向人说他有多么聪明，因为他无意让自己显得与众不同。因为我的教育，他已经明白人类最开始明白的那些观念，才是健康的能给人带来好处的观念。无论在什么时候，它们都是社会的一条纽带，并且是唯一的一条。充满野心的人则不同，为了想让自己变得与众不同，他们只好传播一些于人类有害的观念。但爱弥儿不会采取这种获

---

① 杜克罗《论本世纪的风尚》。——原注

得别人尊敬的方法，他知道怎样让自己获得幸福，同时也知道如何让别人获得幸福。没有好处的事物，从来就不存在于他的知识当中。不否认他是在走一条狭窄道路，但这并不代表那条道路不明确。他即便和大家在一起，也不会让自己引人注目或者迷失，因为他始终都不准备离开这种道路。爱弥儿拥有一个健康的身心，因为大家总嘲讽他是一个卓越的人。他也无意成一个卓越的人。但在他眼里，卓越始终是一个光荣的称号。

但对别人的说法，他也并非丝毫都不重视，因为他有让别人快乐的愿望。然而他对别人的意见也只重视和他直接相关的那一部分，至于那些毫无根据的说法，因为它们完全受潮流和偏见控制，他一点都不在意。他的自尊心很强烈，无论做什么事情，他都会投入全副精力，并且希望比别人做得更好。他赛跑时希望自己跑得更快，角斗时希望自己体力更强，工作时希望自己技术更好，就算玩的时候他也希望自己玩得比同伴们好，比同伴们更熟练。他要么不想赢别人，如果想，他就一定会让自己超过别人的地方变得非常明显，让人一目了然，从而不需要再等别人来评判。这样的评判，可以是评判他是否更聪明，也可以是评判他是否更会说话和更有学问等等。如果他胜过别人的地方只是一些身外的事物，如出身更高贵，财富更多，比别人更有名望，在外表上比别人更神气，那是他更不愿意看到的。

由于知道自己和别人并没有什么不同，所以他爱一切人。但他更爱的，还是那些他认为和自己相似的人，因为在他的眼里，自己是一个善良的人。在判断别人是否和他一样的问题上，他是根据那个人对道德行为的看法是否和自己一样为依据的。所以，如果一件事情需要所有优良性格才能做出来，而他做出了这件事，他就非常喜欢被别人赞美。他不会这样告诉自己："人们都赞美我，我非常高兴。"但他会这样告诉自己："人们都赞美我做的事情是一件好事，我感到非常高兴。由于他们自己本身就值得称赞，所以我很喜欢被他们称赞。他们能看重我当然是一件很好的事情，因为他们的判断是非常合理的。"

他以前读历史，是根据人的欲望去研究人的。现在既然已经进入社会，他研究他们自然要根据人的风俗去进行了。他将会经常研究人们喜欢或讨厌的风气。现在他要从哲学角度研究人类审美的原理了，因为在目前，他做这种研究最适合。

对于我们而言，对审美能力的定义研究越深，便越容易被弄迷糊。所谓审美能力，是大多数人判断对某样事物喜欢与否的能力。如果不这样看，对于审美是怎样一回事，你是始终无法明白的。但是否因此就能说有审美能力的人更多呢？也不能，因为大多数人虽然能对某件事物做出明智的判断，但是能对所有事物做出明智判断的人毕竟在少数。况且，懂得风尚的人并不多，尽管良好的风尚，即是多数人的爱好的综合。这就好比尽管美是共同特点的综合，但是美丽的人只在少数。

但这是否就是说，我们是因为某样东西对我们有用才去爱它，因为某样东西对我们有害才去恨它呢？也不是。我们的审美能力并没有用在生活中不可缺少的东西上，而是用在一些并没那么重要的事物上，至多也只是用在一些有些趣味的事物上。生活必需的东西根本不需要我们审美，只要我们能吃得好就行。而正因为如此，我们才很难在审美方面做出准确的判断，并且好像在故意使性子。这是因为审美是受本能控制的，它那样判断完全是因为本能。此外，审美在精神领域中的规律和在物质领域中的规律的不同，这一点我们也要注意到。审美的原理在物质领域似乎无迹可寻，但也要认识到，一切的模仿都包含精神因素①。有了这一点，"美"为什么在表面像是物质，但实际却不是物质就可以解释了。同时我也要指出，审美的标准是因地域而异的。一个地方的风俗和政治制度，对许多事物美或不美有决定性的影响。在某些时候，由于人年龄、性别和性格不同，一件事物美或不美的判断也不同。我们在审美的原理方面是无可争议的。

人天生有审美的能力，但不同的人审美能力并不一定相等，发展的程度也不尽相同，甚至每一个人的审美能力都会因各种原因而不一样。一个人天赋的感受能力，决定了他能拥有多大的审美能力，他生活的环境则决定了审美能力的培养和形式。我们要想进行许多比较，必须要在

① 在《论语言的起源》一文当中，我已经阐述了这一点。这篇文章读者可以从我的文集当中找到。——原注

几种社会环境中生活过才能做到。由于我们事业的往来并不是按兴趣和利害关系去进行的，我们还需要有娱乐和休息的场所。社会场合也不可或缺，身处这种场所，不平等的现象不会表现得那么明显，偏见的压力也不会那样大。并且，在这种场合里的人，追逐的并不是虚荣，而是享受。在相反的情况下，人们的爱好就被一时的流行压倒，这就使得他们在选择东西的时候，不会在意自己是否喜欢那样东西，而是在意那样东西是否能让自己被别人注意。

如果是后面那种情况，就不能说良好的风气是大多数人的喜好，因为目的发生了改变。所以，大多数人的观点事实上只是他们眼中比他们厉害的人的观点，而不是他们自己的观点。他们所说的话，完全拾别人的牙慧，他们称赞一样东西，只是因为别人也在称赞它，而不是本人认为它有多好。如果让所有人随时都有自己的看法，那样大多数人称赞的东西才会是最好的。

人制造的东西表现的美，仅仅是模仿的结果。只有大自然中才存在真正的美。对于这个老师的指引，我们越是违背，做的东西便会越差。我们制作的模型，应该要从我们喜欢的事物中挑选。凭空想象的美之所以被看成美，完全是人冲动和凭借权威来判断的结果，完全是因为控制我们的那些人喜欢它。

控制我们的是那些艺术家、权贵和富人，而他们则受他们利益和虚荣的控制。他们争先恐后地寻找花钱的新奇方法，其目的或为了炫耀自己的财富，或为了从中获取利益。奢侈的风气之所以那样流行，大家之所以非常喜欢那些难以获得的和价格非常高昂的东西，就是因为这一原因。因此，普通人眼中的美，同自然并不相符，而是和自然完全相反。奢侈之风和不良的风气之所以总是在一起，原因就在这里。奢侈之风在哪里盛行，哪里的风气就非常糟糕。

审美能力在男女交往中表现得很容易，不论是好的方面还是坏的方面。这种交往中所接触的对象，对审美能力的培养也有着一种必然的影响。然后，审美能力在某种情况下也会退化，这种情况就是男女双方对对方的喜欢被交往的各种便利条件稀释了。在我看来，对于良好的风气取决于良好的道德这一观点的成立，这又是一个很好的证明。

　　在做与有形的和需要依靠感官判断的事情时，应该以妇女们的爱好作为参照标准。而在做与精神的和需要依靠智力判断的事情时，应该以男子们的爱好作为参照标准。随着情况的不同，妇女们做出的判断也有正确和错误之分。当她们确实在按照女性的样子做，就是只过问她们有能力过问的事情，她们的判断就是正确的。反之她们的判断则是错误的，如硬要对文学指手画脚，对某本书的好处做出点评，或者把自己所有的精力都用来写书。一个作家，如果拿着自己的著作去向一个女学士请教，那么肯定不会有好的结果；去追时尚的男子，如果拿自己的着装让妇女们去品评，那么他的着装始终都会非常可笑。妇女们的真才实学，如何培养她们这点，以及在哪些事情上应该听她们的意见，我接下来就会谈到。

　　如果我和爱弥儿谈到了他目前所处的环境和他从事的研究工作中一定要注意的问题，上述的几个基本论点会被我用来作为一个准则。因为这些事情是和他密切相关的。什么样的东西才能够让人喜欢或讨厌呢？这一点需要别人帮助的人需要了解，帮助别人的人也需要深刻了解。你要帮助他，必须要先使他喜欢。讲求表达的方法，在你写作是为了阐述真理的时候，并不会是一件乏味的事情。

　　对于那些审美观念尚未形成的国家和审美观念已经被污染的国家，如果我因为要培养我学生的审美能力而必须做出选择，我会先选择后者而后选择前者，其理由是：因为审美的过程过于细致，甚至于专门拿大多数人看不到的地方来欣赏，审美观这才遭到了破坏。过于细致必然导致争论，原因在于：我们区分事物越细致，则需要区分越多的地方，从而导致对美的看法因为过于细微而众口难调。如此就会形成一种局面：人的数量有多少，审美观的数量就有多少。争论个人的爱好，就可以掌握思考的方法，因为它必然会触及哲学和人的知识。能细致入微审美的人，只有在各种社会场合都频繁出入的人，因为想要注意到细微的差别，非要看过所有美的样子不可。而那些去人山人海的地方次数少的人，他们在进行审美的时候，看到的只是一个大概的样子。时至今日，像巴黎这样普通人风气如此之差的城市尽管已经不容易找到，但这个首都却也是良好风气的起源地。在欧洲被人们重视的书籍，它们的作者几乎都是在巴黎受过教育的人。如果有一个人认为只需要查看一番巴黎出版的书就足够，那么他就错得太离谱了。事实上，同我们从作者们的书当中了解到的东西相比，我们和他们交谈一次了解的东西更多。况且，作家也不能算是对我们最有作用的人。要想让一个有思想的人眼界更开阔，从而能看得更远，必须要依靠社会的精神才能做到。倘若你天赋异禀，你可以去巴黎住一年。这样做了之后，你立即就能充分发挥自己的天赋，如若不然，什么也干不成。

于我们而言，在风气不良的地方运用思想是可以，但同那些已经染上了不良风气的人抱有相同的看法则万万不能。但也不得不承认，如果我们同那些人长期混在一起，想做到这一点是不容易的。我们应该做的事情是，利用他们的思想来对我们进行判断时使用的工具进行改进，但同时要避免像他们那样用。对于爱弥儿，为了避免他的判断力被破坏，我将非常注意他判断力的培养。如果他已经具备了敏锐的眼光，并且也能够对大家的各种爱好进行认识和比较，我将引导他把自己的审美能力集中在对比较单纯的事物的鉴赏上。

我也会循序渐进，以保证他拥有健康的审美能力。身处这毫无秩序且放荡不羁的人群中，我会争取一切可能和他进行有好处的谈话。我会保证自己始终只谈他感兴趣的事情，并且注意使自己的话语趣味和教育意义兼备。现在已经是应该让他阅读有趣的书籍，以及教他分析语句和欣赏口才和措辞的美的时候了。以说话为目的而说话是没有价值的，大家认为说话的作用巨大无比，但其实并不是这样。然而，如果要研究说话的方法，就必然会顺理成章地涉及另一项工作——研究一般的文法。学好拉丁文是学好法文的前提。而要想很好地理解说话艺术的规律，还必须对这两种语言进行研究，同时比较它们的异同。

能够感动人的还有一种平实的说话方法，只不过，除了古人的著作中尚存之外，这种说话的方式现在已找不到了。古人辩论的话，诗歌和各种文学著作，爱弥儿发现也和他们的史书一样，不仅内容丰富，而且在下结论的时候也非常谨慎。而我们当代的著作家却刚好相反，他们在写文章的时候滔滔不绝，但是真正的内容却很少。对我们而言，在培养我们自己做判断的问题上，重复强迫我们像接受法律一样接受他们的论断不是一个好的方法。这两种不同的风格，在所有纪念碑上，甚至在墓碑上都能看到。我们的墓碑和古人的墓碑有很大的不同，前者写的是一大堆歌颂之辞，而后者却只谈事迹：

　　路人啊，请你权且止步，来追思一下这位英雄①。

　　如果我是在一个古代的墓碑上看到这个墓志铭，由于我们这个时代的英雄比比皆是，而古代的英雄却非常稀少，一开始我或许会认为它是当代的人所写。古人们在写墓志铭的时候，不会说一个人是英雄，而只会说一个人成为英雄，是因为了做了些什么。我们不妨看看个性柔弱的撒得那佩鲁斯墓碑，同时比较一下上面那个英雄的墓碑：

　　我仅仅用了一天的时间，就建造起了塔尔斯和昂其尔两座城池，现在我离开了这个世界。

　　比较两个墓碑，你认为哪一个墓碑说的话更意味深长呢？我们的碑文确实写了许多东西，但是作用只局限在吹捧小人上。而古人写的碑文却能体现他们确实是人，因为他们是按照人的真实样子来描写自己的。在回忆万人大撤退中被奸细出卖而牺牲的几个战士时，色诺芬赞他们："他们虽然死了，但是在战争和友爱中却得到了完美的保存。"在这句非常简短的赞美之辞中，如果有谁不能看出作者怀有怎样的感情，看不出这句话有多么完美，那他真是一个可怜的人。

　　在塞默比勒的一个石碑上，镌刻着这样一句话：

---

　　① 这个墓志铭是为日耳曼的将军弗朗索瓦·德·梅尔西作的。他阵亡后，被直接埋在了罗得林根的战场上。参见伏尔泰《路易十四时代》第 13 章。——译注

来往的路人，请你去告诉斯巴达人，我们是遵照其神圣的法令而长眠在这里的。

显而易见，这句话并不是研究碑文的学者创造出来的。

我的学生如果不迅速注意到这些差别，如果不因为这些差别而对读物的选择有所改变，虽然他并不重视用怎样的措辞说法，但也表明我的做法并不正确。如果在某一个时刻，他对狄摩西尼①的雄辩入了迷，那么一定会说："这个人是一个演说家。"而在另一个时刻，他在读西塞罗的著作，他又会说："这个人是一个律师。"

由于古代的人出生得早，所以他们更接近于自然，他们的天赋更为优秀。这也是造成爱弥儿更喜欢读古人的著作的原因，并且是唯一一个原因。人类的理性其实并没有真正的进步，纵然拉·默特和特拉松神父巧舌如簧也无法改变这一点。其原因在于：有得必有失。任何人的心都有着共同的出发点，我们在学习别人的事情上花了时间，就没有时间锻炼我们的思想。如此一来我们固然学到了很多东西，但是却没有怎么培养智力。于是，我们的头脑也变得和我们的胳膊一样了，做什么事情都依赖工具，而不是凭借自身的力量。丰特奈尔②说："所有古代人和现代人的争论，概括起来就一句话：以前的树木是否比现在的树木更加高大。"倘若农耕这件事情发生了改变，提出这个问题也是有一定理由的。

我已经让爱弥儿把纯文学的来源弄清楚了，现在我还要告诉他另外一个问题答案：现代的编纂者储蓄知识的方法有哪些。我同时要给他看一下报刊、翻译作品和字典，然后把它们放在一边不管。我将会让他到学院当中去，去听那些学人们如何吹牛，以让他获得快乐。他将可以看出：如果他们每个人都各做各的研究工作，作用要大于大家一起研究。我会让他根据上述的几点，给那些冠冕堂皇的机关下一个结论。

我会带他去看戏。但看戏的目的仅仅是为了研究人们的喜好，而不是研究戏里的寓意。其原因在于：大家的爱好最能真实地在一个有思想

① 古希腊的政治家、演说家和雄辩家。——译注
② 法国哲学家。——译者

的人面前展现的场所，恰好是戏场。我会告诉他："你不要去理会戏里的台词寓意，因为我们在这里并不是要学习它们。"演戏是为了娱乐而演的，并不是为了表述真理。能够如此极致地在一个地方学会使人高兴而动人心弦的方法，在学校是没有办法做到的。如果研究了戏剧，紧接着就会对诗歌展开研究。这两者的研究并没有什么区别。只要他对诗歌有一丁点儿兴趣，他也会去高兴地学习希腊文、拉丁文和意大利文等诗歌的语言。他将通过对这些语言的研究获得无限的快乐，同时也从中获得好处。终有一天，他也会长到这样的年龄，也会身处这样的环境，并且沉醉于所有让他动心美丽篇章，到了那个时候，他将会认为研究这些语言是一件令人愉快的事情。我的爱弥儿和一个在学校读书的儿童，他们都在读《伊尼依特》第四卷，或者在数提布卢斯的诗，或者是柏拉图的《会饮篇》，你可以设想一下，他们的感受会有多大区别。一件事物在爱弥儿看来是那样令人心动，但对那个孩子却不产生丝毫影响。"请稍微等一等，可爱的年轻人！收起你的书，你太激动了！我只希望你能因为爱的语言获得快乐，而不是沉醉其中。对你而言，做一个有感情的人固然是需要的，但是也要做一个充满智慧的人。你必须要能够同时做这两种人，才算得上有本事。"他在研究那些没有生命的语言以及研究文学和诗歌的时候，我并不会在意他是否取得了什么成就。对于这些东西，即使他一点也不懂，也并不代表他有什么不好的地方。因为我教他这些东西的目的，并不是为了要他研究这些不重要的东西。

我在教他认识和喜爱各种美的同时，也使他的爱好和兴趣集中在这种美上面，防止他自然的口味被改变，防止他将来把自己的财产当成寻求幸福的手段，才是我的主要目的，因为他的身边就有这样的手段。所谓审美，只是一种鉴赏琐碎事物的艺术，这一点我在之前就已经说过，而事实也的确如此。但是我们也有在它们身上投入精力的必要，因为人生的乐趣离不开许多琐碎的事物。通过它们，我们可以学习利用我们能够利用的东西的真正之美，从而让我们的生活变得更加充实。由于道德的美取决于一个人的心灵的倾向是否良好，因此我在这里并不是讲道德的美。我在这里所说的，只是已经剔除了偏见的感性的美，即真正的感官享受的美。

由于爱弥儿拥有一颗纯洁而健康的心，而这样的心是不能作为衡量他人的尺度的，因此请允许我暂时不谈论爱弥儿，以让我更好地表述自己的思想。因此，让我在自己的心中找出一个更明显和读者的性情更相符的例子。

对于人的天性，有一些社会职业似乎有改变的能力。它们能够把从事那种职业的人重新变成好人或坏人。一个胆小之人如果进入了纳瓦尔兵团，他就会变成一个勇士。一个人想拥有这样一种团队精神，并不是只有在军队之中才能做到。团队精神对一个人的影响，也并不总是好的。我曾经无数次想过，我今天如果非常不幸在一个国家从事这一职业，到了明天，我将肯定成为一个暴虐的人，变成一个以权谋私和残害人民的人，或者是一个对国王产生危害的人，或者是一个反人类、反正义、反美德的人。

而我如果是一个富人，我将会不择手段地敛财，以让自己成为一个富翁。我会只顾及自身利益，对上对下都骄横无礼，对什么事情都斤斤计较，无情地对待所有人，对下层社会的人的疾苦无动于衷。当然，我是为了让别人不知道我也是穷人，才称穷人为下层社会的人的。到了最后，我会为了享受去挥霍我的财富。如此一来，我和其他人终于就没什么两样了。

但同别人相比，我在享乐方面又有不同的地方。我并不追求虚荣，而只是重享受；我不会去炫耀表面的东西，而只是尽情地讲求舒适。甚至连向人家显示我的富有，我都会感到难为情。我似乎始终都听见那些不如我富有的人在嫉妒我，并小声地对他旁边的人说："你看那个人，似乎害怕别人看不出他很有钱似的。"

对于布满大地的无数财富，我会在其中寻找我最喜欢和最能拥有的东西。所以，购买闲暇和自由是我的财富使用的第一个方面，购买健康是第二个方面，如果购买健康有可能的话。我也要对肉欲有所节制，因为节制欲念是能够购买健康的前提条件，而生活的真正乐趣又是建立在健康的基础之上的。

为了让大自然赋予我的感官感到舒畅，我会时刻注意尽量亲近自然。我毫不怀疑，只要它的快乐和我的快乐合二为一，我感到的快乐便越真实。当我对模仿的对象进行选择时，我会始终以自然为参照标准；我会在自己的所有爱好中对它情有独钟；我如果要进行审美，会首先看它有哪些要求；在蔬菜方面，我会选择已经由它添加了味道，因此可以尽量不需要人工烹调就能吃的蔬菜。我会直接享受美食带来的乐趣，同时防止在这方面被欺骗。我即便大吃特吃也不会让饭店的老板大赚我的钱，他也休想拿毒药当仙药来骗我。外表光鲜但已经散发恶臭的食物是绝不会摆上我的餐桌的，从很远的地方运来的腐肉也不会。为了让自己肉体的快乐得到满足，我会对任何困难都充满耐心，原因在于这种困难本身就是一种快乐，它能大大增加我们预期的快乐。如果我想品尝远在异国他乡的一种食物，我不会差人为我拿来那份食物，而会像阿皮西乌斯那样自己去目的地品尝。因为即便拿来最好吃的食物，有一种佐料也不具备，这就是那种食物产地的地方风味。它是没有办法和食物一起拿来的，并且也没有任何一个厨师有能力调配。

我也不像有些人那样，理由是一样的。他们总认为其他地方比他们目前的所处的地方更舒适，因而总是和季候唱对台戏，搞乱自然环境和季候的协调性。在冬天的时候，他们想过夏天，在夏天的时候，他们想过冬天，他们要去意大利避暑，要去北方取暖。他们自认为免受了季候的残酷，却不知道到了那些地方如果不知道做相应的准备，会更加无法忍受。而我会采取和他们完全相反的做法。我会只在一个地方待着，畅享一个季节中所有令人愉悦的美以及那个地方独特的风味。我有着不同的习惯，但是它们没有一个是和自然相违背的。我会到那不勒斯①去避暑，去彼得堡过冬。有时候我会去塔兰特荒无人烟的石窟，侧着身体躺在里面呼吸清风。如果我跳舞跳得疲劳了，有时候我会去看明亮的水晶宫。

在餐桌和房间的摆设上，我将用非常朴素的装饰品表现出季节的变化；我会尽情地享受每个季节的美，绝不放过一丝一毫；我一定会在享受完一个季节之后再享受下一个季节。如果让自然的秩序便混乱了，带

---

① 意大利的著名城市。——译注

来的只有麻烦，绝没有任何乐趣。如果我们在大自然不愿意给予我们东西的时候强取，它即便给了我们也是非常勉强的和非常有怨言的。这样给我们的东西，不仅没有很好的质量，而且没有任何味道。提前上市的水果是清淡无味的，吃了不仅没有营养，而且口感也不好。巴黎的富人花了大量金钱用火炉和温室培养出来的东西又如何呢？他们吃的蔬菜和水果，一年到头都是非常低劣的。尽管在很冷的冬天我能够吃到许多樱桃以及几个浅褐色的西瓜，但是我根本没有吃的必要，我的口既不需要滋润，也不需要提味。在大热天吃炒栗子也不是一件那么好的事情，就好比是放着不用我花费精力、大地已经为我提供的许多的草莓、鹅莓和各种新鲜水果不吃，而去吃刚出锅的热栗子。冬月的时候在壁炉架上摆满人工培养的绿色植物和暗淡而没有香味的花，不是不仅没有装扮好冬天，而且把春天的美也剥夺了又是什么？不是禁止自己去森林里寻找刚开的紫罗兰又是什么？不是禁止自己去看胚芽的生长又是什么？完全是在禁止自己兴高采烈地说："芸芸众生啊，你们不要悲观失望，大自然还没有丧失活力！"

我前面已经说过，为了打理好我的生活，我用的仆人仅有几个。现在我不妨再说一遍。一位普通公民尽管只用一个仆人，但是被伺候的周到程度甚至过高于一个公爵有十个人在身边跟着。我在吃饭，杯子就在我旁边放着，我想喝就能喝，而如果我讲求排场，那么我将会让二十个人次第传呼"倒酒"，然后我的口渴才得以解决。这样的场面，我曾经想过无数次。一件事，你如果想让别人帮你做，那件事情一定做得很差。如果要买东西，我们不会让别人代劳，而是亲自去买。这就避免了我的仆人和商家连通一气，如此买的东西就更好一点，价钱也更实惠。同时，我也可以借买东西的机会散心，看一看外面的花花世界。这样我不仅获得了趣味，而且还增长了见识。临末，我还可以借机会散步。反正这样做是有好处的，我们恰恰是因为待着的时间太多而感到厌倦的，如果经常走动，就不会觉得生活有多么单调。你想要表达的意思，一个看门人或跟班是无法很好地予以表达的。我讨厌在我和他人之间有他们的介入，我也讨厌总是坐着马车，在街上叮叮当当地行走，生怕别人贴近一样。

一个人的两条腿就是他的两匹马，他完全可以凭借它们去外面行走。这两匹马是病了或是累了，他一定比别人知道得更加清楚，而不需要担心车夫为了偷懒而故意说马生病了，从而让自己无法出门。如此一来，你就可以在路上即便碰到无数障碍也不着急，也不会在急于赶路的时候因为马不能走而停下来。当我们自己能够把事情做得比别人更好时，除非我们自己的确不能做，否则就不需要别人的帮助，即便我们的权力比亚历山大的还大，财富比柯拉苏斯还多。

我不会修建一座宫殿来做自己的住所，因为房子再多，睡觉需要的地方也就那么一点。何况，公家的房子并不能算是某一个人的。同我和我邻居的房间不相干一样，我和我仆人的房间也是没有关联的。不可否认东方人沉迷于声色犬马，但他们居住的地方大都非常朴素。在他们的眼里，人生就像一场旅行，家就好比一个寄宿的地方。那些希望长生不老的富人，自然是无法明白这个道理的。但是，因为另外一个理由，我将会采取东方人的那种做法。要是在一个地方摆设过多的东西，就好比让自己哪儿都别去，就好比把自己囚禁在所谓的宫殿里。这个世界本身就是一个名副其实的宫殿，一个奢华的人如果要讲求享受，到处都可以享受。他应当铭记一句话："能享福的地方即是家。"哪一个地方金钱的作用最大，他的家就在哪个地方，哪里能够放他的保险箱，他的国家就在哪里。这正印证了菲利普那句话："只要我驮着银子的骡子能进去，无论什么地方都可以作为我的家。①"把自己放在墙和门的重重遮盖之后，好像永远都不会出去一般，对于我们来说是完全没有必要的！我如果因为一场瘟疫、战争或暴动而不得不另寻住的地方，我将发现在还没有到那个新地方以前，那里就已经把我的旅社准备好了。如果我走到哪里都有人为我准备旅社，我自然没有必要再自己的建造一个旅社，自然没有必要整天只知道忙这忙那，完全不知道享受今天的幸福，而一定要在以后再享受。一个人处处与自己为敌，是没有办法愉快地生活的。正是因为这一点，恩珀多克利斯才会责怪阿格里仁托："我们一面像只有一天的生

---

① 有一个衣着光鲜的外国人在雅典,有一个人问他是哪个国家的人,他的回答是:"我是一个富人。"这个回答我认为很好。——原注

命一样储存享乐的东西，一面又在像想长生不老一样大规模地盖房子。①"

　　何况，光是房子大而没有多少人住，没有多少东西要放，对我来说也没有任何价值。同我的爱好一样，我的家具也非常简单，我不要什么书房和画房，即便我喜欢读书和看画。收藏书画这件事，我深知是永远没有尽头的，倘若没有收集齐全，比一样都没有收集还要更加难过。如此一来，因为富裕，我反而痛苦，我想所有收藏家都有这种体会。你如果知道了这些，就不再会想去收藏东西了。如果你已经知道怎样将你的收藏加以利用，你就不会在别人面前显示它们。

　　有钱人是不会赌博的，只有那些成天无所事事的人才会去赌博。我是没有闲暇去做这种坏事情的，因为我有着多种爱好。倘若我孤身一人，并且非常穷，那么我就绝对不会去赌。至多也只是玩一盘棋，而即便是如此，我也认为已经玩得有些过分。倘若我非常有钱，那么我就更加不会去赌了。即便有赌博这种情况，因为担心自己或别人因输赢太多而难过，我也只会下很小的赌注。在有钱的时候，人是不会有赌博的念头的。所以，除非这个人的心灵已经腐化，否认他就不会喜爱赌博。即便赢了一些钱，对于富人来说也无足重轻，而如果是输了钱，是个人都会感到不快。事实上，你就算在一些小赌中赢了一些钱，到头来也会还回去，要知道赌博通常都是输得多，赢得少。所以如果他懂得这个道理，对于这样一种绝大多数情况可能只会让人痛苦的活动，就不会沉迷其中。一部分人有一种热切的希望——去碰一下运气，如果真想这样，不如去更能让人热血沸腾的事情当中去碰运气。无论是小赌还是大赌，都有能力体现出命运的转折。人只会因为贪心不足和生活乏味而喜欢赌博，也只有心灵空虚和不用头脑的人才会喜欢赌博。只要我拥有高尚的品德和丰富的知识，我认为自己绝不会以赌博打发时间。一个人只要有思想，就绝不会喜欢赌博，原因在于：如果爱上赌博，他就逐渐喜欢不思考问题，或者把自己的思想用在那些没有价值的事情上。而一个人如果能一心一意做学问，就可以在一定程度上抑制这种贪婪的欲念。即便他去赌，也不是因为爱上了赌博无法自拔，而只是为了实验赌博。我只会在

---

　　① 参见蒙田《论文集》第 2 卷第 1 章。——译注

赌博的人当中与赌博抗争，最能让我开心的事情莫过于看到他们输钱，这种快乐的程度甚至要超过我赢钱时的感受。

无论是个人生活还是和别人交往，我始终都是表里如一的。我所拥有的财富，我希望它既能让我拥有一种舒适的生活，也能不让人觉得他们和我处在不同的地位。无论从那一方面来看，琳琅满目的装饰品都是让人感到不舒服的。我只会穿能让各种身份的人看来与我的地位相适合、不让自己显得扎眼的服饰，以让自己的能够尽量保持自己的自由。我因此就不需要装样子，既可以在酒吧当中和普通人在一起，也可以在宫廷当中和权贵们相处。这样一来，我就能够更好地支配自己的行动，从而体味到一切社会地位的人的乐趣。有人说有这样一种女人，她们在见到穿普通衣服的人就会不待见人家，而只会接待衣着华美的人。如果这一说法属实，那么我不如去别的地方打发时间。但如果她们的确年轻貌美，我也会穿很华美的衣服去那里，但是待的时间，我会限定在最多一个晚上。

我只会以相互友爱、兴趣相同、个性相宜的标准去和人交往。在和他们交往的当中，我只会秉持一个成年人的身份，而不是作为一名有钱人。在我和他们交往的乐趣当中夹杂利害关系，是我所不能允许的。倘若我因为自己的财富而有些博爱，那么我就会服务别人，不论对方有着怎样的身份。环绕在我身边的人，我希望是一些同伴而不是见风使舵的人，是朋友而不是一些酒肉之交。同时，我希望他们仅以一个好客的主人来看待我，而不是认为我是一个布施的人。因为我和他们是互不干涉且平等的，所以我和他们的关系也是无比真诚和坦率的。这种关系并没有被混入义务和利害关系，兴趣和友谊是它唯一遵循的法则。

用钱财买一个朋友或者情人，对于我们来说是不适合的。愿意花钱当然很容易就能得到一个女人，但如果想得到一个忠实的女人，这种办法就行不通了。爱情这个东西，非但不能买卖，甚至还会被金钱抹杀。一个男人如果用金钱去谈爱，仅凭这一点他就无法得到女人长久的爱，不论他长得有多么招人喜欢。他花了一段时间的钱，但只需要经过一段不长的时间，他就会发现自己是在花钱替别人养女人，说得更确切就是他将把自己的金钱给另一个男人。但实际上她对两个人都是没有爱情的，因为这种以金钱和淫乱构成的双重关系中，根本就不存在爱情，也说不上荣誉和快乐。对于那个缺乏忠诚同时非常可悲的女人来说，那个供养她的流氓怎样对待她，她将会以同样的方式对待那个给她钱的笨蛋。只要不是在做交易，对我们的爱人出手阔绰当然是一件再好不过的事情。在我看来，唯一可以让这种对女人的欲望得到满足，但同时又不受伤害的方法是，给她你所有的财产，然后让她来养你。但也需要认识到，在采用这个办法的时候要看对方是一个怎样的女人。"是我占有赖斯，而非赖斯占有我"，这样的话是没有一点意思的。占有如果不是发生在两个人身上和没有占有又有什么区别呢？在那种的占有当中，你并没有占有她那个人，顶多占有了她的肉体。爱情是没有道德可言的，既然如此，当然就没有必要小题大做说占有或者不占有。寻找女人是非常容易的，较之于你这个百万富翁，一个赶骡子的人可能要更加幸福！

但是，如果一个人认识到了这种利弊，当他已经拥有了自己想拥有的那样东西，将会发现理想很丰满，现实却很骨感。那样急切地抹杀一个人的纯真完全是一件没有意义的事情。一个青年人是应该受到我们保护的，如果他踏错了一步，将会面临无穷的苦难。这种苦难，会成为一种他无法摆脱的痛苦折磨，其痛苦的程度仅次于死亡。如此，我们让他成为牺牲品就没有了立足点，我们之所以会那样做，完全是因为人的兽性、虚荣、愚昧和错误的认识造成的。一种这样的享乐，本身就是和自然相违背的，产生它的本原，就是人在刚开始放弃自己的时候所有的最可鄙的偏见。一个人如果认为自己是最不幸的人，就会害怕和任何人进行比较，为了让人不那么讨厌自己，他会什么事情都想夺得头筹。到了这里，我们不妨观察一番那些贪图享受片刻欢愉的人，看看他们是否值得爱，是否表面固执但可以原谅的青年？得出的答案是否定的，拥有才华和品德的人，不会害怕自己的情人深谙情场之道，而只会勇敢地对她说："你知道享受无关紧要，我的心将会让你发现，你根本不懂得乐趣是怎样一回事。"

无论是什么样的女人，只要她明白什么样的人可爱，都不会喜欢一个被酒色掏空了的老淫棍。因为，后者不仅不会讨人喜欢以及为别人着想，而且厚颜无耻。而他本人也知道，自己必须抓紧时间在一个无知的少女还没有经验时使她动情，以让自己的这些缺点得到补偿。利用爱情这一新奇的事物来获得对方的好感，即是他的最后一套招数，这也是他采取这种荒谬做法的秘密动机。但他的想法恰恰不正确，同他能够挑起对方自然的情欲一样，对方也会自然地对他感到恐惧。他没有意识到，对方将会因为自己产生的自然的恐惧心理而维护自己的权利。一个少女即便奉献出自己，让自己为别人所有，她也会在选择之初查看他，而这种查看正是他害怕的。所以，他用钱买来的快乐只能是梦幻泡影，而且还会因此而招致对方讨厌。

我尽管会因为我的财富在为人方面有变化，但是有一点会始终如初。我即便变成了一个十足的卑鄙小人，至少还有几分审美能力、几分良知和几分谨慎细致没有丧失。这样一来，我就可以避免自己上当受骗，避免让自己把财产用于追逐一个不切实际的目标，避免我投入金钱和精力教育孩子，但只得到他们嘲讽和欺骗我的结果。倘若我还年轻，我就会去做青年人喜欢做的事情。如果尽情享受肉体上的欢乐既然是必需的，那么以有钱人的身份去追逐这种快乐就不太适合。当然，这并不包括另外一种情况：我仍然是现在这个样子。如果我始终都是现在这个样子，出于谨慎，我将只追求适合我这个年龄的人享受的快乐。我会让自己懂得欣赏，而把一切会给我带来痛苦的爱好抛弃。让我拿自己花白胡子去招年轻的姑娘们指指点点，拿自己平淡的温情去使她们嫌弃，让自己成为她们的笑料，是我绝对不能允许的事情。她们像描述老猴荒淫一样来说我也同样地想淫虐她们，对于我来说是不可想象的。倘若我没能纠正自己的习惯，因而让以前的淫欲成了一种无可抑制的需求，那么我也可能去让这种需求得到满足，但是有一点我始终可以保证：我会因此而感到无比羞愧。将好色的部分从我的需求中去除，尽量让自己成为一个出色的情人，并且只钟情于她一个人，会是我始终努力的方向。我将会尽量避免让自己的弱点得到发展，并且只会让一个人知道我有这个弱点，后者尤为重要。我们即便在爱情方面无法获得乐趣，那么也能在其他方面获得乐趣，因为人生活的其他方面也有相应的乐趣。那些经常和我们如影随形的快乐，因为我们无谓地去追求短暂的快乐，反而远离了我们。随着年龄的增长，我们会相应改变自己的兴趣。这一过程，有如我们不能违背四时的规律做事一样。当然，我们也不能去做和自己的年龄不相适应的事情。无论在什么时候，我们都要学会克制自己，而不是和自然背道而驰，想方设法去追求享受。否则，我们就会把自己的生命消耗掉，从而不能充分地享受。

普通人沉闷的机会是很少的，因为他们总处于紧张的生活当中。他们玩乐的方式固然有限，但是却非常有趣味。对他们来说，在劳累了很长时间后休息几天，是一件最让人感到快乐的事情。他们在工作很长时间后，进行一段短时间的休息，从而让自己的工作变得充满乐趣。生活平淡无奇，无疑是最让富人感到抓狂的事情。他们尽管把许多钱财倾注在玩乐上，并且也有许多人在争相取悦他们，但在他们看来，生活仍然如同白开水一般，让人闷得发慌。对于眼前的生活，他们竭尽全力让自己不感到厌倦，但仍然只能时刻都感到不开心，感到非常痛苦。如果是妇女情况更严重，她们因为既不会生活也不会享受，于是只能整天痛苦度日。生活的平淡，在她们眼里事实上已经成了一种可怕的疾病，这让她们在有些时候丧失了理性，到最后连性命也一同失掉了。我认为，最可怕的命运莫过于一个巴黎美妇人的遭遇。那么爱恋他的美男子的命运次之。为什么要这样说？因为他也会变成和一个懒惰的女人一样的人，从而让自己作为男性的地位加倍地丧失。当他认为自己是一个幸运儿时，他所过的生活，事实上是任何人都无法忍受的漫长而痛苦的日子。

我们为什么要讲究礼法、时尚和规矩？正因为追求这些奢侈和表面的东西，才会让我们的生活沉闷无比、平淡无奇。我们的初衷原本是想让别人在看到我们的时候，认为我们很快乐，但得到的结果却刚好相反，让别人和自己都感到非常无趣①。普通人是害怕别人嘲讽的，而正是因

① 为了让别人认为自己很快乐，有两个交际很广的妇女竟然给自己定了一个规矩，这就是不到早上五点钟不睡觉。为此，她们的奴仆在寒冬腊月不得不在大街上等她们直到深夜。一天晚上，准确地说是一天早上，有人走进了这两个不知道早晚的人的房间，发现房间里刚好只有她们两个人，她们正在睡觉。——原注

为他害怕，别人反而更嘲笑他们，他们也被弄得更为苦恼。一个人如果不是自己的做法太刻板，别人是不会嘲笑他的。善于改变环境和兴趣的人，到了今天就不会再把昨天的事情放在心上。在别人看来，他就像完全不存在，但由于他能够始终按照自己的意愿行事，他又是快乐的。我也会采取这种做法，并且是永久地只采用这一种，当我身处一种环境中，我就会按照那种环境生活，而不会再在意其他环境。每一天，我都会按照当天的情况去做，就好像昨天和明天毫无干系。当我到了田间，我就会像一个农民一样聊庄稼活，而不是在让种田的人嘲笑我。我不会去乡村过城市的生活，也不会在我别的省份的住宅前修建一座提勒里宫一样的大门。我会找一个满是树木的小山坡，然后建造一间小小的农家房子，白色的墙，绿色的窗户。尽管用茅草盖屋顶一年四季都会住得很舒服，但我决定把屋顶盖得更漂亮。我只会用瓦片盖，而不是黯淡无光的薄石片，用瓦盖看起来会比较洁净和鲜艳。我做这个决定还有一个原因，那就是我家乡的房子也是用瓦盖的，每当我看见瓦屋顶，就会想起童年时的快乐生活。我会把我的院子用来作家禽饲养场。我不会建马厩，但为了能够获得非常喜欢的牛奶，我会修一个牛棚。我会把菜园同时弄成一个花园，把漂亮的果园作为自己的公园，这个果园的样子，同我在后面即将谈到的果园完全一样。至于树上结的果实，过路的人可以随便吃。我的园丁不会去计算它们的个数，也不会去采摘它们。用一道漂亮的树墙围住果园，从而让别人看了不敢去动它，这样的事我绝对不会去做。这样小小的奢侈一下所花的钱是不多的，何况我选择住的地方是偏远的省份。偏远的省份是食物多而金钱少的，富人和穷人过的生活是一模一样的。

我也会在那里交一些朋友，但我交这些朋友是有选择的，而不是只为了人多。这些朋友当中既会有希望游玩并且懂得游玩的朋友，也会有一些妇女。后者不仅能够走出房间去田野中做游戏，有的时候还会把自己织布的梭子和纸牌放下，去捕鸟、钓鱼、拾柴和栽种葡萄。我们在那里会把自己当成一个纯粹的乡下人，完全忘掉城市里的习惯。由于好玩的事情太多，并且有着许多不同的花样，当到了晚上，我们甚至会为明天应该玩哪一种而费神。因为过的是一种运动而活泼的生活，我们的胃口也变得好极了，无论吃什么东西，都觉得味道非常鲜美。对我们来说，每一餐都成了一场筵席，我们喜欢的已经不是事物的鲜美，而是食物的丰富。愉悦的心情、田间的劳作以及活泼的游戏，完全可以称为世界上最好的厨师。吃东西要这样讲究，在那些太阳一出来就得忙上忙下的人看来，无疑是非常荒谬可笑的。在吃东西的时候，我们也不会讲求先后顺序，也不会讲求餐具是否精美。对我们来说，餐厅无处不在，可以是花园中，也可以是小船上或绿荫下。有的时候甚至会远离房屋，把吃的场地放在流动的泉水旁边，绿油油的草地上，或者赤杨和榛树丛中。就这样许多会餐的人高兴地带着美食，边走边放声高歌。我们的桌和椅就是草地，餐具架就是喷泉的石岸，树上结的果实就是我们饭后吃的水果。只要我们有胃口，完全不需要在意礼节，想吃哪道菜就吃哪道菜。谁都能毫不在意地先给自己拿菜，并且也都乐于见到别人和他一样，先给自己拿然后再给他拿。我们就这样既亲切又随便地吃，一点都不显得粗俗，也不显得装模作样和拘束，甚至还会嬉戏地争着吃。同文质彬彬礼貌地吃相比，其中的乐趣超过了不知有多少，同时还能让大家更融洽。我们讲些什么话，没有任何一个令人讨厌的仆人来偷听；我们采取怎样的做法，也没有任何一个仆人说短论长。也没有任何一个仆人用贪婪的目光看我们吃了多少东西，或者故意让我们等很长一段时间后才给我们拿来酒，同时埋怨我们一餐饭竟然要吃那样长的时间。为了让自己能够主宰自己，我们自己做自己的仆人。无论是谁，都可以得到大家的服侍，没有任何人去管时间过了多久。为了躲过一天的酷热，进餐的时间就是休息的时间。如果有个刚干完农活的农民走过我们身边，我们就会说几句动听的话给他听，让他更有信心，以便他更能够愉快地忍受自己的辛苦。至于我，我的心情也是澎湃的，同时也十分快乐，我会默默地对自己说："我也是一个人。"

倘若当地的乡亲们聚在一起过某个节日，我会叫上我的同伴，第一个赶到那里去参加宴会。如果我的邻居有人举行婚礼（同城里人相比，他们的婚礼当然更能得到上帝的祝福），因为知道我喜欢看到别人的欢乐，他们也会邀请我去参加。为了给这些善良的人增加喜庆的快乐，我将会拿去几件同他们一样朴实的礼物给他们。他们则会回赠我们一些无价的东西，这种无价我的同辈们当然是不能理解的，这就是自由和真正的快乐。我在长桌子的一端坐着，和他们高兴地一块儿进餐。我将和他们一再地唱一首乡村的老歌；我在他们的院子里跳舞，愉悦的程度甚至要超过在歌剧院跳舞。

到了这里，或许有人会问我："上述说的固然不错，但是打猎该怎么办呢？难道在乡村就不打猎了吗？"这并不成问题，因为我的想法只是：拥有一块自己的小牧场。我做一个不正确的假想。我是一个有钱人，因为必须要有一些仅供我一个人享受的快乐，我要从伤害动物中获得乐趣；同时，我还需要许多其他的东西，即土地、树林、看庄园的园丁、地租和绅士的荣誉，特别是别人的阿谀奉承。

这好极了。但由于我们周围的邻居既要维护自己的权利，同时又希望能够侵占别人的权利，我们的园丁就会起争执，或许起争执的还包括主人。于是，谁也不让着谁，双方都要吵闹不休，相互仇恨就在所难免。情况严重的，引起一场诉讼也说不定。这些都是令人很不愉快的事情。租我地的人看见他们的麦子正遭我的兔子的毒手，他们的蚕豆正在被我的猪啃食，就会很不高兴。他们看着自己的庄稼被这些东西糟蹋又不敢弄死它们，于是，他们只好将其赶出自己的田地。在白天的时候，他们必须种地，到了晚上，他们还必须看守。他们用狗来看守，同时还要敲鼓、吹号角以及摇铃铛。因为这些混乱的声音，我将无法很好地入睡。我将会自然而然地想：这些可怜的人，生活是多么悲苦，而我给他们又带了多少麻烦。如果我是王侯将相，我就会对这一切视而不见。不幸的是，我只是一个刚刚富起来的人，一颗心和大家的心相差无几。

而野物一旦多起来，就会招很多人来打猎。对于那些偷偷来打猎的人，我会加以惩罚。为了看管他们和罚他们劳作，我会准备几间禁闭室和看守禁闭室的人。我固然认为这样做已经非常残酷。如此一来，这些不幸的人的妻子就聚集在我的大门外哭闹，搞得我不得安生。而我，要么驱散她们，要么就采取蛮横对策。有些穷人并没有偷偷来找我打猎，但他们一定会来找我大吐苦水，因为我树林中的野物破坏了他们的作物。因为偷偷来猎取我的野物，前面的那种人遭受了惩罚；因为没有偷偷来猎取我的野物，后面的那种人又遭受到了巨大损失。就这样，来偷猎的人要面临厄运，没有来偷猎的人也要面临厄运。在我的周围，我目之所及尽是萧索的景物，耳之所闻尽是呻吟之声，岂不是太过于违背和谐？岂不是让人无法快乐地猎取成群的松鸡和近在脚边的野兔？

你如果希望自己的快乐中不含一点苦涩，那么你就不要仅仅一个人享受，而把他人拒于千里之外。你越是让大家和你一同分享你的快乐，你的快乐就会越纯粹。所以，上述的做法，我是坚决不会去做的。我既要让自己的爱好得以保持，又要减少在寻找乐趣时产生的困难。我在乡下的住房，会被我修建在一个任何人都可以自由打猎的地方。我在那里可以毫无忧虑地玩，而不必担心碰到什么让人烦恼的事情。那里能够猎取的野物或许不多，因此在寻找目标的时候就不能不讲求更多的技巧。如此，当人猎到猎物的时候，就会感到更加高兴。在我的印象当中，父亲在看到第一只松鸡飞起来时心里是非常高兴的，当发现了那只他追寻了一整天的野兔时，他高兴得简直发了疯。他曾经在黄昏的时候，独自一人牵着狗，扛着枪，把猎袋、一大堆杂七杂八的用具以及一只小小的猎获物背在背上，带着满身被荆棘刺破的伤痕回家。在那个时候，我想他的喜悦心情超过一般对打猎很外行的人不是一点点。为什么这样说？因为后者尽管骑着骏马，并且有二十几个人扛着装好了弹药的猎枪跟随，但是在打猎的时候只能用了一支猎枪之后又换一支，并且只能在等猎物走近的时候开枪射击。这样的做法，不仅没有技术，也脸上无光，甚至都谈不上是运动。所以，在我们不需要对土地进行看管，不需要对偷猎的人进行处罚和对穷人进行折磨的时候，我们的乐趣并没有被减少，甚至连所有的麻烦都会一同被消除。也正是因为这一点，我才更愿意过这样的生活的。你如果总是那样为难别人，不管你怎样做，都会碰到某些麻烦。大家经常在背后说你坏话，你吃野味的时候总会有一天觉得很苦。

把别人放在一边而一个人享受乐趣，反而享受不到乐趣。能被称为真正快乐的，只有和别人共同分享的快乐。仅仅一个人快乐，要快乐起来是非常困难的。如果我在花园周围筑起一堵墙，让它成为一块苍凉的禁地，那么我所做的事情就是：尽管投入大量的钱财，但自己反而无法享受了散步的乐趣，因而只能去很远的地方散步。财富是个败坏人的事物，它触碰到什么东西，什么东西就要被败坏。无论走到哪里，一个富人总是想做主人。然而等到他真的做了主人之后，他反而无法获得快乐，只能在什么时候都逃避。但我不同，我即便成为一个有钱人，也会将贫穷时的做法保持。现在正是我可以把别人的财产也一并享用的时候，当我这样做了之后，我就变得比只享用自己财的时候更富有了。我在我的旁边如果觉得那块地方好，我就把它夺过来。我做事的这种果断，是任何一个征服者无法比拟的，我甚至还会去占有王室的土地。只要我喜欢，无论是哪块空地我都会将其据为己有，而不去管有什么不适合的地方。拿过来之后，我就给它取一个名字。我会任意拿某块空地作为我的花园，或者当我的草坪。这样一来，它们就归为我的名下了。此后，我就可以在其中大踏步行走，想怎么走就怎么走。为了保证我的所有权，我会经常去看一看。我会任意利用我路过的一切地方。当一个人对我说："你所侵占的这块土地，因为它正式的主人用它出产的作物卖了钱，因此他从这块土地上获得的利益比你的更大。"在我看来，这种说法是不对的。他们就算挖壕沟，筑篱笆来阻挡我，也对我没有什么损伤，我会扛起自己的花园就走，将它安放到其他地方，不带走一片云彩。我附近的地方非常多，要我让我的邻居容忍我，我必须掠夺他们很长一段时间。

上述文字，是我试图指出在愉悦的闲暇的时候，怎样选择真正有趣的娱乐的方法。我们如果有玩的意愿，就要按照这种精神去玩，除此之外的一切玩法，都只能算是荒唐、愚昧的没有价值的事情。只要没有按照这些准则去做，无论是谁，无论他有多富有，出手多么阔绰，都没有办法领略到生活的意义。

当然大家也会对我提出反对："这种娱乐的办法所有人都会。如果按照这些办法玩，就无所谓要钱不要钱了。"这句话这是我要做出的结论。只要你有想获得快乐的愿望，你就可以得到快乐。人之所以会认为什么事情都非常困难，之所以会把就近在眼前的快乐赶走，完全是因为世俗的偏见。较之于假装快乐，想得到真正的快乐不知道要容易多少。一个人如果长于欣赏，并且懂得什么是安逸享乐，只要他拥有自由，并且自己能够主宰自己，他根本不需要金钱。只要放弃幻想的财富，任何一个有着健康身体，不需要担心忍饥挨饿的人都可以算得上一个非常富裕的人。贺拉斯①口中的"适度最好"指的就是这样一回事。我想告诉家财万贯的人，你们应该另外想一个办法使用你们的财产了。因为金钱在寻求快乐的时候是没有用武之地的。在这方面，爱弥儿的看法比我的还要高明，因为他虽然不如我知道的东西多，但是他的心地更纯洁也更健康。他的各种看法，世界上所有的人都无从置疑。

我们通过这样打发时间的过程一直在寻找苏菲，但是她却杳无音讯。我们之所以到一早就知道没有她的地方去找她，也正是因为不应该很快就找到她②。

时间已经迫在眉睫，现在已经是需要立即找到她的时刻。如若不然，爱弥儿就会把另外一个女人当成她。到了那个时候，当发现爱弥儿认错人，后悔也无济于事。再见巴黎，你是这样的声名远扬，这样的人声嘈杂、乌烟瘴气，一座以妇女轻佻、男子轻浮而闻名的城市。现在，我要寻找爱情、幸福和纯真了，因此最好远远地离开你。

---

① 贺拉斯（前65—前8）：古罗马批评家、诗人。——译注

② "谁能得到有才德的妇人呢？她们的价值是比珍珠还要高的。"（《旧约全书·箴言》第31章第10节）

第五卷

我们现在的展示和叙述，已经到了青年时期的最后一个阶段，但距离成功尚有一段距离。一个成人独自一人生活总是不那么理想的，但现在爱弥儿已经是一个成年人了。我们曾经向他承诺过，给他一位伴侣，现在，实现承诺的时候已经到来。苏菲就是这样一个伴侣。接下来我们要面对的问题是，她的栖身之所在哪里，我们应该去哪里找她。要想找到一个人，无疑必须先要认识那个人。因此，我们有两个步骤需要完成，第一个步骤是明白她是一个怎样的人，然后对她在哪里做出更好的估计。即便我们已经找到了她，事情也还远没有就此结束。"我们这位年轻的绅士既然要结婚，那么索性把他交给他的情人。"在自己的著作中，洛克这样说。但是，我是不会采取这种方法的，因为我没有资格培养绅士。

苏菲或女人

苏菲无疑应该是一个成年女人，就像爱弥儿是一个成年男子一样；为了便于承担自己在身体和精神方面应该承担的任务，她应该具备所有成年女性的特征。我们现在就从男性和女性的区别开始做一番研究。

如果不看与性有关的东西，女人和男人的身体各部分器官、各部分器官的作用、需求和能力，可以说都是相同的，面貌也是相似的，唯一的不同是个头大小。如从一切与性有关的东西来看，要对女人和男人进行比较是很困难的，因为女人和男人虽然处处都有联系，但也处处都有区别。就男女的体格方面而言，很难确定属于性的和不属于性的各有哪些东西。我们就算不比较一番解剖学，而只是仅凭肉眼观察，也能发现两者的区别并不在性的问题上。但是，不可否认这些区别也的确和性有关系，仅仅是我们还无法确定它们跟性是怎样发生关系的，无法确定它们有多大的分布范围。男人和女人都具有人类的特点，但他们在性的方面是不同的，是我们切实知道的唯一一件事情。如果从这个角度出发，我们就可以发现，他们相同的地方很多，不同的地方同样很多。甚至我们可以说：大自然创造了一个奇迹，它把两个人做得这样相同，同时又做得这样不同。

这所有的相同点和不同点，都能影响人的精神道德。我们根本不需要去争论男性和女性孰优孰劣，或者争论两种性别的人是否相等，因为这种影响是非常明显的，而且大家都可以亲身经历到。在我们当中，不管是男是女，现在在达到大自然赋予的目的的问题上，都是非常到位的，如果两种性别再相像一点，其完善程度反而不如现在。如果说相同的方面，两者并没有谁优谁劣；而如果说不同的地方，两者根本没有办法比较。我们说这个成熟的女人和那个成熟男人相似，并不是说他们的精神相似，而是说外貌相似。要求完全相同是做不到的，因为两者就算在大小方面也有区别。

任何一种性别的人，在两性的结合中都为共同的目标贡献了自己的力量，所不同的只是贡献的方式。两性在精神上产生的一个明显的区别，所导致的原因也是因为方式的不同，这就是：有一方是积极的、主动的、身强力壮的，有一方是消极的、被动的、身体柔弱的。前者没有意志和力量不行，后者仅仅需要一点抵抗的能力就足够。

如果这个原理成立，那么同样成立的还有另外一种观点：女人之所以长成这个样子，是为了让男人感到快乐。而相对应的说法——男人也应该让女人开心——则是一种不那么直接的需要。这并不难理解，男人的长处在于他的体力，只要他有一个强壮的身体，就已经足以让她感到欢喜。有人说："这种喜欢并不是爱情的法则造成的，而是一种来自于比爱情的法则更悠久的自然的法则的作用"。这种观点我同意。

如果说女人出生的目的，就是为了让男人高兴和从属于男人，那么她就应该让男人在看到自己的时候认为自己是可爱的，而不是让他们倒胃口。正是因为她有能够让人心动的能力，所以她才会对他那样粗鲁。利用自己的魅力激发他发现并运用他的力量，是她义不容辞的责任；抵抗他，让他无法不使用自己的力量，是刺激这种力量最稳妥的办法。当自尊心和欲望融合到一起的时候，在对方的胜利中，双方可以各自取得自己的成功。如此一来，一方采取进攻，另一方采取防御。男性表现得勇敢，女性表现得胆怯。到了最后，女性就会拿出大自然赋予弱者制服强者的武器——娇媚和害羞。

没有人有勇气说，大自然是无差别地要两性的色欲一样激荡、最先产生性欲的一方要先向对方展现要求对方满足色欲的意愿。因为这样的说法，完全是一种糟糕至极的说法。既然性行为对两性产生的结果差别迥异，如果双方在做出这种行为的时候都同样的勇敢，无疑是与自然的道理相违背的。双方在做同一件事情的时候既然有如此不平等的负担，如果一方没有羞耻之心的制约，另一方也不受自然的控制，用不了多久，双方将就要同归于尽，人类将要被本来是用来保存自己的手段所毁灭。如果在世界上的某一个倒霉的地方，尤其是女多男少的热带地区非常流行这种看法，就会出现这样一种情况：在妇女们淫欲的狂风暴雨之下，男子们毫无抵抗之力，只能成为她们嘴下的食物，被她们夺去性命。

而如果没有这种羞耻的心理，雌性的动物又会怎样？是否会像女人一样，为了不受这种制约色欲的因素的控制，变得无限度贪淫？这种情况是不会发生的，因为雌性动物产生性欲，只会在它们有需求的时候发生，当需求得到满足之后，性欲就会随之消失。到那个时候，它们会果断地进行拒绝，而不是对雄性的动物①半推半就。这种做法和奥古斯都女人的做法是完全相反的，当货物已经达到了船的载重上限，它们就会拒绝再接纳乘客。即便在某些时候，它们完全被性欲控制，它们心甘情愿进行性行为的时间也非常短暂，用不了多久，这种状态就会消失。它

---

① 对于这种半推半就的拒绝做法，我曾经说过是所有的女性都会做的，如果不是心甘情愿，甚至有些雄性动物也会这样做。对这一点提出反对意见的人，只能说明他们从来没有看到过他们这样做。——原注

们被本能推动着，也被本能约束。如果你让这种羞耻心远离了妇女们，她们将没有东西能够代替这一消极的本能。在这种情况下，如果你仍然希望女人不想男人，就好比在盼望男人都成为废物。

无论是什么事情，拥有绝对权威的上帝都是希望人类有荣誉心的。为了使人类兼备自由和自制，他在赐予人类无限欲望的同时，又赐予了人类调解欲望的法则。他让男人具备旺盛的性欲，同时又让男人有理智克制它。至于女人，他在让女人拥有无限的情欲的同时，也让她拥有节制情欲的羞耻心。当人类正确的运用性能力的时候，他还给了人类一种马上就能体验的馈赠：如果人类按照他的法则行事，就能获得快乐。我认为，相较于动物本能起到的作用，这些也能够起到相同的作用。

女人总是会表示拒绝和进行防御的，不管她是否像男人那样产生了性欲，不管她是否愿意满足对方的欲望。但是，这种拒绝和防卫的程度又是不同的，并且很多时候都没有那样坚决和成功。进攻的一方要获得胜利，被进攻的一方就要同意或指挥他进攻。刺激进攻者拼命进攻的方法有许多，但最自由最温柔的动作绝对不允许真正的暴力，因为暴力是大自然和人的理性共同反对的。使较弱的一方有足够的力量，并且能够完全凭着自己的意愿抵抗，就是大自然反对使用暴力的表现。真正的暴力被认为是最粗鲁的兽行，而且也是与性行为目的相悖的，这是理性反对暴力的表现。男人采取暴力，就好比是在向他的伴侣宣战。如此一来，对方为了捍卫自己的生命和自由，就有权利剥夺侵害者的生命。因为妇女的处境只有她自己才有独自判断的能力。另一方面，如果一个男人可以窃取做父亲的权利，那么孩子就找不到自己的父亲了。

于是，根据两性体质的不同，我们可以得出第三个结论：从表面看来，较强的一方似乎处于主动地位，但事实是受到较弱的一方支配的。这是由一种亘古不变的自然的法则造成的，而不是因为男子习惯于向女子献殷勤，也不是因为他把自己当成一个保护人，从而表现出一种宽容。原因在于，妇女可以依靠这种法则轻易地把男人的性欲刺激起来，但男人在满足这种性欲的时候却没那么容易了，为了让她承认自己是强者，他不得不根据对方的兴趣做出相应改变，并且不得不尽量让对方高兴。

男人感到最幸福的事情，莫过于在他取得胜利的时候，不知道究竟是弱者因为他的强大臣服了，还是心甘情愿地投降了。而妇女在这方面又是很狡黠的，她故意让他和自己之间存在这种模糊不清的东西。妇女的心思和她们的体质在这一点上的体现完全一样。在她们的眼里，自己的柔弱不仅不可耻，反而还是一种光荣。她们娇嫩的肌肉是一点抵抗力也没有的，甚至无法承担起最轻便的事物。事实上，如果她们长得身强体壮，反而会感到羞于见人。这种情形出现的原因，既是为了让自己显得好看，也是为了更好地进行防卫。因为为了在必要的时候获得弱者的权利，她们首先要为自己找个理由。

从自己罪恶的行为中，我们逐渐获得了许多知识，有了这些知识，我们在这个问题上旧有的看法被极大改变了。我们之所以很少听到强奸的行为，就是因为这种行为已经没有了存在的必要，大家也不再相信这种行为还存在。然而，这种事情由于符合朴素的自然生活，它们在古代的希腊人和犹太人中间是数见不鲜。后来大家之所以不再提这种事情，只是因为我们已经逐渐变得放荡。强奸的事情现在之所以很少被人们谈到，仅仅是因为大家已经不再那样相信①，而不是因为男子们已经更加能克制。以前拿强奸的事情和别人说，心地纯朴的人是会相信的，但到了今天，只会招致别人的嘲笑，因此大多数人都选择了不说。《申命记》②当中有一项这样的法律规定：如果是城市里发生奸淫的事情，则被奸的女子和引诱她的人会一同受到惩罚；而如果发生在乡村，则只有男子被惩罚。对于为什么要有这样的规定，这条法律的解释是这样的：乡村的女子已经喊叫，只是没有人听见。从这种宽容的解释当中，我们可以受到一项教育：为了避免遭遇不测，女子最好不要去人多的地方。

大家的看法既然今时不同往日，风俗自然也发生了明显的变化，现在的男子几乎都会向妇女大献殷勤就是其中的变化之一。男子们似乎已

----

① 能被称为强奸的，一定要有年龄和体力上的极大不对称。在这里，我是把男女两性放在构成这种地位的共同关系中来解释的，因为对于两性的相对地位我在这里也是按自然的秩序来讨论的。——原注

② 参见《旧约全书·申命记》第22章第23至27节。——译注

经认识到：只有女性心甘情愿了，他们才能获得快乐，而这种要求远远超乎他们的想象。他们要想让自己的愿望得到满足，只能体贴对方。

如此一来，我们在不知不觉中从肉欲达到道德观，从粗鲁的两性结合到逐渐产生温柔的爱情法则的原因就可以一览无遗了。女子并不是因为男子愿意才能驾驭男人的，而是因为大自然有这样的要求。她们驾驭男子的过程，在她们表面制服男子以前就已经开始。赫拉克勒斯想羞辱萨斯比斯的五十个女儿，但最终也只能在奥姆法尔①的脚边纺纱②；参孙③力量是非常强大，但与戴丽拉比起来仍然只能屈居第二。妇女们具备这种力量，没有人能够从她们身上夺了去。即便她在运用这种力量时毫无顾忌，我们也没有任何应对之策。她们的这种力量如果有失去的可能，她们早就失去了。

那么性行为对两性的影响又是怎样的呢？两者是完全不对等的！男性所具备的男性作用，只是在某些时候才会产生效力；而女性的女性作用则在任何时候都持续，最起码在她的整个青年时期是这样。她可以因为任何一件事情而想起自己的性别，并且需要一套与自己性别相适应的方法一般让自己的作用很好地发挥。在怀孕的时候，她需要得到照顾；在产后，她需要休息；在哺乳期间，她需要一种安静的生活，尽量不进行活动。她应当具备温柔的性情和耐心，以及一种不受外物影响的热情和爱，以便能够抚养孩子。在孩子和父亲之间，她是一条联系的纽带。只有她才能让他爱孩子，让他相信孩子确实为他所有。可以看出，她为了让一家人亲密相处，做出的安排是事无巨细的。但她做这些事情并不是因为它们是一种美德，而是因为其中包含了乐趣，如果没有这种乐趣，不久人类就会灭亡。

两性之间的义务并不完全相等，并且也不可能绝对相等，在这个问题上，妇女不应该埋怨男子做得不公平。因为这种不平等不是人为的，

① 希腊神话中吕底亚的女王，赫拉克勒斯因为杀死了自己的朋友伊菲托斯，被罚给她做三年奴隶，后来却成了她的情人。——译注

② 相传赫拉克勒斯在十八岁的时候，追杀一头狮子到了邻国，这个国家的国王，也就是萨斯比斯非常欣赏他，竟让自己的五十个女儿一起服侍他。——译注

③《圣经》中的人物，曾与戴丽拉相爱。——译注

至少不是由人的偏见造成的。不可否认的是，它又是合理的。为什么这样说？因为在两性当中，女性的一方既然被大自然安排了繁衍后代的责任，就应该负责为对方抚养孩子。无论是谁，背叛承诺都是不可取的，因此，一个不忠诚的丈夫如果在他的妻子尽到了女性的艰巨的责任后，把她应该享有的唯一报酬剥夺，他就不是一个正直的人，而是一个野蛮人。反过来，如果做妻子的背叛，结果会更加糟糕。她会把一个家庭硬生生地拆散，从而把自然的一切联系打破。她可以说同时出卖了丈夫和孩子，因为她给他养的都是一些私生子。她不是一个忠诚的人，同时也算不上一个贞洁的人。任何一次乱伦和犯罪的事情，我发现都无一例外地和一个不忠诚的女子有关联。如果说这个世界上有一种处境的确可怕，那么一个不走运的父亲的处境就属于这类处境。因为他没有相信他妻子的勇气，也不敢将自己的内心温柔的情感尽情地释放出来；他拥抱自己的孩子，同时要担心那个孩子是不是别人的，是否会成为他的耻辱，是否会成为一个窃取他真正子女财产的盗贼。事实上他们根本不能算作一家人，因为在这样一个家庭中，那个犯下罪行的女子虽然强迫让家里的成员摆出相亲相爱的样子，但事实上是在促使他们相互仇恨对方。

所以，问题的关键不仅在于妻子本人应该忠诚，也在于在她的丈夫、邻居以及所有人眼里，她看起来都是忠诚的。她的态度应该是谦虚的，行为应该是谨慎的，并且还有一丝羞涩夹杂其中。她必须要是一个有品德的人，这种印象既要在别人的眼中有，也要经得起她自己良心的考验。倘若说父亲有爱自己子女的义务，那么同样有尊敬他们母亲的必要。这所有的一切，决定了妇女们不仅有许多应该尽到的义务，而且还必须能够像保持贞操一样，让自己有一个很好的名声。如此，我们就为男性和女性应有的品德为什么有差别的问题找到答案了，同时也得出了一个结论：在妇女们的天职和习惯方面，她们的行为和态度被一种全新的动力影响，进而促使她们谨慎地关注着自己的言行。如果不针对上述的问题，而只是笼统地说两性平等，说他们的义务相同，我认为说了也是徒耗精力。

有时对于在一句的普遍法则，你举出一些例外的情形来反驳，并不能算是一种从实际出发的推理方法。你或许会说妇女们并不经常生孩子，这固然没有说错，但她们本来的目的还是要生孩子。你不能仅仅根据一点原因就认定妇女们的天职是少生子女：在这个世界上的许多大城市中，妇女都过着放荡不羁的生活，因而只能生很少的子女。在并不那么富裕的乡下等地方，那里的妇女过的生活是十分朴实和贞洁的，幸亏有她们来弥补城市里的妇女们生育少的弊病，否则城市里会变成怎样一番模样，实在是没有办法想象。一个妇女即便生育四个或五个孩子，在许多省份当中也会被人认为是生育能力不强的女人①。但实际上一个女人少生几个孩子是无关紧要的，并不能因此就认为妇女们的天职不是做母亲。大自然和人类的伦理也不会因此而不通过普遍的法则赋予她们这种天职。

　　这所有的一切，都不足以让一个妇女没有一点风险和困难，毅然决然地转换另一种生活方式。我们不得不考虑到：她是否可以轮流着做乳母和战士；是否可以像变色的蜥蜴一样，改变自己的爱好的气质；是否可以把家务一口气干完，然后到野外风雨无阻地干体力活，无所畏惧地打仗；是否可以这时勇敢，到另外一个时候又胆小②；是否在这时柔弱，在另外一个时候又强壮。如果在巴黎成长起来的年轻人会感到军人的生活很辛苦，那么没有晒过一点太阳，甚至连走路都不容易的女人，在度过了五十年的生活之后再去当兵是否能够吃得消，以她们的年龄，是否能够从事这种艰苦的职业。

　　在有些国家，我知道女人在生孩子的时候是几乎没有痛苦的，抚养孩子也不需要多么费力。也正是在这些国家，男子在一年四季都能够把半个身体裸露出来，并且还能够和猛兽进行搏斗。同时还能够像扛一个背包一样把一只独木舟扛在肩上；能够步行七八十里路去打猎；能够露天睡觉，以天为被地为床；能够忍受难以想象的疲劳，并且几天不吃不

---

　　① 倘若不是这样一种情形，人类恐怕早就消失了。每个妇女差不多要生四个孩子才能让人类得以保存，因为在降生的孩子当中自己还不能生育子女之前就死亡的几乎占了一半。所以，要想让人类得以保存，必须要有两个人来担当父亲和母亲。如此，你们说这样一个数字是否可以依靠城市来保存呢？——原注

　　② 妇女们的胆小事实上也是一种本能，是为了让她能够在怀孕期间避开双重危险。——原注

喝地生活。在女人强壮的时候,男人通常会更加强壮。反之则未必尽然,倘若男子的身体变得衰弱了,女人身体的衰弱程度会更甚。这就好比一个减法等式,当被减数和减数相应地改变,差数仍然保持不变。

柏拉图在《理想国》当中,我很清楚他是主张女子也要做男子做的运动的。由于把家庭从自己主张的政治制度中清除了出去,不知道该把妇女放在哪里,于是他只好把她们全部改造成男人。这个天资聪颖的人,对各个方面都有详细的论述,对所有的问题都提出了自己的看法,就连一些别人没有向他提出过的难题,他也想到了。但是,他却没有很好地解决别人已经提出的一些难题。现在我没有谈论那种所谓的妇女团体的打算,如果再在这个问题上,像一般人那样一而再,再而三地指责他,只能说明没有很好地读过他的著作。对社会上男女混杂的情况进行论述,才是我准备做的事情。男性和女性,因为男女不分的原因,所以才会担任相同的职务,做相同的事情。这会导致一种怎样的结果呢?结果就是,产生一些无法忽视的不良后果。我要对最温柔和自然的情感的消亡进行论述,造成它们消亡的始作俑者,是以后总必须依赖它们才能生存的虚伪情感。没有自然的影响,就不可能产生习俗的联系。我们对国家的爱,根源就是对亲人的爱。我们之所以会那样热爱巨大的祖国,完全是因为我们有一个小小的家园。一个国家想要有好的公民,首先要有好儿子、好丈夫和好父亲!

我们得出了一个结论:在体质和性情上,男人和女人并不相同,而且也不应该相同。根据这个结论,就可以得出另一个结论:他们必须受到不同的教育。自然的教训,他们固然是应该遵守的,在行动上,他们固然也需要相互配合,但是却不应该做相同的事情。由于工作目的尽管相同,但工作内容却不相同,进行工作的乐趣也各有区别。为了将男子培养成一个天性自然的男子,我们花费了一番力量。现在我们应该探讨一下怎样培养妇女了,其目的,既是为了让她们适应这种男人,也是为了让我们的工作更完善。你必须要自始至终遵循大自然的指导,然后才能始终在正确的道路上前行。应该尊重一切男女两性的特征,把它们看成是自然的安排。你多次提出一个骄傲的看法:"妇女们有种类多样的缺点，但我们却没有这些缺点。"你将会因为有这样一种看法而犯错，你口里的缺点，正是她们的优点。倘若她们没有这些优点，你认为局面有目前这样好吗？防止这些所谓的缺点变成恶习是可以的，但是去消灭它们则是万万不能的。

我们如果这样做，将会招来妇女们的埋怨："你们把我们培养成了徒有其表，只知道撒娇献媚的人；你们总是拿一些一文不值的小东西来取悦我们，以便能更好地控制我们。我们的这些缺点，完全是由你们造成的。"这样的说法当然是没有根据的，男人们从来都没有插手子女的教育，从来就没有横加干涉母亲对子女的教育。"不幸极了，她们没有学校能读书！"希望上帝也不要让那孩子去学校读书，如此一来更能把他们培养成一个有感情的人，一个诚实的人！可以肯定的是，从来没有人去强迫女孩子把时间浪费在琐碎的事情上；也没有人去要求她们像你们一样，在梳妆打扮上花费大把时间；同样也没有人阻止过你，禁止你按照自己的意愿去教育她们，或者请人教育她们。我们如果因为她们从你们那里学来的奇妙做法而迷醉，因为她们漂亮的穿着而感到赏心悦目，并且让她们能够熟练地使用那些能够让我们心服口服的武器，自然不能责怪我们做得不对。你干脆像培养男子一样培养她们好了，这正中了男人们下怀，因为她们越是想学男人的样子，便越不具有对男人的吸引力。会造成怎样的结果呢？他们成为她们的主人！

男女两性固然具备一些相同的能力，但并不代表着他们这些能力的程度也相当。然后总体说来，双方的能力是相互弥补的。妇女以妇女的身份去做事，就能取得一个较好的效果，而如果是以男人的身份去做，效果就会不尽如人意。只要她们能够把自己的权利善加利用，就能够处于优势地位。但如果她们要窃取我们的权利，比不上我们，是她们唯一的结局。这是一个放之四海而皆准的真理；如果我们用一些特殊的情形来反驳这个真理，就和那些偏袒女性的浪荡公子没什么两样了。

对于妇女们，如果不去培养她们本来应该有的品质，而只是在她们身上去培养男人的品质，无疑是在祸害她们。聪慧的女人是不会被这种做法欺骗的，因为她们对这一点心知肚明。她们在觊觎我们的权利时，对于自己的权利也是一点不放弃的。然而这种做法并没有给她们带来好的结果，而是让她们两样权利一种也得不到。如此一来，她们莫说不能达到我们的地位，甚至连应该达到的地位也不能达到了，从而让自身的价值损失了一半。啊，开明的母亲们，我希望你们相信我说的这些话，不要逆着自然行事，把你的女儿培养成一个好男子。你真正应该做的是把她培养成一个好的女人，这样于她于我们都会有更大的好处。

当然，也并不能因此就得出结论：应该让她们只懂得打理家务，保持对所有事物的无知；男子应该把自己的伴侣当成仆人，应该禁止她去享受社交的乐趣；他应该让她不具备任何的思想和知识，以便更好地使唤她。因为他的所作所为，她可能变成一个机器人。大自然是绝不会有这种意图的，因为它已经让妇女们具备了智慧而可爱的心灵。它的做法会恰好相反：希望她们拥有思想和远见，有爱的事物和具备一定的知识，以及像培养身体那样培养自己的心灵。为了补偿她们体力的不足，并支配我们的体力，它赋予了她们这些武器。于她们而言，需要学习的方面并不在少数，但她们只能学习那些适合她们学习的东西。

不管是考虑女性特殊的天职，还是观察她们的倾向或义务，我都能明白她们适合什么样的教育。女性和男性，都是为了双方的利益而存在的，所不同的是，两者相互依赖的程度并不相等。男子依赖女人，是因为他们的欲望；而女人依赖男人，不光是因为她们的欲望，还因为她们的需求。如果没有女人，男人照样能够生存，但如果没有男人，女人便难以生存。女人必须要有我们愿意她们提供生活的必需品，必须要有我们愿意让她们保持自己的地位，必须要有我们认为她们有资格享受这些东西，才能够获得生活的必需品，才能够让自己的地位得以维持。她们离不开我们的情感，离不开我们对她们的功绩的估计，离不开我们对她们品貌的尊重。因为自然法则的原因，妇女都是要由男子来评价的，评价的对象既包括她们本身，也包括她们的孩子。她们是值得尊重的，不仅如此，还必须有人尊重她们。她们有貌美如花的责任，而且还有让人喜欢的责任；有变得聪明的责任，也有让别人认为她们聪明的责任。她们的荣誉既决定于她们的所作所为，也决定于她们有着怎样的声名。就我而言，我不相信一个在别人眼里放荡的女人会做出诚实的行为。一个男人只要做得正、行得直，已经足以无惧别人的流言蜚语，完全按照自己的意愿行事。但女人就不同了，她即便品行端正，也无法完成自己的任务，要想完成，不仅要让别人对她有一个好的看法，而且还要行为端正。从这一点可以看出，同我们受到的教育相比，她们在这方面应该受到完全相反的教育。世人的议论会让一个男人的美德消失殆尽，却能成就一个有着美好名声的女人的权威。

要想孩子有一个好的身体，母亲的身体必须要好；一个男子要想得到幼年时期的教育，必须要有女人关心他，妇女对他将来拥有的脾气、欲念、兴趣，甚至幸福与否，有着决定性的影响。因此，妇女们受到的各种教育和男人有着千丝万缕的关系。无论在什么时候，妇女们天生就应该让男人感到快乐，帮助他们，给他们爱和尊重。除此之外，还必须在幼年时期抚养他们，在壮年时期给他们关心，忠告和安慰他们，让他们的生活充满乐趣。我们应该在她们小的时候就这样教育她们，否则就无法完成我们的任务；我们教给她们的各种道理，不仅对她们的幸福没有帮助，而且对我们的幸福也没有帮助。

所有的妇女，固然都是希望自己让男子感到快乐的，而且她们也是应该这样做的。但让才德的人和真正可爱的人感到快乐，同让那些有损男性尊严、处处模仿女性的纨绔子弟感到快乐，做法是否一样的呢？答案是否定的，让一个妇女爱男人身上跟她相同的地方，无论是从天性还是理性上来讲都是说不通的。同时，她也不应该为了让男人爱自己，就去学男人的样子。

因此，妇女们如果置端庄贤淑的态度于不顾，而去效仿那些愚蠢的男人的样子，完全是在与自己的天职背道而驰，在剥夺自己应该享受的权利。她们或许会说："我们要想让男子喜欢我们，只能这样做。"这实际上是一种愚蠢至极的说法。一个女人，只要足够聪明，就不会喜欢一个轻佻的男子，否则她就是个笨蛋。对于愚蠢的女人而言，如果世界上缺少轻浮的男子，她们还会希望造出一个这样的男子来。相较于男子让妇女产生的轻佻行为，妇女让男子产生的轻佻行为更多。在对待一个男子的问题上，妇女只会采取和她的目的相符的手段，如果她真的爱那个男子想讨好他的话。因为自己身份的缘故，妇女们的行为总是招摇的。但这并不是说，她们表现自己的方式和目的，完全不以自己的看法改变而转移。我们只要让她们的看法和自然的看法相符，我们让妇女们受到适合于她们的教育的目的就能实现了。

对于装饰品，小姑娘也会很喜欢。光是长得漂亮，对于她们来说是不够的，她们还希望别人能发现这一点。她们的这种心思，完全体现在了她们娇小的面孔上。当她们到了能够听懂我们讲的话的年龄，我们如果想要很好地管束她们，只需要告诉她们别人在怎样说她们。但是，你如果莽撞地对男孩子做同样的事，就无法获得那样的效果。他们根本不会在乎别人如何说自己，只要能够自由地玩耍就已经足够。就算能够让他们受到这个法则约束，也非要花费大量的时间和精力不可。

不论来自何处，女孩子的这种最初的教育都可以算作一种很好的教育。既然身体成长在精神成长之前，那么就可以得出一个结论：无论男女，都应该首先培养身体。但男子培养身体是为了让身体强壮有力，女人培养身体则是为了让身体变得灵活。那么，这是否是说男子只能拥有男性的品质，女子只能拥有女性的品质呢？也不是，它只是在说，无论是哪一种性别的人，在拥有这些品质的时候都应该有主次之分。女人要想做起事感到轻松，拥有足够的体力是一个前提条件。而男子想要做事来容易，也必须有足够的灵活程度。

妇女的体质如果太娇弱，会产生一个很不良的影响，这就是让男子的身体也跟着变娇弱。对于妇女们而言，像男子一样强壮固然没有必要，但为了能生出和他们同样健康的孩子，拥有和他们相适应的强壮也是必不可少的。把一个女子放在女修道院培养和在家里培养进行比较，前者要比后者好，因为在女修道院里，吃的虽然是普通饮食，但在户外和花园中无拘无束游玩的时间很多。而在家里培养不是娇生惯养就是管得太过严苛，因为在家里，她会经常受到大人的夸奖和批评，并且整天都关在一间四门紧闭的房间在母亲面前坐着，无论是起来走动一下还是说话和吵闹，她都是不敢的。拥有片刻时间自由地玩耍，按照当时那个年龄活泼的天性去做，对她来说只是一种奢望。青年人的身心为什么会遭到损坏呢？原因就在这里。

同斯巴达男孩一样，斯巴达女孩也做军操。其目的只是为了将来生育的儿子能够忍受战争的艰苦，而并不是为了上战场冲锋陷阵。为了给国家培养士兵，就要求母亲们扛着步枪去学普鲁士的兵操，这样的观点我并不怎样认同。但在我看来，在这一点上希腊人的教育方法整体而言是有道理的。在希腊，青年女子经常在公共场合出入，但她们并不和男子们在一起，而只是女孩子之间的聚集。无论是什么节日、集会还是祭祀的典礼，都能看到一队队优秀公民的女孩子的身影。她们头戴花冠，手提花篮，或者捧着花瓶和祭品，又唱又跳地玩乐。这就让希腊人迟钝的感官接触到了一种生动的情景，他们因笨拙的体操而产生的不良影响也因此而抵消了。这样的一种风俗，暂且不论对男子产生怎样的影响，但对于女子而言，它总能通过轻松活泼的运动使她们在青年时期拥有一个良好的体格，通过让人喜欢的殷切希望，在不损害她们性情的前提下培养她们的兴趣。

当这些年轻的姑娘们结了婚，就再也不会出现在公共场合了，而是会在家里待着，为打理家务投入全部精力。这也是大自然和理性给女性安排的生活方式。只有这样的母亲，才能生育出能被称为最健美的男子的儿子。不能否认有几个岛上的人名声很差，但是古希腊妇女，在包括罗马人在内的一切民族的眼里，都是聪明可爱和贤惠漂亮的。

希腊人因为衣服宽大，丝毫不对身体产生束缚，所以无论是男子还是妇女，身材都长得和雕像一样均匀优美，这一点大家是知道的。到了今天，我们甚至在艺术上还有拿他们的雕像作为摹本，因为自然的体态已经被弄得完全不成样子，均匀的身段已经成了过去。古代希腊人是一点没见过哥特式的紧身衣和把我们四肢捆得紧紧的花边袋的。我们今天的妇女穿鲸骨裙，以致身材完全不像样，让人无法看出身材的本来面目，而他们的妇女是完全没有穿过那种衣服的。这种不良的装束在英国是非常流行的，其程度达到了一种让人恐惧的地步。因此，我只能设想他们的民族会因此败坏。在我看来，他们完全是因为风气不好才会喜欢这种装束。把一个妇女像黄蜂一样裁成两截，我怎么看都觉得不好看，不仅有碍人的欣赏，同时也会让人感到郁闷。身材的苗条并不是无止境的，它有一定的比例和限度，超过了就会成为一种缺点，这和其他事物是一样的。当除去衣服时，这种缺点表现得极其明显，光用一件衣服罩住它，怎么也谈不上好看。

妇女们为什么要把自己像穿铠甲一样束缚起来呢？对于这个问题，我一点研究的勇气都没有。一个二十岁的女人如果乳房下垂或者腰身粗壮，我承认她确实很难入眼，但如果是到了三十岁再有这个样子，就不能算是难看。不管在什么年龄，我们的成长都要和自然相符，这一点不应该以人的意志为转移。而对于这一点，人的眼睛也是能看得一清二楚的。因此，当女人有了这种不完美的地方，不管她处于怎样的年龄段，样子固然没有那么完美，但同一个愚蠢地把自己扮成一个十四岁的大姑娘相比，就要好看多了。

风气的不良，是造成一切阻碍和束缚天性的事物的原因。如果从身体装扮和心灵的培养来说，事实也的确如此。最占有优势地位的，应该是生命、健康、理性和舒适，没有人会认为不舒适的事物显得美。苗条和瘦弱两者之间不能画等号，一副不健康的样子怎能得到别人的喜爱？别人在你生病的时候固然会同情你，但你要想别人喜欢你，非长得活泼健康不可。

男孩和女孩之间有许多共同的游戏，这是有必要的，因为等他们长大后，也是应该在一起玩耍的。同时，他们也有着和自身相符的爱好。对于男孩子来说，运动和吵闹，打鼓、抽陀螺和推小车，是他们的最爱。而女孩子的最爱则是好看和用来化妆的东西，如果镜子、珠子和花边，尤其是布娃娃。对女孩子来说，布娃娃是她们特别喜欢的事物，这也体现了她的爱好和她的任务是相符的。怎样使用化妆品可以说是打扮的要诀，而这种艺术孩子们是可以学会的。

你一定会有这样的印象：一个女孩子整天抱着一个布娃娃，不断地给它装饰以及穿衣服和脱衣服，不论自己会挑选还是不会挑选，总是不断地拿一些新的装饰给它佩戴。不可否认她的手指没那么灵活，也没有养成一定的爱好，但她的倾向已经显露无遗了。她不停地玩着布娃娃，完全不在意时间的流逝，甚至忘记吃饭，于她而言，食物已经不是急切要寻找的东西，化妆品才是。到了这里，你也许会说："她只是在装扮她的布娃娃，而不是她自己。"这是没错的，她的确没有注意自己而只关注她的布娃娃。她还没有为自己做事的能力，她还非常青涩，才能也没有，体力也没有，对所有东西都一无所知。此时的她，全副身心都倾注在她的布娃娃身上，并把自己所有可爱的地方都放到了布娃娃身上。但这种情况并不是在她身上永远停留，她在等待，等待自己成为布娃娃那一刻的到来。

这个过程一定会完成，你唯一需要做的就是关注它的进程，并提供适当的指导。当然，怎样打扮布娃娃，怎样给它打蝴蝶结和小围脖，怎样给它扎花边，只是这个小女孩心中的想法，在做的问题上，她仍然需要别人的帮忙。这就让她产生一个想法：如果自己能做这一切，那就再好不过了。这也是大家最开始就要教她学这些东西的原因。大家并没有强迫她去做这些东西，而是完全出于一片好意，让她去玩它们。无论哪个女孩，几乎都是不喜欢读书和写字的，但如果手里有针线，她们就会玩得非常高兴。在她们看来，自己已经是一个大人，所以她们才想象着在某一天，自己会用这些本领来打扮自己。

通过这第一道关卡，接下来的路就好走了。她们紧接着会自己去学做琐碎的化妆品，去学绣花和打花边。但她们不会在意挂什么窗帘以及用什么家具。在她们看来，这些东西与自己是没有关系的，别人完全可以按照自己的意愿安排。窗帘和壁纸之类的东西，只有成年的妇女才会在意，年轻的姑娘对它们没有什么兴趣。

由于绘画艺术和装扮的研究有很大关系，这种对这些东西的自愿学习，是很容易促使她们去学画图画的。但如果她们去学画风景或学画人物我却不愿意看到，尤其是后者。她们有能力画花花草草、果木和各种图案，我就感到非常心满意足了，因为这些画可以让她们的服装更美，让她们在找不到合适的花样时，自己画一种花样来刺绣。倘若男子只应该研究对自己有用的学问，那么一般说来妇女则只应该研究对自身有用的事情。

　　无论是男人还是女人，具备的良知都是一样的，这不是那些爱嘲讽的人说些话就能改变的。整体而言，通常女孩子比男孩子更温顺，并且也允许被我们管得更严苛，后者我们在下文即将提到。但这是否说我们就可以强迫她们去做她们不明所以的事情了呢？当然不是，做母亲的人，应该要善于告诉她们，自己让她们做的事情的用处。事实上要做到这一点是非常容易的，因为女孩子的智力通常要比男孩子成熟得更早。这就为以下的结论提供了证明：无论是女孩还是男孩，除了可以不去研究那些没有多少好处，同时会让研究的人感到乏味的学问之外，甚至也可以不去研究那些在他们目前的年龄还不明白，必须等到稍大一些后才能明白作用的学问。我们如果不想去强迫一个男孩子读书，那么就更加不应该去强迫女孩子在她还不理解读书的用处之前去啃那些书本。而我们在平时向她们解释读书的用处的时候，也是按照自己的观念叙述的，而不是她们的观念。不管怎样说，女孩子是没有必要在很小的年纪就去学读书和写字的，你并没有立即就让她去管理家务。对于读书和写字这种对她们有害的学问，她们通常也是滥用的。倘若她们确实对读书和写字有兴趣，用不着你强迫，只要有闲暇的时间，她们自己也会去学习。算术或许是她们首先学习的一门学问。在所有的学问中，算术可以说是用处最大、需要练习的时间最多、最容易出现错误的一种。一个女孩子，如果她一定要做出一道算术题之后才能吃到樱桃，我敢断言她很快就能学会计算数字。

　　我认识一个先学写字然后才学识字的小女孩，并且是先用针写然后才用笔写的。"o"是她所在有字母中最开始喜欢写的一个。她不断地写，写完了大"o"又写小"o"；写完了粗笔画的"o"又写细笔画的"o"，在一个"o"中间又写一个"o"，并且写的时候总是反着笔顺写的。但在某一天，她突然像弥涅尔瓦①一样弃笔不再写"o"了。那天，她正在做这个有意义的练习，但在一面玻璃镜中看见了自己的样子，她认为这种不协调的姿势难看极了，于是就有了上面的那一幕。她的弟弟也和她

────────────

　　① 指希腊神话中的智慧女神雅典娜。——译注

一样不学写字了，但原因有所不同：他之所以讨厌写字，是因为他认为写字是在受罪。她重新练习写字，是大家另外想了一个办法才做到的。这个小女孩是很娇气的，她不乐意让她妹妹穿自己的衣服。她家里的人以前把她的衣服都做了标记，但后来没这样做了。没有办法，她只能自己学打记号。到了这里，我想大家已经可以可想到她以后的进步情况如何。

对于女孩子，你应该给她们讲清楚你让她们去做的事情的意义，但同时也必须要求她们做好那些事情。女孩子最危险的两个缺点就是懒惰和叛逆，一旦她们有了这两个缺点，以后再想纠正就太困难了。她们除了应该热爱劳动和做事细心之外，还应该从小就受到管束。倘若她们觉得这样做是一种痛苦，那也是因为她们的性别，何况如果不经历这种痛苦，她们将来会面临更大的痛苦。她们的一生是不断被严格约束的一生，各种礼数和规矩，同她们始终形影不离。要想让她们不因为受这种约束而感到痛苦，就必须让她们习惯于这种约束；要想便于她们让自己服从别人的意志，就必须让她们习惯于控制自己的各种想法。倘若她们整天都想干活，我们就应该给她们安排一些时间，让她们在那个时间段内什么事情都不做。倘若在一开始，她们就有了恶习和喜欢没完没了地做事情，就很容易变得轻浮和反复无常。想要避免让她们产生这种缺点，教育她们学会自制至关重要。对于一个诚实的妇女而言，由于我们现在身处一个漠不关心的社会，可以说她的一生是不断同自己斗争的一生。让妇女们来分担她们给我们造成的痛苦，是再公平不过的事情。

让女孩子讨厌工作而只知道吃喝玩乐，是必须要防止的事情。如果只是采取一般的教育方法，这种贪玩而不愿意干活的弊端就很容易在她们身上出现。原因何在？同费讷隆①说的一样，这种教育方法不但会让女孩子心生厌倦，同时还会让她们只知道玩乐。倘若人们按照前面说过的准则去做，则厌倦这一缺点，只会在她们讨厌她们身边的人时才会出现。如果一个小女孩对她的母亲和朋友有好感，即便和她们整天在一起工作也会甘之如饴。她心中的拘束，仅仅通过和她们交谈就能够消除。

---

① 法国散文家，主要著作有《论子女的教育》《特勒马科斯历险记》《死者对话录》《致学院书》等。——译注

但如果她把管理她的那个人看成是障碍，那么她在那个人面前始终都不会开心，无论做什么事情。有一些这样的女孩子，在她们看来，自己和别人在一起要比和母亲在一起更快乐，这样的女孩子想成为一个好孩子是困难的。然而，由于她们善于用好听的话掩饰自己的思想，如果想要判断她们的真正情感，不能仅仅依据她们说的话，还要研究她们的情感。但我们是否就可以强迫她们爱自己的母亲呢？这也是不行的，我们没有理由说女孩子有服从母亲的义务就必须要对母亲产生爱。因为母亲对女儿的爱护、关照和平日的习惯，女儿自然是会爱母亲的，只要这位母亲不让女儿讨厌自己。只要方法得当，母亲管束女儿不仅不会减少女儿对她的爱，相反还会增加。因为，女孩子自己会懂得应该服从别人，这基于一点事实——妇女生来就处于隶属别人的地位。

女孩子通常会过分使用别人允许她们享受的那部分自由，因为她们能够享受的自由是很少的。无论是什么事情，她们都表现得很极端，甚至在做游戏的时候也比男孩子疯狂，这也是我刚说的第二个弊端。这一弊端让妇女们产生几个特有的恶习，因此必须予以制止。任性和沉迷就属于这类缺点，它们如果出现在一个女人身上，就会让那个女人不能持续喜欢一样东西。喜欢和讨厌没有常性，对她们来说害处是极大的，就像做事情过分害处很大一样，并且导致这两种缺点的原因是一样的。对于我们而言，阻止她们快乐而自由地玩游戏固然是不应该的，但是防止她们去因为做另外一种游戏而厌恶这种游戏却是必要的，必须要让她有一种认识：自己无时无刻都要有所约束。要让她们养成一种习惯：在玩得正起劲的时候，能够立即停止，然后心甘情愿地去做别的事情。只要能形成一个习惯，要做到这点并不困难，因为习惯可以成为人的第二天性。

如果一个妇女习惯了被约束，那么她就会养成一种终生都需要具备的品质——温顺。她为什么必须具备这种品质呢？因为，她终其一生都不能不听从一个男人或许多男人的评判，而自己又没有办法不受他们评判的影响。由于女人生来就要服从缺点和恶习多多的男人，所以在还很小的时候，她就要知道自己应该无怨无悔地忍受丈夫不公正的行为和错误。也因此，温柔可以说一个女人应该具备的第一个重要的品质。妻子如果执拗而暴躁，只能得到一个结果：她更加痛苦，她丈夫的错误行为更多。倘若她们意欲让他们臣服，就不能使用这种武器。造物主让她们长成一副伶牙俐齿善于说话的模样，并不是为了让她们成为喋喋不休的人；让她们长得那样柔弱，并不是为了让她们傲慢地强行去做某事；让她们拥有一副好嗓音，并不是为了让她去骂街；让她们拥有一副姣好的面孔，并不是为了让她们大发脾气。如果她们满脸怒气，那么就把自己的本真给丢弃了；如果她们破口大骂，即便有抱怨的理由，也是不对的。无论是男性还是女性，都应该保持同自己性别相适应的态度。丈夫如果唯唯诺诺，他的妻子就会非常彪悍。只要不出现这种情况，一个男人在一个女人温柔性情的攻势下，迟早会丢盔弃甲、俯首帖耳，除非那个男人是个异类。

但愿全天下的女孩都非常听话。但话要说回来，母亲也不能总是那样不通人情。于我们而言，折磨一个小女孩以让她变温顺，或者粗暴地对待她以让她变得有礼貌，都是不应该的。我们恰恰要采取相反的做法：即使她偶尔狡猾一下，我们也能够容忍，只要她这种狡猾不是为了让自己免于受到我们的惩罚和管束。强迫她可怜地依赖别人是没有必要的，只要她意识到自己需要依赖别人就够了。女人天性就狡猾，在我看来，所有自然的倾向本身都是很正当的。我认为，我们应该对她们的这种天性加以培养，就像我们培养她们的其他天性一样，要做到这一点，其关键在于我们怎样才能避免她们滥用这种天性。

我的这一观点，希望所有善良的人都能够加以仔细研究。由于成年的妇女们已经因为我们的各种教条变成了十分狡黠的人，因此我不希望大家在她们身上研究这个问题。我想大家去女孩身上进行研究，去研究小姑娘，只有她们才可以称得上是才出生不久的人。我希望大家能够把她们和年纪相仿的男孩子进行比较，倘若他们不比她们笨拙和迟钝，那么就说明我的观点并不正确。现在请允许我从孩子们纯真做法中拿出一个例子来进行一番讨论。

由于大家都认为想要教导好孩子们，就需要拿一些没有任何价值的规矩让他们遵守，所以不允许孩子们要什么东西，是吃饭时一个司空见惯的规矩。因此，一个不幸的孩子如果要想获得一样东西，不表现出望眼欲穿的样子是无法获得的，至少不能马上获得①。众所周知，一个懂得这一规矩的男孩子如果餐桌上没人搭理他，他就会采取一个非常智慧的做法：让大人给自己一点盐或别的什么东西。

如果他表面上要盐而实际上想要肉，我认为别人并不会认为他不对。谁都不能否认，大家不搭理他是一种非常残忍的做法。因此，我不认为他打破这个规矩，直接声明自己肚子饿了会招致大家的惩罚。这样的做法，我曾看到过一个六岁的小女孩施行过，而且还是在一种非常困难的处境下施行的。之所以说是非常困难的处境，是因为她的家人一直严禁她直接或间接地要东西的，并且要求她必须听大人的话。在吃那顿饭的过程中，除了有一份大家忘记给她之外，她几乎吃遍了所有的菜，但那份菜恰恰是她非常想吃的。

为了让大人忘记给她夹过哪些菜，并且让自己不被认为是一个不听话的人，她用手指把所有的菜盘依此指了个遍，同时大声说："这份菜我吃过了，那份菜我吃过了。"当她的手指移到她没吃过的那盘菜时，她把手指一言不发地挪了过去，并且刻意让大家清楚看到她的这一细节。于是，大家问她："你没吃过这份菜吗？"这个小贪吃鬼低下头，小声地回答："没有。"我无意再说下去了，你去对比一下小女孩的这种机智的做法和小男孩的机智的做法吧。

自然存在的东西，没有一样是不好的；普遍的法则，没有一样是对人类有害的。为了弥补女性在体能方面的缺陷，造物主就让她长得非常机灵。女人如果缺少这种机灵，就不能算是男人的伴侣，而是他的奴隶。她之所以能够保持自己的地位，能够在表面上服从他而实际在管理他，也是因为她具有的聪明才智。女人不利的地方有许多，男人的缺点，自身的羞怯和柔弱都算，而有利的地方却只有自己的才能和容貌。因此，她培养自己的才能和装饰自己的容貌是一件非常正常的事情。然而，并

---

① 如果一个孩子发现只要多次强求就能实现自己的目的,在想获得某样东西的时候,他就会闹个没完。在一开始,如果你说不给他就不给他,他就不会再向你要那样东西。——原注

不是每个女人都能拥有漂亮的容貌的。它可能因为出现某种意外而被损毁；年龄的增长和风俗习惯，都会对它造成不同程度的减损。因此，能够作为女性真正资本的，只有机智。但这种机智是否指在社交场合中被称赞的那种于幸福生活无益的机智呢？当然不是，这里的机智指的是善于适应自己地位的机智，是一种利用我们的地位，并通过我们的优点来主宰自己的艺术。妇女们的这种机智对我们好处有多大，能够使两性的交际多么富有魅力，能够对孩子们乖张粗鲁的丈夫起到多大的遏制作用，能够让一个家庭多么有秩序，普通人是并不知道的。如果没有它，一个家庭会变得怎样脏乱差是难以想象的。我当然知道这种机智会被狡猾的女人滥用，但是又有哪一种东西没被人滥用呢？对于这类能够创造幸福生活的手段，我们不能够因为它对自己有时候有害就毁灭它。

一个女人要想引起别人注意，只需要用化妆品就能实现，但要想获得别人的喜爱，通常还要看她的人品。我们的穿戴和我们的本身，两者之间是不能画等号的；穿戴的东西太好，反而经常更加难看。人之所以被人注意，通常是因为那些别人并不怎么看重的东西。在这个方面，大家对女孩子施行的教育是完成错误的。为了让她们喜欢光鲜亮丽的衣服，他们用装饰品来奖励她们。当她们打扮得花枝招展的时候，人们就对她们说："漂亮极了！"事实上，我们应该教她的是：让她们明白自己用的化妆品只需要掩盖自己的缺点，本身表现得容光焕发才是一种真正的美。爱好时尚并不是一种好习惯，因为这一习惯并不会改变她的容貌。无论她怎样爱好时尚，她的容貌总是那个样子。因此，一种化妆品只要让她曾经好看过，就可以一直用下去。

一个年轻的女子用华美的服饰来打扮自己，如果恰巧被我看到，我就会对她那种奇怪的样子感到担心，担心别人将以不屑的眼光看待她。那个时候我会对她说："你穿戴这样多的装饰品难道不觉得累吗？你完全可以穿戴得少一些，何况你就算没有这些饰品也是很好看的。"如此一来，她就可能要求别人取下她那些装饰品之后再来评论她是否漂亮。如果她怎能这样做，那当是一件普天同庆的事情。我只会在她穿着简单的时候才会称赞她。当她有了一些认识，她不仅不会以她的装扮为荣，反而还会感到难为情；当她打扮得比平时更艳丽的时候，别人一夸奖她美丽，她就会面皮发热。这就是她已经意识到化妆品的作用只是为了弥补她容貌的缺陷，意识到使用了化妆品就好比变相地承认了自己要想获得别人的喜欢，必须要穿戴这些东西才能做到。

不否认某些人需要一点装饰，但是说某个人一定要穿华美的衣服则无论如何都不正确。女人的打扮完全是遵从别人意愿的。因此，她们之所以要过度地打扮，是由上流社会轻浮的风气决定的，而不是因为她们自身的虚荣心。一个女人，要想把自己打扮得真正漂亮，有时候固然需要费很多心思的，但奢侈品是一点都用不上的。同维纳斯相比，朱诺①实际上要更加好看。阿贝里斯曾对一个技术不到家的画家说："因为你无力把她画得很美，于是你就把她画成一个衣着华丽的人。"那个画家画了许多穿戴的东西在海伦②身上。一个女人要穿戴灿然夺目的装饰品，只能表明那个女人长得非常难看。用这些东西去装扮一个人是再糊涂不过的事情。这样的话我在以前就已经说过。一个年轻的姑娘如果有审美能力，同时能够不追逐时尚，她做出来的衣服，一定比其他女人用拉杜沙所有的锦缎做出来的衣服好看许多，即便你不给他宝石、彩缎和花边③，只是给她一些丝带、罗莎、细布和绣花。

了解自己穿什么衣服好看的妇女，总会选择好看的衣服，并且在选好之后就不再更改。因为好看的衣服始终都好看，而且尽量穿好看的衣服也是理所应当的。她们在服饰上花费的时间，也一定比那些不知道穿什么衣服好看的女人少，因为她们穿衣服并非一天一个样。对于她们而言，只需要稍微打扮一番，就能够显得很好看。按理说，年轻的姑娘是没什么可打扮的，因为她们一天的时间应该用在自己的工作和学业上。

---

① 罗马神话中的人物，是女性、婚姻和母性之神，集美貌、温柔、慈爱于一身。——译注

② 古希腊神话人物，被称为人间最漂亮的女人。——译注

③ 有些女人其实是不需要在衣服上绣花边的，因为她们的皮肤非常白。但是，她们又不得不用花边，因为那样会招致别人的议论。某种样式的服装，几乎都是从长得不那么好看的女人那儿开始穿的，然后使得那些本来很漂亮的妇女也愚蠢地学她们的样子。——原注

但事实却并非如此，大多数姑娘除了不抹胭脂水粉之外，打扮起来比结了婚的妇女还要狂热。不仅如此，在谈到打扮的时候，她们比已婚的妇女也要热衷。为什么妇女要过分地打扮呢？原因在于她们感到生活无聊，而不是像一般人说的那样是虚荣心在作祟。一个女人投入六个小时在化妆室，她完全知道自己打扮出来后的样子，并不一定会超过只用半个小时打扮的女人，但她之所以仍然要这样做，是因为她可以借此去打发许多无聊的时光。有一个办法消遣，总比什么也不做要强；如果不把时间用在装扮上，从中午一直到晚上九点钟的那段时间又该如何度过呢？当然还有一个消遣的办法，这就是让她们去做一些麻烦的事情。这个办法太好了，在这个时间本来是应该见丈夫了，现在可以打扮为由不和他见面了。这样一来；她们那里，卖旧货的商贩、俊俏的小青年、小作家、小诗人和小歌唱家就可以鱼贯而入了。倘若没有梳妆打扮这一由头，这些人怎么有可能聚在一起？她们这样做，据说唯一的好处就是她们在打扮的时候比穿礼服的时候更好看。但实际情况又如何呢？这种好处并没有她们认为的那样大，爱打扮的人并不能得到她们说的好处。你要让女人受女人的教育，喜欢女性的工作，让她们成为一个谦虚而勤俭持家的人，并且要坚决果断。如此一来，她们自然就不会过分地打扮，并且在穿着上会更加朴实和雅致。

对于正在成长的女孩们而言，让她们认识到如果自己本身不漂亮，只是有美丽的化妆品也没有用，是她们应该上的第一课。把自己打扮得花枝招展，或者遽然长成一副妖娆的样子，不是她们能够做到的事情。但做到雍容典雅、声音柔美、步履轻盈、举止端庄，对她们来说是可能的，这些无一不彰显着她们的优点。从此之后，她们就不能只是会做针线活了，而是应该拥有一些新的手艺。这些新手艺的好处她们是已经了解了的。

教女孩子们唱歌、跳舞或者任何其他艺术，对于一个严肃的老师来说，我深知他是不乐意的。我认为这很可笑，不愿意叫女孩子学，难道要叫男孩子学吗？这些艺术不教给女人，难道要教给男人吗？他们的回答非常干脆："一个也不教，唱粗俗的歌曲和犯罪有什么两样？跳舞是魔鬼的主意，对于一个年轻的女子而言，工作和祈祷才是她消磨时间应该做的事情。"工作和祈祷？让一个十岁的孩子拿这些东西来消遣？这太荒谬了！我是非常忧虑的。如果强迫这个小小的圣徒拿自己的童年去祈祷上帝，我担心她们到了青年时期会成为另外一些人。当她们结了婚之后，对于自己在幼年时期损失的时间，她们一定会努力加以弥补。在我看来，我们有思考什么东西适合她们年龄的必要，正如我们有必要思考什么东西适合她们的性别一样。像自己祖母一样过日子，对于一个小女孩来说太苛责了。她最应该做的是快乐地玩耍、唱歌和跳舞，玩一切适合她那个年龄玩的单纯的游戏，因为她们即将迎来应该变得稳重行业端庄的时刻。

但在态度和举止方面也不是非要改变，这方面的改变，有可能是我们的偏见导致的。由于我们定出一些规矩硬要诚实的妇女去遵守，使婚姻生活中可以令男人感到愉快的地方化为了乌有。这样一来，他们因为觉得家里缺少温暖，自然就不愿意待在家里，或者说他们对这种无趣的情景提不起一丝兴趣。基督教的教义之所以会变成无法付诸实践的空话，就是因为把这些规矩看得太重要了。把妇女们唱歌、跳舞和做各种有趣的事情的权利剥夺了，于是让她们成为一个幽怨、易怒、谁见了都怕的人。给婚后的生活加上清规戒律，对这样一种圣洁的结合满含鄙视，哪一种宗教都没有这样做。但大家的做法却刚好相反：想出许多办法阻止妇女变可爱，促使丈夫向冷酷无情转变。有人说："这种情况是不会出现的。"我很明白他们为什么要这样说，但在我看来，基督徒也没有办法避免这种情形，因为他们也是人。在我看来，一个英国的女孩，为了让自己将来的丈夫感到高兴，她应该掌握许多出色的本领，就好比一个阿尔巴尼亚少女为了做伊斯法罕的妃子而学会许多本领一样。然而也有一些人说："丈夫更希望的是妻子没有那些本领。"这话再正确不过，我也这么认为；如果妇女们不用那些本领去讨好丈夫，那就让她们利用那些本领去勾引一些年轻的纨绔子弟到她们家里去吧，去做那见不得光的事。如果一个招人喜欢、聪明智慧的妇女拥有那些才能，并且用它们去讨她丈夫的欢心，你可以设想一下会为他的生活增添多少的乐趣。这无疑既可以防止他在工作室里头昏脑涨地度过一天，也可以避免他去外面拈花惹草。有这样一位多才多艺的妇女存在的幸福家庭，家庭每一个人都可以为共同的快乐出力，这样的家庭，大家定然定然看过很多。被这样一种快乐环绕，可以让家里的人彼此相亲相爱，从而体会到一种纯真的温情。这比那些吵闹的公共场合的娱乐无疑要好很多。

那各种各样的技艺，被大家弄得太形式化和单调了，以至于让它们看起来非常夸张和呆板。也正是因为这一原因，年轻人才开始讨厌这些自己原本认为生动有趣的游戏。我能想到的最可笑的场景就是：一个上了年纪的舞蹈会歌唱老师，满面忧愁地走到那些只知道嬉戏的年轻人面前，把自己的那点难登大雅之堂的学问，用一种比迂腐的教书先生讲课还郑重其事的口气传授给他们。例如，普遍的看法是唱歌都需要乐谱，但一个人即使一个音符也不认识，也是有可能把声音唱的柔和准确、别有韵味的，并且有可能和别人合唱。但同样的歌却不见得所有的人都可以唱，同样的唱法不见得所有的人都适合。我个人无法相信，适合一个活泼可爱的有着棕色头发的小姑娘表演的表情、步法、动作、姿态和舞蹈，也适合一个心情忧郁长着金色头发的美妇人来表演。当我看见一个老师把相同的功课按同样的方法去教给这两种人，我只能认为这个人教条死板，对自己从事的那门艺术完全是个门外汉。

有些人不知道女孩子们应该请男老师教还是请女老师教，对于这个问题，我也不知道答案。我个人认为，她们最好男女老师都不要请，而是凭着自己的意愿去学，我希望身着奇装异服的江湖艺人在我们的城市里穿梭的场景不再出现。对于女孩子而言，这些人教的东西即便有作用，她们也会因为和他们的接触而产生不良后果。她们会不会因为他们那些毫无根据的话以及他们的态度和语调，一开始就喜欢上他们那些没有价值的东西呢？对于这一点，我是深感忧虑的。他们那样吹嘘那些无用的东西，女孩子是很有可能跟着他们有样学样的。

对于女孩子而言，在所有以娱乐为唯一目的的艺术中，她们的老师可以是任何人和任何事物，如她们的父亲母亲、兄弟姐妹、朋友和保姆、镜子以及她们自己的兴趣，她们自己的兴趣尤为重要。但切忌告诉她们要学哪些东西，而应该让她们自己提出来。你万不可让一件本来充满乐趣的事情，一下子变成一种苦差，尤其是学这些东西。你只要让她们产生了学习的愿望，就算取得了第一个成功。但如果实在没办法，一定要进行正规的学习，对于是请男老师还是女老师的问题，我还没有具体的看法。如果是男老师，我不知道他是否可以完成如下工作：握住一个女学生白嫩的手；把她的裙子撩起来；让她用两只眼睛平视自己；让她把双臂张开，向自己的身体贴近她那怦怦直跳的胸部。但有一点我是能确定的：在这个世界上，还没有什么东西能诱使我去做这种老师。

如果拥有热心和才能，审美的能力就能随之养成。这样，一个人的心灵就能在潜移默化中接受不同的美的观念，并且到最后把与美的观念相联系的道德观念也一并接受。为什么女孩子要比男孩子更早地具有规矩和羞耻的观念呢？这或许就是其中的一个原因。如果你这样申辩："这种早熟的观念完全是女教师的教育造成的。"这只能说明你完全不懂她们教育的方式和人类心灵的发展。说话的艺术，在所有能够让人开心的艺术当中居于首位。被习惯消磨了感官要想获得新的乐趣，非通过它不能做到。心灵是很有作用的，它既能让身体充满活力，同时还能让它在某种程度上变得年轻。我们不断地产生着感情和观念，这让我们的样貌也跟着一起变得活泼和有变化了。人通过心灵的语言，可以对一件事物持续不断倾注注意力。女孩子为什么能很快将一些讨人喜欢的话语学会呢？为什么能够在她们连语句的意思都不知道之前，说起话来就很有腔调呢？为什么对于这种语言，男子也乐于倾听，甚至在她们还无法理解自己想法之前，为了她们在什么时候流露自己的情感，就在观察这种才智在什么时候才会显现呢？我想原因就在这里。

妇女拥有一个柔和的舌头，这也是她们为什么学说话的时间早于男人，并且说起来更容易、更动听的原因。有些人说："她们的话实在太多了。"这种责备或许是有理由的。但我不会这样做，相反还会加以称赞。若要问原因，则是因为她们的嘴和眼睛进行的是相同的活动，并且连进行那种活动的理由也是相同的。男人说的话，通常是自己知道的话，而女人说的话，则是别人喜欢听的话。其区别还在于：男人说话需要拥有知识，而女人说话则需要具备风趣；前者是为了讲述有价值的事情才说话，后者则是为了讲述有趣味的事情而说话。两者除了必须都说话真实之外，其他的地方应该都是有所区别的。

所以，要想让一个喋喋不休的女孩子闭嘴，用同对付男孩子一样的办法——说一句"你说这些有什么用呢"——是不顶用的，而是应该这样对她说："你考虑过你说这些可能造成的后果吗？"在和别人交谈的时候，只说别人喜欢听的话，是她们在自己那不能分辨是非和判断别人想法的幼年时期，需要牢记在心的一个准则。由于这个准则必须建立在一个最根本的法则——不能撒谎——之上，所以实行起来是没那么容易的。

当然，我发现还有许多其他的困难存在于这一点，不过不等到长大的一些时候，她们是不会碰到它们的。让女孩子认识到不要在说真话的时候显得鲁莽，是当下她们唯一需要注意的事情。对于鲁莽的行为，她们天性也是很憎恶的，但只要通过教育，要避免这种行为是很容易做到的。整体而言，在人际交往中，男人和女人礼貌各自表现在帮助别人和体贴别人上。这种区别并不是社会的习惯造成的，而是自然而然产生的。男人和女人给人的印象也各不相同，前者像是处处想帮助你，后者则是像处处都想让你感到快乐。于是我们就可以得出一个结论：无论我们怎样看女人的性情，同我们的礼貌相比，她们的礼貌总是更真诚，这种礼貌来自于她们原始的本能。而一个男人如果假装把我的利益置于他的利益之上，无论如何都逃不过我的眼睛，不管他用什么话来加以掩饰。因此，让妇女们变得有礼貌，教育女孩们学会懂礼貌，实在是轻而易举。但最先教她们要懂礼貌的是她们的天性，我们仅仅是在顺着她的天性，让这种教育继续进行，继而让她们按照我们的习惯变得对人有礼貌；女人对女人的礼貌，不在这一讨论的范畴。女人和女人相互都显得淡漠而拘谨，这也让双方干脆对这种尴尬的心情听之任之了。因此，她们的这种不做作，反而体现出一种真诚。但话要说回来，并不能说年轻的女孩子彼此间就不能存在真正的友谊。在她们那样的年龄，一颗快乐而活泼的心，起到的作用和善良的天性所起的作用是一样的。她们因为喜欢自己，所有也就喜欢了所有人。这一点非常正确,其体现就是:当身边有男人的时候,她们彼此的亲吻和拥抱就显得无比热情和亲切。她们也知道这会引起男人的嫉妒,但对于自己能用拥有这种能引起男人的羡慕,她们是感到光荣的。

我们既然不应该让男孩子问一些杂乱的问题,就应该对女孩子也采取相同的做法。其原因在于,不管我们怎样做,是让她们的好奇心得到满足也好,还是避开她们的好奇心也好,结果一定会是很糟糕的,这还不算她们有善于揣度我们隐藏的秘密的能力和善于发现那些秘密究竟是怎么一回事的能力。她们喜欢问各种问题的习惯,我固然不喜欢,但我仍然主张我们应该多向她们提问题,尽全力多让她们谈话,让她们经常学习。这是为方便她们能够在谈话的时候表现得从容,能够随机应变地应付各种问题。当然,让她们在这样一个不会产生什么不良影响的时候,心灵和口才得到启发也是一个原因。但在进行这样的谈话的时候也要遵守一个原则,让整个谈话自始至终都保持轻松愉快。对于谈话的内容,只要善于安排和引导,就能够激起年轻女孩子的兴趣,并且让她们纯洁的心灵接受她们一生都要遵循的最基本和最有作用的道德教育。从表面上看,这似乎是在和她们谈一些有趣的琐事,但实际的工作却是:告诉她们为了得到男子的尊重,应该具备哪些品质;要想让一个诚实的妇女获得光荣和幸福,应该采取怎样的办法。

我想大家都非常清楚,关于宗教,倘若男孩子们连一个真正的宗教观念都没有,那么就更不能奢求女孩子能够理解任何一个真正的宗教观念。我之所以主张趁早把宗教的观念灌输给她们,原因也在这里。倘若我们想把这些深奥的问题,等到她们能谈论的时候再告知,那么这样的时刻永远不会到来。女人的理性是一种实践的理性,她们通过这种理性巧妙地找到实现目的的方法是可以的,但想以同样的方法发现那个目的则是不能的。两性的社会关系,是一种奇妙的东西,它可以产生一种道德布施者。女人,便是这个道德布施者的眼睛,男人则是它的手臂。但女人必须向男人学习她应该看的事情,而男人则必须向女人学习他应该做的事情。为什么这样说?因为他们两者在很大程度上是相辅相成的。

因此，在一种情况下，他们之间的依赖就会消失，从而使得他们的结合也一同消亡，这就是当女人能像男人一样研究各种原理，同时男人也能像女人一样头脑细致的时候。在他们彼此相融共生的时候，则始终会是一种奔向共同目的的态势。他们当中谁出的力气更多，对于这个问题，我们并不知道答案。我们只知道，他们相互受对方驱使，相互都服从对方，彼此互为主仆。

妇女的行为之所以要受到舆论的约束，她们信仰什么之所以要完全取决于他人，原因就在这里。女孩子信的都是她母亲信的宗教，无一例外；而妇女信的都是她丈夫的宗教，同样也无一例外。因此，即便那种宗教是虚伪的，上帝也不会因为这一点而降罪于母亲和女儿，因为驯服的天性让她们和自然的秩序是相符的。她们自然应该奉父亲和丈夫的话为宗教，因为她们没有判断的能力。

妇女们既然不具备推演信仰法则的能力，拿检验和理性的法则来限制的信仰的能力便会同样不具备。她们通常要在许多方面和真理背道而驰，因为有无数的外力影响着她们。她们总是会走向极端，要么完全不相信宗教，要么就信得非常彻底。既能分辨出真假，又能保持虔诚的信仰，不在她们的能力范围之内。之所以会有这种弊端，女性的性格固然是其中一个原因，我们男性没有正确运用自己的权威也难逃干系。宗教因为放纵奢侈的风气而被轻视，另一方面，因为悔罪的恐惧的存在，人们又视它为专横无道的统治者。人们对宗教的信仰为什么不是太多就是太少呢？原因就在这里。

前文已经说过，妇女们信仰什么宗教是由别人决定的。既然如此，同给她们讲解为什么需要信仰相比，直接告诉她们应该信仰什么宗教或许更好。她们之所以会盲目信仰一个宗教，其中的一个原因就是信仰了模糊的观念。强迫她们去信仰荒谬的事物，结果只有两种，一种是狂热，一种是怀疑。我并不清楚我们通过用问答讲授教义的方法，会使她们最终成为一个不信教的人还是一个狂热的信徒，但我毫不怀疑，如果用问答讲授教义的方法，她们一定会成为两种人当中的一种。

在你向女孩子们讲解宗教的时候，避免让她们认为宗教是一种阴森且让人憎恶的事物，是你首先应该注意的事情。你万不可告诉你她们："信仰宗教是你们的一项义务。"所以，不要让她们背诵任何讲宗教的书，不要要求让她们背诵祈祷文，也是你尤其需要注意的事情。在她们面前从容地做自己的祷告，是你唯一需要做的事情；强迫她们和你一起做万万不可。在祷告的时候，你应该遵照耶稣基督的教训，把语句说得最简短。在此的过程中，应该全神贯注，不能有轻浮的表现。既然上帝对我们祷告是认真听的，我们就应该重视自己做的祷告。

对于女孩子而言，她们是否从小就懂得宗教无关紧要，她们是否对宗教有正确的理解，是否爱宗教才是重要的事情，尤其是后者。当她们认识到信仰宗教是一个难以承受的负担，或者你不断地告诉她们上帝对她们感到很恼火，或者你以宗教为名硬要她们去履行各种艰难的义务，但是她们却发现你自己都从来没有履行过这些义务，她们会产生什么样的想法就可想而知了。她们为了摆脱这各种束缚，定然会认为学习教义和祈祷上帝只是小女孩应该做的事情，定然会想让自己尽快成为一个大人。榜样是很重要的东西，要想把孩子教好，必须要以身作则。

当你向她们讲解信条，你不应该采取问答的方式，而应该直接进行教授。她们在回答的时候，应该让她们说出自己的真实的想法，而不是别人告诉她们的话。以问答形式教授教义的课本，里面的那些答案只能起到相反的作用，它会让学生反过来教先生。他们原本毫不明白老师教的东西，但是又必须勉强说自己相信那些东西，这样一来，经过孩子之口的那些答案，定然会是谎言。满腹学识的成年人，无论是谁，在讲述教义问答的时候定然都撒过谎。

是谁创造了你并把你带到这个世界来的？这是我们的教义问答课本中的第一个问题。对于这个问题的答案，小女孩知道是她的妈妈，但是她却会果断地回答说是上帝。关于这个问题，她并不懂得什么，她唯一明白的一点就是：她就这个她自己并不十分懂的问题，给出了一个她自己也不懂的回答。

我有一个愿望，我希望有一个对儿童心灵发展真正了解的人，能够为他们写一本教义问答课本。如果得以实现，这本书将会是我们一切著作中最有用的一本书。除此之外，它也会给它的作者带来极大的荣誉，起码我是这样认为。如果要把这本书写好，毫无疑问要写得和我们目前的教义问答课本完全不同。

这样的一本教义问答课本，如果想要取得良好的效果，是必须具备一些条件的，这就是孩子能够独立回答其中的问题，而不需要事先研习书中的答案。有一点当然也是要注意的，即有的时候应该让孩子提自己想问的问题。我本来是应该做出一个样子以让大家明白我的意思的，但是我认为自己还不具备这样做的能力。不过，为了让大家对它有一个大概的认识，我暂且尝试一下吧。

对于我们的教义问答课本中的第一个问题，如果我们想获得一个正确的答案，我认为新的教义问答课本中的问答应该大体按以下的问法开始：

阿姨：你是否还记得你妈妈当女孩子的时候的样子？

小女孩：阿姨，已经没有印象了。

阿姨：怎么会？你的记忆力是那样好。

小女孩：那时候我还没来到这个世界上呢。

阿姨：也就是说你还没有出生喽。

小女孩：是的。

阿姨：你是否会永远活下去？

小女孩：当然。

阿姨：你现在是年轻还是年老？

小女孩：当然是年轻。

阿姨：那你奶奶呢？

小女孩：她年纪很大了。

阿姨：她是否也曾经年轻过？

小女孩：当然。

阿姨：那现在她为什么就不年轻了呢？

小女孩：因为她老了。

阿姨：你将来是否也会和她一样？

小女孩：我不知道①。

阿姨：你去年穿的衣服去了哪里？

小女孩：已经拆掉了。

阿姨：为什么要拆掉它们？

小女孩：因为我穿起来太小了。

阿姨：你穿起来为什么会太小呢？

小女孩：因为我长大了。

阿姨：那么你还要往上长吗？

小女孩：噢，当然要。

阿姨：女孩子长大之后，会成为一个怎样的人呢？

小女孩：成为一个妈妈。

阿姨：然后呢？

小女孩：然后衰老。

阿姨：你也会老吗？

小女孩：等我到了当妈妈的年纪，会的。

阿姨：老了之后又会怎样呢？

小女孩：我不知道。

阿姨：你爷爷又是怎样的呢？

小女孩：他死了②。

阿姨：他为什么会死呢？

小女孩：因为他年纪大了。

阿姨：年纪大的人最终会怎样？

---

① 我在这里用的是"我不知道"几个字，但需要指出的是，那个小女孩讲的并不这个意思。对于她的回答，应该仔细思考一下是什么意思，并且让她加以解释。——原注

② 这个小女孩是因为听见别人这样说过才这样回答的。但是，因为死亡的观念并非人们想象的那样简单和能够被小孩理解，我们需要了解一下她对死亡是否有一个正确的认识。关于怎样让一个小女孩了解死亡，我们可以在《阿伯尔》这首简短的诗歌当中找到一个例子。它里面有一种天真的想法，这种想法可以用来充实自己的心灵和方便同孩子们交谈。——原注

小女孩：都会去世。

阿姨：那当你老了之后……

小女孩（不让阿姨继续说下去）：噢！我不愿意死，阿姨。

阿姨：没有人愿意死，孩子，但是人总是要死的。

小女孩：那妈妈也要死吗？

阿姨：是的，她和大家一样。同男人一样，女人也会老，老了之后就会死。

小女孩：那怎样才能活更长时间呢？

阿姨：在年轻的时候踏踏实实地活。

小女孩：我以后一定要踏实，阿姨。

阿姨：那太好了，但你是否认为你能永远活下去呢？

小女孩：当我很老了之后……

阿姨：之后怎样？

小女孩：你已经说过，当一个人老了之后就一定会死。

阿姨：你是否只需要死一次？

小女孩：是这样的。

阿姨：你的前一辈人是谁？

小女孩：我的爸爸妈妈。

阿姨：他们的前一辈呢？

小女孩：他们的爸爸妈妈。

阿姨：你的后一辈又是什么人？

小女孩：我的孩子。

阿姨：他们的后一辈呢？

小女孩：他们的孩子。

……

从这一点出发，通过具体的归纳和推理，就能为人类的起源和结束找到答案，其过程就像寻找任何事物的起源和结束，换一种说法就是：

找到并非父母所生的父亲母亲，以及不再生养子女的孩子①。要想称得上已经准备得很充足，只有在问完这一连串的问题之后才可以。只有到了那个时候，才能够问教义问答课本中的第一个问题，孩子对那个问题才能有所了解。这个问题，第二个与神性的定义有关的问题，其间无疑隔一段很宽的距离。而走完这些距离所需要的时间，是一个不得不面对的问题。但是，说上帝是一种精灵，那什么是精灵呢？这个问题，我们不能由小女孩去回答，她最多只能提出这个问题。对于这个连大人也并不那么理解的深奥的概念问题，我们不能要求一个孩子用她的心思来探究这个问题。因此，我只会简单地对她说："你问我什么是上帝？这个问题是不那么容易说明白的。"对于上帝，我们只能通过他做的事情去对他进行了解，因为他是目不能及，耳不能闻，手不能触的。必须要先知道他做了什么事情，然后才能把他的存在弄个明白。

如果说我们所有的教义都非常真实，那么是否就可以说它们也都同样重要呢？当然不能这样说。能否在所有事物上看出上帝的光荣同样也并不那么重要。对人类社会和社会的每一个成员来说，任何人都拥有一项认识才是最重要的，这就是：认识到上帝的法律要求他必须对他的邻人和他自己应该尽到的各种义务。对我们而言，我们是应该时时刻刻相互教育对方的。父母尤其应该拿这一点来教育自己的子女。乍一看，下列问题似乎很重要：造物主的母亲是不是一个处女，上帝是不是由她生出来的，她是否只生了一个男人，然后上帝进入那个男人的身体和他融为一体；创造圣灵的是圣父还是圣子，或者两者兼而有之；圣父和圣子的本质是否相同，抑或只是相似？然而在我看来，能够为这些问题找到答案对人类来说并不那么重要，其重要性并非就一定超过以下事情的重要性：是否知道哪一天该纪念复活节；是否知道应该进行祷告，以及守大小斋；在教堂里是应该说拉丁语还是法语；是否有必要在墙壁上挂圣人的画像；是否要做弥撒和听弥撒；是否要娶妻子。一个人如何看待以上的问题，完全可以仅凭自己的意愿，别人一点也无权干涉。我对它们

---

① 把永生的观念同神的承诺放在一起来解释人类的生殖是一种错误的做法；仅仅连续不断数数字的观念和永生的观念并不相符。——原注

也丝毫不感兴趣。知道有一个主宰在控制着人类的命运，我们都是这个主宰的儿子。他要求我们公正做人，彼此亲爱，对别人要善良仁慈，要遵守自己同包括敌人在内的任何人的约定。我们此生表面的幸福只不过是梦幻泡影，度过了这一生还有来生，最高的存在会在来生中奖赏善良的人，惩罚邪恶的人，这些东西才是对我以及和我相同的人最重要的。这些教义，以及类似的教义，我们应该要用它们来对年轻人进行教育和对公民进行劝诫。如果有哪一个人违反这些教义，那么他当然应该受到惩罚。因为，这样做不仅会扰乱整个秩序，而且还会处在社会的对立面。而如果有哪一个人对这些教义不屑一顾，强迫我们以他个人的看法当成我们的看法，也会得到同样的结果。他必然会践踏和平，以实现按照自己的方式建立秩序。他无疑也会傲视一切，以上帝的代言人自居，并且以上帝的名义强迫他人服从和尊敬他，从而认为自己就是上帝。这样的一个人是什么东西？我们即便不把他当成一个无法容忍不同意见的人而处罚他，也应该把他当成一个亵渎上帝的人进行处罚。

所以，那些神秘的教义，由于对我们来说没有任何实际意义，你应该将其丢弃在一边不管。去对那些荒谬的教义进行一番徒劳的研究，只会使那个研究的人无视道德的修养。如此一来，他们不仅没有成为一个好人，反而还会都成为疯子。你必须让你的孩子只学习那几条与道德修养有关的教义，同时，你还必须让他相信，对我们有帮助的以及值得学习的，只有那些教导我们行为端正的教义。让你女儿成为一个神学家或者诡辩家，是你一定要力避的事情。与上帝有关的那些东西，你只需要告诉她其中可以使人类智慧得到增长的那部分。你要让她成为一个这样的人：经常意识到上帝就在周围；以上帝作为自己行为、思想、美德和欢乐的证明；能够因为上帝喜欢善而真心诚意为善；能够因为上帝让自己的痛苦得到补偿而心甘情愿地忍受痛苦。一言以蔽之，你要让她们将来在上帝面前出现时表现的那种快乐伴随着她们的一生。什么是真正的宗教？这就是。要想让邪恶和傲慢的毛病无从产生，拥有这样的信仰是一个前提。别人要布施某种崇高的信仰那也由他们去，反正我的信仰就只有上述的几点。

还有一点也不得不指出：对于女孩子而言，在她们还无法运用自己的理智的时候，在她们的道德心还没有被她们日益增长的情感启发的时候，在她们还没有长到这样的年岁的时候，她们的好坏决定于她们周围的人是否有这样做。只能够把好事情吩咐给她们做，并且禁止她们做坏事情，对于那些事情，她们还不应该知道得太多。由此可见，同选择男孩子周围的人和管教男孩子的人相比，选择她们周围的人和管教她们的人更重要。此时，我们迎来了她们开始判断事物的时刻。所以，现在应该改变她们的教育计划了。

在这方面，我说的话或许太多了。但是，有一个事实就是我们之所以会降低妇女们的地位，完全是因为我们拿了普通人的偏见作为她们应该遵守的法律。如果妇女不被我们损害，因为她们是我们的管理者，她们完全可以为我们增加荣耀。所以，我们把她们贬低到如此地步是很不应该的。如果放眼整个人类，在人类还没有产生之前，可以说有一条法则就已经存在。由于它评判着人类的成见，而人类的观点只有在和它相符的时候才能得到我们的尊重，它完全应该做所有其他法则的参照标准。

内在的良知，指的就是这一法则。我在此就不再赘述了，因为上文已经说过。现在我只提出一点，这就是：在对妇女的教育上，如果就这两个方面双管齐下，那么她们受到的教育始终都会有缺陷。想要让她们拥有善良的愿望，用自己的优良行为去博得大家的称赞，只靠有良知而不尊重别人的评论是做不到的。那样只会造就一些装模作样且有损体面的妇女，这样的妇女爱的只有外表，对美德是不屑一顾的。

所以，应当让她们拥有一种能够平衡这两方面影响的能力——理性。有了这种才能，她们就可以避免让自己的良知误入歧途，同时还能纠正偏见带来的错误。但同时也不能不认识到，如果涉及理性，许多的问题也会接踵而来：妇女是否具备健全的推理能力；她们是否需要培养理性；是否能够培养好理性；培养理性是否对她们去承担和完成的任务有帮助，以及是否符合她们应该具备的天真的心？

然而在这方面，也出现了两个截然相反的极端观点，因为解决这些问题的方式并不一样。一部分人的主张是：女人只能督促女仆纺纱和缝纫，这样一来，她们就能成为男人的第一个仆人；一部分人的主张是：我们应该把自己的权利分一部分给她们，因为她们现有的权利还不够。后一种是荒谬的，因为如果在所有适合女性拥有的身份方面让她们处于优势，但是又在其他方面让她们和我们居于同等地位，就好比把大自然赋予丈夫的优势转嫁到了妇女身上。

但男人的理性并非绝对健全，尽管他是因为理性才认识到自己的天职的。女人对于自己的天职的认识，也是因为有了理性才做到的，但她的理性则没有那么复杂。她对丈夫的服从和忠实，对子女的爱和关怀，完全是因为自身的地位自然而然产生的，并且这种产生也是非常明显的。因此，她是绝对要服从良知的，只要她不打坏主意，她也始终能正确地认识自己的天职，只要她的天性还纯洁。

一个妇女仅仅做自己女性的工作，我一点也不会加以责备。我也不会指责大家让她只知道与女性的工作有关的事情。想要做到这一点还不那么容易呢，它需要一个人有健康和朴实的风俗，要么就是拥有很少同人来往的生活方式。在大城市当中，一个妇女是很容易被诱惑的，因为周围有太多德行败坏的男人。她身处的环境，通常决定了她能够让自己的美德保持。身处这样一个哲学的世纪，有一些条件她是不得不具备的：具备一种能够经受住考验的美德，事先知道别人可能对她说些什么，以及她应该怎样看待人们的流言蜚语。

当然，她也应该获得男人的尊重，因为她的为人是由男人来评判的。尤其重要的是，她应该为她的丈夫所尊重。对她而言，让自己的丈夫爱自己固然是必需的，但同时她还应该让他肯定自己的行为。此外，她还应该在公众面前向他证明，自己对得起他的选择，以及通过人们赋予妇女的光荣为她丈夫带来荣耀。要想做到上述几点，她绝对不能对我们的社会什么也不知道，绝对不能对我们的习惯和礼数一无所知，绝对不能不明白人们下评判的依据，绝对不能决定自己下各种评判的情绪有哪些。如果她在做事情的时候，既要遵照自己的良心，又要遵照大家的舆论，她就应当知道怎样比较和调和这两方面，同时明白只有在它们相互矛盾的时候才能按照自己的良心行事。她还应该知道怎样取舍别人的评判，在拒绝和接受别人的偏见之前对其进行衡量，找出它们产生于何处，会造成怎样的后果，并且让它们对自己有利。如果她已经很好地履行了自己的天职，就可以让自己免于别人的指责。因此，她应该避免自己让人有指责自己的理由。她想要做到上述几点，必须要让自己的心灵和理智得到陶冶。

对于我的第一个原理，我时常在自己心里回想，它可以让我的一切困难迎刃而解。我研究了一番目前的情况，以求找到它们的原因，最后我发现，目前的情况是非常好的。我去拜访了一些男主人和女主人都热情好客的人家，碰到了这样一个家庭。家里的男主人和女主人都受过同样的教育，都能够很有礼貌地对待别人，热情风趣地和别人对话；他们都希望能够对客人有无微不至的款待，都希望每一个人回去的时候都满意。男主人可以说做到了事无巨细，他以甘之如饴的态度，不断地招待着客人。女主人只是坐在自己位子上，尽管有一些人像是不愿意让她看见其他人一样地环绕在她周围，但是她依然知道屋里的每一件事情，能够保证和每一个离开屋子的人都聊过天，能够和客人谈论起所有能让他们高兴的事情。她未曾向任何人说过一句令人不愉快的话，既能让尊卑的次序得以维持，又能够让最小的客人和最大的客人得到同等的款待。主人请客人就餐了，大家走到餐桌旁边准备就座。因为对谁和谁坐在一起非常了解，男主人就按照自己知道的情况安排了客人的席位。对于这些，女主人当然是不懂的，但即便如此，她也能保证不出岔子。对于自己的位置，每一个客人都感到十分满意，因为她已经从众人的脸色和举动看出了应该怎样安排的方法。在送菜的过程中，没有任何一个客人被遗漏。这是意料之中的，因为男主人是按次序给客人送菜的，女主人也能做到看到客人喜欢吃哪样菜就给他送去哪样菜。当她同身边的人进行交谈时，她的视线始终没有离开坐在桌子另一端的人。哪一个客人因为并不饿而不想吃东西，哪一个客人因为笨手笨脚或羞赧而不敢自己夹菜或向主人要东西，她都心知肚明。每一个客人子在离开桌子的时候，都认为女主人特别照顾了自己，都认为女主人为了自己什么东西也没吃，而事实的情况却是她吃得比谁都多。

客人们走了。于是，两位主人谈论起了当天的情形。客人和自己讲了些什么事情，以及他们和自己聊天的时候做了些什么和说了些什么，是男主人谈到的事情。至于女主人，她虽然对这些并不很留意，但也能够对客人们在大厅的另一端悄声地说了些什么，某个人心里有着怎样的想法，某一句话或某一个姿势有着怎样的含义猜出个一二三。在客人才刚刚表露出某种神态时，她立即就能明白对方有着怎样的想法，并且能够保证每次都大致不差。

　　一个社交界的妇女如果具备了这种能力，能够对管理家庭和接待客人很擅长了。如果这种能力为一个漂亮的妇女所有，那么她就可以让向她求婚的人每个人都感到快乐。同怎样保持礼貌相比，搔首弄姿更需要注意尺度。为什么这样说？因为一个有礼貌的妇女如果能够对所有人礼数周到，她在任何时候都能够保证不出差错。但一个浪荡的女子如果向所有人都表现这种浪荡，用不了多长时间，她就会失去控制男人的能力。如果她想让所有的情人都感到快乐，只能得到一种相反的结果：让他们每个人都讨厌她。在社交场合中，她之所以不能去讨每个男人的欢心，决定于她同男人交际的方式。事实上，只要她能够对所有人都能周到地对待，她是否对谁有偏心，别人是不会在意的。爱情则是另外一回事，对一个人的爱是专属于那一个人的，如果对另一个人表现得更亲切，就会让这种感情受伤害，哪怕这种情况只有一次。对于一个敏感的男人而言，同让他和别人一起被一个女人爱相比，他宁愿独自一个人被一个女人虐待。因为他会糟糕地意识到，他和别人一样在情人的眼里是没有什么特别的不同。因此，如果不能使所有的情人都相信自己对他特别好，而且让他能够在众人面前相信这一点，同时让众人也认为他的确是她特别爱的人，一个女人最好不要尝试同时和几个情人交往。

　　你想看一个人为难的时候是什么样子吗？如果想，你就把一个男子放在两个和他有秘密关系的女人中间，看看他会表现出怎样一种窘迫。如果你在两个男人之间放进一个女人，你将会看到更好的效果。呈现在你面前的，是那个女人怎样巧妙地欺骗他们两个人，让他们相互嘲笑对方。如果完全不让他受到蒙蔽，那这个女人又将如何能够对他们表现出同样的相信，做出同样亲热的样子呢？如果对他们持相同的态度，就表明了他们对她有同样的权利，她才没有这么傻呢！她莫说不会以同样的印象对待他们，甚至还会在他们两个人中间装出对这个好，对那个人不好的样子。她伪装得太到位了，以至于形成了这样一种局面：那个被她甜言蜜语奉承的人认为自己得到了她的温柔，那个被她搁在一边的人又认为她之所以说那样一番话是为了奚落那个人。这样一来就省心了，双方都非常高兴，都认为自己得到了她的爱，其实她谁都不爱，她只爱她自己。

事实上，搔首弄姿也是需要采取类似手段的，因为她是想每个人都喜欢。放荡不羁如果尺度没有把握好，将会招致大家的讨厌。她如果想把自己的奴隶控制得更加牢固，应该把这种印象用巧妙的方法抹掉。

> 为了接二连三地勾引新的情人，
> 她使出了各种奇妙的招数。
> 她并不是用那副面孔对待所有人的，
> 根据人和时间的不同，
> 她会变换自己的面孔①。

这样一种巧妙的手段，无疑是有秘密没有昭示的。她要想时刻掌握男人的内心，运用某种力量去抑制或刺激她所发现的隐秘动机，不通过持续不断地对男人进行细致观察是做不到的。这种巧妙的手段并不是每个人都能学会的，它是妇女所特有的东西。无论是哪个女人，都会使用这种手段，而男人如果去学，即便学会也达不到她们那种水平。这同样也是女性的一个显著特征。对于女人而言，智慧、透彻和细致是她们的一门学问，她们如果不善于对这一门学问加以运用，就表示她们没有才能。

这就是事情的来龙去脉，至于它为什么是这样，我们已经阐述过。有人说妇女很虚伪，这种虚伪是后来才形成的。上帝给她的只是手段，

---

① 参见意大利诗人塔索（1544—1595）的《解放了的耶路撒冷》第4篇第87节。——译注

而不是虚伪。即便女人真的说谎了，从她们的倾向来说，她们也无意对别人虚伪。事实上你无须那样认真地对待她们说的话，因为她们并不是通过自己的嘴表现内心的思想的。你只需要对大自然要求她们向你表达的语言进行观察，即眼睛、脸色、呼吸以及害羞和欲拒还迎的模样。无可否认，"不"总是她们口头上的表示，而且她们也只能这样做。但我们必须要认识到，她们在说"不"字的时候是有语气变化的，并且那种语气真实可靠。女人具备和男人同样的需要，但是却没有具备同样的权利。她们即便有着十分入情入理的愿望。但如果对于这种她们不敢说出来的话，没有其他的方法表达，她们就会面临一个十分可悲的命运。要行为端正，并不一定需要做出一副可怜兮兮的样子。在不公开吐露的情况下表达自己的心愿，她们应该用一个巧妙的方法。对她们来说，要想让男人看出自己那喷薄欲出的热情，需要非常高明的手段。她们如果想既让男人动心，又能让自己在表面看来并不那么在乎他们，不经过一番艰苦的学习是无法做到的。对于迦拉特而言，她的苹果和她那笨拙逃跑的模样，已经为她说了一番非常能够打动人心的话。她什么话也不需要再说了；那个牧羊人在树林里追着她跑，她根本没有必要去告诉他自己的逃跑是刻意而为的，是为了引诱他去追自己的。根据这一点，我们说她虚伪当然也是可以的。女人在做事情的时候，做法越含蓄就代表她的手段更高明。在对待自己的丈夫问题上，她们也是这样做的。搔首弄姿如果能够把握尺度，我认为就是一种贤淑和真实的表现，与正当行为的规律也是相符的。

在反对我的人当中，有一个人说："道德是一个整体！"这句话是非常好的。对于道德，我们不能把它切割开来，不能对其中的一部分承认，而另一部分抛弃。你如果爱它，请爱得彻底，如果可以，你应该把你那些不应该有的情感从内心清除出去，并且不再提起。道德的真理并不只是存在的事物，它同时也是一种良好的事物。不好的事物是不应该存在于这个世界上的，为我们承认则更不应该。因为我们只要一承认，它们就无法达到应该得到的效果。如果我因为受到什么事物的诱惑而想去偷东西，同时说出了这一意图而使得另外一个人成为一个同犯，当我去引诱他的时候，无疑已经表明我先屈服于事物的诱惑。我不明白你为什么说女人害羞的样子是一种虚伪，难道说不知羞耻的女人比羞赧的女人更真诚吗？绝对不是这样，同其他女人相比，没有羞耻的女人要虚伪不知多少倍。她们正是因为染上了各种恶劣的习惯才落到那般田地的。她们有了恶习也不知悔改，而且还做许多不可告人的事情，让恶习对别人的害处更大[①]。而我们通常最相信的人，反而是那些还有羞耻之心的女人，能够老老实实承认自己的缺点的人，甚至向爱自己的人也隐藏真实想法，男人要很费一番周折才能俘获芳心的女人。

同以上情形不相符的女人，据我所知只有德·郎克罗小姐。在别人的眼里，她属于一个很不普通人物。据坊间流传，她对女性的道德是不屑一顾的，相反什么事情都按照男性的道德去做。人们都夸奖她，说她是一个直率的人，是一个可靠而忠实的朋友。甚至到了最后，大家干脆说她已经成了一个男人，其目的只是为了保持她的光环。这再好不过了，但我仍然不希望我的朋友当中有这样一个"男子"，就像我不愿意她做我的情人一样，尽管她的声望是那样高。

今天的哲学将会产生怎样的结果，在它嘲笑女性的羞耻心和所谓的虚伪时，我便已经看了出来。其结果便是丧失掉我们这个时代妇女仅有的一点荣耀。

对于妇女什么教育最合适以及她们从青年时期应该思考些什么的问题，通过上面的论述，我认为我们已经可以有一个总体的看法。

从表面看来，女性要承担的义务似乎轻而易举就能完成，但实际上要很好地完成是很不容易的。在最开始，她们要认识到那些义务对自己有好处。这样一来，她们会喜欢自己要承担的那些义务，而这也是让她

---

① 在某些方面，我深知有些女人会决意那样做。她们认为，自己这种率真的做法是被允许的，并且除了这点之外其他一切行为也都应该得到尊敬。我的看法是，相信她们这种说法的只有傻子。如果取消大自然对女性施加的最严厉的束缚，将再也没有任何东西能够束缚住她们。她们连女性与生俱来的荣耀都抛在一边了，就不会再重视任何荣耀。只要那样听任情欲的操控，哪怕只有一次，她们也将会再无心抵抗。"当女人不顾廉耻一次，她将什么事情都做得出来。"对两性心理的了解，在所有著作家所说的话当中，这句话可以说是最精到的。——原注

们能够很容易履行那些义务的唯一办法。一个女人，无论有着怎样的身份，或者处于怎样的年龄，都有着属于自己的义务。要想知道自己有哪些义务，只要她愿意承担，是很快就可以认识到的。不论上帝以怎样的身份降生你，你都要对自己妇女的地位予以尊重，并且始终做一个善良的人，按照大自然的安排生活尤其重要。如此，妇女们想获得男子的喜爱就非常容易了。

妇女是不应该进行抽象和纯理论的真理探求的，也不应该去探寻规律和科学的定理，因为这些都需要当事人能够综合地归纳概念。实际的事物，才是她们应该研究的东西。对于男人发现的规律，她们应该将其用于实践。为了让男人论证规律，她们应该仔细观察。在对待所有同妇女们的天职无直接关系的事物时，她们应该估摸着男人的心理去看问题，同时去考虑只与大家的爱好相关的事物。为什么要这么说？因为她们是没有能力理解需要用到思想的事物的，也没有去研究精密科学的精细头脑和全神贯注的注意力。可以感知的有形的事物以及自然法则关系，则应该由比她们更活跃，见识更广，体力更强和更经常用体力的男性去判断的。妇女们的体力是很弱的，并且也很少知道外界的事情，这也就决定了她们只能对她们能够加以运用的动力——男人的欲念，进行估计和判断，以此来弥补自己体力的不足。同我们的做法相比，她们的做法无疑更好，言行举止无疑也更能够激动人心。她们必须要用非常巧妙的方法，才能让我们有意愿去做那些她们想做但是又做不了，然而对她们来说又不能不做或者非常喜欢做的事情。所以，她应该通透地了解男人的心理，这种了解，指的是了解她周围的男人的心理，而不是普通的男人的心理。他们有着怎样的感情，她们应该通过他们的语言、行为、神态和姿势，分明地看出来。同时她们也要做到：通过自己的语言、行为、神态和姿势，让他们产生那种她喜欢的情感，但是又要保证她那那种让他们产生何种情感的意愿不表现出来。在对人心的研究上，他们比她们更透彻，但是说到看出人心内部活动的场景，她们要比他们更厉害。妇女们是担负着一种发现"实验道德"的责任的。男人们当然也有事情要做，他们应该去系统地归纳她们发现的实验道德。男人和妇女相比，前者的天资要比后者好，但后者的心思更细腻。把观察的任务交给女人，把推理的任务交给男人，就能获得一种更透彻的认识和更完整的学问，而这是只靠男人的心灵所不能获得的。一言以蔽之，如果这样做，就可以产生有能力掌握的，对自己和对他们有真正作用的知识。这也是艺术能不断地使大自然赋予我们的工具趋于完善的原因。

妇女们身边的人，就是她们应该阅读的书。如果不是自身有缺点或者被某种欲望遮住了眼睛，她们是能够读好这部书的。但是，她们要想将做母亲的责任尽善尽美地完成，就需要做到如下两点：避免去公共场合抛头露面；像女修道院中的修女一样，过着深居简出的生活。因此，对于那些待字闺中的少女，我们应该采取和对待那些被送入女修道院的女子同样的做法。趁她们还有玩乐的想法，并且很应该享受娱乐的时候，让她们去看看那些娱乐的情景。这样做是为了避免她们的心灵将来被这些情景的假象搅得心神不宁，从而将她们幽居的生活打破。法国的少女们都住在修道院里，已经结婚的妇女则经常出入社交场合。古代的情况反之。少女们很多时间都在公众面前游戏取乐，妇女们则恰好相反，她们通常在家里待更多的时间。这是一种比较合理的习惯，对保持良好的风气也是有帮助的。偶尔撒撒娇，对还没有结婚的少女来说是无可厚非的。她们的主要工作就是玩乐。已婚的妇女已经没有再出去挑选丈夫的必要，因为她们已经有她们的家务事。对于已婚的妇女而言，这样做无疑是有好处的，但是她们自己却看不出，尤其糟糕的是，她们好非常追求时髦。天下的母亲，不管怎样你们都要以你们的女儿作为自己的伙伴。首先，你们要让她们拥有清醒的头脑和诚实的心，然后，你们再让她们去看用纯洁的眼睛能够看到的一切，如集会、跳舞、运动甚至戏剧。一双纯洁的眼睛，可以毫无危险地看一切在纨绔子弟以不正确的眼光看会沉迷的事物。对于那些喧闹的东西，你让她们看到越早，她们便会越早憎恶它们。

有些人定然会对我提出反对意见，对此我是心知肚明的。当看到这种有害的事例，任何一个女孩子都会受到它的影响，只要一看到社交界，她们就会目眩神迷，从而不想再离开那种地方。按理说，在她们还没有看到这种让人意乱神迷的情景之前，你应该确定自己是否做到如下方面：为了避免让她们看到那种情景而动心，是否做好了充足的准备；对于它所显示的事物，你是否已经很好地予以了阐释；你是否已经向她们如实地描绘了那些事物；在抵抗虚荣方面，你是否给了她们充足的武器；对于她们那还很稚嫩的心，你是否已经让它喜欢上了那种在喧闹的场合无法找到的真正的快乐。这些你都做到了吗？为了避免让她们产生一种可能让她们误入歧途的不正确的爱好，你采取了哪些预防的办法和措施？答案是否定的。在避免一般人的偏见影响她们的问题上，你什么事情都没做，相反还把大家的偏见向她们传播。对于她们看到的各种没有价值的事物，你很早就让她们对其产生了喜爱之心。你允许她们去做那些没有意义的事情，她们当然求之不得。在社交界里面，有这样一些女孩子，能够管束她们的，只有她们的母亲。但是，她们的母亲又是怎样的人呢？同她们相比，她们的母亲更疯狂，她们唯一能教给自己女儿的，就是让自己女儿按照她们的眼光去看待各种事物。相较于理性对孩子的影响，母亲的榜样的力量对孩子影响更大。她们之所以认为跟着母亲做就是对的，原因也在这里。在女儿的眼里，母亲具有无上的权威，母亲的话也是绝对正确的。因此，只有在一个前提能够被满足的情况下，我才会主张母亲应该带自己的女儿去社交场合，这就是：那位母亲要让自己的女儿看到社交场合的真实情景。

在很早的时候，女孩子们其实就开始变坏了。女修道院这种地方，的确是真正培养女孩子们风情万种的学校。但是，这种风情并不是我讲的那种风情，而是让妇女们一天不如一天的风情，是让女孩子沦为轻浮的人的风情。当她们走出修道院，转而进入那污秽的社交场合时，便喜欢上了这种场合。这是很好理解的，她们既然已经接受过在社交场合交际的教育，自然会喜欢那种场合。我在后面阐述的观点是否可能来自于我的偏见而不是研究成果呢？对于这一点，我是非常担心的。一般说来，较之于信奉天主教的国家，我认为信奉新教的国家能找出来的可爱的家庭和称得上贤惠的妇女更多。如果情况真是这样，那么就可以断定，之所以会有这种差别，女修道院的教育是其中的一部分原因。

一个人必须先认识温馨的家庭生活，必须从幼年时期开始就体会到这种生活的妙处，才能够喜欢上温馨的家庭生活。怎样爱自己的家，这种技能只有在娘家才能掌握。如果女孩子在这方面没有得到母亲的教育，到了将来，她们就不会喜欢对自己的孩子进行教育。但在大城市里面，已经没有人再对女孩子进行家庭教育了，这太令人遗憾了。大城市里的社交场合是很多的，也是很乱的。其严重程度达到了无法再找到一个清闲之处过安静生活的地步，甚至在自己的家也像在公共场合一样。由于她成天和别人混在一起，对于她而言，有家和没家是一样的。她甚至都不认识自己的父母了。如此一来，淳朴的家庭气氛和能够让家庭充满趣味的亲密感情都一起化为了泡影。因此，对于这种时代的所谓享乐和大家所奉行的行为准则，女孩子们在吃奶的时候从母乳中就已经吸到了。

　　为了便于那些以貌取人的愚人娶女孩子为妻，一部分人强迫她们在表面上显得很拘束。然而，你如果研究一番这样的女孩子，你就可以发现一种情况：一种正在吞噬她们的强烈欲念，已经在她们那拘谨的外表下面初见端倪，你只要观察她们的眼睛，就可以发现她们想模仿她们母亲的那种急切心情。得到一个丈夫并不是她们的意图，获得一张结婚证书才是。她们自然不需要得到那样一个丈夫，因为她们有许多的方法能够让自己在没有丈夫的情况下生活。然而，为了能让自己的采取那些办法时有一个掩护①，她们还是需要一个丈夫的。从外在表现看来，她们是很中规中矩的，但她们的内心却非常放荡。假正经本身就代表着放荡。她们是为了尽早地抛弃正经的外表才假装正经的。原谅我吧，巴黎的和伦敦的妇女们！奇迹在任何地方都可能出现的，但是我呢，从来没有见到过一个奇迹。如果有真正单纯的人存在你们中间，哪怕只有一个，我就承认我并不了解我们的社会。今天的各种教育方法，能得到的结果都只有一个：让年轻的女孩子喜欢上流社会的玩乐。不久以后，由于有了那种兴趣，她们就会想要去那样做。一个女孩子，如果是在大城市里，

---

　　① 先贤所不能理解的四件事，其中一件就是一个人在年轻时期的选择。浪荡妇女为什么那样寡廉鲜耻，是他们不能理解的第五件事。"吃过之后，她擦了擦嘴，然后说：我没有作恶。"《旧约全书·箴言》第30章第20节。——原注

当她一开始生活就会随之腐化，如果是在小城市，腐化的时间则是她运用理性的时候。由于学了别人的样子，轻视自己身上可爱淳朴的风气，其他城市的女孩子来到巴黎感受我们风气中腐化的气味，其心情是急不可耐的。学习那些所谓才艺的恶习，是她们来巴黎的唯一目的。更有甚者，如果她们发现自己不如巴黎的贵妇放荡，她们还会觉得难为情，恨不得自己立即成为一个当地的人。她们是什么时候开始沦落的？是在她们开始有那种想法的时候，还是在她们实现目标的时候？我想知道你的看法。

这种情景对其他省的人害处是极大的。因此，我不希望一个开明的母亲带自己的女儿从外省来到巴黎来看这些情景。如果一定要来，我也认为只有在以下条件得到满足的时候才能来：自己的女儿已经受过良好的教育，或者自己的女儿已经能够抵抗这些情景造成的危害。倘若具备良好的鉴别能力，能够保持头脑清醒，并且乐于做正当的事情，那么，一个女孩子即便看到了巴黎有害的情景，受它迷惑的程度也没有其他人那样严重。在巴黎这个城市，为了让自己一辈子遭人唾骂，你可以看到一些放荡的女孩子急切地希望用不到六个月的时间，学会一套时尚的作风。那么，是否有女孩子因为憎恶那些喧闹的场合，在比较了一番自己在其他省份的生活和其他人羡慕的巴黎生活之后，又回到自己原来所在的省份的呢？有的！我就看到过这样一些青年妇女。她们在被自己好心的丈夫和老师带到首都之后，重新又回到了自己原来的省份，并且回去的心情比来的心情还更急切。在就要离开巴黎之前，她们很温柔地告诉自己的丈夫："还是让我们回到自己的茅屋去住吧，在那里住比住在这里的皇宫还要舒服呢！"从来没有跪拜过偶像，并且还对这种无意义的崇拜满含鄙视的好人，这样的人我不知道还有多少。四处去喧闹，这样让人目瞪口呆的事情只有愚蠢的人才会做，明智的妇女是绝对不会去做的。

我们不得不面对一个问题：当一种不受外力影响的判断力得到了适当的教育，或者更准确地说是，当不良的教育没有污染这种判断的能力时，我们应该怎样才能保持或培养自然的情感？因为，这样的判断力总是会有一些妇女保持的，尽管普通人都已经一天天地沦落，人们都普遍地抱有成见，对女孩子的施行的教育也不好。然而，为了做到这一点，用长篇大论来让年轻的女孩子感到讨厌，或者将一篇枯燥的道德经文不厌其烦地讲述给她们听也是没有必要的。向男孩子和女孩子讲道德，同抹除他们受到的所有良好教育的效果没有什么分别。那样严肃地教育一顿他们，只会让他们憎恶对他们说教的人。如果是和年轻的女孩子说话，有两方面是必须注意到的：一是不能用她们负有的天职去恫吓她们，一是不能把大自然加在她们身上的束缚说得那样严重。你必须以诚恳的态度，极其简明地把她们的天职阐述给她们听；你不能让她们认为履行那些天职是痛苦不堪的，并且在说话时候，避免有不高兴或居高临下的神态。对于那些需要她们思考一番的问题，我们也应该在思考一番之后才告诉她们。在向她们讲解道德的时候，如果你决定用一问一答的方式进行，那么要保证涉及的内容简单明了，就像教义的问答一样，但是要注意说话的语气不能太过严肃。你必须告诉她们，她们的欢乐就是从这些义务中产生的，她们权利依据也是这些义务。你如果想要别人爱你，你必须先要爱别人。你必须先让自己成为一个别人喜欢的人，然后才能幸福快乐地生活。你必须在让自己值得别人尊敬后，别人才会听你的话，必须先在意自己的体面，然后才能得到别人的赞美。做到这些无疑是不容易的，因此，妇女的权利可以说是非常荣耀的，非常值得别人尊重的！另一方面，当一个妇女善于运用自己的权利时，男人也会非常关切那些权利。要想享受到那些权利，一个女子一定要等到有了一定岁数或者已经衰老之后才能实现吗？不一定的，只要她具备美德，就可以开始行使自己的权利。等到长得落落大方的时候，仅仅凭借自己温柔的性格，她就能够俘获众望，让男子在看到她那种温柔贤淑的样子时心生敬畏！任何一个粗鲁的人，当见到这样一个十六岁的女子，都会收敛起自己不可一世的气焰，检讨自己的行为。平时很少哈哈大笑，善于体会别人的心意；有着温柔的态度，真诚的语言，能够显示自己女性的青春美貌令人感到喜悦的羞怯模样；能够尊重别人，并且也能得到别人的尊重这才是女子的良好行为。

　　这一切虽然说是一个女孩子的外在表现，但如果我们认为无足重轻，那就大错特错了。它们的魅力不仅要有感官的美作为基础，而且还要求我们打心眼里认定妇女就是男子良好行为的天然评判者。在这个世界上，没有任何一个人愿意被女子轻视，即使他不喜欢妇女。我这样一个向她们阐述这样严酷的事实的人对她们的评判也是重视的，其重视程度，甚至要超过我对你们的话的重视。读者诸君，在我看来，你们通常还没有她们那么强悍。我固然对她们的脾气满含鄙视，但是对于她们的公正，我仍然是要予以颂扬的。只要我能够让她们尊重我，她们是否恨我无关紧要。

对于她的积极性，如果能够善加利用，我们定然能完成许多伟大的事业。但现在这个时代的景象是令人悲哀的：妇女们已经失掉了足够的影响，她们的话，男人已经当成了耳边风。这无疑是一种极端堕落的表现。无论是哪一个民族，只要有着纯良的风俗，对妇女都是很尊重的。如果你不相信，可以看一看斯巴达、日耳曼或罗马。倘若这个世界上曾经存在过光荣和美德汇聚的一个地方，那么这个地方就是罗马。罗马的妇女只会为丧失了国家的元老而悲泣，对伟大的将军的战功加以称颂。她们的赞扬和祈求是圣洁无比的，代表着对共和国事业最有分量的评判。妇女是所有巨大变革的先行者。罗马获得自由是因为妇女；平民成为一个统治者是因为妇女；十人团①暴政的结束是因为妇女；从流放的叛逆分子中解救出罗马是因为妇女。但是，风流的法国人，当一群妇女在你嘲讽的眼神当中走过，你们甚至还会跟在她们后面，不断地对她们加以奚落。我和你们在看待同样一样事物的时候，由于角度不同，获得的感受也自然不一样。或许，我们各自都有着自己的理由。如果这样一群妇女由法国的妇人们组成，我认为简直会难以入眼，但如果换作罗马妇人，你们在看她的时候就要用福尔斯人的眼光去看了，并且像科里奥兰努斯②那样想一番对策。

此外，我还要做一番补充。在我看来，美德能够巩固爱情的原因，同它能够巩固自然的权利原因是一样的。如果一个情人具备美好的道德，

---

① 指罗马共和国十人委员会。法律的制定、执政官的统治、控诉的判决、献祭的实行等权力都在它的手里。——译注

② 公元 5 世纪古罗马的传奇将军。——译注

那么她就可以行使妻子和母亲能够行使的权力。真实的爱没有不充满激情的，因为想象中始终存在着一个真正的或虚幻的完美的对象。如果在情人看来完美的对象一点价值也没有，只是一个提供享乐的工具，那么那个情人的心里就不可能产生一股激荡的热情。如果真是这样的话，他的心是没有办法真正热起来的，也不会去追求那能够让人迷醉的、充满情意的高尚乐趣。爱情这样事物，我不否认它是虚幻的，真实的东西只有情感。我们之所以会去追求能够让我们产生爱情的真正的美，也是因为情感。有人说："在我们所爱的对象身上，这种美是不存在的，它只是我们产生的一种错觉。"这根本无关紧要，我们一样会满怀激情地为这个想象中的人，奉献出我们所有世俗的情感；我们一样会以真诚对待我们爱的人；一样需要把我们低俗的欲念驱逐出身体。一个男人如果不愿意为自己的情人牺牲生命，很难说他是一个真心实意的爱人。相反，如果一个人愿意为爱情去死，他的心里根本不存在粗俗的肉欲。对于旧时代的骑士，我们是满含嘲讽的，但真正懂得爱情的事实上只有他们。而我们，只不过是一些只知道贪恋情色的人。我们为什么会认为传奇式的爱情观好笑呢？因为我们有了理性，有了恶习。

自然的关系，在任何时代都是一样，同样相同的还有从自然关系中产生的好与坏。不过，人们用"理性"这个词语掩饰了自己的偏见，但那也仅仅是换了个名称。克制自己始终是一种高尚的行为，即便其动机是因为听从了荒谬的说法。对于有远见卓识的妇女而言，只要她真的爱好荣誉，就会根据自己的地位去寻找一生的幸福。保持自己的贞洁，对于一个有着高贵心灵的漂亮女人来说，是一个非常可贵的品德。她可以看到，整个世界都匍匐在她脚下，她战胜了包括自己在内的一切。她的心就像一个圣物，所有人都走过来对它顶礼膜拜。她不断地认为自己在某些时候的斗争是光荣的，这种心理是由两方面的原因导致的：一是被两性尊重的温柔和专一的情感，一是人们的敬重和她的自尊心。她所碰到的困难并不是永远存在，但是她在克服的过程中所获得荣耀却是永存的。当一个高贵的妇女对自己优良的品德和姣好的相貌引以为荣时，她定然会感到无比的快乐！相较于赖斯和克利奥帕特拉，一个专情的女人更能享受肉体快乐的美。就算在某一天，她容颜不再，她的荣耀和愉快的心情并不会消失。也只有这样的一个女人，在回忆往事时才会感到快乐！

我们需要担负的天职越是艰巨，负担这些天职的理由便越鲜明。对于这些极其重大的事情，如果用非常严肃的话来进行谈论，年轻的女子只会这个耳朵进，那个耳朵出，因此也就不能够真正地被说服。在私下的时候，她们会对那些话采取敷衍的态度，这样就会造成一个不良的后果：对于自身的倾向，她们完全听之任之，从而使得她们无法从事情的本身中找出要抵抗自身倾向发展的原因。对于一个女孩子而言，如果我们用良好的教育去教育她，她就可以获得抵抗各种诱惑的能力，而如果只是拿一些严肃的话去对她们进行说教，或者说得更准确——让那些话只在她们耳朵里走一个来回，当她遇到一个聪明绝顶的引诱者，就会沦陷。大家有一个说法：一个年轻漂亮的女孩子，不重视自己的身体是绝不应该的，她应该进行忏悔，悔恨自己的美丽让男人犯了巨大的错误；同时她也应该向上帝忏悔，忏悔自己成了男人争相获得的对象。此外，她还应该认定自己心中的那一腔柔情是魔鬼的杰作。上面的理由，已经足够打动她们的心了。因此，我们应该就她本身举出一些实际的理由。大家用得最多的办法是一个最糟糕的办法，即让她在思想上产生矛盾。在最开始的时候，为了让她感到羞愧，我们说她的身体和漂亮的容貌已经被玷污。后来，我们又想尊重耶稣圣殿那样地尊重她这些卑贱的身体。太高和太低的观念，都是没有办法让人心服口服的，并且也不能够让自身的观点成立。这就要求必须能够拿出一些以她那样年纪的女孩子能够认可的理由。要想让她重视自己的天职，必须先要向她明白她为什么需要履行那些天职：

"因为不被允许，她所以没有犯错误，但她最终仍是会犯错误的。[①]"

这样切中要害的结论，无疑只有奥维德才能总结出来。

倘若你想让年轻的女子喜欢良好的品行，你就不要重复地对她们说："你们要守规矩。"真正恰当的做法是，让她们认识到自己如果中规中矩，将会获得巨大的好处，认识到中规中矩做事情的全部价值。如此一来，

①奥维德《恋歌》第3篇第4首。——译注

她们就会喜欢那样做。将她们在遥远的将来获得的好处为她们指出来当然是需要的，但也是不够的，你必须让她们从她们那种年龄的人的各种关系当中，从她们情人的性情当中能够看到这种利益。你必须告诉她们有品德的男子是什么样子；应该用怎样的方法识别出那样的男子；她们应该怎样爱他，怎样为了自己的利益爱他。你要让她们相信，能将她们当作朋友、妻子和情人的，并且能让她们获得幸福的，只有这样的男人。你要用理性去铸就她们的美德。你要让她们认识到，女性要想建立威信和获得优越地位，她们本身良好的行为和性情固然是一个决定因素，但同时还有另外一个决定因素：男人的良好行为和性情。同时你还要让她们明白，对卑劣的人她们是无计可施的，对道德不屑一顾的男人对自己的情人也会不屑一顾。如果你向她讲述了我们这个时代的风气，她们将从内心深处厌恶这种风气。这样一来，当你把一些时髦人物指给她们看时，她们将轻视那些人，并且一同轻视他们的各种观点，各种表现出来的情感，以及他们装模作样的殷切。如此，一种高尚愿望也会在她们心里冒头：要让那些伟大而坚强的男子尊重自己；要成为斯巴达式的妇女；要指挥男子。厚颜无耻和充满阴谋算计的女人，她吸引情人的方法只有撒娇耍赖，让情人在自己身边的方式只有温言笼络。这也就决定了她只能够在一些平常的小事情上让她的情人服从她，一碰到的重大的事情，她就做不到这一点了。而如果是下面一种女人，只要动一动手指头，就能够让男人愿意去无论多远的地方，愿意去她指定的地方作战，去为获得荣耀而努力，去献出自己宝贵的生命①。这样的一种权威，我认为是非常崇高的，是可以投入精力去获得的。

———————

① 布朗托姆说过一个故事：在弗朗斯瓦的第一时代，一个年轻的女子有一个爱唠叨的情人，到了后来，她向她的情人提出了一个要求，要他一句话也不能说，就那样一直沉默下去，而那个男子也这样做了。整整两年，他完全一个字眼也没有从嘴里冒出来，以致大家认为他因为生病丧失了说话的能力。在某天的一个聚会上，有很多人，他的情人（大家并不知道她是他的情人，因为谈情说爱在那个时候还是很隐秘的）宣称可以瞬间治好他的病，结果是她只用了"说话"两个字就让他重新开口了。在这样的爱情当中，无疑有一种伟大而无私的行为存在。同她的方法相比，毕哥拉斯即使把哲学讲烂也没有那么管用。而放在今天，妇女们无论做出任何牺牲，让自己的情人像那个人一样一天不说话也是非常困难的。——原注

在培养苏菲的时候，我们就是按照这一准则做的。我们是非常认真地培养她的，但是同时又能保证没有花费过多的精力。我们的行为是顺着她的爱好去做。现在我们描述一些苏菲的人品吧，以爱弥儿所讲的形象以及他自己想象的，能给他带来幸福的妻子的形象来描述。

但我不是要培养什么神童，这一点我必须再三声明；爱弥儿和苏菲都不是神童。现在，他们两个人都已经成年，而这一点也正是他们可以引以为傲的。能够不那么难看地塑造出一个男子和一个妇女，在当下的这种男女混杂不清的情况下，绝对可以称得上是一个奇迹。

苏菲生于一个温良的人家，拥有善良的天性和一颗敏感的心。在某些时候，她会因为这颗敏感的心而产生难以平静的想象。她能够正确地观察事物，但是有些肤浅；她的性情悠闲但不平衡；相貌普通但是能得到别人的喜欢，以至于能让人根据她的相貌就看出她是一个非常忠厚的人。在你刚接触她的时候，你或许会认为她是再普通不过的一个人，但等到你离开她时候，你一定会感叹一番。她缺少一些别人能够拥有的良好品质，并且自己好的品质可能还比别人还差。然而，她有一种项能力是超越众人的：把一些良好的品质融合起来形成一种好的性格的能力，她甚至懂得怎样利用自己的缺点。而如果她是一个完美的人，她或许做不到这样让人喜欢了。

苏菲并不是一个漂亮的人。但如果她身边有一个男子，这个男子一定会忘掉比她更美的女人。而如果是美丽的女人在她身边，这个女人就会认为自己并不是那样漂亮。如果是猛然一看，她算不上一个漂亮的人，但如果仔细看，就会越看越觉得好看。有一些长在别人身上显得不好看的特征，长在她身上就显得好看。而她真正长得好看的地方，可以说是完美到极点的，没有一个人能够比得上。她的眼睛或许没有别人那样好看，嘴唇或许没有别人那样讨人喜欢，样子或许没有别人那样有吸引力，但是身材是一定比别人匀称的，肤色比别人好看的，手比别人更白嫩的，脚比别人更精致的，目光比别人更柔和的，长相比别人更动人的。她能够做到在你看到她时感到喜欢，但是不会沉入其中无法自拔。她能够让你一看到她心就被触动，但是又说不出其中的缘由。

打扮是苏菲的最爱，而且她也精通此道。因为有她，她的母亲连收拾房间的仆人也没有用了。她的穿着是很吸引眼球的，因为她有着非常高的审美能力。但她的衣服总是很简朴淡雅的，华丽的衣服在她看来是可鄙的。她只喜欢合身的衣服，而不是那种五颜六色的衣服。什么颜色的衣服合乎时髦，她一点儿也不懂得，但什么颜色的衣服适合她的身体，她却非常清楚。如果只看表面，她的衣服是稀松平常的，但实际上却是非常好看的衣服，非常吸引别人的眼球。她的外貌是极具魅力的，但她并没有加以炫耀，而是隐藏起来。但她越是隐藏，人们便越会回想。当她出现在你的面前，你会说："真是一个朴实和聪明的女孩子！"但你在她身边待的时间一长，你的眼睛和心就不再是你自己的了，前者总是想去看她，后者总是想去回想她。这时你会发现，她身上的服饰那样朴实是有原因的，这就是让你通过她一件件的衣服去想象那个穿戴的人。

苏菲有一些天生的才能，她对这一点心知肚明，并且也进行了充分地利用。但是，她能够做的也仅仅止于用自己清脆的声音准确而和谐地唱歌，用两只机灵的脚轻松而活泼的走路。无论是在哪里，她都能落落大方地向别人行礼。她的父亲和母亲，分别是她唯一的歌唱老师和舞蹈老师。她家附近的一位风琴教师教她弹过几次风琴，之后她就完全自己练习了。她最初只是想多弹一弹黑色的键钮，但是到后来，她发现风琴清脆的声音可以使声调变得更加动听。这个时候，她才逐渐学习了和声。当她长大成人，她终于体会到了音乐的美，同时变得喜欢音乐了。但喜欢音乐并不能算是一种才能，而只能说是一种爱好。因此，在目前阶段，她还不能只看着曲谱就会唱歌。

女性擅长的工作，是苏菲的最爱，而这也是大家耗费了极大精力教她学习的东西。她甚至还非常喜欢剪裁和缝制衣服之类的工作，而这种工作是人们原本不打算要她做的。她会做并且乐意做所有针线活，但最喜欢做的还是花边。若要说原因，则是做花边的时候姿势最好看，并且最能练习手指的灵活度。无论是什么家务，她都做得非常认真。此外，她也有会做菜和一切杂事的能力，对于各种食物的价值和质量的好坏她也非常了解；计数算账的工作她也会，甚至可以算得上她母亲的管家。

她在打理她父母的家庭的时候，一并也可以学会怎样管理自己的家，这是有必要的，因为她将来也一定会做一名家庭主妇。帮助家里女仆们做事的能力她也具备，而她也经常这样去做。一件事情，你要想指挥别人做，首先你要自己会做。而这也是她母亲要求她这样做家里的事情的原因。但对于这一切，苏菲自己是想不到的。做一个好女儿，是她的首要任务，也是她目前唯一要履行的任务。怎样把自己的母亲侍奉好，怎样竭尽全力地分担她的重担，是苏菲经常考虑的事情。所以，当做家务的时候，她并不是平均地喜欢每一件事情的。比如，美味的食物是她非常喜欢的，但厨房做菜她并不那么乐意。又比如，在做菜的过程中，她非常憎恶几件事情，认为那几件事情很不干净。在这点上，她是讲究得过分的，甚至使之成为自身的一个缺点。这就是，如果在不把衣服弄脏和不煮坏一餐饭菜中选一样，她宁可选择前者。因此，她也不愿意去打理花园。在她看来，泥土是非常脏的东西。并且一见到肥料，她就认为有一种不好的气味扑鼻而来。

她母亲对她的教育，造成了她的这个缺点。她母亲认为，保持清洁是妇女应该做到的许多事情中最重要的一件，也是一定要做到的一件。一个脏兮兮的妇女，是最令人感到恶心的事物，如果她丈夫因为这一点而讨厌她，那么他的讨厌并不是没有道理的。在苏菲还很小的时候，她母亲就开始不断地讲到这一点。对于自己的女儿，她十分严格地要求她保持个人清洁，并且要求她把自己的衣服、寝室、所做的一切东西和梳妆用具都弄得一尘不染。这位母亲已经习惯了注意清洁，她每天的一大部分时间，都用在了这件事情上。并且，她总是先把清洁工作做完了之后才做其他工作。在她看来，东西做得好不好无关紧要，做得干净是最重要的。

但是，苏菲会因此变得虚伪了吗？她变得娇气了吗？并不会。在这方面，她的考究是没有什么成本的，她房间里的水都是普通的水，花的香气，是她唯一知道的香气。如果她丈夫将来想闻到某种甜蜜的香气，只能去闻她的呼吸。她承认投入了一些精力在个人的仪表方面，但她仍然知道把自己的生命和时间用在更高尚的事情上。让自己的灵魂因为过分地讲求身体清洁而被玷污，是她不会去做的事情，也是她不愿意做的事情。如果要说苏菲很清洁，倒不如说她很善良和很纯洁。

苏菲是很贪吃的，她生来食量就很大，这点我在前面已经说过。但对于饮食她还是很节制的，因为她已经养成了良好的习惯。现在，由于有了很好的道德修养，她更加能节制自己的饮食了。对男孩子而言，我们固然可以利用他们贪吃的习惯，对其进行一定程度的控制，但如果对女孩子，我们就做不到这一点了。对女性而言，贪吃的习惯影响是非常恶劣的，如果对其听之任之会造成非常危险的结果。在还很小的时候，苏菲如果单独走进母亲的房间，总是会拿出一点东西。只要一看到糖果，她就会垂涎三尺，拿出几个来大快朵颐。有无数次，她妈妈都抓现行，并且惩罚她，让她挨饿。最终，她妈妈总算让她明白了糖果不利于牙齿，如果吃得太多，很容易让人成为一个胖子。于是，苏菲改掉了这个恶习。随着年龄不断增长，她有了许多其他的爱好，这也让她远离了这种贪吃的习惯。男子的思想一活跃，贪吃的恶习就再不足以支配他的行动了，女子也是这样。女性特有的爱好在苏菲的身上也有。无论是奶制品还是甜食，或者是发面食品和一碟碟小菜，苏菲都很喜欢吃。但她很少吃肉，酒或其他烈性饮料也从来没喝过。无论吃什么东西，她都是很节制的。事实上，她也没有必要去吃那么多东西以补偿自己身体的消耗，因为女人的劳动量远远不及男人。她喜欢吃一切美味的东西，并且也善于品尝饮食的味道。同时，她也能够吃味道不好的食物，并且吃得非常自然。

苏菲有一个聪明的大脑，但是敏锐智慧却谈不上。她也拥有健全的思想，但说非常深刻也不合乎事实。但是人们并没有品评她才华的优劣，这是因为，在大家看来，她跟别人比起来是聪明和愚蠢都谈不上的。在和他人谈话的时候，她的才华足以让人感到有趣。这一点，并不因为以下各项改变：她的用词，以我们了解的妇女的文化程度来看，并不是那么优美；她所说的事情，不是来自于书本而是来自于对她父母谈话的领悟，来自于她自己的思考和对自己接触的少数人的观察。苏菲有着活泼的天性，在幼年的时候，她甚至还算一个调皮鬼。但是，她那种轻浮的样子，被她妈妈后来刻意一点点改变了。这样做是为了避免在她将来一定要改的时候再叫她突然改太过困难。所以，在她还没有迫切要做出改变的时候，她已经变得非常稳重。现在，她已经长大了。这个时候的她认为保持这种稳重的样子，其容易的程度要超过在不知道为什么要学的情况下学习很多。有的时候，由于原来的习惯没有完全改掉，童年时活泼的样子仍然会表现在她身上，但紧接着她就收敛了起来，嘴唇紧闭着，耷拉着头，因为害羞一张脸涨得通红。但看到她的这个样子，是非常令人高兴的事情。这两种人的影子之所以都能在身上找到一点，是因为她正处于成年和童年之间。

苏菲的脾气是很难保持平衡的，因为她的心太敏感了。但她的人是非常温柔的，这也使得她在愤怒的时候，不会让人下不来台。她所做的事情，仅仅是让自己难受一阵。你即便因为某句话伤害到了她，她也不会生气。但这不代表她不受到一点影响，她也会激动，只是会跑到某个地方哭泣。她即便哭得非常悲伤，但如果她的父亲或母亲叫了她，她也会立即把眼泪擦干。随后，她会强忍着抽噎的声音，边笑边玩跑到他们面前。

那么她是不是一点任性的情绪都没有呢？也不是，由于自身过于急躁的脾气，她总是喜欢对别人的话提出抗议。这也让她很多时候都不能约束自己。然而，你只要放任她一段时间，让她的心情恢复平静，她就会想办法弥补自己的过错。这些办法，即便称之美德也不为过。如果你惩罚她，她也会坦然接受。你将发现，她只会因为做错了事情感到羞愧，而不是因为受到惩罚。即使你一言不发，她也会自动把自己的错误加以弥补，为了能够让你对她没有恶意，她还会保持坦诚和开朗的态度。你对她的责备，即便是当着仆人的面进行的，她也不会有任何难堪的样子，而是心平气和地接受。而如果你宽恕了她，仅仅从她喜悦的脸上，你就能看出她心里一块非常大的石头落了地。一句话，她能够以极大的耐心忍受别人的过错，同时又乐于改正自己的过错。女人有忍让男人的能力，甚至能够忍让他有失偏颇的行为。但同样的方法你如果用在男孩子身上，则很难达到相同的效果。由于大自然并没有用要求他们一定要忍受不公正的行为，他们将进行反抗。

格雷文固执的儿子怒不可遏①。

苏菲并非没有信仰，但她的信仰是简单而合理的。她的信仰并不存在教条，祈祷也很少做，说她只知道最重要的事情是实践道德或许更为准确。为了通过善良的行为向上帝奉献自己的整个生命，她将做一切善良的行为。为了让她能养成一个谦恭而谨慎的习惯，在这方面，她的父母给了她各种教训。他们经常告诉她："以你这样的年龄是无法理解宗教的，我的女儿！等你将来能够理解的时候，你的丈夫会告诉你宗教是怎么一回事。"他们也没有不断地对她说对宗教要虔诚的话，而是亲自做给她看，以便她能够深深地记住他们的做法。

对于美德，苏菲是非常喜爱的。这种喜爱已经化为了一种力量，支配着她的所作所为。她是因为美德能够让妇女获得荣耀才喜爱美德的，在她看来，一个有着优良德行的妇女，无异于一个天使。她认为美德是通往幸福的道路，明白了一个不诚实的妇女定然会贫困一生，被大家遗忘在某个角落，并且还会做出有损颜面的事情。而她也正是因为这一原因爱美德的。当然，她可敬的父亲以及温柔严肃的母亲对美德的热爱，也是她爱美德一个原因。尽管他们已经因为自己的美德而获得了幸福，但是他们仍然觉得不够，他们认为还要为女儿的幸福而爱美德。而自己如果能为他们创造幸福，也是她最感到幸福的事情。她的内心之所以有一股热情激励着她，从而让她的一切不良倾向都受到这个崇高的愿望的约束，正是因为她抱有这些看法。终其一生，苏菲都是一个贞洁而诚实的妇女，她在自己的内心深处已经许下了这样的誓言。她许下这个誓言，在之前是已经明白这个誓言有遵守的价值的。只要她追求感官的快乐，她完全可以不遵守这个誓约。但即便如此，到了最后，她还是会发誓要做到这一点。

苏菲还不是一个放荡不羁的法国女人，这是非常幸运的一件事情。一个浪荡的法国女人，由于爱好虚荣，其打扮通常是非常妖艳的，并且生来性格就非常冷酷。她心里想的并不是为了让别人感到喜悦，而是怎样使自己引人注目。娱乐并不是她追求的目标，玩乐才是。始终萦绕在

---

① 参见贺拉斯《颂诗》第 1 卷第 6 首。——译注

苏菲心头的，是怎样去爱别人。因为这一点，她在许多快乐的场合也分散了自己的心，甚至还会感到苦闷。她原来那种活泼的模样，已经远离她而去，现在的她已经不再像以前那样笑嘻嘻地玩了。一个人独处会让人感到无聊，但她并不害怕这一点，更有甚者，她还要想尽办法去过这种孤单的生活。在这样的生活中，她想到了一个人，那个人可以为她孤独的生活注入幸福。她憎恶一切与自己没有关系的人。她需要的是情人，而不是讨好她的人。让一个诚实的人喜欢自己，并且体会到一种永久的快乐，是她非常乐意去做的事情。但如果是为了去获得别人的赞美，为了让别人说她很时尚，她就不愿意做了。因为这种赞美只能让她得到一天的风光，到了第二天，别人就会指责和嘲笑她。

相较于男子判断力的发展，妇女的判断力发展得更早。在还很小的时候，她们就处于一种守势，因为她们有一个需要防守住的宝物。这就为她很早就需要具备对善恶的分辨能力提供了原因。苏菲是一个早熟的孩子，这一点几乎无可置疑，她的禀赋气质决定了这一点。因此，较之于其他年纪相仿的女孩子，她的判断力的发展速度更快。这并不难理解，每个人成熟的时间和程度并不完全相同。

大家曾经传授过苏菲一些知识：男性和女性分别有一些什么义务和权利。男人有哪些不足，妇女有哪些恶习，这些她都非常清楚。同时她还知道男人和女人有哪些相对应的品质和德行，并且将其深深地记在了心里。她印象中的诚实妇女是非常高尚的，其他人如果也想象诚实的妇女，其高尚程度是远远不及的。在她看来，妇女形象要高尚是理所当然的。在她的想象当中，有一个诚恳而端正的男子存在着，这让她倍感欣慰。在她看来，自己存在的价值就是为了这个男子。她是完全能够配得上那个男子的，同时也具备让他获得幸福的能力。同理，她也将从他那里得到同样的幸福。当看到那个男子，她毫不怀疑自己能够一眼认出他。所以，怎样找到他，是现在问题的关键。

妇女也是男子品性的天然评判人，就像男子是妇女品性的评判人一样。这是他们相互的权利，而对于这一点，男女双方都心知肚明。苏菲也知道自己有这种权利，并且知道如何加以运用。但在运用的时候，她是非常有分寸的，并不会对不懂的方面也进行评判，并且只会在自己能够就其说出某种意义的时候才评判。在谈论某个人的时候，如果那个人并不在场，她在说话的时候就会非常谨慎。倘若那个人是妇女，她尤其会如此。妇女们之所以会彼此说非常莫名其妙的话以及相互嘲讽，她认为就是因为她们谈论了女人的事情，只要她们只谈论男子的事情，她们就能说出公正的话。因此，苏菲只谈论男人的事情。至于妇女，她只会在知道她们做了好事应该加以称赞的时候才谈论。在她看来，这种做法在尊重妇女的问题上是很有必要的。如果出现一种情况——她对那些妇女任何称赞的话都说不出来，那么她就会对此只字不提。她不谈论她们，她对她们有着怎样的看法，已经得到了清楚的体现。

苏菲没有任何世故的气息，但这并不代表她对人缺乏亲切，礼数不周到，或者是做事粗鲁。在做人这一点上，较之于通过各种巧妙的手段获得的好处，她那种快乐的天性使她获得的好处更大。她对人是礼数周到的。但她表现出的礼貌，完全不是那种流于形式的礼貌，并且也能够不受时尚和习惯的影响。她完全是因为要让别人感到高兴和愉快才对人有礼貌的。没有价值、为了讨好别人的话她是不会说的。她从来不会对别人说"我非常感谢你""你太高看我了""不要为我再辛苦了"等话语。弯弯绕绕地说话，更加是她所不擅长的。如果别人关心和尊敬她，她也会同样地关心和尊敬别人，或者对那个人说："非常感谢！"但既然是她说这句话，这句话一定是非常真实的。如果别人给了她诚恳的帮助，她并不会对别人表达口头上的感谢，而是在心里表示了感激。法国人喜欢装模作样，但她不会那样做。她不会在从这个房间走到那个房间的时候，伸出自己的手，让一个六十多岁的老年人扶她，而是去搀扶那个老人。如果有一个纨绔子弟想伸手去扶她，她会避开他的搀扶，自己去扶楼梯的扶手。然后她快速走进房间，告诉那个人："我脚没有问题。"她的身材不算很高，但即便如此，她也不愿意穿高跟鞋。她没有必要穿这样的鞋子，因为她的脚太小了。

在已婚的妇女面前，为了表示对她们的尊重，她的话是很少的。如果是面对已婚的男子或者年纪比她大得多的人，她的做法也是一样的。

倘若不是别人的要求，她从来不会坐在上座。就算坐了，只要有可能，她又会马上回到下首的位置。因为她知道，妇女固然应该得到尊重，但是上了年纪的人尤其有这种需要。后者通常都是很开明的，因此是最应该被尊重的人。

而对于那些同她年纪相仿的人，她会采取另外一种做法，让他们不能不尊敬她。在和他们相处的时候，她可以做到既不失威严又显得谦逊。如果他们很拘谨，她愿意向他们展现全部青年人的热情。他们纯真的谈话或许很可笑，但是很正派是没有疑问的。如果他们说的话很庄重，她会认为那样很有意义，但如果他们说一些轻浮的话，她就会马上加以制止。因为她对那种没有价值的话是很讨厌的，认为是对女性的一种侮辱。对于她要找的那个人，她的印象是非常深的，知道他不会说这样无聊的话。所以，只要某种话不适合那个人说，她也不会允许另一个人说。如果别人对她说一些好听的奉承话，她就会非常气愤，因为她认为自己是很值得尊重的。这来自于她对女性的一种极其尊重，她真诚的情感使她产生一种骄傲，她身上各种美德使她感到一种力量。但即便如此，她也不会表现得满脸气愤。她只会对那个人说一句表面上是夸奖，但其实的嘲笑的话，要么就说一句毫无感情的话以阻止他继续说下去。如果有一个男子对她说："你真是非常贤惠，同时漂亮而潇洒；只要你快乐，我就很快乐。"这个男人，拥有太阳神般的美丽，在说话的时候表现得是非常文雅的，并且讲话十分幽默。但这个时候，她会阻止他继续说下去，然后很有礼貌地告诉他："我比你更清楚这件事情，先生！如果我们再没有什么好谈下去的有趣事情，我们就到此为止吧。"她一边说着，一边向他行礼，然后走开。她在这个情况下采取这样的做法，完全是应该的。如果你需要证明，不妨去问一问那些浪荡的小白脸，问他是否能够随便在这样一个不喜欢听大话的人面前，老是唠叨个没完。

那这是否代表她不喜欢别人的称赞呢？并不是这样，她愿意听恰到好处、发自肺腑的称赞。你必须首先指出她的长处，以表明你确实是在称赞她的长处。她拥有一颗高尚的心，喜欢听真诚的称赞，厌恶听奉承的称赞。那种小丑一样的本事，苏菲是学不会的，她生来就是这样一种性格。

当苏菲十五岁了，她的父母就不再以一个小孩的眼光看待她了，因为她已经具备了非常成熟的判断力，并且在各方面都已经长得像一个二十岁的女孩子。当发现有一种青年人特有的焦躁在她身上表现，她们就赶快做好了应付这种发展的准备。在对她说话的时候，他们的语调是柔和的，内容也非常有意义。以她那样的年纪和性格，他们那种极富情感和内容的话是非常适合的。如果她的性格是我想象的那种，她的父亲一定会对她说：

"苏菲，你已经是一个大姑娘了！用不了多久，你就会长成一个大人！我们希望你获得幸福，这完全是为了我们自己，因为只有你幸福了，我们才能幸福！我们必须考虑你的婚姻问题了，因为一个好女性的幸福是建立在一个好男子的幸福之上的。由于一个人的婚姻对他的命运有决定性的影响，从而用很长的时间去考虑，这个问题是应该及早考虑的。

"选择一个好男人是最困难的事情！如果说还有一件事情比这件事情更难，那就是选择一个好女人了。在将来，苏菲，你就要成为这样一个可贵的女人。我们将因为你获得荣耀以及晚年的幸福。不管你的长处有多么多，比你长处更多的人，在这个世界上总是存在的。能娶到你，任何人都会感到荣耀，而在和你结婚之后让你感到荣耀的人，也同样非常多。在这些人当中如何找出一个配得上你的人，如何去认识他和让他认识你，是你现在需要面对的问题。

"男女是否相配，从很多方面决定了婚姻能否获得最大的幸福。然而，如果苛求在每个方面都相配，也是一种愚不可及的做法。因此，对于一桩婚姻，双方在主要方面是否相配，是我们首先应该注意的问题。最好的情况莫过于其他方面也相符合，然而就算不符合，也是无关紧要的事情。世界上并没有完全幸福的婚姻。但是，我们本来可以避免而没有避免的痛苦，却是因为自己的过失和不幸造成的。

"说男女是否相配，在某些方面取决于自然的情况，在某些方面取决于社会制度，在某些方面又取决于社会舆论。是否符合后两种情形，父母就可以判断，但判断是否符合第一种情形，其判断人只能是他们自己。因为，取决于父母意向的婚姻，其是否相配的参照标准完全是社会制度和舆论。在这样的婚姻当中，他们各自所取的东西不是始终不变的人，而是随时都可能改变的社会地位和财产。其中有一方或许家财万贯，但最终说来只有两个人的关系共同发生作用才能决定婚姻能否幸福。

"你的母亲身份显赫，而我腰缠万贯。正是因为这两点原因，我和她的父母才让我们两个人走到一起的。但是到了最后，我的财富，她的地位，都化为了乌有。她被她家里的人遗忘了。于她而言，到了今天，名门望族这一点已经丝毫帮不了她。但是，在那难以为继的岁月里，我们却感情甚笃，这也成了我们唯一的安慰。我们选择过这种隐逸的生活，完全是因为彼此有共同的爱好。我们都视对方为自己的全部，同时也过得非常快乐，这些并没有受到贫穷的影响。苏菲不只是她的财产，也是我的财产，上天能够让我们失去其他财产而获得这一财产，我们是非常感谢。我的孩子，你已经可以看出上帝对我们进行了怎样的安排了。在最开始，门当户对让我们走到了一起，现在，财富和名位又远离了我们。我们为什么能生活得这么幸福美满？没有别的原因，凭借的完全是普通人根本不在意的男女双方自然相配的地方。

"选择不应该只是丈夫的事情，也应该是妻子的事情。夫妻的第一个联系，必须由彼此的共同爱好来充当。他们首先要做的，是彼此听从自己的眼睛和心灵的指导，原因在于：相亲相爱是他们结婚之后的第一个义务，而决定他们能否做到这一点的不是我们，而是在结婚之前他们是否彼此相爱，这是一个谁都无法废除的自然法则。但是，一些人为什么要用法律从多方面限制婚姻呢？那只是因为他们没有考虑婚姻的幸福和公民的道德，而只是考虑社会的秩序。亲爱的苏菲，我们向你讲的这些难道是一些难以实行品德吗？很显然不是，它只是给你提出了一些要求，要求你自己成为自己的主人，要求我们让你自己来选择丈夫。

"我们已经向你讲过了为什么要让你享受完全自由的原因，所以，你为什么必须要理智地运用你的自由的原因，我们也应该告诉你。我的女儿，你为人善良而聪明，拥有一颗正直而虔诚的心。总的说来，一个诚实的女人应该具备的才能你都具备。你拥有漂亮的容貌，不过非常贫穷。然而这无损于你拥有最宝贵的财产这一事实，如果不看不具备的人们最重视的财产这一点的话。这就决定了你希望得到的人，必须要是你可能得到的人，并且不能够以你或我们的意愿为依据，去决定的崇高心愿，而是应该根据大家的看法。倘若只要双方有着相近的品德，问题就已经能够得到解决，那么我们限制你的意愿就是没有理由的。但你也必须注意，不能让自己的愿望超过你的现有财产所能承受的限度，你一定要时刻记住，你的财产并没有那么多。我知道，财产上的不相等，不至于成为一个与你相配的男人在考虑婚姻的时候认为的困难，但你也不敢确定从来没有想过这个问题。向你的母亲看齐吧，苏菲！你结婚的对象，要是一个以娶到你为光荣的男子。你出生的时候，我们已经处于贫困当中了，因此你并没有看到我们富裕的光景。我们确然贫穷，但是因为你的存在，我们在贫穷的生活中感受到了幸福。那些苦不堪言的日子，是你和我们一起度过来的，我们没有任何抱怨。苏菲，你千万不能怀疑我所说的话，并且万不可去追寻我们那笔已经被上天没收的财产。那些财富的失去之日，就是我们体会到幸福和甜蜜之时。

　　"所有人都很喜欢你，因为你长得非常招人喜欢。你是一个贫穷的人，但这并不足以让一个正直的男子认为拥有你是一个负担。你会得到一部分人的求婚，但你要认识到，这些人并不是个个都能配得上你的。如果他们以真面目示人，他们有着怎样的品德，你完全可以一目了然。如果他们的做法太夸张，时间一长，你也能够发现。但尽管如此，对于人们的品德，你或许有着很好的判断力，能够看出他们的品质，但是由于缺乏经验，你仍然无法发现他们伪装得有多么精巧。为了引你上钩，一个阴险的人很可能会周密地研究一番你的爱好，然后在你面前说他有怎样怎样的美德，而实则他根本没有。你很可能在自己还没有发现他在欺骗你之前，就已经葬送在他手里，等你发现自己犯了错误，为时已晚。对我们来说，最危险的陷阱莫过于我们的感官给我们造成的陷阱，这一个陷阱，也是我们的理性所不能避免的东西。如果你真的不走运，落到了这个陷阱中，那么你要知道你看到的都是不真实的东西。你要知道，自己已经无法进行判断，并且意志也将被损坏，情况严重的甚至认为犯错误是一件好事情。到了这个时候，你即便意识到自己做错了，也缺少改正的意愿。我的女儿，我十分不愿意看到你被自己的心中的偏向所控制，而是希望看到你听从自己的理智。只要你不狂热，完全可以自己对自己的行为进行判断。然而，如果你有了情人，获取自己母亲的关心也是必不可少的。

"我现在提出一个条件，它既表达了我们对你的尊重，也为我们之间的自然秩序提供了证明。一般的做法通常是，女儿如果要选择丈夫，其决定权完全在父母，他们只会在形式上问一下女儿是否同意。而我们采取的是一个和这一习惯做法完全相反的做法，这就是，你只需要在形式上征求我们的意见，真正的决定权在你自己。苏菲，对于你自己的权利，你要自由而明智地加以使用。什么人和你相配，应该只由你自己选择。我们去应该做的，只是确定你是否在双方相配的条件方面有差错，以及你是否有不知不觉地按自己的意愿去选择。我们没有必要去考虑出身、财富、社会地位和大家的看法。你应该选择的，是一个人品能得到你喜欢，性格和你的性格相适应，并且诚实的男人。除此之外，无论他是一个怎样的人，我们都愿意让他做我们的女婿。如果他有能力干活，品行也非常好，而且还非常爱自己的家，那么就可以算得上一个非常富有的人。如果他还能很好地运用自己的德行，让别人因此而尊重他的职业，那么他就有了一个非常光荣的社会地位。让所有人都指责我们吧，我们不在乎！我们不考虑别人是否会赞同，而只会考虑你能否幸福。"

读者们，当那些按照你们的方法培养起来的女子听到这样一番话后，我不知道将产生怎样的反应。但是我知道苏菲在听到这番话之后，将会难以表述出自己的想法，因为她是那样的害羞和温柔。但是，我毫不怀疑她会深深地记住这样一番话。如果说我们相信人是有决心的，那么我们就要有这样一种决心：做一个值得她父母尊重的人。

即便她是一个没有耐心的人，认为最痛苦的事情莫过于进行这样长时间的等待，我也持乐观看法：她的理性和经验，以及兴趣和谨慎的态度，尤其是她心中幼年时期培养起来的感情，足以抑制她急躁的性情，战胜她的感官，就算不能战胜，也能抵抗一段很长的时间。如果让她嫁给一个缺乏德行的人，她是宁愿做一个烈女而死的。因为，如果选配偶造成失误，将会产生许多痛苦，而这些痛苦将会增加她父母的负担。她为什么要更加注意对自己的心灵进行培养呢？为什么在选择丈夫的问题上更加严格呢？原因就在于她父母给了她选择地自由。她的热情是一流的，像极了一个意大利女人，同时也兼具一个英国女人的敏感。但是，在心情和感官的控制方面，她却有着一个西班牙女人般的自尊，这也决定了她在寻找情人的时候，很难找到一个自己认为配得上自己的人。

热爱诚实的事物，人的内心就会被注入一股巨大的动力。如果一个人行为诚挚而正派，就可以从本身获得巨大力量。但也并不是所有人都这样认为，有一部分人甚至认为所有伟大高尚的事物都是一种幻觉。他们是一些卑俗的人，头脑也是邪恶的，人为什么能够沉迷于道德，因而能够控制自己的欲念，他们是无法明白的。对于这些人，除了以实际的事例去进行教育，没有其他办法。如果他们一定要否认我们所说的事例的正确性，那么，他们将面临更不幸的结果。如果我说：苏菲并不是一个纯粹想象出来的事物，我所做的，仅仅是为她取了一个名字；她受到的教育，自身的脾气和性格，甚至样貌，都是完全真实且有据可查的；现在还有一个忠厚的人，每当想起她就会伤心流泪。他们无疑是不会相信的。但是在这里，我如果照实讲出一个同苏菲非常相像的女孩子的故事，大家如果认为并没有什么奇怪，从而把这个故事当作她的真实故事，对于我来说也没有什么损害。大家是不是相信这个故事的真实性，这一点根本无关紧要，如果大家愿意，不妨把我讲的故事看成虚构的。但是，我一定要达到我的目的——将我的方法阐述出来。

我们就用苏菲这个名字来称呼这个少女吧，她是当之无愧的。因为，她不仅拥有苏菲的气质，而且在许多方面像苏菲。现在，我把这个名字给她。她的父母已经和她说过我在上面叙述的那番话，之后，他们认为自己居住的小村庄是不可能有求婚的人来的。于是，在一年冬天，他们把苏菲送到了一个姑母的家中，并且告诉了那个姑母苏菲将要到城里去的秘密。他们之所以要这样做，是因为苏菲骨子里是一个骄傲的人，同时很能克制住自己的情感，不管想拥有一个丈夫的愿望多么强烈，如果让她去主动找，她是宁愿终身不嫁的。

苏菲对社交场合和热闹的场所是毫无兴趣的。但是，为了满足她父母的意愿，她姑母带着她去走东家串西家，带着她在社交场合和热闹的场所出入，以便让她看一看各式各样的人，或者更准确地说是让形形色色的人看看她。她的姑母很快便发现了一系列情况：当看见那些漂亮稳重的青年，苏菲并不躲避。这不难理解，她那种端庄的模样，本身就是一种诱惑，其效果完全可以和撒娇卖萌相匹敌。但令人遗憾的是，在和他们谈过两三次话之后，她便对别人爱理不理了。过了不多久一段时间，她把自身那种硬要让别人尊敬的气质稍稍改变了一下，转而以一种比较和气的态度以及一种没有温度的礼貌示人了。她时刻注意着自己的所作所为，决不让他们有一丝一毫为自己效劳的可能。这所有的一切，无不说明她根本不愿意成为他们当中任何一个人的妻子。

吵吵闹闹、吃喝玩乐的事情，只有没有思想的人才会喜欢，只有他们才会认为漫无目的地度日是一件幸福的事情，聪明智慧的人是不屑于那样做的。苏菲很快便开始讨厌城市了，因为她失望地发现，在城市里根本找不到自己要寻找的人。于是，回家的时间还没到，她就提前回家了。她对自己父母的爱太深，以至于任何东西都无法抑制她因为想见到他们而产生的苦恼。

回到父母家里后，她又做起了原来做过的那些事情。人们在这个时候发现，她以前的做法尽管没有改变，但是她的心情已经发生了变化。她变得无法集中精神，性情也躁动不安，心情也非常阴郁，甚至有的时候还会暗自落泪。大家一开始是感到难为情，以为她有了情人，但当出言询问的时候，她又说不是那回事。她说："我根本就没有看到过一个能让我动心的人。"苏菲从来都只说实话。

她开始逐日变得憔悴不堪，健康也一天不如一天。看到这种情况，她的母亲忧虑极了，于是决定一问究竟。她叫过苏菲，以一种母亲特有的爱怜和温柔的语调说："你是我十月怀胎生下来的，我的女儿，你无时无刻都萦绕在我的心头。因此，你必须告诉我你的秘密。做母亲的人是有权利知道任何秘密事情的，况且，你所受的痛苦，只有你的父亲和我才能为你分担和减轻。我的孩子，你忍心让我们整天为你忧虑不安，忍心不让我们知道你因为什么事情而痛苦吗？"

年轻的苏菲如实说出了自己的忧虑和痛苦，并且认为让母亲来安慰自己和做自己的知心人是一件非常好的事情。但因为感到羞怯，她缺少讲出来的勇气；她没有办法把那种和她完全不相称的情况描述出来；她努力地控制自己，但是仍然非常激动。最终，她母亲发现了她的羞怯，想方设法让她讲出了心中难过的原因。听她讲完后，她母亲没有不分青红皂白地责备她，而是同情和安慰她，抱着她一起哭泣。她的母亲是一个智慧的人，因此绝不会认为她的痛苦是一种犯罪，她之所以伤心，是因为她对道德非常敬重。毫无疑问，这种痛苦是非常容易解除的，并且解除也是合法的。这样一来，我们就不得不疑惑了：她为什么要承受这种没有必要承受的痛苦？她完全可以运用那些男子给她的自由，接受他们的求婚。她究竟喜欢怎样的人？她应该知道，自己完全可以掌握自己的命运，知道她父母会尊重她的选择，不管她选择一个怎样的人。何况，她所选的人，一定会是一个诚实的人。她为什么还要等待，她究竟还有怎样的要求：她父母送她去城里，但是她待不住。曾经有好几个人来向她求婚，她都一一拒绝了。多么矛盾啊！

道理很简单：如果苏菲只是为了找一个年轻的朋友，那么这个人很快就能找到。但现在她要找的是一个终生的伴侣，这就没那么容易了，何况这种选择是两个人的事情。因此，她必须耐心地等待，必须在还没有找到一个可以托付终身的人之前珍惜青春。苏菲现在面临的情况是：需要一个可以作为丈夫的情人。但不那么容易让她称心如意，因为这样的人很难找到。那些俊俏的青年，除了年纪之外是没有什么能够和她相配的。他们举止非常轻佻，言语非常浮夸且爱慕虚荣，并且彼此效仿这那种装模作样的样子。因此，她是不喜欢他们的。她的目的是寻找一个人，但是入眼的尽是一些猴子；她要找到一个高尚的灵魂，但是始终没有找到。

苏菲告诉她母亲："我太不幸了！我希望能让自己的爱情有着落，但是一个喜欢的人也找不到。诚然，那些人引起了我的注意，但是我并不喜欢他们。到目前为止，我还没有碰到一个能让我持续燃起希望的人，要知道，只相爱而不相互尊敬是难以为继的。你的苏菲无意要这样的人，她所要的人的形象，很早以前就已经深深地印在自己的心里了。她只会爱那个在她心里的人，因为她要想获得愉快的生活，除了同那个人在一起别无他法。让她和一个自己的不喜欢的人在一切，从而让他悲伤绝望，她宁愿去虚度生命，宁愿始终和自己的感情做斗争，宁愿痛苦但是自由地死去。她是宁愿死也不愿意活受罪的。"

苏菲的母亲在听完这番话后，不禁感到极为诧异，因为苏菲的这些想法实在是太奇怪了，不能不让她意识到，这些话当中可能存在着某种秘密。在她的观念里，苏菲从来都不是一个装模作样的可笑之人。苏菲是没有理由产生这种过于挑剔的想法的，因为为了让她将来能够适应将来那个和她一起生活的人，把不得不做的事情看成是一件好事，她从小就对苏菲施行了各种教育。在苏菲讲的话当中，她看出了她对那个可爱的人非常入迷，并且三番五次地提及他。于是她猜想：苏菲定然是由于什么她不知道的原因才这么任性的，她并没有完全说出她的心里话。这个不幸的孩子被秘密的痛苦包围着，急需找一个人来倾吐心声。但她的母亲催促她讲，她仍然犹豫不决。到了最后，她干脆一言不发地走了出去。随后，她拿了一本书走了进来，说："可怜可怜你不幸的女儿吧！她的痛苦是无法治愈的，她的眼泪也是永无止息的。唉，你不是想知道原因吗，原因就在这里！"说着，她把书扔到了桌子上。她母亲打开那本书，发现是一本《特勒玛科斯奇遇记》[①]。最初，她的母亲不明所以，经过一番盘问，她从女儿含糊的回答中惊奇地发现：她的女儿竟然一心想做欧夏丽的情敌。

苏菲爱特勒玛科斯，其强烈的程度甚至达到了无可阻挡的地步。在知道她的这种狂热之后，她的父母笑了起来，并且相信自己能够讲一些道理给她听，让她重新恢复理智。但这一次他们失策了：他们固然能够讲出一番道理，但是苏菲也有着自己的一番道理，并且有能力用这番道理去说服他们。有好几次，他们都被苏菲说得无言以对，并且被她用他

---

① 特勒玛科斯，希腊神话中的人物。——译注

们已经说过的道理进行了反驳。她告诉他们，是他们造成了这些痛苦，他们不是以为了让她嫁给一个这个时代的人为目的培育她的。她还对他们说，她要么采取和她丈夫一样的思想方法，要么她丈夫采取和她一样的思想方法，而由于受到他们的教养，她已经无法采取她丈夫的思想方法。所以，她的丈夫必须按她的思想方法去做。她说："如果有一个人，他拥有我的这样一种想法，或者是经过我的改变可以采取我这种想法，那么我就和他结婚。但在，现在毕竟还没有找到这样一个人，因此我是不应该受到责备的。我并不是一个沉溺于幻想的人。我从来都没有想过要嫁给一个王子，并且也无意寻找特勒玛科斯。我非常清楚，特勒玛科斯并不是一个现实存在的人。我想寻找的，只是一个和特勒玛科斯相似的人。但是，我是存在于这个世界的，我的心和特勒玛科斯的心非常相似，因此，谁也不能断定像他那样的人就一定不存在。如此轻视人类是不应该的，认为一个可爱而有道德的人是幻想出来的人更加不应该。这个世界存在着那样一个人，也许他也在寻找我，寻找一颗爱他的心。我仅仅是不知道这个人是谁，不知道他出生在哪个地方；在我遇到的那些人当中，这样的人一个也没有。如此一来，在将来，可以肯定的是我同样碰不到这样一个人。母亲，我非常迷惑，你为什么要让我这样热爱美德？如果说我是一个只爱美德而视其他东西如无物的人，其罪责只在你，而不在我。"

我绝对不会将这个悲伤的故事以悲惨的结局收尾；说这个故事在悲惨的结局发生以前，曾发生过一系列斗争；把那位母亲描写成一个没有耐心的人，描写她在一开始非常疼爱自己的女儿，而后又突然变得很严峻；说那位父亲最后无比愤怒，背弃了当初自己的承诺，以一个疯子的眼光开看待一个最有品德的人。临末，我再说这个不幸的女孩尽管因为爱一个想象出来的人物而被父母迫害，因为这种爱的与日俱增，她逐渐走向了死亡，在正应该到圣坛举行婚礼之际，葬送掉了自己的性命。这样写是没有必要的，我不需要用一个这样动人的事例来加以证明。由于这个时代风俗的影响，我们诚然产生了许多成见，但是，女人和男人在爱善和爱美的方面是没有区别的。在大自然的培养下，女子完全可以和我们一样做许多事情。

此时，也许有人会打断我的话，然后问我："大自然是否有意让我们投入大量精力，去克制我们永无止息的欲望？"对此我的回答是："并不是那样的，也不是大自然让我们拥有这么多永无止息的欲念。我已经证明过许多次，凡是不属于大自然赐予我们的东西，都是和大自然相违背的。"

现在是我们把苏菲还给爱弥儿的时候了，让我们使这个可爱的女孩重新恢复活力吧。如此一来，她的想象力将不会再那么活跃，但是却能拥有一个更加幸福的命运。我的意图，仅仅是描写一个普通的女人；我是因为要培养她的灵魂才扰乱她的心智的；我自己也因此犯了错误。现在，我们要改正自己的错误，继续按以前的正确方法做。在苏菲那普普通通的心灵当中，优良的天性也仅仅只有一种，她之所以能够胜过其他妇女，就是因为她受到过良好的教育。

为了方便每一个人按照自己的理解在我说的好事当中去加以选择，在这本书当中，我准备阐释一切可能做到的事情。我最初的打算是：尽早培养爱弥儿的伴侣，既要为爱弥儿培养她，也要为她培养爱弥儿，甚至是把两个人放在一起培养。然而，经过了一番深思熟虑，我很快发现不应该这样过早地安排。更何况，在对他们的结合是否与自然秩序相符一无所知的情况下，在对他们是否有适合在一起的条件有所了解之前，贸然认定这两个小孩将来要结婚也是很没有道理的。原始状态下的人和文明状态下的人，毕竟不是一回事情。如果是处于原始状态，男人和女人由于只拥有原始和共同的特性，任何一个妇女会适合于任何一个男人。但如果是处于文明状态，由于人的思想受到当事人受的教育以及教育和天性之间的配合对错与否的影响，每个人都拥有自己独特的个性。所以，如果男女双方要进行选择，有一些事情是不得不做的：把他们介绍给对方，让他们自己去分辨各方面是否相配，至少也要让他们做出的选择能让双方都满意。

但令人遗憾的是，社会生活是把双刃剑，它既让人的性格得到了发展，同时也使人出现了等级。这种等级划分得越细，不同等级的人便越容易杂糅，因为性格的发展和等级的划分是不同步的。这个世界之所以或有许多不相配的婚姻和破坏秩序的事情，原因也在这里。有些道理是不言自明的：人不平等程度越高，自然的情感被破坏得就越厉害；等级的差距越悬殊，婚姻的稳固程度便越低；贫富的差距越大，父亲和丈夫的恩情便越少。不管是主人还是奴隶，他们对自己的家终于不再有丝毫眷顾，只看重自己的等级。

倘若你不想让这些弊端出现在你身上，而是拥有一个美满的婚姻，你就必须把偏见丢得远远的，把人类的社会制度从脑海中剔除，而只按照大自然的意愿行事。一个男人和一个女人，如果他们的相配是有条件的，那么他们就不能结婚。因为将来如果条件发生改变，他们就会不再相配。只有这样的一男一女才能结为夫妻：无论身处什么样的环境，无论有着怎样的社会地位，无论是处在什么地位，都能够彼此相配。我这样说，并不是为了表明婚姻问题和社会关系完全无关，而只是为了说明自然关系的影响大于社会关系的影响，并且大很多，它甚至可以左右我们一生的命运，并且在爱好、脾气、感情和性格方面都对双方的相配提出了严格的要求。因此，一个父亲如果有足够智慧，就应该果断地为自己的儿子找一个在这些方面相配的女子，即便那个女子是一个不良家庭的后代，或者是由一个刽子手所生，只有一对这样彼此相配的夫妻，我认为才足以经受起可能发生的灾难所带来的影响。他们即便在一起过贫穷的日子，其幸福的程度也会超过一对拥有全世界所有财产，但是心不在一起的夫妻所拥有的幸福。

所以，在爱弥儿还很小的时候，我并没有为他选定一个伴侣。我只是等待，等待为他找一个与之相配的人。事实上，这完全是大自然的主张，而不是我的意愿，我需要做的，只是去发现大自然为他选择的配偶。我为什么要说这是我的任务而不说是他父亲的任务呢？因为，他父亲在把他交给我的时候，一同交给我的还有父亲的身份和权利。我现在才是爱弥儿真正的父亲，教育他成人的人也是我。倘若我无法按照自然的选择为他主持婚事，也就是说无法按照自己的意愿为他主持婚事，对于培养他的工作，我或许早就拒绝承担了。我让他成为一个幸福的人，这是让我感到快乐的事情；我为了培养他而投入的精力，也可以从这种快乐当中得到补偿。

然而，你如果因此就认为我在替爱弥儿寻找伴侣的事情上一直能慢则慢，那就大错特错了。我绝不会慢到要让他自己去寻找苏菲的地步。我只是为了让他认识妇女，从而能够了解同自己相配的女人有哪些优点才让他去进行一番寻找的。其实苏菲早就显露过了踪迹，爱弥儿或许已经看见过她。但是，现在去认识她时机还不成熟。

社会地位是否相等，并不能决定一段婚姻。然而，如果男女双方有着相等的社会地位，并且在其他的方面也相配，其他的相配因素会因为平等的地位而增值。相等的社会地位不足以把一个相配的因素抵消，但如果双方在各方面都相等，他们能否结婚，取决于他们是否拥有相等的地位。

想要将各种等级的女人都据为己有，就算是君主也做不到，因为他可能没有偏见，但是并不代表别人也没有。因此，他即便与一个女子非常适合，因为别人偏见的影响，也可能不能娶那个女子。所以，在为儿子选配偶的时候，一个智慧的父亲应该要慎之又慎，不能够不受任何约束，他不应该去做错误的事情：为儿子找到一门比他们门第高的亲事。即便能够做到这一点，他也不应该去做，因为名门望族只会腐化年轻人，特别是腐化我所培养的这个年轻人。如果这个年轻人真的和一个更高贵的门第结成姻亲，那么将会有无穷无尽的痛苦在等着他，他终其一生都会活在痛苦之中。尤其需要注意的是，他所遭受的损失，并不能通过高贵的地位和金钱这类事物来弥补，因为它们是完全不同的东西。他因它们获得的利，不足以抵消他因它们受到的伤害；你也不可能让这些好处和坏处持平。况且，如果每个人都只会自己着想，只会损害到两个家庭的和睦，甚至让夫妻关系亮红灯。

一个男人联姻的家庭是比自己家庭高贵还是低微，在很大程度上决定了婚姻能否美满。如果把同比自己等级高的女人结婚和同比自己等级低的女人结婚做比较，前者完全不合理，后者较为合理。我们已经知道，一个家庭只能通过一家之主同社会产生联系，所以，一个家庭全家人的地位，就都取决于家长拥有怎样的社会地位。如果和他结婚的是一个地位更低的女人，那么他的地位就得到了保全，而那个女人的地位也会得到提升。相反，如果和他结婚的是一个地位更高的人，他妻子的地位就被他拉低了，而他自己的身份也无法得到提高。因此，一个男子，同等级比自己高的人结婚是百害而无一利的，同等级比自己低的人结婚是有百利而无一害的。更何况，如果按照自然的秩序来看，妇女服从男子也在情理之中。一个男子如果娶一个比自己等级低的女人为妻，自然的秩序和社会的秩序便是相吻合的，如此一来，做事情就能顺利。反之他就会面临两种情况的抉择：要么就是保全他的权利而损害他的恩情，要么就是损害他的恩情而保全他的权利，他如果不做一个忘恩负义的人，就要做一个被别人轻视的人。如此，女人就会想取代男人的权威，从而随意在男人身上倾注自己的意志。如此，家长就变成了奴隶，变成了人类当中最可笑和最被轻视的一个人。如果有哪个人同亚洲国家的皇帝结亲，这个人虽然可以获得同皇家联姻的荣光，但同时也会受到各种折磨。他们如果要和妻子睡觉，据说只能够从床脚的那一边上床。

到了这里，我想有许多读者因为想起我曾说过女人天生就能驾驭男人而对我加以责备："你又说自相矛盾的话了。"我只想说："你们完全弄错了我的意思。"指挥和管束并不是一回事。女人管束男人，用的是温情，用的是巧妙的手段和殷勤的态度；在命令男人做事的时候，她应该关心男人，在吓唬男人的时候，她应该哭泣。在家里，她应该像一位大臣那样去进行管束她的男人。只有这样，她才可以让男人去做她想让他做的事情。因此，我可以肯定地说，女人最有权威的家庭，一定是那些家庭治理秩序井然的家庭。如果一个女人对男人的想法一无所知，同时还想把他的权力夺过来，命令他去做事情，那么那个家庭一定是一个混乱的家庭，因而存在着各种痛苦和不体面的事情。

因此，如果要进行选择，选择的对象只能是同自己的等级相当或低于自己等级的人。但我也认为，如果是选择后者，需要有一些条件的限制。这是因为，在下层社会的人群当中，做一个能让诚实的男人获得快乐和幸福的女人是不容易的。若要说到原因，则是因为下层社会的女人善和美的观念非常淡薄，这不是因为她们比上层社会的女人更坏。这样一来，因为上层社会的人做了许多不道德的事情，下层社会的女人就容易对自己身上的各种恶习习以为常，认为是正确的行为。

人类能用头脑思考问题是后来才学会的，并且是经过了一番考验才学会的，就像学会其他的艺术的一样。在最开始的时候，人类并不经常用大脑想问题。在我看来，人类只分为两种：一种是有思想的人，一种是没有思想的人。这要归功于教育的作用。一个有思想的男人找一个没有思想的女人结婚是不适合的，原因在于：如果他娶了这样一个女子，他就只能一个人运用自己的思想，如此一来，共同生活中最大的一种乐趣就失去了。一个只知道做事的人，脑海里充斥的只有工作和利益，他们的两只胳膊，就是他们全部精神的集中地。这样的一种无知状态，并不会对他的诚实和道德产生消极的作用，相反还会提供助力。对于我们的天职，我们通常是想得多做得少。在一切哲学家当中，良心可以算得上是一个最高明的哲学家。并不是说一定要研究一番西塞罗的《论职分》才能成为一个实诚的人，世界上最诚实的妇女，或许完全不知道诚实是怎样一回事。因此，只有同有教养的人交往才能有乐趣可言。一个父亲如果在家里的时候只有自己才了解自己，即便他非常喜欢自己的家，也是一件非常无趣的事情。这是确信无疑的。

而一个女人如果不喜欢思考问题，她将无法培养孩子，同时也不知道自己的孩子适合做什么事情；她根本无力教自己的孩子去热爱美德，因为她自己也不知道美德是怎样一回事。溺爱和恐吓孩子，是她唯一能做的事情。孩子在她的手下，要么成为一个独断专行的人，要么成为一个懦弱怕事的人，要么成为只会效仿大人的猴子，要么成为一个调皮鬼。要求她培养出一个聪明可爱的孩子是不可能的。

所以，一个男人如果受过教育，娶一个没有受过教育的女人是不适合的。他挑选妻子的地方，应该是有受教育机会的阶层。但是，如果把只受过少量教育、非常朴实的女子和满腹学识、才华横溢的女子放在一起，我更喜欢的是前者而不是后者。因为，后面一种女子容易把我的家当成一个由她做主持的文学论坛。有才华的女子只能带来灾难，无论是对丈夫、子女、朋友、奴仆还是别的什么人。她那高高在上的才华，决定了她对妇女应尽的天职是不屑一顾的，并且会以一个男人为标准来改造自己，就像德朗克洛小姐一样。只要她进入社会，许多可笑的事情就会层出不穷，她本人也会因此遭受到别人的指责，因为她既然不会安守本分，就一定会受到别人的职责，成为别人的笑料；而另一方面，她又没有学会男人的样子的能力。没有人会相信女子能够做到满腹诗书。她们要画画或者写文章，事实上有一个男画家或男朋友在替她们画，有一个藏在暗处的文学家在告诉她们应该怎样做。这样一种浮夸的把戏，一个诚实的妇女是不会去做的。就算她们有一些真本事，如果恃才傲物，也同样于她的才能无益。于她而言，默默无闻就是尊严，丈夫对她的尊重就是荣耀，一家人幸福就是她的快乐。各位读者，当你们走进一个女人的房间，会因为什么东西而高度评价她，会因为什么而满怀敬意地走到她的身边？我想让你们自己去进行评判，然后就将答案坦诚地告诉我。是看见她在周围满是孩子衣服的环境下忙于针线活和料理家务，还是看到她身处周围满是小书和颜色各异的小纸片的环境中，在梳妆台上写诗？这样一种满腹学识的女子的结局，如果地球上的男人都非常理智，她们当会一生都是处女。

"嘉拉，你不是问我为什么不愿意娶你吗？现在我告诉你，因为你太斯文了。[①]"

已经谈过了上述几点，现在，是讨论一番女人相貌的时候了。相貌诚然是我们最先关注的东西，但是进行考虑的工序应该放到最后。那么，这是否就是说相貌不重要呢？当然不是，但追求一个绝美的女人做妻子是没有必要的，而且也是应该避免的。你拥有一个女人，过了一段时间，你就会发现她不再漂亮了。当过了六个星期，她的容貌尽管在你看来非常普通，但只要她的人没有消失，你就要因为她面临许多危险。一个漂亮的女人，如果她是一个天使，她的丈夫就定然是一个最痛苦的人；而就算她是一个天使，她的丈夫也会因此而面对许多敌人。我是宁愿选非常丑陋的女人而不选非常漂亮的女人的，如果人们并不那么讨厌

[①] 马西艾利斯《讽刺诗》第11篇第20节。——原注

非常丑陋的相貌的话。我为什么要这样说呢？因为丈夫只需要经过一段很短的时间，就会认为漂亮和丑陋并不是那么重要；漂亮的女人会带来诸多困难，而丑陋的女人却会带来各种好处。然而，一个人如果丑陋到了令人憎恶的地步，那也是一件非常悲哀的事情。因为，别人那种憎恶的感觉并不会消失，莫说不会消失，甚至还可能转化成一种仇恨。这样的婚姻绝对是一种折磨，如果让大家比较去死亡和娶这样的女人，人们一定会宁愿选择前者而不选择后者。

所有事物都追求一个中庸，美色也属于这样这样一种事物。你可能不会因为漂亮的相貌而心生爱恋，但是一定会心生喜悦。因此，清秀可人的容貌始终是我们应该选择的。拥有这种容貌的女人，并不会损害丈夫的利益，相反还会让双方都获利。而且，容貌或许很快就会消逝，但是温文尔雅的气质不会。它是有生命的，随着时间的推移，它会不断地更新。即便已经结婚三十年，一个这样的女人仍然会让丈夫感到快乐，就像结婚那天一样。

我之所以选择苏菲，也是基于这几个方面的考虑。同爱弥儿一样，她也是大自然的学生；她与爱弥儿是最相配的，她就是他将来的另一半。除了在财产方面较爱弥儿有所不及之外，她在身世和其他长处等各方面都与爱弥儿相当。从表面看，她或许并不那么漂亮，但是你看她的时间越长，你就会觉得她越漂亮。她吸引力的产生，是一个循序渐进的过程，并且能够看出来的只有和她最亲密的人。在这个世界上，只有她的丈夫才能深刻地体会到这一点。她所受到的教育，谈不上非常高深，但也说不上非常粗浅。她拥有的知识也说不上非常丰富，尽管也有一些漫无目的的爱好，有一些非常生疏的才艺，有一定的判断力。一块土地，只要经过了耕耘，你如果播下种子，就一定会有收成，她的学问也一样，尽管谈不上有什么学问，但是却受过研究学问的训练。她唯一读过的书，就是巴勒姆学的算术书和偶然获得的《特勒玛科斯奇遇记》。然而，我们谁都不敢说，一个能够深爱特勒玛科斯的女孩子，她的心是冷酷的，头脑是简单的。她无疑是一个天真无邪的姑娘，等到了将来，做她老师的人一定是一个非常幸福的人！但她并不是她丈夫的老师，她甚至还是他的学生，因为她不仅不会强迫他依照自己的兴趣去做事，甚至还会心甘情愿按照他的兴趣去做。现在，她对他的用处是非常大的，如果她是一个女学士，她对他的用处就不会有那么大。他将来也是非常愿意教导她的。已经是应该让他们见面的时刻了，我们赶紧想方设法让他们相见吧！

带着郁闷和思索的心绪，我们离开了巴黎。我们活动的主要场所，并不是这样一个毫无秩序的城市。对于这个大城市，爱弥儿仅仅斜着眼看了一下，并且愤恨地说："在这里，我们已经寻找了非常长的一段时间，我中意的妻子绝不会在这里！这些你都是心知肚明的，我的朋友！既然如此，你为什么丝毫不珍惜我的时间呢？为什么一点也不在意我的痛苦呢？"我凝视着他，冷静地对他说："爱弥儿，你应该这样说话吗？"一瞬间，他跳了过来，抱住我的脖子，难过地把我紧紧搂住，不说一句话。当做错事情时，他总是用这样的方法来表明他的心意。

我们像游侠一般走过原野。所不同的是，游侠是去闯天下和经历危险，而我们只是想用离开巴黎的方法避免碰到那些奇怪的事情。不过，我们走路的方法是和他们一样的：漫无目的，时快时慢。这其中的乐趣，爱弥儿是能体会到的，因为他是按照我的方法培养的。我们不可能只在一辆四门紧闭的舒适的马车中打瞌睡，完全不看任何东西，我想这点每个读者都明白。因为，如果这样做，从起点到终点的路程就过得没有任何价值，我们本来想通过赶路节省时间，但事实上我们反而把时间浪费了。

人们常说："生命太过短促。"在我看来，这是他们自己造成的。他们因为不善于利用生命，就反过来抱怨说时间太快。我的观点恰恰相反：就他们所过的那种生活，时间过得根本太慢。他们所想的，永远只是一个目标。这让他们把注意力总是放在他们和目标之间的距离上，他们有的人希望明天怎样生活，有的人希望下个月怎样生活，有的人希望十年后要怎样生活。但令人遗憾的是，就是没有一个人对今天怎样生活加以考虑，没有一个人让当下这一个小时得到满足。正因为如此，他们才会抱怨："一个小时实在是太漫长了。"因此，他们说时间过得太快完全是信口雌黄。他们时间的加速流逝，是他们用金钱换来的，是在用自己的财产去耗费自己的生命，他们是心甘情愿的！缩短几个小时寿命，大家也并非一定不情愿，只要他们能够把自己的烦恼随意消除，把那种等待他希望的时刻尽快到来的焦急心情随意消除，大家就会愿意。不幸的是，他一生一半的时间都消耗在了一套浪费时间的方法上：在巴黎和凡尔赛之间来回奔波，从城市和乡村之间来回奔忙，在任意两个地区之间来往不息。如果他不这样做，而是先刻意放下自己的事情，然而再去找事情做，他一定会忧虑时间该怎样打发才好。他认为这样是在争取时间，认为这样做是必要的，但事实恰好相反：他的奔忙仅仅是为了奔忙，他坐车来的目的仅仅是为了也坐车回去。可怜的人，你们是在不断地诽谤自然。人生既然不可能以你的意志为转移，你们就没有理由抱怨它太短！在你们当中，如果有一个人懂得节制自己的欲望，不希望时间过得太匆忙，我敢保证，他一定不会认为人生太短促！因为，生活和享受在他眼里是同一件事情。就算他在很年轻的时候就离开了这个世界，他也是在活够了天年之后才死的①。

我的方法岂会只有这一点好处？但即便如此，我也愿意因为这一点好处而只采取我的方法。我是为了让爱弥儿享受现在而培养他的，而不是为了让他憧憬或等待什么未来。即便他的希望超过了现在，他的焦急程度也控制在一定范围之内，责怪时间太慢是不可能的事情。憧憬的乐趣他固然要享受，追寻憧憬的目标的乐趣他也要享受。他连现在的乐趣都已经享受不完，根本不会再去展望什么未来，因为他欲望的节制非常到位。

所以，我们只会像旅行家那样一路观赏地行进，而不会像车夫那样火急火燎地赶路。我们固然在意起点和终点，但是我们更在意起点终点之间的距离。旅行本身对我们来说就是一种乐趣。在旅途中，我们不会像两个犯人一样，心情忧郁地正坐在一个关得非常严实的小笼子里，也

---

① 塞内加《论生命的短促》：为自己的事业投入自己所有时间的人，既不会畅想明天……也不会害怕明天。这样的人为什么不论活多久的岁数时间都足够呢？原因就在这里。当末日降临，智慧的人会毫不犹豫地接受死亡。——译注

不会像女人那样，毫无负担地走完整个旅程，时而行走，时而歇息。我们要顶风前行，流连于周围的景物当中，肆意地欣赏一切事物。爱弥儿绝不会到驿站坐着歇息，并且只要不赶路，也绝不会坐车。只有一种原因会让爱弥儿赶路，这就是为了享受生活。当然，他也可能因为要做一些有价值的事情而赶路，如果有可能的话。要知道，做有价值的事情本身就是在享受生活①。

唯一比骑马愉快的旅行方式，就我所知道的只有步行。我可以通过步行任意走走停停。在步行的时候，我可以观赏不同地方的风土人情，自由决定要往哪个方向走。我可以看任何有趣的事物，在任何有优美风景的地方止步欣赏。当我碰到溪流，我就沿着它漫步；如果有茂盛的森林出现在眼前，我就会到树荫下去纳凉；如果前方是一个岩洞，我会毫不犹豫地进去观赏；如果身处一个矿场，我就会对它进行研究，观察它有哪些矿物。总之，我只要认为哪个地方好，就会在哪个地方休息，歇息足够之后再继续前行。我绝不会依靠马车和马夫，同时也不会选择要走什么路。只要那条路能够走我就会走，不管是康庄大道还是平坦的小路。我会去看一切视线所及的东西，无拘无束地享受完全的自由。如果碰上了一个糟糕的天气不能步行，又或者我走路走得已经疲乏，那么我就会骑马。如果疲乏到极点……但爱弥儿是不会有这种情况的，他的身体是非常强壮的。他会从容不迫地走。即便停了下来，由于他在什么地方都能找到有趣的事情，也不能说他已经感到非常厌烦。比如，他可以去一个手工匠人的家里为那个人干活，借此把自己的胳膊锻炼一番，同时也可以稍作休息。

要徒步旅行，唯一的方法是按照赛利斯②、柏拉图和毕达哥拉斯那样的方式去旅行。一个哲学家如果用另外一种方式去旅行，而对他身边各式各样的东西视而不见，在我看来是很难想象的。可以肯定的是，一

---

① 蒙泰涅《论文集》：旅行我认为是一种有好处的运动……你这条路走得不那么舒服，就可以往那条路走。如果中途有什么东西漏掉了没看到，你可以折回来再看。我始终都是往前走……绝大部分人从哪条路去就从哪条路回。为了避免沾染什么新鲜的空气，他们不接触外界，只是不声不响地闷在车子里。——译注

② 古希腊哲学家，在天文、数学、哲学等方面都有所建树。——译注

个对农业有兴趣的人，定然会去研究沿途有哪些特产和耕种的方法；一个对自然科学感兴趣的人，当看到一块土地定然会去研究一番，当看到一块岩石定然会去敲打一番，当身处崇山峻岭，定然会去采集植物，当看到乱石丛生，定然会去寻找化石。那些在城市里研究自然科学的博物学家，他们虽然也收集了一些标本，并且也知道它们的名字，但是对于它们的性质就一窍不通了。爱弥儿的研究室里东西丰富得出奇，其程度甚至超过了国王的研究室。他的研究室可以说就是整个地球，在里面，任何东西的安排都是恰到好处的。这个研究室里面的所有事物，都被主管它们的自然科学家摆放得有条不紊，多邦通在这方面固然也能做得很好，但相较之下仍然略逊一筹。

一个人如果旅行用这种方法，绝对可以获得无限的快乐，并且还可以身体更健康、心情更愉快。那些在马车里安稳坐着旅行的人，我发现他们要么在沉浸在思索当中满脸愁闷，要么抱怨满腹，总之是在让自己活受罪。而徒步旅行的人完全不同，他们的心情是轻松愉悦的，什么东西在他们眼里都非常如意。当我们就要走到夜间住宿的地方时，其快乐的心情可想而知；一顿简单的晚餐，在我们看来简直是人间绝味，在进餐的时候我们也是满怀快乐的；在一张木板床上，我们可以非常舒服地睡一觉。你如果仅仅是为了去某个地方，坐车当然是最好的办法，但如果是为了游历，那么就最好步行。

当爱弥儿按照说的这个办法去旅行，如果他在已经旅行五十里之后还没有忘掉苏菲，那么就只能说明我的做法并不巧妙，要么就是他缺乏好奇心。因为，他已经懂得了许多基本知识，而有了它们，他一定会想获得更多的知识。一个人受教育的程度有多高，他的好奇心通常就有多大，爱弥儿受教育的程度，刚好已经到了他希望掌握更多知识的时候了。

我们观赏着各个地方，一路前行。对于我们这首次行程的终点，我们是安排得非常远的。若要问我们为什么把终点定得那么远，理由很简单：我们是要到远方寻找一个妻子而离开巴黎的。

但我们有一天在前行的道路上迷失了。那一天，我们所走的路程比平时多了一些，走进了没有道路的群山和幽谷当中。这固然无足重轻，只要能够到达目的地，走哪一条路都可以。但是，我们不得不找一个地方吃东西，因为我们已经饥肠辘辘。我们幸运地找到了一个农民，他把我们引进了他的茅屋。随后，我们吃了他为我们做的一段简便的晚餐，那滋味美妙极了！我们如此疲劳和饥饿的情况最终被他发现了。于是，他对我们说："在上帝的指引下，如果你们能够到达山的那边，你们或许还能得到更好的招待。忠厚的人家，仁慈慷慨和无比善良的人将会不断在你的面前出现！我这样说，并不是因为他们比我善良，而是因为他们比我更富有。据说，同他们现在的境况相比，他们从前更加富有。好在他们现在也不算不上贫穷，这要归功于万能的上帝。他们那生下来的一点财产，给我们这一乡的人都带来了好处。"

当听到有善良的人，爱弥儿心花怒放。他注视着我，说："我们去那里吧，我的朋友！这一家人给这附近的人都带来了好处，我很愿意去登门拜访。或许，他们也同样乐于见到我们。我毫不怀疑我们会得到他们很好的款待。如果他们以一家人的眼光看待我们，我们也将以同等的方式对待他们。"

当这个农民把那一家人住处的方位清楚地为我们指明之后，我们就迈开了脚步。在树林里，我们蜿蜒曲折地行进着。半路上，我们遭遇了一场大雨，这场大雨延迟了我们的时间，但是没有挡住我们进程。终于，我们走出了树林。黄昏，我们到了那一家人的住处。它被一个很小的村落环绕着，建筑尽管简单，但是非常雅致。我们走到了房间里面，向主人提出了住宿的请求。仆人带领我们去当面告诉主人，主人礼貌地问了我们一些问题。在回答他的时候，我们并没有说我们此行的目的，而只说了我们为什么要绕道。于他而言，从我们表现出的风度看出我们是怎样的人非常容易，他毕竟从前富有过，有着非常丰富的阅历。当他看到我们这个"身份证明"时，就把我们留在了他家里。

主人为我们安排的住处，是一个非常小房间。但那个房间尽管小，却非常干净和舒适，并且还生着火。此外，他还给我们准备了一些干净的衣服和各种会用到的东西。爱弥儿惊叹道："那个农民说的话确实非常正确，他们对我们真是殷勤备至！不仅方方面面想到了，而且还一腔诚意。他们竟然这样关心陌生人，让我不得不认为我们生活在荷马时代！"我告诉他："不错，你认识到了这一点，但是也不必感到惊异。因为，如果一个外乡人去很少有外乡人去的地方，这个人一定会非常受欢迎。主人的之所以会对客人殷勤备至，就是因为客人少的缘故。客人如果经常去，我敢保证主人一定不会再那样好客。荷马时代旅行的人之所以走到哪里都很受欢迎，就是因为大家都很少到外地旅行。也许，他们今天见到的唯一过路人就是我们。"爱弥儿接着说："没有关系，他们虽然很难见到客人，但是客人来了能够招待得这样好，本身就是一件了不起的事情。"

我们把身体擦干，并且换好了衣服。然后，我们去见为我们提供住处的主人了。主人向我们介绍了一番他的妻子。他的妻子对我们十分客气，并且还非常关心。她注视着爱弥儿，全神贯注。这并不难理解，一个母亲身处她目前的环境，看到家里进来一个年轻的男子，自然会非常激动，最起码会感到惊奇。

他们为我们准备好了餐饭，动作是非常迅速的。走进餐厅，出现在我们眼前的是五份餐具。我们依次序就坐，但仍然有一个空位子留了出来。这时，餐厅里进来一个年轻的姑娘。在向我们深深地行了一个礼之后，她沉默地端正地坐在了那个位置上。爱弥儿还了她一个礼，然后便继续吃着自己的东西，谈着自己的话了，因为他一开始就在一边进餐一边回答主人的问题。他并没有讲到自己这次旅行的目的，这也不能怪他，他现在所处的位置毕竟离终点还非常遥远。话题转到了我们迷路的情形。我们的主人对爱弥儿说："先生，我们想到了你们，你和你的老师，因为在我看来，你是一个聪明可爱的年轻人。你拖着疲乏身躯，全身被雨淋得通透地来到这样，就好比是特勒玛科斯和门特①到达卡里普索的岛上。"爱弥儿接话："您说得很对，在这里，我们同样得到了卡里普索的款待。"他的话刚说完，他的门特就补充说："还看到了欧夏丽美妙的风姿。"但非常遗憾，爱弥儿并不知道欧夏丽是谁，他并没有读过《特勒玛科斯奇遇记》，而仅仅读过《奥德赛》。而那个女孩子，我所看到的情

---

① 特勒玛科斯忠诚的仆人，一路上保护和陪伴着特勒玛科斯。——译注

况是：满脸通红，只知道低着头看着菜盘子，大气也不敢出一口。她这种尴尬的表情落在了她母亲的眼里。于是，她母亲向她的父亲使了一个眼色，父亲变换了话题。在谈到目前这种隐居生活时，那位父亲不知不觉讲了很多：其中有他过这种生活的原因，有他生活中的痛苦和他妻子的忠贞，也有他们共同生活中的安慰，以及他们隐居生活中安逸的情景。但是，他就是没有谈到那个姑娘。这让人不得不产生好奇，因为这所有的一切，勾勒出了一个美丽动人的故事。爱弥儿完全被吸引住了，以至于忘记了吃东西。终于，这位最诚实的男人兴高采烈地谈到了最端庄的女人的爱情。这时，我们这位年轻的旅行家竟然不受控地伸出一只手抓住了男主人的手，另一只手抓着女主人的手，边激动地亲吻边流着眼泪。当大家看到这种青年人纯真的热情，心都被深深地触动了。但是那个女孩子却有另一番认识，她发现，眼前的这个人不就是为了菲罗克特斯的痛苦而感到悲哀的特勒玛科斯吗？因此，她比任何人都更深刻地感受到他的心地是非常善良的。在暗地里，她端详着他的面部表情，她发现自己把他同特勒玛科斯相提并论是非常合适的。他的态度是潇洒的，绝对找不到一丝狂妄，动作也非常灵活，同时还有着饱满的精神，柔和的眼光，招人喜欢的相貌。当看见他流泪，这个年轻的姑娘几乎自己也要流出眼泪了。她完全可以找到一个很好的理由，让自己流出一些眼泪，但因为害羞，她没能做到这一点。她责备自己：眼泪为什么就快要溢出来？因为她知道，不应该为家里的事情而哭泣。

从晚餐开始，她的母亲就一直注意着她。当发现这种局促的处境后，为了让女儿摆脱这种处境，她母亲便以让她去做一件事情为由让她离开了。没过多久，她又回到了餐厅。但是，大家仍然能看出她并没有平静下来，仍然非常慌乱。她母亲语调柔和地对她说："坐下来，苏菲。你不应该为你父母的菲罗克特斯，这位希腊神话中参加特洛伊战争中的一位希腊勇士的不幸遭遇哭个不停。对那些痛苦你不应该比你的父母更感到伤心，因为你是应该安慰你父母的人。"

当爱弥儿听到苏菲这个名字，感到非常惊异。他因为这样一个亲切的名字而怔了一下。但他很快便清醒过来，然后把目光投向那个用勇气叫这个名字的人。苏菲！难道你就要我一心要寻找的人吗？你就是我心爱的人吗？带着一种羞赧而怀疑态度，他仔细观察着她。同他心目中的那种女孩相比，这个女孩是更好还是更差呢？他心里完全没有底。她的每一个特点，每一个动作和姿势，他都进行了细致入微的观察。在他看来，她的一切可以做出千百种解释。只要她愿意开口说话，他是愿意付出整个生命的。他不安地把目光投向了我，他的眼神，既像是在问我，又像是在责备我，并且所有的目光都在表示着一个意思：在这紧要的关头，你一定要对我加以指导，如果我被迷惑和走入歧途，我的整个人生都会被毁掉。

爱弥儿可以说是这个世界上对弄虚作假最不擅长的人。在他的周围，有四个人在仔细地看着他。其中有这样一个人：从表面看，那个人似乎对爱弥儿不以为意，但其实非常关注。在他的一生当中，这无疑是一个让他最难堪的时刻，摆在他面前的问题是，他如何掩饰自己的情感。他这种慌乱的神情，一点不落地被苏菲锐利的眼睛捕捉到了。她就是他关注的焦点，他的目光已经向她证明了这一点。在她看来，这种局促的神情尽管还不能证明他爱她。但这根本不重要，只要他是关注她的，其他的都不是问题。如果他在看她的时候显得一点都不在意，那才是让她最难过的事情。

母亲和女儿，两者的眼力是差不多的，唯一不同是母亲拥有的经验要多于女儿。因为我们计划的成功，苏菲的母亲微笑了起来。对于两个年轻人的心，她已经心知肚明。在她看来，现在应该让这位新特勒玛科斯做出决定了。于是，她想方设法让女儿开口说话。她的女儿满面温柔地回答了她，这种温柔是天然的，回答的声音也带着一股动人心魄的羞怯。当这种声音传入爱弥儿的耳朵，他马上就缴械投降了。他现在已经可以确定，这个女孩就是苏菲。即使说她不是苏菲，现在也为时已晚。

那位颠倒众生的女子身上的魅力，这时像洪水一般一股脑儿涌进了他心田。而他呢，他也心甘情愿地吞噬着她用来迷醉他的毒药，其程度几近狼吞虎咽的地步。现在他沉默了下来，开始对别人的提问无动于衷了。他的双眼，始终都以苏菲为焦点，他的两只耳朵，也只为苏菲的话而竖起了。她轻启嘴唇，他也跟着说话，她低下头，他也跟着低头，这种模仿甚至也包括叹息。他确然已经被苏菲的灵魂控制了身体。在这短短地一瞬间，他的灵魂已经发生了翻天覆地的变化。现在战栗的已经不是苏菲，而是爱弥儿。本来存在于他身上的自由、单纯和率直，现在已经消失得无影无踪了。他已经变得局促，为了避免发现别人在看他，他已经没有勇气再看周围的人。他在害怕，害怕别人看穿他的内心。为了便于自己在她不发现的情况下看她，他希望大家都无法看见他。而苏菲却是一种相反的表现，她起初那种对爱弥儿的惧怕，现在已经找不到了；她发现自己已经取得了胜利，并且享受这胜利带来的快感。

她心里固然乐开了花，但是却没有表现出来[①]。

她仍然保持着之前的神色。需要指出的是，她看起来尽管羞涩且低眉顺眼，但是她那柔情似水的心已经乐得无法自已，它似乎在告诉她：特勒玛科斯就在眼前。

在此处，我所描绘的他们纯真爱情的产生经过当然是非常简单和质朴的，然而，你们万不可因此就认为我所描写的这些情节是一个笑话。一个男人和一个女人头一次见面，对于他们双方因此而受到的影响，人们是普遍认识不足的。事实上，同爱情的印象和促使她谈恋爱的心情的印象一样，双方初次见面的印象是无比深刻的。它产生的影响是深远的，甚至能够影响一个人的一生。在讲述教育的著作时，有些人总是摆出一副教书先生的样子，把那些毫无来由的孩子的本分之类的东西，翻来覆去、毫无价值地说个不停。但是对于从幼年到成人这一阶段的关键时期的这一部分，这一在教育工作中至关重要并且最困难的一部分，他们却提也不提。可以说，我在这本书中无惧于别人的挑剔和在文字表达上会碰到的困难，决心详细地阐述其他作家所没有提及的这一个重要部分，这是决定我能够使我这本教育论著还有一些价值的重要原因。即便我把这本书写成了一本小说，只要我能够讲出我应该讲的话，讲清楚应

---

① 参见塔索的《解放了的耶路撒冷》第4篇第33节。——译注

该采取的做法，那也无可厚非。谁能否认描写人类天性的小说，不是一本很有价值的小说？如果说这样的小说你们只能在我的这本著作中才能看到，那么这也不是我的问题。这本书，可以说是我们人类的历史。以小说的眼光来看待这本书的，只有你们这些让人类一天不如一天的腐败分子才会去做。

这第一次感受之所以这么强烈，还有另外一个影响因素，这就是：我们在这里讲的这个年轻人，他身上的傲慢、恐惧、贪婪、嫉妒并不是从小就有那么强烈，那种可以供一般老师在进行教育时用来控制学生各种欲念，他并不是从小就有；他的第一次爱情是在这里产生的，各种欲念中第一个欲念也是在这里产生的；他终其一生感受最强烈的欲念，或许就是这个欲念。所以，这种欲念会决定他有着一种怎样的性格。他将会面临一种局面：有一种经久不息的欲念，将会把他的感情和爱好塑造出一种固定的形式。

爱弥儿在和我吃过那样一顿晚餐之后，定然是没有办法睡一个安稳觉的。这一点我想你完全可以料想到。一个聪明的人只因为一个人的名字同我们假设的名字相契合而惊诧不已，无疑是已经非常令人费解的事情！除非这个世界上只有一个苏菲，除非说她们两者的灵魂和她们的名字一样完全相同，除非说所有叫苏菲的女子都为他所有！否则，对一个初见相见的陌生人这样大动感情，只是说是疯了！"年轻人，请稍微等一下，你必须仔细研究和观察一番。因为你了解到的信息太少了，你甚至不知道招待我们的主人是一个怎样的人！当别人听到你这样说，或许会认为你是在自己的家里。"

现在教育他是不适合的，因为你就算教育他，他也会当作耳边风。由于他现在迫不及待想证明自己的倾向是正确的，你如果对他讲一些他应该怎样做的话，他反而会对苏菲产生兴趣。这样一来，他就会更加激动难耐。由于认为苏菲可爱到了极点，他会认为我也非常喜欢她。这既是因为名字的符合，也是因为他会认为自己见到她是一种巧合，同时还因为我采取了一种慎重的态度。

第二天早上，我做了一番假设：爱弥儿尽管仍然会穿他那一身旧的旅行装，但是一定会穿得尽量整齐。实际情况和我想到一样，但也有一点让我感到很好笑，这就是他把主人给我们准备的衣服也迅速穿上了。他心里的意图，我已经看出了一个大概：他借衣服和还衣服是有目的的，其目的就是为了建立一种联系，从而便于在一本正经还衣服给主人的时候再次见到对方。

对于苏菲，我也同样希望看到她打扮得更漂亮，但实际上却是事与愿违的。因为，只有想讨人家欢心的人，才会去卖弄风情。真正的爱情的魅力要来得更隐晦，装扮的方法也完全是另外一回事。同昨天相比，除了一身衣服仍然非常洁净之外，苏菲穿得更简单，甚至可以说达到了非常随便的地步。但是，她即便打扮得这样随便，我也从中看出了一丝表现的成分，因为我发现她的样子有一些不自然。她固然知道浓妆艳抹是一种求爱的方式，但是不明白过分的随便，也是一种求爱的方式。因为这已经明明白白地说明：她不愿意用装扮的方法获得对方的欢心，而希望用自己的人品达到目的。事实上，如果情人知道她心里在想着他，她穿怎样的衣服根本无关紧要。然而，苏菲已经了解自己掌握了他的心。这就决定了她会用自己的娇媚去让爱弥儿目眩神迷，同时刺激他去想象自己有多么迷人。她固然希望他看出她的美态，同时她还希望，他心里对她有哪些美进行一番描绘。但实际上她完全没有必要这样做，因为他已经仔细地端详了她一番，既然如此，他自然能想象得到她还有哪些其他的美。

有一点是确信无疑的：苏菲和她的母亲，在昨天晚上我和爱弥儿谈话的时候也同样在议论。苏菲的母亲已经问出了苏菲的心事，而且还有为她出谋划策。我们在次日见面的时候，大家都是有所准备的。这两个年轻人见面的时间，已经快十二个小时了，尽管他们丝毫没有交谈过，但已经对彼此有了一个了解。在问候对方的时候，他们都非常放不开。可以看出，爱弥儿有些局促，也有些羞赧。他们两个人就那样一言不发，好像是避免相互对视一样低着头。但他们这样做本身就在昭示着一个事实：他们虽然躲避对方，但是很有默契。他们已经达成了一种共同的认识：必须在还没有说出事情之前保守秘密。我们就要离开了，这时，我们向主人提出一个要求：我们带走的那些东西，我们亲自来归还。爱弥儿说话的对象本来是她的父母，但是他焦急的眼光却落在苏菲身上：他决意让她答应。苏菲一言不发，脸上也平静如水，她似乎要向大家表明：她什么也没有看见，什么也没有听见。唯一的变化是她脸红了，较之于她父母回答的话，她这种脸红更能说明问题。他们采取了一种合适的做法：没有留我们继续住下去，而是希望我们以后再去看他们。这不难理解：你让一个无处落脚的旅客留宿无可厚非，但如果让一个情人住在情妇的家里就不应该了。

我们前脚走出那间可爱的房屋，爱弥儿后脚就做出了一个决定：在附近找一个住处。由于认为距离最近的那间茅屋也太远，他准备睡在屋子外面的那条壕沟里。我满含同情地对他说："你是一个名副其实的笨蛋，难道你已经被情欲弄得乱了方寸了吗？你怎么能把规矩和理智都抛在脑后？我不得不说，你是一个不幸的人儿！你认为你是在爱你的情人，但实际上你是在玷污她的名声！你有没有想过，如果别人知道从她家里走出来的这个年轻人就睡在附近，会有怎样的流言蜚语？你口口声声说爱她，但所做的事情却是在破坏她的名誉，难道说她的父母在殷勤地款待了你之后得到的就是这样的报酬？又或者，你破坏那个关系到你将来的幸福的女子的名声是有意的？"他激动起来："请别这样说，别人说些什么和有怎样的猜想是无关紧要的！因为你告诉过我，应该无视别人的议论。我比任何人都清楚，我对苏菲是非常尊敬的，并且也非常想向她表达这种尊敬。她不会因为我的爱而遭到指责，相反还会获得荣耀；我是完全配得上她的！既然我的心和我的所作所为让她处处都得到应该得到的尊敬，那么我定然不会损害到她的名声。"我抱住他，对他说："但是你在为自己着想的时候也要为她着想啊！男性和女性的荣誉能比吗？它们的依据完全是两回事。由于都是来自于自然，这些依据都是再正确不过，再合理不过的了。没错，你是可以对别人的评论不以为意，你的荣誉只取决于你自己，但她的荣誉也是这样吗？她的荣耀完全依赖于别人的评价！如果你采取完全不在意的态度，我敢保证，你自身的荣誉也会一同受损。倘若别人因为你而不尊敬她，那么你也无法获得尊敬。"

在把这番道理讲给他听的时候，我同时也让他得到了一种认识：对别人的评论不以为意是不正确的。因为，他对她的了解还非常有限，他既不知道她有哪些性情，也不知道她是否已经有意中人，或者她的父母是否早已经给她定了亲。或许，他和她根本就不具备构成一桩美满婚姻的条件，如此自然就说不上别人能保证他将来一定和苏菲结婚。他不可能不知道，一件有损体面的事情可能会给一个女孩子带来一生都无法洗去的污点；不可能不知道，她即便和那么有损她体面的人走到了一起，也不可能抹去这个污点。一个人，如果竟然想让自己喜爱的人丢脸面，很难说得上是一个聪明的人；如果竟然想让一个可怜的女孩子悲伤哭泣，而起因是他想让对方讨他一时的欢心，他很难说得上一个诚实的人！

在听到我指出这些后果之后，这个年轻人惊呆了。他是一个爱走极端的人，因此他现在已经意识到：必须远离苏菲的家，越远越好。于是，他加快了自己的步伐想赶快离开。为了防止有人偷听我们的谈话，他四下打量了一番。于他而言，为了喜爱的人的荣誉而做出牺牲，无论多少次都是愿意的。与其给她造成一次不愉快，他宁愿终生都不再见到她。在他还很小的时候，我就已经培养他拥有一颗懂得爱情的心了，现在，我做出的这一番努力有了第一次回报。

所以，找到一个距离远但又能获得她消息的住处是当务之急。为此，我们进行了一番艰苦卓绝的寻找。终于，我们有了收获：在离这里八公里远的地方有一座城市。与其住在这附近的村子里，我们倒不如住到那里去。这是因为我们如果住在附近别人会怀疑我们。带着满腔的爱意、希望和欢乐，以及各种真挚的情感，这个初次体验到爱情滋味人终于走到了那个城市里。把他不断增长的欲念引向善良和诚实，我就是这样一点一点实现的。我的目标是：让他所有的倾向顺着这个方向，在他不能察觉的情况下慢慢发展。

我早就看出，我即将完成自己的事业。我现在唯一的需要注意的是，不能因急功近利而让成功毁于一旦，因为所有巨大的困难都已经被战胜，所有巨大的障碍都已经越过。那种以现在换取将来、过于谨慎和前怕狼后怕虎的做法，我们在自己那变幻无常的人生中一定要尽力避免。因为它是这样一种做法：以牺牲现在能够获得的东西，去换取将来根本就不能得到的东西。为了避免在投入许多精力之后还没有享受过快乐就死亡，我们应该在什么年龄就做什么事情。如果说每一个人都有一个时间段是用来享受生命的，那么少年时期结束的时候就属于这样一个时期。原因在于：人在这个时候身心的各部分发育得最为健全，在这个时候正处于离他认为很短暂的两端最远，一生的中点。如果说愚蠢的年轻人做了错误的事情，那么错误的地方并不是他们贪玩，而是他们追求了他们当下还无法享受到的乐趣，是因为他们为了追求遥不可及的未来，而对眼前能享受的时间完全不以为意。

你再看看我的爱弥儿，他现在已经过了二十岁。拥有匀称的身板、健康的身心、结实的肌肉、敏捷的手脚暂且不说，他还有着丰富的情感和过人的心智，并且还有一颗仁慈而善良的心。他品行端正，审美能力也非常出众，爱美且乐善好施。各种强烈欲念的控制和偏见的束缚，都被他以坚强的意志克服了。他是完全按照理智友善的声音做事情的。他本领众多，并且还知道几种艺术。金钱对他来说从来就不重要；他的双手就是他谋生的工具；他到任何地方都能够拥有面包。他唯一的不足，是现在正被不断滋长的情欲控制了身体。第一道情欲的火焰，已经在他心里冉冉升起。他得到了一片欢乐的新天地，这是他那甜蜜的幻想的功劳。他的心，正在为一个可爱的人魂牵梦萦，这个人的性格比自身的样子要更加可爱。他翘首以盼，等待着他应得的酬劳。他们最初的爱情之所以能够产生，得益于他们相互契合的两颗心，得益于他们相互投合的纯洁的感情。这种爱情是能够经得起时间的考验的。他无惧无悔、意乱神迷地爱着，这种勇气来自于他的信心和理智。除了思索他和她难舍难分的幸福之外，他一无所虑。现在，让我们在察看一番他的幸福还缺少什么吧，考虑一下他还有哪些需要和我们还能给他什么他所没有的东西吧！一点都不缺了！你如果再给他一些什么东西，只能造成一种结果：得到一样东西就要失去一样东西。一个人能够多么快乐，他就可以有多么快乐。剥夺他这样美好的命运，干涉他这样单纯的快乐，这样的事情我在现在是绝对不会去做的！我辛劳一生的报酬，就是他所尝到的这种幸福。如果我给他造成了损失，我们将没有东西可以拿来补偿他。我即便把一顶王冠戴在他的幸福上，他的幸福当中的最让人迷醉的乐趣失去了也就是失去了。同实际得到那种幸福相比，希望得到那种幸福所带来的乐趣无疑要甜蜜许多。等待永远比得到的滋味更甜蜜。可爱的爱弥儿，去爱她吧，去被她爱吧！你必须拿出一段时间，在占有这种幸福之前好好地加以享受。你要同时享受到爱情和天真，在等待另外一个天堂时候，你要把你地上的天堂修筑好。至于我，绝不会横加剥夺你生命中这一段欢乐时光。相反，我还会为你把其中最让人享受的东西指出来，同时尽量把时间延长。但令人遗憾的是，它终归会有结束的一天，而且结束的时间很快就会来到。然而，为了让你不因为享受过它而后悔，我会尽力让它保留在你的记忆里，这也是我的最低限度。

对于我们要去还主人东西这一点，爱弥儿并没有忘记。在准备好这些东西之后，我们就骑上马奔驰了起来，他实在太焦急了，恨不得马上就到目的地。一个人，如果心里产生了欲望，定然会觉得平常的生活平淡无味。但他不太可能在无聊的状态中度过，只要我的时间没有白费。

但令人遗憾的是，因为道路非常复杂，再加之乡下的道路非常难走，我们迷失了方向。他是首先发现我们走错路的。但是他非常从容，并且没有满腹怨言，只是一心一意地寻找道路。四下找寻了一番之后，他终于找到了正确的道路，整个过程，他从头到尾都非常冷静。你对此或许会不以为意，但是我不能不认为这是一件不俗的事情，因为我深知他是一个急躁的人。从他的幼年开始，我就注意培养他在必要时沉住气的能力。现在，我终于发现我的这一番努力没有白费。

终于，我们到了那里。同第一次相比，他们这次对我们招待要简单得多，但是也要亲热得多，毕竟我们已经非常熟络。苏菲在问候爱弥儿的时候，可以看出仍然有些羞怯。自始至终他们两人都没有说过一句话。这也用不着奇怪，当着我们的面，他们本来就没有话好说，他们的谈话是不需要有人见证的。我们到花园里散步。花园里有一块很大的菜地，还有一块果园。果园里种着各种各样高大而美丽的果树，同时还分布着许多的溪流和花坛。爱弥儿带着一种荷马的诗意，怀着一股火热的热情说话了："真是一个美丽的地方，在我看来，说是埃希诺乌斯的花园也并无不可！"苏菲想知道埃希诺乌斯的身份，她母亲于是询问了我。我告诉他们："根据荷马的描述，埃希诺乌斯是科希尔的一个国王，别人曾批评他的花园太单调，种植的植物太少①。他有一个漂亮的女儿，在他留宿一位陌生人的前一天晚上，她曾告诉他自己不久就要有一个丈夫。"苏菲感到非常惊异，脸也跟着红了，低着头一言不发。你可以想象一下，她当时该是多么狼狈。但看到她这个样子，她父亲反而感到高兴。他甚至还故意让她更加难堪，对她说："那位公主和妻子到河里去洗餐巾。"随后他又说："你们要知道，在以前，她是碰都不碰脏了的餐巾的，她说它们有一股油腻的味道。"听到父亲这样说，苏菲就马上就认识到这是说给她听的。于是，她立即激动地为自己辩护，把那种天然的羞怯先抛到了一边。如果让她去洗餐巾②，她当然能够洗得非常干净，而即便再多拿一些餐巾给她洗，她也会非常乐意。对于这一点，她父亲也是非常清楚的。她为自己辩护着，同时不安地把目光投向了我。我看到她因为朴实的心惊恐不安而为自己辩护，我不禁哑然失笑。看到她这副憨憨的神态，她父亲还故意作弄她，以嘲讽的语气问她："你为什么要替自己辩护呢？你和埃希诺乌斯的女儿有哪些共同点？"她羞怯

---

① 埃希诺乌斯国王花园中的情景是："当走出宫廷，出现在大家面前的是二十多亩的大花园。花园四周被围墙围着，有许多开着花朵的树木生长在其中，还有石榴树、梨树等很漂亮的果树，能看到一些果树上挂满了味道甘甜的无花果和青橄榄。总之，树木上的果实从来就没有缺少过。在冬夏两季，当这种树木被温和的西风吹拂，树上开始结果，而在这个时候，另一种树木上的果实已经开始成熟了。树上的梨和苹果简直可以说熟透了。无花果挂满了无花果树，葡萄也把葡萄架挂满。在葡萄园里，其中的新长出来的葡萄你是怎样都摘不完的。大家从中拿出了一部分葡萄，然后放在地上让太阳晒干它们。另一方面，在摘葡萄的时候他们又把那些还没有成熟的酸葡萄或才开始变红的葡萄留在葡萄藤上，让它们成长。此外，还有两块花圃在花园的两端，并且常年盛开着鲜花。花园两端各有一股清泉，一股浇灌着花园，一股经过宫廷进入了城里的一个水塔供公民饮用。"（《奥德赛》第7卷）

格子篱笆、塑像、人工喷泉和草地，花园里都没有，是让荷马这个老梦想家和当时的国王丢面子的事情。——原注

② 爱弥尔是要经常吻苏菲那双细嫩的手的，因此，我非常感谢苏菲的母亲没有让她那样一双手被肥皂浸得很粗糙。——原注

不已，同时又带着一丝畏惧，以致没有了呼吸和抬头见人的勇气。故作镇静现在不是时候，可爱的女孩子！尽管你不说，但是你的表现已经说明了一切。

没过多久，大家就忘记了这一个插曲，或者说似乎忘记了。苏菲是幸运的，因为在我们当中，爱弥儿是唯一一个不懂我们说什么的人。散步仍然持续着，在刚开始的时候，这两个年轻人紧挨在我们身边。但跟着我们这样慢腾腾地走，他们很快就不习惯起来。悄无声息地，他们走到了我们前面。他们不断地走近，终于肩并肩走到了一起。此时的他们，离我们已经有了相当远的一段距离。他们看来谈得非常投机：苏菲似乎在安静地倾听，爱弥儿在手舞足蹈地谈论着。一个小时之后，我们开始往回走。我们叫他们，他们走过来。我们发现，这一次他们走路的速度明显不如之前，他们充分地利用了这段时间。他们不断向我们走近，在到了我们能够听到他们说话声的时候，他们停止了谈论，然后加快速度赶上了我们。爱弥儿走近我们的时候，表情从容中带着喜悦。他略带不安地看着苏菲的母亲，眼睛里闪烁着快乐的光辉，同时在心里猜想：她将会怎样对待我呢？而苏菲在走近我们的时候，神色就没有那样自然了。似乎是因为她同一个年轻人肩并肩走过被我们看到，她显得有些羞涩。她也算经常和其他的男子一起谈过话，但是鲜少表现出不安，即便有也没有达到今天这个程度。她跑到母亲身边，上气不接下气，似乎是为了表明她和她母亲早就已经在一起，她还说了几句完全没有干系的话。

当看到这两个可爱的青年一脸开朗，我就得出了一个结论：他们的这种谈话，已经为各自还不是那么成熟的心解除了一个沉重的负担。他们之间的关系仍然是庄重的，但是拘谨的程度没有以前那样厉害了。而他们的庄重也是有理由的，这个理由就是：爱弥儿非常尊敬苏菲，同时苏菲还有一些羞怯。两个人都非常坦诚。现在，爱弥儿已经敢和她说话了。而苏菲呢，她有时候也有勇气回答爱弥儿的问题了。当然，在每一次回答之前，她仍然要先看看母亲的神色。她对我的态度，可以说是她最显著的变化。这种变化表现在她非常注意地看我，在对我说话的时候非常拘谨，仔细观察我喜欢哪些事物。她是无比尊重我的，并且也希望得到我的尊重，这点我看得非常清楚。造成这一切的原因，我知道是由于爱弥儿已经向她提到我。我知道，你可能会说他们两个人已经在想方设法博取我的同情。但事实真的是这样吗？要知道，想获得苏菲的认同并没有那么容易。或许情况刚好相反：爱弥儿并没有要她来讨我的欢心，而是要我去讨好她。真是一对可爱的年轻人！我感到非常开心，知道我的苦心经营已经有了收获——我获得了他的友谊。明证就是：我这个年轻的朋友的多情的心，在首次和自己的情人谈话的时候就多次提及了我。

我们又去了他们那里好几次。而这两个年轻人，他们也交谈得越来越频繁。正在爱情的海洋里翱翔的爱弥儿，认为自己的幸福已经近在眼前。但是我们不能不看到，直到今天，他依然没有得到过苏菲的正式许诺，她只是一言不发地认真听着他讲话。苏菲的这种沉迷并没有让爱弥儿感到奇怪，因为他知道她是很矜持的。他似乎已经认识到，苏菲对他的印象并不差，他也非常清楚，子女的婚姻是由父母主持的。他认为苏菲是在等待她父母的命令。于是，他向苏菲提出了请求，请求她允许自己向她的父母提出求婚。她同意了。他把这件事情告诉了我，我也代表他去求婚了。而且，需要指出的是，我是当着他的面求的。结果是让他大为吃惊的：直到这个时候，他才知道为苏菲做主的是她本人，才知道除非她本人同意，否则他就不可能获得幸福。她的所作所为开始让他迷惑了，找不着北了，信心也随之减少。他发现事情没有他想象的那样有很大进展，这让他惊诧不已。想要让苏菲动心，现在是需要甜蜜的爱情的语言才能做到的了。

对于自己面临的困难，爱弥儿是不善于猜想的，只要你对他三缄其口，他或许一辈子都不知道。苏菲当然也不会告诉他自己的困难，因为她是一个非常自尊的人。那些让她望而生畏的困难，在别的女子看来或许是另外一种东西——一种应该赶快拥有的优越条件。对于父母的谆谆教导，她是铭记于心的。她非常清楚：自己的家非常贫穷，而爱弥儿的家非常富有。因此，得到她的尊重，是爱弥儿的第一要务。问题是非常多的：想让苏菲不认为这种财产上的不平等是他们婚姻的一种障碍，爱弥儿需要具备哪些品德；爱弥儿本人又是如何看待这种障碍的；对于自己家境的富有，爱弥儿自己是否知道？可以肯定的是，爱弥儿一定不会问他父母有多少家产，所幸他也不需要什么财产。即便他身无分文，也同样能够把所有事情做好。他之所以要去为善，不是因为他的财富，而是因为他的心。他为贫困的人奉献了他的时间、精力和爱。他从来没有在提及自己所做的善良的事情的时候，说自己花了多少钱在穷人身上。

他只好认为自己犯了错误，因为他并不知道自己为什么不能得到苏菲的欢心。何况，他也没有勇气说这是因为他爱的那个人脾气古怪。他那种求爱却得不到的痛苦，因为自尊心的损害变得程度更深了。在以前，由于认为自己能够配得上苏菲，他在接近苏菲的时候总是满怀信心的。但是现在，这种信心在也找不到了。在她的面前，他只感到一阵羞怯和不安。还要用爱去让她感到吗？他再也不想这样做了！现在，他只想竭尽全力博得她的同情。有好几次，他的耐心几乎就要消磨殆尽，而且几乎有了抱怨的表现。苏菲凝视着他，似乎已经看出来他在生气。单单因为这一个眼神，他就举白旗投降了，同时还感到一阵难为情。较之于以前，他现在对她更加顺从了。

他烦恼起来，这种烦恼，来自于苏菲的这种顽强抵抗和保持沉默。于是，他把他的心事告诉他朋友。他要求对方分担他的悲伤，分担他的苦闷，同时帮助和指导他。"这太让人难以理解了！"他对他的朋友说："我相信她对我的命运是很关心的，不仅不躲避我，而且还很喜欢和我在一起。我如果到她家里，她就表现出高兴的神情，我如果离开，她就会表现出难过。对于我对她的关心，她能够诚恳地接受，我如果要她做什么事情，她也非常开心。她也非常愿意向我提出一些意见，更有甚者，她有时候还会直接命令我。但让人郁闷的是，她就是拒绝我的请求。当我鼓起勇气，把结婚的事情说出来时，她就立马制止了我，态度非常严肃。如果我无视她这样的表现而继续说下去，她就转身离开。我非常迷惑：她为什么一方面希望拥有我，一方面又不愿意听到我说她属于我？她对你非常尊重和喜欢的，并且不敢阻止你的话。所以，请你去和她说吧，让她把原因说清楚。你要帮助你的朋友，同时也让你完成自己的事业，而不要酿成一桩惨剧：因为受到你的教育，你的学生反而成了一件牺牲品。如果你不帮我获得我的幸福，可以肯定的是，因为受到你的教育，我一定会遭受这番痛苦。"

我去问了苏菲。几乎没费什么周折，就从她那里得知了她即便不说我也早就知道的秘密。然而，在让她同意我把这个秘密告诉爱弥儿的事情上，我是经历了一番困难的。她最后终于同意了这点。于是，我迅速就告诉了爱弥儿。当我把各种原因告诉他时，他吃惊不小，一句话也说不出来。对于其中的微妙之处，他是无法明白的，也无法想象他的品德和多一些钱和少一些钱有什么关系。但他很快就笑了起来，因为我向他解释了金钱对人们的偏见的影响。他高兴极了，恨不得立马就出去毁掉所有的财产，以便成为一个和苏菲同样贫穷但体面的人。然后，他再回来和苏菲结婚。

"天啊，你在说些什么！"我赶紧制止他，边嘲笑他性急边说："你为什么还那么幼稚？你既然已经研究一生的哲理，按理说应该会推理了。如果按照你这个愚蠢的做法去做，我敢保证，事情一定会变得更加难以收拾，苏菲也会变得更加坚决。这一点，你是应该能够看出来的。你比她富有，这已经是你稍微超过她的地方，如果你再为她而牺牲所有财产，你岂不是有更多的地方超过她了？她在你只超过她一点的时候就已经那么自尊，不希望你占上风，那么在你有更多的地方胜过她的时候，你想她还可能屈服你吗？一点可能也没有！如果她不能接受说她是因为你才富起来的，就更加不可能接受说你是因为她而一贫如洗的。你要慎之又慎，我可怜的孩子！万不可让她看出你有这样的意图！你应该采取的是相反的做法：为了避免让她说你意欲用手段讨她的欢心，避免让她说你为了她而自动牺牲的财产，是因为你平日满不在乎才失去的，你应该十分小心和节俭。这样做也是为了爱她。"

"亲爱的爱弥儿，她之所以反对，并不是因为她对巨大的财富感到恐惧，并不是因为你拥有财产，而是因为一个非常重要的理由：她想到了财产在拥有财产的人心中产生的影响。她非常清楚，在有钱人眼里，自己拥有的财产重要性是高于一切的。如果让他们在美德和黄金中间二选一，他们一定会选择用黄金而不要美德。当他们比较别人为他做的工作和他付给别人的金钱孰重孰轻时，他们总是会认为他们付出的金钱更多！就算别人在为他干活的事情上倾注了毕生精力，他们也只会得出一种结论：他们既然吃了我的面包，就欠我的债。那么，爱弥儿，为了打消她的这种疑惧，你应该怎样做呢？你如果想让她对你有一个充分的了解，短时间是无法做到的。你必须打开你的心，让她看一看对于你因为有了财产而形成的缺陷，有哪些东西可以弥补。你只要坚持不懈地这样做，她最终会对你投降的。让她忘记你是一个有钱人并不是不可能，只要你拥有高尚而宽容的情操。你必须爱她，同时还有为她以及她可敬的父母工作。你并不是因为一时头脑发热为他们工作的，而是因为你内心深处有着不容更改的行为准则，你必须要让她明白这一点。你要让你所有被财产玷污的美德重新散发光芒，否则你就不能使你的美德和她赞赏的美德保持一致。"

当听了我这样一番话，这个年轻人兴奋极了，这点并不难想象！于是，信心和希望重新回到了他身上。想到能够为做一些苏菲喜欢的事情，他那诚实的心别提要多高兴了！尽管，即便没有苏菲他也会做这些事情，即便他不爱苏菲也会做这些事情。你不了解他的性格吗？这并不重要！在这种情况下，你已经可以想象得到他将会怎样做。

同时，我的身份也有了变化：既是这两个单纯的青年人的知己，也是他们爱情的牵线人。对一名教师来说，这是一份再美好不过的工作了。它甚至让我产生这样一种感觉：因为它，我达到了人生当中最高尚的地位，对自己工作的满意程度达到了一个前所未有的高度！况且，由于在这一家人当中我非常受欢迎，由于大家委托关照这两个年轻人，看他们做的事情是否有失体面，由于爱弥儿怕开罪于我而非常顺从，我做这份工作也是感到非常快乐的！苏菲给我的友情是实打实的，同时也是全部的，但我所能享受的，却只能是我应得的那一份友谊。如此一来，她也就表示了对爱弥儿的尊敬，仅仅是这种表示是通过我而间接表达的。在对待我的时候，她就已经为了爱弥儿而使出了千般柔情，可以想象，如果让她去对爱弥儿本人表现这种柔情，即便是让她死她也是愿意的。当看到我这样巧妙地对待苏菲，爱弥儿也会一定会非常高兴，因为他知道我不会损害他的利益。当看到散步的时候苏菲挽着我的胳膊而拒绝挽他的胳膊，他也不会觉得有什么不对，因为他知道，她是为了他才挽着我的胳膊的。在同我握了一下手之后，他就心平气和地走开了。在离开时候，他对我挤了一下眼，并且低声说："你必须要为我说话，我的朋友！"为了从我们的脸上看出我们内心的情感，根据我们的姿势推测我们说了什么话，他目不转睛地看着我们。我们所说的话，他知道每句话都是和他有关系的。当特勒玛科斯听见我们说话，可爱的苏菲，你不需要有顾虑，同他的门特谈就好了。你把这颗温柔的心所想的思想向他体现的时候，其态度是那么诚挚；你让他看出你心中无比温柔的情感时，方法又是那么巧妙；你在那个没有耐心的人变得急躁，一定要截断你的话头时，你又是多么巧妙地佯装愤怒；当他来到我们身边，让你无法说他的好处、听我对他的评论以及从我的话中找出爱他的理由时，你生气的样子又是多么迷人！

　　终于，大家把爱弥儿当成了一个明目张胆的情人。这一地位所带来的所有方便，他也加以了充分利用。他拼命地解释和催促，拼命地向我们提出请求，不停地纠缠着我们。就算苏菲不给他好脸色看，他也根本不在乎，只要苏菲能够听到他说的话就可以。他使出了浑身解数，终于苏菲愿意把情人的权威公开对他行使了。这些权威包括：限定他应该做什么事情；不请求他而直接进行命令；接受他的帮助而不表示感谢；对他去她那里的次数和时间，哪一天能去，而且能留多久做出规定。这一切都是被非常严格执行的。同时，由于这些权利是她经过深思熟虑才予以接受的，她在行使这些权利的时候也非常认真。认真到了什么程度呢？爱弥儿都有些后悔给她这些权利了！但他还是毫不含糊地接受了她的命令，不管是哪一种命令。此外，他在遵照命令离开苏菲时，还要满脸喜悦地看我一眼，似乎是在向我表明："看吧，她已经将我占有。"而苏菲呢，她这时正在默默地观察他，在暗中笑她的奴隶居然这么骄傲。

借给我你们的笔吧，阿尔巴尼和拉斐尔①，让我把这沉溺于爱情的情景来描绘一番！弥尔顿②，请为我解惑：我怎样才能用我这支粗劣的笔描述他们快乐的爱情和纯真？不，不能这样做，你们那些故作高深的技巧，在大自然面前还是藏起来比较好。我们只需要做到两点，一是拥有一颗敏感的心和一个诚实的灵魂，二是敞开心胸，对这两个年轻的情人的愉悦心情无拘无束的畅想。在父母和导师的照顾下，他们追逐着那让他们迷醉的幻想，没有任何拘束；他们的心中充满了希望，然后从容自若地迈向了圆满的结局；他们把自己白头到老的幸福婚姻，装点上了鲜花和花环。即便是我，也被许多巧妙的情景迷得晕头转向。我把它们一个一个地收集起来，但是碰到了问题：由于被它们迷醉的程度太深，我已经不知道如何组合它们。可以肯定的是，任何一个人，只要有一颗心，就会把父母、女儿、教师和学生的各种不同的情景，组成一幅美妙的图画。此外，他还必然对他们怎样通过共同努力，从而让这一对可爱的情人走到一起，让他们因为自己的爱情和美德获得幸福的情景加以联想。

由于急于讨苏菲的欢心，他只有在这个时候才感到他所学的那几种艺术，的确有用武之地。他和苏菲一起唱歌，因为苏菲是喜欢唱歌的。此外，他还教苏菲音乐。他还和她一起跳舞，因为苏菲长得很灵巧，对跳舞有一种爱好。起初，她的舞步是非常混乱的，经过他的改正之后，她跳得好极了，并且还非常熟练。教唱歌和跳舞无疑是一件很有趣的事情。他们因为这种快乐活泼的情趣感到兴奋，而这份情趣很好地融合了他们的爱情和他们那种羞涩的样子。敞开胸怀教她唱歌和跳舞，对于她的情人来说，是有权利这样做的，她的情人有权利做她的老师。

她家里有一架风琴，但是已经很破旧。爱弥儿修好了它，并且把音也调好了。这样一来，他就有着两种身份，既是一个木匠，也是一个制作和修理乐器的人。自己能够做到的事情都自己做，是他始终信奉的座右铭。苏菲的家坐落在一个风景如画的地方。爱弥儿以它作为背景画了几幅画。在他画这些画的过程中，苏菲有时候添上几笔。当画作完成之后，

---

① 两者均为文艺复兴时期的画家。——译注

② 英国诗人，被称为英国文学史上最伟大的六位诗人之一。——译注

她就把它挂在了父亲的房间里，用以装点房间。他们装画的框子，一点金色都没有涂，用颜色来衬托画作完全是多余的。爱弥儿在画画的时候，她就在旁边看着，同时自己跟着画。就这样，她逐渐也能画得很好了。接着，她又培养各种艺术才能，因为有她的美的帮助，她的艺术才能也一天天变得更加突出。当这许许多多的艺术作品眼花缭乱地出现在她父母面前时，她父母想起了他们当年的富有。他们对从前富裕生活的记忆，也只有艺术作品才能唤起了。他们的家，得到了爱情的装点。而他们的家在没有钱财和精力投入的前提下，仍然能够获得他们在从前必须投入钱财和精力的才能获得的快乐，离不开这种爱情的装点。

一个人如果崇拜偶像，他会把崇拜的偶像用自己喜爱的珍宝去进行装饰。如果是对待自己敬奉的神，他也会把神像装扮得非常漂亮。因此，对于一个男人而言，即便她的情人已经没有任何缺陷，他仍然会感到不满足，他会不断地用新的事物装饰她。这倒不是说她如果没有那些东西，他就不能感受到快乐，而是他认为对她进行装扮是必要的。在他看来，要想再一次对她表示尊重，要想在看到她的时候有一番新的乐趣，只能这样做。他认为，他所有的好东西除了用来装饰她就没有其他作用。在完全不问苏菲意愿，不考虑是否适合苏菲的情况下，爱弥儿恨不得把自己知道的东西一下子装进苏菲脑袋。当看到他那种焦急的神情，又怎能不让人既感到可笑而又心生感动呢？他向她说他所知道的所有东西，带着一种孩子般的焦急心情。他似乎有着这样一种认识：只要他讲，她就能够立即明白。在内心深处，他也有着这样一番设想：如果能和她讨论一番，谈论一番哲理，他定然会非常快乐；如果他不让她仔细看看他知道的所有知识，那些知识就是没有任何价值的；如果他知道的东西不让她知道，他是非常难堪的。

他现在在做的事情是向她讲一切东西，比如哲学，比如物理，比如数学，比如历史。看到他那样满怀激情，苏菲也感到非常快乐。同时，她也想尽量利用这个机会学所有的东西。在她允许他坐在她身边时，他高兴极了，于他而言，那就像天堂已经向他打开了大门。但在这样一种情况下教课于学习是没有好处的，这种情况固然不会影响老师，但是对这个女学生来说却是一个难题。其难处体现在：她没有办法让自己的眼睛躲开他那一双紧紧盯着她的眼睛。当他们四目相接，课程就会告吹。

怎样去进行思考，妇女们也并非一无所知，但无可否认的是，她们在推理的时候只能推出表面的东西。无论是什么事物，苏菲都会竭尽全力思考一番，但遗憾的是，她没有办法讲出一个大道理。她学得最好的是伦理学和艺术，要说过物理，几个普通的法则和从宇宙体系获得的些许概念，是她唯一知道的物理知识。有几次散步，当看到大自然的奇特景象，他们也做出了勇敢的举动：用自己那单纯的心去思考大自然的创造者。在造物主面前，他们是无所畏惧的，他们要共同说出想说的话。

但是，在幽会的时候，两个风华正茂的情人也讲起了宗教。这是一件大胆的事情，他们没有必要把他们的时间用来讲教义，他们那是在冒犯崇高的上帝！因为，在谈论宗教的时候，他们是被一种美妙幻想所裹挟的。那个时候，在彼此的眼里，对方都是完美无缺的；在那个时候，他们正互相爱着对方，充满激情地谈论着美德为什么那么高尚。他们为了美德可以说做出了各种牺牲，也正是因为如此，他们才能感到美德变得更加可爱。然而，他们不能进行克制，防止情感任意奔流。有的时候，两个人竟然会因此而流下眼泪。那眼泪是比露水还要纯洁的，它让他们沉醉于享受生命。试问，还有谁体会过他们这种如痴如醉的情景？因为自我克制，他们更快乐了。这让他们认识到了这种牺牲是一种圣洁的牺牲。至于这对情人快乐的地方在哪里，沉迷于肉欲的人，如行尸走肉一般的人，你们总有一天会明白的。你们还必将会产生终生的遗憾，因为在这幸福的时刻，你们没有享受到这种快乐！

无可否认他们是非常理智的，但在某些时候，他们也会闹矛盾，甚至发生言语上的冲突。苏菲有着自己的脾气，爱弥儿也会有心急的时候。但不管怎样，一场小小的吵闹很快就会平息。而他们呢？他们两个人的亲密程度会更胜从前。根据以往的经验，爱弥儿非常清楚这种吵闹并没有那么可怕。他非常明白，两个人争吵固然会对他造成伤害，但当暴风雨平息之后，他们又会讲和，而后者给他带来的好处是更大的。更有甚者，因为从上一次争论中得到了一些利益，他希望在以后的争论中他还获得利益。这当然是一种错误的想法。在争论的时候，他并不见得每次都能获得明显的好处，但他在每一次争论中都能发现一个事实：苏菲是真心实意爱他的。我想你定然会问：他们得到了哪些好处呢？答案我是很愿意告诉你的。同时，我也非常愿意借这个机会向你阐述一个重要的原理，以及对一个危害甚大的观点进行反驳。

爱弥儿正在爱苏菲，但他绝不会有轻佻的举动。他并不是一个做事草率的人，而苏菲，我们完全想象到，她也不会允许他那样做。严肃在任何事情上都有一个度，如果说她还有什么做得不好的地方，那么这个地方就是她的做法太死板，而不是太浪荡。她这种过度的自尊，就连她的父亲也感到担心，担心它会变成一种高傲。爱弥儿是轻易不敢要求她给一些爱情的表示的，甚至没有勇气做出一种希望她爱的样子。两个人如果散步，除非她愿意，否则她是不会挽他的胳膊的。同时，她也不能容忍他认为自己有这样的权利。因此，当她挽着他胳膊散步的时候，一面叹息，一面让苏菲的胳膊紧贴自己的胸膛这样的举动，他只有偶尔才有勇气做出来。有好几次他都撞了大运，因为她故意装作没看见。但有一天却出现了不同的情况。那天，他正准备去吻她的衣服，但是动作幅度有点大，果然，苏菲开口了："你这样做是不对的。"但他岂肯轻易放弃？于是，她生气了，并且对他说了几句难听的话。反观爱弥儿，他也气愤了，同样回了几句难听的话。在那整整一天当中，两个人持续着那个状态，最后各自心情郁闷地走了开去。

苏菲有些忐忑。她从来就不会对她的母亲隐瞒心中不痛快的事情，因为她母亲是她的知己。这一次当然也不例外。更何况，这是她和爱弥儿的首次争吵，并且时间持续了一个小时，完全可以算得上是非常严重的一件事情。于是，她对自己犯的错误进行谴责。她的母亲允许她去进行弥补，她的父亲更是下了这样的命令。

次日，不安的爱弥儿如常到来，但是时间提前了。来的时候，苏菲正在一个房间里替他母亲梳妆，她父亲也在。爱弥儿走进房间，态度谦恭，但是脸色依旧阴郁。苏菲在她的父母刚一招呼他的时候就转过身，向他伸出了自己的手。紧接着，她以一种安慰的语气问候了他。明眼人一看就知道，她这种漂亮的手伸过来只有一个目的——让爱弥儿吻它。但是爱弥儿并没有这样做，而仅仅是握住它。于是，苏菲从容地缩回了手，尽管她有一些害羞。妇女的那一套做法，爱弥儿是一无所知的。他根本不知道妇女们为什么要那样发脾气，能得到什么好处。对爱弥儿来说，一下子忘记苏菲那种任性的做法，一下子压下自己的怒气实在是太难了！多么可怜的女孩子啊，心里羞愧和不安轮流上演，手和脚怎样放怎样不适合，恨不得号啕大哭一场。她尽力加以克制，但越是这样做就越难过。最终的结果是，她没有哭出声音，但是流出了眼泪。这下可好，一看到她落泪，爱弥儿就慌了神。于是，他跪下去捧着她的手，用力地亲吻了几下。苏菲的父亲看到这一切，边大笑边说："你真是一个大好人！换作是我，我一定无法容忍这种发脾气的做法。我会进行惩罚，惩罚那张开罪我的嘴！"当听到这句话，爱弥儿产生了勇气。他转过身，满含请求地望向苏菲的母亲。他得到了答案：苏菲的母亲似乎同意了。于是，他开始向苏菲的脸靠近，惴惴不安。为了保护自己的嘴，苏菲调转了头。但这样做却让爱弥儿吻到了她那带着红晕的脸蛋。鲁莽的爱弥儿似乎还心有不甘，但苏菲却没法忍受了，她微微地挣扎了一下。如果没有她母亲在旁边看着，他是准备要吻到地老天荒的。你千万要小心了，严肃的苏菲！你如果再拒绝，他就要隔三差五吻你的衣服了。

苏菲的父亲在爱弥儿这样惩罚了苏菲之后就走出房间去做其他事情了。随后，她的母亲也找了一个理由支开了苏菲。苏菲离开了。这时，她的母亲语调严肃地对爱弥儿说："先生，你是一个出生于健康家庭的青年人，并且受过良好的教育。因此，我相信你是有感情和品德的，绝对不会对一个向你表示过友情的家庭报以羞辱。我从来不是一个严肃的人，也从来不是一个难以接近的人。对于青年人的那种疯狂做法，我完全能够理解。从哪里能看出这一点，我对你当着我的面这样做予以容忍就是明证。你可以去问你的朋友：我需要遵守哪些规矩？你将从他那里为一个问题找到答案：当着父母的面进行父母许多的玩乐同背着他们任意妄为有些什么区别。背着他们肆意妄为是一种滥用他们信任的表现，它同时还会带来一个弊端：把亲密的情谊变成一种害人的圈套。但是，你如果把这种亲密的情谊当着父母的面表现，那就不会有什么不好的影响。你的朋友将会对你说，在你首次不守规矩的时候，我的女儿发现你有哪些行为不能做，是她最大的错误。同时他还会对你说，你让想让你行为成为一种友善的行为，只有在她认为你对她友善的时候才能实现。但是，利用一个女孩子的单纯，背地里对她那样任意妄为，于一个讲求体面的人来说是不应该的，即便在众人面前她允许你那样做。这是因为，我们尽管知道能够在众人面前做、合情合理的行为有哪些，但是却不知道当一个人在某个不为众人所知的地方，自己的行为完全由自己判断的时候，这个人会脱离束缚到什么程度。"

很明显，这番批评所指的对象不是我的学生，而是我。在说完这些话之后，这位智慧的母亲就离开了。有一点是无法否认的，她看问题能那样周全让我敬佩。在她的观念里，爱弥儿当着自己的面吻她女儿的嘴是没有关系的，但害怕爱弥儿背着她去吻她女儿的衣服。我们普通人所奉行的准则，由于通常让我们做出一副严肃的样子，因而也把我们诚实的心葬送了。想到这里，我对一些问题便有了答案。这就是：为什么说话越干净的人内心越污秽，为什么行为越滴水不漏的人在做事的时候越道德败坏？

趁着这个机会，我告诉了爱弥儿那些早该告诉他的规矩。当我说完之后，一种新的看法出现在了我的脑海中。但是，我不能把它告诉苏菲的情人爱弥儿，因为如果他知道，苏菲就一定会知道。如此一来，她的自尊就会受到更大伤害。这个看法就是：她这种所谓高傲的做法，实际上一种高明的自我保护的方法，尽管它受到了大家的指责。她之所以对最小的争论也感到恐惧，要竭尽全力离它远远的，就是因为她知道自己容易冲动。她是因为谦卑才那样严肃的，而不是因为高傲。对于爱弥儿，她完全有信心控制，但是她对控制自己没有信心。她真实的目的其实是想控制自己，控制爱弥儿只是达到这目的的一个手段。倘若她绝对相信自己能够控制自己，她或许就不会那样高傲。如果不看这一点，她绝对可以称得上是这个世界上最温柔，最能忍受那种冒昧行为，最不愿意冒犯别人的人！无论是哪个女孩子，都不能做到像她那样，在任何事情上都不装模作样。何况，她之所以看起来那么骄傲，并不是因为她认为自己有各种美德而骄傲，而是为了让自己的美德不致丧失才那样的。倘若她能够毫无顾虑地遵照自己的内心，她非常愿意把她的情人抱在怀里！她那做事周全的母亲对她的父亲是没有提及过这些情况的，因为对于女人的做法，男人是不应该全都知道的。

苏菲让他臣服了，但她并没有因此而扬扬自得。她的表现恰好相反：对人更有包容心了，而不是一味地挑别人不足。这种宽容也表现在对让她有这种变化的人身上。她得到了一种认识：自己是不受任何约束的。然而她那圣洁的心依然圣洁，并没有因此而变得不可一世。在庆祝自己用自由换来的胜利的时候，她的态度是谦卑的。在以前，当听到"情人"这个词语的时候，她总会羞红脸，但现在她不会这样了。其变化还包括：态度比以前更端庄，说话比以前更含蓄。但即便表现出这种局促，她的内心依然是高兴的，何况，她也并不是因为局促才表现出那种羞赧的。这种不同的对待态度，特别体现在她对家里的年轻人身上。在以前，她对他们是非常稳重的，自从她不再畏惧他们之后，她大大改变了那种做法。在对待普通人的时候，她表现出一种真性情，这缘于她已经选好了自己的情人。她对他们是否有优点已经不再那么在意。因此，她也就不再那么在意他们的行为。她认为他们都非常可爱。

如果说搔首弄姿的做法在真正的爱情中是被允许的。那么，在当着情人面对待其他青年人的时候，我认为苏菲就有些这种的表现。当然，你可以有许多辩解的理由：她尽管已经用那种欲拒还迎的奇妙办法让爱弥儿产生了情欲，但为了让这一缕欲火燃烧得更加旺盛，她必须还有更加刺激他。她是因为缺少和爱弥儿这样毫无顾忌玩乐的勇气，才故意去讨那些青年人欢喜，去做那种样子让他难受的。但我不得不说，这种故意折磨爱弥儿的做法，苏菲是不会去做的，因为她是一个非常谨慎、仁慈和理智的人。于是，她改变了之前那种畏首畏尾的做法，转而以爱情和真诚取而代之，以让这种充满风险的刺激作用有一个缓冲过程。她已经掌握了一些技能：在不同的时候，选择是应该让他惊讶还是安心。让他感到不安的情形是有的，并且不止一次，但让他伤心欲绝的情形却一次也没有。然而即便是那几次让他感到不安，她那样做也是有目的的，其目的就在于：为了防止自己所爱的人对自己的爱不够强烈，她必须要故意让他感到担心。这样的一种做法，毫无疑问是情有可原的。

爱弥儿会因为这种小花招而受到怎样的影响？他是否会因此而心生妒忌？如果不妒忌，那种状态是否能够长期保持？这些问题，也是我们绕不开的。我如果对这些琐碎事情展开讨论，也不能说就跑了题，因为它们也属于这本书要研究的方面。

在前面，我已经对一个问题进行了论证：人在对待受个人偏见影响的事物的时候，是怎样产生嫉妒之心的？但这种论证并不适用于爱情。嫉妒是否来自于天性呢，它和天性是那么的相似？如果只看表面，所有人给出的答案肯定都是"是的"。何况，有几种动物的嫉妒之心非常强烈，强烈到可以令自身疯癫的地步。但是，就算是说这几种动物，也可以为我所持有的相反的观点做出论证。谁也不能说，公鸡厮杀得鱼死网破，公牛争斗得你死我活，是因为受到了人的教育。

我们天生有一种自然的冲动：反感一切打乱和阻碍我们快乐的事物。从某种程度上讲，我们要独占我们喜欢的东西的想法也属于这一范畴。不过，如果这种想法性质发生了改变，那就要另当别论了，这就是它变成了欲念，变成了一种疯癫，变成了一种痛苦和忧郁的梦想。这种变化之后的东西，就是我们所说的嫉妒。然而我们也必须知道，这种嫉妒的心理可能是自然的，也可能不是自然的。

从动物中援引的事例，我已经在《论人类不平等的起源和基础》一书中有过分析。我现在再次思考了这个问题，并且希望读者能够阅读一番那些论点。因为，我相信我所阐述的论点依据充分。对于我在那本书里提到的区别，我只做一点补充：性能力在很大程度上是产生来自于天性的嫉妒的源头，这种嫉妒的心理，会在性能力源源不断产生时达到峰值。其原因在于，在那个时候，雄性动物会依照那种嫉妒心理来行使自己的权利，从而让那个雄性动物只能以一个竞争者的眼光来看待另一个雄性动物。这类动物当中的雌性动物总是雄性动物因征服而拥有的附属品，因为这类雌性动物总是服从另一头来到它身边的雄性动物。而这也注定了雄性动物会因此而争斗不断。

而在另外一些动物当中，情形却刚好相反：一个雄性只和一个雌性结合。因为其中加入了一种道德的联系，它们的结合可以说形成了一种婚姻。在这类动物当中，雌性动物委身于雄性动物，是自身做出的选择。既然是自己的选择，它就必须要拒绝另一个雄的，因为这种偏爱的存在，雄性动物获得雌性动物的忠诚就有了保障。因此，当这类雄性动物在见到其他同种类的雄性动物时，就不会感到那么不安，从而能够相处得比较平和。这类雄性的动物也负有一部分抚育小动物的责任，而这也是大自然许多法则当中的一种。当看到雄性动物抚育自己的小动物，我们无疑会无比感动。从这一点可以看出，雌性动物之所以要那样报答自己子女的父亲，恰恰是因为雄性动物对它们的爱。

对于男性而言，只要他获得了一个女人，他很自然地就会感到满足。这取决于他有限的性能力，以及他适度的欲望。这一点，如果我们以原始的最初情况来看人类，很容易就能发现。在我们这个国家，用男女两性人数相等这一事实来证明这一点，最起码是可以的。但也有些人种男女的比例很不均衡，这是因为那些人种当中的男性的性能力非常大，一个男子可以拥有几个女人。从这点来说，也可以说男人是一种四足动物，尽管他不能像鸽子那样去哺育小孩，也没有乳汁去喂养他们。事实上，小孩子以及他们的母亲如果没有父亲的爱怜和关心根本行不通，因为在很长一段时间内，小孩子都会处于一种非常柔弱的状态。

如此一来，一个结论就得到了证明：在阐述人类的时候，我们不能引用某些雄性动物的强烈嫉妒的表现。尽管有些热带地区实行一夫多妻制，但这种例外的情形恰好为我提出的原理做出了证明，因为这类男性之所以要那样独裁，正是因为一个丈夫拥有了太多的妻子，另外一方面，因为他意识到了自己体力的弱点，就不得不以压制的方法来逃离自然法则的束缚。

从某种意义上讲，我们对这个法则仍然是避之唯恐不及的，并且逃避的原因较之于热带人更加不堪，尽管逃避的程度没他们那么厉害。因为，我们的嫉妒心理，是由社会的欲望而产生的，而不是缘于原始的本能。在男女的轻佻行为中，男子对情敌的憎恶远超过对情人的爱占绝大部分。他是因为一种自私心理（这种心理的来源我在上文已经论述过）才害怕他的情人不只爱他一个人。他这样做的原因并不是因为爱情，而是因为虚荣！何况，我们今天已经没有勇气去相信她们表现的真挚感情，我们今天迂腐的社会制度，已经让妇女们变得做作①，让她们产生了无比强烈的情欲。我们已经形成了一种认识：即便她们表明自己对你情感，那也是有待商榷的，即便她们对你表现出偏爱，也无法让你不担心遇到任何情敌。

但真正的爱情不是这么一回事。大家一般会认为这种感情非常自然，但事实并非如此，情意绵绵的情欲并不同于炽热的情欲。对于这一点，我在前面那本书当中已经提到过。情意绵绵的情欲可以让一个男人爱他的妻子，但是炽热的情欲却可以让一个男人迷失在一个女人装出来的姿色当中，从而认为那个女子的容貌美于她的本来面貌。爱情具有排他的倾向，沉浸在爱情当中的男女双方，都希望对方只偏爱自己。它不同于虚荣，虚荣体现出的是一种极不公平——在不给对方任何回报的情况下提出各种要求，而它是在向对方提出各种要求时，也会给予对方等量的东西，其本身就具有公平的性质。何况，如果男方越是想得到对方的爱，便越是表明他对对方是信任的。一个人如果对另一个人充满爱情的幻想，那么这个人就很容易相信对方的情感。爱情让人忧虑的说法如果正确，那么尊重让人彼此信任也同样正确。我们爱一个人，是因为那个人在我们看来有可尊重的品质，因此，一个诚实的人只爱而不尊重是难以想象的。

嫉妒心既然是人心中的一粒种子，那么一个人受到怎样的教育，它

---

① 我在这里说的做作并不同于和她们的性别合适、产生于她们天性当中的做作，并且刚好是相反的。前者是为了假装她们并不具备的情感，后者是为了掩饰她们已经有的情感。所有社交圈的妇女总是在夸耀自己那所谓的情感，但实际情形又是怎样的呢？她们只爱自己。——原注

今后就会如何发展。因此，当我们把这几点说清楚之后，就可以说出爱弥儿将产生怎样的嫉妒心了。爱弥儿钟情而又喜欢嫉妒，但说他是一个脾气古怪、疑神疑鬼的人也不正确。他可能会因为苏菲的做法而感到吃惊，但绝对不会恼怒。他采取的方法，目的是为了把情人争取过来，而不是胁迫他的情敌。他只会把他的情敌当成一块绊脚石，而不会当成一个敌人。他只会尽量避开那个人，而不是去仇视他。即便他无可回避地恨上了自己的情敌，恨的原因也只是对方让他面临失去企图占领的芳心的危险，而不是因为他有和对方正对这颗心的勇气。愚蠢地认为别人敢于和他竞争就损害了自己的自尊心，是他绝对不会这样去想的。他只会想方设法让自己成为一个可爱的人，以让自己有机会迈向成功，因为他非常清楚：自己能否成功，决定了自己获得荣耀与否。尽管有好几次，宽容的苏菲都通过让他吃惊的方式来刺激他，但她同时也善于做出补救——采取一些方法让他没那么吃惊。她利用那些年轻人是为了考验他，因此，当考验结束，她就会立即遣散他们。

但是，我的爱弥儿，如果这样长期持续下去，我不能不担心你会变成另外一个人，不能不担心我再也认不出我的学生。因为我发现你已经变得非常颓废，我再也找不到那个有着健壮体格，对寒暑和劳累无所畏惧，只遵从自己的理性的年轻人了，他以前是那样热爱真理和服从理性，那样对所有身外之物不以为意。现在的他因为生活在安逸当中，意志力已经一天不如一天，甚至甘于让自己受女人摆布。如何让她喜欢自己，已经成了他一天思考最多的问题。在他看来，她的意愿已经成了一种法律。他已经交出了自己的命运，所交的对象，仅仅是一个年轻的女孩。他拜倒在她的面前，十分顺从，就这样优秀的爱弥儿成了一个女孩子的玩物。

各种变化轮番上演，这就是生活的本来面目。无论处于什么年龄段，一个人始终还是那个人，尽管在不同的年龄段上，他做各种事情的目的有所不同。在十岁的时候，他可能一切事情以糕点为中心；在二十岁的时候，他可能服从于情人；在三十岁的时候，寻欢作乐是他唯一追逐的东西；当到了五十岁，敛财就成了他主要的人生目的。那么，他一心追逐理智的时刻，会在什么时候呢？一个人如果得到指引，从而悄无声息地行进在奔向理智的道路上，这个人是非常幸福的。只要那个领路人有能力让他达成自己的目标，谁领路根本无关紧要。这固然是人类的一个弱点，但对于这个弱点，圣人和英雄也是持赞赏态度的。一个人，即便他为女人纺过纱，他也有可能成为一个伟大的人！

如果你想让一个人一生都受一种优良教育的影响，那么你就必须要做一项工作：让那个人幼年时期养成的习惯在青年的时候仍得以保持。如果你的学生已经成了你心目中的那个样子，你就必须让他的那个样子始终保持。如此，你的工作才算功德圆满。因此，你必须要让老师和他的学生经常在一起，要知道年轻人要想追逐爱情，没有老师的指引是无法完成的。认为孩子会因为拥有了一种新的生活方式而把以前的生活方式丢在一边，认为孩子在长大成人之后，就会把童年时养成的各种习惯丢弃，是大部分父亲的误区。毫无疑问，如果说采取了完全不同于童年时期的生活方式，就一定会采取一种新的思想方法，那么我们根本没有必要在他们还处于童年的时候，花费许多精力去教育他们。

所有强烈的欲念，都能够让我们的性情无法得以延续，这一过程，同我们的记忆力会因为任何一场大病而无法延续一样。在某些时候，这种变化是毫无征兆的，尽管我们的兴趣和倾向并不是丝毫未变。但是我们的习惯，会很好地缓和这种变化。在色彩逐渐减淡的过程中，如果那个艺术家足够巧妙，他应该做到别人无法发现那个过程，他应该采取一种正确的做法：把几种颜色搭配在一起，同时还应该在整个画面上涂满某几种颜色，以不让任何一种颜色突然消失。在我们的倾向逐渐发展的过程中，也应该采取这种做法，因为两个过程是一样的。毫无节制的人通常的做法是：每天都在改变自己的爱好、兴趣和感情，但对自己这种变幻无常的毛病却熟视无睹。生活规律的人则不同，他们在做事情的时候，始终都按照自己以前的习惯去做，他们对童年时期喜欢做的事情的爱好，甚至到了老年仍然能够保持。

对待年轻人，你如果能做到如下几点，就能够让自己事业的成果始终保持，并且可以确保直至他们死亡的那一刻为止，他们仍然不会做坏事。这就是，在你有能力让他进入人生的一个新阶段之后，仍然记住他们之间经历的一个阶段；在让他们形成一种新的习惯之后，能够仍然让他们保持原有的习惯；能够让他们始终都为善，无论这种为善开始于何时。这是因为，你现在所密切关注的年龄的变化是一种最令人畏惧的变化。对于一部分人而言，他们因为以后会很难改掉自己幼年时期养成的习惯，会感到难堪。事实上，如果他们已经改掉了那些习惯，终其一生，他们都很难再培养出那些习惯。

你或许会有这样一种看法：我已经让儿童和青年养成了许多习惯。但实际情况真是这样吗？并不是这样的，在你让他们养成的那所谓的许多习惯当中，大部分都不是真正的习惯。为什么要这么说？因为你让他们那样做是强制执行的，当他们有不那样做的机会，定然会果断地不那样做。一个人在监狱里待得时间再长，也不可能把蹲监狱当成一种爱好。因为，他长时间留在监狱，并不能减少自己对监狱的憎恶，相反憎恶还会增加。由于爱弥儿在幼年时期只做自己喜欢和愿意做的事情，所以他会把幼年时期养成的习惯始终保持，即便长大成人也不会改变。如此一来，他定然会因为习惯而更能领略自由的快乐！于他而言，活泼的生活、体力劳动和体育运动已经如同他必须要呼吸的空气一般，只要不做这些活动，他就会无法忍受。倘若让他遽然去过那种安逸而静止不动的生活，同把他放进监狱和用锁链束缚住，从而让他处于一种受拘束的状态是一样的。如果这样对待他，我坚信他的精神和身体一定会伤害巨大。让他待在一间密不透风的房间里，他一定会觉得呼吸都非常困难。大量的空气、运动和让身体感到疲劳才是他所需要的，更有甚者，在他在苏菲身边坐着的时候，也会忍不住时而用眼睛去观赏田间的景色，并且希望能够和她到田野里去奔跑一番。如果他必须要在家里好好地待着，他也不是做不到那一点。但在这样做的时候，他的心是不平静的，似乎是在和自己做斗争。他是因为被束缚才在家里待着的。到了这里，你或许会说，是我让他感到的这种需要，是我让他受到了这种束缚。这句话是正确的，我让他受到了束缚，但这种束缚是成年时期必须要经历的。

爱弥儿爱苏菲，他是因为感情、美德和对诚实的事物的爱而那样爱她的。如此就出现了一系列问题：他既然乐意见到他的情人热爱诚实的事物，他自己是否会对诚实的事物不再热爱？苏菲是这样要求他的：他不仅要为人朴素、纯真和慷慨，而且还要轻视财富和所有徒有其表的事物。事实上，爱弥儿在具备这些美德的时候，他的情人还没有对他提出这些要求。爱弥儿的变化究竟出现在哪些方面呢？他要想保持原来的样子，理由是有许多的。他爱上了苏菲，是他跟从前唯一不同的地方。

在看这本书的读者，无论是谁，只要他稍微认真一点，我想定然都不会认为爱弥儿现在的环境是偶然拼凑而成的。这些不能说是偶然的情形包括：有许多可爱的女孩子居住的各个城市，但是他喜欢的却是这个居住在远离城市的乡村的女孩子；他遇到了她；他们两个人非常相配；他们只能住在不同的地方；他只能在离她很远的地方找一个住所；他们仅有很少的见面机会，并且他想要见到她一面，必须要很费一番苦心。你或许以为他已经变成了一个娇弱的人，但事实并非如此，他变得越来越坚强了；他要想经受住苏菲叫他忍受的劳累，就必须保持我以前给他养成的那一副强壮的体格。

他住的地方距离她有八公里。这个距离就相当于熔炉的风箱，利用它，我可以去淬炼爱情的锋芒。如果他们各自住在对门的两间房子里，又或者他能够舒服地坐在一辆马车里去看她，一种可能就会得以实现：他可以毫无顾忌地亲近她，以及以巴黎人的方式去爱她。如果赫洛和林达没有被大海隔开，林达定然不会愿意为赫洛牺牲性命[①]。就让我的论述就到此为止吧，读者们！倘若我的意思你们能够理解，对于我遵循的原理，你们可就以在我叙述的这些情节中瞧出端倪。

由于骑马比步行更加快，我们前几次见苏菲，去的方式都是骑马。在我们看来，这个方法好极了，因此在第五次见苏菲的时候，我们依然是骑马前去的。我们行进到了一个离他们家半英里的地方，发现有许多人在路上等着我们。我们知道，是他们在等待我们。当看到这种情形，爱弥儿的心怦怦直跳。当走近他们，他一眼就把苏菲辨别了出来。几乎是一瞬间，他跳下马，一阵风似地跑到了那一家人面前。马是深受爱弥

---

① 二者均为古希腊神话人物。——译注

儿喜爱的。他的那匹马也非常活跃，当自己一获得自由，就奔向了田野。于是我去追它。最终，我把它牵了回来，但是很费了一番力气。但我却不敢走近苏菲，因为她是非常害怕马的。对于这一过程，爱弥儿是没有看到的。因此，苏菲就悄悄告诉爱弥儿，说他给我带来了许多困难。他跑了过来，面带尴尬，牵着马在我们后面走着。每个人轮流牵马，这是一个再公平不过的方法。他别无选择地在前面走着，以求带离我们的马。然而这把苏菲甩在了后面，其后果直接导致了他也不认为骑马是一件舒服的事情了。他上气不接下气地跑了回来，在半路上接我们。

当下次去时，爱弥儿对骑马就不情愿了。我于是问他："为什么？这样吧，我们带一个马夫去照管马匹。""我们如果骑马去，一定给那可敬的一家人增加很多麻烦。想象一下一种情景，他们不仅要为我们提供饮食，而且还要喂养我们的马。""你说得没错，"我回答，"他们是很贫穷，但是他们可有不热情好客？富人从表面看来慷慨大方，但是他们大方的对象只是他们的朋友。穷人就不一样了，一个穷人，连他朋友的马也会照料到。""我们走路去。"他说，"你无疑是一个始终都非常喜欢和你的学生在劳累中寻找快乐的人，像你这样的人，不可能没有勇气走路。""那再好不过了，"我立即回答，"何况我认为，在谈恋爱的时候把局面闹得那样僵，是一点必要都没有的。"

即将到达目的地。这个时候，我们发现苏菲和她的母亲仍然走了很远来接我们，并且远过上次来接我们的距离。我们疾行到她们的身边。汗水布满了爱弥儿全身，这让苏菲立即用可爱的手去擦他的脸。自此之后，我们就不再愿意骑马了，即便世界上的马非常多。

但是有一件事情是非常令人难过的，这就是两个人始终不能在黄昏的时候相会。随着时间的流逝，夏天过去了，白天的时间开始越来越短。这就决定了我们如果不一大早就去，就只能刚到那里就马上回来，因为不论我们有着怎样的说辞，主人都不同意我们在那里玩到晚上才动身回家。终于，出于体谅和关心，苏菲的母亲认为我们可以偶尔在村里找一个地方过一夜。在听到她这样说之后，爱弥儿立即拍起了手以示赞同，并且高兴得几乎要一跃而起。对于这当中的原委，苏菲并没有去认真思考，当她母亲想出这个折中的办法之后，她只能更加亲热地去亲吻她的母亲。

就这样，一种甜蜜而纯真的友情就在我们之间建立了，并且不断得到巩固。在到了苏菲和她的母亲规定的日期的时候，大部分情况都是我和我的朋友一起去的。但也有例外，在某些时候，我也让爱弥儿一个人去。我可以利用我对他的信任培养他的心灵，再说，我已经不能再以看小孩的眼光去看待他。既然我的学生值得我尊重，我就没有必要一定要和他一起去。有的时候，我也会不带上他而一个人去。当时的他尽管心有不快，但是从来没有抱怨，因为他知道，抱怨是没有任何作用的。何况，他深知我不会损害他的利益。另外，无论我们是一起去还是各自一个人去，我们都是风雨无阻的。如果我们全身被雨水湿透地走到他们那里，从而引起了他们的同情之心，我们的快乐之情反而会加倍。这一切，我想你完全可以想象得到。但这些都没有成为现实，因为苏菲不同意，她反对我们在天气不好的时候去他们那里。在我秘密传授给她的做法中，我发现只有这一项是她没有按照我的话去做的。

他有一天单独前去了。我预料，他一定要次日才能回返。但谁知道他当天晚上就回来了。"亲爱的爱弥儿，"我拥抱他，"你回来看你的朋友了？"但他一言不发，并且还有些气愤地说："我是迫不得已才这么早回来的。我回来是她的要求，因此我是为她而非为了你回来的。"当听到他如此纯真的话语，我再次拥抱了他，并且说："我的朋友，你是那样坦诚，但你是无法对我隐瞒与我有关的事情的。如果说你这次回来是为了他，那么你这样说则是为了我；她是让你回来的人，而我是让你这样坦白你的内心的人。这种圣洁而坦诚的心灵，我希望你能够永远保持。在同那些与我们没有关系的人说话的时候，我们可以完全遵照自己的意愿，但如果让一个朋友认为我们拥有本来没有的美德，就完全是一种犯罪。"

我发现，他在很大程度上是因为对苏菲的爱，而非他原本处世就心胸非常开阔，才开门见山地说是苏菲叫他回来的。因此，我要尽一切努力让他充分认识到说话这样坦诚的价值所在。于是我对他说："你之所以不愿意说这次回来是出自你的意愿，完全是因为想让苏菲获得这个功劳。"他怎么也没有想到，就是他在无意中说出的这句话，已经把他的内心展露无遗。倘若出以下情形，爱弥儿至多只能算是苏菲的情人：在回来时候，完全不慌不忙，并且边走边畅想美好的爱情。而如果是另外一种情形，他就可以称得上是门特的朋友：匆忙地大步跑回来，并且全身汗水密布，即便在这一过程中他有些恼怒。

由于我们做了这些安排，这个年轻人是无法整天和苏菲在一起的，同时也不可能想看苏菲就看苏菲。这一点，我们大家完全可以看出来。因此，他每个星期只能去一次或两次，而且每次只能在那里玩半天，想要逗留到第二天，几乎一点可能也没有。他经常期盼看到她的出现，在每次见到她之后，他又会在甜蜜地回味同她相见的情景的事情上投入大量时间，其程度甚至超过了同她待在一切时间。他对苏菲的爱情之所以能够得到激发，同时又不会变成一个像女子一般懦弱的人，正是这种真诚、甜蜜、纯洁、想象多于实际的快乐的作用。

就算在没有去看苏菲的那些时间里，他也并没有懒惰地蛰伏在家里不动，而是依旧保持着原来的样子。他经常去附近的田野，一如既往地探究自己的博物学。他对当地的土壤、物产和耕种的情况进行研究，同时比较他见到的耕作方法和他熟悉的方法，以探究出它们为什么会不同。如果他发现了更好的方法，他就会向当地的农民传授那种方法。如果他设计出了一种样式更好的犁头，他就会让人按照他绘制出的原图，去制作出实物。如果他发现了泥灰岩①，由于这里的人对泥灰岩的用处还一无所知，他会向他们告知泥灰岩的用处。他经常亲自去耕作。当地的人是感到非常惊诧的，因为他们发现：爱弥儿在用工具的时候似乎比他们还熟练，在田间翻土翻得似乎比他们还要深。此外，在砌垄的弯直方面、播种的均匀度方面，苗床的管理方面，爱弥儿都要比他们出色。在谈起庄稼活的时候，爱弥儿总是喜欢说大话，但他们一定对这并不在意，因为他们发现他对庄稼活确实很在行。反正，对于一般重大的公益事情，他都会非常热心地投入。除此之外，他还会去做如下工作：到农

---

① 不同于石灰岩，工业上经常被用来作为水泥原料和建筑石料。——译注

民家里亲自拜访，对他们的社会地位和家庭情形进行了解，对他们的子女和土地数，产品和销路，以及有哪些权利和有多少负担和债务进行等方面进行调查。由于知道他们多数人不善于支配金钱，他拿去发给他们的现金是很少的。就算他把钱交到了他们手里，他还会对他们的使用进行指导。他找来工人帮助他们干活，而在为帮他们干活的工人付工资方面，他经常是自己掏腰包。他时而替某个人把已经坍圮的茅屋修葺好，时而帮某个人治理因资金不足而废弃的土地；时而为了弥补某个人受到的损失而提供一头母牛、一匹马或其他牲口给他。如果两个邻居起了诉讼，他会劝他们讲和；如果某个农民身体抱恙，他会请人加以照料，而且还会自己亲自上阵①；如果一个农民受到有权有势的邻居欺压，他会予以庇护；如果某对青年男女在相互追求，他会加以援手，让他们终成眷属；如果某个善良的妇女不幸丧失了至爱的孩子，他会去看她，对她进行劝慰。他是否会看了她一眼就转身离去？绝不会，他对穷人一点也不轻视，让他和受苦的人长久地在一起，他会无比情愿。如果他要帮助某个农民，他通常会和那个农民一起吃饭。如果有一些人邀请他到他们家里做客，即便他们不需要他的帮助，他也会接受他们的邀请。他既会成为一些人的恩人，也会成为一些人的朋友，但无论是哪一种，他都始终认为自己并不高出他们一等。一句话，他非常善于用自己的体力去帮助他们，就像他善于用自己的金钱去帮助他们一样。

有的时候，他会走近那个幸福的人家，其目的是为了能够在一个别人注意不到的地方，在不被苏菲发现的情况下看她散步。但是，他采取的行动始终非常坦然，超过限度的做法是他不会也不愿意去采取的。他身上的这种讨人喜欢的天性，对他的自尊心起到了激励作用，也无比公正地见证了他的行为。如果某件事是他不应该做的，他就会坚决不做。在对待苏菲的时候，他绝对不会走得太近，绝不会想得到通常要经过苏

---

① 这里所说的照顾一个生病的农民，并非指要帮他打扫房子、替他请医生和喂他吃药，穷苦人在生病的时候根本不需要这些。他们唯一需要的是比较好和比较丰富的食物。在生病的时候，你们可以不吃东西就好，但是农民就不行了，他们需要吃东西，需要吃肉和喝酒。他们几乎都是因为穷困和劳累而生病的，所以酒是他们最好的药水，屠夫是他们最好的药剂师。——原注

菲允许才能得到的机会。他会采取一种相反的做法：在附近东游西荡，寻找他情人走过的足迹，甜蜜地回忆她曾经在这条路上耗费了多少精力，以求获取她的欢心。如果他第二天要去看苏菲，他会在当天就把第二天要吃的东西订好。我们走向那个方向、走近那个村庄，装作从表面看是偶然的。我们买到了一些水果、糕点和奶油。对于我们在这点上花费的心思，苏菲当然是能够看出的，因为她对饮食是那样讲究。发现之后，她称赞我们准备得非常周全。我在这方面是没有多少功劳的，但她在称赞的时候仍然说其中也有我的一份功劳。因为，如果让她直接对自己的情人表示感谢，她是会感到尴尬的。我和她的父亲在一起，两个人一边吃点心一边喝酒。爱弥儿则和苏菲以及她的母亲在一起，他关注着苏菲的汤匙，看到它碰过哪个奶油碟子，就立即拿过来自己吃。

当谈到了糕点，我便把爱弥儿从前赛跑的故事告诉了他们。对于这件事情，大家都想知道。于是，我把这件事详细地阐述了一番。听完之后，大家都笑了起来，并问爱弥儿现在是否还有能力跑。"速度更胜从前，"他回答："倘若忘记了赛跑的方法，那也太可惜了一点。"在我们当中有一个人，想看他是怎样跑的，但是又没有勇气说出口。另外一个人也对爱弥儿提出了建议，希望他再重现一次那样的跑步。他接受了。于是，他在附近找了两三个年轻的小伙子。我们做了如下的决定：以某件东西作为一个奖品，同时和从前做游戏一样，把一块点心放在终点。所有人都准备就绪，苏菲的爸爸拍了一下手以作为起跑的信号。信号发出之后，身手敏捷的爱弥儿风一般跑到了终点。这个时候，那三个笨拙的年轻人才跑出去没几步。爱弥儿把奖品从苏菲手里接了过来，并且效仿伊尼阿斯①，把它分给了那几个比赛输了的人。

接下来，大家开始无比欢喜地庆祝胜利。此时，苏菲竟然鼓起勇气挑战胜利的爱弥儿。她说："我并不比爱弥儿差。"听到这话之后，他立即同意和她比试一下。她看了一眼自己的裙子，以确定其是否足够短，并且在母亲耳边轻声地说了一句话。做这一切的时候，她正准备进入跑道，同时在把衣服的两边卷起来，怀着胜过赛跑中爱弥儿的急切心情，

① 古希腊神话人物。——译注

把两条美丽的腿展现在爱弥儿眼前。她母亲微微一笑,并且还做出一个手势以表明赞成她那么做。她来到竞争对手身边,起跑的信号还刚刚发出,众人就惊奇地发现,她像鸟儿一样飞奔了过去。

自降生开始,妇女们对跑步就是不擅长的;她们即便飞奔起来,别人仍然可能赶上她。于妇女而言,说跑步是她们做起来唯一显得笨手笨脚的事情并不恰当,但说跑步是她们做起来姿势唯一难看的事情则绝对正确。在跑步的时候,她们的两个胳膊肘会可笑得紧紧贴在身体的后面。由于她们穿得是高跟鞋,所以跑起来还会像只会跳但不会跑的蚱蜢。

对于苏菲,爱弥儿也没有想过她跑步会比其他妇女厉害。因此,他采取的做法是站在起跑线上一动不动看着苏菲跑,同时脸上带着轻蔑的微笑。苏菲跑起步来是非常敏捷的,并且,由于不需要用高跟鞋来衬托她脚的小巧,她穿的还是平底鞋。她猛然就跑到了前面,这带来的后果是:当爱弥儿发现她已经跑得超过他很远,为了能够在这位当今的阿塔兰特①跑到终点之前追上去,他必须得马上开始跑起来。于是,像老鹰抓小鸡一般,他立即开始跑去追赶她,紧紧地跟在她的后面跑着。终于,在苏菲上气不接下气的时候,他赶上了她。然后,他左手把她的腰轻轻地扶住,像搂一片羽毛一样把她搂在胸前。这种情形,一直持续到跑到终点,她领先完成任务的那一刻。在这时,他一边喊"苏菲胜利了"一边跪下一只腿,承认自己在比赛中输了。

我们也到其他地方去做我们以前学的手艺活。每个星期,我和爱弥儿至少会抽出一天的时间在某个木工师傅家干活。如果是天气欠佳,或者无法到田间工作,我们也会采取这种做法。身份高于木工师傅的人到木工家里,通常只是做个样子,但我们不是这样,我们去帮他干活是出自一片诚意的,并且是以工人的身份前去的。有一次,苏菲的父亲来看我们,当时我们正在工作。他一回去,就向他的妻子和女儿告知他所看到的情况,讲话的语气是满含赞许之情的。他如是说:"你们不妨去察看一番那个在工场里工作的年轻人,他一点儿也不轻视穷人!"当这些话传到苏菲的耳中,我们完全可以想象得到她有多么高兴。对于这件事

---

① 古希腊神话人物,女性,善于奔走。——译注

情，他们翻来覆去地谈论着，同时想在不让他发现的情况下去看他工作的情形。她们对我进行了询问，但在表面上是装得很随意的。当获悉了我们去干活的日期后，母女俩就坐上一辆马车，来到镇上看我们了。

当苏菲走进工场，一下就看到了一个年轻人，身上穿着一件背心，头发极其散乱。他专注于自己手上的工作，以至于丝毫没有发现她进来。她止住脚步，向她母亲打了一个手势。当时的爱弥儿即将要凿好一个榫眼，两手分别拿着凿子和榔头。榫眼完工之后，他又去锯木板，锯完木板，为了便于把木板刨光，他又把它用夹子夹住。看到他在那样工作，苏菲并没有笑，反而还对他产生了敬意，并且深受感动。女人们，对于那位为你工作，为你挣生活之资的你的主人，你们一定要抱以尊敬，因为只有这样的人才算是男人。

我在她们注意看他的时候就已经发现了她们。我扯了一下爱弥儿的袖子，他转过身，一瞬间，他就发现了她们。随后，他扔下工具跑向她们，整个人高兴得叫出声来。快乐过了一段时间之后，他找了一个地方让她们坐下，随后继续自己的工作。但安静坐着对苏菲来说就做不到了。她兴奋地站立起来，在工场里跑个不停，要么端详端详工具，要么用手摸一下刨光的木板，要么去拾地上的刨花，要么来看我们的手。在这样做的时候，她还说：我喜欢这门手艺，因为它非常清洁。她是那样活泼，以至于还模仿了一番爱弥儿干活的样子。她将一把刨子用自己白嫩的手握住，然后去刨木板，但遗憾的是，刨子虽然在木板上来回移动个不停，但是一点刨花都没有掉下来。我似乎看到了一个场景：爱神在空中边飞边笑，并且快乐地高喊：赫拉克勒斯已经复仇！

苏菲的母亲这时去问那个木工师傅："师傅，你一天付多少工钱给他们？"他回答："二十个铜子每天，夫人！此外还包他们的伙食。当然，因为他是我们这里最好的工人，如果愿意，他还可以挣更多的钱。""二十个铜子一天？"苏菲的母亲温柔地看着我们，"还管伙食？""是这样的，夫人。"当她听完之后，就立即跑过去拥抱爱弥儿，在把他抱在怀里的时候，眼睛还闪着泪花。她接连喊了几声："我的儿子！我的儿子！"

在和我们谈了一番话后，她就对她的女儿说："时间已经不早了，我们回去吧，免得让家里人等我们。"说完，她又走到爱弥儿身边，将他的脸蛋轻轻抚摸着，并且说："多么出色的工人啊，你是否愿意同我们一起回去？"他面带难色，说："你得去问问这个师傅，因为我和他订有合同。"他去问了，师傅的回答是："不可以。我们的时间很紧迫，所有的工作都必须在后天完成。因为对这两位先生绝对信任的缘故，我把许多前来找工作的人都谢绝了。倘若没有他们，我现在就无法找到其他工人来替代。如此一来，我就没有办法按时交货。"苏菲的母亲没有说话，她在等待，等待爱弥儿会怎样说。爱弥儿只是把头低下，什么也没有说。看到他这种沉默的神态，她感到有些惊异，于是问："先生，你为什么一言不发？"爱弥儿注视着她的女儿，眼带温柔，回答得简单明了："我想你们也看出来了，我必须留在这里干活。"当听到他这样说，她们就转过身离开了。爱弥儿陪着她们走，一直送到门口。在目送她们到再也看不见的时候，他才轻轻喟叹一声，然后沉默地继续着自己的工作。

苏菲的母亲对爱弥儿回答自己的话感到有些不愉快，于是在回去的路上和女儿谈到了这一点。"我不明白，"她说，"难道说对付木工师傅那样棘手？不留下来就一定不行？再说爱弥儿本来是很慷慨的。他既然在不必要的时候都不在乎金钱，自然不会在该花钱的时候而不舍得花。""妈妈！"苏菲回答，"这必须得感谢上帝。爱弥儿之所以不愿意用金钱去损害自己个人的信誉，不愿意依靠金钱让自己和另外一个人同时背叛自己的承诺，是因为他并不那么相信金钱的力量。那个师傅因为他们的离开而受到的轻微损失，我深知他是可以花点钱去加以补偿的。但他这样做有什么好处呢？不过是让他的灵魂为金钱所俘虏，让他经常用金钱去完成自己应该尽到的义务，让他形成一种他本不会产生的观念：只要花钱，什么事情都可以做到。我希望他能够保持自己原来的想法，让他不要因为我而发生改变。你认为他留在那里没有意义是一种错误的看法，事实上，他留在那里继续工作完全是为了我。我从他的眼睛里能够读出这一点。"

但这是否就可以说明苏菲并不在乎别人是否真正爱她了呢？当然不

是，相反，她在爱情上的要求非常严苛。如果不能获得一个人全身心的爱，她宁可让自己不得到任何一个人的爱。对自身具备的美德，她是非常引以为荣的，在她看来，并且应该对她的德行予以应当的尊重。她看不起意识不到自身美德价值的人，看不起不能像爱她的美貌那样，并且更加爱她的美德的人，看不起不明白首先应该尽到自己的义务然而才能去爱她的人，看不起不明白应该把对她的爱放在一切之上的人。那么她是希望得到一个绝对服从自己意志的人吗？也不是，她只是希望控制一个这样的男子：在爱她的同时又能保证自身的优点不受损害。当希塞把尤利西斯的朋友无一例外地腐化成地位低下的流氓后，她就毫不犹豫地把他们全都遗弃了，转而钟情于她无法腐化的尤利西斯。

苏菲不仅非常重视这个至高无上的权利，同时也非常重视其他所有权利。她在暗中在对爱弥儿进行观察：他是否对她的权利予以了充分真诚的尊重；是否满怀热情地遵照她的意愿去做；是否善于揣度她的心；是否能够在她规定的时间去往她那里，她固然不希望他去得很晚，但也不希望他去得太早。如果他去得太早，无疑说明他在乎的只是他自己而非她；而如果去得太晚，只能说明她对他来说根本不重要，说明他根本不在乎苏菲。可以肯定的是，如果他对她不在乎，即便只有一次，他也休想获得再次对她不在乎的机会！即便她的怀疑是空穴来风，他抱有的所有希望也会消失得无影无踪。而苏菲却是公正无比的，只要她发现自己有哪里做错了，就会立即想方设法加以弥补。

一天黄昏，他们在等待我们的驾临。在此之前，爱弥儿就已经接到了邀请。他们来到路上迎接我们，但遗憾的是，我们并没有去。他们就那样一直等，直到天黑，他们不禁想：是否出现了什么意外？为什么没有人通知他们一声？最可怜的莫过于苏菲，她认为我们不幸丧命。她伤心极了，也难过极了，整整一晚上，她都在哭泣。他们在当天晚上就叫了一个人来探明消息，并且让那个人次日早晨带回我们的消息。在那个人回去的时候，我们也派了一个人和他同行，其目的是为了表达我们的歉意，以及向他们告知我们都很平安。随后，我们也亲自去了他们那里。直到这一刻，他们悬着的心落下。苏菲也抹掉眼泪，倘若她还在哭泣，那只能是因为生气才哭的。她固然因为我们的安然无恙而安心了。但这并没有让她那颗骄傲的心快乐起来，而是仍然保持着不愉快的状态。毕竟，爱弥儿虽然活着，但她也白白等待了一个晚上。

当我们到了那里，她就想回到自己的房间。她的父母不同意，她只好留下来。然而她马上就做出决定：要在大家面前装出一副镇定自若且满意的表情。他的父亲来迎接我们，并且说："你们让我们经历了好一番等待。此时此地，将会有一两个人不会轻易饶恕你们。""那么是谁呢，爸爸？"苏菲镇定地笑着说。"与你无关，"她爸爸回答，"因为并没有说到你。"苏菲没有反驳，而是继续自己手里的活计。她的母亲固然礼貌地接待了我们，但是态度很冷淡。爱弥儿没有勇气走近苏菲，因为他感到非常难堪。还是苏菲先出声，询问他身体是否安好，并且请他坐下。从表面看，她的样子装得实在是好。好到什么程度呢？好到让这个对愤怒的语言一无所知的年轻人，在看到她这种表面上的镇定模样之后，几乎就要对责备自己的不是了。

我走了过去，抓着苏菲的手，像平常一样去亲吻，我这样做，是为了让他不再继续被欺骗。电石火光之间，苏菲缩回了自己的手，并且以一种极其特别的声音说了一句"先生"。但看到苏菲这种无意间展现出来的神态，爱弥儿才对她真正的心情有一个了解。

反观苏菲，她已经不再像之前那样克制自己的情感了，因为她已经发现自己真实的心情已经为大家所了解。在回答问题的时候，她总是不慌不忙地以一两个简单的字眼，带着无法确定的口吻进行回答，似乎是害怕一不留神让你看出她正在生气。爱弥儿已经被吓得三魂丢了两魂，他痛苦地看着苏菲，竭尽全力想吸引苏菲的目光，好看出她真正的情感。看到他这种唐突的做法，苏菲更加气愤了，于是就看了他一眼。这一眼不看还好，一看就把爱弥儿想让她再看自己一眼的念头打消了。因为恐惧得发抖，爱弥儿没敢和她正眼说话。而这也是幸运的地方，如果让他看见了她即便生气也镇定自若、谈笑风生的神情，他这辈子都休想再得到她的原谅。

现在，我认为是我说话和解释一番的时刻到了。于是，我又走到苏菲身边，去拉她的手。这一次她并没有缩回自己的手，因为她就要晕倒了。"亲爱的苏菲，"我语带柔和，"我们又何尝不难过呢？但在还没有听我们讲述这次事情的经过之前，请你不要急于断定就是我们的错，你是一个很通情理的人。我现在就向你讲述昨天的经过。"她沉默着。于是，我开始说：

"我们出发的时间，是昨天的四点钟。规定我们到达时间尽管是七点钟，但提前动身是我们由来已久的习惯。这样做，是为了方便在快要到达这里之前稍微休息一番。当我们走完了路程的三分之二，距离我们不远处的山谷里突然传来痛苦的叫喊声。于是，我们跑向了那个地方。到了那里，我们发现了一个可怜的农民，因为从城里回来时酒喝多了，从马上跌落下来把大腿摔断了。我们叫喊着求援，但是一段时间过去了，仍然没有任何回应。我们只好尝试扶他上马，但这种尝试失败了，因为那个人只要一动身就会痛得无法忍受。于是我们做出决定：在一个安静的地方拴住他的马，然后用我们的胳膊交叉当作一个担架抬起他，按照他所指的方向和路线尽量周全地抬他回家。抬他回去的路途是非常远的，在中途我们休息了好几次。在到达目的地的时候，我们已经疲惫不堪。令我们吃惊的是，我们发现这个农民，这个我们费尽周折抬回去的人，他的家我们曾经去过。他就是我们第一来到这里曾热情招待过我们的那个农民。但我们认出的时间却是在到了他的家之后，因为一路上我们都非常慌乱。

"他家里只有两个孩子。用不了多久，他的妻子就要生第三个孩子了。但是在看到我们抬他回去的时候受到了惊吓，仅仅过了几个小时，她便生了。在一个孤单的茅屋中看到这种情况，没有人来相助自然是不行的。于是爱弥儿采取了行动：牵出了我们拴在树林中的马，然后骑上去风驰电掣地去城里找医生。找到之后，他把马借给了医生骑。他在派人给你送信了之后，又和一个仆人回到那个农民家里，因为他无法及时找到一个看护。而我是忙得不可开交的，我想你完全可以想象得到，要照顾一个断了腿的男子和一个生孩子的女人，他们需要的所有东西，我必须都为他们准备好。

"我略去了其他细节，因为它们无关乎我们的事情。我们那样忙啊忙，一直忙到深夜两点。直到天亮的时候，我们才抵达附近的一个屋子，在你们醒了后，告诉你们我们当时的情形。"

当说到这里，我没有再继续说下去。所有人都沉默着。忽然，爱弥儿走到他情人的身边，以一种坚定的语气大声说："苏菲，你是非常清楚我的命运是由你主宰的。你可以让我因为悲痛而送掉性命，但是不能让我把仁爱的权利抛遗忘掉。在我看来，较之于你的权利，这种权利更加圣洁。仅仅因为你就放弃这种权利，对于我来说是做不到的。"

听到爱弥儿这样说，苏菲立即就起了身，无言地用一只胳膊去搂爱弥儿的脖颈，同时吻了一下他的脸颊。做完这一切，她用一种难以形容的优雅姿态伸出一只手给他，并且说："握住这只属于你的手，爱弥儿！你随时可以做我的丈夫和主人，如果你愿意的话。我要竭尽全力来享受这个荣誉。"

"再吻一次，再吻一次！"她刚一亲吻爱弥儿，那位无比开心的父亲便拍手叫了起来。而苏菲呢，她真的又从容地吻了两下爱弥儿的脸颊。但是，就在她吻他的同时，她自己被自己的行为震惊了。于是，她扑倒了母亲身上，在她的怀里藏起了羞得通红的脸蛋。

我在这里不打算描写大家当时的喜悦之情了，因为我们完全想象到这一点。吃完饭，苏菲想探访一下那两个生病的人，于是便问明了去那里有多远。苏菲想去看他们，这再好不过。就这样，我们到了那个农民家里，发现他们两个人分躺在两张床上（之前爱弥儿差人搬来了一张床）。我们发现，他们还得到了爱弥儿另外请来的一些人的照顾，只是他们两个人床上的东西非常凌乱，这给他们带来了额外的负担：在生病的同时还睡不舒服。苏菲很快把一条女佣人的围裙系在了身上，然后先后去整理了那个农妇以及那个男子的床。很快，她就把他们的床铺得非常软和，使它们能够和他们疼痛的身躯相适应，因为她灵巧的双手足以感觉出哪些东西在刺痛他们的身体。光是看到她过去，这两个病人就已经得到了极大的安慰，而且大家也认为她有能力感觉出有哪些东西在让那两个病人不舒适。她本来是一个非常娇气的女孩子，现在做这些事却完全视脏和臭为无物。她没有要别人的帮助，也没有给那两个病人带来麻烦，没过多久，她就屋子收拾得一尘不染了，一点臭味都闻不到。在平时，大家都认为她是一个非常害羞的人，并且有的时候还显得非常骄傲。她原本是一个完全没有碰过男人床的人，但是现在却能够做到果断地扶起那个受伤的男子，做到为了让他睡得更舒适和时间更长，帮他把伤口的布换好。这只能说是善良的天性战胜了害羞的心。无论是做什么事情，她的动作都非常灵敏，这直接导致了她在已经减轻了病人痛苦的同时，病人还没有发现她已经摸过了他的身体。对于这个来给予自己同情、帮助和安慰的可爱的女子，那个农民和他的妻子都异口同声地表示了祝福。于他们而言，她就像是上天派来的天使。她的容貌和风度是与天使相当的，温柔和善良的心也和天使是相当的。在暗地里，爱弥儿以一颗感动之心注视着她。男人们，你的伴侣是上帝为了让她在你痛苦的时候安慰你、生病的时候照顾你而赐给你的。因此，你必须要爱她，也只有这样的女人才算是妻子。

大家开始为刚出生的婴儿施洗礼①。在抱这个婴儿到洗礼盆的时候，这两个情人都怀着一种急切的心情，急切地希望他们自己也能在不久的将来有自己的婴儿。为了让这一刻早点到来，他们祈祷着，并且认为已经到来。此时的苏菲，已经没有了任何疑虑，有疑虑的反而是我。对于苏菲那一拨人所想象的那种美好程度，他们还远远没有达到。这也无可厚非，毕竟每个人都有疑虑的时候。

整整两天，他们都没有见面。第三天早上，我拿着一封信走进了爱弥儿的房间，紧盯着他问："如果有人带来苏菲死了的消息，你会如何应对？"他叫了起来，一拍手之后又站起来，然后默默地看着我，一脸茫然。我继续沉重地追问："回答我。"看到我这样镇定，他有些愤怒；他怒火中烧地向我走来，同时摆出一副吓人的姿势，在那里站定，说："怎样应对吗？……我丝毫没有应对之策。但我可以确定，谁为我带来这个消息，我一生就永远不想见谁。""不用担心，"我微笑着回答，"她身体棒极了！同时她还在想念你，在等待我们今晚去他们那里。我们现

---

① 宗教的一种仪式。——译注

在去散步一段时间吧，顺便聊聊天。"

我利用他这种情欲去引起他注意我给他的教训是没有办法的事情，因为情欲已经充盈了他的内心，以至于让他无法再像从前那样和我谈纯粹理性的问题。这也是我为什么要在我们谈话之前向他提出这样一个可怕的问题的原因。现在已经是他倾听我讲话的时候，对此我无比坚信。

"亲爱的爱弥儿，所有有感觉的人最终的目的都是生活得非常幸福。这也是大自然让我们拥有的第一个欲望，也是我们永远都在追求的唯一的愿望。但是所有人都在寻找幸福，却没有一个人知道幸福在哪里。为了追求它，我们耗费了一生的精力，到头来却仍然得不到。让我来告诉你吧，我年轻的朋友！在你刚来到这个世界的那一刻，我就把你抱在手里，并且以最高的上帝为证做出了承诺：为了让你获得幸福，我会贡献出自己的毕生精力。我并没有充分了解自己承担的工作，我唯一知道的只有：你如果幸福了，我也就获得了幸福。对于这一项工作，我会在为你追求幸福同时让我们两个人共同来承担。

"在所有格言中，对人最有用同时也最难施行的格言就是：当我们对自己做的事情没有一个充分了解的时候，最好的办法是什么事情也不做。如果你还不知道幸福在那里，你最好先不要去追求幸福，因为你越是追逐幸福，幸福就会离你越远，你为了追逐幸福做过多少事情，你就会碰到多少危险。然而，这种开始无所作为然后有所作为的办法，并不是所有的人都明白。如果一个人正雄心勃勃急于得到幸福，那么对于这个人而言，你如果让他在寻找的过程中犯错误和只是闲着什么事也不干两者之间做出选择，他会宁愿选前者而不选后者的。但是，需要指出的是，如果我们离开了可能发现它的地方，那么我们将永远无法再回到那个地方。

"也正是因为这一点，我必须尽量避免在这方面出现差池。我已经下定决心，不在教育你的过程中出现一点差错，同时也不让你犯错误。为了便于自然为我指出通往幸福的道路，我也按照自然的道理前进。但我最终发现，所谓幸福的道路，指的就是自然的道路，在不知不觉当中，我们已经行进在这条道路之上。

"你要做我的见证人，并且评判我的行为。对于你的判断，我会坚决认同。你出生的最开始几年，时间并没有浪费，那些时间对你今后的岁月是有好处的。大自然赐予你所有美好的事物，你都享受到了。当大自然让你身患疾病，我对疾病危害你的程度进行了限制。而你本人，也会因为遭受的疾病而在今后能够忍受其他的疾病。你为什么要经历那些疾病？因为你要避免更大的疾病。同仇恨和奴役有关的事情，你的生命历程中从来就不存在。你的生活是快乐而无所拘束的，同时，因为痛苦和邪恶始终彼此相随，一个人沦为恶人只是因为他过着痛苦的生活，你的人品也始终得以保持公正和善良。你那童年的记忆，我希望能够一直保持到晚年。而当你那颗仁慈的心回忆起童年，我坚信她一定会对你在童年时期教育过你的手表示祝福。

"你逐渐开始明白事理，这个时候，我开始保护你不被别人的偏见影响；你的心已经逐渐能感受到情感，这个时候，我开始让你避免被欲念控制。在你离开这个世界的那一刻，如果我仍然能让你拥有这话内心的宁静，那么我做出的努力就没有白费，而你也将获得一种一个人所能享受到的最大的幸福。但亲爱的爱弥儿，你现在碰到了一个新的敌人——你自己。对于这个敌人，你完全不知道如何去战胜它，而我，也不知道如何救你于虎口。这是因为你过的始终是自由的生活，在那个时候，尽管你能够经受得住贫穷和肉体的痛苦，但却从来没有经历过精神上的痛苦，并且完全能够以自己的意愿来做事，但现在你的一切都已经被你痴迷的事物左右。尽管你没有受到任何事物的侵犯，且身体也一如既往，但是你的心灵却可能产生连绵的哀伤。你即便身体完全无恙也可能产生痛苦。你的生命依然保持着，但是你却可能认为自己已经经过了无数次的死亡。你将会因为某个人的一个谣言，或者某个人弄错的一件事情，或者某个人产生的一个怀疑，而感到万念俱灰。

"你是否还有印象：你曾经在戏院，当你看到台上的英雄悲痛欲绝地大哭不止，从而让整个戏院都充斥着他们的哭声，当你看到他们像一个女人一样哽咽，像小孩子一样哭出眼泪以赢得观众的掌声，你是怎样的反应？你想看到的景象，本来是那些人表现出果决的行为，但因为看到的却是他们哭诉的模样，于是你嘲讽他们：真是太可耻了！你满含鄙视地说：'难道这就是人们要我们学习的榜样吗？他们竟然用美德作为幌子来吹嘘人类的弱点，难道是因为他们认为人类还不够渺小、软弱和悲哀吗？'我想说的是，我年轻的朋友，从今以后，你要宽容戏台上的人物，因为现在，你也已经成了他们当中的一员。

"你对痛苦和死亡无所畏惧，当经历肉体上的痛苦的时候，你能够忍受必须要承受的法则的约束。但是，对于你心中贪欲，你却还没有做到也无法则加以约束。我们并不是因为有所需要而产生某些爱好的，因此我们的一生才有许多烦恼。我们的欲望越多，我们的力量就越弱，这个力量，可以弱到完全没有的程度。一个人，如果以拥有的欲望作为评判标准，他就必须依赖万千事物。而如果只看他本身，他完全可以不依赖任何事物，甚至自己的生命。他喜爱的东西越多，终究会有一天，他的痛苦也随之增加。本来，包括我们所钟爱的事物在内世界上的一切事物都会终结，只是时间的早晚的问题，但是我们的做法是怎样的呢？我们紧紧地依恋着它们，似乎认为它们永远不会消失。当你想到苏菲死了的场景为什么那么恐惧？要知道，她也是会死的。一些同她年纪相仿的人，不一样死了吗？因此，我的孩子，她最终也会死，甚至还要先于你而死。谁也无法断定，此时此刻她一定就还活着。大自然仅仅是让你死一次，然而你却要让自己经历两次死亡。你现在的做法，正是在让你经历两次死亡。

"你无疑已经成为了一个无比可怜的人：被自身放纵的欲念控制了自己；经常恐惧、患得患失和感到空虚，甚至无法享受原本可以享受的自由。你什么也不肯放弃，你又得到了什么？你无时无刻都想让心灵保持平静，但是却始终做不到这一点，甚至你的心灵每一刻都处在不平静的状态中。如此一来，你将会成为一个怎样的人呢？你将成为一个坏人！这是没有疑问的，因为你让欲念主宰了一切。如果你对被迫要忍受的穷困而无法忍受，就做不到自愿放弃你已经占有的东西。这样，你也就做不到牺牲你的兴趣来履行你的天职，做不到克制你的欲念来听从理智。

你宣称：'谁如果来告诉我我的情人死了，我将再也不愿意见到那个人。'那么，如果有一个人从你手里硬夺过她，并且有勇气向你说：'你必须认为她已经死去，认为她将再也不能拥有美好的德行。'那个时候，你将怎样对待那个人？如果说你始终都要和她生活在一起，不论有怎样的后果，不论苏菲是否已经成为别人的妻子，你是否也已经娶了别的女子，不论她父母是否愿意把她许配给你，她对你是爱还是恨，但这一切都只是你的个人的意愿，证明你可以不计代价拥有她。要知道，如果一个人完全按照自己的意愿做事，他什么罪恶的事情都能做出来！

"没有一颗勇敢的心就无法获得幸福，我的孩子，想要完成德行也必须经过斗争。一切德行都建立在力量的基础上，'德行'这个词语也来自于'力量'。一个力量弱小的人，天性固然是他能否实践德行的一个决定因素，但他要想果断地完成德行，仍然必须要依靠自己的意志。这也是正直的人能够得到我们赞誉的原因。我们说上帝善良，但却不说他有德行，就是因为他的善行是不需要经过努力的。当然，我会等到你有理解能力的时候，才会对你说这样一句如此冒犯上帝的话。德行这一事物，当我们能够毫不费力就能完成的时候，是不需要认识它的。我们意识到德行的重要性，只会是在我们欲念已经产生的那一刻。这种时刻对你来说已经到来。

"我抚养你于朴实的大自然中，为了避免让你认为履行天职非常困难，我并没有把那些难以履行的天职告诉你，并且还保护了你不沾染恶习。我让你形成了一种认识：各种谎言没有好处，但是并不应该痛恨。像教导你重视自己的权利那样教导你重视别人的权利，那样的事情我是很少做的。目前我还没有让你成为一个有德行的人，但是最起码已经让你成了一个善良的人。然而，一个善良的人那颗善良的心，由于能够因为人类欲念的影响而破坏甚至消失，他要想保持自己的善良，只有在他愿意做一个善良的人的时候才能实现。一个善良的人被称为好人，只有从他自身的角度来说才正确。

"能够克制自己感情的人，才能算得上一个有德行的人。为什么要这样说呢？因为，一个人要想让自己服从自己的理智和良心，把自己的天职履行好，并且始终遵从自己做人的本分，必须要能够克制自己的情感。奴隶能够享受到的自由只能是在没有主人使唤时短暂的自由，而你到现在为止，也只能享受到这种表面上的自由。我的爱弥儿，为了成为一个有德行的人，你现在应该要学会怎样主宰自己，让自己的心遵从自己的意愿，你应该获得实际的自由。

"大自然可以为我们解除它强加给我们痛苦，可以教导我们怎样忍受那些痛苦，但是却从未说过它可以把我们自己造成的痛苦解除。事实上，它真正要做的事情是：弃我们于不顾，让我们因为自己的欲念而牺牲，让那些没有意义的烦恼来折磨我们，让我们用眼泪来夸耀自己，而我们本来是应该感到羞耻的。因此，你还需要进行一段时间的刻苦学习，并且，较之于你以前学的东西，这次学习的内容要更加困难。

"现在，你已经产生了第一个欲念，这个欲念，也正是你应该获得的唯一一个欲念。它也很可能成为你最后一个欲念，如果你能够以男人的气概控制它的话。如此一来，除了仍然受美德的趋势之外，你将不再受到别的欲念的驱使，同时也就可以对其他欲念加以遏制了。

"这种欲念和感受这种欲念的心灵都非常纯洁。因此，我非常清楚不能把它看成是一种犯罪。是纯洁的心灵孕育和培养了它。幸福的情人，你们爱情的美，是会因为道德的美而程度更深的，这种你期盼已久的甜蜜地结合，是你善良和忠于爱情的回报。但是，诚实的人，你也不能否认，这个纯洁无比的欲念仍然支配着你的一切行动，你无法保证，如果它开始变得不那样纯洁，到时候你仍然能够很好地克制它。此时此刻，正是对你的力量加以试验的时候。如果等到你不得不试验力量的时候再试验，将会为时已晚。在还没有面临危险的时候，就应该尽早进行可怕的试验。在快要开战的时候才磨刀不是一个好的做法，我们应该在打仗之前把一切准备做好。

"有一种做法是错误的，即为了让自己能够追逐某些欲念，以可以产生的欲念和禁止产生的欲念来对欲念进行区分。只要你能够控制的欲念都是好的，反之则是不好的。我们在很多方面是受到束缚的：大自然不准我们拥有超越自身能力的爱好，理性不准我们想得到本来不可能得到的事物，不过良心只是不准我们被引诱控制，而并没有不准我们被诱惑。我们无法决定我们是否产生欲念，但是却可以决定是否能够控制欲念。一种情感，我们只要能够加以控制，那么这种情感就是合法的，而如果它是反过来控制我们的，就是一种罪行。一个人如果能以自己的天职约束自己，他喜爱别人的妻子并不能算是一种犯罪。相反，一个人爱自己的妻子，如果这种喜爱达到了不计后果的地步，也是一种犯罪。

"你认为我会对你讲一大堆道德格言吗？不会的，我只会告诉你一个涵盖了所有格言的一个格言：你要以做一个人的标准来要求自己，以被允许的标准来约束自己的心。对于这个范围，你要加以了解和研究，只要你不超过它就不会产生痛苦，即便这个范围非常狭小。相反，如果你想跃出它来做事情，就会碰到许多令人不快的事情。我们是因为毫无节制地追逐我们的欲念才产生许多痛苦的。如果我们把做人的标准抛在脑后，转而凭空想象出各种标准，当我们从后一种环境回到前一种环境的时候，我们就会认为自己的生活很不幸。那么，我们什么时候才应该投入精力去得到那些东西呢？在缺少我们可以占有的事物的时候！当我们已经认识到，我们无法获得想获得东西，那么这个时候，我们就应该改变我们的想法；我们的愿望不可能实现的时候，我们就不能因为无法实现它而产生痛苦。对于一个乞讨者来说，他无疑是想当国王的，但他会因为无法实现这个愿望而痛苦吗？一个国王之所以想成为一尊神，是因为他本身就认为自己不只一个人那么简单。

"一个人如果很有智慧，他只要一思索人世间的苦难就会懂得约束自己，因为我们所有痛苦都来自于自视甚高。这样一来，他就可以让自己的地位始终得到保持，从而不做任何越出他地位的事情。他绝对不会为了获得无法持久的事物而耗费精力，而是将精力放在对自己能够占有的事物的享受上。所以，相较于我们而言，他实际上更加富有和强大。这是一个一切事物都在发生变化，并且都会成为过往的世界，说我明天就消失在这个世界上也并非就不可能。于是就出现了一个问题：一个人既然总免不了一死，是否应该在这个世界上建立一些永恒的关系？爱弥儿，我的儿子！你是我唯一拥有的东西。但是，因为不知道别人会在什么时候从我手里把你夺取，我必须要想到自己有可能会失去你。

"如果你想快乐又严肃地生活，那么你的心唯一能做的就是去爱那永恒的美。同时你还必须做到以下几点：把自己欲望按自己的条件加以限制；先履行好自己的天职，然后让自己的欲望得到满足；把不可或缺的法则用在得到的行为上；学会在失去了可能失去的事物时的应对之策；如果有可能，在践行美德时候学会怎样抛弃一些东西，怎样应对各种变故，怎样调节自己的心，以使得它不受到伤害，怎样为了让自己永远不陷入悲惨的境地而勇敢地面对逆境；怎样为了自己永远不犯罪而坚定地履行自己的天职。如此你将得到好处：即便命运多舛也能快乐地生活，即便许多欲念也能够拥有一种很严肃的生活。你将会发现：即便你拥有的东西非常容易失去，但是无损于你从中获得巨大的快乐，因而能够拥有一个平和的心境。你和它们，你是拥有占有权的一方。同时，你也会认识到：人要想得到享受必须要舍得失去，因为对人来说所有的东西终有一天会失去。如此，你就绝对不会臆想什么并不真实的快乐了；如此，你也就不会体验到产生于虚假的快乐的痛苦了。由于这些痛苦是司空见惯的，而快乐则是稀缺而并不存在的东西，你将会因为这样的一种转变而得到巨大好处。你将会让许多骗人的偏见无所遁形，同时让一种说法宣告破产：生命有了不起的价值。对于你的生命，你将可以毫无顾虑地享受它，毫无恐惧地结束它，丝毫不犹豫地舍弃它。其他人因为恐惧而认为生命一停止而自己就会消失，但是你不同，你会认为真正的生活恰恰开始于丧失生命之后，因为你非常清楚生命的渺小。对恶人来说，死亡是生命的结束，但对正直的人来说，死亡却刚好是生命的开端。"

在听我这样说的时候，爱弥儿是非常专心的，但是也流露出不安的表情。他在担心，担心我在说完这些话之后得出一个可怕的结论。他做出了一种猜想：当我把一定要锻炼心灵的力量的原因讲完，就会让他进行这种严格的锻炼。同一个受伤的人一看见外科医生走过来就颤抖一样，他已经感觉到那厉害无比、但是为了治好人的疾病和避免让人腐坏的手，已经触碰到了自己的创伤。

但他没有回答我，相反还问了我问题，而且在问的时候还带有一丝恐惧，这当然是因为他有疑惑不解的地方，同时非常焦急，想尽快知道我将会得出怎样的结论。他心情忐忑，连眼睛都没有抬起来问我："怎样办？告诉我该怎么办？""离开苏菲！"我坚定地说道。"什么？你说什么？"他怒了起来，"离开苏菲？离开她？欺骗她？你这样是在让我成为一个不守承诺的人，成为一个恶人……""爱弥儿，"我截住他的话头："我并没有让你去这种人。""你不会这样做的，别人也不会这样做，"他仍然语调激烈，"并且，即便你这样做，我仍然能够保持你对我的教育，从而让自己不成为这样一种人。"

他会这样生气，完全在我的意料之中。我之所以装作一点都不在乎而让他气愤，原因也在这里。我之所以有能力不断地教导他做事要沉着，就在于我拥有这种不断教导他镇定的态度。爱弥儿对我非常了解，他固然相信我不会让他去做什么坏事，但他仍然在等待我的解释，因为就他对"坏事"的理解，离开苏菲就是坏事一桩。于是我继续说：

"亲爱的爱弥儿，相较于你这三个月以来所过的生活，你是否相信还有人（无论他拥有怎样的身份）比你更快乐？答案如果是肯定的，你就应该抛弃这种错误的看法。如果你把生命的快乐在你感受到生命乐趣之前完全享用尽，你一生就只能拥有在这三个月当中经历的乐趣。同你将来实际能够享受到的乐趣相比，你在希望中能够享受到的乐趣要更大，而且要大上许多。因为想象力的缘故，你希望得到的东西被蒙上一层迷幻的色彩，但当你得到真正得到那个东西的时候，这层色彩是会褪去的。真正能称得上完美无瑕的东西，除了自由自在的上帝之外便只有不存在的东西了。如果这种状况能够始终保持，那种至高无上的生活或许就已经能为你触及了。只是因为一个事实的存在，如果我们感到快乐的状态能够始终持续下去，那么我们将会因为已经习惯享受它而无法体会到其中的趣味，这个事实就是：所有属于人的东西都将要衰老，在某一天，人所拥有的一切都将会消逝。如果外界的事物始终如一，我们心也就会始终如一。因此，并不是幸福离开了我们，而是我们远离了幸福。

"时间消逝于你处于迷醉当中的那些时日。夏天已经成为过去，冬天近在眼前。我们在如此严酷的季节去看他们，即便体力允许他们也是不允许的。目前的这种生活是难以为继的，因此不管我们愿意与否，我们都必须改变我们的生活方式。从你那急切的眼神当中我已经看出，这种生活方式并不难改变。其原因在于：凭借苏菲的承诺和你的意愿，找到一个躲避大雪不再去他们那里看她的方法并不困难。做出一个临时的措施固然很好，但也有一个弊端：等到来年春天大雪融化，你们便不得不结婚。因此，对于我们来说，想出一个四季都适用的办法是很有必要的。

"你想和苏菲缔结连理，但是有一个事实是无可否认的，这就是你认识她还不足五个月。你是因为她让你感到喜欢才想娶她的，而不是因为她和你非常配。毫无疑问，你爱她并不代表她就一定和你相配，不能保证情深意切的两个人将来不会反目成仇。她是一个很有品德的人，但是光有品德是不够的，两人都为人诚实并不能代表两人就一定合得来！而真正担心的是她的性情，而不是她的德行。想要看出一个女人的性情，一天的时间是远远不够的。要想把她的脾性观察得一清二楚，你是否知道在多少种情况下能得以实现？四个月的爱情，根本不足以保证你会一辈子爱她，或许只需要见过两个人，你就会把她抛到九霄云外；或许你只要一离开，就会立即因为碰到另外一个人而忘记她。你或许会面临这样一种情况：在回来的时候发现她以冷淡的态度对你，其情形和她现在对你亲热的样子形成一个鲜明的对比。她或许依然是一个诚实的人，但是已经不再爱你，因为感情与她的品德完全无关。我毫不怀疑她将来也会非常忠贞，但是如果不经过一番考验，谁也不敢保证她那时仍然爱你，同样也没有人敢保证你仍然爱她。难道说你想在根本不需要考验的时候才考验，又或者等到两个人难舍难分的时候才彼此了解对方的性情？

"现在是你们谈恋爱的时候，而不是结婚的时候，因为苏菲还不到十八岁，而你也才刚满二十岁。你们难道想在这个时候就做父亲和母亲？要知道，要想教育好孩子，最起码也要他自己已经不是孩子。因为还不到年龄就生育后代而损害身体和缩短寿命的年轻女人可以说不计其数，因为母亲身体欠佳而长得非常瘦弱的孩子也可以说不计其数，有一个事实是不容否认的：如果母亲和孩子同时发育，如果把身体发育需要的养料一分为二，让他们都无法得到大自然所限定的份额，两个人都会长得不好。倘若我对爱弥儿的判断准确，我想他采取的做法一定是：晚些结婚，从而娶一个健壮的妻子以及养育健壮的子女，而不是牺牲他们的健康和生命而满足自己急切的欲望。

"现在，我们就你来谈论一番吧。你想赶快成为一名丈夫和父亲，但是你是否对丈夫和父亲应该具备哪些责任进行过思考？要知道，在你成为一个家庭的主人时，你同样也成了国家的一分子。那么，你是否又知道怎样做才能算是国家的一成员？此外，你还必须问自己是否已经对政府、法律和祖国，你应该为谁而死，以及为了能够生活要付出多少代价有一个了解。你认为你什么都懂了，但实际上你一无所知。在你即将要在社会秩序中占有一个位置之前，你必须对一个问题做一番研究和了解：什么地位对你是最适合的。

"你应该离开苏菲，爱弥儿，我这并不是在让你抛弃她。于她而言，你能够离开她而不和她结婚是有极有好处的。因为你现在如果离开她，等到回来的时候，你将会更适合做爱她的丈夫。于你而言，现在认为自己已经能够配得上她是不应该的。你还有许多事情没有做，那些事情都是你必须做的。为了让你能够在回来的时候拥有体面地和她在一起的权利，能够不需要她的赏赐而是直接向她要报酬，让她答应你的求婚，你应该去完成那高尚的使命，学会忍受离别，去获得那忠贞的奖赏。"

但因为没有过自由斗争的经历，并且不习惯用意志去克制欲望，这个年轻人便不认同，要和我进行辩论。他问了我一系列问题：为什么不要近在眼前的幸福；在她愿意嫁给他的情况下去娶她是否表示他轻视她；为什么要远离她去学习他应该知道的东西；如果说一定要离开她，为什么不等到他和她之间产生了难舍难分的关系之后再离开？一句话，在他跟我走之前，他必须要成为她的丈夫，只有得到他们结婚之后，他才能够无所顾虑地离开。"亲爱的爱弥儿，之所以要和她结婚，恰恰是为了离开她。因此，你的这种想法是一种矛盾的想法。当情人不在身边的时候，如果一个男子也能生活，那么这个男子的确非常厉害。不过，如果一个丈夫在没有必要的时候离开自己的妻子，那么就非常没有必要了。你现在不要再摇摆不定了，而是应该鼓起勇气去告诉苏菲，你必须要离开她。因为，我已经发现你这样做并不是自己的本来想法。勇敢一点吧！你既然对理性不屑一顾，那么就要听命于另外一个导师。我们两人之间所达成的约定，我想你一定还铭记于心。你必须要离开苏菲，爱弥儿，这也是我对你的要求。"

到了这里，我们暂且把他们的故事告一段落吧！我并非不愿意继续讲述这两个年轻人的爱情故事，一直讲到他们两个人离开的那一天为止，而实在是因为占用了各位读者太多的时间。我认为，爱弥儿是有勇气对他的情人表示坚决态度的，就像他刚才对他的朋友那样。他正是因为对苏菲的爱情无比真诚才能做到这样坚决的。如果他在离开她的问题上，任何牺牲都没有，反而在向她说的时候会很难为情。毕竟，对一个实诚的人而言，以罪人的身份离开他，这个角色让人不是那么乐意接受。所以，在他为之做出牺牲的人眼中，他付出的代价越大，他的形象就越高大。对于她可能误解他离开她的意思，他可能并不害怕。他对她的每一个眼神，都好像是在对她说："苏菲，你必须要明白我的心和对知己的爱情忠贞。你的情人，并不是一个道德败坏的人。"

对于这一突如其来的打击，有着强烈自尊心的苏菲的表现是尽可能不以为意。但没过多久，她就无法再那样坚定了，因为她和爱弥儿一样，缺乏斗争和胜利的经验。她经常哭泣和颤抖，而且是不由自主地，同时，她也害怕爱弥儿忘记自己。这决定了她对这次分离更加伤心。但她丝毫没有在情人面前哭，也从来不把自己的忧虑向他展现。在他的面前，她总是尽量克制自己的情感，甚至不叹一口气。她总是当着我的面流泪，向我诉苦，把我当成知心朋友。妇女的头脑是非常好用的，也非常善于装样子。由于知道自己的命运掌握在我手里，当她在暗地里对我专制做法的抱怨越厉害，她对我的表现就越殷勤。

我安抚她，并使出浑身解数让她不要担心。同时，我也向她做出承诺：她的情人，或者更准确地说是她的丈夫，对她是忠诚的，只要她也能保持同等程度的忠诚。两年之后，他就会和她结婚。她相信我所说的话，因为她非常尊重我。现在，我成了他们相互间的担保人。他们完全不忧虑自己的命运，这种信心来自于他们的内心和品德，也来自于我的正直和他们父母的信心。但谁也不能否认，一个人不管再怎么有理智，如果心非常软弱仍然无济于事。在他们看来，这次分离就好比昭示着双方再也不能见面。

苏菲在这个时候脑海里产生了一个闪念：欧夏丽也曾有一番隐隐的担心，而自己现在正处在欧夏丽的地位。让他在离别之际再产生那种狂热的爱情，对于我们来说是绝对不允许的。有一天，我对苏菲说："你和爱弥儿不妨各赠送一本书给对方，他送你一本你喜欢的《旁观集》，你送他一本《特勒玛科斯奇遇记》。在《旁观集》当中，你可以对诚实的妇女有哪些天职有一个研究，并且对自己两年后要尽的那些天职有一个了解。"各自赠送一本书给对方，让两个人都感到快乐和产生信心。但最终令人悲伤的日子还是来临，他们离别近在眼前。

而那位让人尊敬的父亲（我所有的事情都是和他商量着做的），他在告别我的时候拥抱了我，并且拉我到一旁略带严肃地对我说："为了让你感到快乐，我已经费尽心思，我非常清楚同自己一起做事的是一个对荣誉很看重的人。我希望你不要忘记我女儿的嘴唇已经被你的学生亲吻过，并且他已经签订了婚约。"

这两个情人的表情太不一样了！爱弥儿激动万分，竟然不可自控地流下了泪水。那泪水流得像河一样，淌到了苏菲父亲和母亲的手上，也淌到了苏菲的手上。他哽咽着，把苏菲的家里的人一一抱了个遍，把几句一样的话总是翻来覆去地讲着。这样完全没有次序可言地反复说话，如果是出现在另外一个场合，一定会让大家大笑不止。而苏菲的神态则是：脸色发白，双眼无光，一动不动地颓丧着站在那里。她既没有说话也没有哭泣，并且没有抬头看任何一个人，甚至都不看向爱弥儿。爱弥儿拉着她的手，紧紧地拥抱着她，然而即便如此，她的神态依然没有发生变化。她似乎对他的哭泣、拥抱以及为她做的一切都无动于衷，在她的观念里，他是早已经离开了她的。较之于情人表现出的那种哭泣不止、不忍远离的可怜模样，她的这种表情无疑更动人！苏菲的这种表情被他看见和感受到了，他已经肝肠寸断。在拉他离开的时候，我花费的力气不可谓不大。我如果让他再在那里停留片刻，我真担心他会不愿意离开。

他在离开的时候能看到这种让人伤心的情景，是让我感到非常高兴的地方。如果将来有一天因为被人诱惑而将苏菲对他的情感抛诸脑后，到那个时候，我就会给他敲警钟，让他不要忘记当天看到的情景。如此，只要他的良心尚未完全泯灭，我就能够保存带他回到她身边。

游　历

一部分人问过这样一个问题：年轻人是否应该外出游历？他们同时对此进行了很多讨论。在我看来，这个问题如果换一种问法，将不会有那么多争论，这种问法就是：已经外出游历的人是否觉得应该？

只注重量不注重质地读书，对科学研究的害处是非常大的。一个人如果认为自己对书本中阅读到的东西已经了解，就会认为自己没有再研究它的必要。这样，读书太多反而走向了一个反面——造就了一批自认为自己厉害但无知的人。拿这个世纪和任何一个世纪比较，这个世纪的人读书是最多的，但是知道的东西却是最少的；法国在欧洲的所有国家中，刊印历史、文学和游记之类的著作是最多的，但是对其他民族的天才和风俗知道的也是最少的。这就形成了一种颇具讽刺意味的局面：因为书籍太多，我们反而对世界这本书熟视无睹了，又或者即便去看，每个人也只看到自己看到的那些内容。当我听到"怎样做一个波斯人"这句话时，如果不是因为知道真的有人这样说过，我还以为说这句话出自民族偏见最严重的国家的人之口，出自最爱散布民族偏见的女人之口。

巴黎人自认为对各个民族的人都非常了解，但事实上他了解的只有法国人。尽管有许多外国人成天在巴黎城中出现，但他们在巴黎人的眼中却依然是所有人当中最怪异的。如果想要认识到他们非常聪明但也非常愚蠢，必须要对这个大城市中有财产的人进行研究，同时和他们生活一段时间。有这样一个奇特的情况：于他们而言，尽管每一个国家的作品都读过十多遍，但是当那个国家的人真正站在面前的时候，却依然一无所知。

要不被作者的成见和我们自身的成见蒙蔽，从而看清事情的本来面目，这的确不是一件容易的事情。我一生读过的游记不可谓不多，但却从来没有发现对一个民族的描述相同的两本游记。当我比较了一番我目见耳闻的一些情况，我终于做出一个决定：不再看任何游历家的著作。同时，我开始责怪自己不应该花费时间去阅读他们的书，以及深信必须要进行实地考察而不是只是念书本就能做各种研究。由于游历家虽然每个人都很诚实，但叙述的只是自身看到的东西，对于事情的真相，他们必然会用自己的观点加以修饰。如果再深入，把他们的谎言和苛责加以分析，结果会如何就可想而知。

让那些天生就喜欢读书的人去吹嘘读书的好处吧，因为那些人正在对我们这样做！同雷蒙·鲁尔的方法一样，这个方法也并非一无是处，它最起码可以让那些人学会怎样大肆讲他们根本不明所以的事情。除了这一用处，它的用处还包括：把一些十五岁的人训练成为柏拉图，让他们在一个小圈子中把柏拉图的哲学大谈特谈，同时按照保罗·吕卡斯或塔维涅的话把埃及和印度的风俗讲给人们听。

一个人如果只看见过一个民族，就谈不上了解人类，而只能说了解曾经同他一起生活过的那些人。这一点，我认为是确信无疑的。所以，对于游历，我们可以从另一个角度提问："一个教养很好的人，是否只需要了解他自己国家的人？他是否有必要对各个民族的人做一番了解？"如果这样问，所有的问题就迎刃而解了。由此你就可以知道了，一个困难的问题要想得到解决，在很大程度上取决于应该怎样问那个问题。

那么问题来了：是否要走遍整个世界，并且到日本去观察欧洲人才能研究人类？是否必须要一一研究某个民族中所有人之后才能了解那个民族？当然不是这样！把每个民族都研究一遍是没有必要的，因为所有民族当中的人都是非常相似的。你如果对十个法国人进行过观察，那么可以讲你就对所有法国人都进行了观察。而如果是英国人或是其他民族的人，我就不敢这样说了。但我仍然可以确定一点：无论是哪一个民族，都有着自己独有的特征。这些特征固然不能只从一个身上归纳出来，但从几个人身上归纳出来是可以的。你要就研究过十个民族的人，就可以对这些民族的人有一个认识，就像你见过十个法国人就是见到所有法国人一样。

只是去了各个国家是不足以增长知识的，要想让知识得到增长，还必须知道怎样在那些国家游历。必须先要眼光独到，并且将其灌注在想要了解的事物上，然后才能进行研究。为什么一些人在游历了一段时间后，得到的好处还不如从书本上获得好处多呢？原因就在于他们不知道怎样进行思考。在读书的时候，他们最起码可以得到作者的指引，但在亲身游历的时候，他们却不知道应该看些什么了。而有一部分人，因为根本就不想增长知识，他们在游历了一番之后也会一无所获。他们抱有的目的差别是巨大的，因此不可能要求他们以学习的目的去游历。一个人不管怎样做，都无法观察无意观察的东西。法国人是世界上所有民族当中最喜欢到国外游历的民族，但他们通常会把不属于习惯的事情也看成习惯，因为他们的习惯实在是太多了。这个差别的存在，我认为正表明英国人值得颂扬。法国人通常是为了小富一把去外国的，而英国人想去外国发财，通常会备足金钱做生意。英国是为了到其他国家花掉自己的金钱而去外国游历的，完全不是为了去外国讨生活。他们是非常骄傲的，去国外做下贱的事情他们绝对不会干的。他们之所以比因为其他目的去外国游历的法国人在国外能增长更多的知识，其原因就在这里。诚然，英国人有着远远超过所有人的民族偏见，但他们是因为自己的内心情感才有这些偏见的，而不是因为他们的无知。骄傲造就了英国人的偏见，虚荣铸就了法国人的骄傲。

不经常到外地游历的人不像我们这样爱关注那些琳琅满目的事情，爱寻找那些能满足我们好奇心的事物，因此可以把自己全部的注意力都用在研究那些真正有意义的问题。所以，同受文化影响最小的人通常都非常聪明一样，他们出去游历一次得到的效果反而更好。这样游历的民族，就我们所知道的，只有西班牙人。当去到其他国家，法国人只知道拜访艺术家，英国人喜欢去描摹古迹，而德国人，他们只知道带着题名册去找学者。只有西班牙人在到了一个国家后，默默地研究那个国家的政治制度、风土人情和治安的情况。他是这四个国家当中唯一能够从自己的见闻中带回一些对自己国家有好处的东西。

古人外出游历是很少的，阅读和写游记之类的书也同样很少。但他们彼此之间仍然非常了解，甚至比我们同时代的人了解的程度更深，这一点，我们根据他们遗留下来的著作就可以看出来。以诗人荷马为例，我们在读到他作品的时候，简直就像亲自到过那个他所描述的国家。即便把他这样的诗人放在一边。以希罗多德为例，我们也不能不表示敬佩，他写的历史虽然叙事较多而分析和评论较少，但相较于我们今天的历史学家，即便他们在自己的著作中描写了许多人物，他对当时的风俗的描写仍然胜过许多。在对德国的描写上，同当今任何一个作家相比，塔西佗在对那个时代的日耳曼人的描写上都要优秀。同我们对自己邻居的了解相比，他对古代历史当中的人、罗马人、迦太基人、希腊人、高卢人和波斯人了解，比我们任何一个人都要深刻。

此外，我们还必须认识到，由于各个民族原来的特征在逐渐消失，要认识它们并不容易。在以前，民族之间的差别一下就能分辨出来，但是现在，因为各种族人的相互混合，民族之间的差别已经消失了。在以前，每个民族都故步自封，在许多方面都不如今天，如彼此间来往的密切程度，共同或相互矛盾的利益和各民族之间的政治和群众联系的多少，各个国王之间所谓谈判的激烈程度，相互间使节或常驻使节的派遣，以及远洋航行。他们也不去很远的地方做生意，相互间仅有的那一点贸易，要么是由国王自己雇佣外国人做，要么是有那些地位低下的人去做，但这些人在对其他民族的影响方面，在促进各民族相互接近方面所起的作用几乎是没有的。但是现在，同当初高卢和西班牙之间联系的密切程度相比，欧洲和亚洲之间的联系已经密切了许多。就以欧洲为例，它的人口比今天整个世界的人口还要稀疏，而且要稀疏很多。

不过对于这一点还需要做补充，这就是多数古代人都是原始居民，即是在他们那个国家土生土长的人。由于在很长一段时间内他们都居住在那个国家，对于他们先人定居在那里的时间，他们已经无法记起来，同时自身也被当地的风俗深刻地影响。我们现在的人已经完全不同。经过罗马人的入侵和才发生不久的原始人大迁徙，各个国家和民族之间人已经相互混合。以前的法国人非常高大，有着金黄的头发和白白的皮肤，但今天的法国人已经不这样了；以前的希腊人在艺术上能够作为模特，但今天也不这样了。同样发生了变化的还有罗马人的相貌甚至性情。以前的波斯人属于鞑靼族，但因为同塞加西亚人的混合，他们也变得不再像以前那么难看。今天的欧洲人已经是西塞人，而不再是日耳曼人、高卢人、阿洛布罗克斯人①和伊比利亚人②，不同的地方只在于相貌的略微差别和性情的较大不同。

同今天相比，因为风俗影响而产生的古代的民族特征之所以更能表现各民族之间气质、面貌和性格上的差异，原因也在这里。今天的欧洲，已经没有足够的时间让自然的原因为自己刻上印记，因为它时下很不稳定。除此之外，它的森林已经被砍伐，池沼已经干涸；在土地的耕作上，耕作的情形虽然远不如古代，但是耕作方法却更胜从前。这许多的原因，凸显出了每个国家表面上的区别。

当我们把这各种原因都想到，做事情就可以更从容了。同时，我们也就不会每当看到希罗多德、普林尼和克特西亚斯的书时就进行嘲笑，就说他们描述的每个国家的居民，都有一些我们没有看到过的原始特征和突出的差异。如果能把原来的那些人找出来，就能从他们身上看出原来的面貌；如果他们一点变化也没有，他们的本来面目就能得以保持。如果我们能够同时把曾经在这个世界上生活过的人放在一起研究，我们一定会相信每个世纪的人差别都非常大，相信他们当中没有一个民族的样子到今天还能找到。

对于这一点，由于研究工作不断变困难，大家开始越来越忽视，并且做得也越来越不彻底。我们在对人类天性发展的探讨上之所以成绩不佳，其中的一个原因就在这里。一个人游历抱有怎样的目的，他在游历的过程中就只会获取和目的相关的知识；一个人如果想创立一套哲学，便只会关注自己想看到的事物；如果其目的只是为了逐利，便只会在于

---

① 古代居住在法国东南部以隆河、伊泽尔河为界的东北部以及日内瓦附近的一个部落。——译注

② 居住在西班牙南部和东部的一个史前民族。——译注

自己利益相关的事物上倾注心力。商业和手工技术能让每个国家的人民相互往来，但是对他们彼此进行了解却是阻碍的。为什么这样说呢？因为当他们眼中只有对方的利益时，必将没有关注其他事情的想法。

对于我们来说，广泛地考察一番能够生活的地方总是有好处的。因为如果这样做，我们可以找到一个能让我们生活得更舒适的地方。如果所有人仅仅依靠自己就能够生活，那么他唯一需要做的就是了解让自己生活的地方。原始想要生活是不需要任何人帮助的，他对整个世界也没有什么过分的要求。这也是他们为什么只了解，并且只想了解他们生过的那个地方的原因。就算他们不得不转移生活的地方，他们也不会来到人居住的地方；他们更愿意以野兽为生活资源，并且只要有野兽，他们就能生活。但对于我们而言，文明人的生活才是我们所需要的。如果不吃东西，我们无法存活，为了自身的利益，我们所有人都喜欢去人数最多的国家。为什么大家都喜欢去罗马、巴黎和伦敦呢？原因就在这里。人血的价钱在各个国家的首都总是最便宜的。一个人去大都市，看到的通常都是大人物，而且那些大人物都千篇一律。

有这样一个说法：为了研究学问，有许多学者已经去国外游历了。这其实是一种错误的说法。同其他所有人一样，那些学者去国外游历也是为了利益。在我们今天，已经找不到柏拉图和毕达哥拉斯那样的人了，即便有，也只会在其他国家。我们的学者去外国游历，完全是因为朝廷的差遣。朝廷给他们路费和薪水，让他们去研究各种各样的事物。从这一点可以看出，他们绝不是去研究道德方面的事物。他们必须为朝廷要实现的目的投入自己所有的时间。他们拿了朝廷的钱就不得不为朝廷做事，因为他们都很老实。即便某个国家有些好奇的人自己花钱去游历，他们游历的目的也不是为了研究人，而是为了去教训人。学问并不是他们需要的东西，浮华的外表才是。他们定然想不到应该在游历中摆脱偏见的束缚。他们之所以去游历，完全是出于偏见。

以观赏一个国家的山川为目的进行的游历，并不同于以研究一个国家的人民为目的进行的游历。好奇的人去游历都总是有目的的，察看一个国家的人民对他来说只是附带的工作。小孩子最先做的是看东西，研究人是他们长大之后的工作。至于大人，如果他有时间看东西，那么顺序应该刚好反过来。

　　所以，我们如果因为没有游历好就说游历没有用处，是完全错误的。但是，游历即便有用处，也不能说所有人都可以游历。事实上适合游历的只有很少一部分人：有非常大毅力的人；能够从别人的错误中汲取教训而且能够抵抗诱惑的人；能够从别人的恶行当中总结经验而引以为戒的人。让一个人的天性按照它的倾向发展，从而让他最终成为一个坏人或好人，是游历所能起到的作用。一个人如果游览过世界，他在回来的时候是什么样子，他一生都会是那个样子。由于他是为想做坏事而不是好事去游历的，他在游历回来之后将变得更坏而不是更好。在游历的过程当中，没有受过良好教育和行为轻佻的人，将会学会一切他游历过的国家的人的恶习；别人尽管在显露恶习的时候也同样显露了美德，但他们却丝毫学不到别人的美德。但如果是成长于善良人家的青年，他们在游历回来之后却会变得比以前更好和更聪明，因为他们善良的天性受过良好的教养，而且去游历的目的确实是为了受教育。爱弥儿，一个对得起一个高尚时代的人，一个美德使全欧洲都羡慕的人，一个虽然在大好年华把生命献给祖国但没有虚度的人，一个用自己的美德，等待外国人来他坟墓撒花以表示崇敬的人，在游历的时候抱的也是这个目的。

　　任何经过一番推理而做的事情，都有着自己的法则，游历这一教育的组成部分也属于这类事情。如果游历的目的仅仅是为了游历，那就是一种漫无目的的流浪。即便说游历的目的是为了受教育，这个目的也是空泛的，因为受教育并不包含一个明确的目的，它并没有一定的意义。对于青年人，我希望他们抱有一种鲜明的学习意图，当这种意图经过很好的选择，就能够决定要学习的内容了。既然要按照我施行的方法去做，继续按照我在这里说的话去做也是理所当然的。

　　于他而言，研究自己和事物的物质关系以及自己和人的道德关系固然是必要的，但通过自己和本国同胞之间的法律关系来研究自身的处境也同样必要。由于每个人都拥有任何力量都无法破坏的权利，从而让他在长大成人和自己做自己的主人之后，可以不受限制地把他同社会相联系的契约抛弃，进而离开那个社会所在的国家，所有他要对在那个政府管辖下生活是否合适有一个了解，首先就要对政府性质做一个大概的研究，要研究政府的各种形式，同时研究他出生地所在的政府。他是因为仍然居住在他祖先居住的那个地方，才会在到了有理智的年龄仍然被大家看作默认了他祖先订立的契约的。他是有权利放弃自己的祖国的，正如他有权放弃继承他父亲的遗产。不过，他如果放弃了出生地就好比是把什么都放弃了，因为出生地是自然的赐予。一个人如果想在自己出生的地方自由自在的生活，一定会遇到危险，不管他出生在什么地方，除非他是为了获得国家保护的权利而甘愿被法律管辖。

我向爱弥儿讲述了实际的例子："你直到现在都还一直生活在我的指导之下，你还不具备管理自己的能力。然而，这个年龄你就要到来了。当你达到这个年龄，法律将会同意你自己处理自己的事情，从而让你成为自己的主人。用不了多久你将会发现，你在这个社会上是孤零零的一个人，你不得不依靠各种事物，甚至你的遗产。我非常赞赏你想组建一个家的想法，因为它是男人天生应尽的一个义务。不过，由于我们尽管不应该把获得面包看得非常重要，但也必须要加以考虑，你在结婚之前，必须知道自己想成为一个怎样的人，愿意怎样度过自己的一生，应该怎样才能为自己和自己的家庭谋取面包。可以肯定是，你定然不愿意依靠你轻视的那些人，定然不愿意依靠那些让你必须得受别人控制的社会关系，以及那些让你不得不成为恶人以逃避恶人的欺凌的社会关系，以组建自己的家和确定自己的地位。"在把这些话说完之后，我又把运用他财产的各种可能的办法讲了给他听，如用于做生意或理财，或者用于从政。我告诉他："你不管做什么都要遇到一些危险。它们会让你处于无法预知未来会怎样的处境，从而让你做什么事情都要看别人怎样对待你。如此一来，你将不得不按照别人的做法和偏见去改变自己的性情、看法和行为。"

"当兵也可以作为另外一个打发一个你时间和精力的办法。"我告诉他，"这就是由别人用高价钱雇佣你，让你去屠杀那些从来没有干过伤天害理的事情的人。在男子当中，这个职业是很受尊重的，而且，对于那些只会做这种杀人的事情的人，大家也是非常仰慕的。这个职业并不会要求你放弃其他的财产，而只会让你觉得它们更加必不可少，并且，对从事这一职业的人而言，消灭另外一些从事这一职业的人是一种荣耀。这是否就是说他们是玉石俱焚的呢？当然不是，并且，这个职业还同其他各种职业一样，在不知不觉中还形成了一种敛财的方法。但我也有一种担忧，这就是：当我把那些在这方面取得成功的人怎样做的方法告诉你后，你是否会产生好奇，从而也学他们？"

"除了追逐女人，你在从事这一职业时是不需要多大的勇气的。你如果展现出一种胆怯的模样，非常像一个地位低下的奴才，别人反而会非常看重你。这是因为，你如果一心一意想把事情做好，别人反而会轻视和怨恨你，赶你走也并不是没有可能。当你在你所有同伴打扮自己的时候去战壕工作，他们至少会这样做。"

这各种职业无疑与爱弥儿的兴趣是不相符的，这一点完全可以想象得到。他一定会对我说："我为什么那样做？我仍然记得我童年时的本领；我的胳膊还在，气力也还没有耗尽，因此还能够干活。你说的那些职业和人们愚昧的看法，跟我一点关系也没有。我唯一知道的事情是，人最光荣的事情莫过于为人善良和正直，最幸福的事情莫过于同自己喜欢的人在一起独立生活，凭借自己的劳动去获得面包和健康。我完全不害怕你跟我讲的那些危险。只要能够在这个世上拥有一小块土地，我就已经别无所求的了。我只要踏实工作，让土地物产丰富，我完全可以自由自在的生活。于我而言，如果要过上富裕的生活，有苏菲和这样一块土地足矣！"

"我的朋友，你说得很对！一个智慧的人想过幸福的生活，有一位妻子和一块属于自己的土地完全足够了。然而，这点财产并不能算很多；同你想象的不同，它并不是每个人能够得到的。你已经找到了最珍贵和最难获得的妻子，现在让我们来谈论一番土地吧！"

"亲爱的爱弥儿，你应该去哪里寻找一块属于你自己的土地？在这个世界上的哪一个地方，你站在那里可以说'我是这里的主人，这块土地上的东西为我所有'？什么地方更容易让人变得富裕，这样的地方我们固然找得到。但是，我们并不知道有哪些地方能够让人没有财富也能生活。让人既可以生活又不有求于别人，不需要去侵犯别人的利益，也不需要担心别人来侵犯自己的利益，这样的地方谁也不知道。于我们而言，要找到一个能够永远让我们诚实的国家，并不那样容易！在我看来，靠自己的双手劳动，耕种自己的土地，是一种既合法又可靠的谋生办法，如果确实有这样的谋生办法的话。'我所耕种的这块土地所有权属于我'能让我们说这样的话的国家在哪里呢？要想找到这样一个幸福的地方，你首先必须知道你在那里是否能够找到自己在寻找的安宁，同时要避开专制的政府、不能包容其他的宗教和不良的风俗，从而让你的安宁不被扰乱。为了避免劳动成果被剥夺，你必须要避免各种繁重的捐税；为了避免把自己的财富耗尽，你必须避免自己和别人产生无休止的诉讼；为了让自己不需要去奉承当地的官员或他们的下属、教士、法官，已经富裕且有权势的邻居和其他各种坏人，你必须要正直地生活。这是因为，你如果不做好预防工作，他们一定会来侵害你的利益。

"当权贵和富人看到纳博①的葡萄园，就会想把它纳入自己土地的范围，因此，你要避免让自己遭遇他们。倘若你非常不走运，有一个有地位的人在你的茅屋旁边买下或者建造了一座房屋，你必须要考虑：自己是否有把握可以不让他找一个理由用你的土地去扩充他的庄园，或者也许就在明天能够不让他修一条大路来争夺你的土地。如果你想让自己拥有足够的名声，从而让这所有令人不快的事情避免发生，你就必须同时积聚起足够的财富。你必须知道，在这样的情形下积聚财富并没有什么不合适。财富和声名是互为依托的，要想拥有其中的一种，必须也要拥有另一种。

"亲爱的爱弥儿，同你相比，我拥有更多的经验，也更清楚你这个计划将要碰到的困难。但我同时也承认，你的计划不失为一个好的和踏实的计划。因为它的存在，你将会获得幸福，我们也将会努力践行它。为了让你不碰到我刚才讲的那些麻烦，我提出一个建议：从现在起，我们用两年的时间去游历，等回来之后，你再在欧洲选择一个能让你和你

---

①《圣经》里的人物。他的葡萄园曾被亚哈王夺去。——译注

家人幸福生活的地方。如果我们成功，你将获得一种别人无法得到的幸福，从而避免对自己这样利用时间而感到后悔；倘若不幸失败了，你也就会停止再幻想下去，而把痛苦看作必须经历的东西，从而让自己获得平衡，按照需要的法则做事。"

采用这样一种方法，我们将得到怎样的结果呢？对于这个问题，我不知道读者们是否能够清楚。但如果出现一种情况，在以这样一种目的去游历一番回来之后，爱弥儿仍然丝毫不懂得政治制度、风土人情和各种政府法规，那么我敢说一定是因为我和他都还存在不足的地方，要么是他没有足够的智慧，要么是我没有足够的判断力。

政治学尚需要发展，但在我看来，它永远不会有发展起来的一天。格劳休斯①是在这方面所有学者当中最突出的，但他也仅仅是一个心眼很坏的孩子。在我看来，对于格劳休斯和霍布斯的著作，世界上根本没有几个明白事理的人读过或者已经理解，明证便是大家在吹捧格劳休斯的同时，又大肆指责霍布斯②。当实际的情况是怎样的呢？他们两个人的理论根本就是一样的，所不同的仅仅是采用的词句和论述的方法，格劳休斯采用了诗人的方法，而霍布斯则采用诡辩的方法。

能够被称得上有能力创立这样一门不仅复杂而且没有用处的学问的人，在近代只有一个人，他就是著名的孟德斯鸠③。但值得一提的是，他也仅仅满足于对各国政府的成文法进行论述，而没有谈政治学的原理。事实上，这两门学问是这个世界上所有事物当中最不同的。

但如果有谁想以各个政府的实际情况为标准去认真研究它们，不管这个人是谁，都必须结合这两门学问。必须先要知道它们应该是什么样子，然后才能知道它们现在是什么样子。我和它们有什么关系？我应该

---

① 格劳休斯（1583—1645）：古典自然学派主要代表之一，近代国际法学的奠基人，近代自然法理论的创始人之一。——译注

② 霍布斯（1588—1679）：英国政治家和哲学家，创立了机械主义的完整体系，认为宇宙是所有机械运动着的广延物体的总和，同时还提出了"自然状态"和国家起源说。——译注

③ 孟德斯鸠（1689—1755）：法国启蒙思想家和社会学家，西方国家学说和法学理论的奠基人。——译注

怎样对待它们？能否让一个人有兴趣谈论和回答这两个问题，是我们想要阐明这些重大问题最困难的地方。对于这两个问题，我们已经使爱弥儿能够自己解答了。

在幼年时期，我们每个人都有偏见，并且都被各种教条影响过以及每个著作家都有偏心，是第二个困难的地方。他们整天把真理挂在嘴上，其实心里真正想的是他们的利益，仅仅是在嘴上说说而已，他们才不管真理是什么呢。因此，大众的地位是不可能由他们决定的，因为他们没有委托著作家去做教授，也没有给他们年金或法兰西学院院士的席位。我要让爱弥儿尽量认为这个困难并不难克服。寻找最优秀的政府，是他在刚刚知道什么叫政府时唯一需要做的事情。他并不是为了写书创立学说来到这个世界上的，倘若他必须要写书，那么他写书的目也只是为了树立人权，而不是为了讨好当今的权贵。

事实上还有第三个困难，但是我并不打算现在提出它，也不准备现在去解决它，因为它只是极少数才有的，并且并不难解决。而且，只要我不怕它，这个困难根本不是问题。如果我们想要去进行这样一种研究，我认为我们需要的是对正义真诚的爱和对真理的尊重，而不是需要什么巨大的才能。现在，我认为就是找到一个对政治制度进行公正研究的时机，如果真有这样一个时机的话。如果不这样做，今后再难有这样的机会。

我们必须先制定出一些研究的规则以进行研究，而且，对于我们所研究的事物，我们需要政治学原理这样一个标准来进行衡量。那么我们衡量的尺度是什么呢？这就是每一个国家的民法。

我们的基本概念一点也不复杂，它来自于对事物性质的直接归纳。我们将要讨论的就是这些基本的概念。我们做的事情，仅仅是在把它们表述成原理之前，先把它们圆满地解决。

不妨举个例子，如果我们想要对自然状态进行研究，就必须研究：人生来是自由的还是受控制的，是生来独立的还是和别人联合在一起；这种联合是自愿的还是因为一种力量的强迫；如果是被强迫，那么那种强迫他们联合的力量能否制定出一种永久的法律？此外，我们还要研究：当这个以前的暴力已经被另外一种暴力征服，它凭借着这一法律仍然有权要求大家服从它，从而导致出现和一种情况类似的情况，即据说在勒鲁瓦①用暴力把人民制服后，其他暴力已经消灭了他的暴力，仍然被看成是不合法的和是篡权夺位，能被称作真正的国君的，仍然只有勒鲁瓦的后代或他推选出来的人。或者是另外一种情况，如果已经没有了以前的那个暴力，它之后的暴力是否有能力让我们服从，是否可以把以前那个暴力所有的束缚都毁灭，从而让我们只需要在它对我们施加压力的时候服从它，当我们有力量抵抗的时候，我们就可以不服从。因此，法律其实也是一种暴力，仅仅是换了一种说法。

我们要研究的所有疾病都来自于上帝的赐予，因此请医生治病是一种犯罪。当我们在一条大路上被一个匪徒抢劫，我们是否应该凭良心给他我们的钱，即便我们有能力藏好自己的钱包，因为他手中持的枪也是一种权力。在这种情况下，"权力"这个词是否和合法的权力有所区别？它要想成立，是否必须依据法律？

我们如果以自然的法律，也就是父权，作为人类社会的原理，对暴力的法律不予承认，研究这个法律有多大，自然的依据又是什么，便成了我们不得不做的事情。它之所以能够存在，唯一的理由就是孩子的利益和身体的柔弱，以及父亲对孩子天性的爱。如果孩子身体业已经很强壮，并且拥有了成熟的智力，能否成为唯一一个能对保持自己生命做出判断的人，从而能够自己主宰自己，不被包括父亲在内的任何人约束？为什么要这样说？因为较之于父亲对他的爱，孩子对自身的爱更深。

当父亲已经去世，孩子们是否一定要服从他们的长兄和另外一个对他们根本没有天然的父爱的人？所有部族是否始终只需要一个为各族人所服从的首领？如果是，这种权力为什么又被划分？为什么统治这个世界的有那么多人？这些问题，都是应该研究的。

如果所有民族的组成都是来自于自己的选择，那么法律到事实的距离，就是我们一个不得不研究的问题。我们必须要提出一个问题：这样一个社会是否是自愿结合的。因为，孩子服从他们的兄长、叔父和其他亲族是因为他们意愿服从，而不是因为他受到了对方的强迫。

① 据传为古巴比伦的第一位国王。——译注

一个人是否可以依照法律为别人无条件地让出自己的权利，即他是否可以置自己的人格、生命和理智于不顾，在做事情的时候完全不在意对错，笼统说来就是是否可以在大自然要他自己保持自己的生命，他的良心和理智已经告诉他应该和不应该做的事情时，他是否可以在生命还尚未丧失之前放弃自己的生命？我们在谈到奴隶法的时候，就要问到这个问题。

倘若有某种保留和限制存在于奴隶法当中，我们有一个问题就不得不问：这个法律是否因此就成了一种真正的契约。由于双方因为这个契约都是订约的人，因而没有共同的主人①，根据契约的条件，他们就仍然是自己的主人，这种自由，是他们每一个人都可以享受到的。除此之外，当他们发现这个契约对自身有害，他们就可以马上毁掉。

因此，结论就出来了：既然一个奴隶都不能无条件地为自己的主人让出一切权利，就更不用说一个民族为自己的首领无条件地让出自己的权利了。既然一个奴隶都可以对自己的主人是否遵守契约做出判断，一个民族对自己的首领是否在遵守契约做出判断，又有什么困难呢？

我们必须要问，在我们所说的那种契约尚未出现之前，我们为了组成一个民族，是否还需要订立一个契约，或者最起码有那么一个契约？因为，对于我们来说，重新进行这样的探讨，研究"集合民族"这个词的意思是无可避免的。

一个民族既然可以在还没有选择自己的国王之前就成为一个民族，只能说它是根据社会契约而组成的一个民族。从这一点就可以看出，一切文明的社会基础都是社会契约，我们只能根据这一契约的性质才能阐明按照这种契约而构成的社会的性质。

什么才是我们研究这种契约的主要内容？是否可以这样来进行概括："我们每个人都为全体意志交出自己的财产、人格、生命以及自己的所有能力，让它去支配我们，作为我们的最高领导；我们作为一个集体，则把每个成员都看成一个整体的组成部分。"

---

① 如果这个共同的主人存在，那么非国王莫属。因此，奴隶法并不是统治权的起源，因为它是根据统治权而制定的。——原注

如果这样概括并没有什么不可以的话，我们就可以这样来定义：这个集体的契约不会提及每个人，不仅不会提，它还会创造一个集合体，有多少人在大会中投票，这个集合体就由多少人组成。我以"政体"来命名这个共同的人格。它的成员对它的称呼，在它处于消极状态时称它为"国家"，反之则称它为"主权"，称呼成员则是用"人民"。如果进行分别论述，如果是"城市"的一个组成部分或参与主权的人，就以"公民"来称呼他们，服从同一个主权的人则称为"属民"。

　　在我们看来，有一个全体和个人之见的相互约定蕴含于这种联合的契约当中。因为每个人都和自己订立了契约，所以可以说每个人都有双重的关系：于别人而言，他是行使主权的一分子；于主权者而言，他是国家的一分子。

　　我们同时认为，社会契约是唯一的基本法，因为一个人如果没有亲自订立约定，便不能说一定要遵守契约，全体意志虽然可以根据每个人所处的两种不同关系而迫使所有的属民服从自己的领导，但是没有强迫国家服从的能力。那么，这是否在说政体在某些方面不能和别人订立契约呢？当然不是，它在外国人眼里只是一个个体，一个简单的存在。

　　我们必须研究，订约的双方是否可以随时决定是否要遵守契约，是否可以在高兴的时候决定遵守，在认为契约对自己的不利的时候不遵守，因为订约的每一个个人或集体，没有一个是可以对他们之间的分歧做出评判的上级。

　　对于这个问题，我们是这样进行解释的。我们认为主权者是不能够直接损害个人的，要损害就势必会损害所有的人，因为主权者按照社会契约只能根据共同的和全体的意志做事。但这种情况并不会发生，因为这样做和自己损害自己没什么两样。因此，由于只有个人才能破坏社会契约，但个人即便破坏社会契约也不能不受它的约束，并且还会因此受到惩罚，社会契约需要的保证仅仅是公众的势力。

　　社会契约是一种有着特殊性质的契约，而且人民之所以是在自己和自己订立契约，因为它具有这种特殊的性质，即人民作为整体来说是主权者。如果不具备这些，政治机器在构造和运用方面就不具备条件。

并且，每个人要想让自己的契约合理合法，从而不至于给人民带来危险，也必须具备这个条件。如果没有它的存在，其他的契约就是不合理和专制的，不仅如此，还非常容易产生巨大的弊端。

我们为什么能够看出，每个人在服从主权者的时候就是在服从自己？同在自然状态下生活相比，为什么在社会契约下生活更自由？这就是因为个人只服从主权者，主权者就是全体意志而别的什么东西。

我们已经从个人方面比较了自然的自由和社会的自由，这样做了之后，我们还要从财产方面比较个人土地权和最高领土权。如果说财产权是建立在主权的基础上，那么主权者最应该尊重的权利就是财产权。对于主权者而言，如果以一种个人特有的权利来看待它，它就可以说是不可被任何力量侵犯的。但是，如果以公民共有的权利来看待它，它就必须服从全体意志的支配。这样一来，它就会被全体意志废除。为什么说主权者没有侵犯一个人或几个人财产的权力，但可以制定法律去剥夺所有人的财产呢？原因就在这里。在莱喀古士时期，斯巴达就是采取这种做法，否则梭伦①废除债务就不合法。

如果说所有属民只有全体意志才能约束，那么我们就忽略了一个应该研究的问题：这种意志是如何表达的？我们应该以什么为特征才能认出它来？法律应该怎样定义？什么是法律的真正特性？我们必须对法律做出定义。

当一个国家出现下列情况，可能它的人民已经四分五裂：整个国家的人民在考虑问题的时候，只在乎一个或几个成员。因为相互间存在的一种关系，整体和部分互相分离了，即部分是一个独立的整体，全体是没有部分的一个独立体。然后，如果没有部分，整体就不能称之为整体。因此，如果整体和部分分家，整体就不再能被称为是整体，而只能成为大小不一的两个部分。

而如果全体人民为全体人民制定法律，那就是考虑到了人民自身的情况。如果有一种关系也随之产生，由于整体无法分裂，那么这种关系

---

① 梭伦（前638—前559）：古希腊的政治家、立法者、诗人，也是古希腊"七贤"之一。——译注

就是以不同看法来看的整体。法律针对的对象是全体，同样是全体的还有制定法律的意志。在这里，我们仅仅需要研究是否同样可以以"法律"的名称去命名其他法令。

倘若主权者想表述自己的意志，只能通过法律才能得以实现，并且法律对国家所有成员有同样关系的目的只有一个，那么主权者就无权针对一个特殊的目的制定法律。但我们必须研究怎样才能做到这一点，因为处于让国家得以保存的目的，有些特殊的事情是不得不处理的。

主权者能够制定的只有法律，即能够体现全体意志的法令。但是，想要让这种法律得到顺利施行，没有一些强制的、明确的条例也是不行的。这种条例就是政府的条例。需要指出的是，要想订立这些条例，必须要有一些特殊的目的。因此，真正的法律是主权者在确定人民选举首领的时候所依据的法令，我们在选举执行法律的首领时所依据的法令，仅仅是一个政府的条例。

这就是第三个关系。根据这个关系，我们可以以行政官的身份来看待聚集在一起的人民，也可以以主权者身份制定的法律的执行者身份来看待[1]。

我们必须研究一个问题：人民为了便于能把自己的主权交给一个人或几个人，是否可以自己将自己的主权剥夺？之所以要这样说，是因为选举的条例并不是一种法律，如果是这样，人民就不是主权者。如此一来，他们就不能把属于自己的权力转交给别人。

主权的实质既然就是全体的意志，那么，怎样才能够使个别的意志和全体意志的保持一致呢？我认为，由于个人的利益总是更优先，大众的利益总是相等，我们应该假定个别的意志和全体的意志相矛盾。这就是说，它们可以一致，但前提是这种一致是必然和牢固的，否则就不可能产生统治权。

---

① 这些问题和提问题的方法，大部分都是来摘录于《社会契约论》，而《社会契约论》又是另外一部长篇小说的提纲。但是，我不得不说我没有足够的力量完成那样一部长篇小说，因此，我就没有写。我将会在别的地方发表我从这部著作中摘录出来的简短的论文，我仅仅在这里把它的一个大概讲了一下。——原注

在社会契约还完好无损的情况下，不管被当选的名义怎样，人民的领袖是否仅仅是人民的官员，而人民是在命令他们执行法律？他们是否有必要把自己的施政的情况报告给人民听？是否有必要服从他们要求别人服从的法律？这些问题，都是我们应该研究的。

值得我们讨论的重要的问题还有：人民如果不能把自己最高的权力让给别人，是否可以让别人行使一段时间；他们如果找不到一个人来做自己的主人，是否可以找一些人来做自己的代表？

人民如果最高的统治者和代表都不能有，那么我们就要对下列问题展开研究：他们应该怎样给自己制定法律，是否应该有许多法律，是否应该改变自己的法律？一个人口非常多的民族，是否能够自己做自己的立法人？罗马人是否是一个人口非常多的大民族？组成人口众多的大民族，是否有好处？

综上所述，我们可以得到一个认识：有一个由一个人或几个人组成的中间体存在于一个国家的属民和主权者之间，他们负责掌管行政、执行法律和维持政治以及公民自由。

行政官或国王就是这个中间体的成员，即他们的统治者。按组成的人来说，整个中间体称为执政者；按中间体的行为来说，它被称为政府。

在一种情况下，我们可以用一个以政府作为中项的两个比例外项之间的关系来看待这个关系，这就是当我们以整个中间体对它自己的行为来看待它，即根据全体对全体或主权者对国家的关系来看待它的时候。行政官从主权者那里接受命令，并将其告知于人民，从而可以知道，行政官的乘积等于公民（他们既是主权者也是属民）的乘积，两者的乘积都是各自拥有的权力。如果你把这三项改变，不论改变哪一项都会把它们的比例打破。当主权者想进行统治，即想颁布法律，或者属民对他颁布的法律不予理睬，那么原来的秩序将不复存在，紧接着混乱就会接踵而来。这样一来，这个四分五裂的国家只有两种结局：一种是陷入专制政治，一种是陷入无政府状态。

我们现在做一个假设：一个国家由一万人组成；主权者只能被看成是一个集合的整体，作为属民，每个个人可以单独或独立地存在。如此一来，主权者和属民的人数比就是一万比一了。这就形成了一种局面：尽管是国家的成员支配着主权，但每个成员实际上只享受到了万分之一的主权。即便做另一种假设，人民的总数有十万，并且属民的地位不发生变化，他在制定法律的问题上影响也会减小到十分之一，因为在投票的时候，他那张票的作用已经只有十万分之一。所以，随着公民人数的增加，主权者的权力必然会不断扩大，因为属民始终是那个"一"。所以，国家越大，个人的自由就越少。

个体的意志和全体的意志越是相违背，即人民的意愿和法律越不符合，压制人民的力量就越会增加。这样一来，由于国家的土地太辽阔，社会权力的执行者就有了更多的滥用权力的念头和机会。所以，政府越是能够控制人民，主权者便越能够反过来控制政府。

从这种双重关系我们可以得出一个结论：主权者、执政者和人民之间的比例是国家的性质必然产生的结果，而不是随随便便决定的。此外，我们还可以得出一项结论，由于人民这两个外项当中的一项不会发生变化，所有单比必然会随着复比的增加而增加或减少，并且每改变一次中项同时也会发生改变。所以说，根本没有绝对的政治制度，有多少个不同的国家就有多少种不同性质的政府，其差别只在于大小。

那么，在研究过程中，我们是否可以推断：如果人民的人数越多，人民的意志和法律的关系便越少的说法是正确的，行政长官的数目越多，政府便越无能？

我们必须先要指出每个行政长官身上有三种本质上不同的意志，然后才能把这一点解释清楚：倾向自己利益的个别意志；以维护执政者的利益为目的的行政长官的共同意志；人民的意志。第二种意志也可以称为集团的意志，这种意志对政府来说是普遍的，对国家（政府是国家的一个组成部分）来说是特殊的。第三种意志也可以称为主权者的意志，无论是对作为总体的国家或作为组成总体的一个部分政府来说，这种意志都是普遍的。如果一个立法机构达到完美，那么几乎找不到个别的特殊的意志，政府固有的集团也处于非常次要的地位。所以，所有意志都是以主权者的全体意志为标准来衡量的。而如果按照自然的秩序来说，这集中不同的意志越是集中，它们各自的活跃程度就越高。个体的意志始终是最强的，集团的意志其次，全体的意志最弱。因此，每一个人首先是自己，然后是行政官，最后才是公民。同社会秩序的先后顺序相比，这个次序的先后顺序恰好是相反的。

既然已经把这一点说明，我们不妨再进一步，假设政府是由个人单独掌握。个体的意志和集团的意志，在这种情况下无疑完美地结合在了一起，从而使得集团的一直达到了能够达到的最大值。所以我们可以得出一种结论，即最活跃的政府是由单独一个人执掌的政府，因为暴力要想得到使用离不开这种强度，政府的绝对权力就是人民的权力。

如果情况刚好相反，集团的意志就会和全体的意志搞混，从而无法像全体意志那样活跃，甚至还会让极少数意志完全按照自己的意愿行事，这种相反的情况就是：让政府和最高的权力结合在了一起，让拥有主权的人民担任执政者，公民和执政官的人数一样多。

这都是一些确信无疑的法则，其他的论点的作用仅仅是将它们阐明。试举一例，相较于组成一个整体的各个公民的活跃程度，组成一个集团的各个官员的活跃程度无疑要更高。所以，由于每个行政长官几乎都担任了政府的某个特殊职务，而每个公民又不能以个人的身份行使主权，整体受个体意志的影响是很大的。政府实际的权力诚然不是因为国家的领土的大小而扩大，但如果国家的领土变大，政府实际权力事实上也会增大。但是，由于政府不会因为行政长官的增加而得到更多的实际权力，如果国家的领土大小不变，增加行政长官一点作用也没有。之所以这样说，是因为政府仅仅是保护国家（我们假设它大小恒定）权力的人。因此可以说，行政官的数目增加，政府的权力并不会随之增加，相反还会减弱活跃的程度。

现在，我们可以得出一个结论了：行政官和政府的比例应该同人民和主权者的比例成反比，即就像人民的人数增加领袖的数目会相应减少一样，国家越是庞大，政府机构便越会缩小。因为我们已经论证过了政府因行政长官的增加而越会变得松懈，人民的人数越多政府的压力就会越大。

当然，主权者也可以把政府交给少数人，让他们去掌管，从而使得普通公民的人数多于行政官的人数，我们称这种形式的政府为"寡头政府。"

主权者也可以让一个人去集中掌管整个政府，这种政府也是当今最为普遍的政府形式。我们以"君主政府"或"王权政府"来称呼这种形式的政府。

这几种形式的政府，至少前两种形式的政府，我们认为在掌管政府的人数方面是可多可少的，其变化的幅度可以说能相当大。之所以这样说，是因为民主政府可以把所有人民都囊括进去，或者至少囊括一半人民。寡头政府次之，它虽然不能囊括一半的人民，但也可以囊括一小部分人民。就算是王权政府，也可能会出现一种情况，即有父子或弟兄之间分为几个部分。例如斯巴达就经常有两个国王，罗马帝国甚至同时有八个皇帝，即便如此，大家也没有说罗马帝国遭到了分裂。可以肯定的是，同国家有许多公民一样，每一种政府都和另一种政府在某一点上混淆。事实上政府有许多形式，所不同的是仅仅这些形式都是由这三种基本类型衍生出来的罢了。

而如果结合这三种形式，就可以产生许多混合式的政府，并且每种混合式的政府都可以用所有单一形式的政府去相乘，因为每种政府在某些方面都是可以分成几部分的，并且每部分都可以按照各自的方式治理。

大家做的最多的事情是讨论哪一种形式的政府最好，唯独没有想过只要有好的环境，任何一种形式的政府都可以成为最好的政府，而如果环境不好，它又会变成一种最坏的政府。如果说每个国家行政官①的人数应该同公民的人数成反比，我认为可以得出以下的结论：总体说，小国家更适合民主政府，中等国家适合寡头政府，大国最适合君主政府。我们要想把公民有哪些权利和义务，并且这些权利和义务不可分割了解清楚，只有以此作为线索才能得以实现。只有这样，才能把什么是祖国，它由哪些东西组成，每个人判断自己是有祖国还是没有祖国的依据是什

---

① 我在这里说的最高行政官指的就是国家领袖，其他的行政官仅仅是他们在某个部分的代理人。这点大家一定要清楚。——原注

么这些问题搞清楚。

对于这些，我们固然应该从文明社会的本身研究它们一番。然而，为了方便探讨它们之间的各种不同的关系，我们还需要比较它们。因为，它们的大小和强弱并不是完全一样的。此外，它们还会不断地相互起冲突，从而导致许多人丧命和许多悲惨事件的发生。这也是我说如果让人们仍然按他们的原始自由生活，牺牲也许就不会这样大的原因。在社会制度中，我们行使的自由是太多还是太少呢？如果各个社会都保持自然的独立，是否在受法律和大部分人约束的情况下，好处和坏处都不会得到的个体会更多？在这个世界上，同有几个文明社会相比，是否没有文明社会要更好？这些问题都是我们应该研究的。要知道，如果你一开始是想让人从这两种状态中获得好处，但因为受到这种混合状态的影响，他会无法从任何一种状态中得到好处。这就好比"要求一个人既不能做战争时期的准备，也不能享受和平时期所带来的安宁①"，再让这样一种局部的和不完全的联合产生暴政和战争，而暴政和战争是人类最大的灾难，这是大家都明了的。

当然，是否可以用联盟和国与国间联合的办法祛除这些弊端，从而让每个国家能够对内保持主权，对外用武装抵抗所有暴力的侵略？这个问题我们也要研究。我们要研究的问题还包括：怎样才能建立一个良好的联盟，并且让这种联盟能够长期维持，以及怎样在不侵害各国主权的前提下尽量扩大联盟的权力；联合欧洲所有国家，以让它们保持长久的和平，圣皮埃尔神父的这种主张当中的联合是否能够实现。如果可以，联合是否可以长久②。我们如果这样去研究问题，到最后，一定会对我们去研究国际法的进程起到直接的促进作用。如此一来，我们在国内法规当中难以解释清楚的问题就可以被阐明了。此外，把战争法的真正原理阐述清楚，研究为什么格劳休斯和其他人说的原理完全错误，也是我

---

① 塞内加《心灵的平静》第1章。——原注

② 当我对这个问题一开始进行讨论，"赞成"的理由就已经列举在这本书的提要当中了。"反对"的理由我认为都是一些稀松平常的反对理由，对于理由的阐述，我会在我的著作中接着这篇提要进行。——原注

们必须要做的事情。

我正在阐述这些问题，聪明的爱弥儿很快便打断我："如果我们遵照法则，把这栋宏伟的建筑修筑起来，等修筑好了的时候，大家也许还会认为我们不是用人而是木材修筑的呢！"这在我的意料之中。"的确如此，我的朋友！但有一点也必须引起注意，这就是法则不会臣服于人的欲念，于我们而言，论证政治学的真正原理才是首先要做的事情。我们现在既然已经夯实了基础，不妨来看看大家会在这个基础上建造什么东西。你将会看到无数有趣的情景。"

于是，我让他阅读《特勒玛科斯奇遇记》，我们重走特勒玛科斯的历程，寻找快乐的撒朗特和因为经历了许多坎坷而变得聪明而能干的伊多梅纽斯。我们也看到了许多的普罗忒拉斯，却唯独没有找到菲洛克勒斯，一个也没有。而多尼人的国王埃得拉斯特那样的人我们倒找到了一些。但在这里，我不准备论述作者本人想避免或者在没有察觉的情况下所多做的工作，我们准备让读者去联想我们旅行的进经过，或者同我们一样，把一本《特勒玛科斯奇遇记》随时带在身上。

然而我们做不到像特勒玛科斯和门特那样给别人恩惠，不过即便如此，我们也并不感到难过。因为，爱弥儿并不是王子，而我也不是神，而我们却可以说是最善于按自己的身份行事，最不愿意做和自己身份不相符的事情的人了。这样的事情，我们深知所有人都应该去做。我们也知道，只要能够向善和全力为善，任何人都可以做到。对于特勒玛科斯和门特，我们都知道他们并不是真实存在的人物，但即便如此，爱弥儿在做的过程中也并没有无所事事。如果他是王子，或许就做不到这样；如果我们都是国王，我们就无法成为行善的人。倘若出现另一种情况，我们又是国王又是行善的人，每当做一件好事（当然，这种好事是我们的所认为的好事），我们就会做出许多坏事。如果我们身为国王或贤人，那么放弃王位重新成为普通人，就为成为我们最先要做的事情，这既是为我们自己，也是为了别人。

对许多人来说，游历为什么会有害处？这个问题其实我已经讲过。游历对青年人之所以会有害，是因为我们让他们在游历的过程中采取了错误的方法。在领着青年人穿行于各个城市之间时，大多数教师只会带他们观看各个宫廷和拜访各界人士，因为这些教师在意的只是游历的乐趣，而不是青年人能从游历中得到哪些教育。或者，如果那个老师是一个学者或者文学家，他会让青年人把时间花在涉猎图书、观赏名胜古迹、研究古老碑文和翻录古老文献上。每到一个国家，他们会去对上一个世纪发生的事情进行研究，他们认为，这就是在研究那个国家。而这直接造成了一种结果：当他们花费许多钱财把整个欧洲都走遍，把许多无关紧要的事情研究一通，或者弄得自己满身疲惫回来之后，突然发现，一件让自己感兴趣的事情都没有看到，一件对自己有用的事情都没有学到。

我不能不去首都了解一个国家的人民，因为各国的首都几乎都一样，各式各样的人混合居住在一起，各种各样的风气混合在一起，例如巴黎和伦敦。在巴黎和伦敦居住的人，我不否认他们有不同的观点，但是相同的观点也同样不少，事实上他们采取的也是同样的方法。在这两个地方的宫廷，我非常清楚都有哪一些人在出入，以及人口的集中和财富分配的不均将形成怎样的风气。如果有某个城市居民有二十万，只要你告诉我它的名字，我立即就会知道那里的人是怎样生活的。当然，你也可能告诉我："那里还有一些你不知道的事情。"但即便如此，我也不认为我有去那里研究的必要。

我们如果要研究一个民族的天赋和风俗，只应该去偏远的省份研究。究其原因，是偏远省份的人民活动较少，做生意的人和外国人来往没有那么频繁，居民的流动也较少，同样较少的还有财产和社会地位的变化。你在首都可以不以为意地游览，但在远离首都的地方就不能这样做了。在那里，你必须进行细致入微的观察。巴黎并不是真正的法国人所在地，法国人真正的聚居地是在土伦[①]；同伦敦的英国人相比，麦西亚的英国更像英国人。同样，加利西亚[②]的西班牙人也比马德里的西班牙人更像西班牙人。想要看到一个完全没有外国元素混入的纯正的民族

---

① 法国瓦尔省的省会。——译注
② 西班牙的一个历史地理区。——译注

特色，只有在远离首都的地方才能实现。其道理，就如同要想准确地测量出一个弧形的面积，只有在最大的半径的尖端才能实现。我们要想看出一个政府的好坏，也只能在边远的省份才能实现。

如果要研究风俗和政府的必要的关系，最好的办法是阅读《论法的精神》^①，对于这一点，这本书论述得非常详尽。不过总体说来，要判断一个政府是否相对好，有两个明显的标准。人口是其中的一个标准。一个国家的人口如果不断减少，它就在走向灭亡。而如果一个国家很繁荣昌盛，即便非常贫穷，也能治理得很好^②。

但是，这里所说的人口必须是由政府和风俗而自然达到的结果，而不是由殖民地的人民组成，或者是因为某个偶然或暂时的原因而形成。如果出现后面一种情况，只能说明那个国家的管理非常不理想。罗马帝国的衰落，通过奥古斯都颁布各种取缔单身汉的法律这件事本身就是一个明证。利用政府的善政去为人民结婚提供助力，而不是用法律去强迫他们结婚，才是最应该的做法。人对违反天性的法律才采取逃离的态度，从而让它流于形式。因此，我们完全没有必要去研究怎样用暴力的方法使人口增长。然而，利用风俗的影响和政府的自然倾向促进人口增长的方法，对于我们来说是有必要研究的，因为能产生永恒效果的也只有风俗和政府。在对待有着鲜明个人特征的缺点时，圣皮埃尔神父每一个都采取了小小的补救办法，他没有去寻找缺点都来自于哪里，而只是在思考，思考是否能够一下改正它们。只是谁人不知？采取逐个治疗的办法对一个身上长满烂疮的人来说是不合适的，真正应该采取的做法是让致使他生长那些烂疮的血液统一变得干净。我听说英国在用奖励的办法发展农业，对于这种做法，我完全看不到价值所在。我认为这样做只能证明那个国家的农业无法长久发达。

同样体现在人口上的还有第二个表明政府和法律相对好的标准。同第一个相比，这一个又有所不同，这种不同并不是体现在人口的数量上，

---

①《论法的精神》为启蒙思想家孟德斯鸠所著的一本书，被称为是亚里士多德以后第一本综合性的政治著作。——译注

② 不符合这个标准的国家，就我所知道只有一个，即中国。——原注

而是体现在人口的分布上。两个国家即便面积和人口都完全相等，在实力上的差距也可以非常巨大。比较强盛的那个国家，其人口的分布始终是很均匀的，由于没有大城市，它没有那种表面的繁华，这也是它最终能够最终击败对手的原因。大城市生产的财富只是一种表面的和虚假的财富，即虽然有很多金钱，但是却只能得到很少的好处。一个国家之所以会很贫穷，就是因为它有大城市。对于巴黎这个城市，有人认为它能抵得上法兰西国王的一个省，我却不这么看，我认为它实际上耗费了几个省的收入。巴黎各方面都来自于外省，它吸纳了其他省份几乎所有的收入，而且最厉害的一点在于，那些收入只要流入，就再也不可能回到老百姓和国王的手中。令人惊奇的是，尽管事实上巴黎这座城市如果毁掉，法国要比现在强盛许多，但在这个世纪的理财家当中，没有一个人能看出这点。一个国家是不会因为人口分布不均匀而得到任何好处的，甚至还会产生较之于因为人口减少更大的危害，因为人口减少至多不产生什么作用，但人口分布不均匀则会产生害处。倘若出现这样一种情况，一个法国人和一个英国人都为自己的首都感到骄傲，并且还相互争辩到底是巴黎还是伦敦的居民更多。当看到这种情况，我会认为这两个人完全是在争论法国和英国哪个国家政治更差劲。

你要想了解一个国家的人民，只有走出城市去研究他们才能做到。倘若只研究政府的表面，研究它那个庞大的行政机构以及许多官员，是研究不出什么东西来的。要想有一些研究成果，你必须通过那个政府对人民的影响，以及通过它的各级行政机构去对它的本质进行研究。只有全面地观察了一番各级行政机构，才能看出它们之间形式上的差别，这种差别是真实存在的。在某一个国家，你如果想研究那个国家某部门的风气，只需要去研究那个部的下级属员的行为即可，如果想要知道那个国家是否真正自由，只需要去研究国会议员的选举情形。然而，无论是哪个国家，你如果想要对那个国家的政府有个了解，只观察城市是做不到的。因为，政府对城市和农村采取的是不同的做法。但有一点却无可否认，这就是构成一个国家的是农村，构成一个民族的也是农村的人口。

如果在偏远的省份研究各个民族原始的出色的质朴状态，就可以得出一个整体的看法：我在本书正文前引用的那句话是正确的，它可以极大地慰藉人的心灵。通过这种研究同时发现：任何一个民族都是很好的；它们离自然的距离越近，性情便越善良；它们要想逐渐堕落，要想把一些看起来很粗俗其实没有任何害处的缺点，变成看起来很文雅但其实很有害的恶习，只有在它们聚集的城市受到文化的污染而败坏的时候才能实现。

根据以上的论述，可以得出一个结论：在非常浮华的大城市，年轻人停留的时间是很少的，因此很难染上那种风气，并且还能够在非常淳朴的人们中和人数较少的场合中，培养出一种更准确的判断力、更健康的审美观和更诚实的作风。如此一来，我提倡的游历方法就又多了一个好处。但爱弥儿并不害怕城市的不良风气，因为他有能力保护自己。在这一点上，我用了许多技巧，利用他心中深厚的爱就是其中的一个。

真正的爱情会对青年人产生怎样的影响呢？对于这个问题，大家并不知道答案。因为在对爱情的认识上，管教青年的人并不比青年人更深刻，因而很容易让他们在爱情上走入歧途。一个年轻人是应该有偏爱的人的，如若不然，他就会成为一个淫乱的人。不过，想要在表面上阻止青年人追逐爱情，并不是一件多么困难的事情。有些人给我列出了许多年轻人的名字，他们说："这些人从不谈恋爱，都非常守规矩。"我想问他们："你们能够告诉我是否有一个成年人，在年轻的时候非常守规矩而不谈恋爱，并且不谈恋爱的原因是由于对谈情说爱有一个真正的认识？"人们在涉及道德和天职的所有事情上都追求表面，但这并不代表我也这样。我更讲求实际，我的目的是为了达到实际效果。并且我认为，我的这个办法也是唯一的，如果还有其他办法，就算我是在胡说。

我之所以决定先让爱弥儿成为一个对爱情有偏爱的人，然后再让他去游历，是因为一件事情的缘故，而不是我自己想出来的。

有一次，我去威尼斯拜访一个英国青年的老师。时值寒冬，我们在火炉旁边坐着。那位老师收到了邮局送来的一些信件。他把那些信看完了。然后，他向他的学生大声地念了其中的一封。那封信完全是由我听不懂的英文所写成。在老师念那封信的时候，我发现了一个情景：那个英国青年撕下了许多他衣袖袖口的花边，然后不断地一个个投入火炉。他扔的动作是非常隐秘的，非常害怕别人看出他这样做。看到他做出这样任性的行为，我感到非常吃惊。于是，我注意地看了一下他的脸。我发现，他的内心的确动了感情。无论是谁，用外在表现来显示内心都是相同的，但这种差别从表面也很容易看出，这是由民族的不同所决定的。不同民族的面部表情也是有区别的，就像各个民族讲的语言也各不相同一样。当那个老师念完信，我便向他指出他的学生想尽办法不让大家看到的那两个完全没了花边的袖口。我问他为什么会这样。

当了解清楚事情的来龙去脉之后，他笑了起来，同时开心地去拥抱他的学生。对于其中的原因，他在得到他学生同意之后告诉了我。他说："约翰先生刚才是在撕本城一位女士不久前送给他的花边。但约翰先生已经和本国的另一位小姐订了婚，他深深爱着那位小姐，并且那位小姐受得起这一点。写这封信的人，就是他情人的母亲。现在，我向你念其中的一段话。他撕花边的行为也是由这一段话所引起。"

"露西加班加点地为约翰爵士做衣袖的花边，丝毫没有停歇。昨天，贝蒂小姐来陪她玩了一个下午，并且竭力帮她做花边。一天早上，我发现露西起床比平时早，于是去看她在做什么事情。到了之后我发现，她正在拆贝蒂昨天替他做的那一部分花边。对于她送的礼物，她是不允许有任何出自别人之手的工序的。"

没过多久，约翰先生去另外一个房间去拿别的花边了。这个时候，我对他的老师说："你的这个学生有着非常优秀的天性。但是我想知道，露西的母亲写的这封信，是不是事先经过了安排和商量，是不是你用来拒绝那位送花边女士的方法？""完全不是这样，"他说，"所有的事情都是实情。我施行的教育靠的都是纯真和热情，从来没有采取什么巧妙的手段。我的工作上帝帮我完成了。"

我一直记着这个青年人。对于我这样一个爱幻想的人来说，它在我的心里是不可能不留下任何印象的。

现在，我们的游历应该结束了。让我们把约翰爵士还给苏菲，即把爱弥儿还给苏菲。回去之后，他会为她展现一颗同从前一样温柔的心，而且头脑还会比之间更智慧。当回到自己的祖国，他将会把自己从这些研究中所获得经验一同带回。同时，我还采取了一项行动：每到一个国家，都让他受到一些有才德的人以古人殷勤好客的方式的款待。将来他如果和那些人互通书信以增进感情，我也完全不会反对。何况，同遥远的国家的人士通信也非常有价值和有趣，并且能够很好地防止民族偏见的产生。我们最终会受到民族偏见的影响，只是时间的早晚问题，因为被民族偏见攻击的事情，在我们的生活中时有发生。我们尊敬的人是没有我们的那些民族偏见的，他们也反对自己的民族偏见，通过和他们交往，我们可以获得以一种偏见去抵制另外一种偏见的方法，从而使得两种偏见都无法影响我们。因此，要想让这种影响被消除，同我们尊敬的人诚恳地交往是最好的办法。这种交往，并不同于和我们国家的外国人交往，或者和跟住他们国家的外国人交往。这是因为，外国人没有勇气表达自己对那个国家的想法，因为他对他侨居的国家总是有担心。只要他还住在那个国家，他就不能不说那个国家的好话。要想不偏不倚地评价那个国家，只有等他回到自己的国家之后才能实现，只要到那个时候，他才能够打消自己的忧虑。那些曾到过我们国家的外国人是怎样看我们的呢？这一点我是非常想知道，但即便如此，我也会等到他们已经回到自己的国家之后再去询问。

　　用了差不多两年的时间，爱弥儿把欧洲的几个大国和许多小国都游了一遍，学会了两三种语言，并且在那些国家看到了自然风光、政治制度、艺术和人物方面的真正的奇异景象。之后，爱弥儿就失去了耐心，并且告诉我已经到了游历的期限。于是我对他说："这次游历的目的你是知道的，我的朋友！你已经看到了许多东西，也研究了许多东西，我想知道最终的研究结果是怎样的，你打算怎么办？"如果我所用的方法没有错误，他定然会这样回答我：

　　"我会按照你对我的教育做人，除了大自然和法律的束缚，我要让自己不受任何约束。我对人们在社会中做的事情研究越多，我就越得到一种这样的认识：由于想要独立，他们反而成了奴隶，不光如此，他们甚至无法用自由去保证自由。他们想各种办法让自己有所依附，从而避免让自己受到各种事物的冲击。在我看来，你如果想让自己获得自由，只要你不想失去自己的自由即可，完全不需要有针对性地去做某事。我的老师，我是通过你的教导而获得自由的，是你教育我要服从需要的法则。对于得不到的东西，我在任何时候都可以从容忍受；我也用不着依附什么东西以让自己能够继续存在，因为我没有违反需要的法则。在我们游历的时候，我曾一边游历一遍思索：我能否在这个世界上找到一小块地方，让我能够完全自由自在的生活？于是我问自己：在这个世界上，什么地方才能不受人贪欲的影响呢？我为此进行了一番仔细的研究。研究之后发现，这个愿望本身就矛盾重重：我即便可以不依赖任何东西，但无论如何也离不开居住的土地；我的生命是离不开这块土地的，就像森林女神离不开树木；我发现，'统治'和'自由'的意义刚好相反，我想要成为一间茅屋的主人，只有不做自己的主人。

'你问我有什么愿望？我的愿望是拥有一块大小相宜的土地。'

"我们之所以要做这样一番研究，我知道是为了处理我的财产。对于我无法同时拥有我的财富和自由的问题，你已经有凭有据地进行了论述。但这样一来，我不得不担心，如果你希望我既要自由又不能有所依赖，是不是在希望我同时获得两种矛盾的东西？这当然是因为我要想不再依赖人，必须要再回过头去依赖自然。我会首先让自己不依赖财产，并且把所有让我同财产发生关系的因素去除，以此来处理我父母遗留给我的财产。如果我父母留给我财产，我会原封不动地保留它们；如果结果完全相反，他们不给我财产，我反而能让自己不受财产的束缚。你认为我会费尽心思保留自己的财产吗？不，我不会那样做，我只会按照自己的本分行事。我会始终让自己保持自由，不论是贫穷还是富贵，也不论是在自己的国家还是在其他地方。我个人会无视所有偏见，把需要的法则作为唯一遵守的准则。它在我刚出生时就已经降临在了我身上，以后的所有岁月，我会始终受它的束缚。我轻而易举就能做到在自由时期忍受这个法则的束缚，我之所以这样有信心，是因为我在做奴隶的时候就能够同时忍受奴隶和这个法则的双重束缚。

"不论在什么地方，只要那个地方有人，不论那些人有着怎样的地位，我都会认为自己身处自己兄弟的家，而如果没有人，我就会认为身处自己的家。只要能保持富有，并且让自己不丧失自由，我就有办法生活下去。倘若我的财富妄图控制我，我会果断地将它抛弃。我完全有能力生活，只要我还有工作的能力。如果有一天，我丧失了工作的能力，这个时候，如果有别人供养我，我就会活下去，没有就死掉。事实上，即便别人不抛弃我，我也是愿意死的。因为，死亡的痛苦并不是贫穷造成的，而是一个自然的法则。死亡如果要到来，不管在什么时候，我都不会在意。我会轻视它，绝不在它面前苟活。但只要我一口气尚在，它就无法对我的生活造成影响。

"以后我都会这样做的，我的父亲！对于现在所处的地位，我是感到非常满足的，因此我不需要和命运抗争。所以，当我成年之后，如果不产生什么欲念，我就能够像上帝那样独立生活。要说我有受到束缚，唯一束缚我的也只有这种束缚，同时，我也为自己能够被它束缚感到高兴。现在我自由了，因为你已经把苏菲交给了我。"

"亲爱的爱弥儿，能从你嘴里听到一个成年人所说的话，我感到由衷的高兴，我很高兴从中了解到了你的想法。我非常高兴看到你在这样的年纪完全没有一点私心。当你已经有自己的子女，你将不会再有这样强烈的精神打算，但值得庆幸的是，那个时候，你整个人会完全像一个慈祥的父亲或者智者。你在经历过这样一番游历之后，将会有怎样的改变？在把我们的各种社会制度周密细致地观察了一遍之后，你是否会给予它们原本不配拥有的信任？这些问题的答案，我在你还没有游历之前就已经知道了。你是没有办法在法律的保护之下寻找自由的。事实上法律根本是一纸空文，它一点儿也没有被尊重，打着法律的幌子追求个人的利益和欲念，你随处可以看到。但是，有一个永恒的法则是始终存在的，这就是自然和秩序的法则。它们是智者的成文的法律。通过良心和理智，它们深深印在人民的脑海。一个人必须先要遵守这些法则，然后才能获得自由。坏人在做坏事的时候，总是昧着自己的心的，因此只有他们才会沦为奴隶。只要存在政府，就不会存在自由，不管那种政府是一种什么形式的政府。人的内心，是自由的唯一栖息地，人在哪里，它就在哪里。一个坏人，无论走到哪里都是免不了受到束缚的。就连在日内瓦那样的城市，坏人也逃脱不了奴隶的宿命。好人就不同了，好人即便在巴黎也能享受到自己的自由。

"倘若我向你提及公民的义务，你定然会问我：哪里有祖国？你或许会认为，这个问题可以难住我。但是，亲爱的爱弥儿，你的想法是错误的：一个人可能没有祖国，但不可能没有居住的地方；他要想很好地生活下去，必须要得到政府和法律的保护。如果人们不尊重社会契约，只要具备以下条件，他也能很好地生活：他像得到全体意志一样得到了个人利益的保护；因为社会有社会暴力的保障，他能够免受个人暴力；从耳闻目见的恶事当中，他得到了爱善的认识；通过我们社会制度本身，他看到了许多不公平的事情，并且恨上了他们。亲爱的爱弥儿，没有人是完全不从居住地那里得到好处的，不管那是一个怎样的地方。他之所以能够获得人类宝贵的事物，就是因为它的缘故。如果他成长于森林，可以获得更加快乐和自由的生活，他或许可以成为一个好人，但不可能成为一个有才德的人。因为在那种环境下成长的他，在让自己天性发展的时候，根本不需去为什么事情做抗争，这就决定了他无法像他现在这样战胜自己的欲念而成为一个有德行的人。对于秩序，他事实上仅仅通过秩序的表象就已经能够得到一个认识，并且表现出喜爱之情。对于其他人来说，公众福利通常只是一个幌子，但他却是真正以此为目的的。自己怎样和自己斗争，怎样主宰自己，怎样牺牲个人利益以成全公众利益，这样的能力他都已经具备。因为法律，他已经有了即便同恶人在一起也为人正直的勇气。因此，不能说他丝毫没有受到法律影响。那么，能不能说法律没有让他获得自由呢？也不可以，因为法律让他学会了怎样克制自己。

"因此，说'我在哪里以及跟我有什么关系'是不恰当的。因为，你能够尽到自己所有的义务，尽到其中一项热爱出生地的义务，同这点是有很大关系的。你的同伴在你小的时候保护过你，当你长大成人，你自然也应该热爱他们。你应该做在他们当中生活，即便做不到这一点，为了让他们在需要你的时候能够随时找到你，你最起码应该尽可能生活在能帮助到他们的地方。当然，一个人生活在国外，也有可能对他的同伴更有用处。如果出现这样的情况，他应该遵从自己热情的驱使，无怨无悔地忍受流亡异邦的痛苦。在他的所有义务当中，这本来就是其中的一项义务。然而，可爱的爱弥儿，因为还没有担负向人类阐述真理这一艰巨任务，你还不必做出这样重大的牺牲。你需要做的事情只是通过密切交往和他们建立友情，帮助他们去做事情，以起到模范带头作用。同我们的所有书籍相比，一个榜样对他们的作用更大；较之于我们说一番空洞的话语以期他们无比感动，他们亲眼看到你的行为对他们的感动要更大。

　　"这是否就表示我会因此让你去大城市呢？刚好相反，我会让你过居家的农村生活，以让你为别人树立一个榜样。我之所以要这样做，是因为这种生活是人类最朴素的生活。对于一个良心没有被腐坏的人而言，它也是一种宁静、自然和快乐都达到极值的生活。我年轻的朋友，无论是在哪个国家，只要它能让你不需要跑到深山老林才能得到安宁，它就是一个美好的国家。在城市里，一个善良的人的精力都会用来对付坏人和骗子，因此如果是一个善良的人，他在城市里是很难实现他这种追求的。一部分人对那些身无一技之长的人到城市里表示欢迎，却不知，他们是为了获取财富才去城市的，而这必将把那个国家引向灭亡。事实上我们真正应该采取的做法刚好相反：让城市人口去乡村，从而让乡村人口得到增长。那些从大城市到乡村隐居的人为什么对国家有用呢？其原因就是因为他们离开了城市；城市里之所以有各种弊端，就是因为人口太多。于国家而言，如果他们往乡村带去活泼的生活，带去文化对自然的爱，他们的作用会更大。在朴素的环境当中，爱弥儿和苏菲为身边的人做了许多好事，他们让乡村的生活变得更加活跃了，让不幸的村民重新恢复了生活的激情。每当这种情景浮现在我的脑海，我就感到一阵阵欣喜。我在脑中演绎着，似乎看到了那里沃野千里，人们生生不息，绿油油的作物铺满了大地；我似乎看到有许多人在干活，并且还收获了许多东西，每当办起事情，人们就像是在办喜事一般；由于这对可爱的夫妇让乡村重新焕发了生机，村民的欢乐和祝福声围绕在他们的周围。在一部分人看来，流金岁月就像一场春梦。他们的观点没错，无论是谁，只要他的心和爱好被腐坏，他最青春的岁月就会像一场春梦一般过去，了无痕迹。有这样一部分人，他们只是在嘴上说一些后悔的空话，而不是真正在悔恨他们为什么要这样浪费他们的光阴。爱上已经逝去的光阴，是恢复那些岁月的唯一办法，但这个办法事实上做不到。

"这种重新焕发生机的情景，在苏菲居住的地方似乎已经出现。因此，你唯一需要做的，不过是和他们一起完成由他可敬的父母开始的工作。但亲爱的爱弥儿，你要记住：如果人们要你去承担艰巨的任务，你不能以正过着那样甜蜜的生活为由而拒绝；罗马人也是先做耕田的农民，然后才执政的。倘若国王或国家要你去服务自己的祖国，你应该不顾一切地去接受人民让你担任的职务，完成公民光荣的使命。如果你认为自己的职务太过繁重，你可以把你的任务忠诚地执行好，这样一来，别人就再也不会愿意给你这样的任务了。这个办法，可以说是一个诚实和实用兼备的摆脱它的办法。你没有必要担心自己刚好就接到这样一个任务，只要这个世纪的人还没有都消失，他们就不会把为国家服务的任务交给你这样的人！"

爱弥儿回到苏菲身边的情形会是怎样的呢？他们的爱情最终会有怎样的结局，或者说得更准确，他们夫妻之间的爱会怎样开始？这所有的一切，我都想描述。他们是因为终生都相敬如宾，终生都有不随着美好容颜消逝的道德以及性情相合的条件，才拥有这样的爱的！此外，因为有着彼此相投的性情，他们也可以友爱相处，即便到了垂暮之年，也仍然能像刚结婚那样甜蜜。但叙述这些细节是没有价值的，即便可能会有些趣味，直到现在，我对我自己的要求的都是：即便要陈述有趣味的细节，也要看它是否真的有价值。那么，我现在的使命已经快要完成了，在这个时候，我是否会打破这个规矩呢？不会的，同我手中的笔一样，我已经感到非常累了！投入时间到这样一种需要积年累月的工作，对我这样一个力量薄弱的人本来就已经难以承担，我完全是因为到了现在这种程度已经不好放手不做坚持到现在的。为了求个始终，现在应该是最后完成它的时候了。

现在，我终于看到了期盼已久的景象：爱弥儿最甜蜜和我最快乐的日子已经到来，我花费的一番精力终于得到了回报。我现在已经开始体会到获得这种成就的乐趣。这对可敬的夫妇，终于建立起了密不可分的关系，他们说出了已经被他们的心所证实的誓言。他们成了一对夫妻。在从教堂走回自己家的时候，因为已经分不清东西南北，不知道自己将要去哪里，周围的人都在做些什么，他们只好让人领着走回去。他们的眼前一片模糊，只能不明所以地回答的别人的问题。乐不思蜀，这是人类的弱点！他还不够坚强，还无法从容应对这种快乐的感情，因为他已经迷失在幸福的感觉当中。

在婚礼的那天，应该用怎样的语气和新婚夫妇说话呢？对于这个问题，很少有人知道答案。一部分人采取的做法是面无表情、毫无生气地讲，一部分人则不加思考地说出十分轻佻的话语。这两种做法，无论哪一种我都认为是不恰当的。一种做法是让人们没完没了地纠缠他们，分散他们的精力，用没有意义的话语让他们感到烦恼，或者在用一些不体面的笑话让他们感到难堪；一种做法是这两颗年轻的心自己去体会自己的快乐，自己去快乐和迷醉。如果我要做出选择，我会选择后者而不会选择前者。因为那些笑话虽然可以让他们在另外一种时候感到有趣，但在婚礼的当天，只会让他们感到不高兴。

但是我发现，爱弥儿和苏菲虽然快乐，却满脸疲惫，根本不认真听别人对他们说的话。作为主张他们每天都享受自己的生活的我，让他们虚度这样宝贵的一天当然是不愿意的，我更希望他们能够体会到这一天的甜蜜和乐趣，无所顾忌地享受这一天的美好。于是，我把他们带离了闹哄哄的人群，而去另外一边散步。在散步的过程中，我跟他们谈起了他们自己的事情，想以此来让他们恢复理智。对于我所讲的话，我固然希望他们听，但与此同时，我还希望他们听得非常认真。那么，在这一天，他们真正感兴趣的话题是什么呢？这一点我当然是非常清楚的。

我把他们两个人的手拉住，然后对他们说："我的孩子，在三年前，我就已经看见你们产生了这种浓烈和纯洁的情感，今天，我终于看到它让你们获得了幸福！我从你们的眼里已经看出，这种曾经不断增强的情感已经达到了极值，从今以后，它将会开始走下坡路。"听到我这番话，爱弥儿先是非常开心，然后非常激动，最后竟然一本正经地要许下誓言。这种情形，我想各位读者并不难想象。你们也可以想象苏菲的反应：她会显得很不开心，然后抽回放在我手中自己的手，然后，他们两个人相互对视，表现出一种微微不满的神情。这恰好证明了他们会永远相爱下去！但他们的表情不管怎样，我的话仍然要继续。

　　"我经常畅想：我们如果能够让爱情的甜蜜在结婚之后依然保持，那么我们就好比在地上也身处天堂。事实上，直到今天，还从没有人做到这一点。即便根本无法做到这一点，你俩也足以做一个别人从未做到的榜样了。需要指出的是，能够学会你这样榜样的人也寥寥无几。我的孩子，我想把我认为的唯一一个能树立这种榜样的方法告诉你们，你们愿意听吗？"

　　他们互相看了一眼，脸上带着微笑。很明显，他们对我这种坦率的说法根本不以为意。爱弥儿简单地感谢了我一句，同时说："我相信苏菲还有更好的办法，我认为只需要采用苏菲的办法就已经足够。"听到这话之后，苏菲立即表示赞成，同时表现得信心满满。但另一方面，通过她那种嘲讽的神情，我也看出她带有一丝好奇。我对爱弥儿进行了细致的观察，我只看到了一种情景：眼睛所有的注意力都集中在美丽的妻子身上，饱含着热情，由于这一点占据了他所有的注意力，他根本没有在乎我说的话。我微笑起来，并且告诉自己：不要紧，我会立即让你认真听我的话。

　　从表面看，男女之间内心隐秘冲动的差别几乎无法分辨。然而，男女之间同普通人的看法完全相反的不同个性，正是通过这种差别表现出来的。一般而言，不同于妇女那样的专一，男人更容易对爱的甜蜜失去兴趣。对于男人心的善变，妇女们其实早就发现了，并且也因此而感到忧虑①。她们之所以更妒忌，原因也在这里。当男方开始变得冷淡，她不得不像他以前关心她那样，反过来对他表示关心。所以在这个时候，她总是会伤心哭泣，对他殷勤有加，而即便这样做也不是每次都奏效。关心和爱一个人，本来就是获得人心的方法，但是现在，她即便关心和爱护他也不管用了。我必须折回来谈一谈，谈的内容，是我为防止结婚后爱情变得冷淡开的一个药方。

　　于是，我继续着自己的陈述："这个办法非常简单，实行起来也非常容易，这就是结为夫妇之后，像两个情人那样过日子。"爱弥儿偷偷笑了起来，同时说："这对我们来说太容易了。"

　　"你们虽然这样说，但这个方法比你们想象中要难也未可知。你们让我对这一点进行阐述吧。

　　"一个结，你如果把它打得太紧，很可能就会断掉。这一道理也适用于婚姻的结合。你越想让婚姻结合得更紧密，结果却刚好相反。忠诚是所有权利中最神圣的一项，婚姻的结合就要求夫妻双方都忠诚。然而，可以肯定的是，如果只有一个人有要求另一个人忠诚的诉求，必然会导致管束太严苛。因为，爱情和强制是不能相融共生的，要求另一方给予快乐根本做不到。苏菲，你不必羞赧和逃避，我向上帝保证，我决不会损害你的羞耻心！但你自己也要认识到，这件事和你一生的命运是有着密切关系的。如果是在其他场合，你定然受不了这番话，但现在为了这件重要的事情，你应该站在你的丈夫和我这位长辈之间听我讲这样一番话。

　　"束缚一个人的心，无论是占有还是控制都无法做到。因为，同对自己妻子的爱相比，男人始终更爱同他私通的女子。摆在眼前的问题，无疑是怎样将温存的关心转变成一种义务，把最甜蜜的爱情转变成一种权利。到目前为止，大自然中唯一能够做到这一点的方式，只有双方拥

---

　　① 在法国，女人是最先变心的。这并不难理解，因为她们有着非常坏的脾气。丈夫听她们的话还好，如果不听，她们一定会对他们不予理睬。而其他国家刚好相反，丈夫是最先变心的那个人。这同样也很容易理解，因为其他国家的妇女们虽然很忠诚，但是却非常粗俗，对于自己的欲望，她们死活都想得到满足，丈夫因而就会讨厌她们。这种情形是普遍存在的，即便有例外的情形，我也仍然相信它的普遍性。——原注

有共同的愿望。不可否认，肉体的快乐也是一种快乐，但我们决不能通过强迫的办法去获得。我的孩子，我必须告诉你：在结了婚之后，两个人的心固然是联系在了一起，但是身体却不能受到管束。你最应该做的是互相忠于彼此，而不是互相奉承对方，讨对方喜欢。你们两个人，谁都不能再和另外一个人结婚，但你们不能强迫对方。

"亲爱的爱弥儿，如果事情真是这样，我希望你始终做你妻子的情人，至于你妻子，我也希望她永远做你的情妇以及自己的主人。作为她的情人，必须快乐且尊敬她；你决不可强行让对方认为让你快乐是一种义务，而应所有快乐都从爱情中去获得。她对你做的每一件事情，无论是大是小，你都不能视之为你应得的，而要将其看成她对你的馈赠。你必须克服她的那种羞怯，因为我深知，由于害羞，她不愿意公开表示爱你。任何一个男人，只要他足够温柔体贴，并且真正爱一个女人，一定能发现她潜藏的心意，他一定会发现，她嘴上的拒绝完全是假的，她的心和眼睛早已经表示一万个同意。我希望你们能够守护好自己的身体和爱情，在不是自己心甘情愿之前，不轻易将其交给对方。即便已经结了婚，你们如果要做快乐的事情，也必须双方都同意才合法。你们是否担心这个方法则会疏远你们的感情？这个担心是没有必要的，因为它只会让你们两个更加有意去获得对方的欢心，并且防止做快乐的事情过多。只要你们相互忠诚于对方，仅仅依靠天性和爱情，已经足够让你们更亲近。"

当爱弥儿和苏菲把这些话听完时，爱弥儿表现得很不高兴，嘟囔着表示反对，苏菲则用扇子把自己的眼睛遮住，一言不发。或许，那位嘟囔个不停的人，并不能算是这两个人当中最不高兴的人。但是，我仍然鼓起勇气继续自己的讲述，我指出爱弥儿缺少温存。当说到这里，苏菲满脸通红，由此我断定：对于自身应该承担的那一份义务，苏菲是愿意承担的。大家都知道，苏菲不会说假话，于是，我故意引她说话。这个时候，爱弥儿慌乱起来，他目不转睛地注视年轻的妻子的眼睛。他发现，她的眼神也是慌乱的，并且还有一丝娇羞。由此，他断定自己可以相信她。他在她的脚边跪了下去，把她向他伸出的手快乐地亲吻着，同时许下誓言：我除了已经发誓要对你忠诚之外，还将放弃一切对你的权利。他对苏菲说："亲爱的妻子，主宰我的快乐吧，就像你现在是我生命和命运的主宰一样。我愿意把自己最宝贵的权利交给你，就算你一定要不给我快乐，从而让我死去，我也会这样做。我只需要你的真心，而不需要你奉承我。"

不要有忧虑，诚实的爱弥儿，苏菲是一个非常爽快人！她是不会让你因为对她大方而成为牺牲品的。

到了晚上，我准备离开他们。临走之前我严肃地对他们说："你们一定要深刻地认识到，你们两个人都是自由的，在你们之间，根本不存在什么夫妇的权利问题。你们不要只是在表面上装作顺从对方，而是要践行我的话。爱弥儿，你现在是否愿意和我一起回去，这一点苏菲是同意的。"爱弥儿有些不愉快，想反对。"苏菲，我想知道你的看法，你是否允许我带走他？""可以。"这个说谎的女子红着脸说。这个谎言简直太令人开心了，甚至比真话还要好。

次日……由于心灵以及审美能力已经被恶习腐坏，大家对喜庆的情景已经不以为意。他们已经丧失了感觉动人的事情的能力，丧失了发现可爱事物的能力。你想象着两个幸福的人沉浸在甜蜜之中的情景，以期让你得以描写肉体的快乐，但是你是否知道，你想象的这种情景并不完善？因为，你只在其中描绘了最简单的那一部分景象，至于那最细腻的快乐的神情，你一点都没有涉及。美满结成一对夫妇的年轻人，当他们在第二天离开自己新床的时候，那疲乏而单纯的目光当中流露出他们才尝到的迷人的美、惹人怜爱的天真以及这一生要相携到老的宝贵的信心。这种迷人的情景，你们有谁观察过？人心最向往的东西是什么？肉体快乐的真正图画是什么？你尽管已经看见过一百次这样的情景，但是你未必能辨别出来，因为这种情景，根本勾不起你那僵硬的心的兴趣。苏菲的表现是愉快而又稳重的。白天的时间她是在母亲的怀抱中度过的。这并不难理解，当晚上在丈夫的怀抱中度过之后，在母亲的怀抱中休息是很舒服的。

但刚过一天，我就捕捉到了一种变化：爱弥儿故意表现出了一丝不满。但我很快发现这种神情是假装的，因为我注意到他的心情虽然非常急躁，但是也非常温柔。同时我还发现，他明显是心甘情愿的。因此，我认为他们并没有发生什么不高兴的事情。而苏菲呢？她比前天更加高兴了！在她的眼里，我发现了一种心满意足的神色。她已经让爱弥儿神魂颠倒，她对他的所作所为已经接近于捉弄。

这并不是一个容易发现的变化，但是仍然被我发现了。我有些焦急，于是私下里去询问爱弥儿。事情是这样的：在前天晚上，不管他怎么央求，苏菲都拒绝和他睡在一张床上，因此他感到很沮丧。这个认真的女人，在迫不及待地想要行使自己的权利。我让他向我讲述一下事情的经过。他告诉我，他曾经百般哀求苏菲，但她却取笑他。直到最后，她才用温柔和充满爱意的目光看着他，拉着他的手，说出了一句振聋发聩的话："缺少情义的人！"而这个时候，她已经发现他快要生气了。但以爱弥儿那样的愚蠢，他怎么可能明白这句话的意思？而我当然是心知肚明的。于是，我离开爱弥儿，又去私下询问苏菲。

我对她说："他之所以会这样任性，其原因我已经看了出来。事实上，爱弥儿可以说是最温柔的人，但也是最不会使用自己的温情的人。你不需要担心，亲爱的苏菲，我给你的是一个男人。因此，你要以男人的眼光来看待他。他青春的精华已经为你所有，他从来没有在别人身上浪费自己的精力，在以后的日子，他会永远把自己青春为你保留。

"亲爱的孩子，你还记得我前天在我们三个人中间讲的话吗？我需要你把它为我解释一番。你或许已经做到了一点：为了能让自己长久保持快乐，你从中体会到了如何如何控制自己快乐行为的办法。苏菲，我还要告诉你，我说的那些话其实还有另外一个目的，那个目的是我处心积虑想到达的。当爱弥儿成为你的丈夫，他同时也成了你的首领。因此，你应该对他表示服从，这也是大自然的安排。如果说天下的妇女都拥有苏菲的能力自然非常好，那么她们就可以让男人都听从自己的话了，而这也与自然的法则相符合。那么，我让你节制他的行乐原因是什么呢？是为了让你能够控制他的心，就像他作为男子控制你的身体一样。要知道，做到这一点并不容易。我想对你说的是，你如果能控制住自己，也就能把他控制住了。纵观这几天的情形，我认为你有实现这一困难办法的勇气。只要做到以下几方面，你就可以依靠爱情的力量长久地控制他了：在经过很长一段时间之后给他一次恩情，让他认为你的恩情来之不易，并且能够恰如其分地运用自己的恩情。倘若你想看到你丈夫经常为你倾倒，你就要让自己和他的身体之间不要完全没有缝隙，而要保持一些距离。在表现出严肃的时候，你要带着一丝羞怯，切忌无理取闹，从而让他认为你不可理喻，很不成熟。同时，在控制他爱情的时候，你不能让他怀疑你的爱情。一句话，你要用你的恩情去让他爱你，用拒绝的办法得到他的尊重；让他既赞美自己的妻子忠贞，同时又不埋怨妻子太过冷漠。

　　"如此一来，孩子，他就会成为一个这样的人：信任你；采纳你的意见；在碰到事情的时候，能够第一时间和你商量，同你一起研究过之后再做决定。如此，当他有出轨行为的时候，你才可以第一时间让他恢复理智，能够态度温和地说服他，让他迷途知返。你必须让自己在他眼里成为一个可爱的人，必须用羞怯的美态去达到道德的目的，以及用爱情的力量让他变得更理智，从而让自己成为一个对他有用的人。

　　但是，对于这个办法，你也不能认为只要把以上几点做到就能始终有效。爱情才是你最应该注意的东西，因为无论你多么谨慎，也难保愉快的事情最终消弭快乐的心。当经过足够长的时间，爱情会产生一种美好的习惯，它可以让爱情的缺陷得到弥补；当情欲的美妙乐趣一享受完，深厚的信任就会随之而生。在他们两人之间，孩子会建立起一种甜蜜的关系，这种关系比爱情还要坚固。你可以不是爱弥儿的情人，但是你能不是他的妻子，不是他的朋友，不是孩子的母亲吗？因此，你应该在彼此间建立最亲切的友谊，而不是再和他分睡两张床，拒绝他和对他要性子，你不能再采取你以前的那种矜持态度。如此一来，他就会把你当成自己身体的一部分，让自己永远不能没有你，只要他想离开你，就是在离开自己的本身。你在父母家的时候，能够把母亲的家务打理得井井有条，让家庭生活洋溢着乐趣，现在你也应该在自己家采取同样的做法。一个男人，只要他能在自己的家里获得快乐，也一定会爱自己的妻子。

如果你的丈夫在你的家里生活得很幸福，可以肯定，你也一定会是一个幸福的妻子。这一点你一定不能忘记。

"在当下，你的情人是值得你去对他殷勤备至的，所以你不要如此严肃地对待他。如果你吓他，他一定会愤怒起来。你不应该牺牲自己的快乐而去照顾他的健康，你有权利让自己也享受快乐。你也不要让他心生厌恶，不要让他只想扑灭自己的欲望。你如果要拒绝他，只能在你为了使你给他的恩情更有乐趣的情况进行，而不能仅仅是为了拒绝而拒绝。"

随后，我同时找到了他们两个人。我当着她的面对她年轻的丈夫说："你应该好好地承担你自己愿意接受的束缚，并且保证行为端正。因为只有这样，你受到的束缚才不会那么重。你尤其需要做到的是，为恩情做出补偿，并且千万不能认为，只有用发脾气的方法才能让对方更爱你。"对于他们两个人而言，讲和无疑是轻而易举的。那么他们讲和的条件会是什么呢？他们签订契约的方式就是相互亲吻了一下。随后，我对我的学生说："我的爱弥儿，无论是哪个男人，他的一生都需要别人的指导和忠告。在对待你的问题上，我已经竭尽全力履行了我应尽的义务。至此，我投入了许多时间的任务便告终了。这个任务，将会被另外一个人接下去。从今以后，我不再拥有你赋予我的权威，她将会是管理你事务的人。"到了这里，这对可敬的夫妇以及快乐的情人，起先那种晕头转向的心情逐渐平复，他们开始悠闲地享受他们这种新生活的美。我不得不把他们一生的历程叙述一下，以便颂扬他们的德行，把他们的幸福描写出来。我不停地在他们的身上看到我的工作成果，每当这个时候，我就会无比高兴，以至于跳起来。曾经，我多次握过他们的手，并在心里自言自语：感谢上帝！我也曾多次吻过他们紧握的手，多次手上有他们掉落的快乐的眼泪。他们已经被我快乐的心情感动，并且是深深地感动，他们和我共同分享这令人心醉神迷的快乐！在孩子们的青春生活当中，他们那令人尊敬的父母再次感受到了青春的美。他们完全可以说在自己孩子的身上重新活了一回，或者更准确地说，首次体验到了生命的价值。同时，他们也开始埋怨，埋怨他们过去的财富为什么没有让他们在年轻的时候，享受到这样的美妙的生命。如果幸福确实存在于这个世界上，那么我们如果想找到它，就应该去我们居住的地方寻找。

几个月后的一天早上，爱弥儿走进我的房间，然后抱住我，说："祝贺你的学生吧，我的老师！用不了多久，我就要做父亲了！我许多艰巨的责任即将压在我们的肩上，你不知道我们是多么需要你。但是我做出了一个决定：不让你抚养了父亲之后又抚养他的孩子。对于这样一个神圣而高贵的责任，我会自己一力承担下来。即便我可以挑选一名老师给他，就像我的父母为我选择老师一样，但我个人不愿意让别人来完成这个任务。我有一个请求，即希望你仍然教导我们这样年轻的老师，给我们提供指引！你放心，我们一定好好听你的话。我只要一息尚存，就不会不需要你。相反，由于我现在已经开始担负起成年人的任务，我对你的需求比任何时候都更迫切了。你已经将自己任务完成，现在，请你告诉怎样才能做得像你那样。你安心休息吧，现在正是你应该休息的时候。

附　录

《爱弥儿和苏菲》（或《孤独的人》）
书简一

　　我生活得自由而幸福。我的老师，是你给了我一颗能感知幸福的心，让我得到了苏菲，让一个兴旺的家庭既有甜蜜的爱，又有欢乐的友谊，同时还有父亲对子女的慈爱。这一切都证明：我拥有幸福的生活，我将拥有一个快乐的晚年，并且能够安然地在子女的怀抱里死去。然而，情况很快发生了变化，这种洋溢着欢乐和幸福时刻，使人一想起未来便觉得现在无比美好的时刻，让我每天身处无限快乐的情景都像沉迷于一个极度快乐的时刻，都一去不复返了，像梦一般。于是，在还很年轻的时候，我便没有了妻儿、朋友甚至包括兄弟姐妹在内的一切。我的心仍然眷恋着一些东西，但这些东西已经把我的心弄得千疮百孔。当然，这种眷恋在所有眷恋当中只能算是很微弱的，它只是对那虽然乏味但是无悔的生命依然有一点轻微的爱。当一切都离开我之后，如果我还能活一段很长的时间，我的结局一定是在没有任何人在身边的情况下，孤单衰老而死。到了那个时候，能替我合上眼睛的将只有上帝。

　　既然如此，我自然没有理由料理这悲哀的生命（我已经没有理由再爱它）。但是，我又不能对这永恒的裁断无条件地服从，这决定于我对往事的记忆，也决定于我从这个世界的秩序中感到的安慰。我将在我喜爱的事物中消亡。我在等待，等待我失去的生命和我剩下的年华合而为一。

但亲爱的老师，我想知道你是怎样生活的，知道你还能否同你的爱弥儿，一起在这苍茫无际的大地上死去，或者你是否已经和苏菲一起在那正直之人聚集的地方安居。但你毕竟是因为我才死的，不管你身在何处，尽管我的眼睛无法再看到你，但是你时刻都留在我的内心。当我为环境所迫，终于感到它给造成的无情的压力，并且失去了除自身之外的所有东西时，我才清楚地认识到，你对于我的教育原来那么有意义。现在，所有的一起都远离了我，但是，我的本来面貌还没有变，我仍然是那个无惧让人丧气的事情的人。你不会见到这几页书信，而我也从没有抱有这样的奢望。可以肯定的是，在还没有被任何人阅读过之前，它就会被销毁。但是我仍然把它们写出来，把它们收集在一起。现在，我将继续下去。你以及那培养了我的心又让我的心为此伤心的宝贵记忆，是我写这些信的对象。我将会把自己的思想和行为，以及你给我培育的这颗心讲述给你听。我不仅会告诉你好事，也会告诉你坏事，既会告诉你我的快乐，也会告诉你我的痛苦，以及我犯过的错误。但我可以保证，我讲的所有事情，没有一件会对你的事业有损。

　　我享受幸福的时间太早了，它在我出生的时候就已经开始。因此，我认为在我死去之前，它必须结束。快乐、自由和无忧无虑，是我整个童年时期的基调。我受的教育始终和我的游玩是结合在一起的。在回想自己童年当中的快乐时，所有人无一例外都会感到甜蜜。但是，说童年时期没有一件令人伤心的事情，这样的人只有我。如果我在童年时期就死去，那么我将无疑是一个既享受了生活，又没有体验到生活辛酸的人。

　　在我即便已经是一个青年人的时候，我过的生活依然是幸福的。在我产生欲念的时候，我用感官对自己的理智进行了培养。有一些欲念可以使别人犯错误，但对于我来说，这些欲念恰恰可以让我找到真理。我开始学会怎样用理智去判断身边的事物，以及我应从中得到怎样的乐趣。这种判断，我是基于真实简明的原理而做出的，并且不会因为权威和别人的看法而改变。我研究每一件同我有关联的事物，通过两个已经知道的项找出第三项，以便于发现事物同事物间的关系。我做的许多事情仅仅是认识自己，因为这样我就已经可以通过所有同我有关的事物去认识宇宙。当我的地位已经明确，其他的地位就会跟着一起明确。

如此，我便知道了什么才是最明智的办法。这就是：强烈想获得现在的东西，并按照自己的命运让心得到控制。你对我说："这一点是唯一可以我们自己做主的东西，其他东西都必须受制于需求。"一个人如果对抗自己的命运，那么他就不是一个明智的人，并且也无法获得幸福。他尽管可以把他的境遇进行各种改变，以求让自己的痛苦得到缓解，但同他为了改变自己的境遇内心遭受的痛苦相比，这种缓解的程度根本不能相提并论。他仅能获得为数很少的几次成功，而且即便成功也获益甚少。然而，无论是哪一个有感情的人，只要他不是神或者牲畜，就做不到一点欲望、一点眷恋也没有生活。我无法确保自己能够爱所有同自己有关的所有事物，于是你便告诉我："你至少要对这些事物有所选择；你应该只爱高尚的事物，只爱与我一样的人，并且扩大到爱整个人类。如此，我就保证自己不被周围的邪念所侵袭了。"

随着年龄不断增长，我的感官开始变得活跃。它们告诉我："你应该找一个伴侣了。"这个时候，是你用情感培养了我的感官，让它产生的情感越来越纯洁。我控制自己感官的能力，也是通过促进感官冲动的想象力而学会的。我对苏菲的爱，在还没有认识她之前就已经开始了。我之所以能够不被邪恶蛊惑，之所以能够对美好和诚实的事物保持乐趣，也是因为它的帮助。此外，它还把道德的法则深深地印刻在了我的内心。终于，我看到了我敬仰的这个高尚的人，感受到了她的魅力。这时，在看到这所有让人迷醉的美时，我的心被一种无法形容的甜蜜感觉包围了。初恋时期的日子是美好而甜蜜的，为了能让我今后的整个生命充盈，我非常希望你们能够重新再来一次。至于来生获得什么幸福，我是没有什么期待的。

至此，后悔已经于事无补，因为目标也已经不能实现，一切都已经失去！我在热烈地爱过一番之后，我得到自己应有的报酬，我的一切心愿都得到了实现。在宁静的生活当中，我——她的丈夫和终生的情人，享受到了一种同在狂热的贪欲中享受的幸福同样真实的幸福！我的老师，你认为你已经对这个迷人的女子充分了解了吗？如果你真这样想，那就错得太离谱了。你可能对我的情人和妻子已经了解，但是对苏菲未必如此。她的各种魅力是无限的，并且能够千变万化。即便到了她生命的最后一天，我仍然发现自己并不了解她的魅力。

我——两个孩子的父亲，把自己的时间分成了两份，一份用于我深爱的妻子，一份用于她生育的孩子。你帮助我对我的儿子实行了一种教育，这种教育同我所受的教育完全一样。而我的女儿，在她母亲的管教下，也在模仿她的母亲。我的时间几乎都用在了对苏菲产业的经营上，为了让自己最大限度地获得幸福，我已经忘记了自己财产。但这种幸福并不是一种真实的幸福，它的多变，我已经感受过多次。它是短暂的，当一个人达到顶峰，这个人接下来就要走下坡路了。我非常疑惑，我不清楚是不是由于你这位铁石心肠的父亲，我的家庭才开始破败，不清楚你不和我们一起宁静地生活，转而要离开我们的原因是什么。按理说，我的殷勤是足以让你开心的。我看得出来，你因为完成了自己的事业而感到非常满足，我也相信这完全是真实的。我同时也发现：你是以我们的幸福作为幸福的，你那慈父般的心，因为苏菲的温情照顾而感到十分快乐。你无疑非常爱我们，在同我们在一起的时候，你也会感到很快乐。但是，你毕竟还是离开了我们！如果你陪在我们身边，我们或许要更加幸福。除了这点好处之外，我的孩子或许还会活着，或者说他的生命不会断送在别人手里，他那贤惠可爱的母亲，或许就不会离开他的父亲。因为你的隐退，我遭遇了非常严重的后果，命运不断受到打击。这些都是不应该的，只要有你的监护，罪恶和痛苦就不会光临我的家。因为你的离去，我遭受了比你给一生创造的幸福都多的痛苦，而且多出很多。

你离开之后，上天已经不再庇护这个屋子，不停地发生着痛苦和悲哀的事情。只经过很短的几个月，苏菲的父母就相继去世了，到了最后，她那才出生不久的美丽的女儿也死了！这个女儿她已经期盼了很久，并且被她当作宝贝看待，她希望她能够和自己共度一生。她那颗坚强的心，因为这最后一重打击变得有些松动，最后终于一溃千里。现在，她对生活的不容易还一无所知，她那聪慧而敏感的心还不具备抵抗命运打击的能力，因为她还在孤独中享受着满意而宁静的日子。亲人的离去，是她碰到的痛苦的事情当头的一件。但是，你不要认为我们的痛苦到此就结束了，它实际上才刚刚开始。她一天到晚泪流满面，她对母亲去世的伤心，因为她女儿的死变得更加强烈。她是那样的悲伤，一会儿呼唤了她的女儿，一会儿呼唤着她的母亲。每到一个曾同她们天真相处过的地方，她都不忘呼唤她们；无论在哪里，只要那个地方会勾起她对她们的记忆，她就会感到伤心。于是，我做出决定：让她离开这个令人伤心的地方。我必须要处理首都的一些事情，如果放在以前，我是不打算去处理它们的。我向她提出建议，让她和她的女友一同去首都。她是我们的邻居，去首都是为了同她的丈夫在一起。为了能和我在一起，她同意了。但对于我让她去首都的真正原因，她并不了解。她的心悲伤的程度太过了，获得平静迫在眉睫。要想让她得到一些安慰，除了分担她的悲痛以及同她一起哭泣别无他法。

当我靠近首都，内心产生了一种我从来没有过的感觉，这种感觉让我感到震撼。那一刻，许多不祥的预感都出现在了我的心头，当我想到你说过的关于大城市的所有看法，心底腾起了一股寒意。我感到害怕，害怕我们这样一对纯洁的夫妇，伫立在那些即将腐化我们关系的危险之前。当我看到满脸忧愁的苏菲，很快便意识到了一点：我即便把如此贤惠而美丽的妻子，送进这遍地罪恶的陷阱，抹杀她那天真和快乐的偏见。在那一刹那，我为之惊悚。

但我很快便忽略了这样一个要我事事小心的预感，认为那样想是没有必要的，因为我对我们非常有信心。我开始变得矛盾，既苦恼于这种预感，又把这当成是杞人忧天。我并非有意去首都寻求危险的，但尽管如此，首都的危险却处处与我有缘。

你非常清楚，我们如果在这个不良的城市里度过两年时间，我的心灵和命运将会因为首都的毒素面临怎样的严重后果，它无疑会是一个悲惨的结局！在那些充满欢乐的日子，这种结局完全没有出现的征兆。但当我今天回忆起来，却不能不感到加倍的伤心。我之所以这样说，是因为它让我想起了造成这些伤心事的原因。我对人礼数周到，这让我和一些人建立了密切的关系，时间一长，我和他们便以朋友相交了。因为这一点，我整个人发生了巨大的变化。你曾经让我的心有了一个很好的保护伞，让它能够免于被别人的行为影响，让它不去效仿别人。但它现在成了一个什么样子？在不知不觉当中，它让我喜欢上那些我在青年时期不屑去做的事情！这两者之间的差别，无疑是非常巨大的。在以前，我活跃的想象力只知道追求苏菲，只知道厌恶不像她的人，现在它已经不再是那个样子。由于已经将她占为己有，我现在已经不再追求她。在年轻的时候，我认为她的美艳压群芳，但是现在，我认为她的美也只能为别人的美增光了。没过多久，由于我的鉴赏能力大幅下降，我开始认为那些人也很美了。因为为那些没有价值的事情投入了许多精力，在不知不觉中，我的心不再具备原来的活力，变得不再有人情和力量。带着不安，我不断地享受各种乐趣，在憎恶一切的同时我又追逐一切。我戴上面具的时候，是我唯一能获得快乐的时候。于是，我漫无目的地度日，以求获得快乐。很快，我感受到了一种巨大的变化。它是危险的，但是我不愿意承认。我避免让自己进行反思，以防止在反思中变得不认识自己。我开始变得不再那么迷恋一切人，转而以冷漠的态度对待他们；我开始不再谈真理，转而空泛地谈道德和感情。我开始成了一个绅士，但是是一名风流而缺乏温情的绅士；开始成为一名禁欲者，但是是一名没有道德的禁欲者，同时成为一个做糊涂事的智者。除了你的爱弥儿的名字和某些语言，我的身上已经空无一物。从前激励着我、让我的生活趋于至善的自己坦诚的心、自己的自由、自己的欢乐、自己的天职，以及我的儿子、苏菲和你，现在已经逐渐地离开我。于是，我产生了一种感觉：我自己似乎也背叛了自己。只有一种杂乱而空洞的感觉，仍然残留在我丧失了激情的心中。临末，我终于不爱一切了，或者说我认为再没有什么东西值得爱。这种冲动太可怕了！从表面看，它似乎已经消失，但原来却是在灰烬之下隐藏着，其目的，是为了在不久之后变得比以前更猛烈。

竟然会发生这样大的变化，简直始料未及。我完全搞不懂，那个让我终生感到幸福和光荣的她，为什么会成为我生活中的羞耻和沮丧？这样悲哀地走入迷路的过程，你让我应该怎样来描述呢？我绝不能提及那些丑恶的情节，无论是口的提及还是笔的提及！我要让我心里这个最庄重的妇女的形象继续保留，不让自己每当想起往事就感到难过和畏惧，不让自己丧失对美德的信念！但是，谁又能保证，我不会在还没有写完它之前已经死过了无数回？我们毕竟难以承受社会习俗、社会恶习以及别人行为的诱惑，毕竟难以抵抗虚伪的友情的谋害，以及人类心灵的脆弱和多变。可以肯定的是，如果苏菲让自己的美德被玷污，将没有一个妇女敢相信自己的品德。一个人要想在已经行进于错误的道路很远之后再折返保持原来的样子，所需要的独特性格是难以想象的！

你获得新生的儿女，是我要向你叙述的内容所在。但在这里，我只谈谈促使他们认识之前以及联系前后经过的事情，因为你知道他们所有的不正当行为。

苏菲得到了安慰！如果这还说得不够准确，那就是她被她的女友拉去参加的社交活动转移了注意力。以前那种深居简出的生活，她现在再也不那么喜欢了。她忘记了她死去的亲人，也忘记了还活在她身边的人！由于已经逐渐长大，她的儿子已经不再像以前那样依赖她。而作为母亲的她，也掌握了摆脱儿子成为累赘的方法。而使身份也发生了变化，我已经不再是她的爱弥儿，而仅仅是她的丈夫。在对待丈夫的时候，如果是在城市，诚实的妇女通常是很端庄的，但在私底下却是另外一个样子。时间一长，我们几个人也这样做了。在毫无察觉的情况下，我们都发生了变化。为了让自己能够自由地活动，我们尽量避开对方的看管。我们终于成了两个人，而不再是像从前那样是一个人。我们因为社会风气而分开了，这让我们的心再难以相亲相爱。我们唯一偶尔聚在一起的时间，是在我们乡下邻居和城里的朋友来看我们的时候。有一个女人经常向我眉目传情，为了抵抗她的诱惑，我克制得非常辛苦。最后，她终于发现对我已经无计可施，于是就去和苏菲拉关系，整天都和苏菲待在一起。她的丈夫也经常和她在一起，所以，也可以说他经常同我的苏菲在一起。无可否认他们夫妇的外表非常端庄和正派，但这并不表示他们奉行的也是与此相适应的行为准则，他们的行为准则是让人感到无比畏惧的。你知道他们为什么相处得那么和谐吗？你或许会认为他们有真正的爱，其实不是，他们相处得和谐是因为各自对对方都不在意。由于不在意夫妇之间的权利，他们得到了一项共识：与其互相约束对方，不如让双方尽情地玩，以让彼此更加亲爱；彼此不约束对方，反而能够让彼此过得好。那个女人说："我丈夫生活得很快乐，对一切事物都感兴趣。"那个男人说："我是以朋友的眼光来看待我妻子的，只有这样，我才能感到快乐！""我们不能决定自己的感情，但是可以决定自己的行为，我们每个人都尽量让对方感到高兴。对我们爱的人表达爱意最好的办法莫过于让我们爱的人想怎么做就怎么做。这样可以让躲藏销声匿迹。"这是他们共同说过的话。

我们感到恐惧，他们竟然这样毫不避讳。然而我们并不知道，将会因为火热的友谊而放松对某些事情的关注，而在没有友谊时能造成我们反感的事情就是其中的一种。当然，我们不知道的事情还有很多，以下可以说都属于这类事情：因为这样一种极对人胃口的说法，我们将会为我们无法控制的情感，牺牲我们的思想、行为、庄重的外表，以及自身的自由、信念和坦诚。对于天性纯善的人来说，当两个人彼此不再心心相印，这种维系关系的方法将会披着"豁达"的外衣诱惑人，即便这个人很有理智，但如果他没有良心的辅助，也很难让自己免受其害。苏菲和我之所以不好意思在表现我们早已经不复存在的恩爱，也是这个原因。但我们不能抛弃这种相互尊重的态度，因为我和苏菲之间就是相互尊重的。当我们做有损对方形象的事情时，只能选择互相躲避。

在我们表面上表现出对方好像是自己的一个负担的时候，同那整天在一起的人相比，我们的关系事实上更加亲密。相反，如果我们开始即便做对对方有损的事情也不再隐藏时，就说明我们再也不可能相互亲近。终于，我们之间的疏远达到了一个最明显的程度。但就在这个时候，情况忽然发生了变化，同时变得非常怪异：不同于之前的贪图享乐，苏菲突然闭门不出，不同人往来。她的心绪从来就不稳。而现在，她索性变得整天都愁眉苦脸了。一天当中，她从早到晚都在房间里，不说话也不哭泣也不搭理谁，更加不允许别人打扰她；更有甚者，她连那位女友也不想见面了。她告诉了那个女人这些情况，并且采取行动：在那个女人来看她的时候，她虽然没有当面拒绝，但是表现得很没有耐心，并且多次让我远离那个女人。我指责她这是一种任性的做法，说她这样做是因为嫉妒。一天，我向她表明了这种看法，不过是以玩笑的方式进行的。她的回答冷淡而干脆："你想错了，先生！我完全不嫉妒，我只是憎恶那个女人。我对你只有一个要求，这就是让那个女人不要再出现在我眼前。"听到她这样说，我震惊了，很想弄清她为什么恨那个女人。她拒绝回答。她对她的丈夫关上了大门。至于我，我也只好向那个女人关上大门。此后，我们不再见他们。

但我仍然非常忧虑，因为她的那种忧郁依然保持着。怎样才能知道其中的原因？她为什么闭口不提？我开始慌了神。用权威去逼迫她讲肯定是不行的，因为她是那样骄傲。况且，我也不会奇怪她不把心里话告诉我，因为我们已经彼此不信任很长一段时间了。但我没有选择，我必须取得她的信任！我认为应该去关心她，好让她开口说话。我认为这种做法对自身是没有任何损失的，就算她那令人怜惜的悲伤神情无法让我感动，就算我心里的伤痕无法像我想象中的那样被治愈。

我开始对她寸步不离。但是我悲哀地发现，即便我这样做，并且对她殷勤备至，她也始终无动于衷：我没有获得任何成功。我想行使我已经许久未曾形行使的丈夫的权利，她无可置疑地拒绝了。她这时的拒绝已经不是那种给人很大压力的拒绝，而是一种让她的爱有新意义的拒绝了；不再是那种扭捏的拒绝，而是一种更让人感到甜蜜，让人觉得应该尊重的拒绝。如果要给这种拒绝定义，那定义就是：一个心志坚毅的人的严肃拒绝，她是非常愤恨别人怀疑她的。我曾在你面前做出过承诺，她把这个承诺着重讲了出来。她说："就算我做错了，你就应该不尊重自己吗？应该置爱弥儿的话不顾吗？就因为我做错了事，你就认为自己可以背弃自己的诺言？你惩罚我是可以的，但是约束我就不行了。你应该知道，我会坚决反对你这样做。"她这样说，我又能怎么辩驳？我唯一能做的，也只能是尽力让她软化，尽力感动她，以极大的决心战胜她的顽强抵抗。我的努力固然没有得到回报，但是这却把我的爱和自尊激了起来。对于我来说，以上的几点无疑是很难做到的。但是，正因为如此，我心中的情感燃烧得更旺盛了。我认为，如果能把这些困难——克服，将是我的一种无上的荣耀。我已经和她在一起十年了，并且经过了一段很长时间的冷淡。此时我所产生的激动和狂热的情感，是之前所从来没有过的。我流下了许多眼泪，其多的程度就算是在我同她初恋的时候也比不上。但这些都没有起到作用，她一点都不为所动。

她态度这样强硬同他的性情是不相符的，我非常清楚这一点。因此，我是惊奇和痛苦的心情夹杂。我并没有失望，因为我知道，我虽然对她那决绝的态度无计可施，但是她至少已经不再那么冷淡了，这一点，我从她的态度中可以看出来。她的脸上也出现了一丝遗憾和同情，这让她那种宁折不弯的拒绝的语气得到了一定程度的缓和。甚至有的时候，我发现她这样做自己也很痛苦。她向我望过来的目光尽管仍然忧郁，但是那种凶恶已经不复存在，甚至是混入了一丝温柔。她之所以无法恢复理智，我想是因为她懊悔自己那种过于任性的行为；而她之所以那样任性，我想是因为她还无力为自己申辩。只要稍微压制她一下，她或许就会发生一种转变：服从原本不愿意服从的压力。这种想法让我感觉充满希望，因而感到无比高兴。我认为这种想法非常正确，并且也表示了我尊重她。此外，它也可以使她在极力抵抗我那么长时间之后，不再不好意思屈服于我。

某一天，我兴奋极了。于是，我委婉地恳求她一番，并且还予以了热忱的关心，她似乎有一点点感动。于是，我想一鼓作气，想取得完全的成功。她表现得非常难过，也非常激动，几乎就要服从于我了。但到了最后，她的语调、表情和举动依然突然发生变化。她带着满腔怒火努力猛然推开我的手，看着我，可怕的眼神充满了失望、愤怒。她说："请停止你的行动，爱弥儿！我已经同别人同床共枕过了，并且已经怀了孩子，因此不再属于你了。在我的整个生命当中，你都将无法接近我的身体。"说完，她猛然冲进了自己的房间，关上了房门。

我惊呆了……

老师，在这里，我叙述的并非我生活中经历的事情，我非常清楚，这种事情根本没有写下来的价值。我仅仅是在叙述我的欲望、感情以及思想。对于我的心所经历的以前从来没有经历过的无比可怕的变化，我有责任进行详细叙述。

在当时，身心的伤痛并没有立即就让人感到痛苦，因为它们在当时并不痛苦。人的天性为什么要那样宁静？是为了有能力承受狂风暴雨般的打击！同时，它还让人在经历了致命的打击后，如果想要让伤口开始痊愈需要很长时间。当我看到这种始料未及的情景，听到这种让人难以忍受的话，只能像一个死人一样呆呆地站在那里。我闭上眼睛，感觉寒气侵入血液。我没有昏倒，但是感官停止了工作。我各种器官也进入了罢工状态；我的心已经乱作一团，有如舞台上在换新布。

我就这样留在那里。不知过了多久，我仍然那样跪着，一动也不敢动。我害怕，害怕自己认为刚才经历的一切是真实的。如果能够始终处于这种恍惚的状态中，我是非常愿意的。终于，我还是清醒过来了。害怕周围的一切，是我当时产生的第一个感觉。我忽然起身冲出房间，然后沿着楼梯跑了下去。当时的我，可以说没有看任何东西，也没有和任何一个人说过一句话。终于，我走出了房间，大踏步地向前走去，有如一头腰部中箭的鹿带着箭狂奔，认为只要赶快逃跑就能够避被箭射的命运。

我就这样向前奔跑，中途完全没有停歇，我始终保持着原来的速度，直到跑到一座公园。阳光从天空中照射下来，我感到非常难受。我开始寻找树荫。最终，我上气不接下气地在一块草地上倒下，有如一个将死之人。我的心情非常激动，不禁感叹了一番："这是哪里？我听到了什么话？我变成了一副什么模样？真是一个凄惨的结局！我为什么愚蠢到要去追逐那不存在的东西？我究竟应该去哪里寻求爱情、荣耀、忠诚和美德？我完全没有想到，那样高尚的苏菲，竟然是一个无耻的人！"接着，我心痛得不能自己，心里堵得甚至无法喘息和呻吟。对于我来，这种窒息是无可避免的，因为就算我不一直怒火中烧，这样突然激动也是不行的。我的心像打翻了五味瓶，羞愧、愤怒、后悔、温情、嫉妒、极度失望以及爱同时涌上心头。我认为这种感觉，这种慌乱的样子是没有办法描述的，因为根本无从描述。喜悦的心情是很容易想象的，因为它是一种均匀的冲动，可以让人生得到扩展和变得纯洁。相反，如果一个不幸的人因为悲伤过度而产生各种怨恨，他的心被无数的烦恼所折磨得千疮百孔，但是却连一件事都摸不着头绪，又或者被各种力量撕扯，以至于让四肢都分离，那个这个人就很难再算是一个单独的个体了，而已经变成了许多个体。他在痛苦的时候是一个完整的个体，似乎正是为了变得这许多个体做准备的。这正是我当下面临的状况，并且我的这种状况持续了几个钟头。要描述这种情况是艰难的，因此，我不准备对我每一时刻的感受进行描述。幸运的人，你们是难以理解我这种可怕的梦幻般的情景的。就算你们能够理解这点，你们能体会到那颗能感受到高尚的心，在与这种情感一刀两断时要经历怎样强烈的痛苦吗？

我们并不拥有无穷无尽的力量。所有激荡的心情都不可能持续高涨。我的心正在痛苦之中煎熬着，趁着体力衰竭的空当，我休息了一段时间。我的老师，这个时候，我突然想起了我的青年时期，突然想起了你，以及我受到的教育。我想到了自己是一个人，于是，我立即问自己："我是否应该弄清自己的身体经受了怎样的创伤，做了什么不该做的事情，自身有些什么损失？此时此刻，以我现在的这副模样，如果出人意料地重新开始新的生活，我是否仍然是一个不幸的人？"这个念头在我脑海中的出现诚然是短暂的，但是却给我的内心带来了一道光亮，有了它，我已经足以重新认识自己。对于所处的地位，我刹那间有了一个清楚的认识；我因为这短暂的理智，认识到了自己仍然无力进行推理；我无法分析事物，我的心情太过激动了。我的观察、比较和研究的能力都已经丧失，我已经无法判断任何事物。而总是在那里凭空想象自己怎样做，无异于在让自己凭空遭受折磨。这样让自己更为痛苦，完全是一桩蚀本生意。因此，我能做的只有争取时间，让自己变得更坚强和不再想入非非。我想你也会让我这样做的，如果当时你在场指引我的话。

我根本无法克制我疯狂的情绪。索性，我干脆让它尽情地释放出来。我疯狂地让这种心情淹没我，同时，像决心悲伤就要悲伤到底一样，在我这种疯狂当中，又夹杂着一些不知道来自于何处的兴奋。我猛然起身，走向刚才的那个方向，但是没有按照路线走。我跑了起来，时而往这边跑，时而又往那边跑，我自己让激动的心情带着自己走。就这样，我完全按照自己的想法跑，直至跑得上气不接下气。有好几次，我都差一点呼吸停滞，因为我有时哀叹，有时又郁闷地大吐一口气。

我这样急忙地奔跑或许并非一无是处，也许，它可以让我麻木，从而让痛苦得到缓解。因为激烈的情绪可以让人本能地吼叫和做出各种举动，从而让神经和心情都得到好处。人只要在运动，就会始终处于兴奋状态，最让人感到害怕的反而是安静的休息。之所以要这样说，是因为后者已经到了崩溃边缘。经过对比这两种情况的不同，我当天晚上提出了一个可笑的问题：让疯狂和痛苦的各种行为展现于众人面前，是否会让他们嘲笑那个正被痛苦和疯狂折磨的人？

我就这样来回地走，已经忘记了自己走了多少次。最后，来到了城市的中心。我发现自己周围全是富丽堂皇的马车，原来，这条街有一个戏院，现在正是看戏的时候。我差一点就被过路的马车压死，幸好有个人扯了一下我的手臂，告诉我要当心。我跌跌撞撞跑进了一个开着门的屋子，那是一家咖啡馆。在咖啡馆里，在我身边的尽是一些我认识的人，他们似乎和我说了什么，然后把我带到了某个地方。突然，一个乐器的声音和一道灯光刺激了一下我，我开始清醒过来。我把眼睛睁开，四下认真地看了看。我发现自己正身处一个戏院的大厅。由于那一天正在演一场新戏，大厅里人头攒动。戏已经快要演完，大家正快要离场。

我全身战战兢兢，但是已经下定心要一言不发，保持一种祥和的样子，不论付出多大的努力。大家吵闹个没完，他们即便向我说话，我也完全没有听。我根本没有什么可回答。然而，在那些把我拉到这里来的人当中，有一个人说出了我妻子的名字。听到这个可怕的名字之后，我立即大声地叫了起来。整个大厅都听到了声音，于是，大家吵闹了起来。我立即又平静下来，大家又开始变得安静。但是，我准备找机会开溜，因为我身边的人已经因为我的叫声注意了我。慢慢地，我走到了门边。终于，在戏还没有演完之前，我走了出去。

我来到了大街上。在街上，我不自觉地把自己在戏院时揣在怀里的手抽了出来。抽出来之后我发现，我的手指上全都是血，我甚至认为自己的胸膛正在流血。于是，我把胸口的衣服解开，果然，同我胸腔里的心一样，我的胸膛已经裂开，正在往下淌着鲜血。不难理解，一个为了能够让自己安之若素而付出如此大代价的观众，根本无法很好地评判他刚才看到的戏。

为了避免被别人撞见，我急急忙忙地逃走。现在正值夜晚，是逃走的好时候。于是，像要让我因为受到的那一番拘谨所受到的损失得到补偿一样，我又开始在每条街之间穿梭。在好几个小时内，我都在不停地走，最后，我几乎已经无力站立。在跑的过程中，我发现自己已经走到了自己的住宅附近，于是我回了家。直到这个时候，我的心仍然非常激动。我问我的儿子在做什么，他们的回答是已经睡了。我什么也不说了，只是喟然长叹。家里的人想和我说话，我制止了。我躺倒了床上，要求让他们去睡觉。我休息了几个小时。但是，在这几个小时的休息时间里，我遭遇的情况比昨晚激动的情形更加不堪。我在天还没亮就起床了。我悄无声息地走近苏菲的房间。我没有在里面停留很长时间，只是怀着怯弱的心情吻了吻苏菲房间的门槛，连同我的眼泪也一起洒在了上面。随后，我如同一个罪人一般，惊恐而谨慎地离开了她的房间。在走出我的住宅时，我做出了一个决定：此生不再回来。

我愚蠢而狂热的行为是激烈无比的，但是持续的时间却没有多长。此时，我的理智又回到了我的身上。在无法克制自己情绪时候，我向它妥协了，以便能在它有了某种发展的时候再加以控制。我认为这种做法是正确的。因为刚才经历的那种冲动，我开始变得容易动感情。此时此刻，我的愤怒让我变得愁眉苦脸了。经过对内心深处的探查，我有了一个发现：在我的心里，这种深沉的忧伤已经烙上了永不消失的印记。我前行的脚步已经没有停止，我要远离这个可怕的地方！我行走的速度诚然是缓慢地，但是却也完全没有回头。在走出这个城市之后，我迈着缓慢但又摇晃的步调，沿着看到第一条大路走了下去。毫无疑问，我的精神已经恍惚，整个人已经变得颓废。但是当我眼睛的景物被阳光照射得越来越明亮时，我似乎看到另一片天地，甚至看到了另一个宇宙。因为，我发现所有事物对我来说都已经变了。我已经不再是昨天的那个我，或者说昨天的我已经死了。这是一种真正的死亡，而这也正是我感到悲哀的地方。我弄不明白，我那颗悲痛欲绝的心为什么还要迎来那么多甜蜜的回忆，为什么一定要回想起那么多可爱的情景，从而让自己在那毫无意义的悔恨中深陷。当过去的种种欢乐浮现在脑海里的时候，我更加痛心我做出的牺牲了！同我以前从肉欲中得到的享受相比，它今天给我的痛苦已经远远超过了。这就好比在让你不做丝毫准备的情况下，从极度快乐一下子跌到极度痛苦。毫无疑问，没有任何一个人能够描述，要一下子适应这样大的改变，对比前后的景象有多么让人恐惧。就在昨天，我还在深爱的妻子身边依偎着。那时，我可以说是全天下最幸福的人。我为什么会服从她的管束，从而让自己成为她的附属品？是因为爱情！我是因为温情才让她拥有暴君一般的权威的，我甚至会有一种感觉：她对我越严酷，我就越快乐。如果能永远身处这样可爱的情景当中，无疑是一件非常理想的事情，我为什么不这样做呢？我为什么要始终那样尊敬和爱她，在她的暴戾之前哀叹连连，想让她屈服又做不到，并且不断地请求她、祈求她的怜悯而从来没有如愿以偿？我占有她的时间固然是珍贵的，但这种能让人等待失而复得、满怀幻想的迷人时刻难道不同样可贵吗？但是现在情况变了：她已经怨恨我，不再对我那样忠诚，而是让我蒙受屈辱、无计可施和失去希望了。这让我甚至不敢有任何憧憬。我害怕极了！于是，我想为那曾经让我心醉神迷的对象寻找一个替代物。没有人会愿意把苏菲想象得很卑贱，那是非常有损形象的。我正遭受的不幸是让我最感到痛苦的事情吗？其实不是，于我而言，最不幸的事情莫过于看到那个造成这种事情的人那种羞愧模样。这样令人心酸的场景，是我唯一不忍心看到的。

我昨天晚上之所以没有意识到这样可怕的情景，是因为当时我心情非常痛苦。那时，我唯一能做的就是忍受痛苦。但是，我最终不得不自然地回想起那个带来厄运的人，因为我不得不想起自己每件不幸的遭遇，从而不得不寻找其中的原因。但我是不应该这样想的，最好的证明就是我在出城的时候根本没产生过这些想法。我固然因为恨她而难过，但让我更难过的还是在恨她的时候还要对她表示轻蔑。你认为同她一刀两断是让我最感到痛心的事情吗？其实不是，最让我感到痛心的是我不能不对她满含鄙夷。

在最开始，我对她的看法是非常差的。如果说一个普通的妇女不忠是一种犯罪，那么她的不忠又该如何评判？当做了卑鄙的事情，坏人是不会认为自己犯了错误的，而是会依然我行我素。这是因为，他们根本不知道羞耻和高尚为何物。在交际场合和别人私通的妇女仅仅是一些浪荡女子，但是同人私通的苏菲完全可以算得上其中的佼佼者。之所以要这样说，是因为过去的她和现在的她几乎已经是两个人了。她绝对可以算得上最卑鄙和邪恶的人！

但是，此时的我还没有权利如此严酷地批判她，因为我还没有对自己进行批判，还没有弄清在她所犯的错误当中，有哪些是因为我之前的行为所导致，何况，我已经在指责她，并且已经有足够资格这样做，已经被她羞辱过，就要被她这个无情无义的人夺取性命。爱弥儿，你指责她已经完全变了一个人，那么你呢？你是否就一点没变？在这个大城市里，我也同样发现你在她身边表现的样子已经大不同你以前的样子！正是因为你的不忠，才造成了她的不忠！她诚然承诺过要对你忠诚，但是你也同样承诺过要忠诚于她！你不认为你是在轻视她的前提下，让她尊敬你吗？她之所以会背叛你，完全是因为你自己的无情！你如果想让她爱你，就应该随时保证自己值得爱！她学你的样子背弃承诺，完全是你背弃承诺之后的行为，你如果始终能够对她热情，她怎么可能背叛你？

要知道，她从来没有对你表示过埋怨，在温柔体贴的时候，从来没有冷淡地对待过你。你非常明白，她并没有要求你带她离开那个幸福的地方，在离开那里的时候，她是感到非常悲伤的。同在这个城市里没有意义玩乐相比，她即便在那里哭泣都要更加舒心。在那里的时候，她的生活无比单纯的，你也因此收获了幸福。她对你的爱，是远远超过对自己心灵的宁静的爱的。她本来是想把你留在那里，但是失败了，她是在这样做了之后才不顾一切陪在你身边的。她之所以会从宁静和充满美德的地方陷进罪恶和痛苦的泥潭，完全是你造成的。因此，只有你自己才有能力让她一如既往地那样贤惠，一如既往地让你幸福！

爱弥儿，你是没有权利轻视她的，因为你已经失去了她。你最应该做的事情不是同情她，而是痛恨自己。因为你自己也有做得不够的地方，你的性情也受到了社会生活的影响。你可以不对她不忠的行为负责，但是，你这样的做法刚好为她的行为提供了辩护，因为你自己也不尊重美德。你让她住在这样的地方，就是在鼓励她不忠诚。你看看这是什么地方？在这个地方，大家嘲讽诚实的事物，妇女对贞洁不以为荣，反以为耻，对美德不仅不爱还要取笑和质疑。约定为什么会被破坏？因为你自身违背了约定！你不妨反问一下自己：你是否和她一样，具有一种既可能成为很大的美德又可能成为很大的弱点的火爆脾气？因为对爱情的追逐，你是否也会过分地装饰自己的身体？因为漂亮，它是否也会很容易面临危险，是否也很容易因为感官的冲动而沦陷？这个妇女的遭遇，无疑是非常值得人同情的！她必须不断地和别人以及自己抗争，并且无穷无尽！她必须具备无匹的勇气，无比顽强的抵抗能力，以及坚定的英雄气概！为了战胜困难，她必须每天经历危险。但对于她的这一切，唯一的见证者却只有上苍和她自己的良心！她必须要在这样的痛苦中度过无比美好的岁月，永远不停止获得胜利和进行斗争的脚步。然而即便如此，只要她稍微软弱一些，或者有那么一瞬间粗心大意，她的一生就会永远是失败的一生，她的所有德行都会被玷污。真是一个可怜的女人，一不小心就为你和我带来了许多痛苦。我毫不怀疑她的心还非常纯洁，因为非常了解她的心。我们仅仅是没有想到，一个心怀险恶的女人因为嫉妒她的美德，用计把她的纯真破坏了。在她的眼睛里，我是看到了悔恨的。我之所以会回到她身边，也正是因为看到了她忧伤的样子；之所以会对她表示理解，正是因为看到她痛苦的表现。装模作样去欺骗自己的丈夫，去以出卖丈夫为乐，这样的行为是不可能出现在一个忠实的妇女身上的。

我不得不心生感触，仔细地思考一番她讲的那令人震惊的话，因为我发现：这个害羞的女人能够克服这些心理而把自己做的事勇敢地摆在众人面前，能够在没有被强迫的情况下，把那种有违良心的自尊先放在一边。同时，她也没有因为要保持我对她的信任和自己的名声，而用自己早已不再可能出现的殷勤态度去为自己犯下的错误做掩饰，并且还害怕那个不是我骨肉的孩子得到我的父爱。这是一个勇敢而高尚的行为！

为此，我不得不被她那以牺牲荣誉和生命来保全自己真实的巨大勇气所折服，不得不被她那甚至犯罪的行为中也表现出道德的勇气所折服！我暗自欢喜地告诉自己："这个坚强的女人诚然做了不道德的事情，但她的毅力并没有丧失！不否认她犯了错误，但是她并不是一个邪恶的人！她诚然犯下罪行，但是她未必就是一个懦弱的人！"

就这样，我开始对她的印象有所改观。如此一来，我也就比较能温和适当地批判她了。我不会说她的所作所为正确，但是同时为她的行为开脱；我尽管不能接受她对我的侮辱，但是却也对她坦率的做法表示认同。我就这样来开解自己的。对于我心中的爱，我还不能完全抹掉。既然如此，我就应该珍视爱，否则就是一个薄情寡义的人！我认识到了她还爱着我，这个时候，我的内心产生了一种莫名的轻松。在面对超过限度的运动时，人类的承受能力太过软弱，其中的一个极致表现就是：即便在极度失望的时候，上帝也会给我们适当的安慰。我的命运无疑是非常恐怖的，但当我想到可敬又可怜的苏菲时，我的心里又感到了一丝快意！我乐意这样不断地同情她。碰到这样的情况，如果是按以前的做法，我一定会自寻烦恼，损害自己的身体，但是现在我没有那样做，我甚至还感到甜蜜，以至于潸然泪下。我深知我永远地失去她了，但我同情她想她的勇气至少还有。有的时候，我甚至能够在丝毫不羞赧的情况性爱，发出一阵阵呻吟和叹息。

我没有停止前行的脚步。但是，我竟然没有发现自己已经走了整整一天，我的注意力已经被这种想法完全分散了。我终于清醒过来，把昨天晚上的怨恨忘却。此时的我，感到身体非常疲倦，已经需要吃东西和休息。但是，饥饿和疲乏是难不倒我的，由于在青年时期锻炼过，我拥有一个强壮的身体。不否认我的心已经病变，不断地对我的身体进行折磨，但是我仍然走了四公里，直到碰到一个村庄。你曾经告诉过我要忍耐强烈的欲望，并且着重告诉过我要防止出现这种欲念。我没有进食的时间，几乎已经达到了三十六个小时，因此，我稍微吃了点晚餐。晚餐吃得很香。随后，我就去睡觉了。睡眠把我那种严重损害身体的愤怒心情完全消除了。我感到非常高兴，因为我终于有想苏菲的勇气了，而且还实现了我所希望的情形：更多地想象她怎样值得同情，而不是她的相貌有多么卑俗。

整个晚上我都处于安睡当中，直到第二天天亮。忧虑和苦恼是很容易让人进入睡眠的，它们也可以让心灵得到休息。人的心灵唯一能得到休息的时候，是在悔恨交加的情况下。起床的时候，我非常平静，有能力对我应该做的事情进行思索。我一生当中最值得纪念，同时又最痛苦的一段时期，就在这个时候。这个时候，我的各种依恋都发生了变化或者消失了，一同发生变化的还有我的天职。以前的我是一个固执的人，但是现在可以说完全变了一个模样。我必须谨慎地考虑应该怎样做，这是非常重要的事情。为了从长计议，我采取了一个临时的办法。终于，我把到最近的那个城市的一段路程走完了。我走进一个师傅的家里。在那里，为了平息我骚动的心灵，从而能够对事物的本来面目进行观察，我做起了我会做的手艺活。

在这样一种高压的环境中，我感受到了一种巨大的我受的教育的力量，其巨大的程度是我从来没有体验到的。我不否认自己天生就有一颗软弱的心，多愁善感，缺少决断力，但在最开始的时候，当我遵照自己的天性做事之后，我还是采取了正确的做法：立即克制自己，并且尽量冷静地考虑我目前的处境。我没有再那样徒劳地抱怨，而是遵从法则的支配。我把自己置于那必然的束缚之下，凭着坚强的毅力忍受。我跳出自己，将过去的经历用另外一个人的眼光进行观察。我做了一个假设：我才诞生不久，并且从当下的情况总结出了指导行为的准则，并且从中得到了很大的好处。如此，我便能够安心地工作，成为一个最快乐的人。

做一行就专心做那一行，决不能这山望着那山高，否则必将一事无成，并且无法养成专心的习惯，是我从幼年开始从你的教育中得到最多的教益。于是，我开始把自己的精神和身体交换使用：白天专心致志地工作，晚上认真反省。这既让我想出了最好也最可行的办法，也让精神和身体都得到了休息。

我从第一个晚上开始，就按照昨天晚上的思想线索进行了一番思考：我是否把一个妇女犯的罪看得太过严重？我悲剧的一生，是否一定那样非比寻常，从而让我不得不认真对待它？"妇女们的不忠，在尊重风俗的地方固然会让她们丢脸，但在男人更加腐化并且自认为很开明的大城市，人们就会把之前那种看法当作笑话，认为那样看是没有意义的。"我心里这样想着。他们的说法是："男人的荣耀和他妻子是无关的，他碰到这样的事未必就是一种耻辱。因为别人做了坏事而说他有失体面，无疑是不合适的。"这种观点可以说更有道理，其他的道德训条再严格也于此无损。

何况，如果把别人怎样评价我的做法放在一边，我这样做也是在按照我的原则，跃出了公众的议论在做事。我只要凭着自己的良心行事，始终诚实和正直，就无惧于别人的看法。同情他人并不是一种犯罪，宽宥别人对自己的污辱也算不得懦弱！我唯一需要在乎的事情，只是应该按照怎样的天职来行事。别人怎样看，我是从来不在乎的！我不可能为了别人的偏见而葬送掉自己的幸福。

就算这种偏见并非空穴来风，它也不会影响一个同当事人完全不同的人。一个丧失了希望的可怜女人，同那些不诚实的女人是完全不同的。前面那种女人，只要一后悔就会想起自己做错过事情。而后面那个女人，只会把她们的罪行用谎言加以掩盖。后者是不会承认自己所犯的错误的，只会厚着脸皮表现得轻松愉快，甚至对自己的做过的肮脏的事情不以为耻，反以为荣。有恶习的女人根本不值得尊重，如果对她容忍，就是在和她同流合污，因为她不是违反自己的天职，而是直接无视。有的妇女的情况则不同，她尽管做错了事情，但是因为不小心才犯错误的，而不是因为那种恶习。何况，她既然已经表示后悔，再恨她就不应该了。我们应该毫不掩饰地同情和原谅她。对于那些做过的坏事，她是不会重蹈覆辙的，大家对那些事情的指责已经足以保证这一点。苏菲诚然做错了事情，但是未必就不再值得尊重。只要她表示后悔，就依然值得尊敬。只要已经认识自己违背本心做事受到了多大的损失，她的忠贞程度会更胜从前。她将会拥有一个既坚强并且朴素的性格，而这样的她，也更能够保护自己的身体，让自己变得可爱。因为受到良心的谴责，她的羞辱感将会更强烈。这会让改变她那颗不可一世的心，从而变得更加温柔，也会让她不再像之前那样因为爱我而粗暴地控制我。她会改变之前的骄傲，转而更加关心我。她今后犯错误的唯一时刻，只会在要纠正一个缺点的时候。

情欲如果不能以自己的本来面目征服我们，就会转变方法，在惟妙惟肖地伪装之后对我们发动攻击。它们将会模仿理智，从而让我们的理智丧失。我为什么会被前面讲的那些诡辩迷惑呢？就是因为它们迎合了我的内心。如果仅仅遵照我内心的声音，我是愿意回到不贞洁的苏菲身边的，去听她说一些对我行为懦弱表示认同的话。但事实上我根本做不到这一点，因为对付我的心容易，对付我的理智难。我的理智，是不会采取这种荒唐的做法的。我推导出这些道理并不是为了启发我自己，我不能欺骗自己。对于一个只会为自己而活的人而言，世人的准则是不具备约束力的。而且偏见一定会相互祖护，崇尚善良风俗的人总是会有一个偏见来让自己的偏见站住脚的，他们完全有理由把一个妇女的浪荡行为看成是她丈夫的责任，认为要么是他选错了人，要么是他管束太严苛。这种批评是有道理的，我自己的事例便是一个明证。如果爱弥儿能够始终有见识，苏菲又怎么会堕落呢？一个对自己不尊重的女人，要尊重自己的丈夫是很难的，尽管她的丈夫是一个值得尊重的人。人们完全有权利这样进行思考。他的错误是在知道应该保持自己权威的情况下，没有一开始就防备一个妇女有出轨的行为。他更大的错误是在那个妇女行为不端之后仍然忍让。在应该惩罚的事情上不惩罚，只会让事情变得更加严重。由此可见，他本人就不是一个崇尚良好风俗的人，他拥有一颗卑贱的灵魂，根本不足以成为一个男子，他容忍自己妻子有失体面的行为就是一个最好的证明。

就以我为例。最让我感到失望的地方，恰恰是苏菲更值得尊敬的地方，这是我的一个显著感受。因为，我们虽然可以帮助和鼓励一颗软弱的心灵，虽然可以通过对方的理智，让一个忘记自己的天职的人履行自己的天职，但是却没有办法让一个虽然十分勇敢，并且在犯罪的过程中懂得怎样保持自己的美德，同时做坏事又只是因为好玩的人恢复理智。没错，因为愿意做一个罪人，苏菲犯罪了。但是，当这个骄傲的女人不再害羞之后，无疑可以把所有欲念都加以克制。她既然能够把自己的罪行展露在我面前，对我表示忠贞当然也是没有问题的。

但是，我已经不需要再去对我的妻子表示爱，因为那已经是一种徒劳的工作。她已经不会再爱我。苏菲，这个我曾经深爱过的人已经侮辱过我，已经把我和她之间的最纯洁的关系斩断，我儿子的母亲已经背弃了夫妇之间的约定。而我，一个没有丝毫过错的男人，已经没有办法和她那还留有道德的情操，制止她去犯罪了。既然如此，当她再去做那种自甘堕落的事情，自然是再容易不过，我自然无力预防。第一步，是一个行进在罪恶道路上的最艰难的一段路。走过这段路，这个人就可以一直走下去了。什么爱情，什么美德，什么声名，她都已经不在乎了。她已经可以无所顾忌地侮辱我，甚至在侮辱过之后没有一丝悔意。她是明白我的心的，我已经被她整得极为悲惨，她完全可以毫不费力把我的遭遇推到最惨的境地。

同样，我也非常了解她的心。她没有可能爱上一个有权利轻视她的男子，尽管是她给对方的这个权利……她对我的爱已经成为过往了……而这也是这个薄情寡义的女人亲口说的。这个忘恩负义的人已经不再爱我，而她最大的罪恶也是在这里！我可以原谅她任何事情，但是这件事除外。

我继续痛苦地自言自语："我谈到原谅的次数不可谓不多，然而，让我没有想到的是，我尽管被受侮辱的人不断原谅，却唯独得不到侮辱我的人的原谅。她让我遭受这一顿折磨，无疑是故意的。我不明白她到底有多么恨我。"

爱弥儿，你以过去来判断未来是极其错误的做法！因为一切都已经不是原来的样子！你或许会想到以同她一切生活来解决，但那已经于事无补，她从前给你的幸福时光，已经不可能再回来。无论你还是苏菲，都没有可能再见到对方。两人的爱情，决定于两个人的相处情况，只要心发生变化，事情就变了，即便所有的事物都一如从前。这是因为，即便是同样的事物，如果我们看它们的眼光发生了变化，它们就不可能再是以前的那个样子。

我深深地知道，她丝毫不会沮丧。她依然值得尊重和得到我的爱，并且可以把心给我。但是，她注定会在以后的人生道路上犯错误了，注定已经不能忘记自己做过的错事。忠诚、爱和美德，这些东西都可以失而复得，但是信任不能。而没有信任，夫妻生活就不会有单纯可爱的美，有的只是憎恶和反感。一切都完了！苏菲已经无法再获得幸福，而我的幸福是建立在她幸福的基础上的。我之所以甘愿远离去受折磨，从而不愿意让她受罪，原因也在这里。我是宁愿怜惜她而不愿意让她受苦的。

　　我们的确失去了所有联系，而这也是她一手造成的。她背弃了承诺，而这为我背弃承诺提供了可能。她已经说过，她已经不再属于我。那么，我不得不问自己，她既然已经不再是我的妻子，等到我再和她相见的时候，是否会把她当成一个陌生人？不！我不能再见她了！我现在是自由的，最起码我应该自由！我希望我的心也同样自由！

　　我既然被她侮辱，为什么不惩罚她？对于一个不忠实的女人而言，如果她去爱另外一个人，我把她交出去完全无害于她！我所做的事情，是牺牲自己而成全她，因此，我仅仅是在惩罚我自己而不是她。我质问自己，我是否因为荣誉受到损害要发泄才这样做的，正义在哪里？我又应该去哪里报仇？

　　你是否知道自己要向谁报仇，可怜的人？她吗？但是她不能获得幸福不是你最感到心痛的事情吗？所以，可以肯定的是，你无法以她为代价来报仇。因此，你干脆让她只受一些连你自己也感觉不出的痛苦好了，如果这一点能做到的话。于犯罪的人而言，他们有些罪行是只能让他们自己去忏悔的，惩罚他们就好比是承认他们的罪行。一个酷虐的丈夫是没有资格娶一个忠实的妻子的。不仅如此，他也没有权利惩罚她，也没有惩罚她的适当身份，难道说他可以只做审判她的法官而不做她的丈夫？要知道，她在背弃自己做妻子的天职时，也一同丧失了做妻子的权利。她已经清楚地让你知道，在她同另外一个人发生关系的时候，她就已经斩断了同你的关系。她没有用自己本来就没有的忠诚来欺骗你，因此就谈不上出卖和欺骗你。她既然不再属于你，那么她对你还有什么意义呢？你又对她还有什么权利？如果你真的还有某些权利，毫无疑问，你应该为自己的利益而把它们放弃。只要将你的聪明充分利用，你就可以成为一个善良的人；只要报了自己的仇，你就可以成为一个慈悲的人！这一点，请你务必要相信。在愤怒的时候，你一定要把握住自己，万不可让自己在愤怒的驱使下又重新回到她身边。

爱情的召唤，怨恨的蛊惑，是我所经受的两种考验。这决定了我在还没有做出决定之前，不得不经过一番斗争，而当我做出决定之时，一个新的思考又会动摇我的决心。每当我回想起自己的儿子，我总会对他的母亲充满温情，这种温情的强烈程度是空前的。因此，于我而诺言，我认为她永远都不可能成为一个陌生人，孩子已经在生育他们的人之间建立了一种牢不可破的联系，这种联系，可以说是天然的和无可置疑的辩驳离婚的理由。孩子是那么可爱，这就决定了两个大人无法离开他们，并且会因为他们而重新形成联系。这又决定了一点，当两个大人之间没有任何联系时，孩子就会成为他们联系的纽带，因为这种共同的利益太珍贵了。所以，把这个为我的儿子的母亲辩护的理由，拿去那为那个孩子（非我亲生）的母亲做辩护，是完全不适合的，天性不会允许她犯罪。但是，我随即又愤怒起来，因为我想到了一个问题：我的妻子既然要把自己的温情分给两个儿子，就一定会把自己的爱分给两个孩子的父亲。当一个女人把自己的爱分给两个男子的肮脏场景出现在我的脑海，我就快愤怒得不能自制！与其让我看见苏菲和另一个男子生孩子，我的确是更愿意看到我自己死去的！而当我想到这点，我又感到一阵狂怒。我之所以下决心要远离她，也是因为这个唯一的原因，尽管在之前我因为许多想法而痛苦。我从此刻起就下定决心：不再回去。为了坚定我的这一想法，我决定把这件事放在一边。

经过一番考虑，我做出了决定。接下来，我的怨恨就消失了。她对我来说已经不复存在。我已经不会再以罪人来看待她，而是把她当成一个值得尊敬但不幸的妇女。我将不会再去回想她的错误，而只是带着一颗怜悯心，把我对她感到可惜的事情回忆着。因为这些动机，我产生了一个想法：用一切我认为好的办法，让这个被抛弃的妇女得到安慰。不否认在愤怒的时候，我一想到她就会感到万箭穿心，她的话让我非常沮丧，但是我坚信，她的内心深处依然还眷恋着我，每当想起我的损失，她依然会心情激动。她已经不能够再做我儿子的母亲，这是我们的分离造成的第一个结果。每当我想到这一点，就会惊悚万分。为了报仇，我是花费了许多精力的，但一想到这件事情，我就非常难过。我已经丧失了报仇的勇气，即便我付出许多努力也于事无补：我气愤地告诉自己，另一个孩子不久之后会把这个孩子取而代之。我满怀嫉妒地认为，苏菲将会用另一个孩子来把我的儿子替掉。每当苏菲因为看着自己的儿子被别人夺去而感到失望的情景出现在我眼前，我就无法坚持我的这一切想法。我一而再，再而三地克制自己。这个不恰当的决定，是我在经过一番仔细思考之后做出的。尽管我不那么请愿，但它几乎就要被我付诸实施，如果不是一件意料之外的事情让我决定再思考一番的话。

不否认在我刚才做出那个决定之后，认为这一点根本无关紧要。我做出这个决定是针对苏菲的，但是，当我真正做出这个决定时，我不得不考虑到自己，不得不考虑当我再成为一个孤独人之后，会是一番怎样的情景。这一点我也不得不考虑，尽管我在刚才做了那个决定之后，认为它完全不重要。独自一人生活，我已经好长时间没有经历过，正如你曾经的预言，我的心是非常眷恋它喜爱的事物的。在很长一段时间内，它只有在同我的家人一起时才称得上完整。所以，把我的心和我家庭分开，最起码部分分开，是很有必要的，但是又不可否认，相较于完全分离，部分分离更痛苦。在以前，我们依赖过许多事物，现在，我们要依靠自己了。当然，也可能是这种情况：我们依靠的事物不断地使我们感到其他的一切都在远离我们。这是一种更坏的情况。因为当时的我们，是会感到非常空虚的，并且会失去许多的生存能力。在那个没有人重视自己在人类当中地位的时候，我是否依然能够坚定地占据自己的地位？这是一个必须考虑的问题！

这就导致出现了难题：我，一个已经中断或改变的一切关系的人，怎样才能得到那个地位？我应该做些什么？我将来会成为一个什么样子？我该走向哪里？我不应该再为了谋求自己的幸福，以及谋求我所爱的人的幸福的问题上耗尽自己的一生了。何况，因为命运，我已经没有可能为任何人谋求幸福，所以，我这一生可以说已经毫无价值。我已经无法用比你对我更加快乐的态度去对待别人，因为许多准备用来为我谋求幸福的工具，最终给我带来的是灾难。我尽管对天职还抱有爱的意愿，但是我已经不知道自己拥有的天职有哪些。在短时间内，我根本无法把这些原则重新记起，同时把它们应用到我的新情况当中。我的精神已经倦怠，为了能够重新专注地思考，我需要休息一段时间。

由于已经不再需要为希望烦恼，并且已经确定自己这样做是在逐渐失去希望，在很好地休息过一段时间后，我认为过去的那些事情对自己来说已经没有什么价值了。所以，我改变了心境，让自己尽量像一个开始新生活的人。我在心里思考：我们其实永远都在开始，因为连续的眼前的时刻，是我们和我们的生活唯一的联系，同时，我们又必须把我们采取行动的那一刻，作为眼前的时刻当中最开始的那个时刻。死亡和诞生，是我们生命当中每一刻都发生的事情，但众所周知，死亡是无法带给我们任何好处的。如果说将来的事情是对我们唯一有意义的事情，那么，要想判定我么是否幸福，就只能以将来为参照标准了。用已经过去的事情来让自己痛苦，同无病呻吟完全没有两样，那是一种自找苦吃的行为。爱弥儿，你要做一个新人！你不能再抱怨你的命运，就像你不能抱再抱怨你的天性一样。你不幸的遭遇其实是一种假象，它们已经被浩瀚的深渊吞噬。然而，如果你不反对，我想说：为你存在的真实的事物活着才是你的一切，比如说是你的生命、你的理智、你的智慧、你的健康、你的美德。你是因为前面那些东西而获得幸福的。

我又开始工作。我之所以这样做，是为了安静地等待我的思想变得足够有条理，从而让我能够明白自己应该做什么。我对比了一番我现在和过去的情况。比较过后，我轻松了。我之所以能获得这种好处，是因为我的行为符合理智，而不是由经过的事情所造成。如果一个人，即便有财富也不快乐，那么不管命运怎样，只要他能够保持一颗平常心，那么他就一定能获得心灵的平静。需要指出的是，这种平静对一个情感丰富的人是不那么牢固的。情感丰富的人很容易就能把自己的心当成一种常态，而想让它保持一个常态却不容易做到。在我认为自己的决定都非常决绝时，我几乎就要将它们全盘否定。

我走进师傅的房间。进去的时候，别人并没有太注意我。由于你曾教导过我要衣着简朴，我的衣服始终是朴素的。一个人如果到什么地方都不会感到不适，他必然是一个很有亲和力的人，因此，我的举动也丝毫不做作。这样的一个人，在一个木匠的家里是不会引起大家关注的，反倒是进了贵族中间会造成一番骚动。在观察我穿着的时候，大家认为我并不是一个工人。但是，当他们观察我的手脚，又认为我的确做过工人。所以，他们得出了结论：我发过一点小财，但因为堕落，现在又做回自己本行。谁也不会看重一个堕落的暴发户。所以，当我说了自己能做什么的时候，他们立即就让我去做了那件事。然而，我很快就发现他们一家人改变了对我说话的语气，先是亲热，然后上升到了尊敬。在看我干活的时候，大家都带着一种惊异的神情。他们赞叹我在工厂做的东西（甚至要好过师傅做的东西）。他们似乎是在对我的一切动作和姿势进行观察，想用对待一般工人的方法来对待我。但是，不可否认，即便得到他们的这种待遇也没那么容易。当然，他们没有给我高于普通工人的待遇，也可能是因为尊重我。对于这种改变，我没有同以往一样马上发现，因为我的心里在想事情。但是没过多久，我就发现了周围的情况，发现了自己在这些善良的人眼里已经成了一个让他们感兴趣的稀罕的人，因为我已经习惯仔细地观察形势。

其间，我对师傅的妻子非常留意，因为她总是全神贯注看着我。女人是有权利以玩味的眼神看在各地奔波的人的。我用凿子，我每用一下，她就受到一次惊吓。我发现她对我的完全不受伤非常惊异。有一次，我对她说："师娘，我看你似乎不相信我的技术，你是认为我的这门手艺没有学到家吗？""不，"她对我说，"恰恰相反，师傅，我认为你非常精通自己的手艺。我只是认为，你一生干这门活的时候也只有这几天。"听到她这样说，我认为他们是非常了解我的。于是，我想弄清他们是怎样看出我的。我把许多隐秘的情况都弄清了。之后，我明白了一件事情。两天前，师傅的门口迎来了一个坐着马车的妇女。她不让人家告诉我她想见我，而只是在一个镶着玻璃的门后面藏着，因为从那里可以把工厂尽头的工作情形尽收眼底。她在门后面跪着，有一个小孩在她的旁边。每隔一段时间，她就紧紧抱一下那个小孩，然后长叹一声，泪水哗哗地往下流。当看到她的那种痛苦的神情，所有人都感动万分。有好几次，大家都想冲进工厂，如果不是看到她极力控制住了自己，说不定真的就冲了进去。到了最后，她仔细地看着我，看了很长一段时间。忽然，她起身把孩子抱了起来，让他的脸紧紧贴着自己的脸，并低声自言自语："他不会让你失去母亲的，永远不会！走吧，我们已经无须待在这里。"说完，她就匆匆地走了出去。在大家承诺不谈这件事情之后，她登上马车，迅速离开了。

他们说他们只能按照那位可敬的太太说的做，因为他们同情她，他们那样做的原因还在于她一再地要求他们保密；如果他们不遵守诺言，他们一定会后悔。从她的装束尤其是长相，他们很容易就能看出他们身处上流社会，而且看她的言行举止，他们认为她一定是我的妻子。这不难理解，他们难道会把她当我的情人吗？

在记述这样一件事情的时候，你完全可以想象我有着怎样的心情。这所有的一切，无一不在说明，为了找到我，她的心情非常焦急的，她最终能够打听到我，很费了一番周折。如果是一个已经不爱我的人，是做不出这一切的！她必然是出于一个高尚的目的，才能够忍受这么辛苦的旅途，才能够这样不辞劳苦！但是，她又看到我做了什么事情了呢？她已经不是第一次看到我做这样的事情，不同之处只在于：在那个时候，她并没有跪着看我，也没有泪流满面。噢！我的那些幸福时光！这个天使究竟成了什么样子！但是，这个女人来这里做什么呢？她把她的儿子，不，把我的儿子也带来了又是为什么？是为了要对我说什么才来看我的吗？如果是，为什么最后又默默离开了？要么她就是为了来奚落我！但如果真是这样，她又为什么哭泣呢？这个薄情寡义的女人，来这里到底是为了什么！难道是想在我落魄的时候羞辱我？这样一来，她岂不是忘记了自己已经对我没有意义？为了压下我心中的温柔，避免让自己想去追赶这个可怜的女人，我尽量从她这次来看我的过程中找出不好的地方。那个去追赶她的念头，尽管我再三克制，但仍然挥之不去。最后，我终于还是停在那里没有行动。尽管我已经假设她是因为还爱着我才这样做的，但这并不能改变我因为她而做出的决定。

我把她这次来的各种情况逐一进行了研究，尤其研究了她离开这里之前说的最后那句话。分析过后，我认为自己已经明白了她来这里的原因，明白了她为什么不让我看见而突然离开。苏菲说："他永远不会让你失去母亲的。"这诚然是一句非常简单的话，但在这句话的启发下，我突然明白了一切。她是因为担心孩子失去母亲才来这里的，同时，她也相信这种事情不会成为现实，而这也是她回去的原因。但是，又是什么让她这样自信呢？她看到了什么？在看到爱弥儿若无其事地工作之后，她无疑只能得出两个结论：他在当时的情况下没有被自己的情欲主宰，他做的事情都合情合理。她或许会认为同自己的儿子分离不是一件合理的事情，但是我却不会这样看。由此可见，有一方的看法是错误的。那么谁的看法错了呢？苏菲的话可以提供证明。让她同自己的儿子分离，就算只看孩子的利益，这种做法也有说不通的地方。事实上是我做错了，因为我只是一心想让孩子离开他的母亲，而没有为失去的孩子的母亲考虑。对于一个母亲而言，夺走她的孩子是一个无法弥补的损失，尤其是她那样的年龄的母亲。对她那样做，就好比是以孩子作为牺牲的代价报复和母亲以前的恩怨。这不是一件理智的行为，而完全是在感情用事。这样做只有在一种情况下是可以理解的，这就是孩子的母亲是一个疯子，又或者是一个丧失了天性的人。而苏菲恰恰是我儿子需要的一个母亲！也许我可以让他有另一个母亲，但可以肯定的是，那个母亲一定比不上这个母亲。如果我们已经无法共同抚养一个孩子，那么只有一个解决方案：让她或者让我单独抚养。我如果只顾着发泄自己的愤怒，无疑会让他成为一个孤儿。但我不得不面对当下的问题：以我目前所处的环境，我应该怎样解决我儿子的事情。我还能够明白什么事情能做，什么事情不能做，尽管我不知道具体应该怎样做，我毕竟还有一定的理智。要么把这个年纪很小的孩子带到外地？又或者我亲自抚养这个孩子，以表示对这个女人的鄙夷？我最好还是远离她，越远越好，从我的安全考虑也应该这样做。但是，我也不能把孩子交给她，因为这很可能最终会把孩子的父亲也拉回去！就让他单独留在她那儿好了！这样我可以报了我的仇，让他一生都和这个不忠诚的女人度过，让她每天想起以儿子作为保证的幸福和她失去的丈夫。

无可否认，我是考虑过出于愤怒把我的儿子从她手里夺过来的。让我因为感情而乱了方寸，从而让我改变自己决定的，也只有这件事情。如果我家里的人不违背我的心意，苏菲也抚养了这个孩子，那么可以肯定的是，这个孩子一定拥有很好的生活。但是，如果出现另一种情况，我就会失去一生当中最美好的岁月：因为我的原因，苏菲死亡了；或者我的妻子不再和另外一个人结婚。这并不是没有可能发生。对于我们所犯的错误，我们还要悲伤多久才能弥补，从而让我们再次走到一起而忘掉它们？

我们对彼此的了解是非常深的。只要我可以料想出她预想的我们见面之后将会出现怎样的后果，我就有把握说出她为什么突然离去。她非常清楚我虽然很有理智，但是心肠很软。而我也非常清楚这个高尚但也骄傲的人非常倔强，甚至在做错事的时候也会这样。她绝不会愿意在得到饶恕之后才回去。对于自己犯的错误，她非常清楚无法被别人忘记。所以，如果让她去请求得到别人的饶恕，她宁愿被别人惩罚。于她而言，请求饶恕并不是一种合适的做法，反倒是惩罚她可以减轻她的难受程度，更能为她所接受。在她看来，她或许能够弥补自己犯的错误，但是这些错误始终是错误，她或许可以经受住一切应该受的苦，但是她欠下的债，一定无法公平地偿还清楚。她之所以依然能够在坦诚中不失果断干脆，也是因为这一点。她把自己的罪行告诉了你和我以及我全家的人，但是却丝毫没有提及她可以被原谅和对她有利的理由。她太倔强了，倔强到对这个理由丝毫不提及，我要想知道这个理由，恐怕要到她死后才能实现了。

她之所以不想要我对她说什么，是因为她不再担心失去儿子。她非常清楚，来感动我和败坏我的名誉没什么两样；她的名声越是败坏，就越要珍惜我的荣誉。苏菲成为一个罪人并没有大不了的，但是作为她选择的丈夫，是不应该表现出畏缩的。这种极度的自尊也只有她才具备，而能够洞悉她这种心理的人，也只有我。

的确，我离开了她，但我对她依然心怀感激。我之所以会这样，是因为她让我明白了因为报复而这样做是不应该的，而她也是因为没有正确地观察，才会在这点上对我持乐观态度的。事实上，在经过思考之后，我认为她的观点很正确。就算仅仅考虑我儿子的利益，把我的儿子交给他母亲，我认为也是有必要的。我已经决定要这样做。于是，我决定：避免让他那不幸的父亲再遭遇刚才那番险境。我尽管不能再接近她，远离她总没有问题吧。我能想到这点，完全有赖于她，有赖于她的这次的到来。如果真要这样去做，那为了避免让自己再次受到她的启示，我必须马上离开这里。

我当下最应该做的一件事就是离开，这也是一件大事，是我通过研究从前面那些道理得出的结论。但是，我却不停地考虑应该去哪里，事实上，选择地方是一个非常不重要的问题。只要我能离开她，这个问题自然就得到了解决。我何必这样思前想后考虑应该去哪里？到哪里不能够生或死？我的自爱之心真是愚不可及！我何必为去哪里隐居而犹豫不定？没有人会说，我在某个地方是一件大事，说我的体重将影响地球的平衡。倘若我看待我的存在的角度，只是我对能够对我的生存和我的同胞贡献什么，那么毫无疑问，我将不会这样匆忙地探索我应该履行的天职。要知道，天职并不是总是在人身上的，一个人如果喜欢自己的天职，完全有能力最大限度地履行自己的天职。我的观点是：我必须努力履行自己做人的使命，不管我在什么地方生活，处在怎样的环境之下。如果每个人都按适合自己的方式生活，就不会感到自己要生存就依赖什么人。

一个聪明的人，定然会度过一天珍惜一天，会在自己的周围履行每天应该履行的天职。超过自己的能力和生活行事是大忌。我只关心自己今天能做什么，而对明天应该做什么完全不以为意。离开苏菲，是我目前应该做的事情，因此，我应该以能够让自己立即远离她为标准做事。就这样决定吧。

当这个决心已定之后，我就把自己遗留下的事情，按照自己的想法有条不紊地进行处理。我分别给你、苏菲以及我的家人写了信。我打点好了一切，却唯独没有打点自己的事情。因为我是不需要什么的，仆役、金钱、行李，这些我都没有，我尤其没有什么心愿和忧虑。我独自一个人向前走。这对我来说并不是难事，因为我在许多民族中间生活过。此外，我还在许多大海上航行过，足迹遍布过许多沙漠，在许多地方流浪过。我只为一件事情感到遗憾，一件让我正要逃避的事情。如果我能够从我的心那里得到安宁，我的身体就不会感到疲惫。

书简二

我喝了一种水，这种水能够让人忘掉往事。因此，我已经记不起过去的任何事情，只看到眼前有一片广阔的世界。我是在离开祖国之前说出这段话的。一提到我的祖国，我就感到难堪，我向来是轻视和痛恨它的。我获得的幸福以及别人对我的尊敬，都是我自己努力得来的。我从我的祖国以及用心险恶的人民那里，可以说没有得到任何好处，它们唯一带给我只有灾难、耻辱、羞耻和沦为牺牲品。我把自己和国家的一切联系都切断了，我要以整个世界作为我的国家。而我要成为世界的一员唯一的办法是不再做公民。

我们为什么会在漫长的旅途中觉得旅行是一件非常艰苦的事情？因为我们的终点还非常遥远。我敢保证，我们如果能从目前所处的位置一下就走到目的地，没有谁会觉得旅途艰苦。事实上，我们那样赶路是没有必要的，因为我们只要一天天走，一步一个脚印，一定可以走到世界的尽头。我们之所以会抱怨这段旅程太漫长，认为它最好倏忽而过，完全是因为我们把两端连起来看的缘故。我们没有想到，只要把这段距离分成小段一段一段走，根本与散步无异，并且最后也同样可以到达终点。一个旅行家，不可避免地会有自己的各种习惯、规定、成见和个人的需要，这就决定了会有一个气圈在他们身边把他们同所到的地方隔离开来，让他们形成一种认识：他们原来那个地方是一个完全不同的地方。对于一个法国人而言，他总会想随身带着整个法国，当他不能获得在法国拥有的某件东西，而又找不到替代物时，他就会完全不知道怎么办。

他比较了一番眼前的东西和过去的东西，发现不能像原来那样做了，这个时候，他就会感到不适应。他如果在印度，而睡觉的床又不能做得像巴黎的床那样，他就会失眠。

而我如果想逃避什么东西，最喜欢采取的做法是：掉转头，和它背向而行。这种做法，和我在蒙莫朗希镇的树林中背着太阳的阴影走是一样的。我走的速度并不快，但是这并没有造成不良后果，这得益于我的坚定前行的决心。我只用了两天时间就通过了关卡，但这不影响我在此期间思考问题的时间。我走过的路程越长，便越是开心。当摆脱危险，我几乎可以说是完全按照自己的意愿行走了。我是按照自己的实际能力执行整个计划的，并没有遵守什么规定，只有一条除外，这就是：风往哪个方向吹，我就往哪个方向走。出于对健康、情绪以及体力的考虑，我走路的快慢速度不定。我并没有随身带钱，但我并不担心没有车坐或者没有食物，因为我本身已经有足够的能力谋生。我的两只手就是我的钱包和护照，所以我不担心出现什么强盗。那么，我拿什么东西来放东西呢？就拿我的衣服。身为一个干活的人，穿这种衣服是非常舒服的，即便已经穿得很旧，也方便进行翻新。同时，我也不会引起别人的关注，因为我没有随身携带旅行家的那套装备，也没有走得像他们那样匆忙。无论走到什么地方，别人都会认为我是一个乡下人。我也不可能在边境上被人扣押。就算至不济，我被扣押了，也没有什么大不了的。我可以从容地待在那里，并且像在其他地方一样劳作。如果要把我一直扣压下去，我也可以一生都待在那里。心情焦躁，就像出了什么天大的事情反而不好，那样会招致别人的怀疑。一个人如果能够做到泰然自若，别人就会信任他。当大家发现怎样对待我我都不气愤，就会不再限制我的自由。

如果很不走运，我无法找到这门手艺的工作（这种情况并不多见），我就会做别的手艺，因为你已经让我拥有了一个万能的工具。我可以时而做艺术家，时而做手工匠人，在某些时候，我甚至还能胜任成为一个有能力的办事的人。无论到哪里，我都能够拿出有用的知识，同时也可以自己决定是否把它们拿出来，因为我根本不着急显示自己的知识。我只要说自己能做什么，别人马上就会相信我能把什么做好，我有能力做到这点，而这也是我受到的教育的成果当中的一种。我之所以能够做到这点，是因为我是一个非常单纯的人，不会有了这个职位还想找另外一个职位。因此，我做事永远都不会有失自己的身份，而别人也不会中途不让我干。

如果我生病了，我就默默地躺着，而不会赶紧去求助医生，或者害怕死亡。事实上，像我这种性情的人是很少生病的，因为我不会吃得过量和过度地忧虑，也不会劳累过度和休息过度。动物生病的时候就进食，只是安静地在某处待着，其结果只有两种：一种是病好了，一种是死亡。我也效仿了这种做法，果然，我逐渐痊愈。现在，每当别人看见我非常有耐心，便对我无比亲切和照顾，因为我对自己拥有的地位是心满意足的。如果我不断地找人大吐苦水，不断地对别人死缠烂打，别人或许就会憎恶我。每当他们看见我完全不打扰别人，也没有任何抱怨，反而会主动来关心我。如果我是完全不顾尊严地乞求他们，反而无法得到他们的这种关心，而只会招来拒绝。

你越是要强迫别人怎样对待你，别人越是会对你不予理睬，这样的话我已经说过许多次。人在做事情的时候是不喜欢被约束的，他只会因为想得到应得的好处才尽量对你好的。请人帮你办事就是获取别人的利益，施舍别人就是在偿还自己欠下的债。对于自私的人而言，同还债相比，他们更愿意白送人。

在整个旅程中，我完全是像香客一样的，而不是走到哪里都讲排场，像是一个大方的旅行家。所以，大家将不可避免地指责我，说我是一个流浪者。这时，如果我问自己到底在做什么，要到哪里去，为什么要这样做，我也一定会问自己，我生下来做了些什么，我决定要做这样一次至死方休的旅行，动机又是什么？我是在完成自己应该完成的任务！我将安于自己的地位度过自己短暂的一生，并且让生活充满纯真和朴素。我将不会在我的同胞中间为恶，如此一来，我也就为他们做了一件很大的好事。我让别人的需求得到了满足，也就让自己的需求得到了满足。我只帮助他们，并为他们树立一个快乐且善良的形象。我没有要我的遗产，但是我同样也生活得很好；我从不做有损公正的事情，也不希望得到别人的施舍，但是我同样能活命。没有人会平白无故送别人东西，因此我自己谋取必需的衣服和食物，也是在间接让别人得到好处。

我不得不一笔带过所有发生时间短暂的事情，因为我无意把旅途的经过全面叙述出来。我抵达了马赛。之后，我登上了驶向那不勒斯的船，以便按照我原来的方向继续前进。既然是坐船，就不能不付钱，由于你教过我船上的作业，我坐船的钱就有了着落了。同在大西洋开船相比，在地中海开船并不见得就更难。因此，我仅仅是稍微地说了一番话，就搞清楚了在这两个地方开船的差别。在我乘坐的船上，我做了一名水手。船上的船长背景非同寻常，他是敌人派来的奸细。他有过被海盗捉住的经历，别人说他是在没有被海盗发现的情况下，从那里逃出来的。这一次，几个那不勒斯商人请他去做了另一条船的船长，而这一次，也是他在担任船长以来的第二次航行。他非常乐意把自己一生的经历告诉别人，只要别人愿意听。甚至，只要你表现出一副十分乐意听的样子，他就会把你当成知己，他太爱自夸了。同他奇怪的遭遇一样，他的爱好也十分古怪。他几乎时刻都在让船员开心，想让他们分散精力。他的船上有两门大炮，是旋转样式的，他几乎整天都在放炮。当到了晚上，他就整宿整宿地放枪。像他这样快乐的船长，我还从来没有看到过。

我在航海技术上得到了锻炼，是最让我感到高兴的事情。我很少会离开岗位和船舵，即便我并没有值班。我没有足够的经验，但是认真操作已经足以弥补。没过多久我就发现，我们的船向西偏离航线非常远了。罗盘的方位是正确的，但是太阳和星星的运行，我认为同罗盘的方向相差非常远。于是，我认为，罗盘针一定发生了严重的偏差。我向船长报告了这种情况，他用一堆不明所以的话嘲笑了我一通。令人遗憾的是，我没有来得及深究他说的话的意思，因为这个时候海上已经阴云密布、波涛汹涌。我们被一股大风刮到了大海中心。整整两天，风持续地刮着。第三天，我们看到了一块陆地在我们左边。我问船长："那是什么地方？"他的回答是："那是撒丁海岸。"于是，人们喧哗起来，喝他的倒彩。不否认他是一个好航海员，但他也和我一样没有见过这条海岸。

我们身在何处无关紧要，但是，我对他的话产生了好奇。我开始在罗盘周围观察，观察是否有人用什么铁器扰乱了罗盘。终于，我发现了一块巨大的磁石，藏在盒子的一个角落里。我把那块磁石拿开，罗盘便恢复原来的方向了。这时，有人突然叫喊了一声："帆船。"船长拿起望远镜探看了一下，说："是一条很小的法国船。"那条船正驶向我们这个方向，而我们没有避让。所以，它几乎立刻纤毫毕现地出现在了我们眼前。这个时候，我们每个人都看清了那条船，那是一条野人的船。三个在我们船上的那不勒斯商人立即大喊一声，声震寰宇。到了这个时候，我终于明白了事情的原委。我走到船长身边，凑近他的耳朵告诉他："船长，如果我们被俘虏，你同样也会丧命，不信你可以试试。"说话的时候，我非常从容，语调也非常沉着。从容到什么程度呢？他甚至都没有让他觉得恐惧，甚至装作似乎根本没有听到。

他下达了命令：抵抗。然而，根本没有一条枪能够使用。而那两门旋转炮，当我们使用的时候，剩下的火药也只够发射两炮了，在此之前我们的火药用太多了。我们的抵抗几乎没有产生任何作用。当我们的船进入了他们的射程，他们甚至无意放枪，而是直接让我把船靠过去。同时，在他们还没有把话说完的时候，他们的船就到了我们的船边。对于我，船长自始至终都带着怀疑的眼光。然而，当他看见海盗登上我们的船，他就放弃了对我的注意，而是从容地走向海盗。在那一瞬间我产生了一个想法：我应该要做一名法官和法律的执行人，为我的同伴报仇雪恨，消灭这个人类的叛逆，还大海一个没有怪物的安宁。我跑向他，一边跑一边说："我很早就告诉过你，我会说到做到。"我用手里的佩刀一刀割了他的头颅。然后，我看到那个海盗首领走向我，一副凶神恶煞的样子。我在原地站定等待着他，并且把刀掉转头，向他递出刀柄。接着，我用法兰克语对他说："拿着我的刀，首领，我刚才主持了公道，现在是你主持公道的时候了。"他接过刀，举到我的头顶。我一言不发地等他手起刀落。但他并没有那样做，而是微笑一下向我伸过手，并且制止了海盗们对我也施行对其他人的做法：用铁链把人锁起来。同时，他也不问我刚才迅速干掉船长的缘由。因此，我认为他对我那样做的原因是非常了解的。我所受到的这种特殊对待，一直到阿尔及尔都没有变过。

到了阿尔及尔的港口，他们就像对待猎狗似的把我们两个一组押送到了监狱。

我到现在为止都是只关注看到的事情。所以，我反而不那么关心自己。不过，当我的心情平复之后，我就开始考虑我目前的变化了。我的心里产生了许多种想法，这些想法让我带着一种满意的心情告诉自己："这件事唯一让我失去的只有做蠢事的能力。相较于以前，我现在更自由了！"紧接着，我又对自己说："爱弥儿已经成了一个奴隶。但是，是哪一种奴隶呢？我又失去了哪些原始自由？我生来就是应该做奴隶的。同我当初受到的锁链的约束相比，他们已经无法在我身上再增加更紧的束缚。更何况，我甚至不愿意脱离我当初受到的束缚。既然人类的欲念从我一出生开始就要束缚我，那么就让别人或我自己为自己加上这种束缚好了！反正无法逃离！哪一种束缚更轻松呢？没有谁能够做出评判。然而被别人所束缚，我最起码能够用自己的理智来缓和欲念。比如她，就让我受到被自己的欲念束缚了很多次。有谁能够让我受到两种束缚？在以前，我已经受到了一层束缚。自然的奴役才是名副其实的奴役，所谓人，完全只是在为他执行奴役！在我看来，被主人宰割和被一块石头压死没什么两样。在被奴役的日子里，同在暴君面前屈服相比，我屈服于岩石怎样说都更轻松。但是，当我获得自由，我又怎样运用自由呢？就现在我所处的情况，我已经不应该有抱有任何希望！我必须要一个人在我丧失意志的时候来激励我，以让我不被穷困和悲伤所击倒。"

综合这些想法，我得出了一项认识：我情况的变化只是一种表面的变化；如果说一个人能完全按照自己的意愿行事，那么什么人都可以获得自由；每个人都是很软弱的，因为没有人可以不依赖事物，迫于严酷的需求而改变；最自由的人是最能够按照需求做事的人，因为他可以不去做违心的事情。

我的父亲，我最有声望的时候，可以说恰好就是我受奴役的时候；我最能够主宰自己的时候，就是我戴上海盗锁链的那一刻。只有在那个时候，我才最清楚自己有哪些欲念，因为当时我虽然被他们的欲念影响，但是没有和他们一起产生那样的欲念。在我看来，同你对我的教育相比，他们那些荒唐的行为更生动；同在你那里学到哲学相比，我在这些严酷的老师管理下学到的哲学要更有作用。

的确，我沦为了他们的奴隶，但是我并没有受到那种残忍对待，而我之前是做过那样的设想的。我也被虐待过，但是同他们在我们当中受到的待遇相比，那些待遇算是好的。"摩尔人"和"海盗"这两个词语，我深知它们很容易让人产生偏见，即便是我在有的时候也会有这种偏见。但未必是一个慈悲的人，不可否认都非常公正。他们未必会对我们仁慈和温和，但是却不会对我们施展什么阴谋诡计或者任意妄为。他们只是让我们尽力而为，而没有让我们完成不可能完成的任务。他们只会因为一个人的险恶用心而惩罚一个人，而不会因为一个人的能力不够而惩罚一个人。如果这种正直也被欧洲人用来对待在美洲碰到的黑人，那么黑人就能够非常幸福地生活了。但是，欧洲人只会以对方对自己有什么用为标准来对待黑人，因为在他们眼里，黑人仅仅是劳动工具。在欧洲人眼里，以利益进行评判就是公正。

我又换了几次主人，其原因据说是他们卖掉了我。我还从来不知道人也可以用来买卖。他们尽管可以把我做出的东西卖掉，但是无疑无法卖掉我意志和智慧，而这些东西决定了我只是我而不是别人的东西。我为什么敢说这句话？因为我第一次违背我所谓的主人的意愿就获得了胜利。这件事有叙述的价值。

最开始，由于他们认为我会赎身，他们给了我非常好的待遇。但我的做法却是，为了确定自己是否可以忍受愁闷，我足足几个月都是在悠闲当中度过的。到了最后，他们终于转变了策略，想用其他方法从我身上得到好处，因为他们发现，我完全没有同欧洲各国的领事或者僧人有来往，他们谁都没有谈论过我的赎金，并且我自己对此事也从未提及。他们让我去干活。我并不对他们在对待我方法上做出这种改变而奇怪，当然也没有气愤。对于劳作，我是丝毫不以为意，反而还为趣味盎然。我想方设法进入了一个工场。进去之后，里面的师傅立即看出了我是内行人。同我之前干的那种活赚的钱相比，我干这种活为我的主人赚的钱更多。于是，我的主人为了自己的利益，决定把我留在他那里。他认为这是一种最好的做法。

我发现监狱中的老朋友陆陆续续都走了。有钱的人都用钱为自己赎了身，不能赎身的人则面临了和我相同的遭遇。唯一不同的是，他们得到的待遇都没有我这么好。在这些人中间，有两个人是马耳他岛的贵族，他们完全没有人来搭理他。教会是不会为这样的俘虏赎身的，因为他们非常贫穷。神父既然没有办法把所有人都赎出来，自然就会同领事一样有所偏好。的确，对于无法给自己带来更大好处的，他们当然不会优先把他们赎出来，所以，这种私心也不能说不公正。他们是受过训练的一个年轻一个年老的两个贵族，所以他们都有长处。但是在目前的环境下，他们是没有办法发挥这种长处的。天资和手段，他们一样都不缺，同时他们还懂得拉丁文和文学。他们有能力把这些拿出来炫耀而获得别人的称赞，但这种做法对于他们来说是没有多大用处的，因为他们是奴隶。就算是带着铁链，他们表现得很没有耐心，而这可以说是一件最糟糕的事情。对于这两位骄傲的绅士，那些人即便费尽力气吹嘘自己的哲学，也没有让他们懂得一个道理：他们应该服从低下的人和歹徒。他们是一直称自己的主人为低下的人和歹徒的。对于这两个穷人，我是非常同情的。由于是贵族的缘故，他们已经失去了人的地位，而在阿尔及尔，失去了人的地位的人是毫无价值的。而就算是在海盗当中，一个原来敌对的海盗即便成了奴隶也不会完全没有价值。对于那个年老的贵族，我能劝告的只有一点。但是，我不得不承认，就算这一点劝告也是多余的，因为他比我知道更多的东西，最起码就他所夸耀的那门学问来说是这样。他非常清楚人的劝告，并且也非常熟悉这种箴言。他唯一缺少的东西只是，将那些东西付诸行动，因为他讨厌被束缚。相较于年老的贵族，那个年轻的贵族更加缺乏耐心。但是他也有可取的地方：为人勇敢、热情以及活跃。他策划了好几次反叛的计划，但是无一例外都失败了。这还不算什么，真正令人震惊的是，他的计划总是在还没有落实到行动上的时候就被察觉。因此，他要遭受的苦难无疑更深重。我竭力鼓励他向我看齐，我对他说："你应该用自己的双手干活，以便于使自己的处境得到改善。"但他完全不把我的话当一回事，他高昂着头颅对我说："我知道应该怎样死去！"我勉励他："先生，生活才是最重要的。"终于，我想出了一个能让他们的痛苦得到减轻的办法，而他呢，也满怀感激之情乐意地予以了采纳。但令人遗憾的是，这些办法却没能让他明白我的想法。他继续着自己的计划，意图凭借那一下获得完全的自由。他的主人（也是我的主人）终于因为他的浮躁对他失去了耐心，以至于他不再相信我们两个人，他开始怀疑我们两个人的关系。每当我和他交谈，我们的主人就认为我是帮他酝酿什么计划，但真实的情况并不是这样，我只是在尽量制止制定计划。他们转卖了我们两个人，对象是一个公共建筑的承造人。我们要在一个粗暴的监工的监督下干活。同我们一样，这个监工也是一名奴隶，但是他强迫我去做那些人根本做不到的事情，好讨自己的主人欢心。

我在最开始的几天并不重视这些活。我总是能把自己活先干完，因为我身体比其他人都强壮，手脚也比其他人灵活。所以，每当我把自己的活干完，我就去帮助那些体力弱小的人，去分担他们的一部分工作。但是，那个看管的人并没有允许我把精力用在对别人的帮助上，因为发现我干活卖力，并且体力又强，他把我的工作量增加了一倍，并且不断地往上增加。到了最后，即便以我那样饱满的精力，也没有办法再完成他交给我的活，如果拼命干下去，很可能把身体拖垮。我的同伴，身体强壮的也好，弱小的也好，都吃得非常差，得到的待遇也非常让人难以承受。到了最后，他们都因为过于劳累而变得非常瘦弱。

这样的情况已经让人无法再忍受。所以为了改变现状，我决心铤而走险。我告诉了那个年轻贵族自己的计划，他非常激动，表示非常赞成。对于他，我是非常了解的，他在众人的面前总是一副果敢而坚毅的形象。所以，进行这样勇敢的事情，我对他无比信任。我的计划都在自己心里，在执行计划的时候，我不需要任何的帮助，但我同时也认为，要想让计划得到更好的效果，我应该同我的难友共同执行自己的计划。所以，我在决定向这个贵族告知我的计划时，同时我也准备把它告诉我的难友。事实证明，我这样想是正确的。

在向同伴们提出我的计划的事情上，那个贵族起先是不同意我使用手段的，我费了很大的功夫才说服他。在吃饭的时候我们最集中，并且主人对我们的监视也相对松懈，于是，我们准备利用吃饭的时间来谈这件事。为了防止被当地的人听见，我没有用法兰克语，而是先用法语对在场的十几位同胞讲。我对他们说："朋友们，你们认真听我说。如果按他们加在我们身上的任务量来看，尽管我是你们中间最强壮的人，但是也只剩下两个星期不到的精力了。我们要想结束这种局面，只有两种选择：一种是弄垮自己的身体，一种是防止这种情况出现。无论是哪一种，手段都必须非常酷烈。但我选择后者，我已经决定，从明天开始，什么活都不再干，即便以牺牲生命和遭受到各种可能的对待为代价。我是经过谨慎考虑才打算这样做的。如果我们不打破这种局面，而是继续这样干下去，用不了多久，我们的身体一定会垮掉，然后就只能听天由命。但是我如果这样做，当持续几天时间，我们就可以找到一个解决问题的办法。我们的做法可以对监工起到震慑作用，从而让我们的主人明白，什么才是他真正的利益。就算没有成功，我的命运也不可能比现在更坏。而如果等到我们身体已经垮掉，根本无力再做任何事情时，到了那个时候，如果我们再采取这个办法，恐怕就时间太晚了，因而无法产生什么好的效果。我现在面临的情况是，如果没有我这个人，他们就要少获得一份利益，而结束我的生命，他们最多只节省一点食物。所以，如果我丢掉性命，对于他们来说是一个重大的损失。而现在正是采取行动的最佳时机。如果你们有谁认为我说的话正确，并且愿意向这个勇敢的贵族看齐，按照我的办法行事，那么，可以肯定是我们人数增加行动的效果也会随之增加，从而就更有可能使我们的暴君更安分。当然，就算只有他愿意和我这样做，我们也会坚定不移地把计划执行下去，仍然决心不再帮他们干活。到时候请你们为我作证，看看我这个方法是否真有效果。"

我以朴实的语调说出了这几句简单的话，但是并没有多少人被感动。只有五六个人，他们告诉我："请相信我们是可靠的，我们也准备像你那样做！"余下的人什么也没有说，只是静静地站着。看到这种沉默的情况，那位贵族感到非常不满。于是，他用自己国家的语言做了激动人心的陈词。他生动地描述了一番我们当下的境遇以及主人和监工的残酷做法，鉴于当时的人很多，他这番陈述是非常大声的。通过对我们恶劣处境的渲染，他成功激起了大家的愤怒，挑起了大家火热的复仇心理。临末，他大加赞扬了一番对苦刑无所畏惧，能够战胜强暴的人。通过这一举动，他成功地把所有的人勇气都提了起来。达到了什么程度呢？大家都打断他的话叫喊了起来，并且决心要向我们学习，至死不悔。

我们在次日开始拒绝一切工作。果不其然，我们立即受到了残酷的对待。但对于这些残酷的惩罚，我、那个贵族以及三四个老同伴完全不以为意，甚至都没有发出一点声音。那位贵族鼓动的作用只持续了一段时间。几分钟后，他那些喧闹的本国同伴就无法坚持下去了，当被牛筋鞭子抽打一顿，他们就温顺地去干活了。看到这种怯懦的表现，那位贵族气愤极了！在监工去打他时，他骂开了，但那些人却并不买账。他采取了早就想好的并且也告诉过他的办法，竭尽全力让他逃跑。容易被语言鼓动的人，同样容易冷却。但从容而庄严地将道理就不同了，它固然不能让人热血沸腾，但是可以给人造成很深的记忆，并且可以保持很长一段时间。

不过，那些不幸之人的懦弱表现也并非一无是处，它产生了一个我完全没有想到的结果。我认为是两点原因造成了这种结果：一是民族好胜心，一是我沉着坚定的做法。在此之前，在法国人中间，有几个人并没有表示跟着我做。但是，当他们看到那些人又去做工，他们喝住了他们，把那些人远远地带到了一边。而且，好像是为了嘲讽他们的怯懦一样，他们把那些人都带到了我的身边。其他人也被这种行为鼓动了。刹那间，反抗的声音此起彼伏。这让主人不得不亲自过来平息。

我们的监工为了开脱责任会说些什么话呢？他们又会怎样来挑拨主人来镇压我们呢？这一切，我想你是完全想象得到的。他立即指着我，对他的主人说："这就是造反的人的头目，他准备用这种暴乱来恐吓人。"主人看了看我，说："带坏我奴隶的人就是你吗？我想你已经听到了刚才指控你的话，你还有什么话要说吗？如果有，现在就说出来。"我感到非常震惊，我没有想到一个贪欲无度的人在有破产的危险对仍然能够如此镇定。要知道，如果是换作一个欧洲的主人，当碰到这种情况，早就不知道抽了我多少皮鞭，由于满脑子已经被利益充斥，他根本不会听我的争辩。我是用法兰克语回答他的："主人，你并不了解我们的情况，因而不能怪我们。我们受到的折磨也不是你造成，因为你并不知情，所以我们也不怨恨你。我们知道自己需要服从你，需要忍受不得不忍受的束缚。因为我们已经知道自己只能做这种事，所以我们卖力地干活。但是，你可知道那位监工怎样做的吗？他在吞噬你的财产，因为他在让我们干我们体力不足以支撑的事情，这必然会让我们丧失体力。关于我所讲的这些话，我请求你务必要相信。同时，我希望你派一个更好的人来管理，因为这个监工在滥用权力，而这对你没有任何好处。把工作合理地分配，我们干的活未必就会更少。何况，这样还可以让你的奴隶做事情更勤奋，时间一长，同你通过加重我们劳累的办法获得利益相比，你获得的利益会更多。我们必须要把自己的苦楚说出来，我们也仅仅只有极小的要求。倘若你无视我们的意愿，我们就会按自己想的做，到时候，你也会体会到那位监工体会到的感觉。"

说完，我便不再说一句话。那个监工想为自己辩解，但是主人阻止了他。他把我的同伴认真地打量了一番，他们的确脸色非常苍白，身体非常瘦弱，这已经足以证明我的控诉并非无中生有；他们的眼神非常坚定，这足以表明他们并不害怕威胁。他又重新打量了我一番，然后说："你好像比较明事理，我想验证一番你说的方法是否正确。你指责那个监工的做法不对，那么我现在将你们的工作调换，让我看看你又是怎样做监工的。"他命令一下，我身上的锁链立即就被人取掉了，并且被戴到了那个监工身上。这些事情都是当场完成的。

至于我在新岗位上是怎样做的，在这里我不必向你陈述，因为它与我在论述的主题无关。由于主人很想让我勇敢的做法成为阿尔及尔的一条新闻，它迅速传开了。甚至连总督都想和我见一面了，因为他也知道了我的事情。主人带我去见了总督。在见面的过程中，他发现我深受总督喜欢，于是，他便把我送给了总督。如此，你的爱弥儿又成了阿尔及尔总督的奴隶了。

在这个新的岗位上，我是按照从我早已知道的道理中总结出来的原则行事的。在我们游历的途中，我们曾就这些原理进行过讨论。在我所处的环境中，不否认它们的应用不那么完全，应用的范围也不那么广，但是效果却丝毫不打折扣。我不打算讲经过的具体细节，因为就你我而言，根本没有讲的必要。因为自身的成功，我获得了主人的尊敬。

阿桑·奥格罗的最高权力是通过最光荣的道路获得的。为什么要这么说呢？因为他能成为国家的领导人，是从一个普通的水兵，然后逐渐升到海军和国民军，最后才实现的。同时，在他的前任死了之后，他是因为得到土耳其人和摩尔人，军人和法官的推选而掌握大权的。他所治理的又是一个怎样的对象呢？是一个野蛮的民族，是一支只知道经常发动兵变，时时刻刻想天下大乱的军队。对于自己应该做的事情，这些人是连自己也不知道的，他们唯一知道的事情就是动乱，事情是否能做好他们并不在乎，他们想做的只是不做同样的事情。但就算是面对这样一种情况，阿桑·奥格罗仍然光荣地在那个职位上待了十二年。不否认在他的治理下人民预期的愿望并没有被满足，但是人们几乎没有指责过他。他当权的时候，国家安定富强，商业和农业都非常繁荣。除此之外，海军也非常强盛，人民丰衣足食。然后，人们却完全没有从他那卓有成效的措施中……①

摘　录

摘自普雷沃斯特教授的一封信中关于让－雅克·卢梭，尤其是关于《爱弥儿》的续篇或《孤独的人》的几段话。这封信是教授从日内瓦寄给文学稿编撰人的。

---

① 这封书简并没有写完，卢梭在 1768 年 7 月 6 日给杜·培鲁写了一封信，其内容大致是：让对方把这封书简的手稿送还给他，为了度过严酷的冬天他想再看看它。他写道：我仍然是很喜爱这封书简的，我认为它有一个很特别的作用，因此不想让这种喜爱之心消失。这就是它可以让我不浪费时间，由于我目前写的都是对以往的不幸的回忆，同这封书简中讲的事情没有关联，它也不会和我现在所写的东西混杂。——译注

各位先生：

让－雅克·卢梭在暮年的时候，我经常见到他。所以，我必须冒昧地告诉你们几句话。这是关于一个伟大人物的几件小事，为了避免遗忘，你们最好把它们收集起来……

我是知道他曾经把几篇手稿烧掉的。他死后发表的几部遗作，是他保存下来的稿子中最有意义的几部，这几部也是我们所读到的他的作品……在他离开伦敦的时候，他曾经对我说过他准备烧掉一版《爱弥儿》中添加的大量注释。烧的原因，是他感到它们会妨碍他的旅途。

……

对于写回忆录的事情，卢梭从来没有让我知道过。他唯一对我提到过它名字的场合，是他有一次担心自己会丢失它的时候。不过他后来非常乐意地把《爱弥儿》的续篇读给我听，而这也是让我感到非常高兴的事情。这篇作品在日内瓦的版本当中发表过，标题为《爱弥儿和苏菲》或《孤独的人》。这部作品并没有写完，仅仅写到了爱弥儿成为阿尔及尔总督的奴隶……卢梭在读它的时候是一气呵成的，所用的是非常激动的声调和无比激昂的感情，这极大地感染了人们。从这一点可以看出，这的确是一篇成功的作品。似乎是找到了在写这部作品是让自己激动的思想和感情的线索，他在朗读的时候心潮是非常澎湃的。他讲个不停（这种情况并不多见），同时把自己开始写这个续篇的几个情节向我陈述，并且把它的结尾也告诉了我。对于这个故事的结局，我从他所记述的几则笔记综合了一下，记在了下面。我讲的这些话可能有不恰当的地方，或者漏掉了什么应该提到的情节。如果真是这样，我希望读者能够公平地看待，不要认为它是作者的错误。

《孤独的人》的结局

在许多事情的共同作用下，爱弥儿最后来到了一个荒岛。在岸边，他发现了一座教堂，有许多鲜花在教堂的周围盛开着，还有结满了果实的树。几乎每天，他都要去看这座教堂，同时每次都认为它被装扮得更漂亮了。苏菲就在这座教堂里做修女,但是爱弥儿对这一点却并不知情。他之所以会来到这里,是他自己犯的错误造成的,也是为了忘记她的样子。他最终还是认出了苏菲。在采取一些手腕和强制措施之后,爱弥儿终于还是让她屈服于自己。然而,她已经更愿意沦为他的奴隶,服侍自己的情敌。她的情敌是一个年轻的女子,由于造化,这一对以前的夫妇的命运和她产生了关联。她和爱弥儿结了婚,苏菲也参加了婚礼。事实上,爱弥儿和那个女子在结婚之后都感觉很后悔,他们的痛苦在不断增长着。苏菲非常尊敬她,并且对她非常好,当他们两个人看到这点,心里就更加不好受了。他们没过几天就向苏菲坦诚,他们并不是真的结婚,这个伪装的情敌是有夫之妇。随后,她领来了自己的丈夫和苏菲见面。苏菲于是又得到了爱弥儿。对于她那并非有意而犯的过错,爱弥儿选择了原谅。至于苏菲,为了弥补自己犯的做错,她洗心革面,恢复了从前做人的样子。在以前,由于她没有那么多机会表现自己的美德,爱弥儿对她的美德只知道很小的一部分。当她的美德有表现的舞台之后,他更加尊重和敬佩她了。

图书在版编目（CIP）数据

爱弥儿 /（法）让－雅克·卢梭著；孟繁之译 . —上海：上海三联书店，2017.9
ISBN 978-7-5426-6031-2

Ⅰ . ①爱… Ⅱ . ①让…②孟… Ⅲ . ①教育思想－法国－近代 Ⅳ . ① G40－095.65

中国版本图书馆 CIP 数据核字（2017）第 183390 号

爱弥儿

著　　者 /〔法国〕让－雅克·卢梭
译　　者 / 孟繁之
责任编辑 / 陈启甸
特约编辑 / 宗珊珊
装帧设计 / Metis 灵动视线
监　　制 / 姚　军
出版发行 / 上海三联书店
　　　　　（201199）中国上海市都市路 4855 号 2 座 10 楼
印　　刷 / 三河市延风印装有限公司
版　　次 / 2017 年 9 月第 1 版
印　　次 / 2023 年 2 月第 5 次印刷
开　　本 / 710×1000　1/16
字　　数 / 586 千字
印　　张 / 43.75

ISBN 978-7-5426-6031-2/G · 1465

定　价：59.80元